Christina von Braun
Tilo Held

Kampf ums Unbewusste

aufbau

CHRISTINA VON BRAUN
TILO HELD

kampf ums unbewusste

EINE GESELLSCHAFT AUF DER COUCH

aufbau

MIX
Papier | Fördert
gute Waldnutzung
FSC® C083411
FSC
www.fsc.org

ISBN 978-3-351-03996-7

Aufbau ist eine Marke der Aufbau Verlage GmbH & Co. KG

1. Auflage 2025

www.aufbau-verlage.de
10969 Berlin, Prinzenstraße 85

Bei Fragen zur Sicherheit unserer Produkte wenden Sie sich bitte an
produktsicherheit@aufbau-verlage.de.
Einbandgestaltung Rothfos & Gabler, Hamburg
Satz LVD GmbH, Berlin
Druck und Binden CPI books GmbH, Leck, Germany

Printed in Germany

INHALT

EINLEITUNG

Dieses Buch ist ein Experiment. Aus zwei Gründen: Erstens begibt man sich mit dem Thema des Unbewussten auf unsicheres Terrain. Das Unbewusste entzieht sich jeder genaueren Definition – eine Eigenschaft, von der wir im Laufe des Schreibens begreifen sollten, dass genau darin auch sein Potenzial und seine Widerstandskraft liegt. Zweitens schreiben wir – Christina von Braun, die Kulturhistorikerin, und Tilo Held, der Psychiater/Psychoanalytiker – nach mehr als 50 Jahren Ehe zum ersten Mal ein Buch zusammen; wir konnten nicht einschätzen, ob das funktioniert oder die Beziehung belastet. (Um es vorwegzunehmen: Es gab Konflikte, aber die Beziehung hat diese überlebt.)

Ein Buch über die wechselnden Theorien zum Unbewussten schreiben, bedeutet, eine Art von Theatergeschichte verfassen – eine Biographie, die um 1800 einsetzt, als das Unbewusste seinen bis heute gültigen Namen erhielt. Die Bühne, auf der dieses Schauspiel, das von Menschen sowohl geschrieben und inszeniert als auch erlitten wird, ist das Leben selbst: das der Individuen wie das der Gemeinschaften. Dabei hält sich der Ablauf dieses Dramas nicht an die saubere Grenze zwischen Politik und Kultur; vielmehr zeigt es uns, wie die Kultur das politische Leben umkrempelt und wie die Politik die Kultur instrumentalisiert, was in den totalitären

Staaten besonders evident wird. Das Stück hat ein Open End: Wir wussten nicht (und wissen bis heute nicht), wie es ausgeht, aber wir können rückblickend erkennen, dass immer wieder neue Faktoren den Verlauf änderten: etwa als um 1900 die sich wandelnden Geschlechterrollen alte Traditionen aus den Angeln zu heben begannen oder als die ebenfalls in dieser Zeit aufkommenden Massenmedien die Psyche der Menschen auf neue Gleise schoben und parallel zu beidem eine neue facettenreiche »Disziplin« entstand: die Psychoanalyse.

Heute befinden wir uns erneut in einer Umbruchphase – sie ist geprägt von anderen Krisen: Klimawandel, Kampf um Energieressourcen, Angst vor Krieg, medialer Manipulation und dem wachsenden Anteil autokratischer Regime. In einer Studie der Bertelsmann-Stiftung heißt es: »Erstmals seit 2004 verzeichnet unser Transformationsindex (BTI) mehr autokratische als demokratische Staaten. Von 137 untersuchten Ländern sind nur noch 67 Demokratien, die Zahl der Autokratien steigt auf 70.«[1] Auch in dieser Situation, wo es um das Überleben der freiheitlichen Gesellschaften geht, wächst der Ruf nach einer Befähigung zur Abwehr – weniger durch Waffen als durch psychische und intellektuelle Resilienz. Wir möchten im Folgenden darstellen, dass sich das Unbewusste – aufgrund seiner Flexibilität und seiner Unbeherrschbarkeit – als besonders widerstandsfähig erwies und auch weiterhin erweisen dürfte.

Um sich durchzusetzen, bedarf das Unbewusste allerdings eines Instrumentariums, das in der Welt des Bewusstseins angesiedelt ist. Diese Brücke schlug die Psychoanalyse um 1900, und auch heute könnte sie die richtige Mittlerin sein, was jedoch nur möglich ist, wenn sie über die Formulierungen und Lehrsätze von 1900 hinausgeht. Gefragt sind neue Denkmuster, die auf die aktuellen Gefährdungen antworten, etwa auf die medialen Manipulationen. Diesen durch Aufklärung und mediale Kompetenz zu begegnen ist nicht falsch, aber zu wenig. Es geht nicht um ein Wissen, das sich durch bewusste Bildung erwerben lässt – sondern um ein psychologisches Wissen, das mindestens ebenso viel mit Gefühl wie mit Intellekt zu tun hat. Dass dieses Wissen zum kollektiven Fundus der Gesellschaft wird, ist eines der Anliegen unseres Buches. Die Psychoanalyse ist nicht nur Therapie, sie vermittelt auch eine spezifische Art der Erkenntnis. Sie kann weder die einzelne Biographie noch einen historischen Prozess ungeschehen machen. Aber sie kann dazu beitragen, dass Ereignisse anders gelesen werden.

Dies ist also kein Buch über die Geschichte oder Wirkmacht der Psychoanalyse; es ist ein Buch über ein Feld, das zu ihrer Entstehung beitrug. Als sie – ebenfalls um 1900 – die Bühne betrat, bedurfte es offenbar völlig neuer Einsichten und Methoden, um das veränderte menschliche Verhalten einzuordnen und gesellschaftlichen Konsens herzustellen. Wir befinden uns in einer historisch ähnlichen Umbruchsituation wie die Gesellschaft um 1900. Und auch heute gibt es einen hohen Bedarf an Einsicht und Einordnung, den die Psychoanalyse leisten könnte, allerdings eine »erneuerte« Psychoanalyse. Sie hatte eine wichtige Funktion in ihrer Entstehungszeit, doch auf vielen Gebieten – darunter Geschlechterverhältnisse und Massenmedien – werden die Lehren von damals den aktuellen Notwendigkeiten nicht mehr gerecht.

Das Buch besteht aus zwei Teilen: einer geschrieben von Christina von Braun, der andere von Tilo Held. Im ersten Teil wird die Geschichte des Unbewussten bis in die Jetztzeit nachgezeichnet: Sie beginnt, wo deutsche Philosophen und Schriftsteller den Begriff »das Unbewusste« in die Welt setzten. Nach einer kurzen Vorgeschichte, in der einige Leitgedanken des Buches umrissen werden, etwa der Antagonismus zwischen Vertrauen und Glauben, beschreibt Kapitel 2, in welcher Weise das Unbewusste an die Leerstelle rückte, die »Gott« nach der Entmachtung der Kirche im Denken vieler Menschen hinterließ. Die Verlagerung vom Transzendenten zum Unbewussten vollzog sich zunächst in Deutschland und dort genauer in den protestantischen Gebieten, wo der »nach innen genommene« Gott die Gestalt nicht nur des »Gewissens«, sondern auch des »Gemüts« annahm. Von Gewissen und Gemüt bis zum Unbewussten war es nicht weit.

Um 1900 kommt es zu einer Wende: Nun intervenierten jüdische Denktraditionen – auch sie weltlich ausgerichtet – in den Entwicklungsprozess des »Unbewussten«. Es kam zu der von Freud und anderen »kulturellen« Juden entwickelten Psychoanalyse. Sie verlieh der Diskussion um das Unbewusste eine neue Dimension, indem sie unterstrich, dass die Psyche ihre eigene, von Physis, sozialem Umfeld und kulturellen Mustern bestimmte Dynamik hat und dass sie nicht zwingend mit Gott, geschweige denn einem spezifischen Gott, identisch ist.

Im 3. Kapitel wird beschrieben, wie die nach dem Ersten Weltkrieg entstandenen totalitären Staaten sich des psychischen Gebiets zu bemächtigen versuchten und welche Instrumentarien sie entwickelten, um über dieses Terrain Herrschaft auszuüben. Es wird aber auch schon gezeigt, dass das Unbewusste über eine eigene Widerstandsfähigkeit verfügt, die sich jeder Form von »Besetzung« entzieht. Kapitel 4 geht auf die Entwicklung nach 1945 ein und skizziert die breite Ausdifferenzierung der kulturellen und politischen Dimensionen sowohl des Unbewussten als auch der Psychoanalyse, bevor im 5. und 6. Kapitel noch einmal zurückgegriffen wird auf die Zeit um 1900, wo – parallel zur Entstehung der Psychoanalyse – zwei große Umbrüche ihren Anfang nahmen, die auf die Geschichte des Unbewussten einen mächtigen Einfluss ausüben sollten: Der eine betraf die Geschlechterordnung, der andere die modernen Massenmedien. In beiden Fällen zeigt sich, wie notwendig es geworden ist, dass die Psychoanalyse – ob als Therapie, als Methode der Erkenntnis oder als Kulturkritik – Antworten auf aktuelle Fragestellungen und Krisen gibt.

Der zweite Teil des Buchs, für den Tilo Held verantwortlich zeichnet, beginnt im 7. Kapitel mit einer Darstellung der Psychoanalyse als staatlich finanzierter Heilmethode (weltweit nur in Deutschland) und dem Verhältnis der Psychoanalyse zu anderen Heilmethoden, besonders zur Medizin. Das 8. Kapitel zeigt am Beispiel der Traumaforschung, wie wichtig der kulturelle Kontext für die Therapie ist und welchen Gewinn die Psychoanalyse aus der sozialwissenschaftlichen Forschung und den neueren Erkenntnissen der Anthropologie ziehen könnte. Das 9. und letzte Kapitel thematisiert, welche Bereicherung die Psychotherapie erfahren könnte, wenn sie sich den neueren Erkenntnissen der Evolutionsforschung und Neurobiologie öffnete: Diese berühren viele der Gebiete, mit denen die Psychoanalyse tagtäglich zu tun hat, bestätigen auch einige der Spekulationen aus der Frühzeit der Psychoanalyse (als die Naturwissenschaften noch auf das Fach herabblickten) – und vor allem zeichnen sie Freiheitsgrade für die individuelle Entwicklung auf, die allen bisherigen Vorstellungen widersprechen.

Wenn im Folgenden vom Unbewussten die Rede ist, so ist damit nicht die lange Geschichte gemeint, die der Einführung des Begriffs vorausging: etwa die Wahrsagungen der Antike, magische Heilungen im Tempel, die Idee der Besessenheit durch den Teufel oder suggestive Heilmethoden wie der Mesmerismus. Diese Vor-Geschichten wurden vom Schweizer Psychiater, Psychoanalytiker und Medizinhistoriker Henri Frédéric Ellenberger großartig beschrieben.[2] Seine Darstellung endet mit der Einführung der Psychoanalyse um 1900. Der Fokus unseres Buchs liegt auf der Zeit von 1800 bis heute: In dieser Zeit wurde das Unbewusste benannt und auf unterschiedliche Weisen theoretisiert. Zugleich gab es immer wieder Versuche, das *terrain vague* der Psyche zu besetzen, wobei diese Bemühungen auf beträchtlichen Widerstand stießen. Wir sind keineswegs die ersten, die sich mit dem Gebiet des modernen Unbewussten beschäftigen.[3] Doch der Fokus unserer Forschung ist spezifisch; in ihrem Zentrum stehen zwei Fragen. Erstens: Wie und warum wurde das Unbewusste zum Territorium kultureller und politischer Konflikte? Zweitens: Wie kann die Psychoanalyse als Wissenschaft vom Unbewussten durch ihre Methodik und Theorie den neuen Anforderungen gerecht werden?

1 KURZE VORGESCHICHTE EINER LANGEN ZEIT

Das Unbewusste der Aufklärung

Der Begriff des Unbewussten tauchte zum ersten Mal im späten 18. Jahrhundert auf. Für das Zeitalter der Aufklärung stand er für das von Wissen und Rationalität Ausgeschlossene. Auch vorher existierte das Unbewusste, aber es wurde anders eingeordnet: etwa als Ungläubigkeit, der Scholastik und spätere Theologien ihre durchdachten Lehren gegenüberstellten. Als die »Lumières« – so die Selbstbenennung der französischen Aufklärer – mit dem Anspruch antraten, diese Lehrgebäude zu zertrümmern,[1] musste ein neuer Begriff gefunden werden für das, was außerhalb stand. Gestiftet wurde er im deutschen Kulturraum: Hier attestierten Theologen wie Friedrich D.E. Schleiermacher, der in Berlin eine Pfarrei leitete, dass die Religion »Anschauung und Gefühl« sei und über eine eigene »Provinz im Gemüthe« verfüge,[2] während Philosophen und Dichter den psychologisierenden Begriff des »Unbewussten« entwickelten und mit religiösen Charakteristika versahen, die einige Ähnlichkeit mit alttestamentlichen Gottesnamen hatten: Allwissender, Mächtiger, Allsehender, Eifersüchtiger, großer Erschaffer, Heiligster, Hirte, Hörer des Gebets, Retter, Erlöser, Schöpfer, souveräner Herr, Vater. Der Schriftsteller Karl Philipp Moritz (1756–1793) verwendete mehr als ein Jahrhundert vor Freud die Begriffe

»Unbewusstes« und »Es«. In dem von ihm herausgegebenen *Magazin zur Erfahrungsseelenkunde* bezeichnete er damit das, »was sowohl in unsrem Körper als in den innersten Tiefen unsrer Seele vorgehet, und wovon wir uns nur dunkle Begriffe machen können«. Dieses »Es« liege »außer der Sphäre unsrer Begriffe«, unsere Sprache habe dafür keinen Namen.[3] Der Fährte, die Schleiermacher und Moritz legten, folgten viele weitere Autoren, und die Suche nach dem richtigen Wort für diese innere Macht blieb ein durchgängiger Topos aller Reflexionen des 19. Jahrhunderts über das Unbewusste.

Die Rationalität der »Lumières« und das irrationale Unbewusste haben mehr gemein, als die Gegenüberstellung der Zeit vermuten lässt. Zunächst die Schwierigkeit der Selbstdefinition. Beide lassen sich nur durch ihre Negation beschreiben: durch das, was sie *nicht* sind – vergleichbar der Reinheit, die sich nie positiv begründen lässt, nur in Abgrenzung gegen die »Unreinheiten«, die jede Kultur zu diesem Zweck erfindet.[4] Auch Kants Definition von der Aufklärung als »Austritt des Menschen aus seiner selbstverschuldeten Unmündigkeit« hilft nicht viel weiter. Sie ist sowohl selbstherrlich, weil sie durch den Begriff des *Selbst*verschuldens unterstellt, dass der Mensch immer schon auf seine Unmündigkeit hätte verzichten können, als auch unhistorisch, als habe es keinen geschichtlichen Kontext für die Genese der Aufklärung, inklusive Kants eigener Einsichten, gegeben. Vor allem übersieht sie, dass die »Lumières« ihr Gegenstück, das Unbewusste, zwingend im Gepäck hatten. Goethe begriff das. In *Faust II* verspottete er die Brüder Humboldt, die einerseits als Heroen der deutschen Aufklärung galten und sich andererseits im Gespräch mit den Toten übten und in Schloss

Tegel die Tische rücken ließen. In der *Walpurgisnacht* heißt es über die alten »Geister«: »Ihr seid noch immer da! nein, das ist unerhört. / Verschwindet doch! Wir haben ja aufgeklärt! – / Das Teufelspack, es fragt nach keiner Regel. / Wir sind so klug, und dennoch spukt's in Tegel.« Weil sich Bewusstsein und Unbewusstes nur durch ihre Gegensätzlichkeit definieren ließen, waren sie unzertrennlich.

Der Rückgriff des aufgeklärten Zeitalters auf die Bilderwelt der christlichen Religion macht deutlich, wie sehr sie dessen Traditionen verhaftet blieb. Im Neuen Testament heißt es: »Jesus spricht: Ich bin als Licht in die Welt gekommen, auf dass, wer an mich glaubt, nicht in der Finsternis bleibe.«[5] Dieselbe Licht- und Helligkeitsmetaphorik charakterisiert auch die »Lumières«, analog verhielt es sich mit dem Gegenpol. Hatte die Kirche die Sünde den dunklen Mächten der Unterwelt zugeordnet, so umfasste das Dunkel nun alles, was die Menschheit (noch) nicht erforscht hatte oder erklären konnte. Die Kirche verortete die Finsternis bei den Ungläubigen; die Aufklärung bei den Unwissenden. In einem trafen sich aber beide: Das Christentum verlangte von seinen Anhängern an Begebenheiten zu glauben, die mit der sichtbaren Evidenz nicht vereinbar waren: an die Menschwerdung Gottes, an die Auferstehung Christi, die unbefleckte Empfängnis und die Jungfrauengeburt. Auch in den areligiösen »Lumières« überbrückte, wie wir noch sehen werden, der »Glaube« den Abgrund zwischen Bewusstsein und Unbewusstem.

Dass dieser Glaube ein Spezifikum des Christentums war, zeigt der Vergleich mit der jüdischen Religion und dem Islam. Beide verkündeten den Glauben an einen unsichtbaren Gott, hielten sich jedoch für die diesseitige Wahrheit an das empirisch Erfassbare. Das erleichterte den Umgang mit wissenschaftlichen Neuerungen und erklärt, dass die arabische Medizin, Mathematik und Astronomie des Mittelalters viel weiter fortgeschritten war als die des Christentums, das zu dieser Zeit nur Wissen gelten ließ, das mit dem Glauben vereinbar war. Die Christen, so Michel de Montaigne (1533–1592) in seinem unnachahmlichen Spott, »finden allezeit eine Gelegenheit zu glauben, wenn sie etwas Unglaubliches antreffen. Eine Sache ist um so viel vernünftiger, je mehr sie der menschlichen Vernunft widerspricht. Käme sie mit der Vernunft überein: so würde sie kein Wunder mehr seyn.«[6]

Das Vertrauen und seine Sozialstrukturen

Die Charakteristika des Glaubens zeigen sich besonders deutlich am Vergleich mit dem Vertrauen. Der amerikanische Sozialpsychologe Timothy Levine führte umfangreiche empirische Forschungen zur Frage des Vertrauens durch. So sollten Studierende aus der gefilmten Selbstdarstellung eines Menschen schließen, ob dieser lügt oder nicht. Die wenigsten lagen richtig. Die Aufrichtigkeit eines Menschen, so Levine, werde zumeist von seinem Verhalten abgeleitet: Um Vertrauen zu erwecken, genüge oft Selbstbewusstsein, ein freundlicher, offener Blick.[7] In einer auf seinen Forschungen basierenden Untersuchung – es ging um insgesamt 500.000 Fälle – wurden Entscheidungen von Untersuchungsrichtern zur Freilassung eines Angeklagten auf Kaution mit denen eines Computers verglichen. Computer und Richter verfügten über dieselben Informationen: Umstände des Vergehens, Vorgeschichte des Angeklagten, Strafregister etc. Der einzige Unterschied: Die Richter sahen den Angeklagten vor sich, das schreibt das Gesetz vor, sie hörten ihn reden, machten sich ihren eigenen Eindruck von diesem Menschen. Es zeigte sich, dass der Rechner das Rückfallrisiko der Straffälligen höher und um 25 Prozent genauer eingeschätzt hatte.[8] Fazit: Der Mensch eignet sich nicht als Lügendetektor.

Levine erklärt unsere Unfähigkeit, »Lügner zu identifizieren« nicht etwa mit fehlender Menschenkenntnis, sondern damit, dass wir schon aus Selbstschutz davon ausgehen, dass uns die anderen die Wahrheit sagen. Die Tendenz, anderen zu vertrauen, sei »eine adaptive Folge der menschlichen Evolution; sie ermöglicht effiziente Kommunikation und soziale Koordination« und erlaubt »dem Menschen, sozial zu funktionieren«. Da die meisten Täuschungen »von wenigen produktiven Lügnern begangen werden, entspricht der Vertrauensvorschuss in Wirklichkeit gar keiner Voreingenommenheit. Meistens liegen wir mit dem passiven Vertrauen richtig. Allerdings macht es uns auch anfällig für gelegentliche Täuschungen.« Für das Überleben der Art stelle dies allerdings eine geringere Gefahr dar als der Verlust des Vertrauens.[9]

Auf die Relevanz dieses angeborenen Vertrauenssystems für die moderne Gesellschaft und die Psychoanalyse geht das 9. Kapitel ein. Hier sollen zunächst die historischen Auswirkungen solcher Vertrauenssysteme dargestellt werden. Das zur menschlichen Natur gewordene Vertrauen fand seine Entsprechung in vielen prähistorischen und frühzeitlichen Gesellschaften, von denen uns Anthropologen und Archäologen berichten, darunter David Graeber und David Wengrow in ihrer Monumentalstudie *The Dawn of Everything. A New History of Humanity.*[10] Dieses Buch, in dem sich ein Gutteil der bisherigen Forschung zum Thema versammelt findet, liefert keine eindimensionale Darstellung der menschlichen Entwicklungsgeschichte, sondern beschreibt eine Vielzahl unterschiedlicher sozialer Dynamiken. Damit widerlegen die Verfasser einige stereotype Vorstellungen der bisherigen anthropologischen Forschung und verweisen zugleich auf die vielen unterschiedlichen Wege, die die Erbschaft der Evolution einschlagen konnte. So wurde etwa das Vorurteil widerlegt, dass jede größere Ansammlung von Menschen zwingend nach einer zentralisierten Sozialstruktur verlange. Graeber und Wengrow verweisen auf große Siedlungen aus der Steinzeit, die sich im Gebiet der heutigen Ukraine und Moldawiens befanden und bis zu 10.000 Menschen umfassten. Diese Gemeinschaften – das zeigen Grabungen, die keinen zentralen Palast oder Tempel zutage förderten – lebten ohne soziale Hierarchie und kamen ohne Oberpriester oder Herrscher aus. Da die Behausungen mehr oder weniger die gleiche Größe aufwiesen, ist davon auszugehen, dass auch das Eigentum relativ gleich verteilt war.[11] Die Menschen lebten von Tierzucht, kleiner Landwirtschaft, Sammeln und Jagen, und sie hinterließen kaum einen ökologischen Fußabdruck, obgleich sich ihr Fortbestand über eineinhalbtausend Jahre erstreckte. Auch fand man keine Spuren von Kriegsführung.

Wie das Zusammenleben in diesen kreisförmig angelegten Siedlungen funktioniert haben könnte, stellen Wengrow und Graeber durch den Vergleich mit einer baskischen Kultur dar, die bis in die jüngste Zeit existierte und deren Dorfarchitektur auf einer ähnlichen Form basierte. Äußerlich hatten diese Gemeinschaften zwar die Merkmale der sie umgebenden christlichen Kultur angenommen: Im Zentrum der Gemeinschaft stand eine Kirche. Doch ihre Sozialstruktur entsprach nicht der hierarchischen Ordnung anderer christlicher Dörfer. Wegen der Ringform des Dorfes hatte jedes Haus einen Nachbarn zur Rechten und zur Linken, keines stand in der Mitte, keines an erster oder an letzter Stelle. Die Konstruktion garantierte die »saisonale Rotation der wesentlichen Aufgaben und Pflichten«, die auch rituell eingeübt wurden. »Jeden Sonntag segnet ein Haushalt zwei Brote in der örtlichen Kirche, isst eines davon und schenkt dann das andere seinem ›ersten Nachbarn‹ (dem Haus zu seiner Rechten).«[12] In der darauffolgenden Woche übernahm der nächste Haushalt, bis alle Familien zum Zuge gekommen und der volle Zyklus erreicht war. Die Brote wurden als »Samen« bezeichnet, sie standen für das Leben. Bei der Fürsorge für die Toten und für Reisende verlief die Weitergabe der Aufgaben in umgekehrter Richtung. Auch bei größeren Pflichten, für deren Erledigung es mehrerer Hände bedurfte, wurde nach einem ähnlichen System verfahren: Hier taten sich zehn Haushalte zusammen. Der Kreis symbolisierte und strukturierte die sozialen und ökonomischen Pflichten; er repräsentierte »komplizierte Systeme gegenseitiger Hilfe«, die auch ohne »zentrale Kontrolle oder Verwaltung« auskamen.[13]

Eine solche Zirkulation von Gaben und Pflichten entspricht dem, was der französische Anthropologe Marcel Mauss in seinem Buch *Die Gabe* beschrieben hat: Systeme der Reziprozität und des Tausches, die weltweit und in vielen unterschiedlichen Frühkulturen existierten und von denen sich Relikte bis in die modernen Gesellschaften finden. Das Prinzip der zirkulierenden oder »zeremoniellen Gabe« besagt, dass jede erhaltene Gabe durch eine andere erwidert oder weitergegeben werden muss. Geschieht das nicht, so kommt dies einer Kriegserklärung gleich. Durch diesen Mechanismus konstituiert sich ein unsichtbares soziales Band, das der Konfliktvermeidung dient und jede einzelne Person der Gemeinschaft einschließt. Das System basiert auf dem Vertrauen, das immer in zwei Richtungen funktioniert: Ein Mensch schenkt Vertrauen und ist Empfänger von Vertrauen, was wiederum zum Selbstvertrauen beiträgt. Im Prinzip der Reziprozität liegt die Stärke von Vertrauenssystemen wie dem Gabentausch, in dem, so Mauss, die Gabe für den Schenkenden selbst steht, »und zwar darum, weil man sich selbst – sich und seine Besitztümer – den anderen ›schuldet‹«.[14] Der Gabentausch existierte in Gesellschaften mit oraler Kommunikation, und es war die Grundlage, so der Kommunikationstheoretiker Marshall McLuhan, von vielen sozialen Netzen wie Sippe, Clan oder Familie, wo die gesprochene, das heißt, mit dem Leib verbundene, Sprache als Teil des Organismus galt.[15] Weil die gesprochene Sprache jeden einzelnen erfasste, wurde das System des Gabentauschs zu einem Teil des Gefühlssystems jedes einzelnen Körpers: Es wurde also nicht als Zwangssystem wahrgenommen. Die zeremonielle Gabe wurde so zu einem Teil des kollektiven und individuellen Unbewussten.

Über die Gemeinschaften, die nach diesen Prinzipien funktionierten, wissen die Anthropologen und Archäologen heute immer mehr: Sie lernen die Zeichen zu interpretieren, die sich aus der Bauweise steinzeitlicher Siedlungen, Gräberfunden, Nahrungsresten oder genetischen Analysen ergeben. Oft handelt es sich um Relikte, die auf einige tausend Jahre vor unserer Zeitrechnung zurückzudatieren sind, doch einige Grundsätze ihrer ungeschriebenen Gesellschaftsregeln werden allmählich lesbar – vermutlich deshalb, weil sich unsere Augen dafür zu öffnen beginnen. Diese Strukturen passten sich also dem angeborenen Vertrauensvorschuss an, sie verliehen den Vorgaben der Evolutionsbiologie ein angemessenes soziales Gerüst.

Wie und warum wurden diese Systeme ausgehebelt? Warum gab es immer mehr hierarchische und immer weniger egalitäre Gesellschaften? Wie sich der Wandel vollzog, hing von den jeweiligen kulturellen Umständen oder geo-historischen Gegebenheiten ab. Offenbar ist aber, dass hierarchische Gesellschaften auf egalitäre folgten – so gut wie nie geschah dies in gegengesetzter Richtung. Daraus lässt sich schließen, dass sie die Gemeinschaften der zirkulierenden Gaben verdrängten. Sehr oft, fast immer, war das Oberhaupt der hierarchischen Gesellschaften männlich, oft wurde seine Herrschaft durch Kontrolle oder Gewalt gesichert, die auch vor Ausbeutung und Leibeigenschaft nicht Halt machte. Wie die Sozialsysteme der zirkulierenden Gaben existierten auch diese hierarchischen Gesellschaften weltweit: in Mesopotamien, in Nord- und Südamerika, im alten Ägypten ebenso wie in China und anderen Regionen. Einige von ihnen hielten sich lange – im alten Ägypten mehrere tausend Jahre –, bis andere Gesellschaftsstrukturen an ihre Stelle rückten. In diesen hatten oft erbliche Eliten oder Aristokratien das Sagen. Dazu gehörte auch das antike Griechenland, das sich zwar als »demokratisch« verstand, weil es keinen König gab, dessen Ökonomie aber auf Sklaverei und Leibeigenschaft beruhte.

Daneben entwickelte sich, vor allem rund ums Mittelmeer, noch ein dritter Typus von Gemeinschaft, deren Beginn sich ziemlich genau auf die Einführung neuer, vor allem phonetischer Schriftsysteme datieren lässt.[16] Unter diesen war besonders einschneidend das Alphabet, ein Schriftsystem, das wegen seiner wenigen Zeichen leicht zu erlernen war und das deshalb – im Gegensatz zu allen bis dahin existierenden Schriftsystemen – breiteren Bevölkerungsschichten den Zugang zu Bildung und Wissen und damit auch zur Herrschaft über das kulturelle Gedächtnis der Gemeinschaft bot. Hierarchische Strukturen hatten es hier schwerer. Die Kulturen, die aus diesen neuen alphabetischen Systemen hervorgingen, verkündeten die Gleichheit aller Menschen: *Deuteronomium*, das 5. Buch Mose, ist »der erste, vollständig ausformulierte Nations- und Gesellschaftsvertrag der Welt, der die Männer, Frauen und Kinder, die Reichen und die Armen einer ganzen Gemeinschaft einbezieht«.[17] Neue »Sozialgesetze« sahen etwa die Freilassung von Sklaven nach sieben Jahren vor. Allerdings bangten diese Gemeinschaften wegen der Gleichstellung und des wachsenden Umfangs um den sozialen Zusammenhalt; so schufen sie sich *geschriebene* Regelwerke, die an die Stelle der ungeschriebenen Gabensysteme traten. Die jüdische Gemeinschaft, die erste »textual community« der Welt,[18] bildete sich nicht lange nach der Entstehung des semitischen Alphabets, der Mutter aller Alphabete. In der Heiligen Schrift, die sich diese Gemeinschaft gab, wurden 613 Zeremonialgesetze formuliert, die alle Bereiche des Lebens – von Ernährung, über Sexualverhalten bis zu Bestattung und Reinheitsvorschriften – erfassten und für einen Gemeinschaftskörper sorgten, der jeden einzelnen Körper einschloss und Bindungen schuf, die sogar die spätere Zerstreuung überdauerten. Der angeborene Vertrauensvorschuss der Evolutionsbiologie fand also auch in einer schriftbasierten Kultur ein neues soziales Regelwerk.

Die Heiligen Schriften der drei monotheistischen Religionen sind allesamt in alphabetischen Schriftsystemen verfasst. Das semitische Alphabet schuf die Voraussetzungen für die Entstehung des Monotheismus. Indem es Laute in visuelle Zeichen umwandelte, die auf Pergament oder Stein verewigt werden konnten, entriss dieses Schriftsystem dem Körper die Sprache. Das galt nicht für vorangegangene Schriftsysteme, die keine Beziehung zur gesprochenen Sprache hatten.[19] Der Abstraktionsschub, den das Alphabet als körperferne, der gesprochenen Sprache aber zugleich eng verbundenes Zeichensystem implizierte, vollzog sich parallel zur Herausbildung der jüdischen Gemeinschaft. Mit der Ausbreitung des semitischen Alphabets wurden die ersten Grundlagentexte der jüdischen Religion formuliert. In ihrem Mittelpunkt stand ein abstrakter Gott: ein Gott, der nicht zu sehen war, der sich einzig in den Zeichen der Schrift offenbarte und die Welt aus dem Wort erschuf. Dieser Gott konnte auch als »das Gesetz« gedacht werden – als ein Regelwerk, das die Gemeinschaft in einer ähnlichen Weise vor innerem Zwist schützte, wie es die alte Gabengemeinschaft vermochte. In den religiösen Systemen (etwa dem babylonischen), die der Entstehung des Judentums vorausgingen, repräsentierten die Herrscher eine transzendente Macht. Ihre Autorität beruhte auf der Verbindung zum Jenseits. Dagegen waren die Könige Israels Menschen (weshalb die Hebräische Bibel ihren irdischen Missetaten auch viel Platz einräumt). Der Bezug der Gemeinschaft zur Transzendenz beruhte auf der von einem Gott verliehenen Heiligen Schrift. Sie bewirkte den Zusammenhalt des Volks Israel.

Auch die griechische Kultur basierte auf einem Alphabet. Es entstand zweihundert Jahre nach dem semitischen und hatte ebenfalls einen bedeutenden Abstraktionsschub zur Folge. In dessen Mittelpunkt befand sich jedoch kein allmächtiger Gott, sondern der Glaube an Logos, Theorie und an ein geschriebenes, irdisch verfasstes Rechtssystem, das später im römischen *ius*, Basis des modernen Rechtsstaats, seine deutlichste Ausformulierung finden wird. Wieso verlief der Weg so anders? Das griechische Alphabet unterschied sich in einem entscheidenden Punkt vom semitischen: Es erfasste alle Laute der mündlichen Sprache, während das semitische Alphabet nur aus Konsonanten bestand. Texte, in denen die Vokale nicht ausgeschrieben werden, sind nur lesbar für die, die auch die gesprochene Sprache beherrschen. Erst aus dem Zusammenhang lässt sich erschließen, welche Vokale einzufüllen sind; ob die Buchstaben »rs« Reis, Rose oder Riese bedeuten. Das Konsonantenalphabet hatte zur Folge, dass sich die Oralität in den jüdischen Traditionen parallel zur Schrift erhielt: Der Text wird bis heute in der Synagoge laut verlesen, und die Heilige Schrift wird im mündlichen Gespräch zwischen Lehrer und Schüler von Generation zu Generation immer wieder neu ausgelegt. Die Bewahrung der mündlichen Tradition machte die jüdische Kultur leichter kompatibel mit den flexiblen Traditionen des angeborenen Vertrauensvorschusses. In der griechischen Kultur dagegen sollte das »volle Alphabet« dafür sorgen, dass die Schrift die Oralität zunächst verdrängte und dann nach ihren Regeln gestaltete.[20] In diesem Fall kam es also zu einer Vorherrschaft der Schrift.

Das jüdische Regelwerk blieb ein Sonderfall: Erstens war es zugeschnitten auf einen spezifischen Kulturraum, ließ sich also nicht ohne Weiteres auf andere Traditionen übertragen – etwa die des ostasiatischen Raums. Zweitens basierte es auf einer Gemeinschaft von überschaubarer Größe, was in der Diaspora durch das matrilineare Prinzip verstärkt wurde.[21] Die jüdische Religion gilt zwar als »Weltreligion«, historisch stieß sie sich aber immer wieder an solchen Einschränkungen, die letztlich verhinderten, dass sich das Vertrauensprinzip, auf dem sie basierte und das sie weitergab, auf andere Schriftkulturen übertragen ließ. So mag es sich erklären, dass das Christentum, das mit dem Judentum um die Nachfolge auf den Thron Davids konkurrierte, Vertrauen durch Glauben zu ersetzen versuchte. Der Glaube war besser vereinbar mit der Dominanz der Schrift.

Der Glaube verdrängt das Vertrauen

Die Geschichte des Christentums begann etwa tausend Jahre nach der des Judentums, zeitgleich mit der Zerstörung des Zweiten Tempels und dem Beginn der jüdischen Diaspora.

Als größte Sünde des Christentums gilt der Glaubenszweifel. Seit dem 4. Jahrhundert ist das Glaubensbekenntnis Bestandteil des Gottesdienstes. Während sich das *Schma Jisrael* (Höre, Israel) der jüdischen Religion an die gesamte Gemeinschaft richtet und von dieser verlangt, sich nach den Regeln des Einen Gottes zu richten, stellt das *Credo* (Ich glaube) der Kirche den individuellen Glauben in den Mittelpunkt. Im Protestantismus wurde der Einzelne sogar für seinen Glauben *verantwortlich* gemacht. Luther verlangte von den Gläubigen, ein direktes Verhältnis zu Gott aufzubauen, auf die Mittlerrolle der Geistlichen zu verzichten. Er übersetzte die Heilige Schrift ins Deutsche, damit sie jedes Mitglied der Gemeinschaft selbst lesen konnte und nicht zwingend auf die Interpretation der Institution Kirche angewiesen war. In den protestantischen Gebieten wuchsen die Alphabetisierungsraten rascher als in den katholischen, und diese Lesefähigkeit schloss auch die Frauen ein: Die ersten Mädchenschulen entstanden im protestantischen Raum. Zugleich beinhaltete das reformierte Glaubensbekenntnis zunehmend dogmatische Aspekte; sie dienten der Abgrenzung gegen die katholische Kirche, hatten aber auch zur Folge, dass Rom seinerseits strenger formulierte, was sich im *Trienter Glaubensbekenntnis* von 1564 niederschlug.

Die Zentrierung aufs Ich hatte den »nach Innen« genommenen Gott des Protestantismus zur Folge: Es entwickelte sich einerseits das Gewissen, andererseits begann jener »beschwerliche Weg« ins Innere des Menschen, wo Schleiermacher die Religion vermutete.[22] Beides, die verdrängten, abgespaltenen oder vergessenen Teile des Gewissens wie auch diese neue »aufgeklärte« Art, Religion zu denken, fanden in der Theoretisierung des Unbewussten einen Niederschlag: Ihm wurden jene Bereiche zugewiesen, die der Glaube nicht ganz zu beherrschen vermochte. Die Genese macht verständlich, warum die ersten Theoretiker des Unbewussten so gut wie alle aus protestantischen Häusern kamen: In der reformierten Kirche war der Säkularisierungsprozess weiter fortgeschritten als im Katholizismus. Für die Protestanten war es schwierig geworden, am Transzendenzgedanken festzuhalten; gleichzeitig bot dieser »innere Gott« die Möglichkeit, sowohl vom Glauben abzufallen als auch ihm treu zu bleiben. Mit dem Unbewussten erlebte das Göttliche eine Wiederauferstehung im Ich. Das Bewusstsein trat die Erbschaft des Glaubens an, während das Vertrauen dem Unbewussten überlassen blieb. Die naheliegende Frage, warum sich dann um 1900 ein Jude, Sigmund Freud, und mit ihm viele andere säkularisierte Juden dem Unbewussten so intensiv zuwandten, ist eine Frage, die uns im nächsten Kapitel beschäftigen wird.

Der Glaube ist eine prekäre Angelegenheit: Er ist exklusiv, es gibt nur die eine Wahrheit, alles andere fällt unter »Lüge«. Das Vertrauen dagegen duldet die andere Wahrheit neben der eigenen. Umso entschlossener, ja, rücksichtsloser muss der Glaube die eigene Position durchsetzen. Vertrauen wird geschenkt; der Glaube dagegen wird erwogen, dekretiert, auch erzwungen. Es gibt Glaubensfanatiker, wogegen der Begriff »Vertrauensfanatiker« keinen Sinn ergibt. Vertrauen kann enttäuscht, auch verraten werden. Dem Glauben kann dies nicht geschehen, denn er ist nicht zu widerlegen, über Glaubensinhalte lässt sich nicht diskutieren. Der Glaube muss nicht religiös sein – wir werden sehen, wie viele weltliche Gestalten er annehmen kann –, er bezieht sich oft auf eine Ideologie oder eine Institution wie »die Partei«. Seine Vertreter sichern sich im Allgemeinen durch die Berufung auf eine höhere Instanz ab: Gott, Nation, Vorsehung, ein politisches Programm. Der Glaube ist eine Grundhaltung. Manchmal findet er in der Gemeinschaft Verstärkung, doch im Verhältnis zwischen zwei Menschen oder einer Familie kommt der Glaube nur dann ins Spiel, wenn die Außenwelt dominiert. Vertrauensverhältnisse dagegen können sowohl zwischen zwei Menschen als auch in einer Familie gelten; sie lassen sich auch auf eine größere Gruppe übertragen, wenn deren Sozialstruktur das angeborene Vertrauen unterstützt. Der entscheidende Unterschied: Der Glaube fordert die Bereitschaft, ja den *Willen*, an etwas zu glauben. Das angeborene Vertrauen dagegen kann und muss auf den Willen verzichten. Vertrauen »wächst«, kann nicht »gewollt« werden, während der Glaube wenig Raum lässt für das, was »von selbst« geschieht. Weil er dem Bewusstsein nähersteht – er hat seinen Ursprung immer in einem Text, einer Lehre oder einem Bekenntnis –, eignet der Glaube sich besser für hierarchische Strukturen und Gewalt als das Vertrauen. Autokraten setzen nie auf Vertrauen, immer nur auf den Glauben.

Dass auch der Glaube evolutionsinhärent sein kann, legt ein Gespräch nahe, das ich 1989 mit dem jüdischen Philosophen und Naturwissenschaftler Yeshayahu Leibowitz für einen Film über die Geschichte des Antisemitismus führte. Auf meine Frage, ob das, was in der Shoah geschehen ist, vorauszusehen war, antwortete er: »Vor sechzig Jahren konnte ja niemand die Phänomene, die wir nachher aus dem Dritten Reich gekannt haben, überhaupt im Traum denken. Das hat auch kein Historiker und kein Soziologe vorausgesehen. Ich: Gibt es nachträglich etwas, das wir erkennen können? Eine Gesetzmäßigkeit, die dahin geführt hat? Leibowitz: Da treffen Sie einen Punkt. Es gibt offenbar in der Geschichte keine Gesetzmäßigkeit. Das ist der tiefe Gegensatz zwischen der Geschichte der Menschheit und der Natur. In der Natur können wir Gesetzmäßigkeiten finden. In der Menschheitsgeschichte finden wir keine Gesetzmäßigkeit. Und das ist verständlich, denn in der Natur gibt es weder Bewusstsein noch Willen, da gibt es nur Notwendigkeiten. Aber Menschen haben ein Bewusstsein und haben Willen. Ich: Das heißt, Geschichte ist deshalb unberechenbar, weil der Mensch nicht Natur ist. Leibowitz: Ja ganz richtig. Aber die Negation genügt nicht. Wir müssen hinzufügen, er ist nicht Natur, sondern er hat Bewusstsein und Willen. Und das gibt es in der Natur nicht. Ich: Und eben dies Bewusstsein führt dazu, dass er unberechenbar ist? Leibowitz: Absolut unberechenbar.«[23]

Sowohl Glaube als auch Vertrauen sind dem Menschen inhärent, repräsentieren jedoch unterschiedliche, oft unvereinbare Anteile der menschlichen Psyche. Im Zentrum des Kampfs ums Unbewusste steht der Kontrast zwischen diesen beiden Polen. Das Kapitel *Genesis* der hebräischen Bibel erscheint wie eine einprägsame Reflexion über diese Opposition, die die Evolution uns bescherte: Das Paradies repräsentiert das Urvertrauen, der Apfel vom Baum der Erkenntnis dagegen den Glauben. Wir werden sehen, dass hinter allen religiösen, politischen oder sozialen Konflikten, von denen noch die Rede sein wird, immer wieder der Schatten des Gegensatzes von Glauben und Vertrauen hervortritt. Der Antagonismus sorgte für eine Dynamik, die für die Geschichte des Unbewussten und seine Theoretisierung entscheidend war, weshalb er – ohne dass wir dies vorher geplant hätten – zu einem Leitfaden dieses Buchs wurde.

Das Verhältnis von Glauben und Vertrauen ist nicht nur geprägt von ihrer Gegensätzlichkeit, sondern auch von einem Prozess der Annäherung und Überlagerung. Er zeigt sich deutlich in der französischen Sprache, die für den Glauben zwei Begriffe hat: *croyance* und *foi*. Ersteres ist der bewusste Glaube, der ursprünglich vom Willen gesteuert ist, bevor er zum Bekenntnis oder zur Gewohnheit wird. Das zweite ist eine schon kaum mehr bewusste Art des Glaubens, deren Etymologie auch mit dem Begriff der *confiance* (Vertrauen) zusammenhängt: Er leitet sich ab von lateinisch *fides*, Vertrauen, Glauben, Treue. Der Unterschied zwischen *croyance* und *foi* lässt sich etwa so erfassen: *Des croyances peuvent être décrites, la foi ne peut être que vécue.* Die *croyances* können beschrieben, die *foi* kann nur gelebt werden. Der »gelebte Glaube« nähert sich also der Bedeutung von *confiance* im Sinne von Vertrauen an – und bleibt dennoch ein Glaube, den man *hat*, mit dem man sich wie mit einer schusssicheren Weste umgeben kann, oder gar anderen aufzwingt. Die Überlagerung von Glauben und Vertrauen, von der die französische Sprache Zeugnis ablegt, scheint vor allem ein Phänomen der christlichen Gesellschaft zu sein. Sie erklärt zugleich, warum es manchmal schwierig ist zu entscheiden, ob ein Phänomen ins Zuständigkeitsgebiet des Glaubens oder des Vertrauens fällt.

»Unter den Vorschriften des mosaischen Gesetzes«, so schrieb Moses Mendelssohn, »lautet kein einziges: du sollst glauben oder nicht glauben; sondern alle heißen: Du sollst tun oder nicht tun! Dem Glauben wird nicht befohlen, denn der nimmt keine anderen Befehle an, als die im Weg der Überzeugung zu ihm kommen.«[24] Die Tradition des rabbinischen Judentums konnte auf den Glauben verzichten, weil es Handlungsanweisungen gab. Um Jude zu sein, genügte es, sich an ein Regelwerk zu halten. Das war schwierig genug, befreite aber die Mitglieder von der noch schwierigeren *Glaubenspflicht*. Stattdessen vermittelten jüdische Lehren die Fähigkeit, mit dem Zweifel umzugehen, Widersprüche zu ertragen – eine Gewohnheit, die dann auch vom kulturellen oder areligiösen Judentum weitergeführt wurde und etwa in der Figur des »Intellektuellen« ihren Niederschlag fand.[25] Es versteht sich, dass die Unterscheidung zwischen Judentum und Christentum nicht im Gegensatzpaar Vertrauen und Glauben aufgeht. Doch das Beispiel ist aufschlussreich, um die Entwicklungen des Unbewussten im totalitären Staat zu verstehen.

Kulturtechniken verschaffen dem Glauben Zugang zum Unbewussten

Der Wille ist ebenso riskant wie der Glaube selbst. Im christlichen Kulturraum entstanden – vielleicht aus diesem Grund – Kulturtechniken, die den Willen kontrollieren und befördern halfen. Wurden sie bei ihrer Einführung zunächst als willkürlicher Eingriff wahrgenommen, so sollten sie allmählich verinnerlicht und zu einem Teil der menschlichen »Natur« werden. Als Beispiele seien hier drei Kulturtechniken aufgeführt: erstens Schrift/Buchdruck und eng damit verbunden das Geld, zweitens die Räderwerkuhr und drittens die technischen Sehgeräte. Alle drei erwiesen sich als kollaborative Willens- und Glaubenshilfen. Sie trugen dazu bei, dass der Glaube zur »Natur« des Menschen, zu einer eigenen »Provinz im Gemüthe« werden konnte.

Die christliche Theologie war die größte Schriftproduzentin des mittelalterlichen Abendlandes. Verfasst wurden nicht nur theologische Lehren, sondern auch juristische Codices, denn die Kirche verwaltete neben dem Glauben auch irdische Besitztümer und das archivalische Gedächtnis, das die Basis von Schriftgemeinschaften bildet. Gegen Ende des Mittelalters waren viele Klöster zu besseren Kopieranstalten geworden. Der Buchdruck mit seinen beweglichen Lettern wurde im christlichen Kulturraum erfunden, der mit der Erbschaft des griechischen Alphabets auch die Schriftdominanz übernommen hatte.

Auch das Geld, selbst ein Schriftsystem, diente als Glaubenshilfe. Die Kirche hatte zunächst vom »Geldteufel« gesprochen, aber schon unter Konstantin dem Großen im vierten Jahrhundert verschaffte das Leiden Christi dem Geld Glaubwürdigkeit: Das Credo in der Kirche wurde zur Basis des Kredits und des Glaubens ans Geld. Das Kreuz wurde auf Münzen geprägt, und die Hostie nahm die Form einer Münze an.[26] Im 13. Jahrhundert, als sich die Geldwirtschaft zum ersten Mal seit der Antike wieder etablierte, verkündete die Kirche die Transsubstantiationslehre, die eine dem Geld analoge Idee implizierte: das Fleisch gewordene Zeichen. Faktoren wie diese machten die christliche Religion nicht nur geldkompatibel, sondern schufen auch die Voraussetzungen für eine Verbreitung der Geldwirtschaft im christlichen Kulturraum; sie bahnten den Weg für die Entstehung von Kapitalismus und freier Marktwirtschaft.[27] Zwar läuteten sowohl der Buchdruck (der zu einer breiteren Bildung führte) als auch die Geldwirtschaft (die den Aufstieg neuer sozialer Klassen einleitete) den Prozess der Aufklärung ein. Doch als dies geschah, hatte der Übergang von einer Gesellschaft, die an heilige Texte *glaubte*, zu einer Gesellschaft, in der sich Schrift und Geld jedem einzelnen Körper eingeprägt hatten, schon längst stattgefunden. Der Glaube hatte einen ersten Sieg über das Vertrauen errungen.

Die Räderwerkuhr wiederum vollbrachte den Transfer von

Techniken der Frömmigkeit zu denen der Industrialisierung. Auch die mechanische Uhr entsprach einem Bedürfnis christlicher Klöster. Das französische Wort *horloge* leitet sich von *hora lego* (Gebetsstunde) ab. Die Cluniazensische Reform im 10. und 11. Jahrhundert schuf eine feste Gliederung der Zeit durch sieben Gebetsstunden. Da das Gebet auch in der Nacht verrichtet wurde, kamen Sonnenuhren nicht infrage. Wasseruhren froren bei den winterlichen Temperaturen des Nordens ein. Der Zeitmesser, der den Anforderungen der Mönche und Nonnen entsprach, wurde um 1300 erfunden: in Gestalt der mechanischen Uhr. Sie sicherte den Tagesablauf im Kloster, der von der Idee eines synchronen Lebens bestimmt war: Man aß, betete, arbeitete zusammen, lebte in Gemeinschaftsräumen. Die Räderwerkuhr garantierte den festen Zeitrhythmus und schuf zugleich soziale Homogenität.

Bald begannen die Uhren, auch das Wirtschaftsleben außerhalb der Klostermauern zu regulieren. In den Städten ertönten Glocken für den Arbeitsbeginn, für Mahlzeiten, das Ende der Arbeit, das Schließen der Stadttore, Marktzeiten, Sitzungen des Stadtrates, Sperrstunde usw.[28] Die Räderwerkuhr schuf die entscheidende Voraussetzung für den allmählichen Prozess der Mechanisierung und Industrialisierung, der seit dem Spätmittelalter über die Textilindustrie und bald auch über andere Wirtschaftssektoren bestimmte. Der Industrialisierungsprozess ist ohne die Räderwerkuhr nicht vorstellbar, und Lewis Mumford hat deshalb zu Recht behauptet, dass die Schlüsseltechnik des Industriezeitalters nicht die Dampfmaschine, sondern die Uhr war.[29] Sie synchronisierte die Gemeinschaft – und das (mit dem Vertrauen eng verbundene) *Zeitgefühl* wurde durch eine verinnerlichte Zeit ersetzt, die den vierundzwanzig gleich langen Stunden der Räderwerkuhr entsprach.

Bei der dritten Kulturtechnik verband sich der Glaube mit dem Sinn des Sehens. Sowohl die jüdische Religion als auch der Islam gehen von einem verborgenen Gott aus, der nicht abgebildet werden darf – er bleibt mithin verschleiert. Moses wie Mohammed verhüllen ihr Haupt, bevor sie das Wort Gottes empfangen. Der Raum Gottes ist das Dunkel, das Wissen und Denken nicht durchdringen können. Er ist der sakrale Bereich, in dem Unzugängliches vermutet und das »Un-Bewusste« verwahrt wird. Das Christentum folgte einer anderen Logik. Das griechische Wort *apokalypsis*, das dem Johannesevangelium, dem Buch der Offenbarung den Namen lieh, heißt wörtlich aus dem Griechischen übersetzt »Entschleierung« und ist zusammengesetzt aus *kalypta*, was »schleierartiger Umhang« bedeutet, und dem Präfix *apo* (weg, entfernt). Auch der lateinische Begriff *revelatio* versteht die Offenbarung als einen symbolischen Akt der Entschleierung (von *velum*, Schleier, Vorhang). Dahinter steht der Gedanke, dass der Gläubige das Geheimnis Gottes, die Wahrheit, unverhüllt sehen und begreifen kann. Im Gegensatz zu den beiden anderen monotheistischen Religionen ist das Christentum eine Religion der *Enthüllung*. In ihrem Zentrum steht ein Gott, der in seinem Sohn sichtbare Gestalt angenommen hat.[30]

Dieser christliche Topos der *revelatio* – als Zugang zur Wahrheit und zum Geheimnis – sollte bestimmend werden für die Wissenschaft des christlichen Kulturraums: Auf der Suche nach der wissenschaftlichen »Wahrheit« entwickelte das Abendland eine Fülle von Sehtechniken und Sehgeräten, die neue Paradigmen setzten und Ent-Deckungen ermöglichten. Die christliche Welt übernahm zu Beginn der Neuzeit viele Erkenntnisse aus dem arabischen Raum, wo das Wissen in der Medizin und auf technisch-naturwissenschaftlichen Gebieten weiter fortgeschritten war. Doch im Bereich des Sehens erfand das christliche Europa ganz Eigenes: Zentralperspektive, Fernrohr, Mikroskop, Camera obscura und später Fotografie und Film. Diese Techniken veränderten das Sehen und verwandelten die transzendente Wahrheit, an die es zu *glauben* galt, in die Vorstellung eines mit den Augen zu erfassenden Wissens. Inzwischen gibt es viele Formen von Wissen, die sich dem Auge entziehen – neurologische Vorgänge zum Beispiel. Für sie wurden bildgebende Verfahren entwickelt, mit denen ein Topos aus den Evangelien eine neue Wendung erfährt. Jesus sagt zum ungläubigen Thomas: »Weil du mich gesehen hast, glaubst du. Selig sind, die nicht sehen und doch glauben.«[31] Die bildgebenden Methoden helfen denen unter uns, die nur an das glauben wollen, was sie auch sehen können.

Diese Kulturtechniken schufen einen Raum, in dem sich der Glaube im Unbewussten ansiedeln konnte. Sie wurden ergänzt durch die Idee einer »Mathematisierbarkeit« der Welt. Für den französischen Soziologen und Psychoanalytiker Cornelius Castoriadis ist der große Wissensschub der Neuzeit nicht einer technischen *Errungenschaft* wie dem Buchdruck zu verdanken; vielmehr sei ihm eine Imagination von Welt vorausgegangen, »derzufolge alles Seiende ›rational‹ (und insbesondere mathematisierbar) ist, nach der der Raum des möglichen Wissens von Rechts wegen vollständig ausgeschöpft werden kann und wonach das Ziel des Wissens in der Beherrschung und Aneignung der Natur liegt.«[32] Die Mathematisierbarkeit der Welt bildete eine Fortführung der Scholastik, die auf einem »logischen Ordnungssystem« beruhte und die »Erklärung des Glaubens durch die Vernunft« verfolgte. Ihre Logik, so Erwin Panofsky, fand in der Architektur der Gotik ihren Ausdruck.[33] »Es verwundert kaum, daß eine Denkweise, die es für nötig hielt, den Glauben durch einen Appell an die Vernunft und die Vernunft durch einen Appell an die Vorstellungskraft ›klarer‹ zu machen, sich auch verpflichtet fühlte, die Vorstellungskraft wiederum durch einen Appell an die Sinne ›klarer‹ zu machen.«[34] Castoriadis' »mathematisierbare Welt« der Renaissance ging also eine Glaubenskultur des Christentums voraus, die schon mit Erfolg die Ratio in ihr religiöses System integriert hatte.

Nun könnte man aus dieser Darstellung schließen, dass das Unbewusste als ein Phänomen des christlichen Kulturraums zu betrachten ist. Ganz zu leugnen ist dies nicht, denn bei der Geschichte des Unbewussten, womit nicht die »Sache« selbst, sondern ihre Definition gemeint ist, wie auch bei der Entstehung der Psychoanalyse bewegen wir uns im christlichen Kulturraum – auch da, wo Juden maßgeblich beteiligt waren. Der Säkularisierungsprozess, innerhalb dessen sich das Aufkommen des Diskurses über das Unbewusste historisch vollzog, wurde hier angestoßen. Der christliche Kulturraum implizierte, wie das Beispiel der Sehtechniken zeigt, nicht zwingend den Verzicht auf christliche Lehren, sondern manchmal auch deren Verlagerung auf eine weltliche Ebene.[35] Nahmen andere religiöse Traditionen – Judentum, Islam, Hinduismus, Buddhismus, um nur diese zu nennen – weltliche Form an, wenn also aus Religion Kultur wurde, so geschah dies häufig unter dem Einfluss der christlichen Mehrheitsgesellschaft, etwa beim diasporischen Judentum[36] oder im Falle des Islam unter dem Einfluss des Kolonialismus.[37] Der Säkularisierungsprozess war der erste von vielen Umbrüchen, die die weitere Entwicklung der Moderne begleiten sollten. Mit jedem Umbruch nahmen die Konflikte um das Unbewusste neue Gestalt an.

Mit den digitalen Medien des 20. und 21. Jahrhunderts fanden die verschiedenen Kulturtechniken – Schrift, Geld, Zeitvermessung, Bild und Mathematisierbarkeit – zueinander und schufen die Basis für die spezifische Gesellschaftsformation, die wir von Internet und sozialen Medien kennen. Mit den digitalen Techniken erreichte die »Mathematisierbarkeit der Welt« einen neuen Höhepunkt, indem sich nicht nur unsere Körper, sondern auch unsere Psyche einem »Vermessungswahn« unterwarfen.[38]

Angesichts dieser Glaubensaufrüstung haben das angeborene Vertrauen und die ihm angepassten Sozialstrukturen heute einen schwierigeren Stand. Bisher konnte der Glaube das Vertrauen nicht zerstören, doch der Konflikt zwischen den beiden Dynamiken im Umgang mit dem Unbewussten spitzt sich zu – schon deshalb, weil der Glaube dem Vertrauen mitunter täuschend ähnlich sieht und Sozialstrukturen hervorgebracht hat, etwa die quasi-oralen Kommunikationsformen des Internets, die von denen des Vertrauens schwer zu unterscheiden sind. In der Vergangenheit bewirkten Kulturtechniken, dass Glaubensinhalte, etwa die hierarchische Geschlechterordnung, mit der »Natur« identifiziert wurden. Heute scheint es eher darauf anzukommen, dass wir lernen, zwischen Glaubens- und Vertrauensverhältnissen zu differenzieren.

Retrospektiv lässt sich die Frage stellen, ob das Interesse am Unbewussten, das sich seit 1800 herausbildete und um 1900 mit der Psychoanalyse ein eigenes Lehrgebäude errichtete, nicht auch als Versuch zu sehen ist, das Überleben des angeborenen Vertrauens zu sichern. Das entspräche der bemerkenswerten Flexibilität des Unbewussten, für das jede Epoche neue Definitionen und Erklärungsmuster bereithält. Mit dem Unbewussten erweist sich die Psyche – das zeigen neuere psychologische und neurobiologische Forschungen – als ein Feld permanenter Transformationen: vom Bewussten zum Unbewussten, vom Organischen/Chemischen ins Soziale. Und umgekehrt: Auf die Interaktion von Biologie und Psyche wird das 9. Kapitel ausführlicher eingehen. Hier sei nur festgehalten, dass diese Flexibilität des Unbewussten dem Glauben immer wieder die Verfügungsgewalt über das liquide Territorium der »Seele« entzieht. Einst kämpfte die Kirche um jede Seele; heute wollen weltliche Institutionen, Ökonomie und politische Bewegungen die Psyche erobern. Im »Kampf ums Unbewusste« spiegeln sich also sowohl die innerpsychischen Konflikte zwischen Glauben und Vertrauen als auch die Auseinandersetzungen zwischen den religiösen, politischen, wirtschaftlichen und ideologischen Kräften wider. Die Psyche wurde zum eigentlichen Ziel moderner Eroberungspolitik – ob im Wahlkampf, beim Konsum oder in militärischen Auseinandersetzungen.

2 EXIT GOTT – AUFTRITT DAS UNBEWUSSTE

Das vorfreudianische Unbewusste

Der Rückgang des Bestimmungsrechts der Kirche über das Denken und Fühlen wurde in ganz Europa als eine große Befreiung erlebt. Frankreich, wo mit der Monarchie auch die Kirche entmachtet wurde, vollzog diesen Schritt früher und radikaler als Deutschland – dort hatte man es allerdings mit der katholischen Kirche zu tun, während der Protestantismus schon als eine Art von Voraufklärung wirkte. Umso grundsätzlicher waren die Einschnitte in Frankreich, als sie schließlich kamen. 1748 hatte der Arzt Julien Offray de La Mettrie (1709–1751) in seinem Pamphlet *L'homme-machine* ein unverhohlen atheistisches und mechanistisches Welt- und Menschenbild entworfen. Er musste das Land verlassen und fand Zuflucht im liberalen Holland, bevor ihn Friedrich II. von Preußen an seinen Hof holte und in Sanssouci als Leibarzt und Vorleser einstellte. Andere, nicht minder radikale Aufklärer folgten ihm und läuteten den Bruch mit dem katholischen *Ancien Régime* ein, auch in Wissenschaft und Medizin.

Fragen von Bewusstsein spielten sowohl in Frankreich als auch in Deutschland eine Rolle. Descartes hatte verkündet, dass das Ich, das er mit der Seele gleichsetzte und damit der Transzendenz überließ, nicht erkennbar sei. Er sah dieses Ich jedoch als Konstrukteur und Organisator der Wirklichkeit.

Kant gab der Empirie mehr Gewicht, wies sie aber auch in ihre Grenzen. Das Denken kanalisiere und deformiere die Realität nach Mustern, die mit a priori erworbenem Wissen oder kulturellen Modellen zusammenhingen. So unterschiedlich diese Positionen auch waren – beide vereinte, dass sie den Menschen, das denkende Wesen, und mithin auch seine Psyche, seine Gefühle und individuelle Wahrnehmungsart ins Zentrum stellten. Die Reaktionen auf solche Positionierungen unterschieden sich: In Frankreich erklärte der Mathematiker, Philosoph und Religionskritiker Auguste Comte (1798–1857), Mitbegründer der Soziologie und des Positivismus, dass es keinen Sinn habe, in das Seelenleben des Ich einzudringen. Es entziehe sich der Erkenntnis. Er hielt an den verifizierbaren Realitäten fest. Sein Einfluss auf die französische Wissenschaft des 19. Jahrhunderts führte zu einer deutlichen Orientierung an biologischen und physikalischen Fakten, während zur gleichen Zeit in Deutschland das Interesse an der »Seele« oder dem Innenleben des Menschen wuchs. Das galt vor allem für Philosophie und Literatur, später auch für die Medizin. Diese kulturellen Unterschiede mögen erklären, warum Konzepte des Unbewussten in Deutschland sehr viel früher diskutiert wurden als anderswo in Europa und weshalb die Psychoanalyse in diesem Kulturraum entstand.

Im Deutschland wurde das Vakuum, das der Glaube an Gott und an eine zur Transzendenz befähigte Seele hinterließ, schon ab dem späten 18. Jahrhundert mit dem Konzept des Unbewussten gefüllt. Das heißt, Gott wurde auf die Erde und ins Ich verlagert. Allerdings blieben die Attribute sehr ähnlich: »allmächtig«, »unberechenbar«, »allwissend«, »souverän«

usw., und auch manche Begriffe blieben die gleichen. Aus der religiösen wurde die menschliche Seele, die Psyche. Diese Verlagerung vollzog sich parallel zur Rezeption der französischen Aufklärung und war vor allem dem Protestantismus geschuldet. Das romantische Unbewusste transportierte Aufklärung und deren Gegenbewegung in einem. Es ließ Raum für das Unsagbare und Unkontrollierbare, das »Geheimnis« einer Allmacht, die bis dahin im Transzendenten verortet worden war, wies dieser aber einen Platz zu, der »wissenschaftlich« erfasst werden konnte. Indem Gott in das Unbewusste umbenannt wurde, entstand ein anderes Verhältnis zu dieser Allmacht. Sie ließ sich vermessen, erschien beherrschbar, kanalisierbar. Diese Sichtweise wurde zur treibenden Kraft von Naturbeherrschungsphantasien. Zugleich wurde ein Verlust spürbar: Es entstand das Bedürfnis nach dem unergründlichen Geheimnis, für das Gott gestanden hatte. Beide Seiten schlugen sich nieder in den Bildern vom Unbewussten

In Deutschland kam es, anders als in Frankreich, zu einer Verschränkung von Naturphilosophie und Dichtung, was dazu führte, dass die medizinische Forschung der Vorherrschaft von Philosophie und Literatur unterworfen wurde; so wie sie einst dem theologischen Primat unterstanden hatte. Im Gegenzug grenzten sich Naturwissenschaften und Medizin von den geisteswissenschaftlichen Perspektiven ab. Erst mit Hermann von Helmholtz (1821–1894), Arzt, Physiologe und Physiker, der sich für die Interaktion zwischen Physis und Psyche interessierte und dem ab Mitte des 19. Jahrhunderts entwickelten Begriff der »Humanwissenschaften« Raum geben wollte, trat wieder das bewusste Ich in den

Fokus. Das hatte zur Folge, dass die Psyche des Wissenden zum Forschungsgegenstand wurde. In den 1870ern bekannte sich auch Emil Du Bois-Reymond (1818–1896), der als Wegbereiter der experimentellen Elektrophysiologie und Mitbegründer des Faches Physiologie als strenger Naturwissenschaftler galt, zu den Grenzen der naturwissenschaftlichen Forschung. 1872 räumte er in einem Vortrag ein, dass die Frage des Bewusstseins jenseits der Kompetenz der Wissenschaften liege.[1]

Im Gegensatz zu den Naturwissenschaftlern waren die deutschen Philosophen und Schriftsteller keineswegs zurückhaltend in ihrem Umgang mit dem Bereich der Psyche. Sie erklärten das Unbewusste zu einer *terra incognita* und damit zu einem Gebiet, das seiner Erforschung harrte. So schrieb Jean Paul in *Selina. Oder über die Unsterblichkeit der Seele*, ein Werk, das er 1823 begann, aber nicht vollenden konnte: »Wir machen aber von dem Länderreichtum des Ich viel zu kleine und enge Messungen, wenn wir das ungeheure Reich des Unbewußten, dieses wahre innere Afrika, auslassen.« Jean Paul stellte dieses »Reich« der von der Erde abgewandten Seite des Monds gegenüber, während die sichtbare Seite für das Bewusstsein stehe.[2] Jean Pauls Vergleich war ein Weckruf zur Kartographierung des dunklen Kontinents der Psyche. Zugleich mag auch eine Rolle gespielt haben, dass Deutschland, anders als England und Frankreich, zu dieser Zeit über keine Kolonien verfügte. Es könnte sich also um einen Kompensationsdiskurs handeln. Die reale oder phantasierte Ich-Erweiterung und seine kartographische Erfassung boten die Möglichkeit, den Blick auf »innere Kolonien« zu richten.

Man wird einwenden, dass es im 19. Jahrhundert auch in Frankreich ein reges Interesse an psychischen Vorgängen gab. Das ist richtig, doch war dieses eher vom Rationalismus eines Descartes oder Auguste Comtes Positivismus geprägt. Mit dem Unbewussten im Sinne einer Erforschung der Seele oder der Selbstreflexion hatte die französische *nouvelle psychologie* nichts im Sinn. Das schränkte die Bereitschaft ein, sich auf Experimente einzulassen, die auch nur entfernt mit den Geisteswissenschaften zu tun haben könnten. Der berühmte Neurologe Jean-Martin Charcot (1825–1893) zum Beispiel, der im späten 19. Jahrhundert die Hysterie zu seinem Fachgebiet erkoren hatte und dessen Vorlesungen an der Salpêtrière viele Pariser Intellektuelle – zu ihnen gehörte 1885 auch Sigmund Freud – anzogen, war überzeugt, mit den hysterischen Anfällen ein medizinisch »berechenbares«, also verifizierbares Phänomen vor sich zu haben, was sich schon bald als eine große Täuschung erweisen sollte.[3] Die Erforschung psychischer Vorgänge im Sinne einer Selbstreflexion, wie sie Freud später zu neuen Erkenntnissen führte, war in Charcots Denkmustern nicht vorgesehen.

Betrachtet man die vorfreudianischen Theorien zum Unbewussten im deutschsprachigen Raum, so schälen sich drei Typen heraus: Der eine bestand aus dem, was man als »postchristliche« Betrachtung bezeichnen könnte; der zweite wandte sich der oben beschriebenen Richtung der Kartographie zu, die die Eroberung des »inneren Kontinents« zum Ziel hatte; und bei der dritten – und auch chronologisch spätesten – Variante zeichnete sich der Typus eines Unbewussten ab, das über das Ich herrscht und später auch von Freud beschrieben wurde.

Auffallend ist, dass fast alle deutschen Theoretiker, die sich mit dem Unbewussten beschäftigten, aus protestantischen Familien stammten oder sogar in Pfarrhäusern aufgewachsen waren, manchmal auch als Theologen begonnen hatten. Das evangelische Pfarrhaus war berühmt als Produktionsstätte von Bildung und Wissenschaft, aber offenbar eignete es sich auch als Raum des Übergangs von einem religiösen zu einem säkularen Bild der »Seele«. Wie bereits beschrieben, wurde der Übergang von Gott zum Unbewussten auch von evangelischen Theologen wie Friedrich Schleiermacher geebnet, dessen Buch *Über die Religion* von 1799 auf große Begeisterung unter seinen Zeitgenossen stieß. Die von ihm vorgeschlagene »sanfte« oder allmähliche Transition von Religion zur »Wissenschaft von der Seele« wäre im katholischen Frankreich kaum denkbar gewesen. Die »evangelische« Tendenz dieser Diskurse um das Unbewusste blieb ausschließlich dem deutschen Sprachraum vorbehalten, wo auch die Reformation ihren Ausgangspunkt hatte.

Zu den deutschen Theoretikern, die die Aufklärung begrüßten, aber zugleich noch im Bann kirchlicher Lehren standen, gehörte der Philosoph Friedrich Wilhelm Joseph Schelling (1775–1854). In seinem *transzendentalen Idealismus* von 1800 ist vom »absoluten« oder dem »ewigen Unbewußten« die Rede.[4] Es ist, wie Ludger Lütkehaus es ausdrückt, ein metaphysisches Unbewusstes, das »zum Statthalter des noch nicht toten, aber schon sterbenden Gottes, zum Garantie-Schein der gefährdeten Unsterblichkeit der Seele« berufen ist.[5] Deshalb erscheint es auch in der Metaphorik des Lichts, die christlicher Religion und Aufklärung gemeinsam ist, als »die ewige Sonne im Reich der Geister«. Auch die Kritik an Wissenschaft und Vernunft verband Schellings Konzept mit der Religion. Zugleich haftete seinem Unbewussten jene Synchronisierung mit der Außenwelt an, die Kulturtechniken des Glaubens wie Geld und Uhr dem Menschen in den vorangegangenen Jahrhunderten antrainiert hatten. Er schreibt: »Der Erfolg meiner Handlungen ist also nicht von mir, sondern vom Willen aller übrigen abhängig, und ich vermag nichts zu jenem Zwecke, wenn nicht alle denselben Zweck wollen.« Als Mittler zwischen der Vorstellung einer göttlichen und einer weltlichen Bestimmung des Menschen diente Schelling der *Glaube an die Geschichte,* den auch andere Denker dieser Epoche, etwa Hegel und Fichte, vertraten: »Wenn nun aber jenes Absolute der eigentliche Grund der Harmonie [...] nicht nur des Individuums, sondern der ganzen Gattung ist, so werden wir die Spur dieser ewigen und unveränderlichen Identität am ehesten in der Gesetzmäßigkeit finden, welche als das Gewebe einer unbekannten Hand durch das freie Spiel der Willkür in der Geschichte sich hindurchzieht.«[6]

Die Formulierung von der »unbekannten Hand« erinnert an Adam Smiths »unsichtbare Hand« von 1776.[7] Der schottische Ökonom und Moralphilosoph sah in der »unsichtbaren Hand« eine Umschreibung für den Zusammenklang vieler einzelner Eigeninteressen, der das Wohl der Gemeinschaft sichere. Anders als von Smith beabsichtigt, wurde der Begriff später überwiegend im Sinne eines Laisser-faire der freien Marktwirtschaft interpretiert; als solcher sollte er wie kein anderer zur Rechtfertigung des Kapitalismus beitragen. Die »unsichtbare Hand« war eine in dieser Zeit verbreitete Redensart, mit der Aufgeklärte, die das Wort Gott nicht mehr in den Mund nehmen wollten, dennoch von einem großen Gefüge sprechen konnten. Das Bild entwickelte sich zu einer Art von Synonym für das kollektive Unbewusste, das alle Menschen verbindet und Garant einer neuen Ordnung sei. In den unterschiedlichen Wirkungsgebieten dieser »Hand« spiegelte sich das jeweilige kulturelle Umfeld wider: In Großbritannien, wo das Zeitalter von Industrialisierung und »freier Marktwirtschaft« zuerst angebrochen war, hatte die »Hand« eine ökonomische Ausrichtung; in Deutschland, das mit der Suche nach der politischen Einheit beschäftigt war, sollte die »Hand« ein nationales Zusammengehörigkeitsgefühl suggerieren. Schelling verbindet mit seiner »unbekannten Hand« keine ökonomischen und auch keine explizit nationalistischen Überlegungen; aber sein Konzept war gut vereinbar mit der Vorstellung eines unbewussten Zusammenwirkens.

Für den Arzt, Maler und Naturphilosophen Carl Gustav Carus (1789–1869) stand nicht die Gemeinschaft, sondern das Individuum im Zentrum der Betrachtung. Neben zahlreichen medizinischen Schriften, etwa zu Anatomie und Gynäkologie,[8] verfasste er auch naturphilosophische Werke und beschäftigte sich, wie viele seiner Zeitgenossen, mit Phänomenen wie Magnetismus, Wünschelruten, Hellsehen, prophetischen Träumen usw. – Gebieten, von denen man annahm, dass es nur eine Frage der Zeit sei, bis sie sich als wissenschaftlich beweisbar erweisen würden. 1846 veröffentlichte Carus ein Werk zur Psyche, in dem er das Unbewusste ausdrücklich thematisierte.[9] Schon der erste, kursiv gesetzte Satz war Programm: »*Der Schlüssel zur Erkenntnis vom Wesen des bewußten Seelenlebens liegt in der Region des Unbewußtseins*«. Carus forderte eine »Wissenschaft der Seele«, weil der »weitaus größte Teil des Reiches unseres Seelenlebens im

Unbewußtsein ruht«. Lange vor Freud konstatierte er die Wechselwirkung zwischen dem Unbewussten und dem Bewusstsein: »Schon dadurch also, daß der größte Teil der Gedanken unseres Bewußtseins immer wieder im Unbewußtsein untergeht und nur zeitweise und einzeln ins Bewußtsein treten kann, ist das unbewußte Seelenleben als Basis des bewußten charakterisiert.« Und er beschrieb auch schon eine Art von Verdrängungsmechanismus: Ein »ehemals Gewußtes ist also nun ein Unbewußtes«.[10]

Die Konzentration auf die individuelle Seele hinderte Carus nicht, in kollektiven, geschlechtlichen wie rassentheoretischen Kategorien zu denken: Im Männlichen sei das Bewusstsein stärker entwickelt, während im Weiblichen das »Unbewußtsein mit der Wünschelrute des Gefühls« vorherrsche.[11] Und in seiner Schrift *Ueber ungleiche Befähigung der verschiedenen Menschheitstämme für höhere geistige Entwicklung*, das in einem Band zu Goethes hundertstem Geburtstag erschien, theoretisierte er den Unterschied zwischen den Völkern: Die »Tagvölker«, zu denen er die Europäer, die Araber, Semiten, Perser rechnete, seien mit einem höheren Bewusstsein ausgestattet, im Gegensatz zu den »Nachtvölkern« Afrikas. Ostasiaten und Inder wiederum seien »Völker der Morgen- und Abenddämmerung«. Nur die Tagvölker seien kulturtragend. Die Kultur, die von den »Dämmerungs-Völkern« ausgehe, sei nur ein vom Licht der Tagvölker bewirkter Schatten.[12] Eurozentrismus at its best. Vergleichbare hierarchische Kategorien tauchten später auch bei Freud auf: etwa beim Vergleich zwischen der Psyche des Neurotikers und der des »Primitiven«.[13]

Carus' Gliederung der Welt in höhere und niedere Kulturen übernahmen Autoren wie Arthur de Gobineau, dessen Schriften prägend waren für die Rassentheorien des späten 19. Jahrhunderts.[14] Auch die Überlagerung von Rasse- und Geschlechterbildern war weit verbreitet in den Theorien des 19. und frühen 20. Jahrhunderts zum Unbewussten. Wir finden sie einerseits in den Rassentheorien des Antisemitismus,[15] andererseits klingen sie auch in Freuds Theorie vom »dunklen Kontinent« der weiblichen Sexualität an.[16] Diese hierarchischen Denkweisen wurden später noch um soziale Dimensionen erweitert, bei denen das Unbewusste als »intrapsychisches Proletariat«[17] daherkam. Damit ließen sich Fragen des Unbewussten leicht auf soziale Phänomene übertragen, wie dies Ende des 19. Jahrhunderts mit Gustave Le Bons Theorien zur Psychologie der Massen geschah.[18]

In den Diskursen über das Unbewusste des frühen 19. Jahrhunderts tobte noch der Kampf zwischen dem Glauben an Gott und dem Glauben an die Wissenschaft. So klangen bei Carus einerseits religiöse Metaphern an – etwa, wenn er vom »Wunder der höheren Offenbarungen der Psyche« sprach.[19] Andererseits glaubte er an die Berechenbarkeit und den kartographischen Umgang der Wissenschaft mit dem Unbewussten. Als Vorläufer dieser Denkweise galt Kant, der in seiner *Kritik der reinen Vernunft* darauf hinwies, dass »auf der großen Karte unseres Gemüths« nur wenig Stellen »*illuminirt* sind«, während die dunklen Vorstellungen ein »unermeßliches Feld« ausmachen, »das uns Bewunderung über unser eigenes Wesen einflössen« könne.[20] Auch Jean Paul sah im Unbewussten »ein Reich des Unergründlichen und Unermesslichen«, einen »verdeckten Reichthum«, der die »Dürftigen reich« mache und ihre »Grenzen ins Unsichtbare« rücke. Im Gegensatz zu Kant hoffte er, dass das Unbewusste die Leerstelle, die Gott hinterlassen hatte, füllen könne. »›Ach‹, sagte Selina, ›ist es nicht ein tröstlicher Gedanke, dieser verdeckte Reichthum in unserer Seele? Können wir nicht hoffen, daß wir unbewusst Gott vielleicht inniger lieben, als wir wissen?‹«[21]

Der Konflikt zwischen religiösem Glauben und Wissenschaft fand seinen Ausdruck in der Unterscheidung zwischen Bewusstsein und Unbewusstem, wie sie der Philosoph und Pädagoge Johann Friedrich Herbart (1776–1841) vorschlug. In seinem *Lehrbuch der Psychologie* von 1816 heißt es: Eine tief verankerte Vorstellung könne zwar »durch eine neue, die viel schwächer ist als sie, auf eine Zeitlang völlig aus dem Bewußtseyn verdrängt werden«; doch sie werde schon bald beginnen, »mit ganzer Macht wider die im Bewußtseyn befindlichen Vorstellungen« zu arbeiten.[22] Einen kartographischen Ansatz verfolgte der Philosoph Eduard von Hartmann (1843–1906), dessen *Philosophie des Unbewussten* von 1869 von Leuten gelesen wurde, »die sich der Wissenschaft verpflichtet fühlten, aber bestürzt waren über die Reduktion des Menschen auf eine Maschine«.[23] Hartmans Buch, das erste, in dem der Begriff des Unbewussten im Titel auftaucht, war ein Bestseller und wurde innerhalb weniger Jahre neunmal aufgelegt.

Mit Hartmann wurde das Unbewusste in den Rang einer Übermacht erhoben, der das Bewusstsein nicht gewachsen sei. Das Unbewusste, so Hartmann, sei »dem natürlichen Bewusstsein so sehr *terra incognita*, dass es die Identität von *Vorstellen* und *sich einer Sache bewusst sein*, für ganz selbstverständlich und zweifellos hält«.[24] Seinem Band über die Philosophie ließ Hartmann einen zweiten Band unter dem Titel *Metaphysik des Unbewussten* folgen, wobei er das Unbewusste mit quasi-göttlicher Allmacht ausstatte: »*Das Unbewusste schwankt und zweifelt nicht*, es braucht *keine Zeit* der Überlegung, *sondern erfasst momentan das Resultat* in demselben Moment, wo es den ganzen logischen Process, der das Resultat erzeugt, auf einmal und nicht *nach* einander, sondern *in* einander denkt, was dasselbe ist als ob es ihn gar nicht denkt.« Darauf folgt ein Satz, der so klingt, als hätten die Protestanten dem Unbewussten ihren eigenen Heiligen Stuhl errichtet: »Das Unbewusste irrt nicht.«[25] Die katholische Kirche hatte wenige Jahre zuvor das Dogma von der Unfehlbarkeit des Papstes verkündet.

Im 1. Kapitel habe ich die Frage gestellt, ob das rege Interesse am Unbewussten nicht auch als Versuch zu verstehen sei, das Überleben des angeborenen Vertrauens zu sichern. Dagegen wirft eine Bilanz des »protestantischen« Umgangs mit dem Unbewussten die Frage auf, ob die intensive Beschäftigung des 19. Jahrhunderts mit dem Thema nicht auch als eine neue Kulturtechnik des Glaubens zu lesen ist. Beides ist richtig. Der Kampf ums Unbewusste lässt sich als Konflikt zwischen den beiden Alternativen verstehen: Während ein Teil der Protagonisten mit dem Unbewussten dem kolonialen Impetus einer Beherrschung der Welt folgte, gab es andere, die bemüht waren, das Unbewusste als *terra incognita* zu schützen, sein Überleben im Untergrund sichern zu helfen.

Die weitaus größere Gruppe der deutschen Theoretiker gehörte der zweiten Gruppe an; sie sah im Unbewussten eine Eigenmacht am Werk. Für Goethe war es die Voraussetzung für künstlerische Schöpfung. »Ich glaube«, schrieb er an Schiller, »daß alles was das Genie, als Genie thut, unbewußt geschehe«.[26] Einen ähnlichen Gedanken verfolgte der Theologe und Philosoph Immanuel Hermann Fichte (1796–1879) in seiner 1864 erschienenen *Psychologie*. Er schrieb, dass »die Dunkelregion des Geistes«, also das Unbewusste, »auch die Quelle seines Bewusstseins« sei. »Das Bewusstsein *als* solches ist nicht productiv, *bringt nichts Neues hervor*, sondern es *begleitet* nur mit seinem Lichte *gewisse* reale Zustände und Veränderungen in der Seele, während zugleich gewisse andere, ebenso real in ihr vorhandene, im Dunkel bleiben.«[27] Ebenso setzte auch der Philosoph und Psychologe Wilhelm Maximilian Wundt (1832–1920), der das Fach Psychologie begründete und an der Entstehung der Völkerpsychologie beteiligt war, auf die Mächte des Unbewussten: »Unsere Seele ist so glücklich angelegt, dass sie die wichtigsten Fundamente der Erkenntnis uns bereitet, während wir von der Arbeit, mit der dies geschieht, nicht die leiseste Ahnung haben. *Wie ein fremdes Wesen* steht diese unbewusste Seele da, das *für uns* schafft und vorbereitet, um uns endlich die *reifen Früchte* in den Schooss zu werfen.«[28] Bis Helmholtz hatten sich die Naturwissenschaften um eine strenge Abgrenzung gegen die Geistes- oder Humanwissenschaften bemüht, während Wundt auf eine Annäherung hoffte, was sich in seiner Verwendung des neuen Begriffs »Psychophysik« zeigte. 1874 schrieb er in *Grundzüge der physiologischen Psychologie*: »Die Physiologie gibt über jene Lebenserscheinungen Aufschluss, welche sich durch unsere äußeren Sinne wahrnehmen lassen. In der Psychologie schaut der Mensch sich selbst gleichsam von innen an und sucht sich den Zusammenhang derjenigen Vorgänge zu erklären, welche ihm diese innere Beobachtung darbietet.«[29]

Bei manchen Verfassern wurde aus dem *schöpferischen* Unbewussten sogar eine die Psyche und den Intellekt *beherrschende* Macht. So etwa beim Arzt und Ethnologen Philipp

Wilhelm Adolf Bastian (1826–1905), Gründer des Berliner Museums für Völkerkunde. Seine 1868 erschienenen *Beiträge zur vergleichenden Psychologie* beginnen mit der Feststellung, »dass *nicht wir* denken, sondern dass *es in uns* denkt.«[30] Bei Bastian unterstand nicht nur das künstlerische Schaffen, sondern jegliche geistige Tätigkeit dem Diktat des Unbewussten, das er, lange vor Groddeck und Freud, mit dem Begriff des »Es« versah. Bastians Satz entsprach fast wortwörtlich der berühmten Aussage des französischen Dichters Arthur Rimbaud, der nur wenige Jahre später schrieb: »C'est faux de dire: je pense: on devrait dire: On me pense. [...] Je est un autre.«[31] Allerdings muss die Ähnlichkeit solcher Aussagen in ihrem jeweiligen historischen Kontext gelesen werden. Rimbaud formulierte seine Einsicht einige Tage nach einer schweren Erniedrigung, die Frankreich widerfahren war. Am 10. Mai 1871 hatte sich das Land nach einem blutigen Krieg der preußischen Herrschaft beugen und unter anderem Elsaß-Lothringen abtreten müssen. Rimbauds Satz reflektierte also auch die Hilflosigkeit des Unterlegenen. Davon ist in den deutschen Aussagen zum Unbewussten wenig zu spüren; es sind eher Huldigungen an die Macht des Unbewussten.

Der wichtigste deutsche Theoretiker zur Eigenmacht des Unbewussten war zweifellos Arthur Schopenhauer (1788–1860). Die Veröffentlichung seines Werks *Die Welt als Wille und Vorstellung* zog sich von 1819 bis 1844 über Jahrzehnte hin. Schopenhauer sprach nicht vom »Unbewussten«, sondern vom »Willen«: eine Art von Lebenstrieb, der, vergleichbar den Mächten des Unbewussten der Romantiker, mit Allmacht ausgestattet war. Für ihn war es ein absolutistischer Monarch: »Hält der Intellekt dem Willen ein einfaches Anschauliches vor; so spricht dieser sofort sein Genehm oder Nichtgenehm darüber aus: und eben so, wenn der Intellekt mühsam gegrübelt und abgewogen hat, um aus zahlreichen Datis, mittelst schwieriger Kombinationen, endlich das Resultat hervorzubringen, welches dem Interesse des Willens am meisten gemäß scheint, da hat dieser unterdessen müßig geruht und tritt, nach erlangtem Resultat, herein, wie der Sultan in den Diwan, um wieder nur sein eintöniges Genehm oder Nichtgenehm auszusprechen, welches zwar dem Grade nach verschieden ausfallen kann, dem Wesen nach stets dasselbe bleibt.« Schopenhauer kam zwar auch aus einer protestantischem Kaufmannsfamilie, aber anders als bei den postchristlichen Theoretikern war bei ihm nur von der »sogenannten Seele« die Rede. Dieser maß er, verglichen mit der Eigenmacht des »Willens«, eine sekundäre Bedeutung bei.[32]

Schopenhauer nahm einige von Freuds Thesen vorweg. So sprach er von »Association« und bezeichnete diese als »ein Gedanke, der einen anderen herbeiführt«. Wenn er die menschliche Psyche mit einer Pflanze verglich, so klingt dies zwar biologistischer als bei Freud, erinnert aber an dessen Dreiteilung von Ich, Es und Über-Ich: »Die Wurzel stellt den Willen, die Krone den Intellekt vor, und der Indifferenzpunkt Beider, der Wurzelstock, wäre *das Ich,* welches, als gemeinschaftlicher Endpunkt, Beiden angehört.« Anders als bei Freud, war der Intellekt in Schopenhauers Ordnung eindeutig dem Willen *unter*geordnet. »Man nennt dies ›Herr über sich seyn‹: offenbar ist hier der Herr der Wille, der Diener der Intellekt.«[33] Von solchen Aussagen bis zu Freuds Unbewusstem als »Herr im Haus« ist es nicht weit. Auch Schopenhauer sah, wie Goethe, Fichte oder Schelling, im Unbewussten die

Quelle intellektueller Schaffenskraft und den Motor des Bewusstseins, doch warnte auch er davor, ähnlich wie Freud, der forderte: »Wo Es war, soll Ich werden.« Während die einen also dem Unbewussten Macht über das Bewusstsein beimaßen, begriffen Freud das Bewusstsein und Schopenhauer die Kultur als Bändiger der unberechenbaren Kräfte des Unbewussten. Dieser Unterschied hing vielleicht mit den politischen Entwicklungen zusammen, die sich nach 1900 anbahnten und auf die ich noch zurückkomme.

In einem weiteren Punkt waren sich Schopenhauer und Freud einig: Beide stellten die Sexualität in den Mittelpunkt ihrer Theorien. Bei Schopenhauer bildete sie die Substanz der Lebenskraft: »Dies alles aber stimmt damit überein, daß der Geschlechtstrieb der Kern des Willens zum Leben, mithin die Koncentration alles Wollens ist; daher eben ich im Texte die Genitalien den Brennpunkt des Willens genannt habe. Ja, man kann sagen, der Mensch sei konkreter Geschlechtstrieb; da seine Entstehung ein Kopulationsakt und der Wunsch seiner Wünsche ein Kopulationsakt ist, und dieser Trieb allein seine ganze Erscheinung perpetuirt und zusammenhält.«[34] Auch bei Freud kreiste die Triebtheorie um die Geschlechtlichkeit. Doch, anders als Schopenhauer, wurde er dafür von seinen Zeitgenossen heftig kritisiert. Man muss sich daran erinnern, so schrieb er 1920, »daß einiges vom Inhalt dieser Schrift, die Bedeutung des Sexuallebens für alle menschlichen Leistungen und die hier versuchte Erweiterung des Begriffes der Sexualität, von jeher die stärksten Motive für den Widerstand gegen die Psychoanalyse abgegeben hat«.[35] Woran lag es, dass die zentrale Stellung, die Schopenhauer der Sexualität beimaß, keine derartigen Widerstände auslöste? Schopenhauer legitimierte den Geschlechtstrieb als »Auftrage eines Höheren, der Gattung«,[36] während Freud die Eigenständigkeit der Sexualität betonte, die in keinem Dienst als dem eigenen stehe.[37] Der Grund für diese unterschiedlichen Einschätzungen: In den wenigen Jahrzehnten, die Freud von Schopenhauer trennten, war es auf dem Gebiet der Zeugungsforschung zu neuen Erkenntnissen gekommen. 1830 war der Eisprung entdeckt worden, ab 1875 erlaubten verbesserte Mikroskope, die Verschmelzung von Sperma und Eikern zu *sehen*. (Wir stoßen hier erneut auf die Kulturtechniken der Sichtbarkeit!). Das verschaffte dem späten 19. Jahrhundert eine andere Sicht auf die Sexualität: Während es auf der einen Seite zu den ersten Reproduktions-Experimenten unter Ausschluss der Unberechenbarkeiten der Sexualität kam (die Eugenik war Ausdruck dieser Entwicklung), gelangte man auf der anderen Seite zur Einsicht, dass die Sexualität auch da aktiv werden kann, wo sie keinen »höheren Auftrag« der Gattung hat. Diese Verselbstständigung des Sexualtriebs mag zu den Widerständen gegen Freuds Theorie beigetragen haben. Für die Zeitgenossen von Schopenhauer waren Sexualität und Fortpflanzung nicht getrennt zu denken; insofern war es kein Affront gegen die Moral, der Sexualität eine solche Macht einzuräumen.

Weder Schopenhauer noch Freud setzten die zentrale Rolle, die sie der Sexualität und dem Unbewussten beimaßen, in Beziehung zu der sich im 19. Jahrhundert vollziehenden Emanzipation der Frau. Eigentlich hätte es bei beiden Pionieren nahegelegen, im Zusammenhang mit einer neuen Einordnung der Sexualität auch nach der Rolle der Weiblichkeit zu fragen. Freud zumindest hätte erwägen können, ob nicht die verlogene Sexualmoral, die er anklagte und an der er so viele seiner Patienten und vor allem Patientinnen leiden sah, auch mit den tradierten Weiblichkeitsbildern zusammenhing. Stattdessen entwickelte er Vorstellungen über die weibliche Sexualität und Scham, die diese Bilder verfestigten. Ähnlich bei Schopenhauer, der mit seinem Buch *Über die Weiber* (1851) dazu beitrug, die den Frauen anerzogene Rolle zu ihrer »Natur« zu erklären. Es drängt sich der Eindruck auf, dass die Theorien zur Sexualität in beiden Fällen dafür herhalten mussten, das Gebiet männlich zu besetzen – ein Punkt, den Karen Horney später ausdrücklich thematisieren sollte.

Bedeutend für die vorfreudianische Geschichte des Unbewussten war schließlich Friedrich Nietzsche (1844–1900). Auch er stammte aus einem evangelischen Pfarrhaus; zugleich hat kein anderer deutscher Philosoph vor ihm so ausdrücklich darauf beharrt, Gott für tot zu erklären. Insofern bildete er auch den Schlusspunkt in dieser protestantischen Kette. Nietzsche bewegte sich intellektuell zwischen Schopenhauer und Freud. Einerseits hielt er es für »abergläubisch« anzunehmen, dass das Denken vom Ich ausgehe: »Ein Gedanke kommt, wenn ›er‹ will, und nicht wenn ›ich‹ will.«[38] Andererseits formulierte er in einem Fragment aus dem Winter 1870/71 (also fünfundzwanzig Jahre bevor mit den *Studien zur Hysterie* der erste psychoanalytische Text erschien) sowohl das Programm der Psychoanalyse als auch die Hindernisse für ihre Umsetzung: »Alle Erweiterung unsrer Erkenntniß entsteht aus dem Bewußtmachen des Unbewußten. Nun fragt es sich, welche Zeichensprache wir dazu haben.«[39] Nietzsche kommt das Verdienst zu, immer wieder die fließenden Übergänge zwischen Bewusstsein und dem Unbewussten betont zu haben, während andere wie Fichte oder Schopenhauer, die den Intellekt als Diener oder Produkt des Unbewussten verstanden, die Unterschiede zwischen beiden herausstellten. Nietzsche dagegen betonte ausdrücklich, dass dieser Unterschied nicht qualitativer, sondern bestenfalls gradueller Art ist: »In allem wollt ihr verantwortlich sein! Nur nicht für eure Träume! Welche elende Schwächlichkeit, welcher Mangel an folgerichtigem Muthe! Nichts ist mehr euer Eigen als eure Träume! Nichts mehr *euer* Werk! Stoff, Form, Dauer, Schauspieler, Zuschauer, in diesen Komödien seid ihr Alles ihr selber!«[40]

Nietzsche galt das Unbewusste als »Phase der Bescheidenheit des Bewußtseins«.[41] Wie für Freud war sein Terrain der Erkundung die eigene Psyche, aber anders als bei Freud kam das Bewusstsein kaum gegen das Unbewusste an. »Ich weiss durchaus nicht, was ich *thue*! Ich weiss durchaus nicht, was ich *thun soll*. – Du hast Recht, aber zweifle nicht daran: *du wirst gethan!* in jedem Augenblicke! Die Menschheit hat zu allen Zeiten das Activum und das Passivum verwechselt, es ist ihr ewiger grammatikalischer Schnitzer.«[42] Nietzsche formulierte auch den Prozess der Verdrängung, der später im Zentrum des psychoanalytischen Prozesses stehen wird. In *Jenseits von Gut und Böse* fand er ein treffendes Bild dafür: »›Das habe ich gethan‹, sagt mein Gedächtniss. ›Das kann ich nicht gethan haben‹ – sagt mein Stolz und bleibt unerbittlich. Endlich – giebt das Gedächtniss nach.«[43] Für Nietzsche galt der Zweikampf zwischen dem Bewusstsein und dem Unbewussten auch im Falle historischer Entwicklungen. In *Die Fröhliche Wissenschaft* (1882) schrieb er, dass »Unzähliges, was sich die

Menschheit auf früheren Stufen aneignete«, plötzlich, »vielleicht nach Jahrhunderten, an's Licht« stoße. Man brauche nur »bis auf die Enkel und Enkelskinder, wenn man Zeit hat, zu warten, – sie bringen das Innere ihrer Grossväter an die Sonne, jenes Innere, von dem die Grossväter selbst noch Nichts wussten.« Sein Fazit: »Wir sind alle wachsende Vulkane, die ihre Stunde der Eruption haben werden«.[44]

Bei einer Bilanz dieser Vorgeschichte des psychoanalytischen Unbewussten fällt nicht nur die Rolle des Protestantismus als geistige Quelle auf. Andere Quellen waren einerseits eine zum Teil antiklerikale Wissenschaft, andererseits jüdische Traditionen. Gewiss, die jüdischen Theoretiker und, zum ersten Mal, auch Theoretikerinnen, die zu dieser neuen Wissensmethode beitrugen, identifizierten sich nicht religiös, das heißt, sie waren von jenem Prozess der Aufklärung geformt, den auch viele Christen durchlaufen hatten. Und so wie aus gläubigen Christen kulturelle Christen geworden waren, gab es auch kulturelle Juden: Sie besuchten nicht mehr die Synagoge, oder nur an den hohen Feiertagen und aus Traditionspflicht, und sie hielten sich auch sonst nicht mehr ans religiöse Regelwerk. Zugleich bekannten sie sich zu ihrem Judentum. Die meisten von ihnen waren noch gut vertraut mit den Denkweisen und Riten ihrer Vorfahren. Mehr noch: Diese Geisteshaltung war durch die Tradition zu einem Teil ihrer psychischen Struktur geworden – ihres Unbewussten, wenn man so will. Im Verlauf des 19. Jahrhunderts hatten Juden Zugang zu akademischer Ausbildung erhalten, und nicht wenige von ihnen interessierten sich für die Entdeckungen Freuds. Der hohe Anteil von Juden, die an der Entstehung der Psychoanalyse beteiligt waren, legt die Vermutung nahe, dass ab 1900 auch jüdische Traditionen auf die Theoretisierung des Unbewussten einwirkten.

Jüdische Traditionen und die Entstehung der »Redekur«

Der »kulturelle Christ« übernimmt Paradigmen der Verantwortung aus den christlichen Lehren (etwa die Sorge um die sozial Schwachen und Kranken), hat zur Religion aber keinen oder höchstens einen ästhetischen Bezug, etwa in der Gestalt christlicher Kunst oder klassischer Kirchenmusik. Ähnliches gilt für den »kulturellen Juden«: Hier umfasst die Definition vor allem ethische und soziale Kategorien. Der Historiker Yosef Hayim Yerushalmi nennt Sigmund Freud einen »psychologischen Juden«, meint aber etwas Ähnliches: »Den klassischen jüdischen Texten entfremdet, spricht der psychologische Jude gern von unveräußerlichen jüdischen Zügen. Befragt man ihn weiter, so nennt er als typische jüdische Eigenschaften unter anderem Intellektualität und geistige Unabhängigkeit, höchste ethische und moralische Normen, Sinn für soziale Gerechtigkeit und Unbeirrbarkeit angesichts der Verfolgung.«[45] Außerdem macht den »kulturellen Juden« eine grundlegend kritische Betrachtungsweise aus. Sie war einerseits der jahrhundertelangen Rolle des Außenseiters, andererseits aber auch den Traditionen der mündlichen Exegese mit ihren widersprüchlichen Interpretationen geschuldet. Im säkularen Raum kehrte sie in der Gestalt des kritischen »Intellektuellen« wieder – ein Begriff, der unter Antisemiten schon bald zu einem Synonym für »Jude« werden sollte.[46] Die Entstehung neuer Denk- und Deutungsmuster, die sich in

Deutschland wie anderswo unter dem jüdischen Einfluss ausbreiteten, verdankte sich dieser Konstellation: Zugehörigkeit zur jüdischen Gemeinschaft bedeutete Ausbildung eines spezifischen Ethos oder einer bestimmten Kritik- und Denkfähigkeit. Genau dies galt für viele Juden, die sich von Freuds Umgang mit der Frage des Unbewussten angezogen fühlten und sich seiner »Denkschule« anschlossen.

Worin bestand das »Jüdische« dieser Intellektuellen? Ab dem späten 18. Jahrhundert hatten sich zwei Arten, Judentum zu denken, entwickelt: einerseits die *Haskala*, die jüdische Aufklärung, die im deutschsprachigen Raum um 1770 mit Moses Mendelssohn begann, und andererseits die *Orthodoxie*. Der Begriff Orthodoxie kam erst auf, als sich ein Teil der Juden den Prinzipien der Aufklärung verschrieb. Der Historiker Paul Mendes-Flohr schreibt: »Moses Mendelssohn, der 1786 in Berlin starb, bezeichnete sich selbst nicht als orthodoxen Juden, obwohl er sich streng an die Tora hielt. Das gleiche gilt für Maimonides oder die rabbinischen Gelehrten, die den Talmud herausgaben. Auch König David bezeichnete sich nicht als orthodox.«[47] Die Orthodoxie ergab erst Sinn, als es für einige Juden denkbar geworden war, ein Judentum außerhalb der Synagoge – ein »kulturelles Judentum« – zu denken und zu leben. Die Orthodoxie verstand sich als Gegenpol zur *Haskala*.

Die Spaltung des Judentums in diese zwei Stränge hatte sich aus dem christlichen Säkularisierungsprozess ergeben, der (in Deutschland vor allem durch den Protestantismus) zu einer Verlagerung christlichen Gedankenguts auf bekenntnisneutrale Gebiete wie Kultur und Wissenschaft geführt hatte. Gegen die damit verbundene Neuausrichtung des Antijudaismus von einer religiösen auf eine nationalistische Ebene, die in deutschen Universitäten auf fruchtbaren Boden fiel – deutsche Historiker und Literaturwissenschaftler trugen maßgeblich zur Herausbildung des Nationalgefühls bei –, entstand Anfang des 19. Jahrhunderts eine jüdische Bewegung, die in die »Wissenschaft des Judentums« einmündete.[48] Sie war ein Bekenntnis sowohl zum Judentum als auch zur Aufklärung.

Indem die jüdische Orthodoxie die Hinwendung zu Aufklärung und säkularer Moderne ablehnte, verzichtete sie auch auf ein wichtiges Merkmal des tradierten Judentums: die flexible Exegese. Sie war einer der Gründe für die Langlebigkeit des Judentums gewesen: auf der einen Seite ein unveränderbarer heiliger Text, die 36 Heiligen Schriften, an denen kein Buchstabe verändert werden durfte; auf der anderen Seite die sich immer wieder verändernde Auslegung. Sie garantierte die ständige Erneuerung und Anpassung der Lehre an die aktuelle historische Situation und an die umgebenden Gesellschaften, in denen jüdische Gemeinden als Minderheiten lebten. Für die Rabbiner hatte der Text ohne die orale Auslegung keine Relevanz, und diese Betonung der Mündlichkeit fand auch einen schriftlichen Ausdruck, insbesondere im Talmud. Die in den Interpretationen enthaltenen Gegensätze entsprachen der Offenheit und Unabgeschlossenheit mündlicher Kommunikation. Trotz vieler Kontroversen zwischen den Gelehrten schlossen sich die unterschiedlichen Auslegungen niemals gegenseitig aus. Die Offenheit erhielt sich auch im Zeitalter des Buchdrucks, der eigentlich für Homogenisierung sorgte. Noch Ende des 19. Jahrhunderts wurde in Wilna (oder Vilnius) eine große

Talmud-Ausgabe gedruckt, in der die verschiedenen Fassungen enthalten waren, an den Rändern versehen mit Kommentaren, Superkommentaren und Korrekturen, die andere Auslegungen boten. Diese Tradition endete mit der Entstehung der Orthodoxie, für die nur noch der Text galt, der eine größere Eindeutigkeit versprach als die mündliche Exegese.[49]

Das aufgeklärte Judentum sah sich allerdings mit spezifischen Problemen konfrontiert. Das eine hing mit der Anpassung an die christliche Gesellschaft zusammen, die sich zwar von der Bevormundung durch die Kirche befreit hatte, aber zugleich in ihrer Nachfolge stand. Wie bereits skizziert, entsprach der christliche Säkularisierungsprozess weniger einer Aufkündigung der tradierten Lehren als deren Verlagerung auf eine weltliche Ebene. Die für die Bedürfnisse der Kirche geschaffenen Kulturtechniken wie mechanische Uhr, Buchdruck und Sehtechniken hatten den Weg für eine moderne Wissenschaft gebahnt und transportierten zugleich christliche Inhalte. Das heißt, wollten Juden an den Umwälzungen der Aufklärung teilhaben – und dafür gab es gute Gründe, eröffnete sie doch zum ersten Mal die Möglichkeit, die volle Staatsbürgerschaft zu erlangen und in den akademischen Institutionen Fuß zu fassen –, so mussten sie sich in christliches Fahrwasser begeben.

Das andere Problem bezog sich auf das Verhältnis von Mündlichkeit und Schriftlichkeit. Ich habe darauf hingewiesen, dass das semitische Konsonantenalphabet in den jüdischen Traditionen zur Bewahrung der Oralität beitrug. Auf dieser Gleichberechtigung von Schrift und gesprochener Sprache basierte die hohe Flexibilität der Exegese in der jüdischen Religion: Sie erlaubte die ständige Erneuerung der Heiligen Texte. Dagegen trug das griechische Schriftsystem, das die Sprache vollkommen erfasste, dazu bei, die orale Kultur zu verdrängen. Einer der Schauplätze dieser Machtverschiebung war das griechische Theater, dessen Dramen uns bis heute von den Transformationsprozessen der Antike durch die Schrift erzählen: Mit dem Theater entstand »die erste westliche verbale Kunstform, die völlig von der Schrift kontrolliert war«, so der Literatur- und Medienwissenschaftler Walter Ong.[50] Die »Kunstform«, die Freud fast zweitausend Jahre später erfand, funktioniert nach einem ähnlichen Muster wie das Theater: Die Psychoanalyse ist orale Ausdrucksform und unterliegt zugleich dem Gesetz des geschriebenen Denkens.

Soll das bedeuten, dass uns Freud eine Neuversion des Hellenismus bot? Nein, aber die Antwort führt uns zu einem weiteren Dilemma jüdischer Denktraditionen im Säkularisierungsprozess. Dazu ein kurzer medientheoretischer Exkurs. In der christlichen Religion, deren Schriftform Erbin des Hellenismus war, wurde die gesprochene Sprache zunächst abgewertet. Die Hierarchie zwischen Schriftlichkeit und Mündlichkeit schlug sich zum Beispiel in den Begriffen der mittelalterlichen Gelehrten nieder: »Vatersprache« nannten sie die lateinischen Texte, während die gesprochenen Regionalsprachen als »Muttersprache« bezeichnet wurden, was für Körperlichkeit und fehlende Autorität stand. Doch ab dem Spätmittelalter, vor allem nach der Erfindung des Buchdrucks, erfuhr die gesprochene Sprache durch die Texte eine allmähliche Veränderung, sie gestaltete sich zunehmend nach den Gesetzen der Schrift. Das war nur möglich, weil beim griechischen Alphabet Schrift und mündliche Sprache so eng miteinander verflochten waren. Der Prozess beschleunigte sich mit der Alphabetisierung breiter Bevölkerungsschichten, und als um 1800 die allgemeine Schulpflicht eingeführt wurde, verschmolzen Sprechen und Schreiben, sie wurden ununterscheidbar: Man schrieb so wie man sprach und umgekehrt. Es war die Geburtsstunde von dem, was man später »sekundäre Oralität« nennen wird: Der Begriff bezeichnete eine mündliche Sprache, die von der Schrift gestaltet ist und nach deren Gesetzen funktioniert.

Freud wie alle seine Zeitgenossen, ob jüdisch oder nicht, verwendeten gezwungenermaßen dieses Sprechen. Die völlige Beherrschung der Sprache durch die Schrift, wie sie sich um 1800 herausgebildet hatte, bereitete allen Autoren Schwierigkeiten. Da es keinen Gedanken ohne Sprache gibt, bedeutet die völlige Vereinnahmung des Sprechens durch die Schrift, dass jeder Mensch »lesbar« wird. Und wo es Lesbarkeit gibt, ist der Programmierer nicht weit. Was sich also anbahnte, war die Verfügungsgewalt über die Psyche des Menschen. Wir werden im 3. Kapitel, in dem es um den totalitären Staat geht, und im 6. Kapitel, das den Massenmedien gewidmet ist, sehen, dass diese »Programmierbarkeit« keine abstrakte, sondern eine reale Gefahr darstellt.

Um 1800 begann die schreibende Zunft (Juden wie Nichtjuden) über den Verlust der Oralität zu klagen. »Bücher sind todte Kohlen, der Redner-Geist facht, wie ein Sirocco, die todte Asche an«, schrieb der Schriftsteller Gustav Anton von Seckendorff.[51] Goethe bezeichnete das Schreiben als einen »Mißbrauch der Sprache« und als »trauriges Surrogat der Rede«.[52] Zugleich wurde der Ruf hörbar, zur Sinnlichkeit der gesprochenen Sprache zurückzukehren. Dieser Drang sollte in der zweiten Hälfte des 19. Jahrhunderts bei Dichtern wie Arthur Rimbaud seinen Höhepunkt finden. Schon als Schüler erklärte er sich berufen, eine neue Sprache zu (er)finden, die zur Körperlichkeit einer gesprochenen Sprache zurückführe, eine Sprache, die nicht an den Fesseln der Schriftlichkeit liege. Rimbaud verlangte vom Dichter, »alle Formen der Liebe und des Leidens, des Wahnsinns« zu durchforschen: »Unsagbare Folter, für die er seinen ganzen Glauben braucht, seine ganze übermenschliche Kraft, und durch die er unter allen Wesen der große Kranke, der große Verbrecher, der große Verdammte – und der Allwissende – wird!«[53] Der Dichter solle, so Rimbaud, die Schrift in sinnlichen Kategorien denken: Er erfinde »die Farbe der Vokale! *A* Schwarz, *E* weiß, *I* rot, *O* blau, *U* grün« und bestimme »Form und Bewegung jedes Konsonanten. Mit instinktiven Rhythmen schmeichelte ich mir, ein poetisches Wort zu erfinden, das allen Sinnen dereinst zugänglich sein wird.« Diese Suche nach der Unmittelbarkeit der mündlichen Sprache blieb bei ihm ein unerfüllter Wunsch. Rimbaud fällte schließlich die Entscheidung, die Poesie aufzugeben. »Mein Wesen wurde gallenbitter. Im Stil einer Romanze nahm ich Abschied von der Welt.«[54] Im Alter von 37 Jahren starb er, nachdem sein Körper von Krankheit, Alkohol- und Drogenmissbrauch aufgezehrt war.

Auch im assimilierten Judentum gab es Versuche, zur Unmittelbarkeit der gesprochenen Sprache zurückzukehren – etwa durch die Hinwendung zum Jiddischen. Symptomatisch dafür war die von Martin Buber und Franz Rosenzweig vertretene »Jüdische Renaissance« Anfang des 20. Jahrhunderts. Sie orientierte sich am Modell ostjüdischer Frömmigkeit, wo Jiddisch Alltagssprache war und das Hebräische nur im Lehrhaus oder in der Synagoge verwendet wurde. Buber und Rosenzweig hatten beide eine säkulare Ausbildung genossen: Buber absolvierte in Wien ein Studium der Nationalökonomie, Philosophie, Germanistik, Kunstgeschichte, Psychiatrie und Psychologie; Rosenzweig, der aus einer Familie kam, die dem emanzipierten, liberalen Judentum angehörte, studierte zunächst Medizin, dann Geschichte und Philosophie in Freiburg und Berlin. Seine Dissertation, *Hegel und der Staat* von 1920, war die erste umfassende Analyse der politischen Philosophie Hegels. Der jüdischen Religion stand Rosenzweig nicht nur distanziert gegenüber, er hatte sogar erwogen, zum Christentum zu konvertieren. Doch dann nahmen er und Buber eine Neuübertragung der Heiligen Schrift in die deutsche Sprache in Angriff, deren erster Teil, *Die fünf Bücher der Weisung*, 1925 erschien. Mit ihrer Bibel-Übersetzung versuchten Buber und Rosenzweig den von der Oralität geprägten Charakter des Urtextes, dem die Luther-Bibel nicht immer Rechnung trägt, in die deutsche Sprache zu übertragen.

Die Jüdische Renaissance war geprägt vom Ideal der Unmittelbarkeit, das in den oralen Traditionen des aschkenasischen und sephardischen Judentums zu finden war. In seinem Kommentar zu den Gedichten und Hymnen von Jehuda ben Samuel ha-Levi (1075–1141), einem berühmten sephardischen Dichter des Frühmittelalters, die Rosenzweig ins Deutsche übertrug, schrieb er: »Die Gedichte sind natürlich nicht zum Gelesenwerden bestimmt, sondern, wie in allen Zeiten, wo die Dichtung, oder ein Teil der Dichtung, Volkssache war, zum Vortragen- und Gehörtwerden. [...] Wo Dichtung für einen bestimmten Menschenkreis gedichtet wird und von ihm, von seinen Kehlen natürlich, nicht etwa nur im Geiste, aufgenommen ist, da ist die ›Zeit‹ da.«[55] Er nannte den Dichter »unseren großen Sänger des Exils«[56] und betonte, dass es vor allem Rhythmus, Reim, Metrum, Alliteration, Wiederholung sind, die diesen Versen ihre Geltung verliehen. Damit beschrieb er die Charakteristika oraler Memorialkultur – und genau darauf wollte er hinaus: Er wollte der Sprache ihre »alte« Funktion aus der Oralkultur zurückgeben. Als Revival konnte diese Sprache aber nur sekundäre Oralität sein, und wenn Rosenzweig sich auf sie zur Erneuerung des religiösen Denkens stützte, so nahm damit auch das davon abgeleitete Judentum »sekundären« Charakter an. »Praktisch hieße das für unsere Zeit, daß die befugte Stelle, also die Synagoge, und zwar gerade die ›Reform‹-Synagoge Mittel- und Westeuropas und Amerikas, sich weit mehr als bisher auf diese Dichtung besänne.«[57] Bei Buber und Rosenzweig führte die Vorstellung von der Unmittelbarkeit und Leiblichkeit eines jüdischen Zusammenhalts bis zur Idealisierung einer »jüdischen Blutsgemeinschaft«, die den jüdischen Denktraditionen bis dahin eher fremd war.[58] Nach dem Aufkommen antisemitischer Bilder, die den Juden als »blutsfremd« diffamierten, ließ sich dieser Weg allerdings kaum weiter verfolgen.

Freud und andere säkularisierte Juden seiner Generation waren aufgewachsen in einer Tradition, die es darauf anlegte, neben der Schrift auch den Freiraum der Mündlichkeit zu bewahren. Aus dem Spannungsfeld zwischen Text und mündlicher Sprache bezogen sie ihr kritisches Denken. Doch mit einem nach den Gesetzen der Schrift gestalteten Sprechen ließ sich die alte »Gewaltenteilung« zwischen Text und Oralität schwerlich aufrechterhalten. Hinzu kam, dass die Verschmelzung von Schrift und Sprechen die Folge des griechischen Alphabets war und damit auch dem christlichen Denken nahestand. Viele assimilierte Juden waren zudem durch eine humanistische Ausbildung gegangen, waren mehr von ihr als von den Traditionen des hebräischen Alphabets geprägt. Freud kannte die Texte der griechischen Antike in- und auswendig. Seine Lehren sind fast alle nach Figuren der griechischen Mythologie benannt. Gebildete Juden wie er bekannten sich zu Aufklärung und Wissenschaftlichkeit. Aber sie spürten auch, dass sie sich damit in eine christliche Tradition stellten.

In dieser Tradition – und damit auch der des wissenschaftlichen Denkens – war die Mündlichkeit entweder untergegangen, oder sie konnte nur noch als Wiedergängerin der Schrift, also als sekundäre Oralität, erfahren werden. Das widersprach der Tradition, in der Freud und andere Juden aufgewachsen waren, wo die Mündlichkeit als etwas Eigenständiges erfahren und dadurch die Fähigkeit geschult wurde, mit Widersprüchen umzugehen. In seiner Schrift *Der Mann Moses und die monotheistische Religion* sollte Freud noch kurz vor seinem Tod die wichtige Rolle der mündlichen Tradition unterstreichen: Sie sei »die Ergänzung und zugleich der Widerspruch zur Geschichtsschreibung. Sie war dem Einfluß der entstellenden Tendenz weniger unterworfen, vielleicht in manchen Stücken ganz entzogen, und konnte darum wahrhafter sein als der schriftlich fixierte Bericht.«[59] Doch am Anfang seines Werdegangs versuchte er, sich an den Traditionen der Mehrheitsgesellschaft, der des griechischen Alphabets, zu orientieren. In dieser Tradition galt die Oralität als unzuverlässig, ja, sie wurde in die Nähe des Aberglaubens gerückt.

Den säkularen Juden, die zwischen jüdischen Traditionen und christlicher Aufklärung standen, war die Rückkehr in die »alte Religion« versperrt, weil diese mittlerweile von orthodoxen Strömungen besetzt war, die mit den Traditionen der Vieldeutigkeit gebrochen hatten. Auch die Hinwendung zur ostjüdischen Frömmigkeit, die Buber und Rosenzweig vollzogen, kam für Säkulare nicht infrage, verband sie sich doch mit einem Verzicht auf die Moderne. In dieser scheinbar ausweglosen Situation stießen Juden – allen voran Freud – auf die Erkenntnis, dass es noch eine dritte Sprache gab. Eine Sprache, die sich zwischen den beiden Polen Mündlichkeit und Schriftlichkeit verortete: die Sprache des Unbewussten, die den Körper zu ihrem Sprachrohr machte. Freud las die Symptome der Hysterikerinnen als Körper gewordene Sprache. Indem die Hysterie den Körper »sprechen« ließ, war sie zur Verkörperung einer »verborgenen« Sprache geworden, die sich der »Vormundschaft« durch die Schrift widersetzte.[60] Sie war einerseits reine Körperlichkeit, andererseits verwendete sie ein Zeichensystem, das sich mithilfe des Sprechens – eines von der Schrift besetzten Sprechens – entziffern ließ. So wie ein in den Konsonanten des semitischen Alphabets geschriebener Text nur lesbar ist für die, die auch die *gesprochene* Sprache beherrschten, so verlangten auch die Symptome der Hysterie nach einer Interpretation, die sowohl das Sprechen als auch das Schreiben umfasste. Mit der Sprache des Unbewussten wurde so die jüdische Interaktion von Schriftlichkeit und Mündlichkeit wiederbelebt.

Das Unbewusste, das hier von jüdischer Seite eingebracht wurde, hatte wenig mit Religion zu tun.[61] Es erfüllte nicht die Rolle eines Ersatz-Gotts wie bei vielen protestantischen Theoretikern. Doch es wies einen Ausweg aus der Sackgasse, in die die Verschmelzung von Schrift und gesprochener Sprache sowohl Juden als auch Nichtjuden geführt hatte. Freud und seine frühen Mitstreiter stellten sowohl der Schrift als auch der sekundären Oralität eine dritte Sprache gegenüber – und diese war nah am Körper und zugleich in einem ganz neuen Sinne »lesbar«. Freud verwendete oft Bilder aus der Schriftgeschichte, um die Funktionsweise des Unbewussten zu beschreiben: Er sprach von Rebus, von Hieroglyphen und bezeichnete die Träume als »heilige Texte«.[62] Die Psychoanalyse selbst umschrieb er als »exegetische Methode«, die die Zeichen der Schrift immer wieder »produktiv zu rezipieren« fordere – so wie es die mündliche Auslegung mit der Heiligen Schrift getan hatte. Das Unbewusste bedarf des Dialogs mit dem Anderen, um zur Sprache zu kommen; die Psychoanalyse geht davon aus, dass das Unbewusste ohne diesen Austausch unzugänglich bleibt. Indem die jüdischen Traditionen zwischen Schrift und Oralität unterschieden, schufen sie nun, auch im Kontext des »vollen Alphabets«, die Voraussetzungen für einen Dialog zwischen den beiden Ebenen der Sprache. Er wurde zur Basis der Selbstreflexion und der Selbstanalyse Freuds.

Freud attestierte dem Unbewussten Widerstandskraft gegen die Herrschaft des rationalen Denkens, der Erbschaft des griechischen Logos: Weder stoße sich das Unbewusste am Widerspruch noch habe es ein Gespür für die Notwendigkeiten der Chronologie: »Die Vorgänge des Systems *Ubw* sind zeitlos, d. h. sie sind nicht zeitlich geordnet, werden durch die verlaufende Zeit nicht abgeändert, haben überhaupt keine Beziehung zur Zeit.«[63] Bei solchen Aussagen taucht unwillkürlich der Schatten der mechanischen Uhr auf, die eine lineare, berechenbare, mit gleichbleibendem Rhythmus versehene Zeitvorstellung eingeführt hatte. Auch, so Freud weiter, »gelten die logischen Denkgesetze nicht, vor allem nicht der Satz des Widerspruchs. Gegensätzliche Regungen bestehen nebeneinander, ohne einander aufzuheben oder sich voneinander abzuziehen.«[64] Zugleich machte Freud klar, dass das Ich sowohl die Rationalität als auch das »Andere« der Rationalität umfasste. Die Trennung zwischen beiden war in Griechenland vollzogen worden. Doch die Uneindeutigkeit, von der Freud ausging, erinnert an den Talmud und die Polyphonie der oralen Tradition, die Ambiguität zulässt, ja einfordert. Yigal Blumenberg machte schon vor Jahren auf die Parallelen zwischen psychoanalytischer Arbeit und talmudischer Vieldeutigkeit aufmerksam.[65] Sie war, so wäre hinzuzufügen, auch der hohen Valorisierung der gesprochenen Sprache geschuldet, die das säkulare Judentum weiterhin im Gepäck hatte und deren Multivokalität in der Uneindeutigkeit des Unbewussten ihren Niederschlag fand. Im Licht dieser Tradition löste sich auch der Gegensatz zwischen Bewusstsein und Unbewusstem auf, an dem viele der nichtjüdischen Theoretiker festgehalten hatten. Diese Charakteristika des Unbewussten, so Freud, warteten noch ihrer »Würdigung im philosophischen Denken«.[66]

Auch in anderer Hinsicht schloss die Psychoanalyse an die Geschichte der jüdischen Religion an: Die Heilige Schrift besteht aus großen Erzählungen, die Angebote zur Interpretation und Kontextualisierung historischer Prozesse ermöglichen. Die Psychoanalyse machte nun dem Individuum ein ähnliches Angebot. Sie eröffnete die Möglichkeit einer neuen, veränderten, das Ich stabilisierenden Interpretation der Krisen und Wunden, die die individuelle Biographie im Einzelnen hinterließ. Die Erarbeitung dieser anderen »Erzählung« stellte von Anfang an den Kern der psychoanalytischen Arbeit dar.

Zusammenfassend: Als die Psychoanalyse um 1900 ins Blickfeld der abendländischen Kultur rückte, transportierte sie einerseits Denkweisen, die eher der jüdischen als der christlichen Tradition geschuldet waren. Andererseits verortete sie sich in der westlichen, von christlichen Lehren und Kulturtechniken geprägten Tradition. Freuds Forderung, einem modernen, wissenschaftlichen, religionsneutralen Denken zu entsprechen, war von den Bedingungen geleitet, die die griechisch-christliche Kultur geschaffen hatte. Doch er verband die Erfüllung des Anspruchs mit den zwischen Schrift und Mündlichkeit geteilten Traditionen des Judentums. Mit seinem Konzept des Unbewussten umging er die Polarität, die der Gegensätzlichkeit von semitischem und griechischem Alphabet innewohnte: Er fügte eine dritte Sprachdimension hinzu, die etwas anderes war als die sekundäre Oralität. Es ging diesen frühen Analytikern nicht um die Aufrechterhaltung eines alten religiösen Prinzips des Judentums – das lief bei Freud unter »Illusion«[67] – wohl aber um die Wahrung eines *kulturellen* Prinzips, das der Schrift die Vorherrschaft versagte. Mit der Psychoanalyse wurde aus der flexiblen Exegese Selbstreflexion. Im Konzept des Unbewussten mit seiner Anpassungsfähigkeit an historische und soziale Veränderungen erhielten sich Spuren jenes beweglichen Auslegungsmodus, durch den sich jüdische Gemeinden über die Jahrhunderte unterschiedlichen kulturellen Mehrheitsgesellschaften anzupassen vermochten, ohne das Eigene aufzugeben.

Es gab noch einen weiteren jüdischen Beitrag zur Theoretisierung des Unbewussten, und der sollte zunehmend im Zentrum von Freuds Lehre stehen: Freud holte die Seele wieder ins Fleisch. Die christliche Abwertung der Sexualität war den jüdischen Traditionen von Anfang an fremd, auf weltlicher wie auf religiöser Ebene – das biblische *Buch der Lieder* preist explizit die sexuellen Freuden, und dies auf einer gleichberechtigten Ebene der Geschlechter.[68] Dagegen bemühte sich die christliche Religion, die Seele vom Fleisch zu »erlösen«. Auch die deutsch-protestantischen Theoretiker des 19. Jahrhunderts thematisierten nicht die Sexualität als Teil des Unbewussten. Schopenhauer wiederum dachte zwar die Sexualität, aber er verschwendete keinen Gedanken an die Seele. Freuds Libido dagegen verband die psychische mit der sexuellen Dimension – und das war neu. In dieser Synthese von Seele und Körper wiederholte sich die oben beschriebene Synthese von Oralität und Schriftlichkeit, die die Idee einer »dritten Sprache«, der Sprache des Unbewussten hervorbrachte. Viele Nichtjuden konnten mit diesen beiden Neuerungen nur schwer umgehen. In dieser Hinsicht waren sie, auch im säkularen Kontext, Erben einer Kultur, die der jüdischen konträr entgegenstand. Die Ablehnung der zentralen Rolle, die Freud der Sexualität im Unbewussten zuwies, hatte also auch mit kulturellen Unterschieden zwischen Judentum und Christentum zu tun. Was mit der Psychoanalyse verhandelt wurde, ging weit über das Seelenleben des Einzelnen hinaus – es ging um die potenzielle Annäherung zweier Kulturen oder deren Verbleib im Gegensatz. Kulturen, von denen die eine dem Prinzip des Vertrauens und die andere dem des Glaubens nahestand. (Ich komme im Zusammenhang mit dem Konflikt zwischen C. G. Jung und Freud darauf zurück.) Das Zusammentreffen dieser verschiedenen Ebenen erklärt den Aufruhr, den diese neue Denkweise verursachte.

Das Unbewusste in den frühen Lehren der Psychoanalyse

Im Winter 1903/04 hielt Sigmund Freud einen Vortrag vor Universitätskollegen in Wien: Acht Jahre zuvor hatte er ihnen, aus Paris zurückgekehrt, ein neues Verständnis der Hysterie näherzubringen versucht – dieser rätselhaften, weil so facettenreichen »Krankheit«, für die keine organische Ursache auszumachen war und von der man bis dahin geglaubt hatte, sie betreffe ausschließlich Frauen. Freud hatte den Kollegen die Schlussfolgerungen vorgetragen, zu denen er und sein Freund, der Arzt Joseph Breuer, gekommen waren: Dass nämlich die hysterischen Symptombildungen ihrer Patientinnen – sie reichten von Lähmungserscheinungen, partiellem oder völligem Erblinden bis zum Sprachverlust – auf verdrängte Erinnerung und traumatische Erfahrungen zurückzuführen seien. In ihrem 1895 veröffentlichten Buch *Studien über Hysterie* stellten Freud und Breuer ihre Thesen anhand mehrerer Fälle und deren Verlauf dar. Darin zeigte Freud etwa den Zusammenhang zwischen der Gesichtsneuralgie seiner Patientin Cäcilie M. und einer Bemerkung ihres Mannes, die sie »wie einen Schlag ins Gesicht« empfunden hatte.[69] In einigen Heilungsprozessen war Hypnose zur Anwendung gekommen: Versetzt in einen somnambulen Zustand hatten sich Patientinnen plötzlich an Ereignisse erinnern können, die sich als Auslöser ihrer hysterischen Symptome erwiesen. Nach der Offenlegung verschwanden die Symptome zumeist.

Manche Patientinnen erfuhren diesen Prozess als Entlarvung, die meisten jedoch als Befreiung. Manche Patientinnen drängten aber darauf, die Hypnose, die sie eher passiv erfuhren, durch die freie Assoziation zu ersetzen. Das galt etwa für Bertha Pappenheim, alias Anna O., die wegen hysterischer Symptome bei Breuer in Behandlung war. Mit ihr entwickelte er die »kathartische Methode«. Anna O. selbst nannte es »chimney sweeping«, zu Deutsch »Schornsteinfegen«.[70] Es zeigte sich, dass das Gespräch allein genügte, um Erinnerungen wachzurufen und den Körper, der die verdrängten Erinnerungen in seinen Symptomen zum Ausdruck gebracht hatte, von ihnen zu befreien. War der Ursprung der Symptome ins Bewusstsein gehoben worden, erübrigten sie sich. Zugleich wurde nun verständlich, weshalb es niemandem, trotz intensiver Suche, je gelungen war, *organische* Gründe für die hysterischen Symptome auszumachen.

Was Freud und Breuer entdeckt hatten – mit tätiger Unterstützung ihrer Patientinnen – war nicht nur eine neue Interpretation der Hysterie als Symptom gewordene Sprache, es war auch ein bisher nicht geläufiger Zugriff auf die Frage des Unbewussten. Dass diese Entdeckungen mit der Behandlung von Frauen einhergingen, hatte viele Gründe, vor allem die Gleichsetzung der Oralität mit Weiblichkeit und der tradierte Ausschluss der Frauen aus der Welt von Schriftlichkeit, Bildung und Wissen. Freud und Breuer erwähnen es nicht, aber es fällt auf, dass die großen hysterischen Anfälle aus den Kliniken verschwanden, nachdem Frauen Anfang des 20. Jahrhunderts Zugang zu akademischer Ausbildung erhalten hatten. Für dieses Phänomen gab es nie eine plausible Erklärung, aber es liegt nahe, dass das Krankheitsbild, zumindest in dieser spezifisch weiblichen Ausprägung, nunmehr seiner Funktion beraubt war. Bald erwies es sich, dass sich die Heilung durch Erinnerung auch für andere neurotische Störungen eignete. Es war überhaupt das große Zeitalter der Erinnerung: Während Freud in Wien seine Heilmethode durch die Rückeroberung von Reminiszenzen entwickelte, nahm in Paris Marcel Proust, auch er säkularer Jude, die Arbeit an seinem großen Erinnerungsroman *Auf der Suche nach der verlorenen Zeit* auf. Bei beiden – der Literatur wie der Psychoanalyse – ging es um die im Unbewussten vergrabenen und dort umgestalteten Erinnerungen.

Freud, zunächst ganz naturwissenschaftlicher Forscher, der als Physiologe im Labor gearbeitet hatte, suchte eigentlich nach organischen Ursachen für die seelischen Erkrankungen. Diese Forschung erschien ihm bald zu eng, doch zunächst war er davon überzeugt, »daß alle unsere psychologischen Vorläufigkeiten einmal auf den Boden organischer Träger gestellt werden«.[71] Diese Hoffnung auf organische Ursachen könnte auch dazu beigetragen haben, dass er die Sexualität derart ins Zentrum rückte. Die von Anfang an geäußerte Kritik, dass eine psychologische Theorie neurotischer Erscheinungen nie eine Krankheit erklären könne, beantwortete er noch 1917, als die Psychoanalyse schon längst etabliert war, damit, »daß die Sexualfunktion nichts rein Seelisches ist, ebenso wenig wie etwas bloß Somatisches«.[72] In Paris hatte Freud 1885 die Vorlesungen von Jean-Martin Charcot besucht, der drei Jahre zuvor im Pariser Krankenhaus Salpêtrière die erste neurologische Abteilung eingerichtet hatte. Frankreich war damals an der Spitze der medizinischen Forschung in Europa, vor allem auf dem Gebiet von Psychiatrie und Neurologie. Bei der Hysterie hoben die französischen Wissenschaftler die Erblichkeit der Krankheit, also körperliche Ursachen hervor. An dieser Orientierung war noch der Einfluss von Auguste Comte und das Bekenntnis zur wissenschaftlichen Rationalität zu erkennen. Dennoch setzte auch hier allmählich eine »Re-Psychologisierung« der Medizin ein, die vor allem in Charcots Theorien einer traumatischen Hysterie ihren Ausdruck fand: etwa hysterische Lähmungen infolge eines Arbeitsunfalls. Sie wurden zum »Kristallisationskern der späteren gesamten Neurosenlehren«.[73]

Im deutschen Sprachraum verliefen die Debatten über seelische Erkrankung völlig anders als in Frankreich, was den sich über das ganze 19. Jahrhundert erstreckenden Einflüssen aus Philosophie und Literatur geschuldet war. Obwohl sich Naturwissenschaften und Medizin strikt gegen diese Einflüsse abschotteten, war es auch hier zu einer »Psychologisierung« der Medizin gekommen. So vertrat etwa der in Leipzig tätige Neurologe Paul Julius Möbius (1853–1907) die Ansicht, dass selbst die allgemeine Medizin nicht auf psychologische Einsichten verzichten könne. »Alle Erörterungen über Hysterie führen schliesslich zu der Auffassung von den Beziehungen zwischen Leib und Seele, sowie zu den allgemeinsten Begriffen überhaupt. Will man aus der Unklarheit herauskommen, die gewöhnlich allen medicinischen Erörterungen über Psychisches zu Grunde liegt, so muß man auch den Muth haben, über die Grenzlinien, die die exacte Wissenschaft gezogen hat und polizeilich bewachen läßt, hinauszugehen.«[74] Es war also auch hier die Hysterie, die Möbius und einige Naturwissenschaftler der Zeit zu neuen Einsichten brachten. Da aber dieses »Krankheitsbild« schon in der griechischen Antike, parallel zur Etablierung einer patriarchalen Wissensordnung »erfunden« worden war und in den folgenden Jahrhunderten eine Fülle von Spekulationen über die Ursachen dieser »Frauenkrankheit« gezeitigt hatte,[75] kann man sich nur wundern, dass es erst jetzt zu dieser Erkenntnis kam. Zweifellos hatte dies auch mit der Veränderung des Blicks auf die Frau zu tun: Die alten Definitionen von Weiblichkeit als »krank« oder »normal« waren nicht mehr aufrechtzuerhalten.

Das Bedürfnis, den Kriterien einer exakten Wissenschaft zu genügen, begleitete Freud auch dann, als er sich schon längst für den psychologischen Weg entschieden hatte. Noch 1896 verwendete er bei der Beschreibung des psychischen Krankheitsbildes der Hysterie die Analogie zur physiologischen Erkrankung: Ebenso wie der Dermatologe ein luetisches Geschwür an den Rändern erkenne, »ohne daß ihn der Einspruch des Patienten, der eine Infektionsquelle leugnet, daran irre macht«, sei es nun auch möglich, »von den Symptomen aus zur Kenntnis der Ursachen vorzudringen, auch für die Hysterie«.[76] Aber schon bald zwangen ihm die Patientinnen und der Verlauf ihrer Therapien eine veränderte Einsicht auf: Wenn Sprache und eine wiedererwachte Erinnerung vom hysterischen Symptom zu *befreien* vermochten, so implizierte dies notwendigerweise, dass Erinnerungen und Sprache auch der Auslöser der Krankheit gewesen waren. Damit gewann der Einfluss geistiger (oder psychischer) Faktoren auf somatische Erscheinungen an Plausibilität.

Die 1902 ins Leben gerufene »Mittwochsgesellschaft«, deren Mitglieder sich regelmäßig in der Wohnung Freuds trafen – durch sie verbreitete sich die neue Lehre, manchmal abgewandelt, über ganz Europa – war symptomatisch dafür, dass sich die psychoanalytische Denkweise nur teilweise den exakten Wissenschaften verdankte. Neben Ärzten gehörten der Gesellschaft auch Sozialreformer, Schriftsteller und Kulturkritiker an. Ihre Betrachtungsweisen trugen dazu bei, dass sich die Psychoanalyse auf das *no man's land* zwischen Geist und Körper begab. Rund hundert Jahre waren die beiden Gebiete voneinander abgeschottet geblieben, es war zu Konflikten zwischen den Natur- und Geisteswissenschaften um die Deutungshoheit über seelische Erkrankung und das rätselhafte Bild der Hysterie gekommen. Nun erkannte Freud, dass die Krankheitsbilder, mit denen er es zu tun hatte, in einem Bezug zu Literatur und Kultur standen: »Ich bin nicht immer Psychotherapeut gewesen, sondern bin bei Lokaldiagnosen und Elektroprognostik erzogen worden wie andere Neuropathologen, und es berührt mich selbst noch eigentümlich, daß die Krankengeschichten, die ich schreibe, wie Novellen zu lesen sind, und daß sie sozusagen des ernsten Gepräges der Wissenschaftlichkeit entbehren. Ich muß mich damit trösten, daß für dieses Ergebnis die Natur des Gegenstandes offenbar eher verantwortlich zu machen ist als meine Vorliebe; Lokaldiagnostik und elektrische Reaktionen kommen bei dem Studium der Hysterie eben nicht zur Geltung, während eine eingehende Darstellung der seelischen Vorgänge, wie man sie vom Dichter zu erhalten gewohnt ist, mir gestattet, bei Anwendung einiger weniger psychologischer Formeln doch eine Art von Einsicht in den Hergang einer Hysterie zu gewinnen.«[77] Bei dieser Hinwendung zur Kultur hatte die Hysterie ihm den Weg gewiesen.

Nun also, im Winter 1903/04, erklärte Freud seinen skeptischen Wiener Kollegen die neue Behandlungsmethode folgendermaßen: »Diese Therapie ist also auf die Einsicht gegründet, daß unbewußte Vorstellungen – besser: die Unbewußtheit gewisser seelischer Vorgänge – die nächste Ursache der krankhaften Symptome ist. Fürchten Sie nun nicht, daß wir dabei zu tief in die dunkelste Philosophie hineingeraten werden. Unser Unbewußtes ist nicht ganz dasselbe wie das der Philosophen, und überdies wollen die meisten Philosophen vom ›unbewußten Psychischen‹ nichts wissen. Stellen Sie sich aber auf unseren Standpunkt, so werden Sie einsehen, daß die Übersetzung dieses Unbewußten im Seelenleben der Kranken in ein Bewußtes den Erfolg haben muß, deren Abweichung vom Normalen zu korrigieren und den Zwang aufzuheben, unter dem ihr Seelenleben steht. Denn der bewußte Willen reicht so weit als die bewußten psychischen Vorgänge, und jeder psychische Zwang ist durch das Unbewußte begründet.«[78]

Für Freud waren Bewusstsein und Unbewusstes zunächst auf unterschiedliche Areale verteilt: Sie seien durch eine Barriere getrennt, die die beiden Bereiche auseinanderhalte und an der das Denken Anteil habe und dem Schutz des Bewusstseins diene. Später erkannte er die Interaktion zwischen Bewusstsein und Unbewusstem. Das Unbewusste bleibe unzugänglich; es sei nur an seinen Einflüsterungen auf das Bewusstsein zu erkennen. Hatte Kant schon von der Unzugänglichkeit der äußeren Realität gesprochen, so fügte nun Freud dieser fremden Außenwelt eine innere hinzu. Die

Traumdeutung (1900) wurde das Schlüsselwerk zu Freuds Theorie zum Unbewussten: »Das Unbewußte ist das eigentlich reale Psychische, uns nach seiner inneren Natur so unbekannt wie das Reale der Außenwelt, und uns durch die Daten des Bewußtseins ebenso unvollständig gegeben wie die Außenwelt durch die Angaben unserer Sinnesorgane.«[79] Mit dem Traum erhob Freud einen Stoff, der bis dahin Geistersehern, Spiritisten und anderen Aufklärungsverweigerern vorbehalten blieb, zum Material wissenschaftlicher Betrachtung. Für ihn erfüllte das Träumen zwei Funktionen. Es formulierte Wünsche und hütete zugleich den Schlaf: »Wer kennt nicht die heitere Geschichte von dem schlimmen Buben, der, bei Nacht erwachend, durch den Schlafraum brüllt: Das Nashorn will er? Ein braveres Kind würde, anstatt zu brüllen, träumen, daß es mit dem Nashorn spiele. Da der Traum, welcher den Wunsch erfüllt zeigt, während des Schlafes Glauben findet, hebt er den Wunsch auf und ermöglicht den Schlaf.«[80] Im Wachzustand werde dieser Wunsch oder das damit einhergehende unbewusste Wissen dem Bewusstsein durch eine Zensur vorenthalten, »welche nur durchläßt, was ihr angenehm ist, anderes aber zurückhält«. In dieser Zensur zwischen dem Unbewussten und dem Vorbewussten, »deren Annahme uns der Traum geradezu aufnötigt, haben wir also den Wächter unserer geistigen Gesundheit zu erkennen und zu ehren«.[81]

Freud zeigte, dass der Traum durch Vieldeutigkeit, Ausdrucksvertauschungen und Verdichtungen Zusammenhänge herstellt, die sich entschlüsseln ließen und zugleich Einblicke ins Unbewusste gaben. Als Domäne des Unbewussten entzogen sich Träume den Kategorien von Logik und Berechenbarkeit. »Die Alternative ›Entweder-Oder‹ drückt der Traum niemals aus, sondern nimmt ihre beiden Glieder wie gleichberechtigt in den nämlichen Zusammenhang auf.« Diese Unberechenbarkeit und Widerspruchsfähigkeit seien als inhärenter Teil der menschlichen Psyche zu verstehen; ihnen Raum zu geben, erklärte er zu einem der Ziele der nächtlichen Ausflüge. »Wo der Traum aber greifbar absurd erscheint, einen offenen Widersinn in seinen Inhalt einschließt, da ist er so mit Absicht und bringt durch seine scheinbare Vernachlässigung aller logischen Anforderungen ein Stück vom intellektuellen Inhalt der Traumgedanken zum Ausdruck.« Gelegentlich, so konstatierte Freud, drängten die Inhalte des Unbewussten aber auch bei Tag ins Bewusstsein vor und zeigten sich dann etwa in den Fehlleistungen. Umgekehrt sei auch das Bewusstsein im Schlaf aktiv. »Was das *Vbw* in manchen Fällen dem Bewußtsein mitteilt, wenn der Traum es zu arg treibt: Aber laß doch und schlaf weiter, es ist ja nur ein Traum, das beschreibt auch, ohne daß es laut wird, ganz allgemein das Verhalten unserer herrschenden Seelentätigkeit gegen das Träumen. Ich muß die Folgerung ziehen: *daß wir den ganzen Schlafzustand über ebenso sicher wissen, daß wir träumen, wie wir es wissen, daß wir schlafen.*« Der Traum diente also sowohl der Wunscherfüllung als auch der Entlastung der Psyche. Deshalb, so folgerte Freud, »bezweifelt nur mehr eine geringe Minderzahl unter den Gebildeten, daß der Traum die *eigene psychische Leistung* des Träumers ist«.[82] Freuds *Traumdeutung* wurde nach seinem Erscheinen im Jahr 1900 von der Wissenschaft wenig beachtet, wohl aber von Philosophen und Literaten.

Es stellte sich die Frage, worin eigentlich die Triebkraft dieser mächtigen Wunschmaschine bestand. Freud kam zu einer ähnlichen Erkenntnis wie Schopenhauer: Im »Willen« hatte dieser eine Art von Lebenskraft gesehen, deren Motor die Sexualität sei. Auch Freud stellte den Sexualtrieb ins Zentrum des Unbewussten, erwähnte allerdings nie den Vorläufer zu seiner Triebtheorie, obgleich er zugab, Schopenhauer mit Gewinn gelesen zu haben.[83] Man kann Freud zugutehalten, dass Schopenhauer mit seinem »Willen« eine andere Sexualtheorie vor Augen hatte als er. Doch Freuds Versäumnis, auf Wegbereiter und die Aneignung ihrer Einsichten hinzuweisen, sollte sich bei der Herausbildung seines psychoanalytischen Lehrgebäudes mehrfach wiederholen. Faktisch vollzog sich die von Freud angestoßene Definition des Unbewussten in schmerzlichen Territorialkämpfen, bei denen einige neue Theorieansätze zunächst abgelehnt und dann in Freuds Konzept integriert wurden. Die Schrittmacher selbst blieben oft auf der Strecke.

Beim Vergleich der Aussagen Freuds zum Unbewussten mit denen deutscher Literaten und Philosophen fällt auf, dass letztere im Unbewussten zumeist eine schöpferische Macht, Reichtum, Quelle des Bewusstseins sahen, während Freud das Unbewusste auch als Krankheitserreger betrachtete. Er unterschätzte nicht die Macht des Unbewussten für künstlerische Leistungen, betonte aber auch die Beschwerden, die das Unbewusste verursacht. Das hing mit den Leiden seiner Patienten und Patientinnen zusammen; zugleich war ihm aber auch die Widerstandsfähigkeit dieser vergrabenen Wissensbestände bewusst: »Die Aufdeckung und Übersetzung des Unbewußten geht unter beständigem Widerstand von seiten des Kranken vor sich. Das Auftauchen dieses Unbewußten ist mit Unlust verbunden, und wegen dieser Unlust wird es von ihm immer wieder zurückgewiesen. In diesen Konflikt im Seelenleben des Kranken greifen Sie nun ein; gelingt es Ihnen, den Kranken dazu zu bringen, daß er aus Motiven besserer Einsicht etwas akzeptiert, was er zufolge der automatischen Unlustregulierung bisher zurückgewiesen (verdrängt) hat, so haben Sie ein Stück Erziehungsarbeit an ihm geleistet.«[84] Diesen Gedanken, dass die Aufdeckung unbewusster Inhalte auf Ablehnung stoßen könne, findet man bei keinem der vorfreudianischen Theoretiker – mit Ausnahme von Nietzsche, der die Widerstände gegen die im Unbewussten vergrabenen Erinnerungen ausdrücklich thematisierte. Freud war also auf die Widerstandsfähigkeit des Unbewussten gestoßen, von der noch, wenn auch völlig anders, im Zusammenhang mit den Totalitarismen des 20. Jahrhunderts die Rede sein soll.

Entsprechend ihrer positiven Einschätzung des Unbewussten legten es die deutschen Literaten und Philosophen, zum Beispiel Schelling und Herbart, darauf an, dem Unbewussten Raum zu geben gegenüber dem Bewusstsein, ihm eine eigene Dynamik, ja bisweilen sogar metaphysische Schöpferkraft zuzugestehen. Andere, etwa Carus und Wundt, erhoben das Unbewusste zur Macht, die über das Bewusstsein bestimmte. Freud dagegen betonte die Schwierigkeiten, die das Unbewusste bereite – nicht nur als »Herr im Haus« des Ich, sondern auch als Verursacher von Krankheit und Leiden. Woher kam seine Skepsis, sein Fokus auf die Gefahren des Unbewussten? Eine denkbare Antwort: Wir haben es mit zwei unterschiedlichen Arten des Unbewussten zu tun – einem bereichernden und einem bedrohlichen. Freud betonte, dass sich das Unbewusste, von dem er als Arzt und Naturwissenschaftler sprach, von dem der Philosophen unterscheide. Dem lässt sich entgegenhalten, dass auch Carus und Bastian Ärzte waren und sich der Frage des Unbewussten ebenfalls mit der Verpflichtung auf die moderne Wissenschaft näherten. So ist das Spezifische von Freuds Zugang zum Unbewussten um 1900 vielleicht eher im historischen Kontext zu lesen: Könnte es sein, dass Freuds Warnung vor einem bedrohlichen Unbewussten auf der Ahnung basierte, dass dieses dunkle und »bereichernde« Unbewusste der deutschen Philosophen in eines des »Unheils« umschlagen könnte? Bevor ich im 3. Kapitel diese Frage konkret aufgreife, sollen die Kämpfe innerhalb der Gruppe der frühen Freudianer um die Definition des Unbewussten dargestellt werden.

Der Kampf um die psychoanalytische Definition des Unbewussten

Die Konflikte begannen mit Freuds Zentrierung des Unbewussten auf den Sexualtrieb. Er näherte sich dem Thema keineswegs mit prüder Absicht oder unter der Perspektive von Sünde und Perversion, vielmehr behandelte er die Sexualität als integralen Bestandteil der menschlichen Natur, wenngleich dies nichts an der patriarchalen Voreingenommenheit seiner Theorien zur Weiblichkeit änderte. Freuds Interesse an der Sexualität hing einerseits mit dem oben erwähnten positiven Verhältnis des Judentums zur Sexualität zusammen, andererseits aber auch mit seinem Versuch, eine Brücke zwischen Natur- und Geisteswissenschaften zu schlagen. Die Erkenntnisse der Psychoanalyse ließen eine Trennung von Körper und Geist kaum zu. Wie die Hysterikerinnen besonders deutlich demonstrierten, schuf die Psyche konkrete Symptome, und umgekehrt hinterließ die Physiologie ihre Spuren in der Psyche. Die Sexualität war an beiden Prozessen beteiligt. Sie war sowohl psychischer als auch organischer Natur, was Freud mit dem Begriff der Libido ausdrückte.

Freud hielt auch die Dichotomie zwischen angeborenen und erworbenen Eigenschaften für überholt. Die meisten Wissenschaftler hatten zu dieser Zeit die Lamarck'schen Theorien einer Vererbung erworbener Eigenschaften dank der ersten Erkenntnisse der Eugenik verworfen, doch Freud hielt an der Möglichkeit einer psychischen Phylogenese[85] fest. Dies zeigen besonders deutlich Werke wie *Totem und Tabu* (1913), sein erster Versuch, die Individualpsychologie aus der Kulturgeschichte des Menschen zu erklären,[86] wie auch sein Spätwerk *Der Mann Moses und die monotheistische Religion*, entstanden in seinem Todesjahr 1939.[87] Heute zeigt die Forschung zur Epigenetik, dass auch Lamarck einen Teil der Wirklichkeit beschrieben hatte.

Freuds Betonung der Psychosexualität wurde von vielen Seiten kritisiert. Mindestens ebenso viel Kritik erntete er auch für seinen Umgang mit der Patientin Ida Bauer, deren Fall er in den *Bruchstücken einer Hysterie-Analyse* 1905 unter dem Decknamen »Dora« veröffentlichte.[88] Die Achtzehnjährige hatte die Behandlung auf eigene Entscheidung abgebrochen – aus nachvollziehbaren Gründen: Freud hatte ihr unterstellt, die sexuellen Übergriffe eines Freundes ihrer Eltern begrüßt zu haben. Zu Freuds Kritikern gehörte sein alter Mitstreiter Joseph Breuer, der sich wegen Freuds Zentrierung auf die Sexualität von ihm distanzierte und den Diskussionen des psychoanalytischen Kreises bald fernblieb. Auch aus Zürich kam Widerspruch, obwohl Freud dort viele Anhänger gefunden hatte, darunter den Psychiater Ludwig Binswanger, mit dem Freud eine lebenslange Freundschaft verband, sowie den Psychiatern Eugen Bleuler und C. G. Jung. Im Zürcher Krankenhaus Burghölzli hatte Bleuler (1857–1939) eine fortgeschrittene Psychiatrie sowie die Theorie der Suggestibilität entwickelt, die mit Freuds Definition des Unbewussten gut vereinbar war: Die Suggestibilität sei eine vorverbale Form der Gefühlsmitteilung, die mit dem Mutter-Kind-Verhältnis beginne und sich dann in Form eines Transfers von Gefühlen von einem Menschen zum anderen weiterentwickle.[89] Er wandte diese Theorie mit Erfolg auf Therapien an: Indem Analysanden aufgeladene Gefühle auf die Analytiker[90] projizierten, konnten Dinge zum Vorschein gebracht werden, die sonst unter der Decke blieben. Aus dieser Arbeit entwickelte sich der Terminus der »Übertragung«, der für die psychoanalytische Theorie bald von zentraler Bedeutung sein sollte. Bleuler beobachtete unter seinen Patienten und Patientinnen auch Abwehrreaktionen gegen den Übertragungsvorgang. Der Begriff »Widerstand« wurde zu einem zentralen Terminus des psychoanalytischen Lehrgebäudes.[91] Doch so sehr die Zürcher auch Gewinn aus Freuds Schriften zogen, der Psychosexualität standen sie skeptisch gegenüber. Sie sei nur anwendbar auf Neurosen, nicht aber auf andere Formen psychischer Störungen.

Eine Ausnahme war Ludwig Binswanger, der zwar auch nicht von der zentralen Rolle der Sexualität für die Psyche überzeugt war, aber an Freud festhielt. Die Zürcher waren allesamt Christen, die Wiener Freudianer dagegen überwiegend Juden. Nachdem es im Jahr 1913 zum endgültigen Bruch zwischen Freud und Jung gekommen war, brachte Jung die Zentrierung der Wiener Analytiker auf die Psychosexualität mit ihrem Judentum in Verbindung. Nicht zu Unrecht, wie oben beschrieben, doch bei Jung geschah dies in diffamatorischer Absicht. Der amerikanische Analytiker Abraham Arden Brill, der Jung von einem Aufenthalt im Zürcher Burghölzli kannte, berichtet in einem Brief von 1914 an Freud, dass Jung in den USA laut verkündete: »Die Juden kommen einfach nicht los von ihrem verfaulten Sex.«[92] Die Verunglimpfung des »Juden« durch Sexualbilder begleitet die gesamte Geschichte des Antisemitismus in all seinen Varianten.[93] Nun tauchte sie auch in der Diskussion um die Psychosexualität auf.

Sogar die der Psychoanalyse nahestehenden Sexualwissenschaftler – Magnus Hirschfeld, Albert Moll und Iwan Bloch, die ebenfalls mehrheitlich Juden waren – übten Kritik an der Zentrierung Freuds auf die Sexualität. Sie hatten dafür eigene Gründe: Mit ihren Forschungen wollten sie zeigen, dass Homosexualität biologisch bedingt und somit unveränderbare »Natur« sei. Sie sahen die Gefahr, dass die Psychologisierung der Homosexualität diese in den Bereich des »Heilbaren« rücken und Homosexuelle psychotherapeutischen oder gewaltsamen Methoden der »Konversion« unterworfen würden – was mancherorts bis heute geschieht. Freud hätte die Sexologen zwar gerne an Bord gehalten,[94] doch diese verfolgten ihren eigenen Weg.

Eine dritte Front gegen die Psychosexualität bildete sich durch Alfred Adler, der von Anfang an bei den Treffen Freuds dabei gewesen war. Adler war Arzt, der jüngste unter den Wiener Freudianern, und Sozialist. 1898 veröffentlichte er eine Studie über die Berufskrankheiten von Schneidern, kämpfte für die Einrichtung eines Lehrstuhls für soziale Medizin sowie für Hygienemaßnahmen in den ärmeren Vierteln von Wien. Statt des Sexual- rückte Adler den Aggressionstrieb ins Zentrum der Theorien über das Unbewusste. Wo dieser Instinkt unterdrückt werde, komme es zu Minderwertigkeitsgefühlen und neurotischer Erkrankung. Freud lehnte die Theorie ab, Adler beharrte darauf – der Bruch im Jahre 1910 war vorprogrammiert. Freud hatte Schwierigkeiten mit intellektuellen Differenzen und Zweifeln an seiner (patriarchalen) Autorität. Er konnte sich schwer damit abfinden, dass Anhänger seiner Lehrmeinung nicht folgten. Vor allem die Libido-Theorie wurde zum »Lackmus-Test« der Treue zu Freud. Wer, wie Adler, nicht dazu bereit war, einen »Loyalitätseid« darauf abzulegen, musste gehen.[95] Als die anderen Mitglieder gezwungen wurden, sich zwischen Adler und Freud zu entscheiden, traten sechs von ihnen zurück, nicht weil sie sich gegen Freud stellten, sondern weil er sie zwingen wollte, sich für einen der beiden zu entscheiden. Sieben folgten Adler – sie waren allesamt Sozialisten wie er.[96] Adlers Theorie des Machtstrebens und Freuds Theorie der Psychosexualität erscheinen übrigens leichter vereinbar, sobald man sie unter dem Gesichtspunkt der Geschlechterhierarchie betrachtet, wo phallische Sexualität und Machtstreben in eins fallen.

Wenige Jahre später enthüllte der Erste Weltkrieg sein erschreckendes Gesicht. Rund neun Millionen Soldaten starben auf den Schlachtfeldern.[97] Die Menschheit wurde gezwungen, sich mit ihrer eigenen Gewaltbereitschaft auseinanderzusetzen. Zugleich sahen sich die Heeresleitung und Pflegekräfte mit einem neuen Phänomen konfrontiert: den Kriegszitterern. Diese Soldaten hatten Schüttelanfälle, konnten sich nicht mehr auf den Beinen halten, keine Waffen bedienen, sie verweigerten die Nahrung und hatten Angstanfälle, wenn sie Uniformen sahen. Heeresleitung und ein Teil der Ärzte suchten zunächst nach neurologischen Ursachen. Als diese nicht auszumachen waren, wurden die Betroffenen der Simulation bezichtigt; man unterzog sie schmerzhaften Behandlungen, bis hin zu Elektroschocks. Doch einige Ärzte begannen zu vermuten, dass es sich um Traumata handelte und dass die »Verletzungen« psychischer Art waren.[98] Als sich der Beruf des Psychotherapeuten um 1900 etablierte, hatte die Ärzteschaft zunächst zögerlich reagiert, doch nach den Erfahrungen des Ersten Weltkriegs änderte sich das: Sie erkannten, dass psychische Einflüsse körperliche Symptome bewirken konnten. Tatsächlich erzielte der Neurologe Ernst Simmel, der in Posen ein Krankenhaus für Kriegsneurosen leitete, erhebliche Heilungserfolge mithilfe psychotherapeutischer Methoden – etwa der Analyse von Träumen. Die Symptome dieser Männer, so sagte er, seien nichts anderes als die Reaktion auf schmerzhafte Erfahrungen.

Freud sah sich gezwungen, seine Ablehnung des Aggressionstriebs zu überdenken. Das Unbewusste, so musste er konzedieren, schien nicht nur dem Sexualtrieb zu folgen.[99] Unter den Anhängern Freuds hatten einige – darunter Wilhelm Stekel, Theodor Reik und vor allem Sabina Spielrein – schon lange zuvor von einem Todestrieb gesprochen, den einige mit dem Aggressionstrieb verbanden. Sabina Spielrein sah in ihm die Kehrseite der Libido. Spielrein hatte eine Psychoanalyse bei C. G. Jung durchlaufen und war seine Geliebte geworden – eine doppelte Abhängigkeit, aus der sie floh. In Wien schloss sie sich dem Kreis um Freud an. Ihre Vorstellung vom Todestrieb hatte sie schon 1909 entwickelt, aber nicht publiziert. Laut Spielrein konkurrieren im Unbewussten zwei unterschiedliche Kräfte miteinander: Die eine lege es auf den Erhalt der Art an, indem sie zur Zeugung neuen Lebens dränge, die andere werde vom individuellen Wunsch nach ewigem Leben gesteuert.[100] Zunächst stieß diese Vorstellung einer Interaktion von Eros und Thanatos bei Freud auf Ablehnung. Nach dem Ersten Weltkrieg integrierte er jedoch den Gedanken in seine Lehre, woraus der 1920 erschienene Aufsatz *Jenseits des Lustprinzips* resultierte.[101] Laut diesem gehen Todes- und Lebenstrieb in der Sexualität eine Vermischung ein, die Aggression sei ein Teil der normalen sexuellen Beziehung. Erst die Störung des Gleichgewichts zwischen den beiden Trieben habe eine psychische Erkrankung zur Folge. Auch könne sich der Todestrieb gegen andere richten, er nehme dann die Form eines Zerstörungstriebs an. Freud erwähnte Spielrein nicht.

Bei vielen Freudianern stieß die Theorie des Todestriebs auf entschiedenen Widerstand. Kommunistisch orientierte Analytiker wie Otto Fenichel und Wilhelm Reich protestierten mit dem Argument, dass die Theorie soziale und ökonomische Gründe für Krieg und Völkermord außer Acht lasse und Aggressionen auf biologische, mithin unveränderbare Tatsachen zurückführe. In seinem rund zehn Jahre später erschienen Aufsatz *Der masochistische Charakter. Eine sexualökonomische Widerlegung des Todestriebes und des Wiederholungszwanges* erklärte Reich, dass der Todestrieb als *Teil* des Lustprinzips zu verstehen sei.[102]

Reich nahm unter den Freudianern eine prominente Rolle ein. Von 1924 bis 1930 leitete er das Wiener Seminar für Psychoanalytische Therapie, wo die Ausbildungen stattfanden. Er gehörte zu den Psychoanalytikern, die an der zentralen Bedeutung des Sexualtriebs festhielten. Aus seinen klinischen Erfahrungen war er zur Erkenntnis gelangt, dass jede psychische Erkrankung mit einer Störung der sexuellen Erlebnisfähigkeit einherging. Daraus schloss er, dass Hemmung, psychische Erkrankung, Neurose und Angst durch die Liberalisierung der Sexualmoral und -gesetze überwunden werden können.[103] Dass er dennoch mit Freud in Konflikt geriet, lag an seinem politischen Engagement. Nach dem Ersten Weltkrieg waren viele Analytiker den Reformbewegungen der Sozialdemokraten oder der Kommunisten gefolgt. Sie verfolgten das Ziel, die sozialen Umbrüche mit psychologischer Emanzipation zu verbinden, denn für sie gab es eine enge Verflechtung zwischen Gesellschaft und Individuum, und sie hofften, soziale Reformen durch die Psychoanalyse voranzubringen. 1926 gaben die Analytiker Paul Federn und Heinrich Meng *Das psychoanalytische Volksbuch* heraus, in dem einem breiten Publikum viele Gebiete der Psychoanalyse – von Seelenkunde über Hygiene bis zu Krankheitsbildern und kulturellen Aspekten – zugänglich gemacht wurden.[104] Reich wollte mehr: Er richtete in den Arbeitervierteln Wiens Beratungsstellen ein, in denen über Geschlechtshygiene und Empfängnisverhütung informiert wurde, in Kliniken wurden Schwangerschaftsabbrüche durchgeführt. Der Bruch mit Freud begann 1928, als er der Kommunistischen Partei Österreichs beitrat und die Sozialistische Gesellschaft für Sexualberatung und Sexualforschung gründete. Angeblich hat Freud selbst die Sozialdemokratische Partei gewählt.[105] Doch die Kommunisten waren ihm eine Nummer zu viel.

1930 ging Reich nach Berlin, wo die Sexualreformen weiter fortgeschritten waren als in Wien.[106] Dort stieß er auf eine wachsende rechtsradikale Szene, die ihn zur Erkenntnis brachte, dass Marx' Annahme, ökonomische Depression führe zur Revolution, falsch sei; vielmehr sei sie das Terrain, auf dem der Faschismus gedeihe. 1933 erschien sein Buch *Massenpsychologie des Faschismus.* Für die Kommunisten wurde Reich zum Verräter, sie schlossen ihn aus der Partei aus. Fortan erlebte er eine dreifache Exkommunikation: Für die Kommunisten war er ein Abweichler, die Nationalsozialisten verbrannten seine Bücher und setzten sie auf den Index; und 1934 schlossen ihn seine Fachkollegen aus der 1910 gegründeten Internationalen Psychoanalytischen Vereinigung (IPV) aus.[107] Freud, so seine Tochter Anna, habe sich daran gestört, dass Reich die Psychoanalyse politisiert habe.[108]

Schon Freuds Integration des Todestriebs in seine Libido-Theorie stellte einen Bruch mit seinem bisherigen Denksystem dar und verursachte unter loyalen Anhängern einige Bestürzung. Es gab weitere Spaltungen: Otto Rank, ein junger Freudianer, der nicht durch die medizinische Ausbildung gegangen, sondern Germanistik und Philosophie studiert und eine Zeitlang die Funktion eines Sekretärs der Mittwochsgesellschaft innegehabt hatte, widmete sich mit Publikationen wie *Der Mythus von der Geburt des Helden* (1909), *Das Inzest-Motiv in Dichtung und Sage* (1912), *Der Doppelgänger* (1914) der Mythenforschung.[109] 1924 entwickelte er die Theorie des Geburtstraumas: Der Mensch erlebe durch die Geburt ein Trauma der Trennung und sei bis zum Ende seines Lebens bestrebt, »das verlorene Paradies« zu ersetzen. Der »Urangstaffekt der Geburt, der das ganze Leben hindurch, bis zur neuerlichen Trennung von der allmählich zur zweiten Mutter gewordenen Außenwelt im Tode wirksam bleibt«, schlage sich in somatischen wie in psychischen Symptomen nieder. Rank übertrug also den für Freud so zentralen Begriff des »Triebs« vom Bereich der Libido auf die Wirkmacht des Geburtstraumas. Der Trieb sei »nichts anderes als die nächste Reaktion auf die psychisch verankerte Urangst«; durch ihn werde das Ich getrieben, »das Paradies statt in der Vergangenheit in der nach dem Ebenbild der Mutter gestalteten Welt zu suchen und so weit dies misslingt, in den großartigen Wunschkompensationen der Religion, Kunst und Philosophie einen Ausgleich zu suchen.«[110] Freud nahm die Theorie mit Interesse zur Kenntnis, doch indem Otto Rank sie ins Zentrum des menschlichen Unbewussten rückte und das Geburtstrauma an die Stelle der Libido setzte, war der Einspruch vorprogrammiert.

Otto Rank reagierte mit dem Rückzug aus dem Kreis der Freudianer. Er wanderte in die USA aus, wo er viel Zulauf von Patienten erfuhr. Er sah sich erst gezwungen einzulenken, als ihm der Verlust seiner Funktionen als verantwortlicher Redakteur der freudianischen Zeitschrift *Imago*[111] und die Enthebung aus dem Leitungsamt des Internationalen Psychoanalytischen Verlags drohten. Nach einem langen Gespräch mit Freud widerrief er – zumindest in Bezug auf ihre zentrale Bedeutung – seine Theorie. Auch in diesem Fall integrierte Freud einen Teil des Entwurfs in seine Libido-Theorie, ohne den »Erfinder« zu erwähnen. 1927 schrieb er den 130-Seiten-Aufsatz *Hemmung, Symptom und Angst:* Die Angst beruhe auf einem infantilen Gefühl von Hilflosigkeit, das durch die

Trennung von der Mutter ausgelöst werde, gefolgt vom Objektverlust, der Angst vor der Bestrafung durch das Über-Ich und der Kastrationsangst.[112] Rank gehörte nun auch zu jenen, die sich über die Freud'sche Aneignung ihrer Theorien beschwerten.

Besonders arg traf es in dieser Hinsicht Georg Groddeck. Er gilt heute als Vater der Psychosomatik und widersprach Freuds Vorstellung, dass sich Symptome einer Konversion von psychischen Vorstellungen in Körperlichkeit verdankten. Er hielt das Unbewusste für undefinierbar und nannte es deshalb das »Es«. Auf dem Berliner Kongress der IPV von 1922 verwendete er den Begriff zum ersten Mal öffentlich. Bis dahin hatte niemand an Freuds Definition des Unbewussten zu rühren versucht, nun stand plötzlich ein anderer Terminus im Raum, und er erhob auch noch Anspruch auf Unbestimmtheit. Alle erwarteten, dass sich Freud von Groddecks These distanzieren und dieser nie wieder zu einem psychoanalytischen Kongress eingeladen werde. Stattdessen bat Freud ihn, der Runde weiterhin anzugehören – und vereinnahmte den Begriff des »Es«, ohne den Pionier zu nennen.

In seinem Text *Das Ich und das Es* von 1923 betonte Freud die Abhängigkeit des Ich, das bis dahin dem Bewusstsein zugeordnet worden war, vom Es. Die strikte Trennung zwischen dem Bewusstsein und dem Unbewussten, die Freud vorher betont hatte, galt nicht mehr: Ich, Es und Über-Ich befanden sich in einem permanenten dynamischen Austausch, das Unbewusste galt nicht mehr als Teilsystem des psychischen Apparats, sondern umfasste eine Qualität, die sämtlichen Teilsystemen zukommen konnte. Freud räumte damit den provisorischen Charakter aller Theorien zum Unbewussten ein, wie Makari betont.[113] Groddeck hatte nichts dagegen, dass Freud seinen Begriff übernahm, wohl aber dagegen, den Vordenker zu verschweigen.

Die Kritik an seinen Weiblichkeitstheorien konnte Freud nicht so leicht integrieren. In der Psychoanalyse hatten solche Aspekte lange auf sich warten lassen – aus dem einfachen Grund, dass sie, wie das gesamte akademische Leben, zunächst ganz auf das männliche Geschlecht zugeschnitten waren. In den Sitzungen der Freudianer waren zwar schon vereinzelt Frauen aufgetaucht, etwa Sabina Spielrein oder Lou Andreas-Salomé, doch sie blieben Randfiguren, als potenzielle Psychoanalytikerinnen wurden sie nicht wahrgenommen. Das änderte sich nach dem Ersten Weltkrieg, der eine radikale Infragestellung tradierter Männlichkeit mit sich brachte: Im Graben und in den Stellungskriegen war das Ideal des virilen Kämpfers endgültig eingeholt worden von der maschinellen Tötungsmacht, der der Soldat hilflos ausgeliefert war.

Eine der Frauen, die sich in der psychoanalytischen Szene zu Wort meldeten, war die in Blankenese geborene Karen Horney. Sie war als eine der ersten deutschen Frauen zum Medizinstudium zugelassen worden und hatte im Jahr 1913 ihre Approbation erhalten. Während des Studiums war sie auf die Psychoanalyse gestoßen. Im Jahr 1919 eröffnete sie in Berlin eine eigene Praxis für Psychoanalyse und wirkte am dortigen Psychoanalytischen Institut als Lehranalytikerin. Schon ab den 1920er Jahren setzte sie wichtige neue Akzente, von denen viele bis heute nicht überholt sind. Ihre erste Zielscheibe war der »Penisneid«, den Freud, in Übereinstimmung mit vielen seiner Kollegen, Frauen unterstellte. Horney schrieb, dass sich Frauen nicht an ihrer »anderen« Anatomie störten, sondern an ihrer sozialen Benachteiligung: »Wir erklären ja den Penisneid aus den *biologischen* Verhältnissen und nicht von den *sozialen* Momenten, sondern pflegen im Gegenteil das Gefühl der sozialen Beeinträchtigung der Frau unbesehen nur als Rationalisierung ihres Penisneids aufzufassen.« Auch wunderte sie sich darüber, dass die genitale Sexualität, nicht aber der »andere biologische Unterschied«, nämlich die Fortpflanzung, in den psychoanalytischen Theorien so hervorgehoben werde,[114] und äußerte die Vermutung, dass das geschehe, um den geringeren männlichen Anteil an der Reproduktion zu übergehen.

Georg Simmels Feststellung, dass die gesamte Kultur von Männern erschaffen worden sei und sie eine Monopolstellung im Anspruch auf »Objektivität« auf dieser besäßen,[115] entgegnete Horney, dass auch »die Psychologie der Frau bisher nur vom Manne aus gesehen« wurde. Als »weiteres sehr verhängnisvolles Moment« komme hinzu, dass sich die Frau »den männlichen Wünschen anpaßte und ihre Anpassung als eigenes Wesen empfand«. Sie habe »sich unbewußt der Suggestion des männlichen Denkens« gefügt, und diese »Infizierung mit männlichem Denken« beginne schon in der Kindheit.[116] In einem Aufsatz von 1930 warf sie die Frage auf, »warum eigentlich so viele gescheite Männer sich den Kopf zerbrechen über das Wesen der Frau und meist zu unfreundlichen Resultaten kommen«. Das Thema sei affektbeladen und finde kulturübergreifende Verbreitung, wofür Horney zahlreiche Beispiele aus der ethnologischen Forschung anführte: »Allem liegt der Gedanke zugrunde: die Frau ist ein geheimnisvolles Wesen, das mit Geistern in Verbindung steht, daher magische Kräfte hat, mit denen sie dem Mann schaden kann, gegen die er sich schützen muß, und – muß man fortfahren – die er daher in Unterwürfigkeit halten muß.«[117]

In ihrem 1932 erschienenen Aufsatz *Die Angst vor der Frau* machte Horney männliche Unsicherheit für die Vorstellung einer angeblichen Minderwertigkeit der weiblichen Genitalien verantwortlich: Des Mannes »*ursprüngliche Angst vor dem Weibe ist keine Kastrationsangst, sondern eine Reaktion auf die Bedrohung seines Selbstgefühls.*«[118] Horney bestritt auch Freuds Annahme, dass die Vagina als erogene Zone bis zur Pubertät unentdeckt bleibe. Im Gegenteil: »Vaginale Organgefühle« und vaginale Onanie bei kleinen Mädchen seien eine empirische Tatsache. Die Verdrängung dieses Faktums habe eher mit den Theoretikern zu tun: »Die Annahme einer spezifisch weiblichen, primären vaginalen Sexualität würde die einer *primären* phallischen Sexualität wenn nicht ausschließen, so doch so wesentlich einschränken, daß damit auch die oben dargestellten schwerwiegenden Konsequenzen für die Gesamtauffassung der weiblichen Psyche problematisch würden.«[119]

Für eine Community, die es gewohnt war, nach den Mustern einer »männlichen Kultur« zu denken und die Sexualtheorie am männlichen Körper zu orientieren, war das eine ungewohnte Blickweise, aber die Einsichten bahnten sich allmählich ihren Weg. Nach ihrer Übersiedlung in die USA im Jahr 1932 rückte Horney auch vom Ödipuskomplex ab. Er sei ausgerichtet auf das männliche Kind: Der »Komplex« besagte, dass das männliche Kind die Rache des Vaters befürchtet, wenn es sein Begehren auf die Mutter richtet. An der Übertragung auf das weibliche Geschlecht waren bis dahin alle Theoretiker gescheitert. Auch, so Horney weiter, gelte der Ödipuskomplex keineswegs für alle Kulturen; vielmehr charakterisiere er patriarchale gesellschaftliche Verhältnissen. Er ergebe sich, anders als von Freud unterstellt, nicht aus der »Natur« des Menschen.[120] Damit traf Horney ins Herz des Lehrgebäudes: Freud hatte den Ödipuskomplex als »Kern« der psychoanalytischen Lehre bezeichnet. »Kaum vorstellbar«, so Makari, »dass so eine freimütige Beurteilung aus dem Kreis der Wiener Analytiker gekommen wäre«.[121]

Horney sollte nicht die einzige Kritikerin bleiben. Auch andere protestierten gegen die psychoanalytischen Lehren zur Weiblichkeit. Mit anderen Worten: Die »neue Frau«, die einerseits die Phantasie der Zeit bewegte, andererseits aber auch die Wut der Reaktionäre entfachte, war in der Psychoanalyse angekommen. Bei der Kritik an den Weiblichkeitstheorien funktionierte Freuds übliche Taktik – abspalten, Teile der Kritik in die eigene Lehre integrieren und die Herkunft verleugnen – nicht mehr. Er versuchte zwar, dagegenzuhalten, auch mithilfe von Analytikerinnen wie Helene Deutsch, die über den weiblichen Masochismus schrieb. Schließlich musste er aber zugeben, dass die weibliche Sexualität für die Psychoanalyse ein »dark continent« bleibe.[122] Damit griff er das Bild auf, das die Philosophen und Schriftsteller des 19. Jahrhunderts für das Unbewusste verwendet hatten und das sich im psychoanalytischen Diskurs bis heute erhalten hat und für eine Hierarchie zwischen »Zivilisiertheit und Primitivität« sorgt, die, je nachdem, geschlechtliche, rassistische oder klassenspezifische Züge annehmen kann.[123]

Die Auseinandersetzungen um die »richtige« Psychoanalyse zog sich von etwa 1900 bis 1930 hin. Einige »Dissidenten«

waren dabei auf der Strecke geblieben oder eigene Wege gegangen – nicht ohne zur Veränderung der Definition beigetragen zu haben. Freuds großartiger Sinn für Synthese hatte aus fremden Konzepten immer wieder einen Teil herausgenommen und in die eigenen Lehren integriert. Daraus war allmählich dieses große Gebäude geworden, das bis heute für den Begriff der Psychoanalyse steht. Zu Beginn hatte sich jeder Freuds Definition des Unbewussten, abgeleitet vom Bewusstsein, anschließen müssen – »sonst war er raus«.[124] Nach dem Ersten Weltkrieg erweiterte sich diese Perspektive. Denn die Definition des Unbewussten erwies sich als zunehmend schwierig. Hatten die frühen Analytiker, wie die Philosophen und Literaten des 19. Jahrhunderts, geglaubt, dass die Fortschritte der Wissenschaft dieses Gelände eines Tages kartographieren würden, so hatte sich nun gezeigt, dass Unbewusstes und Bewusstsein interagierten und kaum getrennt zu denken waren. Dass sich die Mechanismen des Unbewussten weder verifizieren noch falsifizieren ließen, wurde einer der Gründe, der Psychoanalyse den Status einer Wissenschaft vorzuenthalten. Allerdings hat die moderne Hirnforschung und Neurobiologie mittlerweile einige von Freuds Annahmen naturwissenschaftlich bestätigt.

Hinzu kam das Problem der Zuordnung: Gehörte die Psychoanalyse und ihr Wissensgebiet, das Unbewusste, zu den Geistes- oder zu den Naturwissenschaften? Freud umging das Problem, indem er darauf hinwies, dass der Beitrag der Psychoanalyse zur Wissenschaft »in der Ausdehnung der Forschung auf das seelische Gebiet« bestehe und zum Kampf der Aufklärung gegen die Religion beitrage.[125] Anders ausgedrückt: Die Psychoanalyse schloss die Lücke zwischen der exakten Wissenschaft und der Religion. Sie besetzte den Raum zwischen Gefühl und Wissen, in dem sich der Glaube angesiedelt hatte. Mit einer solchen Aussage sprengte Freuds Psychoanalyse einerseits die tradierten Grenzen der Naturwissenschaften und zwang andererseits die Religion, sich für die Reflexion zu öffnen.

Freuds Theorie des Unbewussten blieb ein produktives Hybrid: Sie bewegte sich nicht nur zwischen den Wissenschaften, sondern auch zwischen Therapie und Theorie, zwischen Kultur und Natur, zwischen Geschichte und Gegenwart. Genau darin lag von Anfang an das besondere Potenzial der Psychoanalyse. Sobald sie sich, wie dies in späteren Jahren immer mal geschah, auf *eines* dieser Gebiete beschränkte, büßte sie ihre Dynamik und Anpassungsfähigkeit ein. Sie verlor eben jene Qualität, die das Unbewusste zur Überlebensstrategie werden ließ: die Flexibilität, die sie befähigte, sich an wechselnde soziale, historische oder kulturelle Umstände anzupassen.

Die frühen Kämpfe um die Definition der Psychoanalyse mündeten in die Auseinandersetzungen um die Laienanalyse, also die Frage, ob der psychoanalytische Beruf Ärzten und Psychologen vorbehalten bleiben oder auch für andere Ausbildungswege, etwa die der Geisteswissenschaften, geöffnet werden sollte. In Wien hatte man sich für die Laienanalyse entschieden. Freud vertrat die Ansicht, dass die Psychoanalyse einen festen Bezug zu den Kulturwissenschaften aufrechterhalten müsse, um sich weiterzuentwickeln. Aus den USA kam heftiger Widerstand. 1910 war der *Flexner Report* erschienen, der offenlegte, dass an vielen höheren Bildungsinstitutionen ärztliche Diplome an miserabel ausgebildete Mediziner vergeben worden waren. Danach waren die Ausbildungsrichtlinien für Ärzte strenger geworden – und da auch die Psychoanalyse Anspruch darauf erhob, ein Heilberuf zu sein, hatte sie nur die Wahl, sich dem Regelwerk zu unterwerfen oder unter die Quacksalber zu fallen.

Dass die Psychoanalyse ihre Vielfalt bewahrte, war nicht zuletzt Freuds Tochter Anna zu verdanken. Sie war das jüngste der sechs Kinder von Sigmund und Martha Freud und zunächst als Lehrerin tätig, bevor sie sich dem Gebiet der Kinderanalyse zuwandte. Unter den Freudianern war sie zunächst belächelt worden, weil sie erstens keine medizinische Ausbildung durchlaufen hatte – der Vater war gegen das Frauenstudium! – und weil sie zweitens vom eigenen Vater analysiert worden war. Daraus wurde abgeleitet, dass sie den Ödipuskomplex nicht überwunden haben könne. Drittens nahm man sie nicht ernst, weil sie Kinder zu ihrem Spezialgebiet gemacht hatte. 1923 eröffnete sie in der Berggasse, neben der Praxis ihres Vaters, eigene Behandlungsräume. Mit der Analyse von Kindern hatte sich unter den Freudianern kaum jemand beschäftigt – außer Melanie Klein, die zur großen Rivalin von Anna Freud werden sollte. In Wien galt die Kinderanalyse als ein Zweig der Pädagogik. Anna Freud hatte die Kinderanalyse zwar nicht selbst entwickelt, gehörte aber zu den ersten, die auf diesem Gebiet praktizierten. Sie hatte das Elend der Waisenkinder und den Hunger im Wien der Nachkriegszeit erlebt, und diese Erfahrungen sollten prägend bleiben für ihre weitere Laufbahn als Analytikerin. Nach dem Zweiten Weltkrieg arbeitete sie mit Kindern, die den Holocaust überlebt hatten, und legte auf dem Gebiet der Traumaforschung wichtige Ergebnisse vor.[126]

Zugleich verfolgte Anna Freud, als enge Vertraute ihres Vaters, die Entwicklungen der psychoanalytischen Theorie. In diesem Kontext entstand ihr Buch *Das Ich und die Abwehrmechanismen*, das erheblich dazu beitrug, die immer weiter entzweite psychoanalytische Szene zu konsolidieren.[127] In dem Buch führte sie an einer Reihe von Beispielen aus, dass die unterschiedlichen Möglichkeiten, sich dem Unbewussten zu nähern, miteinander kompatibel seien und sich gegenseitig ergänzten. Ihr Werk, das dem Sexualtrieb wie dem Todestrieb und vielen anderen Aspekten der neueren Psychoanalyse Raum gab, avancierte schon bald zum Grundlagentext. Sie hatte für die Vielfalt der unterschiedlichen Strömungen einen gemeinsamen Nenner gefunden. Als Freud mitgeteilt wurde, dass das Buch als großer Fortschritt empfunden werde, meinte er, im Buch seiner Tochter stehe das, was er schon die ganze Zeit vertreten habe.[128]

Mit dem Fall Rank wurde ein Problem akut, das eng mit Ausdifferenzierung der psychoanalytischen Theorien zusammenhing. Freud warf Rank vor, Probleme der eigenen Psyche universalisiert und zur Lehre erhoben zu haben – eine Vorhaltung, die sich auf viele der frühen Freudianer anwenden ließ und für Freud nicht minder galt. Seine Weiblichkeitstheorien waren, das hatte Horney erkannt, das Resultat der unter den männlichen Analytikern verbreiteten Vorstellungen einer »natürlichen« Geschlechterhierarchie, nach der das Weibliche dem Männlichen sexuell wie intellektuell unterlegen sei. In diesen Vorstellungen spiegelte sich ein Zeitgeist wider, der von männlichen Theoretikern nicht infrage gestellt wurde, weil subjektive Erfahrung mit Objektivität gleichgesetzt wurde. Auch die Lehre vom Ödipuskomplex war das

Resultat einer subjektiven Erfahrung. Freud war bei seiner Selbstanalyse zur Erkenntnis gelangt, dass er seine eigene Mutter begehrte, und hatte diese Wahrnehmung zur allgemeinen Lehre erhoben und daraus den Ödipuskomplex mit der Angst vor der Kastration durch den Vater abgeleitet. Aus der Kastrationsdrohung des Vaters entstand, so Freud, das Über-Ich, das Gesetz, Zivilisation und die Kultur repräsentierte. Dass sich so das weltweit verbreitete Phänomen der Exogamie, die Regel der Eheschließung außerhalb der eigenen sozialen Gruppe oder Familie, erklären ließ, war schon fragwürdig genug (und wurde später auch widerlegt), noch problematischer war aber die Behauptung, dass sich die gesamte Notwendigkeit einer Unterordnung unter das Regelwerk der Gesellschaft auf den Ödipuskomplex zurückführen ließ. Erstens blieb dieser ein Phänomen westlicher Gesellschaften, wie die Ethnopsychoanalyse, auf die ich im 6. Kapitel zurückkomme, zeigte, und zweitens scheiterte von Anfang an die Übertragung auf das weibliche Geschlecht, wie Karen Horney und andere zeigen sollten. Ein weiblicher Ödipuskomplex hätte bedeutet, dass im Fall eines Verzichts der Tochter auf den Vater, die Mutter »das Verbot« oder die Zivilisation symbolisiert hätte, was für diese Generation von Männern, allen voran Freud, unvorstellbar war.

Zum Problem der Universalisierung der eigenen psychischen Erfahrung kam das Problem der Gegenübertragung hinzu: Sie war, wie die Übertragung, ein Spiel mit der Illusion. Die Behandelnden mussten lernen, sich nicht nur gegen die Projektionen ihrer Analysanden, sondern auch gegen ihre eigenen Einbildungen zu schützen, sie zu durchschauen. Beides – die Reflexion über die Phantasien der Analysanden wie die Auseinandersetzung mit der eigenen Gegenübertragung – verlangte nach einer längeren Analyse. Für die ersten Analytiker war das kaum möglich, es gab einfach zu wenige, bei denen sie sich hätten auf die Couch legen können. So kompensierten sie das Manko durch Selbstbeobachtung oder kurze analytische Phasen untereinander. Mit der zweiten Generation in den 1920er Jahren standen dann schon mehr Kapazitäten und damit auch potenzielle Lehranalytiker zur Verfügung.

Im Berliner Psychoanalytischen Institut wurde die Ausbildung angehender Analytiker systematisiert. Sein Gründer, Karl Abraham, war 1908 von Wien nach Berlin gegangen, wo er 1910 die Berliner Psychoanalytische Vereinigung etablierte und 1920 das weltweit erste Institut gründete. Er übernahm dessen Leitung und begann schon bald, ein genaues Reglement für die Ausbildung zum psychoanalytischen Beruf zu entwerfen. Es war ein wichtiger Schritt zur Institutionalisierung der Psychoanalyse als Heilberuf. Max Eitingon, der aus wohlhabenden Verhältnissen kam, stattete das Institut mit beträchtlichen Mitteln aus. Zusammen mit Ernst Simmel gründete Eitingon 1922 die weltweit erste psychoanalytische Poliklinik in Berlin, wo Patienten auch umsonst behandelt wurden. 1927 entstand daraus das Sanatorium Schloss Tegel, das Freud mehrfach besuchte.[129]

Berlin war damals eine Hochburg der akademischen Psychiatrie, die mit der Psychoanalyse wenig im Sinn hatte. So mag es sich erklären, dass die Psychoanalytische Vereinigung zunächst nur Ärzte in die Ausbildung aufnahm. Zugleich war Berlin ein Zentrum der Avantgarde in Literatur, Kunst, Film, Theater – und die Kunst konnte von Anfang an mit dem Unbewussten sehr wohl etwas anfangen. Die UFA produzierte 1925 den Film *Geheimnisse einer Seele* (Regie: Georg Wilhelm Pabst, Karl Abraham war wissenschaftlicher Berater), der von Albträumen und einer Zwangsneurose handelte. Zeitgenössische Kritiken lobten die verständliche Darstellung psychischer Vorgänge, in den Rezensionen späterer Generationen wurde »die innovative Erprobung filmischer Möglichkeiten, vor allem die Vielzahl von Kamera- und Montagetricks bei der Gestaltung der Traum-Sequenzen« hervorgehoben.[130] Eine Rolle spielte zweifellos auch die Ähnlichkeit von Film und Traum: Beruht der Traum auf Assoziationsketten, so stellt auch der Filmschnitt fließende Übergänge zwischen oft scheinbar Unzusammenhängendem her.

Hinzu kam der soziale Wandel – Feminismus, Sexualreform, Schwulenbewegung. 1919 hatte Magnus Hirschfeld das Institut für Sexualforschung gegründet, und diese Bewegungen trugen dazu bei, die tradierten Kategorien des Unbewussten aufzumischen. Einer der Protagonisten und zugleich genauer Beobachter dieser Szene war der Psychiater und Schriftsteller Alfred Döblin. Als Freud 1926 seinen 70. Geburtstag in Berlin mit Persönlichkeiten aus Literatur, Psychoanalyse und Politik feierte, hielt Döblin eine Laudatio: »Die menschliche Seele«, so sagte er, »war schon vor Jahrhunderten, da sie von den Psychologen und Ärzten verstoßen worden, auf eine große Wanderschaft gegangen. […] Freud ließ sie in sein Sprechzimmer eintreten, machte die Tür hinter ihr zu. ›Legen Sie ab, gnädige Frau. Ja, bitte, ziehen sie sich aus.‹ Ich möchte bemerken, dass die Seele bis zum heutigen Tag über diesen Aufruf erschrocken an der Tür stehen geblieben ist und noch nicht mehr als den Hut abgelegt hat.«[131] In der

Weimarer Republik legte die Seele aber dann doch mehr als ihren Hut ab; sie wurde zum Teil der allgemeinen Kultur. Die Blüte, die die Psychoanalyse im Berlin dieser Zeit erlebte, war nicht zuletzt der Tatsache geschuldet, dass die deutsche Hauptstadt zu einem internationalen Anziehungspunkt geworden war: Menschen, die vor den politischen Verhältnissen in osteuropäischen Ländern, etwa Ungarn und Russland, geflohen waren, trafen dort aufeinander und trugen zur kulturellen Vielfalt des Ortes bei. Eine Situation, die der des heutigen Berlins nicht unähnlich ist – allerdings ist für viele der Gewinn, der sich durch eine solche Vermischung der Kulturen ergibt, oft erst in der Retrospektive erkennbar.

Karl Abraham hatte nicht nur das Curriculum für die analytische Ausbildung konzipiert, er hatte auch versucht, die Psychoanalyse an der Universität zu verankern. Er scheiterte, so wie Jahrzehnte zuvor jüdische Akademiker daran gescheitert waren, die Jüdischen Studien zu etablieren. 1872 hatte sich daraufhin die *Hochschule für die Wissenschaft des Judentums* gegründet. Als ihre Mitglieder nach 1933 fliehen mussten, hatten sie das Reformjudentum, das dort und in Breslau entwickelt worden war, im Gepäck. Auf seiner Basis entfaltete sich ein neues, liberales Konzept jüdischen Lebens in den USA, England, Lateinamerika, Australien, Palästina.[132] Ähnlich erging es der Psychoanalyse: Als das Berliner Institut »arisiert« wurde, flohen die Mitglieder in die USA oder nach England, einige, darunter Max Eitingon, wanderten nach Palästina aus. Die Berliner Schule verschwand, aber das dort geschaffene Ausbildungsmodell wurde zum Vorbild für viele andere Institute weltweit.

Die Spaltung in ein »jüdisches« und ein »arisches« Unbewusstes: Der Fall Jung

Ein Schisma ließ sich nicht heilen: C. G. Jungs Konzept des Unbewussten war in die Freud'sche Lehre nicht integrierbar, auch nicht teilweise. Freud hatte Jung zunächst zu seinem Nachfolger erkoren. Mit dem Pastorensohn hoffte er, dem Bild der Psychoanalyse als jüdischer Domäne etwas entgegenzusetzen. Die Hoffnung wurde nicht nur enttäuscht, Jung sollte sogar zu einem der ärgsten Feinde der Freud'schen Psychoanalyse mutieren – durch die Diffamierung ihrer »jüdischen« Anteile.

Der Gegensatz zwischen den Lehren Freuds und Jungs zeigt sich an mehreren Aspekten: Sprach Freud vom Sexualtrieb, den er später um den Aggressions- und Todestrieb erweiterte, so hob Jung zunehmend die Religion als innere Triebkraft der Psyche hervor; der eine war durch die Schule des Judentums gegangen und hatte durch den Zweifel das Denken gelernt, der andere war zwar kein gläubiger Christ, aber geprägt vom evangelischen Pfarrhaus seiner Geburt. Jung verortete sich in der christlichen Kultur,[133] zugleich verlieh er seinem Glauben einen diesseitigen Bezug: im Arischen oder Germanischen. Das heißt, er schloss einerseits an die protestantische Tradition des Unbewussten an, baute andererseits aber eine Front gegen die jüdischen Traditionen auf, die in Freuds Konzept des Unbewussten eingeflossen waren. Mit der Spaltung zwischen Jung und Freud nahm der Konflikt zwischen Glauben und Vertrauen eine neue Dimension an, die, weil sie historische Wirkmacht entfaltete, näher betrachtet werden soll.

Jungs Bild des Unbewussten hatte mit Zweideutigkeit und flexibler Exegese wenig im Sinn. In seinen Augen bestand das Unbewusste aus zwei »Schichten«: einerseits das »persönliche Unbewußte«, das von der individuellen Biographie abhänge und »ebenso gut bewußt sein« könne; andererseits dem »kollektiven Unbewußten«. Durch die Behandlung einer Patientin, so Jung, sei er auf dieses zweite Unbewusste gestoßen. Sie habe sich in ihn verliebt – eigentlich ein typischer Fall von Übertragung, den er jedoch anders interpretierte. Könnte es sein, so schreibt er, dass das Unbewusste »versucht, aus der Person des Arztes einen Gott zu schaffen, gewissermaßen eine Gottesanschauung aus den Hüllen des Persönlichen zu befreien [...] Könnte das Verlangen nach einem Gott eine unbeeinflußter, dunkelster Triebnatur entquellende *Leidenschaft* sein?« Für ihn eröffnete sich damit die Möglichkeit, »daß die unbewußten Tendenzen einen jenseits der menschlichen Person liegenden Zielpunkt hätten«.[134]

Bei Schelling stießen wir auf die Verbindung des Unbewussten zum Transzendenten. Bei Jung verband sich der Gedanke der Ewigkeit weniger mit dem Jenseits als mit einer sich ewig erneuernden Natur. »Dem gegenüber entspricht das Gottesbild der Träume der archaischen Vorstellung eines *Naturdämons*, eines Wotan vielleicht.« Jung interpretierte dieses »ganz kollektive Bild«, das bei seiner Patientin zutage trat, als ein »ethnisches« Erbe: »Dieses historische und allgemein verbreitete Bild ist durch natürliche psychische Funktion wieder zustande gekommen, was insofern kein Wunder ist, als meine Patientin mit einem menschlichen Gehirn, das heute vermutlich noch in derselben Weise funktioniert wie bei den alten Germanen, auf die Welt gekommen ist. Es handelt sich um einen wiederbelebten *Archetypus*, wie ich diese Urbilder andernorts bezeichnet habe.«[135]

Ab dem Jahr 1927 verwendete Jung den Begriff des »Archetypus«, den er als »etwas, das die Erde berührt« definierte. Die Archetypen seien »die in der Tiefe verborgenen Fundamente der bewußten Seele. [...] Die Archetypen sind Bereitschaftssysteme, die zugleich Bild und Emotion sind. Sie vererben sich mit der Hirnstruktur, ja sie sind deren psychischer Aspekt. [...] Sie sind recht eigentlich der chthonische [der Erde verhaftete] Anteil der Seele [...], jener Anteil, durch den sie an die Natur verhaftet ist oder in dem wenigstens ihre Verbundenheit mit Erde und Welt am faßbarsten erscheint. In diesen Urbildern tritt uns die Wirkung der Erde und ihrer Gesetze wohl am deutlichsten entgegen.«[136] Da die Juden in der Zerstreuung lebten und über keine eigene »Erde« verfügten, könnten sie nicht Anteil haben an dieser in der Natur verwurzelten Kollektivseele.

Das kollektive Unbewusste nahm bei Jung die »Form *vererbter Kategorien* oder Archetypen« an. Diese lassen Wotan wiederauferstehen. Dessen Ewigkeit sei nicht transzendenter, sondern immanenter Natur: Das Unbewusste, dessen Träger die Archetypen seien, sei unveränderbar. Anders als die damals gerade entstandene Genetik, die sich auf das Bild einer unendlichen Menschheitskette stützte, war Jungs »Natur« auf ein Programm festgelegt. Die Genetik lässt zufällige Veränderungen der Art und damit auch die Möglichkeit einer Vervielfältigung zu. Jungs Menschenkette dagegen verengte sich laufend. Es filterten sich »Rassen« heraus, und diese bestimmten über das kollektive Unbewusste der Art. Jung, der zwischen zwei Sorten von Kollektivität unterschied, einer, die allen Menschen gemeinsam sei, und einer, die sich nur in einzelnen Gruppen wiederfinde, konstatierte die »merkwürdige Übereinstimmung« der individuellen Psyche in einzelnen Völkern und Rassen. Sie sei einer Ausdifferenzierung der »Kollektivpsyche« geschuldet: »Insofern es der Rasse, dem Stamm oder gar der Familie entsprechende Differenzierungen gibt, so gibt es auch eine auf Rasse, Stamm oder Familie eingeschränkte Kollektivpsyche über das Niveau der ›universalen‹ Kollektivpsyche hinaus.«[137]

Weil die »Kollektivpsyche« unbewusst weitergegeben werde, bleibe sie zwar unerkennbar, umso größer sei aber ihre Macht über das Individuum. »Man wird wohl der Wahrheit am nächsten kommen, wenn man sich vorstellt, daß unsere bewußte und persönliche Psyche auf dem breiten Fundament einer vererbten und allgemeinen Geistesdisposition ruht, die als solche unbewußt ist, und daß sich unsere persönliche Psyche zu der Kollektivpsyche etwa so verhält wie das Individuum zur Gesellschaft.«[138] Eingangs habe ich darauf hingewiesen, dass sich dank der Kulturtechniken christliche Glaubensinhalte oder -praktiken allmählich dem Unbewussten einschrieben und dort über das Verhalten bestimmten. Die »vererbten Geistesdispositionen«, von denen Jung sprach, entstanden durch Generationenketten und wurden unbewusst weitergegeben.

Aus der Existenz der Kollektivpsyche leitete Jung wiederum die Inkompatibilität der verschiedenen Rassen ab. Das erstmals 1928 veröffentlichte Buch *Die Beziehung zwischen dem Ich und dem Unbewußten* erschien 1934 in einer überarbeiteten Fassung. Dort war nun die Fußnote zu lesen: »So ist es ein ganz unverzeihlicher Irrtum, wenn wir die Ergebnisse einer jüdischen Psychologie als für uns verbindlich annehmen. [...] Gewiß, auf einer früheren und tieferen Stufe seelischer Entwicklung, wo es noch unmöglich ist, einen Unterschied zwischen arischer, semitischer, hamitischer und mongolischer Mentalität aufzufinden, haben alle menschlichen Rassen eine gemeinsame Kollektivpsyche. Aber mit dem Einsetzen von Rassendifferenzierungen entstehen auch wesentliche Unterschiede in der Kollektivpsyche.«[139] Für Jung waren sowohl die »Rassen« als auch die damit verbundene »Kollektivpsyche« Resultate einer »Höherentwicklung« der Art. Was nach einer Fortführung von Darwins Evolutionstheorie aussieht, war in Wirklichkeit ihr Gegenteil. Die Genetik hat nachgewiesen, dass es die angeblichen Merkmale von »Rasse« oder »Stamm« nicht gibt und dass epigenetische Veränderungen keineswegs auf die Herausbildung eines spezifischen Erbes abzielen. Wenn sie auftreten, dienen sie der Verstärkung von Eigenschaften, die das Überleben der Art sichern. Die angeblichen »Rassen« oder der »Stamm« waren im Kontext des *Survival of the fittest* irrelevant.

Für Jung hingegen war die Rasse nicht nur Indiz einer spezifischen Erbschaft, sondern auch ihrer Überlegenheit über andere Kulturen und ihre Überlebenskraft. »Die noch jungen germanischen Völker sind durchaus imstande, neue Kulturformen zu schaffen, und diese Zukunft liegt noch im Dunkeln des Unbewußten in jedem Einzelnen, als energiegeladene Keime, fähig zu gewaltiger Flamme. Der Jude als relativer Nomade hat nie und wird voraussichtlich auch nie eine eigene Kulturform schaffen, da alle seine Instinkte und Begabungen ein mehr oder weniger zivilisiertes Wirtsvolk voraussetzen.«[140]

Das Beispiel Jung zeigt, dass sich in dieser Zeit nicht nur unterschiedliche, sondern konträre Theorien zum Unbewussten herausbildeten: in einem Fall ein Unbewusstes mit hoher Ambiguitätstoleranz, im anderen eines, das auf ein bestimmtes Ziel, dem »Verlangen nach einem Gotte« ausgerichtet war und sich am Glauben orientierte. Im einen Fall ein unerkennbares Unbewusstes, das Flexibilität einforderte; im anderen eines, für das eine Unveränderbarkeit der menschlichen Psyche gelten sollte. Im einen Fall ein Unbewusstes, das über den Zweifel zur Selbstreflexion führte, im anderen eines, das dem Schicksal der Kollektivpsyche unterworfen war. Eine Einordnung des Unbewussten in jüdische oder christliche Traditionen hatten Freud und seine Mitstreiter nie vorgenommen, doch die Begriffe und Bilder, die Jung verwendete, machen klar, dass sich nun – wenige Jahrzehnte nach der Geburt der Psychoanalyse, die das Unbewusste am Einzelfall zu verstehen versuchte[141] – eine zweite Form herausbildete, die am Einzelfall nur insoweit interessiert war, als sich daran die »wahre Natur« eines kollektiven, *genetisch* vererbten Unbewussten beweisen ließ.

Die Jung'schen Ideen, das wurde nach dem Bruch mit Freud immer deutlicher, sind vor dem Hintergrund des sich zeitgleich verstärkenden rassistischen Antisemitismus zu lesen. Beispielhaft dafür die Ideen von Otto Weininger, einem Zeitgenossen Freuds, der auch in Wien lebte, aber, anders als Freud, vom Judentum zum Protestantismus konvertiert war. Sein 1903 erschienenes Werk *Geschlecht und Charakter* zielte eigentlich auf die Geschlechterdifferenz ab, ein Kapitel war aber auch dem Unterschied zwischen dem »Juden« und dem »Arier« gewidmet. Indem Weininger »den Juden« und »das

Weib« verband,[142] konstruierte er den *missing link* zwischen christlichem Antijudaismus und rassistischem Antisemitismus: In seinem mit Sexualbildern aufgeladenen Antijudaismus nahm die christliche Judenfeindschaft eine leibliche Dimension an. Jung, der der Psyche eine religiöse sowie eine ererbte Ebene zuwies und die Begriffe »Christ« und »Arier« wie Synonyme verwendete, war gut kompatibel mit den antisemitischen Thesen Weiningers. Zugleich verlieh Jungs religiöse Dimension seinen erbbiologischen Ideen den Anschein einer »ewigen Wahrheit«.

Für die Christen hatte der »Jude« immer schon die eigenen Glaubenszweifel verkörpert: Im Mittelalter nannte man ihn »verstockt«, weil er in Christus nicht den Messias sehen wollte; als er sich in der Neuzeit der Mehrheitsgesellschaft anpasste, wurde er beschuldigt, seine »wahre Natur« hinter einer Maske zu verstecken. Weininger ging einen Schritt weiter: Für ihn war »der Jude« die *Verkörperung* des Zweifels. Er sah in ihm den schroffsten Gegensatz zu arischer »Eindeutigkeit« und »Einfalt«, wie er es nannte: »Des Juden psychische Inhalte sind sämtlich mit einer gewissen Zweiheit oder Mehrheit behaftet; über diese Ambiguität, diese Duplizität, ja Multiplizität kommt er nie hinaus. [...] Diese innere Vieldeutigkeit, diesen Mangel an unmittelbarer innerer Realität irgend eines psychischen Geschehens, die Armut an jenem An-und-für-sich-Sein, aus welchem allein höchste Schöpferkraft fließen kann, glaube ich als Definition dessen betrachten zu müssen, was ich das Jüdische als Idee genannt habe. Es ist wie ein Zustand *vor* dem *Sein*, ein ewiges Irren draußen vor dem Tor der Realität. [...] *Innerliche Vieldeutigkeit*, ich möchte es wiederholen, ist *das absolut Jüdische, Einfalt das absolut Unjüdi-*

sche.«[143] Weil Otto Weiningers Buch einen Übergang von den Ideen über die *geistige* Andersheit »des Juden« zum rassistischen Antisemitismus bot, war es grundlegend für diese Zeit. In den 1920er und 1930er Jahren erschienen unzählige Auflagen.

Mit seinen Vorstellungen eines »rassisch« vererbten »kollektiven Unbewußten« versah C. G. Jung die rassistischen Theorien seiner Zeit mit der entsprechenden psychologischen Ausrüstung. Die Antisemiten sahen im »jüdischen Körper« ein Spiegelbild oder Produkt des jüdischen Geistes. So etwa Artur Dinter in seinem »Rassen-Roman« *Die Sünde wider das Blut* von 1917: »Der Geist ist nicht […] ein Erzeugnis der Rasse, sondern umgekehrt ist die Rasse, der Körper, die irdische Erscheinung eines Menschen, ein Erzeugnis seines Geistes. Der Geist ist's, der sich den Körper baut, nicht ist es umgekehrt.«[144] Jung wiederum betrachtete das »jüdische Unbewusste« als ein Erzeugnis des »jüdischen Körpers«. Er erklärte die »Rassenpsychologie« zum neuen Forschungsprogramm: Es gelte, die »tatsächlich bestehenden und einsichtigen Leuten schon längst bekannten Verschiedenheiten der germanischen und der jüdischen Psychologie« nicht mehr zu verwischen.[145] Mehr noch: Mit der Psychoanalyse als »jüdischem Machwerk«, deren »fanatischer Einseitigkeit auf die Sexualität, die Begehrlichkeit, auf das Lustprinzip«, ihrem »Gift der entwertenden Deutung«[146] und der mangelnden Bodenhaftung, die Jung dem »Kulturjuden« Freud attestierte,[147] habe der jüdische Geist ein Instrument zur Zerstörung anderer Kulturen geschaffen: »Die Juden haben diese Eigentümlichkeit mit den Frauen gemeinsam; als die physisch Schwächeren müssen sie auf die Lücken in der Rüstung des Gegners zielen und wegen dieser [...] Technik sind die Juden selbst dort, wo die anderen am verwundbarsten sind, am besten gedeckt. Infolge ihrer mehr als doppelt so alten Kultur sind sie sich der menschlichen Schwächen und Schattenseiten in viel höherem Maße bewußt als wir und darum [...] viel weniger verwundbar.«[148]

Jung präsentierte seine Psychoanalyse als Heilmittel gegen die schädlichen Einflüsse von Freuds Lehre – und das Angebot wurde freudig angenommen. In einem Radio-Interview von 1933 stellte der Pädagoge und Psychotherapeut Adolf Weizsäcker[149] C. G. Jung mit den Worten vor, dass er »der zersetzenden Psychoanalyse Freuds eine aufbauende Seelenlehre entgegenstellt« habe, die »von einem gänzlich anderen Boden aus an die menschliche Seele herantritt« als die Psychoanalyse Freuds. Jung habe »das Unmittelbare unseres Seelenlebens, das Schöpferische, das gerade in unserer deutschen Geistesgeschichte immer die entscheidende Rolle gespielt hat, daß er dies Unmittelbare, Schöpferische nicht antastet, nicht in Stücke zerreißt und zersetzt, sondern daß er aus einer tiefen Ehrfurcht heraus ihm gegenübersteht und es nicht entwertet«. Jung ergänzte dieses Loblied mit eigenen Worten: »Sehen Sie, es ist eines der schönsten Vorrechte des germanischen Geistes, voraussetzungslos das Ganze der Schöpfung in seiner Mannigfaltigkeit auf sich wirken zu lassen. Bei Freud sowohl wie bei Adler wird aber ein einzelner individueller Gesichtspunkt, wie zum Beispiel Sexualität oder Machtstreben dem Ganzen der Erscheinungswelt kritisch gegenübergestellt.« Dadurch werde »das Ganze bis zur Lächerlichkeit entstellt«.[150]

Am 30. Januar 1933 wurde Hitler vom Reichspräsidenten Paul von Hindenburg zum Reichskanzler ernannt. Am

10. Mai 1933 brannten Freuds Bücher bei der »Aktion wider den undeutschen Geist« zum Schutz des deutschen Volkes »gegen die seelenzerstörende Überschätzung des Sexuallebens«. Viele Politiker und Intellektuelle, darunter auch Mitglieder der Psychoanalytischen Vereinigung, flohen ins Ausland. Am 15. September 1933 wurde das Deutsche Institut für psychologische Forschung und Psychotherapie gegründet. C. G. Jung wurde zum Herausgeber des *Zentralblatts für Psychotherapie* ernannt. In einem Leitartikel von Anfang 1934 *Zur Lage der Psychotherapie* teilte er mit:

> »Das arische Unbewußte hat ein höheres Potential als das jüdische; das ist der Vorteil und der Nachteil einer dem Barbarischen noch nicht völlig entfremdeten Jugendlichkeit. Meines Erachtens ist es ein schwerer Fehler der bisherigen medizinischen Psychologie gewesen, daß sie jüdische Kategorien, die noch nicht einmal für alle Juden verbindlich sind, unbesehen auf die christlichen Germanen und Slawen verwandte. Damit hat sie nämlich das kostbarste Geheimnis des germanischen Menschen, seinen schöpferisch ahnungsvollen Seelengrund als kindisch-banalen Sumpf erklärt, während meine warnende Stimme durch Jahrzehnte des Antisemitismus verdächtigt wurde. Diese Verdächtigung ist von Freud ausgegangen. Er kannte die germanische Seele nicht, so wenig wie alle seine germanischen Nachbeter sie kannten. Hat sie die gewaltige Erscheinung des Nationalsozialismus, [...] eines Besseren belehrt? Wo war die unerhörte Spannung und Wucht, als es noch keinen Nationalsozialismus gab? Sie lag ver-

borgen in der germanischen Seele, in jenem tiefen Grunde, der alles andere ist als ein Kehrrichtkübel unerfüllbarer Kinderwünsche und unerledigter Familienressentiments.«[151]

Diese Einlassungen waren keineswegs das Ende von Jungs Diffamation der Freud'schen Psychoanalyse. Aber sie zeigen deutlich, wo nun die Grenze zwischen dem »arischen« und dem »jüdischen« Unbewussten gezogen wurde. Jung sollte sich zwar einige Jahre nach der Machtergreifung von den Nationalsozialisten distanzieren und sogar davon sprechen, dass man Glaube und Rasse nicht in eins setzen könne,[152] doch mit seiner germanischen Religion hatte er selbst die Weichen gestellt für eine neue Theorie des Unbewussten, die direkt an die Glaubenslehren des Christentums anschließen und sich zugleich im Leiblichen verorten konnte. Mit C.G. Jung und seinen Anhängern hatte sich die alte religiöse Spaltung zwischen christlicher und jüdischer Welt, auf die Theoretisierung des Unbewussten verlagert.

Damit war das Unbewusste rund hundertfünfzig Jahre nach seiner ersten Erwähnung zum Terrain eines säkularen Kulturkampfs gegen die Juden geworden. Der alte Religionskrieg war im Diesseits angekommen, und er zielte auf die irdische Seele ab. Zugleich verlagerte sich der Eroberungszug des Glaubens gegen das Vertrauen auf die Gefühlswelt des Einzelnen. Hatte sich das Vertrauen bis dahin gegen den Glauben zu behaupten vermocht, so setzte nun ein Siegeszug des Glaubens ein, der das Vertrauen für Jahrzehnte in Bedrängnis brachte. Denn schon bald sollte die Spaltung um die Frage des Unbewussten politische und gewalttätige Formen annehmen.

Im folgenden Kapitel richten sich die Betrachtungen auf den Umgang des Totalitarismus mit dem Unbewussten – und dort vor allem auf den deutschsprachigen Raum. Hier hatte »das Unbewusste« seinen Namen erhalten und seine ersten theoretischen Lehrgebäude hervorgebracht. In Wien wurde die Psychoanalyse begründet, in Berlin entstand das erste psychoanalytische Institut und etablierte sich die Psychoanalyse als integraler Bestandteil kultureller Reflexion. Am entgegengesetzten Pol und in demselben Raum formierte sich der Nationalsozialismus. Mit ihm offenbarte der Kampf ums Unbewusste zum ersten Mal seine tödlichen Dimensionen.

3 DIE TOTALITÄRE BESETZUNG DES UNBEWUSSTEN

Das Beispiel Russland

Der Totalitarismus des frühen 20. Jahrhunderts nahm sehr unterschiedliche Formen an: In seiner russisch-sowjetischen Ausprägung war es die *Intelligenzija* (russisch für »die Intellektuellen«), die die Revolution herbeiführte. Im nationalsozialistischen Deutschland waren die Intellektuellen die erste Zielscheibe der totalitaristischen Umwälzung: Sie wurden diffamiert, vertrieben, ermordet. Dennoch gab es mehrere Gemeinsamkeiten, darunter die Orientierung an einem spezifischen Glauben und das Interesse am Unbewussten. Sowohl die Sowjets als auch die Nationalsozialisten bedienten sich der Psychoanalyse – für Russland galt dies für die ersten Jahre nach der Revolution, bis Stalin die Macht an sich riss. Der »Gebrauch«, den die beiden Regime von der Psychoanalyse machten, unterschied sich allerdings in vielerlei Hinsicht.

Zum einen hatte es in Russland, anders als in Westeuropa, keinen wirklichen Bruch mit den religiösen Traditionen gegeben. Die nach wie vor große Bedeutung des Christentums in Russland war etwa daran zu erkennen, dass die Intelligenzija zwar die Lehren der Wiener Psychoanalytiker übernahm – die meisten Werke Freuds wurden zwischen 1904 und 1930 ins Russische übersetzt und in beträchtlichen Auflagen publiziert –, aber mit Freuds Fixierung auf die Psychosexualität kaum etwas anfangen konnte. Zudem war bei den russischen und später sowjetischen Analytikern von der »Übertragung«, die eine Reflexion über den Dialog mit den Analysanden impliziert, so gut wie nie die Rede, wohl aber von Suggestion, die immer nur in eine Richtung verlief. Viele der russischen Intellektuellen waren Juden – wie in Wien und Berlin, was jedoch kaum thematisiert wurde. Deshalb war ihnen selbst vielleicht nicht bewusst, dass es die christlichen Anteile an dieser spezifisch russischen Psychoanalyse waren, für die sie sich stark machten. Beispielhaft der »Freudo-Marxist« Adolf Abramowitsch Joffe, der erst ein »professioneller Untergrundkämpfer« war, dann in Wien bei Adler in Analyse ging, wieder in Russland die Revolution organisierte, danach zum Diplomaten mutierte und schließlich der trotzkistischen Opposition angehörte.[1] Erst Stalins Schauprozesse haben viele dieser Intellektuellen auf ihr Judentum gestoßen, so wie auch Hitler nichtreligiöse Juden auf ihr Judentum zurückwarf.

Es ist das Verdienst des Sozialpsychologen und Kulturhistorikers Alexander Etkind, die eng verwobene Geschichte von Psychoanalyse und russischer Revolution beschrieben zu haben. Schon Ernest Jones machte darauf aufmerksam, dass die Mehrheit von Freuds Patienten zunächst nicht aus dem deutschsprachigen Raum, sondern aus Osteuropa stammte.[2] Das galt auch für viele Vorfahren des Wiener Kreises um Freud. Russland wurde nicht nur als Mittler zwischen Westeuropa und der östlichen Welt wahrgenommen – mit seinen vielen Hellsehern, Magnetiseuren, Hypnose-Adepten und Tischerückern der Jahrhundertwende erschien es auch wie der ideale Mittler zwischen Bewusstsein und Unbewusstem.[3]

Schon 1910 wurde in Moskau die Zeitschrift *Psychotherapia* gegründet, etwa zeitgleich mit dem ersten Fachblatt der Wiener Psychoanalyse. Die Intelligenzija der Vorrevolutionszeit pflegte enge Beziehungen zur Psychoanalyse, und um sie scharte sich ein Kreis, dem neben Ärzten auch viele Dichter, Religionsphilosophen und Kulturkritiker angehörten. In Wien war eine solche Gruppierung die Ausnahme, in Berlin gab es sie gar nicht. In den Jahren zwischen der Jahrhundertwende und dem Ersten Weltkrieg unterhielten diese Russen enge Beziehungen zu Intellektuellen und Kulturschaffenden in Westeuropa. Nietzsche war einer ihrer Helden, wobei sich seine Rezeption von der des Westens unterschied: »Was sich für Nietzsche selbst und das Gros seiner Leserschaft in Europa lediglich als kühner Gedankenflug und erlesene Metaphorik ausnahm, wurde in Rußland als Richtschnur für die soziale Praxis verstanden.«[4] Auch die Psychoanalyse wurde als Handlungsanweisung begriffen. Sie erschien wie ein guter Baustein zum Erreichen des gemeinsamen Ziels: »des Menschen Natur zu ändern«.[5] Die wichtigste Aufgabe des Schriftstellers, so schrieb ein Autor, bestehe darin, »in den großen, feuchten Keller des Unterbewußtseins elektrisches Licht zu legen«.[6] Die Psychoanalyse erschien wie das ideale Instrument für dieses Projekt.

Das große Anliegen dieser Intellektuellen, die den Revolutionsprozess mithilfe der Psychoanalyse vorantreiben wollten, lässt sich als eine verspätete Aufklärung umschreiben – allerdings keine Aufklärung des Zweifels, sondern eine der Aktion. Die Übersetzer und Herausgeber der russischen Edition von Freuds *Jenseits des Lustprinzips*, Lew Wygotski und Alexander Lurija, schrieben im Vorwort von 1925: »Vor unseren Augen etabliert sich in Rußland eine neue und originelle Strömung der Psychoanalyse, die eine Synthese von Freudismus und Marxismus unter der Einbeziehung der Lehre von den bedingten Reflexen herzustellen sucht.«[7] »Freudismus«, das war der gebräuchliche Name für die Psychoanalyse in Russland. (»Es klang in den Ohren der Bolschewiken wie Marxismus«, meint Etkind.[8]) Dieses ohnehin schon explosive Amalgam sollte außerdem mit der bedingten Reflextheorie des Arztes Iwan Pawlow verbunden werden, dessen Arbeiten zum Vorbild für spätere Behavioristen wurden. Für die russische Psychoanalyse war die Vereinbarkeit von Marxismus und »Freudismus« wichtig – und ihre Vertreter glaubten auch Gemeinsamkeiten in beiden Theorien zu erkennen: Erstens seien beide analytisch; zweitens beschäftigten sie sich mit dem Unbewussten des Menschen; drittens sähen beide den Menschen als sozial und historisch determiniert; und viertens erforschten beide dynamische Prozesse.[9] Unter diesen Bedingungen hatten die russischen Psychoanalytiker kein Problem damit, einen »sozialen Auftrag« zu übernehmen, nämlich »dem Bolschewismus ein neues ideologisches Gesicht zu verschaffen«.[10] Dieses Anliegen war weit entfernt vom Auftrag, den Freud mit der Psychoanalyse verband.

Die Moskauer Therapeuten standen der Psychosexualität skeptisch gegenüber – nicht zu Unrecht, wie sich später in der Zeit des großen Terrors unter Stalin zeigen sollte. So erzählte Ossip Mandelstam seiner Frau von den Albträumen, die ihn während der Verbannung heimsuchten. Kurz vor seiner erneuten Verhaftung und seinem Tod schrieb Nadeshda Mandelstam: »Welcher Freud würde es wagen, solche Träume mit verdrängten Komplexen zu erklären? Mit verdrängten

Sexualempfindungen?«[11] Mit den Theorien Alfred Adlers, der das »Machtstreben« ins Zentrum der psychoanalytischen Lehre gestellt hatte, konnten die russischen Intellektuellen hingegen viel anfangen. Das mag ein Grund für die Leichtfertigkeit gewesen sein, mit der sich die sowjetischen Psychoanalytiker mit der politischen Macht verbündeten. Der andere Grund war, dass Trotzki ein großer Anhänger der Psychoanalyse war. Allerdings verband er mit ihr seine eigene Agenda. Es sei das Ziel des Kommunismus, »eine neue, verbesserte Auflage des Menschen herzustellen«,[12] und dieses Ziel sollte durch eine Säuberung des Menschen »von seinem Unbewussten und Finsteren« erreicht werden.[13] Mit Selbstreflexion hatte Trotzki wenig im Sinn. In der Textsammlung *Literatur und Revolution* von 1924, die später als Programm des Trotzkismus betrachtet wurde, schrieb er: Der Mensch werde »den Willen verspüren, die halbbewussten und später auch die unterbewussten Prozesse im eigenen Organismus: Atmung, Blutkreislauf, Verdauung und Befruchtung zu meistern, und wird sie in den erforderlichen Grenzen der Kontrolle durch Vernunft und Willen unterwerfen«.[14] In solchen Aussagen ist zwar noch Freuds Diktum »Wo Es war, soll Ich werden« zu erkennen, doch der Kontext macht klar, dass *über* diesem Ich etwas Höheres stand: der Glaube an den Kommunismus, an die Partei, an das gesellschaftliche Ziel. Das zeigt sich auch daran, dass Trotzki Begriffe wie Bewusstsein, Wille, Plan betont. »Der sozialistische Aufbau ist seinem innersten Wesen nach ein bewußter planmäßiger Aufbau […], der Versuch, die menschlichen Beziehungen zu rationalisieren […], sie dem wissenschaftlich gerüsteten Verstand unterzuordnen.«[15]

Hinter Trotzkis »Kult des Bewußtseins«[16] ist unschwer der Kampf des Glaubens gegen das Vertrauen zu erkennen. »Im Zuge der Weiterentwicklung führt der Mensch eine Säuberung von oben nach unten durch: Zuerst säubert er sich von Gott, dann säubert er die Grundlagen des Staatswesens vom Zaren, dann die Grundlagen der Wirtschaft von Chaos und Konkurrenz, und schließlich seine Innenwelt von allem Unbewussten und Finsteren.«[17] Von »Oben nach unten«: Das richtet sich einerseits gegen die alten religiösen und sozialen Hierarchien, andererseits zeigen sich hier neue Machtverhältnisse: Der Kopf und das Bewusstsein sollten das Ungeordnete beherrschen, womit sowohl die soziale Kategorie der Gosse als auch das »schmutzige« Unbewusste gemeint sind. (Erinnert sei hier an an Carus' Kategorie der »Nachtmenschen« und Freuds Vergleich des Neurotikers mit dem »Primitiven«.[18]) Trotzkis Anliegen in einem Satz: »An der Basis machte der Marxismus der Natur den Garaus, im Überbau besorgte das die Psychoanalyse!« Etkind betont den Gegensatz von Trotzki und Stalin: Trotzki sei das letzte Wort der Aufklärung, während der politische Sieg Stalins »den Triumph des Willens über die Vernunft, des Bodens über die Kultur, des Charismas über die Utopie«[19] darstelle. Doch unter der Perspektive des Glaubens waren die Unterschiede nicht groß – und es war gerade diese Nähe, der »Narzissmus der kleinen Differenz«,[20] der den Hass zwischen den beiden Erben Lenins schürte. Der Glaube an die Machbarkeit war allen Totalitarismen des 20. Jahrhunderts gemeinsam. Sie unterschieden sich nur in der Art ihrer Umsetzung. So auch Trotzki und Stalin.

Wozu die russische Variante einer bewusstseinsgeleiteten Psychoanalyse führte, zeigt das Beispiel von Aron Salkind.

Der Arzt hatte eine psychoanalytische Ausbildung genossen, tendierte zu Adler. Bei den bolschewistischen Patienten, die er behandelte, konstatierte er einen beträchtlichen Anteil an Symptomen wie hohem Blutdruck oder trägem Stoffwechsel. Er nannte es die »Parteitriade«.[21] Bei der kommunistischen Studentenschaft entdeckte er vierzig bis fünfzig Prozent Nervenkranke. Er war zwar praktizierender Psychotherapeut, bei der Behandlung von Parteiarbeitern kam er jedoch zur Erkenntnis, dass die Revolution nach spezifischen therapeutischen Methoden verlangte. »Die Große Französische Revolution war als Massenkur zuträglicher als Millionen von Badezimmern, Wasserleitungen und Tausende von chemischen Präparaten.« Salkinds Interesse galt auch der Rolle der Sexualität, die er mit Trotzkis »Kult des Bewusstseins« in Einklang brachte, woraus die *Zwölf sexuellen Gebote des revolutionären Proletariats* resultierten: »Das Sexuelle ist der Klassenfrage in allem unterzuordnen, darf diese nicht behindern, muß ihr zu Diensten sein.« Das umschloss sexuelle Abstinenz bis zum zwanzigsten Lebensjahr, und auch danach sei sparsam mit dem Geschlechtsakt umzugehen, unnötige sexuelle Varietäten seien zu vermeiden. Die Wahl des Sexualpartners müsse streng klassengebunden, nach revolutionär-proletarischer Zweckmäßigkeit erfolgen. Eifersucht durfte es nicht geben. »Das Kollektiv muß eine größere Anziehungskraft ausüben als der Liebespartner.« Die Regeln wie auch die Verwendung von Begrifflichkeiten wie »Gebot« verdeutlichen, wie sehr sich dieses revolutionäre Programm auf den Gleisen einer kirchlichen Tradition bewegte. Als Salkind das Programm auf einem Kongress vorstellte, sah ein Kommentator darin die ideale Mischung von »soziogenetischer Biologie« mit »Reflexlehre« und »freudistischen Begriffen«.[22] Das Fortwirken religiöser Kategorien war für die Zeitgenossen nicht zu erkennen.

Man war weit davon entfernt, Sexualität und Reproduktion als getrennt zu denken, wie das ansatzweise bei Freud und noch viel deutlicher bei der Berliner Sexualwissenschaft der Fall war. Salkind verstand sich als Pionier einer neuen Wissenschaft, die sich der »Umformung des Menschen« widmete. Er wollte den »neuen Massenmenschen« erschaffen. Schon 1918 war in Moskau das Institut des Kindes gegründet worden; es hatte eine somatische und eine psychologische Abteilung. Als 1922 die Russische Psychoanalytische Vereinigung gegründet wurde – in ihr waren kaum Ärzte vertreten, »dafür umso mehr namhafte Bolschewiki, die der herrschenden Macht im Land denkbar nahestanden« – wurde ihr die elegante Rjabuschinski-Villa in der Malaja Nikitskaja zugewiesen, wo sich heute das Gorki-Museum befindet.[23] Im zweiten Stock des Gebäudes wurde 1921 das Kinderheim-Laboratorium untergebracht, das zum Ziel hatte, Kindern unter vier Jahren die »Erziehung einer sozial wertvollen Persönlichkeit im Kollektiv« angedeihen zu lassen.[24] Von »Masse« konnte in diesem Labor kaum die Rede sein; viele der Kinder waren die Söhne und Töchter von Parteimitarbeitern, unter ihnen der Sohn Stalins. Die Erzieher sollten »Kontakt« zum Unbewussten des Kindes herstellen, weshalb, laut den Vorgaben, alle Erzieher eine Analyse durchlaufen haben sollten. Faktisch kam es nie dazu. Obwohl negative Urteile über die dortige Arbeit zirkulierten, wurden Institut und Kinderheim weiter betrieben – solange Trotzki seine schützende Hand darüber hielt.[25] In Wien, wo über die Einrichtung berichtet wurde, diskutierte man die Frage, »wie es dem Ödipuskomplex im Rahmen der Kollektiverziehung geht«.[26] Allgemein zirkulierten erste Ideen von Menschenzucht, und mit ihnen kam die Diskussion darüber auf, wie man »aktive« Arbeiter produzieren könne: »qualifizierte spezielle geschulte Maschinen, die man sofort einführen und dann im breiten Umfang zum Einsatz bringen könnte«.[27] Marx wollte den Arbeiter aus seiner Abhängigkeit befreien, hier sollte er in Produktion gehen – wie in Aldous Huxleys *Brave New World*, das wenige Jahre später erschien.

Mit Lenins Tod 1924, Trotzkis Verbannung 1928 und der fortschreitenden Machtübernahme durch Stalin waren die Tage der russischen Psychoanalyse – auch in ihren Deformationen – gezählt. 1936 wurde die Pädologie durch das Zentralkomitee, also auf höchster Ebene, abgewickelt, das Institut war schon 1932 geschlossen worden. Einige der Gründer, soweit sie nicht geflohen waren, landeten im Gulag. Salkind entging seiner Verhaftung 1932 durch Herzstillstand. Die Psychoanalyse wurde zur »idealistischen bürgerlichen Ideologie« erklärt, den Bolschewiken galt sie als »systemfeindlich«,[28] und Stalin übertrug Pawlow das Monopol für das Gebiet der Psyche. Etkind betont, dass die psychoanalytisch ausgerichteten Intellektuellen keine Opfer waren. »Ihrer Herkunft nach waren viele leitende Parteikader Intellektuelle – vor allem auch die, die an der Zerschlagung der Kultur und der Verfolgung der Intelligenzija unmittelbar Schuld trugen.«[29] Sie hatten sich aufs Engste mit den Machthabern verbunden – die meisten so lange, bis sie starben oder verhaftet wurden. Einen »Selbstmord der Intelligenz« nannte der Religionsphilosoph Nikolai Berdjajew später die Russische Revolution.[30]

Die Entwicklung in Russland unterstand eindeutig dem

Prinzip des Glaubens. 1923 schrieb der sowjetische Kritiker und Schriftsteller Wiktor Schklowski (1893–1984) über die sowjetischen Revolutionäre: »Sie wollten alles organisieren, die Sonne sollte fahrplanmäßig aufgehen, und das Wetter sollte in ihrer Kanzlei gemacht werden. Der Anarchismus des Lebens, die Tatsache, daß es sich im Unterbewußtsein abspielt und daß der Baum selber am besten weiß, wie er wachsen soll, das alles ist ihnen unbegreiflich.«[31] Die Phantasie einer Planbarkeit der Welt ist allen Glaubensregimen gemeinsam, gleichgültig welcher politischen oder religiösen Ausrichtung. Sie ist kein Privileg der »Planwirtschaft«, sondern charakterisiert auch kapitalistische Gesellschaften – etwa da, wo sie die endlichen Ressourcen der Natur ausbeuten. Das Vertrauen dagegen bezieht seine Stärke daraus, dem Unbewussten Raum zu geben: diesem Bereich, über den die menschliche Kultur nicht verfügen kann und der sich, wie wir noch sehen werden, sogar im Totalitarismus als Überlebensstrategie erwies. Wer voraussehen will, ob eine Partei oder ein religiöses Programm, einmal an der Macht, Gewalt ausüben wird, fragt besser nicht nach »rechts« oder »links«, muslimisch, jüdisch oder christlich, sondern nach der Rolle von Willen, Plan- und Machbarkeitsphantasien und der Verwendung von polarisierenden Begriffen wie »hell« und »dunkel«, »gut« und »böse«.

Die Psychoanalyse und das Unbewusste im Nationalsozialismus

Die Besetzung des Unbewussten und der Umgang mit der Psychoanalyse verlief im NS-Staat, der gut ein Jahrzehnt nach der Gründung der Sowjetunion die Macht an sich riss, ganz anders als in Russland. In Deutschland hätte die Bezeichnung der Psychoanalyse als »jüdische Wissenschaft« eigentlich erwarten lassen, dass der Nationalsozialismus es eilig hatte, sie abzuwickeln. Das Gegenteil war der Fall. In den Jahren der nationalsozialistischen Herrschaft kam es zu einem Erstarken der deutschen Psychoanalyse – allerdings einer spezifisch *deutschen* Psychoanalyse, was sich unter anderem in ihrer Umbenennung zur »deutschen Seelenheilkunde« niederschlug. Dort war kein Platz für Juden oder eine »jüdische Psychologie«. Im Gegenteil: Der erste Schritt bei der Einführung dieser neuen »Heilkunde« bestand in der »Reinigung« der Psychoanalyse von ihren »zersetzenden« Anteilen. Es ist dem amerikanischen Medizinhistoriker Geoffrey Cocks und der Diplompsychologin und Psychoanalytikerin Regine Lockot zu verdanken, dass ab den 1970er (Cocks[32]) und 1980er Jahren (Lockot[33]) die ersten genaueren Forschungen zum Schicksal der Psychoanalyse unter dem Hakenkreuz erschienen. Danach nahmen sich auch andere dieses Themas an – zuletzt der amerikanische Germanist und Literaturwissenschaftler Laurence Rickels[34], die amerikanische Germanistin und Kulturwissenschaftlerin Veronika Fuechtner[35] und der deutsche Soziologe Michael Schröter[36]. Wichtige Einzelergebnisse legte ab 1990 der Psychoanalytiker Ludger Hermanns vor, der seit vielen Jahren die Geschichte der deutschen Psychoanalyse erforscht.[37]

Der Prozess der Säuberung hatte schon vor der Machtübergabe 1933 eingesetzt. Bis 1932 war die Deutsche Psychoanalytische Gesellschaft (DPG) auf 56 Mitglieder angewachsen; noch im selben Jahr verließ mehr als die Hälfte von ihnen Deutschland. Die meisten waren Juden, aber es gab auch (wenige)

Nichtjuden, die den Nationalsozialisten schon früh misstrauten. Am 6. April 1933 legte der Psychiater Ernst Kretschmer, er leitete die Marburger Universitätsnervenklinik, sein Amt als erster Vorsitzender der Allgemeinen Ärztlichen Gesellschaft für Psychotherapie nieder. Zwar bemühten sich die Nationalsozialisten wiederholt um ihn, doch er war ihnen auch politisch suspekt. Von Kretschmer wird die Bemerkung kolportiert: »Es ist merkwürdig mit den Psychopathen. In normalen Zeiten geben wir Expertenurteile über sie ab; in Zeiten von politischer Unruhe beherrschen sie uns.«[38] Der zweite Vorsitzende der Gesellschaft war C. G. Jung, der Kretschmers Amt übernahm. Einerseits wurde der alte Verband weitergeführt – man wollte Teil der internationalen Community bleiben. Andererseits wurde im September 1933 eine neue deutsche Gesellschaft gegründet und deren »Führung« dem Arzt und Juristen Matthias H. Göring übertragen, einem Cousin von Hermann Göring. Im Dezember berichtete er im *Zentralblatt für Psychotherapie*, dass sich die Gesellschaft an diejenigen Ärzte richte, »die willig sind, im Sinne der nationalsozialistischen Weltanschauung eine seelenärztliche Heilkunst auszubilden und auszuüben. Die Gesellschaft setzt von allen ihren schriftstellerischen und rednerisch tätigen Mitgliedern voraus, daß sie Adolf Hitlers grundlegendes Buch *Mein Kampf* mit allem wissenschaftlichen Ernst durchgearbeitet haben und als Grundlage anerkennen. Sie will mitarbeiten an dem Werke des Volkskanzlers, das deutsche Volk zu einer heroischen, opferwilligen Gesinnung zu erziehen.« In derselben Nummer des Zentralblatts wurde auch der Rücktritt der bisherigen Redakteure angekündigt; die Herausgabe des Blatts befinde sich fortan in den Händen von »Herrn Dr. C. G. Jung«. Die Themen des nächsten Hefts: »Die nationalsozialistische Idee der Psychotherapie«, »Der Yoga und die deutsche Seele«, »Entstehung, Bedeutung und Heilung der Neurosen in der Volksgemeinschaft«.[39]

Juden wurden damals noch nicht von der Mitgliedschaft in der Psychoanalytischen Gesellschaft, wohl aber von leitenden Stellungen ausgeschlossen. Ab 1935 verschärfte sich das Klima: Auf der Generalversammlung der Gesellschaft am 1. Dezember 1935 wurde den jüdischen Mitgliedern der Austritt nahegelegt. Die neue Ausrichtung zeigte sich auch im Lehrbetrieb des Berliner Psychoanalytischen Instituts. Die Zahl der Hörer wie auch der Ausbildungskandidaten ging drastisch zurück.[40] Max Eitingon legte am 4. Mai 1933 den Vorsitz nieder; er emigrierte nach Palästina. Viele andere Institutsmitglieder wanderten in die USA aus. Im Laufe der 1930er Jahre flohen insgesamt 190 Psychoanalytiker und -analytikerinnen nach Amerika: ein Drittel zwischen 1930 und 1933, zwei Drittel erst zwischen 1938 und 1942. In den darauffolgenden Jahren sollten sie dazu beitragen, die USA zum Zentrum der Psychoanalyse zu machen. Regine Lockot macht zu Recht darauf aufmerksam, dass wir wenig über die Umstände der Flucht dieser Emigranten wissen, weil die vorliegenden Dokumente der Institute nur die Lesart der Herrschenden widerspiegeln. Die Vertriebenen und Verfolgten hinterließen kaum Spuren in den Akten. Nach dem Krieg ließ sich einiges rekonstruieren. In den Jahren zwischen 1933 und 1979 publizierte die *Internationale Zeitschrift für Psychoanalyse* (ab 1940 *International Journal of Psychoanalysis*) mehr als hundert Nachrufe: Für etwa die Hälfte der ehemaligen Mitglieder der Deutschen Psychoanalytischen Vereinigung hatte der

Nationalsozialismus einen tiefen Einschnitt in ihr Leben dargestellt.[41] Zudem gab es Zeugenberichte wie den von Martin Grotjahn, der die Kinderabteilung der Charité leitete und am Berliner Institut tätig war. Er berichtete: »Alle jüdischen Kollegen, unabhängig davon wie lange sie am Institut gearbeitet hatten, verschwanden einer nach dem anderen. Jeden Morgen, wenn wir uns umsahen, bemerkten wir, daß das Team geschrumpft war. [...] Die Leute verschwanden einfach – so als ob jemand unter ihren Füßen eine Falltür aufgezogen hätte. Auch ich erzählte niemandem von meinen Plänen zu emigrieren. [...] Es war eine große Kunst zu schweigen und eine der wenigen sicheren Möglichkeiten, mit deren Hilfe wir uns schützen konnten. Alles war ein Geheimnis.«[42]

Parallel zu dieser »Säuberung« der Psychoanalyse, die sich auch als »Reinigung« des deutschen Unbewussten von seinen jüdischen Anteilen verstehen lässt, begann die nationalsozialistische Besetzung des Fachgebiets. Der neue Direktor Matthias Göring war ursprünglich Neurologe, hatte sich in den 1920er Jahren für die Psychotherapie interessiert und sogar eine Lehranalyse gemacht. Am 1. Mai 1933 war er in die NSDAP eingetreten und 1936 nach Berlin gezogen, um die Leitung des Instituts zu übernehmen. Er blieb lebenslang bei der religiös-pietistischen Grundhaltung, mit der er aufgewachsen war – laut Berichten soll er ständig eine Bibel bei sich geführt haben. Diese Verbindung aus Protestantismus und Nationalsozialismus machte ihn zum überzeugenden Vertreter eines neuen »Glaubens«, der nun am Institut vertreten werden sollte. Dass er Cousin des preußischen Ministerpräsidenten Hermann Göring war, öffnete ihm einige Türen. Matthias Göring war der ausersehene »Vertrauensmann« der Regierung am Institut – obwohl er als Schüler Alfred Adlers im Verdacht stand, dass »sein rassisches Empfinden« nicht »echt« sei.[43]

Das neue Institut gab sich gar nicht erst die Mühe, Räume zu suchen, sondern okkupierte die alte Niederlassung des Berliner Psychoanalytischen Instituts, das bis 1933 das weltweit größte und angesehenste gewesen war. Bibliothek und Inventar wurden ebenfalls übernommen. Im »neuen« Institut sollten alle Strömungen der Psychoanalyse vertreten sein: die Jungianer, die Adlerianer *und* die Freudianer. Angeblich hing das Porträt Freuds noch einige Jahre lang im Foyer des Instituts gegenüber dem von Hitler. »Doch 1938«, so Cocks, »wurde schließlich entschieden, dass Freud verloren hatte« und sein Bild abgehängt. Als Freud im September 1939 starb, bot der Präsident des dänischen Instituts an, einen Nachruf zu schreiben. Göring bestimmte, dass dieser und jeder andere Nachruf über seinen Tisch zu gehen habe »und auf keinen Fall ein Bild veröffentlicht werden« dürfe. Am Ende wurde auch der Nachruf gestrichen.[44] Die Theorien von C. G. Jung bildeten in der Lehre nun den Schwerpunkt, aber auch auf andere Bereiche der Psychoanalyse wollte man nicht verzichten. Erstens hoffte das Regime, aus den Lehren Freuds und Adlers einiges zu ziehen, das der eigenen Ideologie dienlich sein konnte, um diese entsprechend zu modifizieren. Freuds Werke blieben in einem »Giftschrank« unter Verschluss, Göring verwaltete den Schlüssel.[45] Zweitens hofften die Nationalsozialisten vom Image der deutschen Psychoanalyse im Ausland zu profitieren – in Berlin standen die Olympischen Spiele bevor, man erwartete viele internationale Gäste. Die Deutsche Psychoanalytische Gesellschaft, die 1936 aus der

Internationalen Psychoanalytischen Vereinigung ausgetreten war, wurde von der Regierung zum Wiedereintritt gedrängt. Der endgültige Austritt aus der IPV erfolgte erst 1938, nach dem »Anschluss« Österreichs und dem missglückten Versuch, die Wiener Psychoanalytische Vereinigung dem deutschen Institut anzugliedern.[46]

Der Aufstieg einer neuen »deutschen Psychoanalyse« begann schon im Jahr 1934. Die Leitung der Psychoanalytischen Gesellschaft verkündete, die Einrichtung »zur Kampforganisation der biologischen Idee des Führers« auszubauen und »psychotherapeutische Sturmführer« heranzuziehen.[47] Auf einem Fachkongress in Bad Nauheim benannte Matthias Göring 1934 die Schwerpunkte des neuen Programms: »Befruchtung der deutschen Psychotherapie durch die Ideen des Führers«, »Bedeutung der Erbmasse«, »nicht nur Heilung Kranker, sondern auch Brauchbarmachung Gesunder«, und »daß vor allem die Geistes- und Willenseinheit einer Nation höher zu schätzen ist als die Geistes- und Willensfreiheit des einzelnen«.[48] Auf Veranlassung des Reichsärzteführers und des Reichsministeriums des Inneren wurde im Mai 1936 das Deutsche Institut für psychologische Forschung und Psychotherapie gegründet. Ziel war die Entwicklung einer »Neuen deutschen Seelenheilkunde«, die alle drei am Institut vertretenen Hauptströmungen der Psychoanalyse umfassen und eine Poliklinik betreiben solle. Die Zusammenarbeit der verschiedenen Gruppen erwies sich als schwierig, beginnend beim Vokabular. Ein Begriff wie »Libido« zum Beispiel konnte unterschiedliche Bedeutung annehmen, je nachdem, wer ihn verwendete.[49] Diese Differenzen wurde besonders problematisch bei gemeinsamen Publikationen. Institutionell geffördert wurde vor allem die Lehre Jungs; sie stehe, so hieß es, dem Geist des Nationalsozialismus am nächsten.

Dass die neue deutsche Psychotherapie eher auf den Glauben als auf das Vertrauen setzte, wurde deutlich, als Göring 1936 ihre Grundsätze unter dem Titel *Weltanschauung und Psychotherapie* erläuterte: Die nationalsozialistische Idee sei »nicht nur verstandesmäßig, sondern auch gefühlsmäßig« zu prüfen, ihr wichtigstes Anliegen – hier zitierte er ausführlich Hitler – sei die Gemeinschaftsbildung, und dabei komme der »tiefenpsychologischen Behandlung« eine wichtige Rolle zu. »Wer im nationalsozialistischen Staat lebt und für ihn arbeiten will, muß den Gegensatz der Rassen anerkennen und daraus seine Konsequenzen ziehen.« Er müsse auch deren Einfluss auf das Unbewusste begreifen. »Es ist doch eigentümlich, daß wir bei Patienten, die rein arisch sind, so oft im Unterbewußten etwas finden, das uns andersrassisch anmutet.« Das sei dem Einfluss jüdischer Analytiker geschuldet. Also gelte es, alle psychoanalytischen Schriften, auch die »fremdrassischen«, zu studieren, um zu »erkennen, was an der Lehre Freuds oder an der Lehre Adlers jüdisch ist«. Diese Untersuchung werde dazu führen, »daß wir jüdische Eigentümlichkeiten finden werden und müssen; denn wir können unmöglich annehmen, daß plötzlich ein Jude arisch-germanisch denkt und fühlt«.[50]

Als Institutsleiter suchte Göring den Anschluss an die internationale Szene. Er hoffe, so ließ er die Kollegen der Internationalen Gesellschaft für Psychotherapie wissen, dass das Institut dem innenpolitischen Druck standhalten würde – denn einige höhere Instanzen strebten an, die Psychotherapie den Naturwissenschaften zuzuordnen. Zweitens könnten aber auch die Institute im Ausland daraus Gewinn ziehen. »Die Internationale Gesellschaft kann ohne die deutsche Gruppe nicht leben; die deutsche Gesellschaft wird das Rückgrat der internationalen Gesellschaft bleiben, nicht nur weil wir die stärkste Gruppe sind, sondern auch weil wir gerade durch unsere nationalsozialistische Haltung auch wieder neue Ideen bringen und weil wir ein Bollwerk gegen jüdische Einflüsse sind.«[51] Was heute wie eine maßlose Überschätzung der eigenen Bedeutung und der »Anziehungskraft« der NS-Seelenheilkunde aussieht – Lockot spricht von der »dürftigen Gegengabe« der »nationalsozialistischen Idee«[52] –, wurde 1936 im Ausland nicht zwingend so wahrgenommen. Tatsächlich gab es in vielen Ländern Bewunderung für den »neuen Wind«, der durch Deutschland wehte. Man »übersah« die Fluchtbewegung deutscher Psychoanalytiker und Psychoanalytikerinnen. Das Erwachen kam mancherorts erst 1938, als in Deutschland die Synagogen brannten.

Göring suchte den Kompromiss zwischen den einzelnen Richtungen des Instituts, faktisch traten diese immer weniger als »eigenständige Formationen« in Erscheinung.[53] Die Psychoanalyse, so wie sie Freud gelehrt hatte, wurde einerseits verboten – 1936 wurde die Psychoanalytische Gesellschaft aufgelöst – zugleich aber unter anderem Namen fortgeführt: als »Arbeitsgruppe A«.[54] Unter diesen Bedingungen zu praktizieren, erwies sich als risikoreich – auch deshalb, weil die Therapeuten und Therapeutinnen früh davon erfuhren, dass in den Lagern Juden nicht nur eingesperrt, sondern auch systematisch ermordet wurden: Patienten, die in den Konzentrationslagern arbeiteten, sprachen darüber. Es war ein Wissen, das alle Eingeweihten gefährdete.[55]

Mit den Kriegsvorbereitungen verstärkte sich der Zwang zur Homogenisierung. »Alle Gruppen, die sich im weitesten Sinne mit Heilen befaßten, mussten sich großen Gesellschaften anschließen«, schreibt Lockot.[56] Dieser Zentralisierungsdruck schuf unterschiedliche Begehrlichkeiten. Einerseits wollte die Erziehungswissenschaft die Psychotherapie unter ihr Dach holen; andererseits kam die Aufforderung, sich der rassenpsychologischen Arbeitsgruppe anzuschließen. Die Psychotherapie entzog sich schließlich den verschiedenen Vereinnahmungsversuchen, indem sie sich der Psychiatrie angliederte. Allerdings stieß sich die Ärztekammer daran, dass in der Psychotherapie auch Nicht-Ärzte, sogenannte Laien, volle Mitglieder sein konnten. (Vom Chirurgen Ferdinand Sauerbruch wurde berichtet, dass er das Psychoanalytische Institut als »Schauerinstitut« bezeichnete).[57] Die Ärzte hätten die Psychotherapeuten lieber mit den »Masseuren und Hebammen gleichgesetzt«.[58] Doch der Mangel an Ärzten mit psychotherapeutischen Kompetenzen ließ es »illusorisch erscheinen, ohne die ›Laien‹ auszukommen«.[59]

Am 1. Oktober 1940 umfasste das Deutsche Institut für psychologische Forschung und Psychotherapie 204 Mitglieder: weniger als die Hälfte unter ihnen praktizierte als Ärzte, die weiteren Mitglieder gehörten anderen Fakultäten an oder waren Nicht-Akademiker. Mit fast hundert Mitgliedern war das Berliner Institut das größte in Deutschland. Der Frauenanteil lag bei über fünfzig Prozent: Schon damals begann der Beruf, sich zu verweiblichen. Hinzu kam eine beträchtliche Anzahl von Ausbildungskandidaten. Das Institut wuchs: Hatte es in den Jahren vor 1933 zwei Angestellte beschäftigt, so waren es nun vierzehn, plus Hauspersonal.[60] Im Laufe des

Kriegs kamen neue Mitglieder hinzu; die Zahl der Ausbildungskandidaten verdoppelte sich zwischen Dezember 1940 und Dezember 1941 (von 49 auf 110). Die Zahl der Lehrtherapeuten musste erhöht werden.

Die Bezahlung der Mitarbeiter sprach ebenfalls für die hohe Wertschätzung der Psychotherapie durch die NS-Behörden. Matthias Görings Gehalt von 1500 Reichsmark entsprach dem eines Gauleiters. Die Abteilungsleiter des Instituts erhielten 1000 Reichsmark, die Direktoren der acht Unterabteilungen je 500 Reichsmark. (Zum Vergleich: Die Gehälter von NSDAP-Bezirksleitern rangierten zwischen 400 und 800 Reichsmark). Auch Sekretärinnen und sonstige Angestellte wurden gut entlohnt; zudem war das Institut reichlich mit Sachmitteln ausgestattet, die sonst knapp waren.[61] Die Bibliothek wuchs, es konnten laufend neue Bücher gekauft werden.

Die Nationalsozialisten betrachteten das Institut als kriegswichtig. Es gab Arbeitsverknüpfungen mit mehreren ideologie- und kriegsrelevanten Reichsämtern (Erziehung, Gesundheit, Arbeit, Kriminalpolizei, Volksbildung sowie mit dem Reichsministerium für Volksaufklärung und Propaganda). Darüber hinaus wurden Massenbefragungen durchgeführt – etwa im Auftrag von Firmen wie der IG Farben, um »die Wirkung einer bestimmten Reklameform zu testen«. Mithilfe eines eigens angelegten Pressearchivs wurden die »latenten Auswirkungen der modernen Seelenforschung im gesamten Öffentlichen Leben« untersucht und anhand von Tageszeitungen Tendenzen der Öffentlichen Meinung erforscht.[62]

In den Jahren 1943 und 1944, als der Krieg seine »totalen« Ausmaße angenommen hatte, wurden dem Institut weitere

Mittel bewilligt: für die psychologische Kriegsführung, die Ausbildung von Militärpsychologen, die Behandlung von Kriegsneurotikern. Zugleich wurden staatlicherseits völkerpsychologische Untersuchungen in Auftrag gegeben: über die Sowjetunion, die USA, England, Frankreich und die Tschechoslowakei. Sie sollten dazu beitragen, die »Schwachpunkte« des Feindes, aber auch eigene Schwächen zu erkennen; psychologische Kriegsführung und »kollektive Seelenführung« flossen ineinander.[63] Für solche Erkenntnisse gab es keinerlei Berührungsängste. In der Reichsanstalt für Film und Bild, wo wissenschaftliche Filme hergestellt, geliehen oder gekauft werden konnten, fanden geschlossene Veranstaltungen statt, in denen Filme wie Charlie Chaplins *Moderne Zeiten* oder der sowjetische Propagandafilm *Der neue Gulliver* vorgeführt wurden. Aus einer Einladung vom 22. November 1941: »An beiden Filmen ist in besonders eindrucksvoller Weise die Technik seelischer Zersetzungsarbeit aus jüdischem Geist zu studieren.«[64] Man las die Theoretiker der Massenbewegungen Gustave Le Bon (*Psychologie der Massen*, 1895), José Ortega y Gasset (*Der Aufstand der Massen*, 1929) und sogar Freud (*Massenpsychologie und Ich-Analyse*, 1921). Kurz, die Regierung interessierte sich dafür, wie Gruppen und Nationen *fühlten*, welche Faktoren über ihr Verhalten bestimmten. Die Streuung von gefälschten Fakten war schon im Ersten Weltkrieg Teil der Kriegsführung gewesen; nun ging es darum, die *Gefühle* der Bevölkerung zu beeinflussen.

Aus der Heil- und Erkenntnismethode Psychoanalyse, die als Mittel der Selbst- und Fremderkenntnis begonnen hatte, wurde innerhalb von wenigen Jahren die *Vermittlerin* des neuen Glaubens. Das Instrumentarium veränderte sich, aber nicht radikal. Das Territorium blieb das gleiche: die Psyche. Neu war nur das Ziel der »Behandlung«: Das Unbewusste wurde nicht mehr als fremder Kontinent betrachtet, den es zu »entdecken« und aus dessen Reservoir es zu schöpfen galt, es wurde zum *Zielpunkt* der Beherrschung von Menschen. Das konnte nur gelingen, wenn der Mensch nicht nur als Individuum, sondern als Mitglied einer Gemeinschaft gedacht wurde.

An dieser Stelle bietet sich ein kurzer Exkurs zum Verhältnis von Vertrauen und Kollektiv unter der Perspektive der Gemeinschaftsbildung an. Wie bereits dargestellt, sind Vertrauen und Glaube inhärente Teile der *conditio humana* – und zugleich Gegensätze. Was die Evolution im Menschen angelegt hat, lässt sich nicht so leicht verändern. Anders als das Vertrauen, muss der Glaube gelernt, antrainiert, suggeriert oder sogar eingetrichtert werden. Der Wirtschafts- und Sozialtheoretiker Karl Polanyi hat in seinem Buch *The Great Transformation* den Industrialisierungsprozess als eine Verlagerung von Gemeinschaft zu Gesellschaft beschrieben; in ersterer bestimmt ein kollektives Regelwerk (etwa das Prinzip der zirkulierenden Gabe[65]) über das Verhalten des Individuums, in letzterer dominiert das Individuum. Sein Buch erschien 1944 und endet mit der Frage, ob der Faschismus, der sich in der ersten Hälfte des 20. Jahrhunderts in vielen Ländern durchsetzte, nicht deshalb eine solche Anziehungskraft ausübte, weil er mit dem Versprechen antrat, die »Gesellschaft«, die mit Kapitalismus und freier Marktwirtschaft entstanden war, wieder zu einer »Gemeinschaft« zu formen. Nur so sei es zu erklären, dass der Faschismus zeitgleich in verschiedenen Regionen und unter unterschiedlichen politischen und ökonomischen Bedingungen auftrat. »Es gab in der Tat keine Art von Tradition religiöser, kultureller oder nationaler Art, die ein Land gegen den Faschismus immunisiert hätte, sobald die Bedingungen für sein Entstehen gegeben waren.«[66] Polanyis Begriff der Gemeinschaft muss durch die Differenzierung zwischen den Gemeinschaften des Vertrauens und denen des Glaubens ergänzt werden. Um es in einem Satz zu sagen: Das Täuschungsmanöver des Faschismus bestand darin, die Wiederherstellung der alten *Vertrauensgemeinschaften* zu versprechen, aber *Gemeinschaften des Glaubens* zu schaffen – und diese begeisterten, weil sie den alten Vertrauensverbänden zum Verwechseln ähnlich sahen.

Die nationalsozialistische Psychoanalyse trug zu dieser Verlagerung von Vertrauen auf den Glauben bei. Aus dem für die psychoanalytische Behandlung so fruchtbaren Prozess von Übertragung und Gegenübertragung wurde im Dritten Reich die Suggestion – eine Methode der einseitigen Kommunikation, die die Psychoanalyse abgelegt hatte, die jedoch der Faschismus als politisches Instrument reaktivierte. Im Nationalsozialismus, so schreibt Regine Lockot, ging das »ursprünglich kritische gedankliche Potential der Psychoanalyse« verloren. Sie fragt sich, ob es verdrängt oder vernichtet wurde.[67] Der wichtigste Eingriff des NS-Staats könnte aber darin bestanden haben, der Psychoanalyse eine neue *Funktion* zu verleihen. Worin diese bestand, zeigt ein Vortrag, den Hans von Hattingberg, der Inhaber des einzigen Lehrstuhls für Psychoanalyse, 1943 vor der Kaiser-Wilhelm-Gesellschaft über die »Neue Seelenheilkunde« hielt.[68]

Nach allgemeiner ärztlicher Erfahrung, so begann der Vortrag, sei etwa ein Drittel aller somatischen Erkrankun-

143) Von der Gemeinschaft
zur Gesellschaft.

↳ [illegible] von der Gesellschaft
zur Gemeinschaft

Alle! →

gen seelischen Ursprungs. Der Referent verwies auf antiquierte Formen der Heilkunde, die auf Zauberei und dem »Glauben« der Kranken beruhten. An die Stelle dieser religiös geprägten Therapie sei eine ärztliche Form der Behandlung getreten: »die hypnotische und die Suggestivtherapie«. Mittlerweile könne man Menschen schon mit einem Grammophon hypnotisieren. Für die Patienten, an denen diese Experimente durchgeführt wurden, verwendete Hattingberg den Begriff der »Medien« – eine Bedeutungsverschiebung vom Menschen auf die Technik, auf die ich im 6. Kapitel zurückkomme –, und er fügte hinzu, dass die Suggestion »nahezu in alle normalen seelischen Vorgänge mit hineinwirkt«. In jüngerer Zeit habe sich die Mehrzahl der Psychotherapeuten deshalb einer anderen Behandlungsart zugewandt: der »neueren analytischen Methode«. Damit habe sich ein Wandel vollzogen, wie er sonst nur bei »Bekehrungsvorgängen« zu beobachten sei. Der Prozess richte sich »an den ganzen Menschen«; die Hypnose bilde nur ein Glied im Heilungsvorgang. Als sehr erfolgreich habe sich das »autosuggestive Verfahren« erwiesen, bei dem der Therapeut versucht, den »Willensentschluß« des Patienten zu stärken, indem er sich »an die Bildkraft der Phantasie, an die Einbildung« wende. »Das Merkwürdigste daran ist vielleicht die Tatsache, daß dieses so ungemein einfache Verfahren (das einen Siegeszug durch den gesamten christlich-westlichen Kulturkreis gemacht hat) in einer großen Zahl von Fällen denen überraschende Erfolge bringt, die daran glauben.«[69]

Bei dieser Definition der Psychoanalyse stehen also Wille und Glaube im Vordergrund. Von dieser Therapie leite die

Psychoanalyse wiederum eine systematische »Auffassung von Bau und Funktion des Seelenlebens« ab, und diese gelte »nicht nur für den Kranken, sondern auch für den gesunden Menschen«.[70] Hattingberg fügt hinzu, dass sich die »moderne Tiefenpsychologie« nicht damit begnügen könne, »die Sexualtheorie als jüdische Lehre abzutun«, vielmehr verlange sie nach einer eigenen Trieblehre, die fähig sei, »das Unbewußte des Kranken zum Reden zu bringen«, seine Selbsttäuschungen und Lebenslügen zu entlarven. Zu diesem Zweck bediene man sich »der Träume als eines Zugangs zu den Tiefenschichten der Seele«. Gerade die Deutung der Träume habe, so Hattingberg, jedoch für heftigen Streit unter den Analytikern gesorgt: »vor allem wurde die Deutung aller Erscheinungen des Seelenlebens in einem bestimmten Sinn zu einer Art von Glaubensbekenntnis, das sektenbildend wirkte«. Das Chaos sei der Tatsache geschuldet, dass alle Ärzte, die die analytischen Denksteine entwickelten, nichts anderes »als reine Wissenschaftler, genauer Naturwissenschaftler« zu sein meinten. Eine naturwissenschaftliche Lehre von der Seele sei aber »grundsätzlich nicht möglich« und habe im Übrigen zur »historischen Kuriosität« geführt, »daß die Psychologie von beiden Fakultäten, von der natur- wie von der geisteswissenschaftlichen in Anspruch genommen wird«. Ohne es zu merken, seien die Naturwissenschaftler »in die Philosophie hineingeraten. Diese selbst ist aber letzten Endes, wenn nicht die Magd, so doch eine Tochter der Theologie«. Nun sei mit der letzten Entwicklungsphase der Psychotherapie ein »glücklicher Wandel« eingetreten. »Es bedarf heute in dieser großen Zeit keines Beweises mehr dafür, daß der gesunde deutsche Mensch nach Höherem verlangt als nach hygienischen Vorschriften. Ja, selbst jenen Analytikern genügte ihre Seelenhygiene nicht mehr. Ohne darum zu wissen, suchten auch sie nach einem Halt, nach einem Glauben.«[71] Mit dem »großen Umbruch in Deutschland« und der Gründung des Deutschen Instituts für psychologische Forschung und Psychotherapie werde nun eine neue Phase eingeleitet, bei der »das selbstverständliche Bekenntnis zum Glauben des neuen Deutschland« den gemeinsamen Nenner bilde. Dieser Glaube sei die Basis der Therapie: »Auch wir können einem so Leidenden nur helfen, wenn wir ihn wieder gläubig machen.« Der Arzt müsse sich »heute bewußt dazu bekennen, daß wir es in der Psychotherapie nicht nur mit einer ärztlichen, sondern zugleich mit einer erzieherischen Aufgabe, ja mit einer Aufgabe zu tun haben, wie sie sonst dem Priester zufiel.« Die Menschen, die sich »uns anvertrauen«, seien zu führen »auf dem schwierigen Weg einer echten inneren Wandlung«. Es gelte, »an den Willen des Kranken« zu appellieren. »Er muß lernen, auf eine neue Weise zu wollen«, um dann »vom heilenden Erlebnis beglückt zu werden«, das allein zur Gesundung führt: »Ich kann, was ich will.« In »dieser geschichtlich einmaligen Zeit« bedürften die Menschen in ganz besonderem Maße der »Kraft des Willens«, und dieser falle den Menschen nicht »einfach als ein Geschenk der Natur in den Schoß«, sondern müsse »erworben werden durch jene geistige Zucht, die uns das Bild des kämpferischen Menschen, des Soldaten am reinsten verkörpert«. Für diese »Rückgewinnung der menschlichen Seele« müsse »die individualistische Beschränkung« fallen.[72]

Mit der Psychoanalyse als Methode der Selbsterkenntnis und als Versuch einer Heilung durch Einsicht in die Unberechenbarkeit und komplexe Funktionsweise des Unbewussten hatte dieses Konzept nicht mehr viel zu tun. Doch mit ihrem Appell an den Glauben, an den Willen und die freiwillige Hingabe an eine fremde »Führungskraft« war sie gut kompatibel mit den NS-Zielen. Diese neue Psychoanalyse unterwarf sich explizit den Zielen des nationalsozialistischen Staates.

So erklärt sich das Paradoxon, dass die neuen Herrscher die Psychoanalyse einerseits als »jüdische Wissenschaft« diffamierten, andererseits aber für ihre Erneuerung, ja Verstärkung sorgten. Sie erhofften sich etwas vom Zugang zum Unbewussten der Menschen. Während der argentinischen Militärdiktatur zwischen 1976 und 1983 wurden viele Psychoanalytiker und Psychoanalytikerinnen verhaftet und verhört, weil man von ihnen Informationen über ihre Klientel, oft junge kritische Intellektuelle, erpressen wollte. Die Nationalsozialisten verfolgten ein anderes Ziel: Sie strebten die *Besetzung* des Unbewussten an. Ihre Eroberungswünsche bezogen sich auf den *psychischen* »Lebensraum« – und dieser bedeutete Hitler offenbar mehr als die Inbesitznahme von Land, im Sinne von Grund und Boden.

Das könnte die mangelnde »Zweckmäßigkeit« der nationalsozialistischen Kriegsführung erklären, die alle frappiert, die sich mit der Zeit beschäftigen, auch Hannah Arendt. Über Jahrhunderte, so konstatierte sie, wurden Entwicklungen auf ihren utilitaristischen Sinn befragt. Nun »sah man sich plötzlich mit einem Element noch nie dagewesener Unberechenbarkeit konfrontiert«.[73] Bei den Handlungen totalitärer Regime sei es »nicht um Rücksichtslosigkeit, sondern um die völlige Nichtachtung aller nationalen Interessen« gegangen; an ihnen zeige sich »die ruchlose Verachtung aller Zweckmäßigkeitserwägungen«.[74] Ebenso wenig »utilitaristischen Sinn« hatten Verfolgung, Vertreibung und Vernichtung der jüdischen Bevölkerung.[75] Offenbar war das Ziel dieses Eroberungskriegs ein anderes: Es ging um die Besetzung der Psyche – und diese Invasion war vereinbar mit der Idee eines Kriegs gegen den »inneren Feind«, verkörpert durch »den Juden«.[76] Ähnliches sagen heute übrigens auch Beobachter des russischen Präsidenten: »Wladimir Putin urteilt nicht mehr (hat er es je getan?) nach utilitaristischen Gesichtspunkten, die Konsequenzen seines Handelns für seine Bevölkerung abwägend.«[77] Nationaler Utilitarismus war nicht das erste Anliegen totalitärer Herrschaft.

Es gab noch einen weiteren Grund für das Interesse des Nationalsozialismus an der Psychoanalyse, die einerseits eine orale und dialogische Form aufweist und in ihrer selbstreflexiven Form zugleich Teil der Schriftkultur ist. Sie unterschied sich von der sekundären Oralität insofern, als sie sich zur Schrift als Voraussetzung von Selbsterkenntnis bekannte, während die sekundäre Oralität ihre Herkunft aus der Schrift zu verleugnen suchte. Für den Glauben bestand die Attraktivität der Psychoanalyse darin, dass sie der Oralität so nahestand und damit wie das ideale Instrument erschien, auf das Sprechen und damit auf das Unbewusste einzuwirken. Mit der deutschen Seelenheilkunde waren zwei Arten von Psychoanalyse entstanden: eine »primäre« und eine »sekundäre«. Die primäre konnte zwar nicht die Sozialsysteme des Vertrauens wiederherstellen, wohl aber eröffnete sie einen kritischen Blick auf die Sozialsysteme des Glaubens. Die sekundäre versperrte diesen Blick. Von den Nazis hofiert wurde die Psychoanalyse nur, wenn sie versprach, den Glauben im

Unbewussten festzuschreiben. Sobald sie Distanz dazu herstellte, galt sie als »jüdisch«. Die Kultur des Zweifels ist mit dem Vertrauen kompatibel, nicht aber mit dem Glauben.

Diese Zweiteilung in eine primäre und eine sekundäre Psychoanalyse entsprach der politischen Gegenüberstellung in zwei unterschiedliche Arten des Umgangs mit dem Unbewussten: In einem Fall ging es darum, das Unbewusste dienstbar zu machen für die Errichtung des totalen Staates.[78] Im anderen ging es um Formen des Widerstands, die im Unbewussten gegen diese Herrschaft agierten.

Der Glaube im Nationalsozialismus: Die Deutsche Glaubensbewegung und Alfred Rosenberg

Die nationalsozialistische Glaubenspflicht nahm unterschiedliche Züge an. Einige der Protagonisten versuchten, dem Transzendenten eine irdische, sinnliche Nähe zu verleihen, andere verzichteten ganz auf Transzendenz, blieben aber beim Glauben. Ersteres gilt etwa für die Gestalt des »Wotan«, einem von C. G. Jung erfundenen »arischen Gott«, dessen Umrisse er in einem Aufsatz von 1936 niederlegte. »Wotan«, heißt es da, sei »ein Sturm- und Brausegott, ein Entfessler der Leidenschaften und der Kampfbegier, und zudem ein übermächtiger Zauberer und Illusionskünstler, der in alle Geheimnisse okkulter Natur verwoben ist.« Dieser Gott, sein »Rauschen im Urwald des Unbewußten«, erkläre die Bewegung des Nationalsozialismus besser als alle ökonomischen, politischen oder psychologischen Theorien. »Wenn man Hitler nicht geradezu deifizieren will, was ihm zwar auch schon passiert ist, so bleibt nur noch Wotan übrig, der ein Ergreifer der Männer ist.« Nichtdeutsche stünden dieser »Ergriffenheit« der Deutschen »fremd und verständnislos gegenüber«, doch repräsentiere er »eine Grundeigenschaft der deutschen Seele«, weshalb das Haus der Deutschen »von einem ›gewaltigen Winde erfüllt‹« sei.[79] Drei Jahre später – im Januar 1939, Deutschland stand kurz davor, den Zweiten Weltkrieg auszulösen – ergänzte Jung seine Aussagen in einem Interview mit dem amerikanischen Journalisten H. R. Knickerbocker. Er berichtete vom »träumerischen Blick« Hitlers, dem »Blick eines Sehers«. Hitler gehöre »in die Kategorie des echten mystischen Medizinmanns«, er sei ein »Prophet«, in dem sich »*das Unbewußte jedes Deutschen*« spiegele: der »erste Mensch, der jedem Deutschen sagt, was er in seinem Unbewußten die ganze Zeit dachte und fühlte.«[80] Aus Hitler spreche »kein Mensch, sondern ein Kollektiv. Er ist kein Einzelmensch, sondern eine ganze Nation.« Deshalb sei Hitler »bis heute unfehlbar gewesen«.[81] Dann ließ der »Psycho-Theologe«[82] noch wissen, dass Hitlers Macht über andere darauf beruhe, dass »sein Unbewußtes einen außerordentlich guten Zugang zum Bewußten« habe und dass er zulasse, »durch sein Unbewußtes angerührt zu werden«. Alle anderen »haben zu viel Rationalität, zu viel Gehirn, um ihm nachzuleben«.[83]

Trotz aller Bezüge zu Natur und Blut blieb Jungs Variante des Glaubens dem Überirdischen verhaftet. Das galt schon weniger für die *Deutsche Glaubensbewegung*, die im Juli 1933 in Eisenach ins Leben gerufen wurde und in ihrem Gründungsdokument, genannt »Lebensbekenntnis«, verkündete: »Wir bekennen uns zu einem bejahenden artgemäßen Christus-Glauben, wie er deutschem Luther-Geist und heldischer Frömmigkeit entspricht.« Die *Deutsche Glaubensbewegung* versuchte, den christlichen um einen »arisch-nordischen« Glauben zu erweitern; dieser solle »das wiedererwachte deutsche Lebensgefühl in unserer Kirche zur Geltung bringen«.[84] Seine Religion möge »arteigen«, also an ein bestimmtes Volk oder an eine Rasse gebunden sein. Diese protestantisch-politische Theologie lieferte der Bewegung das geistige Rüstzeug für die Biologisierung theologischer Begriffe, wie sie von der NS-Ideologie betrieben wurde. Die Theologen, die dieser Richtung anhingen, hatten nach dem Ersten Weltkrieg »einen neuen ethischen Bezugspunkt theologischen Denkens« gesucht und im »Volk« gefunden. Es wurde zur Grundlage ihres religiösen Nationalismus. Das Volk war auch der Bezugspunkt »für eine den verhaßten Liberalismus hinter sich lassende, moderne Theologie«, die sich nicht mehr am Individuum, sondern am »Schicksal« einer »Nation« orientierte.[85] Einer der Protagonisten der *Deutschen Glaubensbewegung* war Jakob Wilhelm Hauer, der 1934 das Buch *Deutsche Gottschau. Grundzüge eines Deutschen Glaubens* veröffentlichte. Zur Führungsriege gehörten außerdem der Philosoph Ernst Bergmann, der Rassenideologe Hans F. K. Günther, der Schriftsteller Ernst Graf zu Reventlow und Theodor Fritsch, der mit seinem 1887 veröffentlichten *Antisemiten-Katechismus* eine der frühesten Schriften eines rassistischen Antisemitismus in theologischer Verkleidung verfasst hatte. Ab 1935 durften die Mitglieder der Bewegung, die sich um einen den Kirchen vergleichbaren Körperschaftsstatus bemühten, die Bezeichnung »deutschgläubig« in den Personenstandsunterlagen führen. Wer einer anderen Religionsgemeinschaft angehörte, konnte erst nach Vorlage einer Austrittsbescheinigung Mitglied werden.

Stellte Jung dem überirdischen »Wotan« mit Hitler einen irdischen »Seher« zur Seite, so versuchte die *Deutsche Glaubensbewegung* den Rassegedanken in die Religion zu integrieren. 1938 gab Hauer, zusammen mit dem NS-Rassenideologen Günther, das Buch *Glaube und Blut* heraus, 1941 folgte die Schrift *Religion und Rasse*. Am 26. April 1935 hielt die *Deutsche Glaubensbewegung* eine Veranstaltung im Berliner Sportpalast mit 18.000 Teilnehmern ab; danach kam es zu wachsenden Spannungen innerhalb der Bewegung. Konfliktpunkt war einerseits das Feindbild Christentum, das einigen zu weit ging.[86] Andererseits warf die nationalsozialistische Bewegung der *Deutschen Glaubensbewegung* vor, zu viel Rücksicht auf die Kirchen zu nehmen. Gegen den »Hauptfeind« Rom sei ein härteres Vorgehen erforderlich; man verlangte von der *Deutschen Glaubensgemeinschaft*, »Vortrupp« der NSDAP zu sein. Nachdem Hauer und Reventlow von ihren Führungsämtern zurückgetreten waren, übernahmen endgültig die NS-Ideologen. Sie hatten sich schon lange am Begriff »Bewegung« gestört, der mit dem gleichnamigen Begriff des Nationalsozialismus kollidierte. Am 6. Mai 1938 wurde die *Deutsche Glaubensbewegung* umbenannt in *Kampfring deutscher Glaube*.[87]

Einige Anhänger der *Deutschen Glaubensbewegung* gehörten dem »Amt Rosenberg« an, benannt nach »Hitlers Chefideologen«.[88] Alfred Rosenberg war 1934 zum »Beauftragten des Führers für die Überwachung der gesamten geistigen und weltanschaulichen Schulung und Erziehung der NSDAP« ernannt worden. Rosenbergs Auftrag bezog sich auf die NSDAP, alle »gleichgeschalteten Verbände« sowie politische Organisationen wie »Kraft durch Freude«.[89] Seinem »Überwachungsamt« waren viele Gebiete unterstellt; sie reichten von Schulen, über Kunst, »Schrifttumspflege«, Wissenschaft (Philosophie und Pädagogik, Geschichte, arische Weltanschauung) bis zu den Fächern Frühgeschichte und »Nordische Fragen«.

Rosenberg war, wie Hitler und viele andere Antisemiten, Anhänger der Musikdramen und antisemitischen Schriften Richard Wagners.[90] Mit Begeisterung hatte er auch die Bücher Houston Stewart Chamberlains gelesen. Sein Studium am Polytechnikum in Moskau, wo er die Oktoberrevolution und das Ende der Zarenherrschaft erlebte, beendete er 1918 mit einer Diplomarbeit.[91] Kurz nach der Revolution verfasste er seine ersten antisemitischen Texte unter den Titeln *Eine ernste Frage* und *Der Jude*.[92] Sie zeigen, dass es ihm nicht um die religiöse, sondern um die »rassische« Differenz von Juden und Nichtjuden ging. Dabei verschwamm sein Feindbild des »Juden« mit dem Hass auf die Bolschewiken. Rosenberg schrieb, so der Historiker Ernst Piper, »mehr als alle anderen Naziführer zusammen genommen« und glaubte, wie Hitler, an ein »jüdisch-bolschewistisches Weltherrschaftsstreben«.[93] 1918 siedelte er nach Berlin, dann nach München um, wo er 1919 der Deutschen Arbeiterpartei beitrat, die 1920 in NSDAP umbenannt wurde. Ein Jahr später übernahm Rosenberg, zusammen mit Dietrich Eckart, die Leitung des *Völkischen Beobachters*; 1923 wurde er dessen alleiniger Hauptschriftleiter und machte daraus ein antisemitisches Hetzblatt. 1927 beauftragte ihn Hitler mit der Gründung eines nationalsozialistischen Kulturverbandes, der ab 1929 als parteiübergreifender »Kampfbund für deutsche Kultur« die Kunst der Moderne attackierte – darunter Bauhaus,

Expressionismus, moderne Musik, die für Rosenberg »Kulturbolschewismus« waren.

1930 erschien Rosenbergs Hauptwerk *Der Mythus des 20. Jahrhunderts*, der im Zusammenhang mit unserem Thema eine nähere Betrachtung nahelegt. Der *Mythus* verstand sich als Fortführung von Chamberlains *Grundlagen des 19. Jahrhunderts*, ein Werk, das seit seinem Erscheinen im Jahr 1899 zahlreiche Auflagen erfuhr und zu einer Art Handbuch der völkischen Bewegung und des rassistischen Antisemitismus avanciert war. Rosenbergs *Mythus* bot eine Art von »Überbau« dazu. Ein Mythos ist eine Erzählung, die einer historischen oder kulturellen Gemeinschaft – etwa einer Nation oder einem »Volk« – eine Ursprungsgeschichte liefert, die ihre Identität stabilisieren soll, in ähnlicher Weise, wie Heilige Schriften dies für Religionsgemeinschaften tun. Rosenbergs *Mythus* bezog sich ausdrücklich nicht auf einen transzendenten Zusammenschluss, sondern auf eine irdische »Volksgemeinschaft« – weshalb nicht nur der »Jude«, sondern auch die Kirche zu den Feindbildern gehörten. »Der Mythus des römischen Stellvertreters Gottes muß hierzu ebenso überwunden werden wie der Mythus des ›heiligen Buchstabens‹ im Protestantismus. Im Mythus von Volksseele und Ehre liegt der neue bindende, gestaltende Mittelpunkt. Ihm zu dienen ist Pflicht unseres Geschlechts.«[94]

Basis der Volksgemeinschaft war für Rosenberg die »Rasse«, die er als einen Organismus mit kollektiver Seele verstand: »Seele aber bedeutet Rasse von innen gesehen. Und umgekehrt ist Rasse die Außenseite einer Seele.« Religiöse Lehren sind laut *Mythus* überflüssig, weil sie von der Wirklichkeit abstrahieren: »Das deutsche Volk aber ist nicht dazu da, um irgendein abstraktes Schema mit seinem Blute zu verfechten, sondern umgekehrt, alle Schemen, Gedankensysteme und Werte sind in unseren Augen nur Mittel, den Lebenskampf der Nation nach außen hin zu stärken und die innere Kraft durch eine gerechte und zweckmäßige Organisation zu erhöhen.«[95] Das Wort »Glaube« taucht bei Rosenberg kaum auf – und wenn, dann in Anführungsstrichen und bezogen auf die Kirchen. Dem Protestantismus hielt er zugute, dass er als Beginn einer »deutschen Religion« zu verstehen sei.[96] Dagegen verfolge das römisch-kirchliche »Zwangsglaubenssystem« nur den einen »Zweck, die Naturwissenschaften, überhaupt alle Wissenschaften dem alten Aberglauben dienstbar zu machen, der durch Kopernikus ein für allemal zertrümmert worden ist«.[97] Besonders verhasst waren Rosenberg die Jesuiten. Den Lehren des Ignatius von Loyola, die von den Ordensleuten absolute, innerliche wie äußerliche Unterwerfung unter das Regelwerk verlangten, sind im *Mythus* viele Seiten gewidmet. Wer die *Exerzitien* des Ignatius mit dem preußischen Zuchtsystem vergleiche, unterliege einer Täuschung. Vielmehr seien »diese beiden Formen des typenbildenden Männerbundes unvereinbare Gegensätze«. Denn die Jesuiten, die keine äußerlichen Merkmale ihrer Zugehörigkeit, keine erkennbare Kleidung tragen, opferten dem Orden nicht nur ihren Körper, sondern auch ihre Seele: »eigenes Forschen, Persönlichkeit, Männerwürde«. Dagegen stehe der preußische Soldat »äußerlich technisch unter rauher Zucht, innerlich war er frei«.[98]

Dass der Glaube für Rosenberg nur eine geringe Rolle spielte, hatte seinen Grund: An die Rasse *glaubt* man nicht, sie gilt als gegeben. Mehr noch: Für Rosenberg war sie die Basis jeder Religion. »Voraussetzung jeglicher deutscher Erziehung ist die Anerkennung der Tatsache, daß nicht das Christentum uns Gesittung gebracht hat, sondern daß das Christentum seine dauernden Werte dem germanischen Charakter zu verdanken hat. [...] Die germanischen Charakterwerte sind deshalb das Ewige, wonach sich alles andere einzustellen hat. Wer das nicht will, verzichtet auf eine deutsche Wiedergeburt und spricht auch sich selbst das seelische Todesurteil.«[99] In Rosenbergs Rassenreligion nahm der Glaube physische Gestalt an; er war »Fleisch geworden«. Damit eignete er sich als Gegenstück zum »Juden«, der im rassistischen Antisemitismus als leibliche Gestalt des *Antichrist* galt: Gehörte der »Jude« für den Christen der »falschen« Religion an, so *inkarnierte* er im nationalsozialistischen Antisemitismus das Falsche oder Böse – ein Gedanke, der im Kern schon eliminatorisch ist.[100]

Es war nicht leicht gewesen, für dieses geistig und sprachlich strapaziöse Werk einen Verlag zu finden: Zwar passte die antisemitische wie auch die antiklerikale Haltung zur NS-Ideologie, doch das »gewaltige Manuskript« und die »intellektuelle« Darstellung Rosenbergs stießen auf wenig Gegenliebe: weder bei den NS-Verlagen noch bei Hitler.[101] Als das 712 Seiten umfassende Buch schließlich vom kleinen parteinahen Dreieichen-Verlag gedruckt wurde, fand es zunächst wenig Beachtung. Nach der Etablierung der nationalsozialistischen Herrschaft schnellten die Verkaufszahlen in die Höhe und erreichten um 1944 weit über eine Million. Der *Mythus* galt, neben *Mein Kampf*, als das zweite Standardwerk der NS-Ideologie. Dass Rosenberg im Nürnberger Prozess zum Tode verurteilt wurde, hatte allerdings weniger mit diesem Werk zu tun als mit seiner antisemitischen Hetze im *Völkischen Beobachter* sowie seiner aktiven Rolle beim Kulturraub, der Ghettoisierung und der Ermordung von Juden. 1941 hatte ihm Hitler die Leitung des Reichsministeriums für die besetzten Ostgebiete übertragen. Bereits 1939 hatte er mit seinem Einsatzstab »Reichsleiter Rosenberg« mit der Plünderung jüdischer Archive und Bibliotheken begonnen. Er wollte diese dem »Institut für die Erforschung der Judenfrage« zuführen.[102] Der Genozid an den Juden und die späteren mörderischen Aktivitäten Rosenbergs wurden im *Mythus* noch nicht thematisiert. Dennoch hat Rosenbergs Ideologie »symptomatischen Charakter für die Formen der Politik des Gesamt-Regimes«,[103] das seine Anziehungskraft nicht zuletzt daraus bezog, dass ein Werk wie der *Mythus* »kaum eine These enthält, die einer rationalen Nachprüfung standgehalten hätte«, wie Reinhard Bollmus schreibt. Es »bedurfte der Bedingungen einer totalitären Diktatur, um den Versuch zur Realisierung solcher ideologischer Fiktionen unternehmen zu können, und es war notwendig, die Mittel des direkten oder indirekten Terrors zu benutzen, um etwa die Opposition der Wissenschaftler gegen solche Versuche zum Schweigen zu bringen.«[104] Was Rosenberg lieferte und noch in Nürnberg bis zum Tag seiner Hinrichtung verkündete,[105] war also kein politisches Programm, sondern das »Glaubensbekenntnis« der nationalsozialistischen Bewegung. An Religionen waren die Nationalsozialisten nur insofern interessiert, als sich mit ihnen an die *Gefühle* appellieren ließ; sie boten das Vorbild für die Durchsetzung der eigenen Ideologie. Rosenbergs *Mythus* stellte den ersten breiten Versuch einer Religion ohne transzendenten Bezug dar.

In dieser Hinsicht ging der Nationalsozialismus von allen Diktaturen des frühen 20. Jahrhunderts am weitesten. Seine Besetzung eines Territoriums, das bis dahin dem Religiösen vorbehalten blieb, war ein entscheidender Faktor beim Kampf ums Unbewusste.

Es wäre falsch, aus Rosenbergs *Mythus* irgendwelche Schlüsse auf das »Programm« des Nationalsozialismus zu ziehen. Sein Werk gibt eher Aufschluss über die Art, wie das Regime die Emotionen zu erreichen versuchte – und eines der Ziele war, mit der Intensität einer Religion an die Psyche zu appellieren. Dazu bedurfte es einer Reihe von Komponenten, darunter des Appells an die Oralität. Im *Mythus* begründete Rosenberg seinen Hass auf die Jesuiten auch damit, dass sie in den Schulen die Verwendung der »Muttersprachen« untersagt hätten. »Wo immer sich diese zarteste Regung einer Volksseele bemerkbar machte, da trat Rom ihr entgegen: brutal, wenn es an der Macht war, scheinbar duldsam-nachgebend, wenn es sich schwach fühlte.«[106] »Muttersprache« ist ein alter Begriff für die gesprochenen regionalen Idiome, der auf die leibliche Nähe zur »Mutter« verweist. Über Jahrhunderte besaß die »Vatersprache« die Vorherrschaft, bestimmte das Lateinische über geschriebene Texte der Kirche, die Gesellschaft und ihre Regelwerke. Der nationalsozialistische Herrschaftsanspruch dagegen bediente sich der Mündlichkeit: Sie sollte ihm den direkten Zugang zum Körper, zur Psyche verschaffen.

»Dieser alt-neue Mythus treibt und bereichert bereits Millionen von Menschenseelen. Er sagt heute mit tausend Zungen, daß wir uns nicht ›um 1800 vollendet‹

hätten, sondern daß wir mit erhöhtem Bewußtsein und flutendem Willen zum ersten Mal als ganzes Volk wir selbst werden wollen: ›Eins mit sich selbst‹, wie es Meister Eckehart anstrebte. Mythus ist für Hunderttausende von Seelen nicht etwas, was man mit gelehrter Überheblichkeit als Kuriosität in Katalogen vermerkt, sondern das Neuerwachen des zellenbildenden seelischen Zentrums. Das ›allein, ich will‹ nach Durchwanderung der ganzen Wissenschaft ist das Bekenntnis der neuen Zeit, die eine neue Zukunft will, und dieser Wille, das ist unser Schicksal.«[107]

Diese Passage zeigt in nuce den Grundwiderspruch von Rosenbergs *Mythus*: auf der einen Seite die Berufung auf die »Seelen« des Unbewussten, auf die »tausend Zungen« der oralen Tradition und die Zurückweisung von Logik und »Wissenschaft«; auf der anderen Seite der Appell an die Schrift: durch das »erhöhte Bewußtsein«, durch den »flutenden Willen« und das »allein, ich will« – eine Formulierung, die mit Hattingbergs Entwurf einer NS-Psychoanalyse nach dem Motto »Ich kann, was ich will« korreliert. Der Widerspruch löst sich mit der Einsicht, dass mithilfe der gesprochenen Sprache in diesem wie in anderen totalitären Staaten das Wissen um die Ursprünge der sekundären Oralität aus der Schrift ausgelöscht werden sollten – ein Zusammenhang, der nach 1945 in vielen dystopischen Romanen zum Totalitarismus als Analyse wiederkehrte, etwa in Ray Bradburys 1953 erschienenem Roman *Fahrenheit 451*. Die Auslöschung ihrer Herkunft verlieh der neuen totalitären Mündlichkeit den Anschein einer Unmittelbarkeit, die sich direkt ans Vertrauen, ans Unbewusste richtete. Gleichzeitig wurde »der Jude«, dessen Traditionen einer primären Oralität Raum gaben, zur Inkarnation des Prinzips Schrift. Der Hass auf den mit dem »Juden« identifizierten »Intellektuellen«, war ein Ausdruck dafür.

Die Kulturtechniken des Glaubens in Adolf Hitlers *Mein Kampf*

Wenn Reinhard Bollmus Rosenbergs *Mythus* als »Fiktion« beschreibt, die nur unter den Bedingungen einer totalitären Diktatur realisiert werden konnte, so erscheint Adolf Hitlers *Mein Kampf* wie das praktische Handbuch zur Realisierung der Fiktion. Für die Publikation von *Mein Kampf*, das vor Rosenbergs *Mythus* erschien, sorgte der dem Nationalsozialismus verbundene Verlag Franz Eher, der auch den *Völkischen Beobachter* herausbrachte. Der *Mythus* und *Mein Kampf* ergänzten sich gegenseitig: Rosenberg führte den Kampf gegen die Glaubensherrschaft der Kirche; Hitler erklärte, wie die neue Glaubensbotschaft mit den Methoden der alten, kirchlichen Fuß fassen konnte.

In *Mein Kampf* beruft sich Adolf Hitler ausdrücklich auf die christliche Glaubenstradition, unter Vermeidung ihrer transzendenten Botschaft. Sie ist für ihn ein strategisches Modell: »Auch das Christentum konnte sich nicht damit begnügen, seinen eigenen Altar aufzubauen, sondern mußte zwangsläufig zur Zerstörung der heidnischen Altäre schreiten. Nur aus dieser fanatischen Unduldsamkeit heraus konnte sich der apodiktische Glauben bilden; diese Unduldsamkeit ist sogar die unbedingte Voraussetzung für ihn.«[108]

In den fast achthundert Seiten von Hitlers *Mein Kampf* sucht man vergeblich nach dem Begriff »Vertrauen«. Er taucht nur einmal im Zusammenhang mit »Selbstvertrauen« auf, was etwas anderes ist als Vertrauen, das nur im Verhältnis zu anderen relevant wird und dadurch zu Vertrauensgemeinschaften führt. Selbstvertrauen dagegen kann auf die anderen verzichten. Das gedemütigte deutsche Volk, so Hitler, brauche »jene suggestive Kraft, die im Selbstvertrauen liegt. Dieses Selbstvertrauen aber muß schon von Kindheit dem jungen Volksgenossen anerzogen werden. Seine gesamte Erziehung und Ausbildung muß darauf angelegt werden, ihm die Überzeugung zu geben, anderen unbedingt überlegen zu sein. Er muß in seiner körperlichen Kraft und Gewandtheit den Glauben an die Unbesiegbarkeit seines ganzen Volkstums wiedergewinnen.«[109] Das Selbstvertrauen musste also *anerzogen* werden und diente dem Zweck, andere zu unterwerfen. Sobald Begriffe wie »Suggestion«, »sollen«, »müssen«, »erziehen« und »wollen« fallen, das lässt sich wohl so allgemein sagen, ist *immer* vom Glaube die Rede.

Im Gegensatz zum Vertrauen, taucht der Begriff Glaube in *Mein Kampf* sehr häufig auf. Er bezieht sich aber nicht, wie bei Rosenberg, auf die Kirche, und er wird auch nicht in Anführungsstriche gesetzt. »Glaube« hatte für Hitler eine rein weltliche Bedeutung: »Aus allgemeinen Vorstellungen muß ein politisches Programm, aus einer allgemeinen Weltanschauung ein bestimmter politischer Glaube geprägt werden.« Zwar blieben Religion und Weltanschauung Referenzgrößen. »Politische Parteien sind zu Kompromissen geneigt, Weltanschauungen niemals. Politische Parteien rechnen selbst mit Gegenspielern, Weltanschauungen proklamieren ihre Unfehlbarkeit.« Hitler beanspruchte sogar kirchlich und religiös konnotierte Begriffe wie »Unfehlbarkeit« »Seele«: »Die Gewinnung der Seele des Volkes kann nur gelingen, wenn man neben der Führung des positiven Kampfes für die eigenen Ziele den Gegner dieser Ziele vernichtet.« Er scheute auch nicht davor zurück, die theologische Kategorie des »Dogmas« als Vergleich heranzuziehen: »Was für den Glauben die Dogmen darstellen, sind für die sich bildende politische Partei die Parteigrundsätze.«[110] Doch diese Begriffe wurden aus ihrem religiösen Zusammenhang herausgelöst. Für Hitler war der *Verzicht* auf die metaphysische Dimension die Voraussetzung dafür, dass quasi-religiöse Gefühle ihr irdisches Potenzial entfalten konnten – jene Wirksamkeit nämlich, »welche der religiösen inneren Sehnsucht in dem Augenblick erwächst, da sich aus der rein metaphysischen unbegrenzten Gedankenwelt ein klar umgrenzter Glaube formt«.[111] Zugleich sollte mit allen Mitteln verhindert werden, dass das Bewusstsein »Herr im Hause« dieses Glaubens wurde. Kategorien wie »Sehnsucht«, »unbewußt«, »Fanatismus« und »Hysterie«, bei Freud zumeist mit Krankheit gleichgesetzt, waren bei Hitler positiv aufgeladen, ja erklärtes *Ziel*.[112] Er appellierte »an diese geheimnisvollen Kräfte«, wenn er die »wundervolle Feinfühligkeit für die psychologischen Bedingungen der Propaganda« lobte.[113] Bei Hitler sollte das Bewusstsein nicht vor dem Unbewussten geschützt, sondern durch dieses zum »Ohnmachtsbekenntnis« gezwungen werden. Auch bei ihm war das Unbewusste »Herr im Haus«, doch es handelte sich um ein konditioniertes Unbewusstes.

Dass sich *Mein Kampf* als Handlungsanleitung und Strategie für die Besetzung der Psyche verstand, wird besonders deutlich im 6. Kapitel von Teil II, wo es um die Methoden der Einflussnahme ging. An erster Stelle stand, wie bei Rosenberg, die Ablehnung der geschriebenen Sprache. »Ich habe schon im ersten Band ausgeführt, daß alle gewaltigen, weltumwälzenden Ereignisse nicht durch Geschriebenes, sondern durch das gesprochene Wort herbeigeführt worden sind.« Das hänge mit der »Unrichtigkeit« der »gesamten Schreiberleistung unserer bürgerlichen Welt« zusammen und verdanke sich der »Unmöglichkeit, nur durch Schrifttum an das Herz der breiten Masse zu gelangen«. Denkbar sei höchstens das »geredete Flugblatt« oder das Plakat: »Das wird der eine oder andere, besonders, wenn er es unentgeltlich bekommt, viel eher in die Hand nehmen, umso mehr, wenn schon in der Überschrift ein Thema, das augenblicklich in aller Mund ist, plastisch behandelt wird.«[114] Am besten erreiche das Bild – ob gemalt, als Foto oder als Film – den Empfänger. »Hier braucht der Mensch noch weniger verstandesmäßig zu arbeiten; es genügt, zu schauen.« Auch dürfe der Redner keine Ansprüche an die Denkfähigkeit stellen. »Er wird sich von der breiten Masse immer so tragen lassen, daß ihm daraus gefühlsmäßig gerade die Worte flüssig werden, die er braucht, um seinen jeweiligen Zuhörern zu Herzen zu sprechen […], bis endlich die letzte Gruppe einer Opposition schon durch ihre Haltung und ihr Mienenspiel ihn die Kapitulation vor seiner Beweisführung erkennen läßt.«[115] Mit dem Begriff Kapitulation wurde das Eroberungsziel dieses Kampfs ums Unbewusste unmissverständlich benannt.

Genau kalkuliert war auch der Effekt von Massenversammlungen. Sie seien »schon deshalb notwendig, weil in ihr der Einzelne, der sich zunächst als werdender Anhänger einer jungen Bewegung vereinsamt fühlt und leicht in die Angst verfällt, allein zu sein, zum ersten Mal das Bild einer größeren Gemeinschaft erhält, was bei den meisten Menschen kräftigend und ermutigend wirkt«. In diesem Rahmen erfahre der Einzelne die »Wirkung des suggestiven Rausches« und werde mitgerissen »von der Begeisterung von drei- bis viertausend anderen«. Die »Masse«, die sich bei Le Bon noch mehr oder weniger spontan bildete, war bei Hitler *organisiert*. Das Individuum unterliege »dem zauberhaften Einfluß dessen, was wir mit dem Wort Massensuggestion bezeichnen. Das Wollen, die Sehnsucht, aber auch die Kraft von Tausenden akkumuliert sich in jedem einzelnen. Der Mann, der zweifelnd und schwankend eine solche Versammlung betritt, verläßt sie innerlich gefestigt: er ist zum Glied der Gemeinschaft geworden.«[116] Die Synchronität der Körper und des Körperverhaltens wurde zu einem durchgehenden Phänomen von Massenveranstaltungen – und sie findet heute, wovon im 6. Kapitel die Rede sein soll, im Netz ihre Entsprechung.

Auch Fahne und NS-Farben unterlagen einem präzisen Kalkül. Hitler überging, dass das Schwarz-Weiß-Rot der NS-Fahne an die alten Farben des Kaiserreichs erinnerte – das Kampfbanner der Konservativen gegen das demokratische Schwarz-Rot-Gold der Weimarer Republik. Zugleich betonte er, dass die Wahl des eigentlich kommunistischen und sozialistischen Rots (bald nach der Gründung der Sowjetunion im Jahr 1922 wurde die rote Fahne mit Hammer und Sichel zur Flagge) eine bewusste Entscheidung gewesen sei: Erstens hebe sich ihr greller Ton von der Umgebung ab, und zweitens sei mit einer Sogwirkung auf die Arbeiterschaft und deren beträchtliches Wählerpotenzial zu rechnen.[117]

Als Hitler *Mein Kampf* schrieb, steckten die modernen Medien noch in den Kinderschuhen. Die Erfindung von Radio und Film lag gerade eine Generation zurück; noch viel jünger war der Lautsprecher, der eine mehrere Tausend Menschen umfassende Massenveranstaltung überhaupt erst ermöglichte und damit die Voraussetzungen für einen gefühlten »Gemeinschaftskörper« schuf: Bei der Berliner Funkausstellung von 1925 wurde der erste elektrodynamisch angetriebene Lautsprecher öffentlich vorgestellt. Bis dahin waren zwar Massenversammlungen durchgeführt worden, doch die Veranstalter mussten mehrere Tribünen aufbauen, auf denen einzelne Sprecher das Wort an jene richteten, die sie mit ihrer Stimme, bestenfalls unterstützt von einer Flüstertüte, erreichen konnten. Eine solche Dezentralisierung der Veranstaltung ließ keine Einheitsstimmung aufkommen. Die Nationalsozialisten gehörten zu den ersten, die sich dieser jungen Techniken und des dazugehörigen Wirkens bedienten.

Diese medialen Veränderungen vollzogen sich, kurz nachdem das allgemeine, zuletzt auch Frauen einschließende Wahlrecht eingeführt worden war. Damit soll nicht gesagt sein, dass Frauen dem Nationalsozialismus zur Macht verhalfen – die Frauen tendierten eher zu den Kommunisten, Sozialdemokraten oder Liberalen. Es bedeutet nur, dass die Zahl jener zunahm, die sich an den Wahlen beteiligten und diese deshalb immer mehr zu dem Feld für die Austragung von Machtkämpfen um den Kopf und die Psyche der Menschen wurden. Viele Strategien, die Hitler in seinem Buch ausbreitete, sind bis heute *state of the art*. Durch die sozialen Medien wurden sie verstärkt. »I love the uneducated«, verkündete Donald Trump bei seinen Auftritten während des

Wahlkampfs von 2016 – und erhielt dafür tosenden Beifall von seinen Anhängern. Der Hass auf die Intellektuellen, der in diesen Worten ebenso Programm ist wie in *Mein Kampf*, gehört mittlerweile zum Repertoire aller autokratischen Regime, deren Zahl weltweit wächst.[118]

Der Glaube und die sekundäre Oralität in Carl Schmitts Utopie eines »totalen Staats«

Die Rolle der sekundären Oralität im Nationalsozialismus wird besonders deutlich in den Texten von Carl Schmitt. Während Freuds Erkenntnisse einer »dritten Sprache« die Möglichkeit eröffneten, die Eindeutigkeit der Schrift mit der Ambivalenz und Flexibilität des gesprochenen Wortes zu verbinden, versuchte der Staats- und Verfassungsrechtler die gesprochene Sprache mit dem Gewicht und der Unzweideutigkeit der Schrift zu versehen. Er verstärkte die Funktionsweise der »sekundären Oralität«, die nicht nur als eine von der Schrift gestaltete Oralität zu verstehen ist, sondern auch die Techniken umfasst, mit denen das gesprochene Wort festgehalten, verbreitet und »verewigt« werden konnte. Erfindungen wie Grammophon, Tonband, Radio und Lautsprecher erlaubten es, eine Stimme über große Versammlungen oder in weit entfernten Regionen zu übertragen. Die Nationalsozialisten sollten Meisterschaft im Umgang mit diesen Medien entwickeln, die beträchtliche Möglichkeiten boten, auf das Unbewusste einzuwirken. Nicht durch Zufall bezeichnete C. G. Jung Hitler als den »Lautsprecher, der das unhörbare Raunen der deutschen Seele verstärkt, bis es vom unbewußten Ohr der Deutschen gehört werden kann«. Und wenn Jung hinzufügte: »Er horcht hin und gehorcht. Der wahre Führer ist immer *geführt*«,[119] so spielte er damit auf die »Hörigkeit« an, die sich vom »Gehör« und der Tatsache ableitet, dass wir akustischen Eindrücken unweigerlich ausgesetzt sind, während uns das Schließen der Augen vor visuellen Einflüssen schützt.

Carl Schmitt gehört zu den umstrittensten Figuren des 20. Jahrhunderts: Er unterstützte die NS-Diktatur, findet allerdings bis heute viele Anhänger. Im Kontext unseres Themas ist auch sein Katholizismus von Interesse. In seiner 1922 verfassten und 1934 und danach immer wieder aufgelegten *Politischen Theologie* heißt es an einer Stelle: »Alle prägnanten Begriffe der modernen Staatslehre sind theologische Begriffe. Nicht nur ihrer historischen Entwicklung nach, weil sie aus der Theologie auf die Staatslehre übertragen wurden, indem zum Beispiel der allmächtige Gott zum omnipotenten Gesetzgeber wurde, sondern auch in ihrer systematischen Struktur, deren Erkenntnis notwendig ist für eine soziologische Betrachtung dieser Begriffe. Der Ausnahmezustand hat für die Jurisprudenz eine analoge Bedeutung wie das Wunder für die Theologie.«[120] Protestantische Theoretiker hatten an die Leerstelle, die Gott hinterließ, das Unbewusste gesetzt, nun erklärte der Katholik Carl Schmitt die Jurisprudenz, und mit ihr den Staat, zum Erben von Gottes Omnipotenz. »Der Wert des Staates liegt darin, daß er eine Entscheidung trifft, der Wert der Kirche, daß sie letzte inappellable Entscheidung ist.« Die »Unfehlbarkeit der geistlichen Ordnung« und die »Souveränität der staatlichen Ordnung« seien »wesensgleich«, ja, Synonyme.[121] Damit machte Schmitt das Prinzip Ordnung und Gesetzmäßigkeit zum Widersacher des Unbewussten, beziehungsweise das Unbewusste zum »Fürsten der Finsternis«.

In dieser Gegenüberstellung konnten sich sowohl der Katholizismus, der im Protestantismus immer das Abtrünnige, nicht die alternative Konfession, gesehen hatte, als auch der »totale Staat« wiederfinden. Und es erklärt, wie Carl Schmitt seine beiden Glaubenssysteme – das transzendente und das weltlich-juristische – so gut vereinbaren konnte: Der gemeinsame Nenner war die apodiktische Denkweise, die keinen Widerspruch duldet, und die davon abgeleiteten rigoros hierarchischen Strukturen.

Carl Schmitt definierte den totalen Staat als eine Einrichtung, die, nicht unähnlich der katholischen Kirche, dem Glauben gegenüber völlige Ergebenheit einfordert: »Die Stärke des nationalsozialistischen Staates liegt darin, daß er von oben bis unten und in jedem Atom seiner Existenz von dem Gedanken des Führertums beherrscht und durchdrungen ist.«[122] Schon lange vor dem Beginn der NS-Herrschaft verwarf er den »Liberalismus«, den er in Weimars Parlament und Verfassung verkörpert sah. Er unterstellte ihm »abwartende Halbheit, mit der Hoffnung, die definitive Auseinandersetzung, die blutige Entscheidungsschlacht könnte in eine parlamentarischen Debatte verwandelt werden und ließe sich durch eine ewige Diskussion ewig suspendieren«. Seine Alternative lautete: »Diktatur ist der Gegensatz zu Diskussion«.[123] Im italienischen Faschismus sah Schmitt die Antwort auf das Dilemma des modernen Staats: »Daß der Faschismus auf Wahlen verzichtet und den ganzen ›elezionismo‹ haßt und verachtet, ist nicht etwa undemokratisch, sondern antiliberal und entspringt der richtigen Erkenntnis, daß die heutigen Methoden geheimer Einzelwahl alles Staatliche und Politische durch eine völlige Privatisierung gefährden.« Von der Demokratie sagte er: Der Souverän »verschwindet in der Wahlzelle« und die staatliche Willensbildung werde zur Summierung »unkontrollierbarer Massenwünsche und -ressentiments« herabgewürdigt.[124]

Als die Nationalsozialisten 1933 an die Macht kamen, trat Schmitt sofort in die NSDAP ein. Er setzte sich für die Entlassung oder Nichtberufung jüdischer akademischer Kollegen ein – einige von ihnen hatten vorher seine akademische Karriere befördert. Im Juli 1933 berief ihn der preußische Ministerpräsident Hermann Göring in den preußischen Staatsrat. Auch als er aus dieser Funktion entlassen wurde, blieb Schmitt dem NS-Staat verbunden: Er, der Jurist (!), erklärte den Führer zum »obersten Gerichtsherrn«.[125] In der Deutschen Juristenzeitung nannte er die Nürnberger Rassengesetze von 1935 eine »Verfassung der Freiheit«[126] – eine Travestie der Diktatur durch den Begriff der »Freiheit«, die auch heute von vielen autokratischen Regierungen praktiziert wird. Dass Schmitt beträchtlichen Einfluss auf seine Zeitgenossen, und dies auch noch lange nach 1945, ausübte, führt Raphael Gross weniger auf »Schmitts Fähigkeiten zur konsistenten Theoriebildung als vielmehr [auf] seine polarisierenden Begriffe« zurück.[127] Helmut Lethen sieht in Schmitts Freund-Feind-Theorie einen Grund für seine Nähe zum Nationalsozialismus.[128] Das Freund-Feind-Schema hat viel gemein mit der Gegenüberstellung von Gott und Satan. Schmitts polarisierende Begrifflichkeit war eine direkte Folge dieses Schemas. Sie war aber auch ein typisches Phänomen der sekundären Oralität.

Juristen »glauben« per se an das geschriebene Wort; die Schrift ist die Basis ihres Berufs. Es ist das Verdienst von Helmut Lethen, an den Tagebuchaufzeichnungen Schmitts die Bedeutung des *gesprochenen* Wortes für ihn hervorgehoben zu haben.[129] Sein »stärkster Affekt besteht in ›phonetischem Schauder und Entsetzen‹, die ihn beim Wort ›Gesetz‹ überfallen.« Für ihn sei ein »Grund allen Unheils, daß die Menschheit keinen Vater mehr als Quelle der Autorität akzeptierte, sondern daß an seine Stelle die ›Sachlichkeit‹ des Gesetzes getreten war«. Schmitts »Phonozentrismus«, so Lethen, hänge mit seiner Abwehr des Gesetzesbegriffs zusammen. Für ihn sollte die »Stimme des Souveräns« direkt und ohne Medium die Untertanen erreichen.[130] Den höchsten Wert errang diese Ideologie des Auditiven im Kommando. Im *Glossarium* notierte Schmitt: »Das Beste in der Welt ist ein Befehl und kein Gesetz; der Befehl ist direkte Sprache.«[131] Ich habe bereits darauf hingewiesen, dass sich unter den Schriftstellern des 19. Jahrhunderts eine Sehnsucht nach der Unmittelbarkeit der gesprochenen Sprache ausbreitete. Schmitt ging weiter: Er zielte auf die *Hörigkeit* der Menschen ab. Die Dichter litten an der sekundären Oralität; Schmitt hätte gerne die sekundäre Oralität mit dem Gewicht der Schrift versehen. Zugleich wollte er die Schrift, immerhin Basis seiner Zunft, zum Verschwinden bringen.

Jedes Wort, so heißt es in Schmitts *Glossarium*, ist »eine phonetische Hieroglyphe«, ein »Echo urgründiger Welten«, das sich »mit hypnotischer Macht dem Gedächtnis einprägt«.[132] Auch Freud hatte die Träume mit Hieroglyphen verglichen und die in ihnen geborgenen Erinnerungen mithilfe der psychoanalytischen Methode zu »entziffern« versucht. Schmitt wollte nicht lesen: Er wollte, dass die Sprache über das Ohr direkt in den Körper eindringt. Die Schrift bezeichnete Freud als die »Sprache des Abwesenden«.[133] Für Schmitt war die »Souveränität des Gesetzes« nur eine »Überkompensation der Abwesenheit«. Durch die Gesetze, so sagte er, werde die Stimme von der Schrift »entstellt, absorbiert oder gelöscht«.[134]

Der Historiker Raphael Gross hat gezeigt, wie eng Schmitts Aversion gegen den Gesetzesbegriff mit seinem Hass auf die Juden verbunden war.[135] Schmitt sah in der Übermacht des *Nomos* ein Charakteristikum des jüdischen Volks, dem er »Besessenheit vom Gesetz« unterstellte. Gross zufolge drückt sich Schmitts Judenhass in seinem »Feldzug gegen das Gesetz«, seinem »Entsetzen vor den Gesetzen«, seinem »Schauder vor dem ›Wort‹« aus und triebe seinen »Kampf gegen den Glauben[n] ans Gesetz« an.[136] Dass sich die Schriftgläubigkeit auch im deutschen Recht durchgesetzt hatte, sah Schmitt als Beleg dafür, dass das jüdische Denken die Herrschaft über nichtjüdische Mentalitäten übernommen habe.

Da die Ansicht weit verbreitet ist, dass das verschriftete Gesetz ein Spezifikum des Judentums sei und die Polemik des christlichen Antijudaismus immer wieder gegen die jüdische »Gesetzesreligion« gerichtet war, sei hier ein kurzer Exkurs eingeschoben: Das geschriebene Gesetz gehörte mindestens ebenso, wenn nicht mehr, zu den Errungenschaften des Hellenismus. Die alten Griechen betonten dies nachdrücklich. So etwa Euripides, der in den *Schutzflehenden* die Vorteile des verschrifteten Gesetzes lobt: »Nichts ist dem Volke so verhasst wie ein Tyrann. / Dort gelten nicht als Höchstes die gemeinsamen / Gesetze; einer schaltet als Gesetzesherr / ganz unumschränkt; und das ist keine Gleichheit mehr. / Doch wurden die Gesetze schriftlich festgelegt, / genießt der Arme wie der Reiche gleiches Recht.«[137] Der griechische Glaube an das verschriftete Gesetz geht auf Solon zurück, dessen Reformen in etwa dieselbe Zeit fielen wie Josias Reformen in Judäa. Letztere erfolgten im Jahr 622 vor u. Z.; die neuere Forschung datiert Solons Reformen auf nur fünfzig Jahre später, 575 bis 570. Wie in Jerusalem entwarfen auch Solons Gesetze ein gerecht geordnetes Gemeinwesen, das seine Autorität aus der schriftlichen Fixierung bezog und das zur Basis des Römischen Rechts wurde, das bis heute das westliche Rechtsverständnis prägt.

Mit Schmitt wurden Recht und Justiz zu Kulturtechniken, die im Dienst des Glaubens standen und diesem dazu verhalfen, das Unbewusste zu kolonisieren. Zunächst könnte man zweifeln, ob das Feld des Rechts mit dem Unbewussten in Verbindung gebracht werden kann. Doch indem Schmitt die Kulturtechnik des Rechts mit der verhassten Schrift in Verbindung brachte, proklamierte er das Ideal einer »oralen« Justiz.[138] Schmitt hatte es auf eine Jurisprudenz abgesehen, die unmittelbar wie das gesprochene Wort und zugleich eindeutig wie die Schrift war. Um dieses Ziel zu erreichen, pervertierte er den Sinn von Montesquieus Aussage, der Richter sei nur »der Mund«, der das Gesetz verkünde, im nationalsozialistischen Sinne. Der Satz, so Schmitt, führe direkt »in die Sphäre des von organischen, biologischen und völkischen Verschiedenheiten erfüllten lebendigen menschlichen Seins«.[139]

Für Schmitt sollte allein »die Art«, Synonym für Leiblichkeit und Oralität, über die Rechtsauffassung bestimmen. Der Begriff der »Art« ist ebenso dehnbar und ungenau wie der des »Volkes«, kommt aber biologisch daher und verweist damit auf eine scheinbar unveränderbare Dimension. »Bis in die tiefsten, unbewußtesten Regungen des Gemütes, aber auch bis in die kleinsten Gehirnfasern hinein steht der Mensch in der Wirklichkeit dieser Volks- und Rassenzugehörigkeit.« Bei Jung prägte die Art das Denken und Fühlen des Individuums; bei Schmitt wurde sie zur Grundlage des Rechts. »Ein Artfremder mag sich noch so kritisch gebärden und noch so scharfsinnig bemühen, mag Bücher lesen und Bücher schreiben, er denkt und versteht anders, weil er anders geartet ist, und bleibt in jedem entscheidenden Gedankengang in den existentiellen Bedingungen seiner eigenen Art.«[140]

Wie alle Rassisten, konnten die Nationalsozialisten ihren Rasse-Begriff nie genau definieren. Zwar stellten sie ihn ins Zentrum ihres Rechtswesens, etwa beim *Gesetz zur Wiederherstellung des Berufsbeamtentums* vom 11. April 1933. Doch der Begriff blieb ein Widerspruch in sich: Einerseits wurde im *Gesetz zur Wiederherstellung des Berufsbeamtentums* die Definition »jüdisch« von der Abstammung abgeleitet (was ihr den Anschein von Hereditàt verlieh), andererseits ließ sich diese Herkunft (oder deren Fehlen) nur an den Gemeinderegistern, also *Glaubensurkunden*, überprüfen. Sogar SS-Bewerber mussten Taufurkunden als Beleg für ihre »arische Herkunft« vorlegen. Die Nazis pochten auf die »rassische Abstammung«, hatten aber keine Kriterien dafür. Sie war ein Konstrukt oder genauer: eine Religionszugehörigkeit, die sie biologisch aufgeladen hatten. Das heißt, die Definition des »Juden« im NS-Staat beruhte einzig auf einer bürokratischen Bestimmung,[141] womit sie sich der Schrift zuordnete und *nicht* der Leiblichkeit, auf die sie sich berief. Auch die Trennung des jüdischen vom arischen Recht, die Schmitt auf der Juristen-Tagung vom Oktober 1936 forderte und durch die genaue Erfassung aller jüdischen Autoren umgesetzt sehen wollte, war auf den Text angewiesen: Sie sei, so erklärte er, »die notwendige Aufgabe der Bibliographie«.[142]

Dasselbe Definitionsproblem galt auch für den »Arier«: Als Reichsbürger galten »Staatsbürger deutschen und artverwandten Blutes«, heißt es in dem am 15. September 1935 verabschiedeten *Reichsbürgergesetz*.[143] Auch hier fehlten brauchbare Kriterien, und sogar Schmitt, der sonst so pointiert zu formulieren wusste, scheiterte daran: Er definierte deutsche Juristen als solche, die mit der »Stimme des deutschen Blutes« sprechen[144] – eine Aussage, die alles offenlässt, mit der »Stimme« aber zugleich auf die Oralität abzielt. Deren Sinn war es offenbar, Leiblichkeit vorzutäuschen. »Unter dem Primat des Auditiven«, so schreibt Helmut Lethen, »vergewissert sich der Mensch, Teil eines umfassenden Organismus, der Sippe, der Familie oder Kirche, zu sein. Er sucht Zuflucht in einem auditiven Netz und nistet sich in eine ›magisch-resonierende Welt simultaner Verbindungen des akustischen und oralen Raums‹ (Marshall McLuhan) ein.«[145] Wegen ihrer zwingenden Verbindung zum Körper bot die Oralität die Grundlage dafür, die »bürokratische Erfindung« der Rasse wie eine leibliche Realität erscheinen zu lassen. Hierin ähnelt sie den nationalsozialistischen Bildern des Blutes. Das »andere Blut« der jüdischen »Rasse« war, wie alle Rassismen, ein Konstrukt, doch der fließende rote Stoff weckte den Anschein von physischer Realität.[146]

Hinter dem Angebot der *sekundären* Oralität verbarg sich der Hass auf den Intellektuellen, ein Kernstück jeder Form von Antisemitismus. Wenn Schmitt am 31. Mai 1933 in einem Artikel im *Westdeutschen Beobachter* die vor dem NS-Regime geflohenen Emigranten als »deutsche Intellektuelle« bezeichnete und ihnen hinterherrief: »Aus Deutschland sind sie ausgespien für alle Zeiten«,[147] so bezog sich dieser Hass sowohl auf den Juden als auch auf das, was »der Intellektuelle« repräsentierte: die Ambivalenzfähigkeit. Die Hetze gegen den »Intellektuellen« ist ein Phänomen der Moderne und kam auf mit der sekundären Oralität. Die Übertragung dieses Feindbilds auf den Juden war eine Folge der Kritikfähigkeit, die die Tradition einer Interaktion von gesprochenem und geschriebenem Wort beinhaltete. Mit der Dreyfus-Affäre (die 1894 begann, ein Jahr bevor Freud und Breuer mit den *Studien zur Hysterie* den ersten Versuch unternahmen, den psychoanalytischen Prozess zu beschreiben) wurde der Begriff des »Intellektuellen« zu einer neuen und politisch hoch aufgeladenen Kategorie: In Frankreich stand er schließlich für die Verteidigung des Rechtsstaats; in Deutschland wurde er, wie Dietz Bering gezeigt hat, zu einem Synonym für »undeutsch«.[148] Die Bücherverbrennungen auf dem Berliner Opernplatz am 10. Mai 1933, wo auch die Schriften von Freud und anderen jüdischen Psychoanalytikern in Flammen aufgingen,[149] erzählen davon, dass der Text – und alles, was dieser repräsentiert, wie Zweifel, Reflexion, Urteilsvermögen – der Unmittelbarkeit der gesprochenen Sprache zu weichen hatte. »Und der kommende deutsche Mensch,« so verkündete Goebbels anlässlich dieses Autodafés, »wird nicht nur ein Mensch des Buches, sondern auch ein Mensch des Charakters sein«. So wie dieser »Mensch des Charakters« verstanden wurde, war er ein Produkt der sekundären Oralität.

Auf einer im Oktober 1936 durchgeführten Tagung über *Das Judentum in der Rechtswissenschaft* sagte Schmitt: »Wir müssen den deutschen Geist von allen Fälschungen befreien, Fälschungen des Begriffes Geist, die es ermöglicht haben, dass jüdische Emigranten den großartigen Kampf des Gauleiters Julius Streicher als etwas ›Ungeistiges‹ bezeichnen konnten.«[150] Der Titel der Tagung bezog sich offensichtlich auf Richard Wagners Aufsatz *Das Judentum in der Musik*, ein antisemitischer Text, in dessen Zentrum das Thema der »Fälschung« stand: Der Jude schaffe »unechte Kunstwerke«, er sei nur ein »Nachahmer«.[151] Alle deutschen Antisemiten waren Wagnerianer, was nicht nur mit dem unverhohlenem Judenhass des Komponisten zu tun hatte. Die Faszination für Wagners Musik basierte unter anderem darauf, dass der Komponist den Zeichensystemen – und damit sind sowohl das Libretto als auch die umfangreichen Partituren gemeint – Sinnlichkeit verlieh und zugleich den Ursprung aus der Schrift verleugnete. Das war neu und galt nicht für frühere Komponisten. Wagner versuchte nicht, die Musik von den Fesseln der Schrift zu befreien, sondern dem Geschriebenen jene Leiblichkeit zu verleihen, die wie Mündlichkeit daherkam: Eben das machte sie zur sekundären Oralität. Vilém Flusser hat von den technischen Bildern des 19. Jahrhunderts, Fotografie und Film, gesagt, dass sie erfunden wurden, »um die Texte wieder magisch zu laden«.[152] Mit seinem Musikkonzept vollzog Wagner eine ähnliche »magische Aufladung«. Die Musik sollte vergessen machen, dass die Töne auf einem Schriftsystem basierten.[153] »Nun denken Sie meine Musik,«, so schrieb er an Mathilde Wesendonck, »die mit ihren feinen, feinen geheimnisvoll-flüssigen Säften durch die subtilsten Poren der Empfindung bis auf das Mark des Lebens eindringt, um dort Alles zu überwältigen, was irgendwie

Klugheit und selbstbesorgte Erhaltungskraft sich ausnimmt. Alles hinwegschwemmt, was zum Wahn der Persönlichkeit gehört und nur den wunderbar erhabenen Seufzer des Ohnmachtsbekenntnisses übrigläßt.«[154] Schmitts Plädoyer für den Phonozentrismus verfolgte ein ähnliches Anliegen: Er wollte dem geschriebenen Gesetz die »Stimme des Blutes« verleihen. Zugleich boten Wagners Anliegen der »überwältigenden« Musik und sein »Seufzer des Ohnmachtsbekenntnisses« die Gegenposition zum »kritischen Intellektuellen«, der aus den jüdischen Traditionen hervorgegangen war.[155]

Schmitts Hass auf das geschriebene Wort steht in seltsamem Gegensatz zur Tatsache, dass er belesener war als fast alle seine Zeitgenossen; kaum ein Eintrag im *Glossarium*, in dem es nicht um Lektüren geht: historische, theologische, literarische. Aufschlussreich ist auch seine Beschäftigung mit der Utopie, die ihn im *Glossarium*, also nach 1945, immer wieder umtrieb. Dem Thema sind viele Einträge gewidmet: »Was ist eine Utopie? Die Aufhebung der unendlichen Möglichkeiten des Menschen in einer endlichen Realisierung; erst nur gedacht, dann verwirklicht.«[156] Historisch gesehen, ist die Utopie ein Modell, das mit der Schrift, das heißt, mit der Möglichkeit entstand, in anderen, abstrakten Kategorien zu denken als denen der sichtbaren Wirklichkeit. Die Entwürfe, die sich aus diesem Denken ergaben, forderten ihre Realisierung ein und erreichten sie auch oft: So wurden Platons Modell eines Staates mit geplanter Reproduktion, Thomas Morus' Entwurf einer Gesellschaft, in der alle gleich sind wie auch Francis Bacons Wissenschaftsutopie *Nova Atlantis* im 20. Jahrhundert in mancher Hinsicht Wirklichkeit.[157] Schmitt, vor dessen

Augen sich der Versuch einer solchen »Realisierung« vollzogen hatte, konnte sich nach 1945 nicht entscheiden, ob diese Verwirklichung ein Segen war oder den Untergang gebracht hatte: »Die Sünde der Utopie liegt darin, daß die Realisierung im Endlichen die Angst aufheben soll, die in der Möglichkeit des Unendlichen liegt; daß die endliche Realisierung uns von dem Stachel des Unendlichen erlösen, daß sie die Bienen Gottes, die uns belästigen, wie Ungeziefer töten soll. Die Utopie ist das in der fernen, aber doch erreichbaren Zukunft liegende Paradies.«[158] Dass sich Schmitt in den Jahren nach 1945 so viel mit dem Utopie-Begriff beschäftigte, hatte, so kann man annehmen, damit zu tun, dass für ihn die Realisierung der Utopie gescheitert war. Der nationalsozialistische Staat war Schmitt wie das »Paradies« erschienen, in dem jede Zweideutigkeit ausgelöscht ist. Nun war er doch wieder dem »Stachel des Unendlichen« ausgeliefert.

Der Appell an das »Ewige« und »Unveränderbare«, das Carl Schmitt mit C. G. Jung, Martin Heidegger oder auch Ernst Jünger verbindet, dürfte einer der Gründe für die Attraktivität sein, die ihr Werke bis heute ausüben. Dahinter steht allerdings ein Missverständnis: Der implizite oder offen proklamierte Anspruch auf Unveränderbarkeit verweist auf eine göttliche Dimension, die bestenfalls an einem Ort erfüllbar war: im Unbewussten. Nun sollte sich jedoch zeigen, dass das Unbewusste alles andere als unbeweglich war. Im Gegenteil: Seine Macht und Widerstandskraft beruhten auf seiner Flexibilität.

Anziehungskraft des totalitären Staates auf das Unbewusste

Im 20. Jahrhundert traten zum ersten Mal in der Geschichte Staaten auf den Plan, deren Totalitätsanspruch nicht auf Erblinien mit transzendenter Legitimation und nicht auf hereditären Klassengegensätzen beruhte, sondern auf der Beherrschung des Unbewussten. Das galt besonders für Deutschland, woran, wie oben dargestellt, die »deutsche Seelenheilkunde« ihren Anteil hatte. Der Nationalsozialismus zeigte, dass der totalitäre Staat das Unbewusste nicht nur bekämpfen und verdrängen, sondern auch zu manipulieren und im eigenen Sinne zu besetzen vermochte. Neben das unberechenbare Unbewusste, von dem, bei allen Unterschieden, die Romantiker und Freud sprachen, war so das Konzept eines bereinigten, transformierten, gelenkten Unbewussten getreten, das hier, in Analogie zu den beiden Formen von Oralität, als »sekundäres Unbewusstes« bezeichnet werden soll.

Allmählich gelang es den totalitären Regimen, das Unbewusste der Bevölkerung zu besetzen. Um diesen Prozess zu verstehen, hatten schon in den 1930er Jahren Forscher und Forscherinnen begonnen, Theorien zu den psychischen Hintergründen des Nationalsozialismus zu formulieren. Zu den ersten gehörten Wilhelm Reich, der 1933 seine *Massenpsychologie des Faschismus* publizierte, und Erich Fromm, der ab 1930 als Leiter der sozialpsychologischen Abteilung des Frankfurter Instituts für Sozialforschung, das Konzept des »autoritären Charakters« entwickelte: Dieser sei gekennzeichnet von extremem Gehorsam, übermäßiger Konformität, Unterwürfigkeit gegenüber Autoritätspersonen sowie der Neigung zu Vorurteilen gegen Fremde und Destruktionsbereitschaft. Bei der Entstehung des Typus, so Fromm, handle es sich um ein Zusammenwirken von Ideologien, »seelischem Triebapparat und sozialökonomischen Bedingungen«.[159] Hinzu kämen Angst und Flucht vor der Freiheit – ein Thema, dem er 1941 sein Buch *Escape from Freedom* widmete.[160] Nach Fromm unterwarf sich der autoritäre Charakter sozialen Hierarchien, während ihn zugleich die Identifikation mit Führungspersonen aus eigenen Ohnmachtsgefühlen befreite. Fromms Forschungen wurden zur Basis für die Arbeit des Instituts für Sozialforschung über Autorität und Familie und bildeten die Grundlage des weitgehend im US-Exil entstandenen Kollektivwerks *The Authoritarian Personality*, das 1950 erschien.[161] Dass Fromm in diesem Werk nur in zwei Fußnoten erwähnt wird, war eine Folge der Konflikte mit Theodor W. Adorno, der ihn 1939 aus dem Institut gedrängt hatte.[162]

Während Fromm wie auch die Autoren von *The Authoritarian Personality* Sexualfragen und Geschlechtermoral nur am Rande behandelten, standen sie für Wilhelm Reich im Zentrum seiner Überlegungen zu Faschismus und Diktatur. Mit seiner Schrift von 1931 *Der Einbruch der sexuellen Zwangsmoral. Zur Geschichte der sexuellen Ökonomie* verknüpfte er seine Kritik an der Sexualfeindlichkeit der modernen Gesellschaft mit den marxistischen und ethnologischen Überlegungen von Friedrich Engels' *Ursprung der Familie, des Privateigenthums und des Staats*. Reich sah im Verhältnis von Mann und Frau »den ersten Klassengegensatz, der in der Geschichte auftritt« und in der Institution Ehe »die erste Klassenunterdrückung«. Das Patriarchat stellte er den »in Geschlechtsfreiheit lebenden, nach Bedürfnisbefriedigung ausgerichteten mutterrechtlichen Primitiven« gegenüber,[163] womit er einer seit Bachofen verbreiteten Idealisierung eines imaginären »Matriarchats« folgte. In *Massenpsychologie des Faschismus* (1933) führte Reich einige dieser Gedanken fort, indem er Faschismus und Nationalsozialismus als Folge einer von Familie und Kirche ausgehenden Triebunterdrückung beschrieb. Nicht die Ideologie, sondern die von diesen Institutionen ausgeübten Zwänge standen für ihn am Ursprung der Unterwerfung von Menschen unter eine repressive Ordnung. So lag es nahe, dass Reich in der sexuellen Befreiung das wirksamste Mittel zur Bekämpfung des Faschismus sah. Sein Buch *Die Sexualität im Kulturkampf*, erschienen 1936, wurde in den 1960ern, vor allem in Deutschland, unter dem Titel *Die sexuelle Revolution* zu einer Kampfschrift im Ringen um die sexuellen Freiheiten.[164] Reich war einer der ersten, die ausdrücklich die »voreheliche Keuschheit« verurteilten, für die Abschaffung der »Zwangsmonogamie«, für eine Verbreitung der Verhütungsmittel und die Legalisierung der Abtreibung plädierten und die Masturbation von ihrem tradierten Stigma befreiten. Als Beispiel für die revolutionäre Kraft der Sexualbefreiung verwies Reich auf das Beispiel der Russischen Revolution: 1917 hatte Lenin per Dekret die meisten dieser Maßnahmen tatsächlich umgesetzt. Stalin hob seine Bestimmungen wieder auf. Im 5. Kapitel komme ich auf die sexuelle Normierung als Herrschaftsinstrument autoritärer Staaten zurück.

Auch Hannah Arendt, die sich selbst eine »politische Theoretikerin« nannte,[165] umfasste in ihrem Buch *Elemente und Ursprünge totaler Herrschaft* psychologische Dimensionen. Das Werk, das 1951 in New York und 1955 auf Deutsch erschien und den Totalitarismus als neues politisches Phänomen darstellte, behandelte sowohl den Nationalsozialismus als auch den Stalinismus. Tatsächlich gibt es auf der Ebene von Organisation und Machtstrukturen einige Parallelen. So vertraten die beiden totalitären Staaten zum ersten Mal in der Geschichte die Idee, »daß es möglich sei, ›die Natur des Menschen zu verändern‹«. Dass mit dieser »Natur« vor allem die Psyche gemeint war, lag auf der Hand. Auch Arendts Beobachtung, dass die Ergebenheit im Umfeld der Führungspersonen damit zusammenhänge, dass »die Nachfolge in totalitären Regierungen nicht durch Erbschafts- oder andere Gesetze geregelt ist«,[166] galt für beide Systeme.[167] Doch auf der psychologischen Ebene gab es viele Unterschiede zwischen Stalinismus und NS-Staat. Während sich der Nationalsozialismus medialer Manipulationstechniken bediente und mit Leiblichkeits-Ideologien wie der von der »arischen Rasse« um Zustimmung buhlte, konnte der sowjetische Staat von Anfang an auf die begeisterte Unterstützung breiter Bevölkerungsschichten rechnen: Die Russische Revolution versprach, die Menschen aus tradierten Ahängigkeiten zu befreien, und zahlreiche Intellektuelle waren der Überzeugung, am Aufbau einer modernen, gerechten Gesellschaft teilzuhaben. Dafür nahmen sie Opfer und »Probleme« des Übergangs in Kauf.[168] Die wichtigsten Gemeinsamkeiten der beiden politischen Systeme waren Terror und Diktatur sowie Massenveranstaltungen, auf deren psychische Auswirkungen bereits aufmerksam gemacht wurde.

Arendt erklärte die Anziehungskraft von großen Veranstaltungen damit, »daß Massen an die Realität der sichtbaren Welt nicht glauben, sich auf eigene kontrollierbare Erfahrungen nicht verlassen, ihren fünf Sinnen mißtrauen und darum eine Einbildungskraft entwickeln«, die auf beliebige Weise in Bewegung gesetzt werden kann. Zugleich, so betonte sie, beruhe die Überlegenheit der totalitären Propaganda darauf, dass ihr Inhalt zu einem »unangreifbar realen Element« des täglichen Lebens werde. Ähnliches gelte für viele Vorschriften, die keiner Verkündung bedurften, »denn wenn angenommen wird, daß das geltende Recht identisch ist mit der von jedermann gekannten, weil in seinem Gewissen verkündeten Moral, bedarf es in der Tat keiner öffentlichen Gesetze«.[169] Der von Arendt konstatierte Verlust des Glaubens an die Wirklichkeit kann allerdings auch als Effekt der Medien verstanden werden, deren Wirksamkeit Arendt nicht thematisierte. Indem Fotografie, Film, Radio und andere Tontechniken ein körperlich abwesendes »Lebewesen« in unsere Gegenwart versetzen und zu einem Teil der sinnlichen Wahrnehmung werden lassen, werden diese Wesen zu einer »Als-ob-Wirklichkeit«. Ist die Schrift die Sprache des Abwesenden, so macht die Vermittlung einer Stimme im Radio oder durch das Grammophon daraus einen Anwesenden, Fotografie und Film machen ihn sichtbar, auch dann, wenn er schon längst verstorben ist. Die Massenveranstaltungen, die wegen der Teilnahme von realen Menschen wie ein Antidotum gegen den Realitätsverlust erschienen, verstärkten den Effekt, weil sie – *Mein Kampf* sagt es deutlich – selber mediale Effekte waren. Das heißt, gleichgültig ob sich Menschen über Medien oder Massenveranstaltungen mit anderen Menschen verbanden, sie blieben immer Relais zwischen medialen Techniken.

Die fehlende Realitätserfahrung öffnete wiederum das Tor für die »Herstellung einer rein fiktiven Welt«, bei der es, so Arendt, um die Fabrikation des neuen Menschen ging. »Totale Herrschaft, die darauf ausgeht, alle Menschen in ihrer unendlichen Pluralität und Verschiedenheit so zu organisieren, als ob sie alle zusammen nur einen einzigen Menschen darstellen, ist nur möglich, wenn es gelingt, jeden Menschen auf eine sich immer gleichbleibende Identität von Reaktionen zu reduzieren, so daß jedes Reaktionsbündel mit jedem anderen vertauschbar ist. Es handelt sich darum, das herzustellen, was es nicht gibt, nämlich so etwas wie eine Spezies Mensch, deren einzige ›Freiheit‹ darin bestehen würde, die ›eigene Art zu erhalten‹.« Zugleich kam Arendt zur bitteren Erkenntnis, »daß totale Herrschaft keine Utopie ist«, was wiederum die Einsicht beinhaltete, »daß die Macht des Menschen so groß ist, daß er wirklich sein kann, was er zu sein wünscht«.[170]

Mit diesem Fazit legte Arendt den Finger auf das »Ich will«, dem wir sowohl in Rosenbergs *Mythus* als auch in Hattingbergs Beschreibung der Psychoanalyse im NS-Staat begegnet sind. Der Glaube an die Allmacht des Menschen war für Arendt ein entscheidendes Charakteristikum des totalitären Staates. Es handle sich weder um »Machtpolitik im alten Sinne« noch um deren »Radikalisierung«. Vielmehr seien »neue, in der Geschichte bisher unbekannte Vorstellungen von Realität und Macht« entstanden – und mit ihnen »die außerordentliche Schlagkraft wie die ungeheuerlichen Verbrechen der totalen Herrschaft«. Ihr Resümee: »Bis jetzt scheint der totalitäre Glaube, daß alles möglich ist, nur bewiesen zu haben, daß alles zerstörbar ist, auch das Wesen des Menschen.«[171] Genozid und Zweiter Weltkrieg kosteten rund 75 Millionen Menschen das Leben, was 3,5 Prozent der Weltbevölkerung entsprach.[172] Und diese vom Glauben betriebene Zerstörungskraft bewirkte notwendigerweise auch den Verlust des Vertrauens in den Anderen und in die Gemeinschaft. In diesem Vertrauensverlust dürfte die tiefste Auswirkung des totalitären Staats bestanden haben.

Arendt spricht nicht unmittelbar die Frage des Unbewussten an, doch sie konstatiert, dass unser bisheriges Denken nicht geschult sei, mit solchen Vorstellungen und Realitäten umzugehen.[173] Sie erkannte aber auch den Fortbestand von Widerstandsformen, die der überwältigenden Macht totalitärer Strukturen trotzten. Sie erwähnte dies im Zusammenhang mit den Schauprozessen im stalinistischen Russland: Um den fiktiven Anklagen zu widerstehen, habe Charakterstärke nicht genügt. »Viel wesentlicher ist Vertrauen in die Existenz anderer Menschen, denen man verbunden ist – Verwandte, Freunde, Nachbarn – Vertrauen, daß sie die Fabel niemals glauben werden.«[174] Arendt hatte mit dieser Begrifflichkeit sicherlich keine generelle Gegenüberstellung von Vertrauen und Glauben im Sinn, doch es fällt auf, dass sie das Vertrauen als eine, vielleicht die einzige, Möglichkeit beschreibt, sich der Macht des totalitären Glaubens zu widersetzen.

Vertrauen konnte nicht nur das eigene Leben, sondern auch das von anderen retten. Das gilt etwa für die jüdischen Ehemänner der sogenannten »Frauen der Rosenstraße«: 1943 bewirkte der öffentliche Protest nichtjüdischer Ehefrauen in Berlin die Freilassung ihrer kurz vor der Deportation stehenden jüdischen Ehemänner. Und es gilt für das sowjetische Paar Sweta und Lew, dessen zehnjähriger Briefwechsel 2007 bei der Moskauer Organisation *Memorial*[175] einging und 2012 in einem Buch des britischen Historikers Orlando Figes veröffentlicht wurde. Im Zweiten Weltkrieg war Lew in deutsche

Kriegsgefangenschaft geraten und zur Zwangsarbeit eingesetzt worden. Nach einem misslungenen Fluchtversuch wurde er im Konzentrationslager Buchenwald inhaftiert; er überlebte das KZ ebenso wie den Todesmarsch. Nach seiner Rückkehr in die Sowjetunion wurde er erneut verhaftet, nun der Kollaboration mit den Deutschen beschuldigt und zu zehn Jahren Lagerhaft verurteilt. Er überlebte den Gulag dank des Briefwechsels mit seiner Freundin Sweta; die beiden hatten sich vor dem Krieg während ihres gemeinsamen Studiums in Moskau kennengelernt. Die geheime Korrespondenz war für beide gefährlich, sie verwendeten Codewörter, sandten sich verschlüsselte Botschaften, um einander nicht zu gefährden. Viermal besuchte Sweta ihren Freund unter äußerst gefährlichen Bedingungen. Die Korrespondenz umfasst 1200 Briefe; sie wurden geschrieben, so sagte Figes anlässlich einer Vorstellung des Buchs in Berlin, »um Lew Mut zu machen, seinen Lebenswillen zu erhalten, ihm Hoffnung zu geben. Diese Hoffnung hielt Lew am Leben«.[176]

Figes fand in den von *Memorial* gesammelten Akten allerdings auch viele Beispiele dafür, wie das Vertrauen unter Ehepartnern, zwischen Kindern und Eltern und innerhalb von Freundeskreisen zerstört wurde: Der Historiker zitiert den Brief eines sechzehnjährigen Jungen aus traditioneller jüdischer Familie an die lokale Zeitung: Er sagt sich öffentlich von seiner Familie los. »Ich habe das Gefühl, dass der Komsomol,[177] der mir die wichtigsten Dinge im Leben beibrachte, mein wirklicher Vater ist. Meine wirkliche Mutter ist unsere Heimat; die Union der Sozialistischen Sowjetrepubliken und das Volk der UdSSR sind meine Familie.«[178] An die Stelle alter Vertrauensverhältnisse rückten auch hier die neuen Institutionen des Glaubens. Am erschütterndsten sind die Berichte aus der Zeit des großen Terrors von 1937/38. Nicht nur rissen die Verhaftungen – die zumeist Parteimitglieder und oft Aktivisten der ersten Stunde betrafen – Menschen aus ihren Lebenszusammenhängen, sie säten auch Zweifel: an den Partnern, an den Eltern, an langjährigen Freundschaften und an der eigenen Urteilsfähigkeit.

Als Ossip Pjatnizki im Juli 1937 verhaftet wurde, brach für seine Frau Julia und die Söhne Igor und Wladimir eine Welt zusammen. Pjatnizki war altgedienter Bolschewik, Parteimitglied seit Gründerzeiten und Kampfgefährte von Lenin. Seine Witwe Nadeschda Konstantinowna Krupskaja hatte Pjatnizki 1932 in einem *Prawda*-Artikel zu seinem fünfzigsten Geburtstag als »typischen Berufsrevolutionär« beschrieben, »der sich ganz in den Dienst der Partei stellte und allein für ihre Interessen lebte«. Julia, die engagierte Bolschewikin war, konnte nicht begreifen, wie Ossip plötzlich zum »Volksfeind« geworden sei. Sie wusste nicht, ob sie »der Sowjetpresse, die Pjatnizki als ›Verräter‹ und ›Spion‹ bezeichnete, oder dem Mann, den sie seit fast zwanzig Jahren liebte, Glauben schenken sollte«. Das empfand sie als das Quälendste.[179]

Julias Söhne waren von der Verhaftung nicht weniger betroffen als ihre Mutter. Der sechzehnjährige Igor wurde von seinen Freunden im Komsomol isoliert; für den zwölfjährigen Wladimir, der von einer Laufbahn in der Roten Armee geträumt hatte, gab es keine Zukunft mehr. Julia vertraute ihrem Tagebuch den sie täglich begleitenden Prozess des Zweifels an: »Wer ist er? Wenn er ein Berufsrevolutionär ist, wie er behauptet, dieser Mann, den ich siebzehn Jahre lang kannte, dann war er glücklos. Denn ihn umgaben Spione und Feinde, die seine Arbeit und die vieler anderer sabotierten, was er einfach nicht bemerkte. […] Doch anscheinend ist Pjatnizki nie ein Berufsrevolutionär gewesen, sondern ein Berufshalunke und Spion, was erklärt, warum er als Mensch so verschlossen und streng war. Offensichtlich war er nicht das, wofür wir ihn hielten.«[180] Julia Pjatnizkaja schwankte zwischen Zweifeln an der Schuld ihres Mannes und Rationalisierungen, die diese Schuld glaubwürdig erscheinen ließen: Als »verschlossener strenger Mensch« schien sie in seinem Charakter angelegt.[181] Auch als der Sohn Igor ein halbes Jahr später verhaftet wurde, kamen Julia noch immer keine Zweifel am System. Viele Terrorbetroffene waren überzeugt, dass Stalin mit den Verhaftungen nichts zu tun habe. Das ersparte ihnen den Bruch mit dem Glauben: »Wir kamen nie auf den Gedanken, dass Stalin die Schuld an unserem Leid trug. […] Vielleicht war es eine Form des Selbstbetrugs, doch psychologisch gesehen ließ sich das Leben viel leichter dadurch ertragen, dass wir an Stalins Gerechtigkeit glaubten. Es nahm uns die Furcht.«[182] Beschrieb Hannah Arendt die Mechanismen und Organisationsstrukturen, über die das totalitäre Regime Einfluss auf die Psyche nahm, so zeigt Figes mithilfe der Akten die Auswirkungen dieser Mechanismen.

Gab es Widerstand gegen den stalinistischen Totalitarismus? Er war lebensgefährlich, barg Todesgefahr. In Russland kam hinzu, so Alexander Etkind, dass es für den Widerstand »weder eine Tradition noch eine Philosophie noch eine Sprache« gab. »Es ist kein Zufall, daß von allen Grundideen der Psychoanalyse gerade der Widerstand bei den russischen Berufsanalytikern die am wenigsten beachtete war.«[183] Das, was sich im Unbewussten abspielte, war für die Macht schwer zugänglich – weshalb Trotzki mit diesem Unbewussten auch aufzuräumen hoffte.[184] Träume, Gefühle, Visionen, die sich schwer verfolgen ließen, waren ein »Schild und ein Trost wider die Infiltration der beherrschenden Ideologie.«[185] Eben deshalb waren sie, wie wir noch sehen werden, einer der Bereiche, die Stalin am meisten fürchtete und verfolgte.

In Nazideutschland begann die Verfolgung der »Volksfeinde« in Gestalt des »Juden« ab 1933. Der Romanist Victor Klemperer hielt den Prozess in vivo, als gelebte Gegenwart, in seinen zum Teil posthum veröffentlichten Tagebüchern fest. Seine Aufzeichnungen als ausgegrenzter Jude, vor der Deportation jedoch geschützt durch Freunde und die Ehe mit einer Nichtjüdin, erzählen einerseits von den Erfahrungen und psychischen Veränderungen unter den Bewohnern des »Judenhauses«, in dem er und seine Frau lebten. Andererseits beobachtete er den allmählichen Wandel seiner eigenen emotionalen Verfasstheit.[186] Besonderes Interesse widmete er der Sprache des Dritten Reichs, der *lingua tertii imperii* – so der Titel des Werks, das Einblicke nicht nur in die Sprache des totalitären Staates, sondern auch in die Funktionsweise aktueller Diskurse gibt.[187] Im psychoanalytischen Prozess bieten Worte einen Schlüssel, um die verborgenen »Botschaften« des Unbewussten zu entziffern. Im totalitären Staat verrieten sie etwas über den von außen eindringenden Bemächtigungsprozess, der sich die Psyche untertan zu machen versuchte. »Nichts«, so schreibt Primo Levi im Essay *Unsere Träume* von 1977, »verbietet einem, den orthodoxen Freudianern zum Trotz, schon jetzt mit dem Gedanken zu experimentieren, daß unsere Träume nicht immer die unseren sind: daß ihre

Gewalt, Obszönität und Verruchtheit nicht Spuren von Monstren sind, die tief in unserem Inneren begraben liegen, sondern von den Monstren der anderen herstammen.«[188]

Die Widerstandskräfte des Unbewussten

Da die Psyche derartig ins Zentrum von Machtkämpfen gerückt war, erstaunt es nicht, dass die historische Forschung zunehmend auf die psychischen Dimensionen der Ereignisse und deren Auswirkungen einging. Bisher waren Träume im »Quellenkanon der historischen Wissenschaft nicht vorgesehen«, schreibt Reinhart Koselleck in seinem Nachwort zu Charlotte Beradts Buch über *Das Dritte Reich des Traums.*[189] Man möchte hinzufügen, dass bis dahin das Unbewusste – und seine gezielte Besetzung – auch nicht zu den Gebieten historischer Forschung gehörten. Zu wenig ließ es sich mit den historischen Fakten in Einklang bringen. Doch mit dem Nationalsozialismus war klar geworden, dass das Unbewusste eine große Anziehungskraft auf Herrscher mit Totalitätsansprüchen ausübte, und umgekehrt auch die Vorgänge des Unbewussten Aussagen über politische und geschichtliche Prozesse treffen konnten. Die Entstehung der *oral history* ist Indiz für eine solche »Psycho-Geschichtsforschung«, indem sie versucht, »zwischen den Zeilen« zu lesen und, vergleichbar dem analytischen Prozess, den Pausen, Auslassungen, Versprechern und unfertigen Sätzen mindestens ebenso viel Aufmerksamkeit schenkt wie den Aussagen selbst. Auch die Tatsache, dass sich die *oral history* zwischen gesprochenem und geschriebenem Wort ansiedelt, rückt sie in die Nähe der Psychoanalyse.

Im totalitären Staat nahm das Unbewusste eine neue Rolle ein: Es wurde zum Motor des Widerstands und stärkte den Überlebenswillen. In den Konzentrationslagern hatte der Glaube das Vertrauen weitgehend, aber nicht völlig zerstört – und die Existenz und Verbreitung psychoanalytischer Denkweisen vor 1933 trugen zweifellos dazu bei, dass sich das Unbewusste seine Resilienz gegen die Kulturtechniken des Glaubens bewahrte. Bis zur NS-Machtübernahme war das Wissen um psychoanalytische Prozesse viel weiter verbreitet, als die Zahl der Menschen vermuten lässt, die eine Analyse gemacht oder psychoanalytische Theorien erworben hatten. Die Psychoanalyse war zur Basis eines impliziten Wissens der Gesellschaft geworden – ebenso wie heute der Raum, den eine Gesellschaft dem Unbewussten zugesteht, als Indiz für ihre Demokratiefähigkeit gelesen werden kann: für ihre Beweglichkeit und Überlebensfähigkeit.

Boten Träume und andere Verlautbarungen des Unbewussten Anfang des 20. Jahrhunderts noch Zugang zu psychischen Vorgängen im Einzelnen, so vermittelten sie ab den 1930er Jahren auch Wissen zu kollektiven Vorgängen. Sie wurden, wie Barbara Hahn es in ihrem Buch *Endlose Nacht* formuliert hat, zu »historischem Material«. »Alle großen Einschnitte und Umbrüche in der Geschichte des letzten Jahrhunderts wurden in Träumen registriert, dokumentiert und reflektiert. Im Traum, als Traum wurde erkundet, wie diese Zäsuren zu denken sind.«[190] Einige der Träumer und Träumerinnen dieser Zeit wussten, während sie träumten, dass ihre Träume »gesteuert« waren. Sie begriffen den Einfluss der Diktatur auf ihr Unbewusstes. Denn ihre Träume waren, wie Koselleck schreibt, »selber Bestandteil des Terrors. Sie werden in den Leib diktiert.«[191] Deshalb bieten uns diese Träume heute auch Hinweise darauf, wie der Terror »funktionierte« und wie sich totalitäre Staaten im kollektiven und individuellen Unbewussten einrichten und etablieren konnten. Schon in dieser Erkenntnis steckt eine Widerstandskraft.

Eines der wichtigsten Dokumente über die direkte Einwirkung des totalitären Staats auf das individuelle Unbewusste ist Charlotte Beradt zu verdanken, die die Träume von Menschen in den ersten Jahren der NS-Diktatur sammelte. Die 1907 als Charlotte Kohn geborene Journalistin und Autorin wuchs in Berlin auf, arbeitete für verschiedene Zeitungen, darunter Ossietzkys *Weltbühne*, schloss sich zunächst der KPD an, bevor sie diese unter dem Eindruck des Stalinismus verließ. Ab 1933 durfte sie nicht mehr journalistisch arbeiten und begann sofort mit einer Sammlung, die als einmalig gelten darf. Bis zu ihrer Emigration im Jahr 1939[192] hatte sie rund dreihundert Träume zusammengetragen; sie sollten eines Tages Zeugnis ablegen von dieser Zeit.[193] Beradt transkribierte die Traumberichte mithilfe von Codes – das Wort Familie stand für die Partei, die Namen Onkel, Hans, Gustav, Gerhard für Hitler, Göring, Goebbels und der Begriff Grippe für Verhaftung. Sie verschickte diese Berichte, als Briefe verkleidet, an Adressen im Ausland, wo sie sie nach ihrer Ausreise vorfand.

Beradt war keine Psychoanalytikerin – im Gegenteil, sie hielt gar nichts von der Psychoanalyse –, doch sie war fest davon überzeugt, dass die von ihr gesammelten Träume eines Tages dazu beitragen könnten, dem Regime den Prozess zu machen. Das zeugt von einem hohen Sensorium für die »Botschaften« des Traumes und ist zugleich ein Indiz dafür, dass ein Wissen über das Unbewusste im Laufe der 1920er und frühen 1930er unter deutschen Intellektuellen weit verbreitet war. In den Kommentaren zu ihrer Traumsammlung vermied Beradt psychologische Deutungen: »Unsere Träumenden setzten sich nicht mit Konflikten in ihrem privaten Bereich auseinander, schon gar nicht mit denen aus der Vergangenheit, die ihre Person etwa krank gemacht hätten, sondern mit Konflikten, in die der öffentliche Raum mit seiner durch halbe Kenntnisse und halbe Ahnungen, Fakten und Gerüchte und Vermutungen gestauten Erregungen sie getrieben hat.« Beradt hatte recht, die von ihr gesammelten Träume nicht psychoanalytisch zu deuten, denn die Psychoanalyse ihrer Zeit war auf die individuelle Biographie ausgerichtet, diese Träume dagegen verwiesen auf kollektive, politische Entwicklungen. Andererseits zeigen die Träume selbst aber auch, dass das Wissen um das Unbewusste so weit gediehen war, dass sich Widerstand auch im Traum artikulieren konnte. Diese Träume »haben ihre Wurzeln direkt im Boden der die Träumer umgebenden politischen Gegenwart, aus dem sie wachsen und wuchern.«[194]

Die Literaturwissenschaftlerin Irmela von der Lühe macht zu Recht darauf aufmerksam, dass die Analogien, nach denen Beradt den verborgenen Sinn der ihr anvertrauten Träume zu entschlüsseln sucht, eher der Literatur, vor allem Kafka, als der Psychoanalyse entnommen sind.[195] Aber hatten Literatur und Kunst des frühen 20. Jahrhunderts nicht selbst schon begonnen, auf eine Wirklichkeit jenseits des rational Erfassbaren (Kafka) oder des Sichtbaren (die Surrealisten) zu verweisen? In ihren Werken formulierten Arthur Schnitzler, Alfred Döblin, Stefan Zweig wie auch der Kreis um André Breton ähnliche Einsichten, wie sie der psychoanalytische Prozess zutage fördert, während die Psychoanalyse – man denke an Otto Rank – ihrerseits auf Literatur rekurrierte.[196] Diese Entwicklung war vielleicht auch der Tatsache geschuldet, dass sich die »Realität« selbst ins Irreale entwickelt hatte – der Totalitarismus mit seiner »Herstellung einer rein fiktiven Welt« (Arendt) legt das nahe. So gesehen, wären Kunst und Psychoanalyse nur unterschiedliche Versuche, der totalen Fiktionalität mit angemessenen Erkenntnismethoden zu begegnen. Ganz sicher gilt dies für Kafka. Aber es war auch das erklärte Anliegen des Surrealismus.[197]

Öffentlich berichtete Beradt 1943 in der amerikanischen Zeitschrift *Free World* zum ersten Mal über ihre Sammlung von Träumen zum Dritten Reich.[198] In dem Aufsatz beschreibt sie, dass sie, wie schon oft zuvor, eines Nachts schweißgebadet aufgewacht sei von Träumen, in denen sie »beschossen, gemartert, skalpiert« wurde. »Doch in dieser Nacht dachte ich plötzlich, dass ich unter Tausenden und Abertausenden womöglich nicht die einzige war, die die Diktatur zu solchen Träumen verdammte. Was in meinen Träumen geschah, geschah auch in den ihren.«[199] Danach habe sie begonnen, »systematisch Berichte von Träumen unter der Diktatur« zu sammeln – ohne ihren »Traumlieferanten« Näheres über den Sinn ihrer Sammlung zu verraten: »denn ich wollte keine ›gefärbten‹ Antworten«.[200] In einigen der Träume ging es ebenso blutrünstig zu wie in ihren eigenen. Doch in ihrem 1966 auf Deutsch veröffentlichten Buch *Das Dritte Reich des Traums* sparte sie Träume mit körperlicher Gewalt aus. Umso mehr konzentrierte sie sich auf die Einwirkungen des totalitären Staats aufs Unbewusste. »Mir kommt es«, so schrieb sie in einem Brief, »auf das Eingreifen der Diktatur von Anfang an in das Allerprivateste des Menschen, die Nacht und den Schlaf, an«.[201]

Beradt nannte ihre Traumdokumente »Nachtbücher«. Im Gegensatz zu Tagebüchern seien sie aus einer »unwillentlichen psychischen Tätigkeit« entstanden – dennoch zeichnen diese Dokumente minutiös wie ein Seismograph »die Wirkung äußeren politischen Geschehens im menschlichen Innern« auf. Es seien »von der Diktatur diktierte Träume«.[202] Wir sind dem »Diktat« in Carl Schmitts Liebe zum »Befehl« begegnet. Das Diktat gehörte zu den Charakteristika eines oral gewordenen Glaubens: eine »Lautsprecher-Oralität«, die von außen kam und kraft ihrer Überwältigungstechnik in die Innenwelt des Einzelnen eindrang. In vielen von Beradts Träumen wurde das Diktat dagegen überzeichnet, parodiert, in sein Gegenteil verkehrt. Ohnehin im Untergrund agierend, griff das Unbewusste in dieser Bedrängnis zum Mittel der subversiven Unterwanderung: der Darstellung »irrealer Realitäten«, es setzte »rationale Details in phantastische Zusammenhänge«. Dass sich die Berichte anhören, »wie Bemerkungen zur modernen Kunst aller Disziplinen ist nicht erstaunlich angesichts der Rolle, die der Traum, selbst der Alptraum, als Kunstmittel in unserem Jahrhundert spielt«, schrieb Beradt. Manchen Dingen könne man »mit realistischen Mitteln nicht beikommen«.[203] Es hat seine Gründe, dass totalitäre Regime nur gegenständliche Kunst dulden.

Bis dahin war man gewohnt, Literatur und Realität separat zu betrachten. Nun war die Fiktion in die Realität hinübergewandert – und umgekehrt. Viele Bilder aus der Nazizeit erscheinen uns heute »wie inszeniert«. Das waren sie auch,[204] aber sie gaben zugleich die Wirklichkeit wieder. In diesem Zusammenhang kam dem Traum eine neue, politische Rolle zu. Indem er keinen Unterschied zwischen Bewusstsein und Unbewusstem machte, trug er dazu bei, den Blick für die Inszenierung hinter der Realität zu schärfen.

Ein Jahr nach der Machtergreifung träumte ein Arzt davon, dass seine Wohnung keine Wände mehr habe und eine Stimme aus dem Lautsprecher brüllt: »Laut Erlaß zur Abschaffung von Wänden vom 17. des Monats ...«. Ein Staatsdiener träumte »bürokratische Greuelmärchen«, in denen er Telefonüberwachungsämter, ein »Schulungsamt für den Einbau von Lauschern in der Wand« und eine »Verordnung gegen bürgerliche Rückstände bei städtischen Beamten« erfand. Eine Frau träumte von einer sprechenden Nachttischlampe, die »statt Licht zu bringen, mit Lautsprecherstärke ans Licht bringt, was sie im Bett gesagt hat«.[205] In diesen frühen Jahren eines noch »leisetretenden Regimes« wurden die Angstträume vor allem durch »die Unzahl von Autoritäten und Büros, von Gesetzen, Verboten und Strafen« ausgelöst.[206]

Einen ähnlichen Traum wie den von der sprechenden Nachttischlampe notierte der Moskauer Schriftsteller Michail Prischwin 1937, dem Jahr, in dem der Große Terror unter Stalin begann. Prischwin hatte am Tag vor dem Traum einen Freund gebeten, bei der Suche nach einer Sekretärin zu helfen; sie sollte ihn unterstützen, seine Tagebuchnotizen zu ordnen. Nun träumte er, er habe auf einem großen öffentlichen Platz seinen Hut verloren. Mit der Aufforderung, jemandem seine Aufzeichnungen zu zeigen, habe er sich »entblößt«, notierte er in sein Tagebuch. »Der Verlust meiner Tarnkappe hatte mich für alle sichtbar gemacht.«[207] In der

Sowjetunion vertraute sich niemand mehr einem anderen an, auch nicht dem nächsten Freund; die Tagebücher waren das Einzige, das blieb – und sie gehörten deshalb auch zu den ersten Unterlagen, die bei einer Verhaftung mitgenommen wurden. Oft dienten sie als Beweismittel im Prozess gegen »Volksverräter« – und den darin aufgezeichneten Träumen galt besondere Aufmerksamkeit. Barbara Hahn berichtet von einem Ural-Bauern, der aufgrund seiner Traumnotate hingerichtet wurde. Er hatte geträumt, dass er einem betrunkenen Stalin begegnet sei, wie dieser einen Menschen vergewaltigte.[208] Das Unbewusste verrichtete in der Sowjetunion eine »Nachtarbeit«, die nicht minder intensiv war als die in Nazideutschland. Wie es scheint, produzieren unterschiedliche Diktaturen ähnliche Träume. Doch die Stalinisten waren schon früher als die Nazis auf diese »Quelle« aufmerksam geworden. Das mag der Grund dafür sein, dass in der Sowjetunion niemand auf die Idee kam, so systematisch wie Beradt diese »Beweismittel« gegen die Diktatur zu sammeln – ein Mangel, den die Dichterin Anna Achmatowa, die während der stalinistischen Herrschaft Schreibverbot hatte, später ausdrücklich vermerkte: »Schade, dass wir damals unsere Träume nicht aufgeschrieben haben. Da hätten wir unvergleichlich reiches historisches Material gehabt.«[209]

Schon in diesen ersten Jahren der nationalsozialistischen Herrschaft, so Beradt, wuchs das Bewusstsein der Menschen für ihre permanente Überwachung; sie erkannten, dass die modernen medialen Techniken nicht nur über den Sinn des Sehens und Hörens in das Ich eindrangen, sondern dieses auch beobachteten. Sogar Kinder verspürten diesen Druck. So träumte ein junges Mädchen, dass »die beiden Engelchen, die über meinem Bett hängen, nicht mehr nach oben sehen, sondern nach unten und mich scharf beobachten«.[210] Zugleich offenbarten die Träume, dass das Unbewusste begann, Instanzen der Selbstbeobachtung einzurichten, dass der Intellekt wahrnahm, wie das Ich unter Anpassungsdruck geriet. Hannah Arendt, die im Jahr 1933 aus Deutschland floh, beobachtete dies in ihrem Umkreis schon im ersten Jahr der nationalsozialistischen Herrschaft. In ihrem Gespräch mit Günter Gaus von 1964 sagte sie: »Das Problem, das persönliche Problem war doch nicht etwa, was unsere Feinde taten, sondern was unsere Freunde taten. Was damals in der Welle von Gleichschaltung, die ja ziemlich freiwillig war, jedenfalls noch nicht unter dem Druck des Terrors, vorging: Das war, als ob sich ein leerer Raum um einen bildete. Ich lebte in einem intellektuellen Milieu, ich kannte aber auch andere Menschen. Und ich konnte feststellen, daß unter den Intellektuellen die Gleichschaltung sozusagen die Regel war. Aber unter den anderen nicht. Und das hab ich nie vergessen.«[211] Im weiteren Verlauf des Interviews berichtete sie, dass sie mittlerweile eine differenziertere Sicht auf die Dinge habe: Die Gleichschaltung habe sich nicht nur bei den Intellektuellen vollzogen. Ähnlich auch Irmela von der Lühe in ihrem Aufsatz zu Beradt: »Der anpassungsbereite Mitläufer, wie man weiß, die größte Gruppe unter den Deutschen während des Nationalsozialismus, vollzieht seine Anpassungsleistung nicht in Folge direkter physischer Tortur, sondern als seelische Reaktion bzw. Antizipation und d. h. als personale Umbaumaßnahme, deren Wahrnehmung in und außerhalb des Traums als Skandalon, als Willensentzug und Selbstverlust erlebt wird.«[212]

In einem der Beradt-Träume besuchte ein Arzt ein Konzentrationslager, »aber es geht allen Häftlingen sehr gut. Diners werden abgehalten, es gibt Theatervorstellungen. Ich denke, es ist doch alles übertrieben, was man so aus Lagern hört. Da sehe ich mich in einem Spiegel: ich habe die Uniform eines Lagerarztes an.«[213] In der Sammlung kommen die Konzentrationslager nur in zwei Träumen vor – beide basierten auf *Vorstellungen* vom KZ, nicht auf eigenen Erfahrungen. Sie zeigten, dass die Drohung einer Verhaftung schon in den ersten Jahren der Nazi-Herrschaft Wirkmacht entfaltete. Auslöser dieser Träume, so Beradt, war nicht die Angst vor brutaler Gewalt, »sondern ganz allein der Druck, den die Diktatur auf den Geist« ausübte.[214] Der Geist fügte sich. Ein Mann fasste den »Übergang von der Suggestion zur Autosuggestion« in die Kurzformel: »Ich sage im Traum den Satz: ›Ich *muß* nicht mehr immer ›Nein‹ sagen.‹« Ein anderer Mann träumte, dass seine Schuhsohlen zerrissen sind und ein Schuster, der neue Schuhe in der Hand hielt, ihm sagt: »Ich kann dich in eine Kolonne stecken, wo nur Leute marschieren, weil sie sonst keine Schuhsohlen haben.« Ein halbes Jahr später, so erfuhr Beradt von einem Verwandten, wurde er Mitglied der SA. Andere erlebten ihre Träume als Vorwarnungen – sie beschlossen, das Land zu verlassen. Manchmal nahmen die Träume beängstigende Entwicklungen vorweg: In einer Zeit, in der Juden Restaurants noch besuchen durften, träumte eine junge Frau, deren Mutter Jüdin war, dass sie mit ihr in einem Lokal saß, an dessen Wand das Schild »Schädlinge raus« hing.[215]

In Beradts »Nachtbüchern« trafen die Träumer ähnliche Vorsichtsmaßnahmen wie im realen Leben. Eine Frau träumte, dass sie (sogar im Traum!) den Begriff »Gott« durch das englische Wort »Lord« ersetzte. In einem anderen Traum wurde es untersagt, das Wort »Ich« zu verwenden – ein Thema übrigens, zu dem der russische Schriftsteller Vladimir Nabokov (der 1917 mit seiner Familie aus Russland geflohen war) einen ganzen Roman geschrieben hat.[216] Eine Mathematiklehrerin floh in ihrem Traum in eine Bar (»ich habe nie im Leben ein solches Lokal betreten«), zog dort »ein dünnes Stück Papier aus der Tasche« und schrieb »mit unsichtbarer Tinte ein paar Gleichungen nieder, in tödlicher Angst«. Schon die Tatsache, etwas zu wissen – etwas Überprüfbares zu wissen – war angstbesetzt. Nachdem sie Berichte über die Bücherverbrennung erschüttert hatten, träumte eine Frau, dass sie unter ihrem Bett ein Exemplar von Schillers *Don Carlos* vor der SA verstecken will, stattdessen aber einen alten Atlas dorthin legt.[217] Die SA findet ihn, wirft ihn auf den Leiterwagen, der zum Scheiterhaufen fährt. »Trotzdem stehe ich schuldbeladen da.« Ein Mann träumte, dass »ich im Traum vorsichtshalber Russisch spreche (das ich gar nicht kann), damit ich mich selbst nicht verstehe und damit mich niemand versteht, falls ich etwas vom Staat sage, denn das ist doch verboten und muß gemeldet werden«. Ein anderer erzählte im Traum einen »verbotenen Witz, aber aus Vorsicht falsch, so daß er keinen Sinn mehr hat«. Wieder ein anderer träumte nur noch in Rechtecken, Dreiecken und Achtecken, »weil es doch verboten ist zu träumen«. Beradts Kommentar: »Hier hat sich jemand entschlossen, aus Vorsicht gegenstandslos zu träumen.«[218]

Es gab Angstträume, die die Zukunft des Genozids vorwegnahmen: »Diese besondere Art von Träumen war den Juden vorbehalten, der Bevölkerungsgruppe, die am grausamsten verfolgt wurde«, schreibt Beradt.[219] Menschen aus allen Gruppen konnten in ihren Träumen von Anfang an »Prinzipien und Ziele des totalitären Staates« erkennen und weiterdenken, »so daß es im hinterdrein wie Prophezeiungen anmutet«. Eine Frau träumte, sie sitze in einer Aufführung der *Zauberflöte*, als ein Trupp von Polizisten auf sie zumarschiert: »Sie haben durch eine Maschine festgestellt, daß ich bei ›Teufel‹ an Hitler denke.« Die Maschinen in diesem Traum sind elektrisch, »ein Gewirr von Drähten« – obgleich die Träumerin, wie Beradt betonte, noch keine Kenntnis »von fernwirkenden elektronischen Geräten, von Folterungen durch Elektrizität« haben konnte. Ebenso wenig konnte sie Orwells *1984* kennen; die Dystopie erschien erst fünfzehn Jahre später.[220]

Im Gegensatz zu Stalins Herrschaft, die auf dem Glauben an die neue Gesellschaft und an die Partei als deren Gestalterin aufbauen konnte, musste sich die NS-Herrschaft zunächst um ihre Gläubigen bemühen – später übernahm der Terror. Gewiss, die Mythen von »nationaler Homogenität« und »Reinheit der arischen Rasse« übten Anziehungskraft aus, aber selbst sie verlangten nach »technischer Unterstützung« – etwa durch die modernen medialen Techniken wie dem Film. In denselben Jahren, in denen Beradt ihre Träume sammelte, stieg im Deutschen Reich die Zahl der Kinobesuche um das Zweieinhalbfache: Lag der Anteil der gezeigten deutschen Filme im Jahr 1932 noch bei 62,0 Prozent, so war er bis 1939 auf 77,1 Prozent angewachsen; der Anteil der US-amerikanischen Filme sank in derselben Zeit von 25,8 auf 13,9 Prozent.[221] Waren Film und Psychoanalyse in der Frühzeit der neuen Technik und vor allem in den 1920er Jahren noch eng verbunden – beide verstanden sich als gegenseitige »Ergänzungen« –, so schärften sich nun die Gegensätze. Der Traum wurde zum Anti-Film, zu einem potenziellen Gegengift gegen die mediale NS-Propaganda. Das primäre Unbewusste, wie man dieses auch immer definieren mag, wurde vom sekundären, konditionierten Unbewussten des Regimes bedrängt und entwickelte sich zur dissidentischen Waffe.

Dem Regime konnten die Träume nicht viel anhaben. Aber sie waren symptomatisch für die Veränderungen des individuellen Unbewussten in der Diktatur und insofern Stoff für Reflexion. Einige der Träumer verstanden ihre »Nachtbücher« auch als Vorwarnungen. Sie boten ihnen die Möglichkeit einer »inneren oder äußeren Emigration«, schreibt Reinhart Koselleck in seinem Nachwort.[222] So etwa beim Mann, der im Traum einen Brief schreibt, »weil ich mich endlich entschlossen habe, eine Beschwerde wegen der herrschenden Zustände einzureichen« – und dann ein leeres Blatt in den Umschlag steckt. Ein anderer träumt, er rufe im Polizeipräsidium an, um eine Beschwerde vorzubringen, kriege aber am Telefon kein Wort heraus. Dass solche Träume bei den Träumern Spuren hinterließen – Spuren einer Bewusstwerdung von dem, was gerade mit ihnen passiert –, zeigt allein die Tatsache, dass sie ihre Träume mitteilten. Eine nicht-jüdische junge Frau, die wegen ihrer stark gekrümmten Nase befürchtete, für eine Jüdin gehalten zu werden, träumte, dass es ihr gelingt, im »Amt für Ariernachweise« (das es in der Realität nicht gab) eine Bescheinigung über ihre Großmutter vorzulegen. Der Beamte »nimmt den Schein, reißt ihn in Fetzen, verbrennt die Fetzen in einem in die Mauer eingelassenen Ofen: ›Bist du jetzt immer noch rein arisch?‹«[223] Der Traum enthüllt ganz nebenbei, dass die »Rasse« tatsächlich jene bürokratische Kategorie war, von der Raphael Gross in seinem Buch zu Carl Schmitt spricht. Dass es also auch damals ein Bewusstsein dafür gab, dass das Regime die Begriffe »arisch« und »jüdisch« selbst nicht definieren konnte, sondern vielmehr versuchte, den Konstrukten eine Physiognomie zu verleihen.

»Je größer die moralische und politische Widerstandskraft des einzelnen war,« schreibt Beradt, »desto weniger absurd, desto positiver wurden seine Träume. Mir stehen einige Träume von Menschen zur Verfügung, die aktiven Widerstand leisteten; sie wurden auch im Traum zu handelnden Personen. Ihre Träume stehen in direktem Gegensatz zu Träumen, in denen der Held seine Fähigkeit zu handeln sogar im Schlaf verloren hat.« So träumte eine Frau, dass sie zu fliehen versucht und ihr ein gefälschter Pass zugesteckt wird. Darin ist ausdrücklich vermerkt: »sie hat eine belastende politische Vergangenheit«. Während sie darin noch blättert, steht im Zug plötzlich der Zollbeamte vor ihr. Sie überreicht »ihm lächelnd den Paß zum Stempeln. *Man muß nur wollen*, sage ich mir, und er zieht zwar die Stirn hoch, aber ich komme durch.«[224] In diesem Fall wendete sich das *Wollen*, dem wir als Charakteristikum des NS-Glaubens begegnet sind, zu einem Mittel, sich diesem zu widersetzen.

Die Träume von Juden bezogen sich noch nicht auf die systematischen Deportationen, die erst nach Beradts Emigration begannen. Aber sie thematisierten Diskriminierungen, Entlassungen, Berufsverbote und Verfolgungen. Ein jüdischer Arzt träumte, er habe »Hitler geheilt«, und als er dafür kein Geld will, beschimpft ihn ein »großer Blonder in Hitlers Umgebung: ›Was, du krummer Jude, kein Geld?‹ Darauf Hitler im Befehlston: ›Natürlich kein Geld. Unsere deutschen Juden sind nicht so.‹« Die meisten Träume von Juden sind der Realität aber so direkt entnommen, »daß ihnen alles Surrealistische fehlt«. Das betraf vor allem »assimilierte Juden«, die laut Beradt von »Deplacierung und Entpersönlichung, Verlust von Identität und Kontinuität« bis in den Schlaf verfolgt wurden. Der angebliche Verlust einer Identifizierung mit den jüdischen Traditionen, der assimilierten deutschen Juden immer wieder vorgeworfen wurde, mutierte im NS-Regime zur Zwangsidentität: als Jude. »Aber ihr habt mich hineingeprügelt in die Gemeinschaft mit ihnen, hineingeprügelt. Es ist immer noch nicht meine Gemeinschaft«, wirft eine junge Jüdin in ihrem Traum zwei »arischen« Begleitern vor. Ein jüdischer Mann träumte, dass er endlich in New York ankommt, aber erfährt: »man darf aber nur bleiben, wenn man einen Wolkenkratzer von außen raufklettert. Nur die Getauften müssen das nicht.«[225] Besonders erschütternd der Traum eines Mannes (Irmela von der Lühe vermutet, dass es sich um Charlotte Beradts Mann, den Juristen und Schriftsteller Martin Beradt, handelt),[226] der sich in einem Park zwischen eine grüne und eine gelbe Bank setzt (die grüne ist Juden verboten). »Ich setze mich auf den Papierkorb und befestige selbst ein Schild an meinem Hals, wie es blinde Bettler zuweilen tragen, wie es aber auch ›Rassenschändern‹ umgehängt wurde: ›*Wenn nötig, mache ich dem Papier Platz*‹.«[227] Nur im KZ, so der Historiker Reinhart Koselleck, war »der tatsächliche Terror nicht mehr träumbar«.[228] Die Diktatur übte Macht über Leben und Tod aus. Für diese Vorstellung gibt es im Unbewussten, das das Nichts nicht kennt, keinen Raum.

Was in dieser Sammlung fehlt, sind die Träume der Nazis, schreibt Bruno Bettelheim im Nachwort zur englischsprachigen Ausgabe von Beradts Buch.[229] Fehlen sie wirklich? Ist es nicht eher so, dass die Täter ihre Träume in die Wirklichkeit umsetzten? Und haben diese Verwirklichungen nicht ihre Spuren hinterlassen? Sind diese nicht bis heute sichtbar? Vielleicht träumten sie auch gar nicht. Vielleicht waren sie zu sehr damit beschäftigt, ihre Fiktionen Wirklichkeit werden zu lassen. Oder genauer: Vielleicht glaubten sie an alles, nur nicht ans Unbewusste. Jedenfalls landete nach dem Krieg kaum einer von ihnen auf der Couch – dort, wo die Opfer ihre Albträume erzählten und immer wieder erzählten, ohne sie loszuwerden.

Der Terror war nicht träumbar – und dennoch gab es im Konzentrationslager Träume, auch solche, die sich dem Terror widersetzten. Das zeigen die Berichte des französischen Schriftstellers Jean Cayrol (1911–2005). Aus Bordeaux stammend, war er mit Kriegsbeginn Mitarbeiter des französischen Geheimdienstes geworden. 1941 schloss er sich der Résistance an; 1942 wurde er von der deutschen Besatzungsmacht verhaftet und einige Monate später nach Mauthausen-Gusen deportiert. Nach Cayrols *Poèmes de la nuit et du brouillard* (1945) ist Alain Resnais' großer Dokumentarfilm *Nacht und Nebel* (1956) benannt; Cayrol war an seiner Entstehung beteiligt. Es war der erste Film, der von den Deportationen und Konzentrationslagern berichtete und hatte eine weltweite Wirkung.

Im Aufsatz *Lazare parmi nous* von 1950 beschrieb der Dichter die lebenserhaltende Wirkmacht der Träume für ihn und andere Gefangene im Gefängnis und im Konzentrationslager.[230] »In diesem *fiat nox* wurde der Traum zu dem Mandelkern, den nichts zerbrechen durfte; unberührt und unversehrt verbarg sich darin das Geheimnis, das es einigen erlaubte zu überleben, und die wundersame Erklärung ihres Heils. Der Traum half ihnen, das Übel einzudämmen; man nahm dem Gefangenen alles, das Wesentliche jedoch behielt er zurück. Er behielt den Traum, der Wirklichkeit wurde.« Allerdings änderten sich Cayrols Träume im Laufe der Zeit: Waren sie zunächst reiner Schutzschild, Rückzugsraum vor der Wirklichkeit des Konzentrationslagers, so nahmen sie mit abnehmenden körperlichen Kräften eine immer düstere Form an: vergleichbar »einem winterlichen Garten mit schwarzen Bäumen, durch die der eisige Wind blies; das Unheil erwartete mich; man konnte bereits die Zukunft in diesen Bildern lesen«. Erreichte der Körper einen Zustand, der es kaum mehr erlaubte, die Zelle zu verlassen, so zog sich das Ich in die »letzte Windung seines Unbewußten« zurück und erträumte sich »die kostbarsten Miniaturen einer Landschaft, zum Beispiel eine Lichtung gegen acht Uhr morgens, wenn der Boden noch feucht vom Tau ist«. Danach übernahmen »feierliche« Träume, die von der christlichen Herkunft des Autors geprägt waren: Er durchschritt in seinen Träumen Kathedralen, sah ein riesiges diamantenes Kreuz. Die Gefangenen tauschten sich über ihre Träume aus, gaben sich gegenseitig Halt. Es entstand »die Gemeinschaft der hartnäckigen Träumer, die ihre nächtlichen Eindrücke einander schon in aller Frühe mitteilen«.[231] Der Essay von Cayrol, so Barbara Hahn, ist zwar »sorgfältig zusammengetragen und arrangiert«, was ihn zu einem Stück Literatur macht, aber die »Träume, die er der Nachwelt überliefert, sind Dokumente des Widerstands. Wenn die Träumer eine innere Rückzugszone behielten, dann konnten sie überleben. Dann konnten sie nach der Befreiung der Lager zurückkehren.«[232] Das Unbewusste hatte dazu beigetragen, dass das Ich sich nicht aufgab.

Sogar im Konzentrationslager, diesem Ort, der sich einer Darstellung nicht nur im Traum, sondern auch im Film entzog,[233] vermochte das Unbewusste etwas gegen die Diktatur. Selbst hier konnte sich das Vertrauen gegen den Glauben behaupten. Im Nationalsozialismus wurde das Unbewusste zur letzten Bastion des Freiheitswillens. Ein weiter Weg, wenn man an die Anfänge zurückdenkt: erst »dunkler Kontinent« und Quell der Inspiration, dann unberechenbarer »Herr im Haus«, zuletzt umkämpftes Territorium – und nun Prinzip Hoffnung. Die vom Unbewussten eingesetzten »Waffen« waren nicht nur die Träume. Es konnten auch die Zeichnungen sein, die Alfred Kantor heimlich vom KZ-Leben anfertigte. Kantor hatte gerade seine Ausbildung als Werbegraphiker in Prag begonnen, als die Deutschen in das »Reichsprotektorat Böhmen und Mähren« einmarschierten. Als Jude wurde er nach Theresienstadt, dann nach Auschwitz deportiert. Mit anderen Gefangenen auf einen Marsch in Richtung Theresienstadt gebracht, kam er am 7. Mai 1945 frei.[234] Seine Zeichnungen gehören heute zu den wichtigsten Dokumenten der Erinnerung, weil sie eines der wenigen Zeugnisse aus einem KZ sind, die nicht den Blickwinkel der Täter, sondern der Gefangenen wiedergeben. Zugleich garantierten sie Kantors Überleben. »Mein Drang zum Zeichnen kam aus einem tiefen Instinkt der Selbsterhaltung und verhalf mir zweifelsohne, den unbeschreiblichen Horror des Lebens zu jener Zeit zu verleugnen. Durch die Rolle des Beobachters konnte ich mich wenigstens für ein paar Augenblicke loslösen von dem, was in Auschwitz vor sich ging, und somit war es mir möglich, die Fäden des Verstandes beieinander zu behalten.«[235]

Die Selbstverteidigung des Ich durch das Unbewusste konnte schließlich auch die Gestalt eines Dachgeschossfensters annehmen, an dem Anna Ornstein jeden Tag auf dem Weg zwischen Schlafbaracken und Arbeitslager vorbeikam: Das Haus »stand in der Straße, die uns zurück zum Lager führte. Jeden Abend freute ich mich darauf, das Haus zu sehen. Meine Neugier wurde angezogen von dem Fenster, weil es Vorhänge hatte. Die Vorhänge waren weiß und waren zur Seite gezogen, so daß sie das Fenster in der Form eines weichen V einrahmten.« Anna Ornstein war ungarische Jüdin und als 17-Jährige zusammen mit ihrer Mutter nach Auschwitz deportiert worden. Dort entkamen beide den Gaskammern, weil »der ständige Zustrom der ungarischen Transporte die Kapazitäten der Krematorien erschöpft hatte«.[236] Sie wurden ins Arbeitslager Parschnitz gebracht, wo sie in einer Metallfabrik, die für die Flugzeugindustrie Teile lieferte, schwerste Arbeit leisten mussten. Die Phantasien, die Anna Ornstein mit dem kleinen Fenster verband, halfen ihr zu überleben.[237] »Ich hatte eine detailliert ausgearbeitete Phantasie über das Zimmer. Es hatte einen polierten Holzfußboden und darauf selbstgemachte einfache Teppiche. Das schmale Bett stand direkt unter der Dachkante, hatte saubere Bettwäsche mit einem zarten Geruch von Seife, es hatte Kissen und eine Daunendecke. Neben dem Bett stand der Nachttisch mit einer kleinen Lampe und einem Haufen Bücher, eine größere und viel hellere Lampe stand auf einem Schreibtisch vor dem Fenster. Dann gab es noch eine Kommode, deren Schubladen gefüllt waren mit sauberer Unterwäsche, warmen Pullovern und wollenen Socken.«[238] Ornstein, die nach der Befreiung in Heidelberg Medizin studierte, wanderte 1952 in die USA aus, wurde Kinderpsychiaterin und eine bedeutende Traumaforscherin.

Die Träume, von denen Beradt und Cayrol berichten, Alfred Kantors Zeichnungen und die Phantasien, die Anna Ornstein mit dem Zimmer hinter dem Fenster verband – sie sind alle Manifeste des Widerstands. Manchmal, wie bei vielen von Beradts Träumern, begnügte sich das Unbewusste damit, in den Untergrund zu gehen. In anderen Fällen, etwa bei Beradt selbst oder bei Klemperer, diente es dazu, Zeugnisse gegen die Diktatur zu sammeln; in wieder anderen Fällen, bei Kantor, Cayrol, Ornstein, wurde es zum Mittel des Überlebens. Die Untersuchungen der Forscher und Forscherinnen, die sich mit den psychischen Dimensionen des totalitären Staates beschäftigt haben, berichten davon, wie sich der totalitäre Staat formierte und auf die Psyche einwirkte; aber sie erzählen auch von der Widerstandskraft des Unbewussten. Dieser »dunkle Kontinent« hat nicht wehrlos die Waffen gestreckt, er hat, wenn auch unter Mühen, den Verführungs-, Verdrängungs- und Überwältigungsversuchen des Glaubens getrotzt. Doch die wichtigste Voraussetzung für das Überleben im Konzentrationslager, dies betonen sowohl Ornstein als auch Cayrol, war der Rückhalt in einer Vertrauensgemeinschaft: Sie gab vielen die Kraft zum Widerstand. Auf ihr basierte ein Vertrauen, das, wenn auch bedroht wie nie zuvor in der Geschichte, sogar die Diktatur überlebte.

4 NACH DEM ALBTRAUM: DAS UNBEWUSSTE OFFENBART SEINE VIELFALT

Unmittelbare Nachkriegszeit

Schon der Erste Weltkrieg, aber noch mehr der Zweite, der mit Genoziden einherging, hinterließ weltweit traumatisierte Gesellschaften. Vor allem bei der jüdischen Bevölkerung, die unter der nationalsozialistischen Ideologie und den Verbrechen mehr als alle anderen zu leiden hatte. Das 8. Kapitel wird von den erstaunlichen Selbstheilungskräfte berichten, die spätere Forschungen in Israel und den USA zutage förderten, sowie die Umstände thematisieren, unter denen sich diese entwickeln konnten. Es wird aber auch thematisieren, wie psychoanalytische Konzepte in Deutschland verwendet wurden, um KZ-Überlebenden Entschädigungen und die Möglichkeit der Trauma-Bearbeitung zu *verweigern*. Hier soll zunächst nur skizziert werden, wie die nichtjüdische Gesellschaft mit den Folgen rang und was sie unternahm oder auch unterließ, um sich vom Zugriff des Nationalsozialismus auf das Unbewusste zu befreien. Da dies an den Entwicklungen der Psychotherapie besonders klar abzulesen war, bildet ihre Entwicklung in der Nachkriegszeit den Kern dieses Kapitels.

In Deutschland hinterließen der verlorene Krieg und die Schuld an den Verbrechen des Nationalsozialismus ein geteiltes Land. Geteilt in jedem Sinne des Wortes: Nicht nur standen sich zwei deutsche Staaten mit ideologisch konträren Systemen gegenüber, die sich in wechselseitigen Schuldzuweisungen für die faschistische Vergangenheit ergingen. Es gab auch eine geteilte Psyche: Auf der einen Seite standen jene, die sich als Opfer eines verlorenen Kriegs sahen und auch jede Schuld am Genozid von sich wiesen; auf der anderen die tatsächlichen Opfer der Verfolgung und jene wenigen, die sich zu ihrer Mittäterschaft bekannten und umzudenken begonnen hatten. Bei Ersteren wurde der alte Glaube durch eine neue Gläubigkeit, die sich auf das jeweilige ideologische System bezog, ersetzt. Bei Letzteren überwog die Skepsis. Das enttäuschte Vertrauen ins eigene Land schlug um in Misstrauen: gegen andere wie gegen das Selbst. Zum ersten Mal tauchte ein Phänomen auf, das es, soviel ich weiß, noch nie nach einem Krieg gegeben hatte: Misstrauen gegenüber den eigenen Empfindungen – eine Reaktion auf die Verführungen des Faschismus und anderer totalitärer Glaubenssysteme.

1946 veröffentlichte die Schriftstellerin Ilse Aichinger, Tochter einer verfolgten Jüdin, in der Zeitschrift PLAN einen *Aufruf zum Mißtrauen*. Die Menschen, so schrieb die damals 25-Jährige, sollten nach der Naziherrschaft, vor allem sich selbst misstrauen: »Beruhigen Sie sich, armer Bürger des XX. Jahrhunderts! Weinen Sie nicht! Sie sollen ja nur geimpft werden. Sie sollen ein Serum bekommen, damit Sie das nächste Mal umso widerstandsfähiger sind! Sie sollen im kleinsten Maß die Krankheit an sich erfahren, damit sie sich im größten nicht wiederhole. Verstehen Sie richtig. An sich sollen Sie die Krankheit erfahren! Sie sollen nicht Ihrem Bruder mißtrauen, nicht Amerika, nicht Rußland und nicht Gott.

Sich selbst sollen Sie mißtrauen! [...] Werden wir mißtrauisch gegen uns selbst, um vertrauenswürdiger zu sein.«[1] Das Land und die Sprache, in denen sie den Aufruf verfasste, war der deutschsprachige Kulturraum, wo die Psychoanalyse und der Holocaust ihren Ausgang genommen hatten. Das Misstrauen gegenüber dem Selbst sollte zu einer Erfahrung werden, die auch andere Länder mit totalitären Erfahrungen betraf. Anlässlich der Eröffnung des Berliner Exilmuseums am 14. Oktober 2022 kamen zwei Zeitzeugen zu Wort: Der eine war der Schriftsteller, Drehbuchautor und Regisseur Georg Stefan Troller, der 1938 nach dem »Anschluss« Österreichs als 16-Jähriger aus Wien geflohen war. In einer Aufzeichnung sagte er: »Man verlernte, seinen Gefühlen zu vertrauen.« Die andere war die Schriftstellerin Herta Müller, die in ihren Werken die kommunistische Diktatur in Ceaușescus Rumänien beschrieb und 1987 nach Deutschland emigrierte. Sie erklärte bei der Diskussion: »Ich konnte meiner Sprache nicht mehr vertrauen.« Beide hatten am eigenen Leibe erfahren, wie tief die totalitäre Erfahrung auf das Unbewusste einwirkt. Das Misstrauen wurde für sie zum Schutzwall der Psyche vor diesem Zugriff. Unter normalen Lebensbedingungen wirkt sich eine misstrauische Grundhaltung eher schädlich auf die psychische Gesundheit aus; hier diente sie dem Selbsterhalt. Auch ist dieses Misstrauen etwas grundsätzlich anderes als jenes, dem wir aktuell so viel begegnen – Misstrauen gegen die Wissenschaft, gegen Berichterstattungen oder gegen »die da oben«, die sich allesamt gegen andere richten. Das Misstrauen, das diese Zeitzeugen schilderten, richtet sich gegen das Selbst und ist insofern eine Form von Selbstreflexion. Genauer: eine spezifische Form von Vertrauen.

Hannah Arendt sah im Vertrauen die Basis von Widerstandsfähigkeit im totalitären Staat. In ihrem Gespräch mit Günter Gaus von 1964 thematisierte sie das »Wagnis«, dass Menschen in totalitären Gesellschaften auf ein »Netz der Beziehungen« zu anderen Menschen angewiesen sind. »Und nun würde ich sagen, daß dieses Wagnis nur möglich ist im Vertrauen auf die Menschen. Das heißt, in einem – schwer genau zu fassenden, aber grundsätzlichen – Vertrauen auf das Menschliche aller Menschen. Anders könnte man es nicht.«[2] Die totalitäre Erfahrung hatte gezeigt, dass sich die Gegensätze Vertrauen und Misstrauen auch überlagern können, dass es manchmal schwer ist, zwischen beiden zu unterscheiden. Auch als das Misstrauen zurücktrat, blieb das unterschwellige Gefühl, auf das Ich nicht zwingend rechnen zu können. Das galt für viele westliche Länder und war einer der Gründe, dass die Psychoanalyse als Methode der Selbstreflexion eine neue Bedeutung erhielt. Zwar verschwand das von C. G. Jung vertretene Konzept eines »arischen« und eines »jüdischen Unbewussten«. Doch an seine Stelle trat eine andere Spaltung: die zwischen einem skeptischen und einem affirmativen Unbewussten. Das skeptische Unbewusste hielt kritische Distanz zu den eigenen Gefühlen, das affirmative neigte dazu, an sie zu glauben. Diese Spaltung wiederholte sich in einem Teil der psychoanalytischen Theorie, die aus diesem – aber auch anderen – Gründen nach 1945 eine Ausdifferenzierung erfuhr.

Nach 1945 gewann überall die Erkenntnis an Boden, dass der freie Wille eine kompliziertere Angelegenheit ist, als man vorher vermutet hatte. Die totalitären Systeme hatten diese Einsicht erzwungen. Zugleich setzte sich die Vorstellung durch, dass es neben dem individuellen auch ein kollektives Unbewusstes gibt und dass beide miteinander interagieren. Unter den Bedingungen des Totalitarismus war ein besetztes und instrumentalisiertes Unbewusstes, das »sekundäre Unbewusste«, entstanden, während sich auf der anderen Seite ein individuelles, widerständiges und unberechenbares Unbewusstes erhalten hatte, das sogar den Bedingungen der Konzentrationslager trotzte. Diese Widerstandskraft wirft heute die Frage auf, ob das »unbesetzte« Unbewusste nicht überhaupt Ausdruck menschlichen Überlebenswillens ist. Genauer: Ob die Menschheit nicht mit diesem widerständigen Unbewussten lebt oder untergeht. Im »Kampf ums Unbewusste« – dies zeigen nicht nur die Erfahrungen in totalitären Staaten, sondern auch Konflikte um Natur- und Klimaschutz – prallen heute zwei Formen des Unbewussten aufeinander: das eine definiert »Leben« als Herrschaft des Menschen über die Schöpfung; das andere begreift das Vertrauen auf die Naturgesetze als Voraussetzung für »Leben«.

Die Emigration der Psychoanalyse

Nach dem Krieg bestand von den großen psychoanalytischen Zentren Europas nur das in London fort. In Paris hatte es keine entsprechenden Einrichtungen gegeben, jedoch hatte die Psychoanalyse während des Kriegs und der deutschen Besatzungszeit in philosophischen und künstlerischen Bewegungen wie dem Surrealismus Rückhalt gefunden. Diese Verbindung zur Kultur sollte auch im Nachkriegs-Frankreich über ihre Entwicklung bestimmen. Ein Psychoanalytiker wie Jacques Lacan, der wenig für die Therapie, aber viel für die

Verbindung von Psychoanalyse und Sprachphilosophie tat, ist ohne die Weichenstellung, die schon in den 1930ern begann, kaum denkbar. In späteren Jahrzehnten wuchs in Frankreich auch der Einfluss der Psychoanalyse auf die Psychiatrie: In den 1960ern wurde im 13. Pariser Arrondissement ein neues Modell der psychiatrischen Behandlung erprobt, das wegen seiner Erfolge einige Jahre später auf das ganze Land ausgeweitet wurde. Die Gründer des Modells waren durchweg Psychoanalytiker; ihr Konzept sah eine gemeindenahe Psychiatrie vor, bei der die Gesellschaft in die Behandlung einbezogen wurde. Nur in Ausnahmefällen fand die Behandlung stationär statt. Aus den großen psychiatrischen Verwahranstalten wurden damals kleinere flexible Krankenhäuser, in denen der Aufenthalt auf ein zeitliches Minimum beschränkt blieb. Mit der allmählichen Medikalisierung der Psychiatrie ging dieses Modell allerdings zurück.

Die von Freud und seinen Mitstreitern und Mitstreiterinnen entwickelte Psychoanalyse emigrierte weltweit. In jedem Land entwickelten sich neue Varianten. In den USA war sie mehr medizinisch ausgerichtet, in Frankreich orientierte sie sich an der Sprachphilosophie und dem Strukturalismus, in Lateinamerika erlebte sie ihre Erstauftritte im Zusammenhang mit dem Sturz von diktatorischen Regimen. In Deutschland spaltete sich das Tableau: Im Osten verschwand die Psychoanalyse oder sie ging in den Untergrund; im Westen wurde die Immunisierung gegen den Kommunismus zu einem ihrer Anliegen.

Den größten psychoanalytischen Immigrationsschub erfuhr der englischsprachige Raum: Das Zentrum verlagerte sich von Wien und Berlin in die USA. In den 1930er Jahren flohen 190 deutsche und österreichische Psychoanalytiker und Psychoanalytikerinnen in die USA.[3] Von den etwa hundert Analytikern Wiens emigrierten alle bis auf vier in den englischsprachigen Raum. Sie eröffneten Praxen, gründeten Institute und Schulen. Als 1949 der erste Nachkriegskongress der IPV stattfand, war sie auf 800 Mitglieder angewachsen, die Hälfte davon US-Amerikaner; von den fünf größten Instituten der Welt befanden sich vier in den USA. Mit diesem Standortwechsel verlor die Psychoanalyse ihre »Muttersprache«; es entstand ein neues Fachvokabular. Freud und sein Umfeld hatten immer Wert auf eine alltagssprachliche Begrifflichkeit gelegt, nun wurde sie latinisiert. Aus dem *Ich* wurde das *Ego*, aus dem *Es* das *Id*. Diese Neuerung sollte einerseits die Wissenschaftlichkeit der Psychoanalyse unterstreichen, denn sie wurde in den USA von medizinischer Seite nicht weniger angezweifelt als vorher in Berlin. Andererseits ermöglichte das die Internationalisierung der Fachbegriffe. In den USA begann die Psychoanalyse, in das Alltagsleben und angrenzende Fachgebiete einzuwandern: Ihre Lehrmeinungen und methodischen Anwendungen griffen über auf das Schulsystem, die Gerichtssäle, Krankenhäuser, sie prägten Literatur und Theater, Kunst und Film, Fernsehen und Journalismus.[4] Bei der Überquerung des Atlantiks hatten die Analytiker und Analytikerinnen ihre alten, von Europa geprägten Gewissheiten über Bord werfen müssen; als traumatisierte Neuankömmlinge waren sie »manisch darauf bedacht, sich in die Gesellschaft des Gastlandes einzufügen«.[5] Die Psychoanalyse, der sich viele Überlebende anvertrauten, so die Historikerin Dagmar Herzog, wurde selbst zu einem »Holocaust Survivor«.[6]

Eine der Folgen der Begegnung mit den USA war die »Entsexualisierung der Psychoanalyse«[7]. Die Entwicklung war einerseits der neuen puritanischen Umgebung geschuldet, in der es nicht üblich war, über Sex zu sprechen, weshalb der Psychoanalyse, die die Libido ins Zentrum ihrer Lehren gestellt hatte, mit Misstrauen begegnet wurde. Andererseits hatte sich in den USA durch den Zweiten Weltkrieg ein »offensiver Patriotismus« etabliert, aus dem mit dem Beginn des Kalten Kriegs ein »glühender Antikommunismus« wurde. Die Religion, gleichgültig welcher Art, erschien wie ein Gegengift zum Kommunismus. Wer Karriere machen wollte, ob als Geschäftsmann oder Politiker, outete sich als *believer*, als »gläubiger Anhänger«. Die Gotteshäuser rückten noch mehr ins Zentrum des Soziallebens.[8] Die Mehrheit der Psychoanalytiker und Psychoanalytikerinnen, die aus Europa einwanderten, sah sich hingegen eher als »gottlose Juden«, um eine Selbstbeschreibung Freuds aufzugreifen. In Europa hatten sie sich nie um den Konflikt zwischen Psychoanalyse und Religion gekümmert; in den USA wurde er zum Thema. Die Folge war eine allmähliche Christianisierung der Psychoanalyse und, damit einhergehend, eine Zurücknahme der Zentrierung auf die Sexualität. Die Annäherung ans Christentum war, so Herzog, besonderer Art, »insofern sie nämlich aus genau jener eigentümlichen Mischung aus wiederbelebter Religiosität, Säkularisierung-plus-Psychologisierung und einem größeren religiösen Pluralismus geboren wurde, die die Nachkriegszeit bestimmte«.[9]

Freud hatte die Religion eine »Illusion« genannt. Im Unbewussten sah er dagegen etwas sehr Reales. Zugleich hatten die protestantischen und jüdischen Theoretiker die Einsicht nahegelegt, dass sich im Unbewussten auch ein Erbe der Religionen verbarg. Letztlich hatte auch Freud konstatieren müssen, dass der Beitrag der Psychoanalyse zur Wissenschaft »in der Ausdehnung der Forschung auf das seelische Gebiet« besteht,[10] dass sie also tatsächlich jenen Raum zwischen Wissenschaft und Religion einnahm, in dem die Protestanten das Unbewusste angesiedelt hatten. Dieser Raum wurde traditionell dem »unberechenbaren« Gefühlsleben zugeordnet; nun begann man hier den gemeinsamen Nenner von Religion und Unbewusstem zu vermuten. Freud hatte dem Bereich mit dem etwas vagen Begriff der »Libido« eine scheinbar berechenbare, von der Wissenschaft erfassbare Basis verliehen. Im puritanischen Amerika war dieser Begriff nicht gut zu gebrauchen.

Bei ihrem Transfer auf die andere Seite des Atlantiks erwies sich die Sexualität als ein besonders schwieriges Kapitel. Die meisten jüdischen Analytiker hatten kein Problem damit, Sexualität zu thematisieren. In ihrer Tradition gab es nicht die Herabsetzung der Geschlechtlichkeit, wie sie das Christentum lange beherrscht hatte. So erklärt es sich vielleicht, dass in den USA, wie schon in Wien, ein jüdischer Geistlicher zum Vorkämpfer der Psychoanalyse wurde. Der Reform-Rabbiner Joshua Loth Liebman verkündete als erster Seelsorger, eine Analyse gemacht zu haben. Liebmans Buch *Peace of Mind* erschien 1946 und stand drei Jahre lang auf der Bestsellerliste der *New York Times*.[11] Er vertrat die Ansicht, dass es keinen Gegensatz zwischen Religion und Psychoanalyse gebe; vielmehr ergänzten sie sich. Die Religion habe immer das Ziel der Einheit Gottes und der Menschen verfolgt; und nun »ist die Psychologie den religiösen Erkenntnissen und Träumen nahegekommen«.

Freud selbst habe ein »geistiges Ziel« verfolgt, »wenn er sich dessen vielleicht auch nicht bewußt war«.[12] Unter einigen christlichen Geistlichen rief sein Vorstoß antisemitische Reaktionen hervor (dieselbe Erfahrung hatten schon Freud und die anderen frühen Analytiker gemacht), andere bemühten sich um dieses Feld, das einen neuen Zugriff auf die menschliche Seele versprach. Katholiken und Protestanten begannen, die Psychoanalyse zu besetzen; Kleriker meldeten sich zur psychoanalytischen Ausbildung an, und einflussreiche Psychiater verkündeten die Kompatibilität von Psychoanalyse und religiösen Überzeugungen.[13] Manche europäische Analytiker folgten dem Ruf nach Entsexualisierung indirekt: So verkündete der in die USA emigrierte Franz Alexander, dass in den modernen Gesellschaften die Angst vor Arbeitslosigkeit und prekäre Lebensverhältnisse das Selbstwertgefühl der Menschen stärker beeinträchtigten »als die sexuelle Unterdrückung, die im viktorianischen Zeitalter die Szene beherrschte«.[14]

Nach dem Aufbruch im Zeitalter der Aufklärung hatte die Reflexion über das Unbewusste die Leerstelle besetzt, die die Betrachtung Gottes hinterlassen hatte. Nun, im 20. Jahrhundert, kam es zur umgekehrten Bewegung: Priester und Pfarrer entdeckten ihre Kompetenz für diese neue Form von »Seelsorge«. Sie wurden tätig als Therapeuten, häufig parallel zu ihren geistlichen Ämtern. Zuletzt schloss sogar der Vatikan seinen Frieden mit der Psychoanalyse. 1953 wurde Freud vom Index genommen. Allerdings hatte dies einen Preis: Sexualität wurde in der Psychoanalyse nur noch in konformer, normativer Gestalt thematisiert – was unter anderem die Beharrlichkeit homophober Sichtweisen zur Folge hatte.

Das geteilte Deutschland und die Psychoanalyse: die Entwicklung in der Bundesrepublik

Die Geschichte der Psychoanalyse war im Nachkriegsdeutschland nicht minder bewegt als die des Unbewussten selbst: Im totalitären Staat war sie vereinnahmt, kontrolliert und instrumentalisiert worden – und soweit sie nicht emigrierte, ließ sie dies mit sich geschehen. Nach 1945, als der Nationalsozialismus besiegt, seine Todesfabriken stillgelegt und sich die Überlebenden der Lager wie auch die »freien« Menschen außerhalb der Stacheldrahtzäune in einer veränderten Welt wiederfanden, wurden neue Anforderungen an die Psychoanalyse herangetragen: Reeducation, Entnazifizierung, der Umgang mit dem geteilten Land waren Umstellungen, auf die sich die Menschen in Westdeutschland einzulassen begannen. In Ostdeutschland übernahm ein neues Regime, das sich soziale Gerechtigkeit aufs Banner schrieb, aber der individuellen Psyche wenig Raum ließ. Hier hatte die Psychoanalyse einen schweren Stand.

In den frühen Nachkriegsjahren fand in Westdeutschland zunächst eine kritische und politische Auseinandersetzung mit der Vergangenheit statt, sie galt auch der Beteiligung der Psychoanalyse am Unheil. Allmählich dominierte dort jedoch eine Strömung, die das Politische außen vor zu halten versuchte, und dies hatte Folgen, die der Psychoanalytiker Werner Bohleber, der von 2000 bis 2002 Vorsitzender der Deutschen Psychoanalytischen Vereinigung war und von 1997 bis 2017 die Zeitschrift *Psyche* leitete, folgendermaßen beschrieb: »Die Anziehungskraft der Psychoanalyse hatte darin bestanden, dass sie eine Synthese bildete aus Therapie, Kulturinterpretation und Selbstreflexion des Subjekts. Die Synthese machte ihre gesellschaftliche kritische Kraft aus. Die Psychoanalyse wurde ›geschwächt‹, als nach den 1970er-Jahren diese Synthese in drei nicht miteinander zusammenhängende ›Projekte‹ zerbrach.«[15] Innerhalb der deutschen und österreichischen Psychoanalyse hatte der Bruch mit der alten Tradition schon 1933 begonnen, als jüdische Analytiker und Analytikerinnen der ersten und zweiten Generation ins Ausland hatten fliehen müssen.

Im Gegensatz zum Mainstream der westdeutschen Psychoanalyse hielt ein kleiner Teil der Praktizierenden – allen voran Alexander Mitscherlich – an der kulturkritischen Seite der Psychoanalyse fest. Er forderte eine psychoanalytische Auseinandersetzung mit dem nationalsozialistischen Erbe ein. Mitscherlich hatte neben Medizin auch geisteswissenschaftliche Fächer studiert und war im Widerstand aktiv gewesen, zweimal war er verhaftet worden. Am Prozess gegen die NS-Ärzte von 1946/47 nahm er als Beobachter teil; danach verfasste er einen erschütternden Bericht, der allerdings kurz nach seinem Erscheinen aus allen Buchläden verschwand. Mitscherlich vermutete, dass er von der Ärztekammer »in toto aufgekauft« worden sei.[16] Das Geschehen war symptomatisch für die ablehnende Haltung vieler Ärzte, aber auch Analytiker gegenüber einer Behandlung der NS-Geschichte.

Mitscherlich bemühte sich um den Wiederaufbau der Psychoanalyse, verband sie mit Sozialwissenschaften und Politik und trug damit erheblich dazu bei, dass Studierende, die sich im Mai 1968 engagierten, psychoanalytische Theorie gelesen hatten und darin ein emanzipatorisches Werkzeug sahen. Mitscherlich wurde nie an eine medizinische Fakultät berufen, wohl aber auf einen psychologischen Lehrstuhl. Er schrieb Werke, die für die deutsche Nachkriegsgesellschaft von hoher Relevanz waren. Sein bekanntestes, zusammen mit Margarete Mitscherlich veröffentlichtes Buch *Die Unfähigkeit zu trauern* erschien 1967. Auf Mitscherlichs Veranlassung wurde 1960 das Sigmund-Freud-Institut in Frankfurt am Main eingerichtet, wo bis heute psychoanalytische Forschungen, Behandlungen und Ausbildung stattfinden. Seine Gründung war eine Reaktion auf die zunehmend therapeutische Einengung der Psychoanalyse. Die Zeitschrift *Psyche*, die Mitscherlich 1947 zusammen mit anderen gründete, gab dieser Vielseitigkeit des psychoanalytischen Anliegens Raum.

Bei einem anderen Teil der Psychoanalyse kam es zu einer zunehmenden Verengung des Blickfelds – ein Thema, dessen Folgen im 7. Kapitel thematisiert werden. Hier sei nur angemerkt, dass die bundesdeutsche Psychoanalyse von der nationalsozialistischen Erbschaft der »deutschen Seelenheilkunde« noch lange geprägt blieb. Der Vorgang ist vergleichbar dem der »Neuen deutschen Heilkunde« und dem Beruf des Heilpraktikers, die von den Nationalsozialisten etabliert wurden, um die Lücken nach der Vertreibung jüdischer Ärzte zu schließen; beide haben heute in Deutschland, mehr als anderswo, ein festes Standbein inklusive der Anerkennung durch die gesetzlichen Krankenkassen. Auf dem Gebiet der Psychotherapie bahnte die nationalsozialistische »Verstaatlichung« des psychoanalytischen Denkens den Weg für ihre Bevormundung durch den Staat: auch als dieser demokratisch wurde. In einer großen Studie, der weltweit umfangreichsten Untersuchung dieser Art, hatten deutsche Forscher unter der Anleitung von Annemarie Dührssen in den 1960er

Jahren nachgewiesen, dass Patienten, die psychotherapeutisch behandelt werden, eine niedrigere Zahl von psychosomatischen Erkrankungen, Arbeitsunfähigkeitszeiten und Krankenhaustagen aufwiesen als die entsprechende Vergleichsgruppe. Auch die Rückfallquote war geringer. Die an dieser Erkenntnis orientierte Veränderung der Kassenordnung bewirkte, dass die Behandlung allen und nicht nur betuchten Schichten zugänglich war. Zugleich übte die psychotherapeutische Ausbildung, nun versehen mit guten beruflichen Aussichten, große Anziehungskraft aus. Diese Neuerung implizierte einerseits eine begrüßenswerte Erweiterung des psychoanalytischen Territoriums, andererseits aber auch eine Einengung auf deren therapeutischen Auftrag.

In Westdeutschland wandte sich die Psychotherapie zunehmend von der Kultur- und Gesellschaftskritik ab und einem reinen »Heilauftrag« zu. In der NS-Zeit hatte dies zuvor die politische Instrumentalisierung der Psychoanalyse zur Folge gehabt. In der Bundesrepublik kam es zu einer Auslagerung der sozial- und kulturkritischen Perspektiven der Psychoanalyse: Diese wanderten aus in die Geisteswissenschaften, während die Therapie der Medizin und der Psychologie zugeordnet wurde.[17] In den Curricula der naturwissenschaftlichen Fakultäten, zu denen die Psychologie gehört, wurde die Psychoanalyse – wegen mangelnder »Wissenschaftlichkeit« – allmählich von der Verhaltenstherapie verdrängt, bis schließlich die wenigen Lehrstühle für Psychoanalyse, die in den 1960er und 1970er Jahren eingerichtet worden waren, fast völlig verschwanden.[18]

Dass sich hinter dem Modell der Kassenleistungen für Psychotherapie nicht nur, aber auch eine langfristige NS-Erbschaft verbirgt, wird auch an der Leiterin der Studie, Annemarie Dührssen, und ihren Veröffentlichungen deutlich. Sie hatte ihre Ausbildung in der NS-Zeit absolviert und polemisierte noch in ihren 1994 erschienen Memoiren *Ein Jahrhundert Psychoanalytische Bewegung in Deutschland* gegen die Gründergeneration. Dührssen sprach vom »Glaubenskodex« der Freudianer und meinte damit die von ihr abgelehnte sexuelle Genese neurotischer Erkrankungen. Sie bezeichnete Freud als »Reichsgründer« mit »neu gegründetem Kolonialreich« und als »Religionsstifter«.[19] Die frühen Psychoanalytiker nannte sie, mit Anspielung auf ihr Judentum, eine »sektiererische Religionsgemeinschaft«, die in »teils elitären, teils messianischen Vorstellungen« lebte und mit »Literaten« und »intellektuellen Gruppen« verkehrte.[20] Literat, Intellektueller, Sektierer – das waren Begriffe mit einer langen Geschichte im antisemitischen Repertoire.[21] Dass sie noch in den 1990er Jahren mit dieser Konnotation verwendet werden konnten, zeugt von der Langlebigkeit nicht nur dieser Stereotype, sondern auch eines nationalsozialistisch umgeformten Konzepts von Psychoanalyse. Dührssen warf Mitscherlich auch vor, »innerlich und in seinen Veröffentlichungen auf der Seite der Ankläger gestanden zu haben«.[22] Nach dem Erscheinen von Dührssens Buch kam es zu heftigen Kontroversen in der DPG, aus der sie schließlich austreten musste.

Der Trend, die Psychoanalyse aus der Gesellschaftskritik zu verbannen und auf den therapeutischen Auftrag zu beschränken, hält bis heute an: In den 1980er Jahren rekrutierte sich noch ein Teil des analytischen Nachwuchses aus der Philosophie, den Sozialwissenschaften, der Theologie oder den Kulturwissenschaften. Inzwischen sind es ausschließlich

Ärzte und Psychologen, die ihrerseits unter Druck stehen, ihr Fach den Naturwissenschaften zuzuordnen. Für die Analysanden ist es von Vorteil, dass die Kosten für die Behandlung von den Kassen übernommen werden, aber es fragt sich, ob die Einbeziehung des sozialen und kulturellen Kontextes, wie ihn Geistes- und Sozialwissenschaften leisten, nicht auch zu einem besseren Verständnis ihres Leidens beitragen könnte. Wir sind nicht nur gezeichnet von unseren Familien, sondern auch von den Wunden, die die Geschichte in uns schlägt.

Die Verdrängung der sozial- und kulturkritischen Aspekte der Psychoanalyse aus der Therapie ist umso schmerzlicher, als parallel dazu im öffentlichen Raum die Psychologie auch zum Instrument der neoliberalen Wirtschaft wurde: Sie setzt ein entsprechendes Knowhow ein, um Konsumenten zu erreichen, ihr Verhalten zu berechnen und zu lenken, während die in den sozialen Medien angelegten Überwältigungstechniken zunehmen. Diese Plattformen polarisieren die Gesellschaft, indem sie Gruppenidentitäten fördern, die nach dem Modell von Inklusion/Exklusion funktionieren, womit sie zur Entstehung neuer Glaubensgemeinschaften beitragen. Die Entstehungs- und Wirkungsgeschichte dieser medialen Techniken, auf die ich im 6. Kapitel ausführlicher eingehe, reicht ebenso weit zurück wie die Geschichte der Psychoanalyse. Sie lassen sich als Gegenpol zur kulturkritischen, der selbstreflexiven Seite der Psychoanalyse verstehen. Dank dieser Entwicklungen befindet sich die Psychoanalyse heute – auch ohne den totalitären Staat – im Zentrum eines neuen Kampfs ums Unbewusste.[23]

Das geteilte Deutschland und die Psychoanalyse: die Entwicklung in der DDR

Im Gegensatz zur Bundesrepublik gab es in der DDR keine offizielle Psychoanalyse, sie galt als Attribut der »Bourgeoisie« und wurde zurückgewiesen, obgleich sie an die sonst geschätzte Erbschaft der Weimarer Republik anschloss. Das Verhältnis der DDR zur Psychoanalyse ähnelte dem in anderen Ostblockländern, wie Andreas Petersen in seinem Buch *Der Osten und das Unbewusste* festhält. »So gab es direkt nach dem Krieg mitunter erst einmal mildere Umstände für die Psyche, eine Art Tauwetter, das während der Stalinisierung der 50er Jahre jedoch wieder in den Hintergrund gedrängt wurde. Vielfach wurde das System Psyche einfach gelöscht.« Manche Regime, die sich durch die Psychoanalyse weniger bedroht fühlten, gingen milder mit ihr um, doch das geschah fast nur in geschlossenen Kreisen und unter Vermeidung von Aufsehen.[24] Der Nationalsozialismus hatte versucht, die Psychoanalyse zu instrumentalisieren, um das Unbewusste zu *besetzen*, die sozialistischen Totalitarismen zogen es vor, die Psychoanalyse zu unterdrücken, um das Unbewusste auszulöschen – angesichts seiner Flexibilität und Resilienz ein von vorneherein zum Scheitern verurteiltes Unterfangen. Zudem im anderen Deutschland die Psychoanalyse zugleich boomte. Die Widerstandskraft der Psyche in der DDR sollte sich spätestens 1989 zeigen.

In einigen anderen Ostblock-Ländern zeigte sich ein etwas anderes Bild, etwa in der Tschechoslowakei, wo ein Film, der die psychologischen Auswirkungen der Wochenkrippen offen ansprach, bewirkte, dass diese abgeschafft wurden und zugleich das Wissen um psychoanalytische Vorgänge zugelassen wurde. Das wurde sogar beibehalten, als die Truppen des Warschauer Paktes 1968 in Prag einmarschierten. Auch in Bulgarien und Ungarn konnte sich das Krippensystem nicht durchsetzen, wohl aber in der UdSSR, Polen und zum Teil auch der DDR, wo das von oben verordnete »Modell der Erziehung und des Aufwachsens in staatlichen Institutionen« bis zum Ende der DDR fast vollständig durchgesetzt worden war.[25] In Rumänien gab es zudem eine enge Beziehung zwischen »den höchsten psychiatrischen Funktionsträgern und den Organen der politischen Polizei«.[26] In Polen hatte die katholische Kirche schon vor der nationalsozialistischen Okkupation eine Etablierung der Psychoanalyse verhindert; sie konnte erst in den 1980er Jahren Fuß fassen, parallel zur Solidarność-Bewegung.[27] In den baltischen Staaten, wo sich schon in den 1920er Jahren psychoanalytische Ideen etabliert hatten, machte der Einmarsch der Roten Armee solche Traditionen zunichte. Unter Sowjetherrschaft wurden die Ideen Pawlows zum Pflichtfach für Schulen und Lehrer.[28]

Nur das blockfreie Jugoslawien ging einen eigenen Weg. Es entstand einerseits die »westlichste Ausprägung der Tiefenpsychologie«, andererseits kam es zu »einer perfiden Weiterentwicklung des sowjetischen Gulagsystems« unter den Vorzeichen der Psychoanalyse, die zu einer Anti-Stalin-Waffe umfunktioniert wurde. Wer auch nur im Entferntesten verdächtigt wurde, Stalin-Anhänger zu sein, wurde »aus der Partei ausgeschlossen oder in ein Lager verschleppt«. Das größte befand sich auf der Felseninsel Goli Otok in der Adria; Petersen nennt es »ein Alcatraz für zehntausende Stalinisten«: Niemand wurde hingerichtet, doch »irregeführte Genossen«

wurden mit psychotherapeutischen und analytischen Techniken traktiert. »Die Gefangenen mussten endlos ihre Geschichten erzählen, ihre Fehler eingestehen, sich selbst hinterfragen, die Ursachen ihres ›Verrats‹ in ihren Biographien erkennen und herausfinden, wie sie zu solchen ›Verbrechern‹ werden konnten. Sie sollten vor den Mithäftlingen ihrer Baracken in gewaltsamen Gruppensettings ihre Träume als kleine Kinder, Gefühle, ihre Wünsche und Zweifel gnadenlos offenlegen und über diesen Weg erkennen, was ihnen bisher nicht bewusst gewesen war.« In diesem Gulag waren die Peiniger nicht »die Wärter, sondern die Mithäftlinge«. »In diesem System herrschte ein gnadenloses Gewaltklima mit gegenseitigen Schlägen, Erniedrigungen, Denunziationen, sinnloser und zumeist schwerer körperlicher Arbeit.« Nach dem Fall des Eisernen Vorhangs wurden die Akten dieses Lagers vernichtet, doch Forschende konnten die Verhältnisse durch Erinnerungen von Häftlingen und Wärtern rekonstruieren.[29]

In der DDR wurde die Schlaftherapie, trotz mangelnder Erfolge, großgeschrieben. Zugleich drängte Stalin auf die Etablierung der Theorien Pawlows. 1953 wurde eine große Pawlow-Tagung mit 1800 Teilnehmern abgehalten, sie war unter anderem gegen die Lehren Freuds gerichtet. »Die bürgerlich-idealistische Psychoanalyse diene einzig zur Anpassung an die kapitalistische Gesellschaft und der Ausbeutung, dem Kolonialismus und dem Krieg.«[30] Die Verdrängung der Psychoanalyse ging einher mit der Ermittlung gegen Juden. Die Räume der Berliner jüdischen Gemeinde wurden durchsucht. Wäre Stalin nicht sieben Wochen nach der Pawlow-Tagung gestorben, so wäre es zu einem antisemitischen Schauprozess wie in Prag 1952 gekommen, wo vierzehn Mitglieder der

Kommunistischen Partei, darunter elf Juden, einer trotzkistisch-titoistisch-zionistischen Verschwörung angeklagt und elf der Beschuldigten zum Tode verurteilt wurden. Wenige Jahre hatten genügt, um die Psychoanalyse zu verdrängen. Seit Ende der 1970er Jahre konnte das Wissen um Freud, um das Unbewusste und ein Verständnis für Beziehungsdynamiken wieder neu erworben werden, doch es musste im Untergrund bleiben. Ein Gespräch unter vier Augen galt als unvertretbar, und bei den Gruppentherapien wurde den Patienten empfohlen, nicht alles zu sagen.[31]

In der DDR herrschte generell ein gespaltenes Verhältnis zur psychischen Erkrankung – was besonders gut daran abzulesen ist, dass die Suizidraten, die zu den höchsten Europas gehörten (31 Suizide je 100.000 Einwohner pro Jahr), zwar genau erfasst, aber nie veröffentlicht wurden.[32] Die Selbsttötungen gingen allerdings nicht nur auf das Konto der DDR. In mehreren ostdeutschen Gebieten waren schon lange zuvor hohe Raten verzeichnet worden, was einerseits mit dem Bedeutungsverlust der Religion und einer im Protestantismus größeren Toleranz gegenüber dem Suizid erklärt wird. Es wird allerdings angenommen, dass die Dunkelziffer in den katholischen Gegenden deutlich höher war. Schon im Kaiserreich und in der Weimarer Republik war in Ostdeutschland die Bindung an die Kirche gesunken, was in der DDR von Staats wegen gewollt war und dazu führte, dass Ostdeutschland die weltweit geringste Religionsbindung aufwies. Andererseits hatten die hohen Suizidraten auch mit der Zulassung der Scheidung zu tun. Der französische Soziologe Émile Durkheim, der 1897 die erste große empirische Studie zur Selbsttötung vorlegte, zeigte, dass in den Regionen Europas, in denen Ende des 19. Jahrhunderts die Möglichkeit der Scheidung eingeführt wurde, die Suizidraten wie auch Alkoholismus und psychische Erkrankungen unter Männern zunahmen, während die von Frauen zurückgingen.[33] In der DDR spielte auch die Repression eine nachweisbare Rolle: In den ersten Jahren ihres Bestehens sanken die Suizidraten in der DDR, nach dem Mauerbau 1961 nahmen sie deutlich zu.[34]

Die DDR verschwieg die Suizidraten wie auch die Zahlen zu Alkoholismus und psychischer Erkrankung, weil sie dem sozialistischen Glauben an die Erschaffung des »neuen Menschen« widersprachen. »Wenn man ein Verständnis des Menschen hat, wie ihn die Propagandisten des Sozialismus hatten, dass letztlich die gesellschaftlichen Verhältnisse das Leben bestimmen, also auch das Leben der Individuen, ob ein einzelner Mensch glücklich wird oder nicht, also wenn man diese kommunistische Normvorstellung eines Menschen hat, dann muss die hohe Selbsttötungsrate der DDR als Versagen des Sozialismus der DDR angesehen werden«, so der Historiker Udo Grashoff, der die Akten zum Suizid in der DDR untersucht hat.[35] Nach 1961 wurden die Zahlen zwar erfasst, blieben aber unter Verschluss. Erst 1989 wurden sie zugänglich und ausgewertet.

Der Glaube an den »Neuen Menschen« war im DDR-Sport besonders ausgeprägt. Die Erfolge auf diesem Gebiet sorgten für internationales Prestige, das allerdings zu einem hohen Preis erkauft wurde, wie Ines Geipel, selbst Spitzensportlerin der DDR und im August 1989 über Ungarn nach Westdeutschland geflohen, am eigenen Leibe erfuhr.[36] Geipel recherchierte später die Fälle anderer Nachwuchssportler und -sportlerinnen, die unwissentlich mit Hormonen und anderen Mitteln behandelt worden waren, und kämpfte erfolgreich für deren Entschädigung. In mehreren Büchern thematisierte sie die Erforschung der sozialistischen Ideologie vom »Neuen Menschen« und deren Folgen. Darunter war ein Buch zum sowjetischen Interkosmos-Programm, an dem die DDR beträchtlichen Anteil hatte. Ziel war die biologische Züchtung einer neuen Art von Menschen, die längere Aufenthalte im All durchstehen konnte und dort für Nachwuchs sorgen sollte.[37] Eines der Ergebnisse dieser Forschungen, die an Menschen in Gefängnissen, Krankenhäusern und im Hochleistungssport durchgeführt wurden, bestand darin, dass »der trächtige weibliche Organismus gegenüber Hypergravitation eine weitaus höhere Resistenz zeigt als der männliche«.[38] Allerdings wurden die Erfolge dieser Untersuchungen, deren Ziel es war, die Fortpflanzung der Art auch bei längeren Reisen ins All zu sichern, dadurch geschmälert, dass »der Schutz des mütterlichen Organismus zu Ungunsten des kindlichen Organismus dominiert«.[39] Die Forschungen kam dennoch zum Ergebnis, dass der »Einsatz von Frauen in der Armee ein Charakteristikum des modernen Kriegs« und deshalb notwendig sei.[40] Hatte der NS-Glaube auf die arische Menschenzucht gesetzt, so Geipel, so zielte der Glaube in der DDR auf die »Idee eines androgynisierten weiblichen Körperpanzers, der maximal optimiert, maximal leistungsbereit und unter Extrembedingungen im All vor allem auch gebärfähig die Menschheit in die Verheißung führen würde«.[41]

Solche Forschungen vermitteln einen Eindruck von der Zweiteilung des Unbewussten im Kalten Krieg, und sie machen zugleich verständlich, warum Freud – im Gegensatz zu den Romantikern – weniger von den schöpferischen als den *unheilvollen* Kräften des Unbewussten sprach und vor der Wirkmacht des Unbewussten warnte. Spätestens seit den 1930er Jahren hatte er das Gespenst eines sekundären Unbewussten aufsteigen sehen, das die Psyche und das Verhalten der Menschen zu kontrollieren vermochte. Sein Konzept der Psychoanalyse wollte das Unbewusste mit *Skepsis* ausstatten – denn Freud muss geahnt haben, dass sich daneben auch schon eine Psychoanalyse und ein Unbewusstes des Glaubens entwickelten. Der deutschsprachige Raum, in dessen Geschichte sich der Wettbewerb zwischen den beiden Arten des Unbewussten besonders deutlich widerspiegelt, wurde durch die Teilung um eine zusätzliche Variante erweitert: auf der einen Seite ein »primäres« Unbewusstes des Vertrauens und auf der anderen Seite ein »sekundäres« des Glaubens. Diese Spaltung stimmte nicht zwingend mit der Grenze des Eisernen Vorhangs überein. Denn auch der Westen wurde von einem Glauben beherrscht: den an die Werte des Kapitalismus.

Dass auch Westdeutschland im Zeichen des Glaubens gestanden hatte, wurde nach der Wiedervereinigung offenbar. Zwischen den frühen 1960er Jahren und 1989 erlebte Westdeutschland einen Psychoboom, den Petersen mit Zahlen eindrucksvoll belegt. Er hat zwei Erklärungen für diese »Durchtherapeutisierung« der Gesellschaft:[42] einerseits psychologische Faschismusaufarbeitung, wie sie von Mitscherlich und der Frankfurter Schule eingeführt worden war. Bei einem Teil der Bevölkerung, gerade der jungen Linken, spielten die Schuldgefühle für die NS-Verbrechen eine wichtige Rolle. Sie hatten Alexander Mitscherlich wie viele andere im Westen umgetrieben. Dagegen sah sich die offizielle DDR-

Politik frei von einer solchen Schuld. Der andere Grund, den Petersen für den westdeutschen Psychoboom anführt, war die Integration der Gesellschaft in eine neoliberale Ökonomie. Das traf zweifellos auf das breite psychotherapeutische Angebot zu, es erklärt aber nicht das kollektive Bedürfnis nach Therapie. Ein Run entsteht bei Angst, nicht durch ein reiches Angebot.

Das Phänomen hatte zweifellos auch mit dem Kalten Krieg zu tun: Die Psychoanalyse erschien vielen wie eine Immunisierungsstrategie gegen den kommunistischen Totalitarismus. Da sie im Ostblock verfemt war und verfolgt wurde, stellte sie offenbar einen psychischen Schutzschild dar. Dass der Kalte Krieg, und damit das Verhältnis zur DDR, tatsächlich eine Rolle spielte, zeigte sich nach 1989. In der Bundesrepublik war während der deutschen Teilung ein bis dahin nie gekannter Sozialstaat entstanden; er verdankte sich nicht zuletzt der Konkurrenz mit dem sozialistischen Staat auf der anderen Seite der Mauer. Gleich nach 1989 sank das Engagement für diesen Sozialstaat. Parallel dazu – und scheinbar ohne Zusammenhang – sank auch die Zahl der Bewerbungen für die psychoanalytische Ausbildung. Rückblickend ist zu erkennen, dass die westdeutsche Psychotherapie und ihre Analysanden unter anderem vom Gegensatz zum sozialistischen Osten gelebt hatten: Er hatte ihren Glauben an die Werte des Kapitalismus gefestigt. Auch in anderen Ländern, vor allem in den USA, verstärkte sich der neoliberale Trend mit dem Ende des Kalten Kriegs, und auch hier büßte die Psychoanalyse viel von ihrer Bedeutung ein. Allerdings waren die Umstände wie auch die Folgen anderer Art.

Die internationale Entwicklung

Auf der einen Seite wurde die Psychoanalyse zu einem wirkmächtigen Faktor, der sich auf allen Ebenen des therapeutischen Geschehens – in den Wissenschaften wie in populären Ratgebern und Flugblättern – niederschlug: Sie wurde »in all ihrer unbändigen Komplexität zu einem integralen Bestandteil der Sozial- und Geistesgeschichte des 20. Jahrhunderts«.[43] Auf der anderen Seite hatte der Nationalsozialismus gezeigt, dass sich die Psychoanalyse instrumentalisieren ließ, dass sie nicht nur die Skepsis beförderte, sondern auch dem Glauben dienen konnte. Diese Erfahrung hatten die Psychoanalytiker, die aus Europa geflohen waren, mitgebracht, und viele von ihnen daraus die Lehre gezogen, der Politik fernzubleiben. Auf dem ersten Kongress der IPV, der 1949 in Zürich stattfand, warnte der Vorsitzende, Ernest Jones, davor, den politischen und sozialen Kontexten ihrer Analysanden zu viel Aufmerksamkeit zu widmen. Wir müssen, so sagte er, »der Versuchung widerstehen, uns mitreißen zu lassen, emotionale Abkürzungen in unserem Denken zuzulassen und es so den Politikern gleichzutun, die letztlich nicht sehr viel zum Glück dieser Welt beigetragen haben.«[44] Jones' Vorsicht hing mit den Erfahrungen aus der NS-Zeit zusammen, die in der Psychoanalyse das oben angesprochene Gefühl des Misstrauens begründeten. Sie war aber auch, wie Herzog betont, der Tatsache geschuldet, dass auf der anderen Seite des Eisernen Vorhangs viele psychoanalytische Institute geschlossen worden waren und man dort eventuell tätige Analytiker nicht gefährden wollte.[45] In Westdeutschland entsprach der Rückzug der Psychoanalyse ins Private einem allgemeinen Trend: Eine

Mehrheit der Bevölkerung wollte mit Politik nichts mehr zu tun haben. Er war also nicht nur dem Bedürfnis der Psychoanalyse als »Holocaust Survivor«, sondern auch einer allgemeinen Sehnsucht der Nachkriegsgeneration geschuldet.

In den 1960ern setzten die ersten Gegenbewegungen ein: Sie kritisierten die Entpolitisierung und formulierten zugleich neue Vorstellungen über das Unbewusste. 1969 veranstaltete eine Gruppe von jungen Analytikern ein Antisymposium gegen den in Rom stattfindenden Kongress der Internationalen psychoanalytischen Vereinigung. Sie forderte eine Einbeziehung politischer Reflexion in das Selbstverständnis der Psychoanalyse. Auf dem zwei Jahre später in Wien stattfindenden Kongress der IPV referierte Alexander Mitscherlich darüber, dass die Psychoanalyse auch soziale Probleme berücksichtigen müsse. Er erinnert daran, dass sich schon Freud mit politischen und sozialen Phänomenen auseinandergesetzt hatte. Die Reaktionen auf seine Einlassungen waren gemischt: Versteinerte Gesichter bei der älteren Generation, Begeisterung beim Nachwuchs. Die »ideologische Kluft innerhalb der IPV war nun unübersehbar geworden«.[46] Nach diesem Neuaufbruch begann für die Psychoanalyse, und zwar international, ein zweites »goldenes Zeitalter«; es hielt an bis in die späten 1980er Jahre und erfasste auch Lateinamerika – obwohl (oder weil) es dort zu »brutaler Repression vonseiten diverser diktatorischer Regime als auch eigennützige(r) Komplizenschaft mit diesen« kam.[47]

Ein wichtiger Impuls für die kritische Bewegungen ging von der Ethnopsychoanalyse um Fritz Morgenthaler, Paul Parin und Goldy Parin-Matthèy aus. Das Fach war schon in den 1930er Jahren entstanden, doch seine Relevanz wurde erst nach dem Zweiten Weltkrieg erkannt. In den 1960er und 1970er Jahren begriffen die oppositionellen Bewegungen seine Bedeutung. Morgenthaler, aus Bern stammend, gilt zusammen mit Georges Devereux, der 1908 in Ungarn geboren wurde und 1985 in Paris starb, als Gründer der Ethnopsychoanalyse. Morgenthaler forschte in Afrika und starb 1984 in Addis Abeba. Während Devereux erst spät zur Psychoanalyse fand – er hatte andere Berufe ausgeübt, bevor er ethnologische Untersuchungen unter den Mohave-Indigenen in den USA durchführte – ließ sich der Arzt Morgenthaler schon früh zum Psychoanalytiker ausbilden. Zusammen mit Paul Parin und Goldey Parin-Matthèy gründete er das *Psychoanalytische Seminar Zürich*, das für sein gesellschaftliches Engagement bekannt war und viele Schüler, vor allem aus Deutschland, anzog.

Morgenthaler erkannte im psychoanalytischen Prinzip von Übertragung und Gegenübertragung ein geeignetes Instrumentarium, um fremde Kulturen über deren Spiegelung in der eigenen Psyche zu verstehen. Ethnologen und Ethnologinnen berichten immer wieder davon, dass sie durch Phänomene, denen sie bei der Feldforschung in anderen Kulturen begegnen, auf unbearbeitete oder vergessene Anteile der eigenen Biographie stoßen.[48] »Gemäss der Freud'schen Psychoanalyse«, so Mario Erdheim, »entspricht das Unbewusste dem ›inneren Ausland‹. Ethnologen beschäftigen sich aber stets mit dem ›äusseren Ausland‹.«[49] Die Ethnopsychoanalyse interessierte die *Wechselwirkung* zwischen beidem. Sie richtete den Blick auf die Interaktion zwischen dem Unbewussten eines betrachtenden »Subjekts« und dem des beobachteten »Objekts«, das seinerseits den Beobachter »anblickt«

und mit sich selbst konfrontiert. Diese Gegenseitigkeit vermied einerseits den kolonialen oder eurozentrischen Blick der traditionellen Ethnologie, eröffnete andererseits aber auch die Einsicht in die Prägung des Ich und seiner Empfindungen durch die eigene Kultur. Claude Lévi-Strauss verglich deshalb die Feldforschung mit einer Lehranalyse: In beiden Fällen sei die Forschung an persönliche Erfahrungen geknüpft.[50] Zugleich unterstrich der Ethnologe in seinem Buch *Strukturale Anthropologie* den Unterschied zwischen der historischen und der ethnologischen Forschung: Sie hätten »dasselbe Objekt, nämlich das soziale Leben, dasselbe Ziel, ein besseres Verständnis des Menschen, und eine Methode, bei der nur die Dosierung der Untersuchungsverfahren variiert«, doch ihre Perspektiven seien komplementär: »Die Geschichte ordnet ihre Gegebenheiten in Bezug auf die bewußten Äußerungen, die Ethnologie in Bezug auf die unbewußten Bedingungen des sozialen Lebens.«[51] Es war diese Verbindung von Gesellschaftlichem und Individuellem, von Geschichte und Ethnologie, die der Ethnopsychoanalyse ihren nachhaltigen Einfluss auf linke politische Bewegungen verlieh – besonders im deutschsprachigen Raum, wo solche Sichtweisen vorher kaum rezipiert worden waren. Sie brachte die politisierte Psychoanalyse der 1960er Jahre hervor.

Unter dem Einfluss der Ethnopsychoanalyse entwickelte sich noch einmal ein neuer Blick auf das Unbewusste. Der Schweizer Psychoanalytiker und Ethnologe Mario Erdheim, der in den 1980er Jahren einen wichtigen Beitrag zur Verbreitung ethnopsychoanalytischer Forschungsperspektiven im deutschsprachigen Raum leistete, schreibt in seinem Buch *Die gesellschaftliche Produktion von Unbewußtheit* (1982), dass Gesellschaften dazu tendieren, Inhalte, die ihre Stabilität gefährden, ins Unbewusste zu verschieben. Sein Begriff des Unbewussten war ein anderer als der von Freud und dessen Zeitgenossen. Diese betonten, bei allen sonstigen Unterschieden, die Unberechenbarkeiten des Unbewussten. Erdheim dagegen hob die historischen oder sozialen Bedingungen seiner Herausbildung hervor. Das Unbewusste »erscheint einmal als eine Art Orkus, in welchem all das verschwindet, was nicht bewußtseinsfähig ist, und zum anderen als ein Reservoir an Kräften, das die Kreativität von Menschen speist. [...] Für die Gesellschaft wird das Unbewußte also relevant durch seine ›einfrierende‹ und durch seine das Individuum in Bewegung setzende, verändernde Funktion.«[52]

Wenn Freud vom Prozess einer Verschiebung von unliebsamen Botschaften oder Erkenntnissen ins Unbewusste sprach, bezog er sich im Allgemeinen aufs Individuum.[53] Dagegen rückte die Ethnopsychoanalyse von Anfang das Unbewusste der *Gesellschaft* in den Fokus. Georges Devereux bemühte dafür den Begriff »ethnisch«: »Das ethnische Unbewußte eines Individuums ist jener Teil eines gesamten Unbewußten, den es gemeinsam mit der Mehrzahl der Mitglieder seiner Kultur besitzt.«[54] Weil jede Kultur einige Phantasien und Manifestationen des Psychischen Zutritt erlaube, andere aber verdränge, sei »allen Mitgliedern ein und derselben Kultur eine gewisse Anzahl unbewußter Konflikte gemeinsam«.[55] Er betonte ausdrücklich, dass dieses Unbewusste in keiner Weise mit dem »rassischen Unbewußten Jungs« vergleichbar sei.[56] Um diese Abgrenzung zu unterstreichen, spricht Erdheim auch nicht vom »ethnischen«, sondern vom »gesellschaftlichen Unbewussten«. Der Begriff erlaube es, zwischen sozialen Klassen, zwischen Herrschern und Beherrschten zu differenzieren, während der Begriff »ethnisch« eine Homogenität vortäusche, »die etwa den Situationen des Kulturwandels und den dadurch zugespitzten Machtkämpfen nicht gerecht wird«.[57]

Nach Erdheim können nicht nur Phantasien, sondern auch »Wahrnehmungen der äußeren Realität« verdrängt werden: Indem gewisse, die Gesellschaft oder eine Herrschaft bedrohende Triebregungen als Gefährdung eingestuft und ins Unbewusste verschoben werden, »bilden sie einen Sog, der nun auch andere Wahrnehmungen oder Phantasien ergreifen kann, die ebenfalls die Stabilität der Kultur infrage stellen könnten. Auch sie müssen im Unbewußten verschwinden.«[58] Das war ein völlig neuer Begriff des Unbewussten: Neu war erstens die Einbeziehung der gesellschaftlichen Faktoren, zweitens seine über die einzelne Kultur hinausgehende Relevanz und drittens eine Wirkmacht, die sogar »Fakten« verschwinden ließ – eine Entwicklung, mit der schon der ganze Bereich von »Fake News« oder »alternativen Fakten« vorweggenommen wurde.[59]

Dieser Begriff des Unbewussten öffnete auch einen anderen Blick auf sexuelle Vorgänge. Das wird besonders deutlich bei Fritz Morgenthaler, der zwischen dem »Sexuellen« und der »Sexualität« unterschied. Das Sexuelle sei »die Triebhaftigkeit, die sich in Triebregungen äußert«, sie sei »ihrer Natur nach unbestimmbar« und folge einem »›Primärprozeß‹, der von der Psychoanalyse zu Recht dem Es zugeordnet wird«.[60] Das Sexuelle gehörte für ihn zu jenem »Chaos« des Unbewussten, dem Freud Logik, Zeitgefühl, Organisation, Einsicht in Widersprüche, Moral absprach, wohl aber Energie attestierte.[61] Die Sexualität dagegen, so Morgenthaler repräsentiere einen »Sekundärprozeß«, der darauf ausgerichtet sei, »die Bewegung aufzufangen, die vom Primärprozeß ausgeht«. Sie sei jene Kraft, die »alles Triebhafte in Bahnen lenkt, organisiert und nach anzustrebenden Zielsetzungen ausrichtet«.[62] Kurz, die Sexualität repräsentiere das, »was der Sekundärprozeß aus den Triebregungen im Es gemacht hat«.[63] Die Sexualität stand also dem Glauben näher, während das Sexuelle eher mit dem Vertrauen verwandt ist.

Damit war klar, dass die Sexualität im Zentrum politischer Konflikte stand, was den Schriften Wilhelm Reichs eine neue Aktualität verlieh. Seine Bücher wurden wiederaufgelegt und in vielen Seminaren diskutiert, darunter *Die sexuelle Revolution*, 1936 zuerst erschienen unter dem Titel *Die Sexualität im Kulturkampf*, sowie die *Massenpsychologie des Faschismus*, wo Reich 1933 den Zusammenhang zwischen sexueller Repression und Faschismus thematisiert hatte.[64] Auch neue Werke stellten die Sexualität ins Zentrum der Betrachtung; die tradierte Sexualmoral der 1950er Jahre wurde bekämpft, die Grenze zwischen Privatem und Öffentlichem aufgehoben. Es kam zu einer allgemeinen Erweiterung des Begriffs des Politischen. Frauenbewegung und Kämpfe um die Rechte der Schwulen rückten den Körper ins Zentrum der Betrachtung.

Die diversen Strömungen, die sich in den 1960er und 1970er Jahren aus der westeuropäischen Psychoanalyse entwickelten, können hier nicht alle erfasst werden. Zu ihnen gehörte etwa die »Antipsychiatrie« von David Cooper und Ronald Laing, die zusammen mit anderen eine Bewegung zur Befreiung der Patienten aus den Anstalten damit begründeten, dass psychische Erkrankungen von der Gesellschaft erzeugt würden. Cooper nannte sich selbst einen »existentialistischen Marxisten«, während Ronald Laing in der Diagnose »Schizophrenie« eine Projektion der behandelnden Ärzte sah. Zur antipsychiatrischen Bewegung gehört auch das Sozialistische Patientenkollektiv Heidelberg, das in Deutschland strafrechtlich verfolgt wurde, weil es als Ableger der RAF galt.[65] Last, but not least sei an dieser Stelle auch der Soziologe und Philosoph Herbert Marcuse genannt, dessen Buch *Der eindimensionale Mensch* für einen Teil der 1968er zu einer Art Bibel wurde.[66] Er kritisierte darin den »Positivismus« in Wissenschaft und Politik und zog, lange vor der Kritik an den sozialen Medien, gegen die Manipulation des Individuums durch die Massenmedien und den Konsumkapitalismus zu Felde. Er stellte Vergleiche zwischen den Industriegesellschaften auf beiden Seiten des Eisernen Vorhangs an: Beide seien, auf je eigene Weise, »gleichgeschaltet«. Der Philosoph forderte zur Verweigerung dieser Manipulation auf, machte aber keinen Vorschlag, wie sich das Individuum dieser entziehen könne. Keiner dieser Theoretiker berief sich auf die Psychoanalyse, sie wurde eher kritisch betrachtet, galt als gesellschaftlich konform. Dennoch sind das Aufkommen und der Erfolg ihrer Bücher in diesen Jahren ohne das Interesse an psychoanalytischen Denkweisen nicht vorstellbar. In diesen Zusammenhang gehört auch das Phänomen, dass sich Argentinien in diesen Jahren und bis in die 1990er zum Land mit der weltweit höchsten Dichte an Psychotherapeuten und -therapeutinnen entwickelte. Einer der Gründe war die Junta, die von 1976 bis 1983 das Land beherrschte. Anders als der Nationalsozialismus, versuchte sie nicht, die Psychoanalyse für eigene Zwecke zu instrumentalisieren, sondern verfolgte sie.

In Europa sind zwei Werke besonders symptomatisch für den Einfluss des psychoanalytischen Denkens dieser Zeit. In Deutschland setzte Klaus Theweleits *Männerphantasien* (1977/78) neue Standards der Betrachtung.[67] Seine Analyse unterschied sich von vorangegangenen Faschismus-Analysen dadurch, dass der Autor nicht ideologiekritisch an seinen Stoff heranging, sondern »zu verstehen« versuchte, wie die Gefühlswelt des Typus »soldatischer Mann« beschaffen war. In der Hinsicht gilt sein Buch zu Recht als eines der ersten Werke auf dem Gebiet der »Männerforschung« (sieht man davon ab, dass sich dieses Etikett, wenn auch anders gedacht, auf die gesamte Philosophie und Theologie seit der griechischen Antike anwenden ließe).[68] Theweleits aus der Psychologie entwickelte These, dass der »soldatische Mann« aus Angst vor der Auflösung des Ich einen »Körperpanzer«, bestehend aus Nation, Staat, Rasse und kontrollierter Masse, konstruiere, war zentral für die Analyse seiner *Phantasien*. Ein Grund für das Bedürfnis nach diesem Panzer war nach Theweleit die »Rache«. Sie sei einerseits durch den verlorenen Ersten Weltkrieg genährt worden, andererseits reflektiere sie aber auch die Angst vor dem Aufstieg neuer sozialer Schichten: Der soldatische Mann habe die »rote Gefahr« mit einem bestimmten Typus sexuell anziehender Frauen gleichgesetzt und deshalb die Sexualität insgesamt ausgeblendet; der »Körper darf nicht Körper werden. Er muss Repräsentierendes bleiben und Unerreichbares.«[69]

Theweleit stellte diesen Männertypus zwar als überzeitlich dar, doch faktisch war er eher historisch bestimmt. Aus vielerlei Gründen: Erstens hatte der Erste Weltkrieg nicht nur die deutsche Niederlage gebracht, er implizierte auch, wie im

2. Kapitel im Zusammenhang mit den Theorien von Karen Horney dargestellt, das endgültige Aus für die tradierte Vorstellung einer überlegenen Männlichkeit. Zweitens gehörten die Freikorps-Kämpfer, die den Grundstock von Theweleits Material liefern, zur ersten Generation von Männern, die es mit einer gesetzlich verankerten Gleichberechtigung der Frauen zu tun hatten: im Wahlrecht wie im Zugang zu Bildung. Die Vorstellung, dass der männliche Körper nicht Körper sein darf, sondern »Repräsentant« bleiben muss, klingt schließlich auch wie ein letztes Aufbäumen gegen die Erkenntnisse der Zeugungsforschung, die damals dabei war, den Mann als Vater zu »biologisieren«, das heißt, aus dem Phallus einen schlichten Penis zu machen. Ich komme auf diesen Prozess im 5. Kapitel zurück.

Das andere zentrale Werk kam aus Frankreich: Der im Jahr 1972 erschienene *Anti-Ödipus* war, mehr als die *Männerphantasien*, dem Zeitgeist geschuldet. Die Autoren, der Philosoph Gilles Deleuze und der Psychiater/Psychoanalytiker Félix Guattari, rechneten mit der Familie als Erklärungsmuster für psychische Entwicklungen ab und rückten dabei das Unbewusste ins Zentrum ihrer Betrachtung: »Von jeher war das Unbewußte elternlos, das heißt, erschuf sich innerhalb der Identität von Natur und Mensch, Mensch und Welt.«[70] Sie verorteten die Entstehung des Unbewussten, von ihnen auch als »Wunschmaschine« bezeichnet, eher im Gesellschaftlichen: *»Es gibt nur den Wunsch und das Gesellschaftliche, nichts sonst.«*[71] Sowohl die Zurückweisung der Eltern und deren Macht, die hier als institutionelle Repräsentationen von Staat, Bildungssystem, Partei, Militär verstanden wurden, als auch die »Sozialisation« des Unbewussten entsprachen ganz dem

Esprit der 1968er. Als Karen Horney, Melanie Klein und Erich Fromm in den 1930er und 1940er Jahren das Konzept des ödipalen Dreiecks ablehnten, geschah dies bei Fromm unter dem Blickwinkel zunehmend prekärer Lebensverhältnisse: Das Bedürfnis nach sozialer Sicherheit bestimmte seiner Ansicht nach über die Psyche, nicht das bürgerliche Familienmodell. Bei Horney waren es die Vorannahmen zu den Geschlechterverhältnissen, die dagegensprachen.[72]

Deleuze und Guattari dagegen sahen im Ödipus *die* symbolische Gestalt der Unterdrückung. Die Vorstellung, das Unbewusste sei »dunkel«, nannten sie eine Unterstellung des Bewusstseins und eines »allzu sicheren Glaubens an sich selbst«. Zwar besitze das Unbewusste »seine Schrecken, aber diese sind nicht anthropomorph. Nicht der Schlaf der Vernunft erzeugt Monster, sondern die aufmerksame, nie schlafende Rationalität.«[73] Solche Aussagen bedeuteten einen Bruch mit vielen alten Vorstellungen. Seit Jahrhunderten galt die Kultur als Ordnungskraft, dazu berufen, die unbeherrschte Natur und das freischwebende Unbewusste zu domestizieren: eine Maxime, die sich von der Scholastik über Hobbes' *Leviathan* und Kants *Ewigem Frieden* bis zu Freuds »Wo Es war, soll Ich werden« hielt. Nun wurde ein Gedanke formuliert, der besagte: Die Kultur ist der eigentliche *Erzeuger von Gewalt*. Solche Überlegungen waren zwar vereinzelt auch schon vorher aufgetaucht, doch eher im Sinne einer Gewalt gegen die Schöpfung.[74] Nun ging es um die Gewalt der Kultur gegen die *menschliche* Natur.

An mehreren Stellen des *Anti-Ödipus* wird der *Glaube* thematisiert. Er galt den Autoren als treibende Kraft hinter Kultur und Repression. Neu war, dass sie die Psychoanalyse als deren

Komplizin ausmachten: »Die Psychoanalyse und der Ödipuskomplex raffen alle Glaubensüberzeugungen zusammen, alles, was jemals von der Menschheit geglaubt wurde«, allerdings ohne »daran zu glauben«.[75] Der Psychoanalyse warfen die Autoren einerseits vor, den Glauben zu bestärken: »Das Unbewußte glaubt an Ödipus, an die Kastration, an das Gesetz«. Andererseits sei sie aber auch »die erste, die erklärt, daß streng genommen der Glaube kein Akt des Unbewußten ist; es ist immer das Vorbewußte, das glaubt.«[76]

Gerade weil sie dem Glauben den Kampf ansagten, erstaunt es, dass die Autoren C. G. Jung als Zeugen in ihren Diatriben gegen Freud anrufen. Sie heben seine Bewertung des Unbewussten lobend hervor, übergehen aber, dass Freuds Kontroverse mit Jung unter anderem darauf beruhte, dass dieser das Unbewusste in eine arisch und rassistisch aufgeladen religiöse Tradition stellte. Die Vernachlässigung des antisemitischen Zusammenhangs war nicht untypisch für die 1968er-Generation, die sich viel mit den repressiven Kräften des Kapitalismus, aber wenig mit den Triebfedern des Antijudaismus auseinandersetzte. Für Deutschland war das Ausbleiben dieser Beschäftigung besonders erstaunlich, aber auch für Frankreich fällt auf, dass viele Anführer der 1968er-Bewegung das Thema nicht aufgriffen, obwohl ein hoher Anteil von ihnen aus jüdischen Familien kam: Ihren Eltern, die zumeist areligiös waren, hatte oft erst die nationalsozialistische Besatzung Frankreichs der Jahre 1940 bis 1944 ihre jüdische Herkunft zu Bewusstsein gebracht. Sie hatten fliehen oder versteckt leben müssen, einige hatten sich der Résistance angeschlossen. An ihren Kindern konnten diese Erfahrungen nicht spurlos vorbeigegangen sein, thematisiert wurden sie nicht. 1968 konnte de Gaulle ohne mit der Wimper zu zucken Daniel Cohn-Bendit als »petit juif allemand«, als »kleinen deutschen Juden«, diffamieren. Der Ausspruch wurde von den Demonstranten zwar zurückgewiesen und parodiert – »nous sommes tous des petits juifs allemands«[77] –, aber zu einer kritischen Auseinandersetzung mit dem Antisemitismus kam es nicht, trotz der Reflexionen zum Thema, die Jean-Paul Sartre schon 1946 dazu veröffentlicht hatte.[78] Die Missachtung der antisemitischen Dimension des Faschismus hatte auch der 1969 erschienene Film *Le chagrin et la pitié* (1969) bloßgestellt, indem er die französische Kollaboration mit den Nationalsozialisten thematisierte. Doch im *Anti-Ödipus* ist davon nicht viel zu finden.

Die Bedeutung des Buches beruhte darauf, dass Deleuze und Guattari die Gesellschaft ins Zentrum ihrer Überlegungen zum Unbewussten rückten. Nicht die Familie, sondern die großen politischen Ereignisse seien prägend für die Psyche: »die Commune, die Affaire Dreyfus, Religion und Atheismus, der Krieg in Spanien, der Aufstieg des Faschismus, der Stalinismus, der Krieg in Vietnam, der Mai 68 ... dies alles zusammen bildet die Komplexe des Unbewußten, und sie sind wirksamer als der immerwährende Ödipus.«[79] Dabei übersahen sie, dass Freud das Ordnungsprinzip Ödipus in den Diskurs über das Unbewusste eingeführt hatte, weil er ahnte, dass das *terrain vague* des Unbewussten im Begriff war, von rechten und antisemitischen Phantasien besetzt zu werden. In Freuds Werk taucht der Ödipuskomplex im Laufe seiner Selbstanalyse von 1897 auf, dann lange nicht mehr; theoretisiert hat er ihn erst 1923 in *Das Ich und das Es*.[80] Da war die rechte Gefahr bereits deutlich spürbar geworden.

Auch in anderer Hinsicht war der *Anti-Ödipus* ein Produkt seiner Zeit. Indem er die Sexualität ins Zentrum der Betrachtung rückte, folgte er sowohl Freuds Vorgaben für die Psychoanalyse als auch dem Impetus der 1968er, die zwar die Sexualität hochhielten, aber, anders als Theweleit wenige Jahre später, der Veränderung der Geschlechterverhältnisse wenig Interesse entgegenbrachten. Zwar räumten die Autoren ein, dass die »Frauenfreiheitsbewegung« das in sich trage, »was einer jeden Forderung nach Befreiung unabdingbar ist: die Kraft des Unbewußten«.[81] Doch sie reduzierten den Feminismus auf die Funktion eines Motors der »Wunschmaschine«. In eine ähnliche Richtung ging auch ihre Kritik an der Gleichsetzung des Sexualtriebs mit Männlichkeit.[82] Wenn darüber hinaus die Geschlechterparität thematisiert wurde, so geschah dies in Schablonen von Gleichheit durch Differenz: »Ob als Psychoanalytikerinnen oder Psychoanalysierte, die Frauen können nur frohgestimmt den Männern den Weg zeigen und in der Differenz die Gleichheit zurückgewinnen.«[83] In einem Punkt ähnelten sich *Anti-Ödipus* und die frühen Lehren der Psychoanalyse allerdings: Freuds Lehren entstanden zu einer Zeit, in der Frauen anfingen, politische Rechte einzufordern; als der *Anti-Ödipus* erschien, hatten Frauen begonnen, im Unbewussten »a room of one's own« zu reklamieren. In beiden Fällen ignorierte die psychoanalytische Theorie die Anliegen der Frauen. Diese dagegen griffen den Faden der ersten Frauenbewegung auf, den Nationalsozialismus und Zweiter Weltkrieg abgeschnitten hatten; und auch die Schwulenbewegung schloss an die Diskurse der 1920er Jahre an, nun mit neuem Impetus.

In einer Hinsicht war der *Anti-Ödipus* aber eindeutig Avantgarde der Geschlechterbewegung: Er verkündete das Ende der bipolaren Geschlechterordnung. Lange vor den aktuellen Debatten über Diversität und multiple Identität verwarfen Guattari und Deleuze jedes Konzept eines festgelegten Geschlechts; für sie gehörte das in den Bereich der repressiven Kultur. Es gebe, so schrieben sie, sowohl bei Hetero- als auch bei Homosexuellen mehrere Geschlechter: »überall eine mikroskopische Trans-Sexualität, die bewirkt, daß die Frau ebenso viele Männer umfaßt wie ein Mann, und der Mann ebenso viele Frauen, die alle in der Lage sind, miteinander in Verhältnisse der Wunschproduktion einzutreten, die die statistische Ordnung der Geschlechter umstürzt.«[84] War noch bei Sexualwissenschaftlern des 19. und frühen 20. Jahrhunderts von »sexuellen Zwischenstufen« die Rede, so sprachen nun die beiden Autoren davon, dass für die »Wunschmaschine« die tradierte Zweigeschlechtlichkeit Repression sei, sonst nichts. Als kollektive Energie stehe das Es über dem einzelnen Körper. In dieser Hinsicht erinnert der *Anti-Ödipus* an Schopenhauers »Willen« oder Morgenthalers »Sexuelles«, doch während Schopenhauer den Lebenstrieb in der praktizierten Sexualität verortete und Morgenthaler in der Sexualität den Bändiger des Sexuellen sah, überstieg die »Wunschmaschine« des *Anti-Ödipus* jede individuelle Dimension: »Sich zu lieben heißt nicht, es nur einmal, oder selbst zweimal, sondern es hunderttausend Mal zu treiben. So sind die Wunschmaschinen, ist das unmenschliche Geschlecht also nicht ein, nicht zwei, sondern n … Geschlechter.«[85]

Es ist bemerkenswert: Innerhalb von weniger als zweihundert Jahren hatte das Unbewusste nun erneut eine Kehrtwende vollzogen. Entdeckt wurde es in der »aufgeklärten Romantik« als protestantischer Gott-Ersatz, war dann, etwa bei Schopenhauer, mit sexuellen Funktionen aufgeladen und von Freud unter die Kontrolle des Ödipuskomplexes gestellt worden. Danach geriet es in den Strudel totalitärer Phantasien über Massenbewegungen und rassistische Gewalt – Phantasien, gegen die bürgerliche Modelle wie der Ödipuskomplex wenig ausrichten konnten. Nun, gut zwanzig Jahre nach dem Ende des faschistischen Albtraums, sprachen linke Theoretiker dem Unbewussten erneut die Vorherrschaft über das politische Geschehen zu. Aus der Psychoanalyse als Methode der Selbsterkenntnis war ein Mittel der Erkenntnis überhaupt geworden. Es stimmt, Geschichte wiederholt sich nicht – sie kehrt höchstens wieder in abgewandelter Form, oder, wie Marx bemerkte, »als Farce«.[86] Was sich aber mit Sicherheit sagen lässt: Indem die 1960er an die Vielfalt der Diskurse der 1920er anschlossen, gelang es ihnen, nach der zerstörerischen Zeit des Glaubens dem Vertrauen wieder mehr Raum zu geben.

In den späten 1980ern traten die gesellschaftspolitischen Perspektiven der Psychoanalyse wieder mehr in den Hintergrund. Das lag erstens am vermeintlichen Sieg des Kapitalismus über den Sozialismus und zweitens an der schon erwähnten Medikalisierung der Psychiatrie und dem Aufkommen neuer Heilmethoden, die weniger die Psyche als deren Symptome zu kurieren versuchten – etwa durch verhaltenstherapeutische Maßnahmen. Es kam zu einer Spaltung der Psychoanalyse: Ihre kultur- und sozialkritischen Aspekte wurden zu einer Domäne der Geisteswissenschaften, während ihre therapeutischen Seiten ins Reich der Medizin verwiesen wurden. Für beide Perspektiven bedeutete dies Einschränkungen, die im 7. Kapitel thematisiert werden.

Einige Dekaden nach dem Ende des Zweiten Weltkriegs begann der »Abstieg« der Psychoanalyse. Der Rückgang ihrer Bedeutung mag damit zu erklären sein, dass sie derartig ins kollektive Wissen eingeflossen war – die Aufmerksamkeit für jede »Freud'sche Fehlleistung« oder für die Rolle von Sexualphantasien sind dafür nur einige Indizien –, dass sie für eine Selbstverständlichkeit gehalten wurde und die Beschäftigung mit ihr als überflüssig erschien. Das erwies sich als Fehlschluss.

Das Unbewusste hatte sich schon längst weiterentwickelt. In der zweiten Hälfte des 20. Jahrhunderts traten zwei Themenfelder zutage, die sich als höchst relevant für die Psyche erweisen sollten. Sie hatten in den vorangegangenen psychoanalytischen Debatten kaum Beachtung gefunden. Das eine war die feministische Bewegung, das andere waren die Massenmedien. Die psychoanalytische Missachtung dieser Themen ist umso erstaunlicher, als sich der Beginn dieser Umbrüche parallel zur Entstehung der Psychoanalyse vollzog: Um 1900 setzte die große Umwälzung der Geschlechterordnung ein, zu deren Folge das politische Stimmrecht für Frauen und ihre Zulassung zu akademischer Ausbildung gehörten. Mit dem Film und den ersten auditiven Speichermedien markierte 1900 auch den Beginn einer Ermächtigung der »Massenmedien«.

Es gab zwar, vor allem in Frankreich, feministische Psychoanalytikerinnen wie Luce Irigaray oder Hélène Cixous, deren Arbeiten viel Beachtung fanden, doch wurden ihre Schriften eher außerhalb der analytischen Bewegung und oft auch außerhalb des Wissenschaftsbetriebs rezipiert. Wenn der Feminismus dennoch seinen Weg machte, so eher trotz als wegen der psychoanalytischen Theorie. Inzwischen ist der psychotherapeutische Beruf in hohem Maße »feminisiert«, was anderen Blickwinkeln Raum gibt. Im Kampf ums Unbewusste erweist sich das »Sexuelle« erneut als Dreh- und Angelpunkt, wenn auch anders als in den 1960er und 1970er Jahren. Damals wurde über die Frage debattiert, ob das Ziel des Feminismus die *Annäherung* von Männlichkeit und Weiblichkeit oder, im Gegenteil, die *Betonung der Unterschiede* sei. Heute wird diese Debatte durch andere überlagert, etwa die zu Diversität und Transsexualität. Das soll im nächsten Kapitel thematisiert werden.

Während sich die Psychoanalyse schließlich gezwungen sah, sich mit den Geschlechterfragen auseinanderzusetzen – immerhin gehörten die Fragen von Geschlecht zu ihrem ureigensten Gebiet –, hat sie es bisher nicht vermocht, auf die medialen Neuerungen unserer Zeit zu antworten, weder in der Theorie noch in der Therapie. Diesem aktuellen und dringlichen Thema ist das 6. Kapitel gewidmet.

5 DAS GESCHLECHT DES UNBEWUSSTEN, DAS UNBEWUSSTE DER GESCHLECHTER

Vorbemerkung

Kein anderes Gebiet übt einen derart tiefen Einfluss auf das Unbewusste aus wie Geschlecht. Das liegt einerseits an den drei Ebenen seiner Wirksamkeit: die biologische, die soziale und die genealogische. Anderseits aber auch daran, dass auf diesem Gebiet »Kulturkämpfe« juristischer, medizinischer und gesellschaftlicher Art ausgetragen werden. Hinzu kommt, dass Geschlecht eine individuelle wie kollektive Ebene umfasst. Letzteres wird besonders deutlich bei der Betrachtung des Verhältnisses von Geschlecht und Gewalt: Auch dieser Begriff hat mehrere Bedeutungsebenen, die von der Staatsgewalt bis zur individuellen physischen und psychischen Gewalt reichen. Im Kontext von Geschlecht wird Gewalt, entgegen dieser Vielschichtigkeit, fast ausschließlich im Sinne von individueller, physischer Gewaltausübung verwendet. In der englischen und der französischen Sprache, die zwischen *power/pouvoir* und *violence* unterscheiden, liegt diese Reduktion weniger nahe. Die Überlagerung der beiden Bedeutungen im Deutschen – einerseits die strukturelle Gewalt der Gemeinschaft, andererseits die zwischenmenschliche Gewalt – zeigt aber auch, wie eng die beiden Ebenen miteinander verwoben sind. Die strukturelle Gewalt, die Verteilung der Machtverhältnisse, die sich strafrechtlich kaum erfassen und schon gar nicht ein- oder verklagen lässt, ist oft die Grundlage der physischen Gewalt. Diese ist zwar justiziabel, aber die Verfolgung des einzelnen Täters bewirkt wenig, solange die Reflexion nicht bei der strukturellen Gewalt, Basis jeder anderen Form von Gewaltausübung, ansetzt. Diese Reflexion kann theoretisch oder auch öffentlich stattfinden – wie etwa 2024 beim Prozess von Avignon, wo eine mehrfach vergewaltigte Frau, Gisèle Pelicot, darauf bestand, dass der Prozess gegen die 51 angeklagten Männer nicht unter Ausschluss der Öffentlichkeit stattfand. Sie begründete das mit den Worten »Die Scham muss die Seite wechseln« – und genau das gelang ihr, indem sowohl für Justiz als auch öffentliche Wahrnehmung neue Standards gesetzt wurden.[1]

Wer über politische Gewalt verfügt, kann diese leicht in physische ummünzen. Das gilt sowohl für die Geschlechterhierarchie, wo sich die politische Gewalt von Männern oft in physischer Gewalt gegen Frauen niederschlug, als auch für politische Verhältnisse – etwa da, wo Regierungen das Gewaltmonopol des Staates als Ermächtigung zum Terror verstehen. Ähnliches gilt für den »Epistemizid«: Der Begriff, zusammengesetzt aus Episteme (Wissenssystem) und dem Verbstamm »zid« (lat. töten), wurde vom portugiesischen Soziologen Boaventura de Sousa Santos geprägt, er verweist auf Verbrechen, bei denen Wissensbestände durch die Unterdrückung, Kolonialisierung oder Ermordung von Bevölkerungsgruppen ausgelöscht werden. Hinter dem Genozid an den Juden stand der Wunsch, die jüdischen Anteile aus der deutschen Kultur zu tilgen. Bei den Morden an indigenen Völkern oder den Hexenverbrennungen der frühen Neuzeit ging es um die Zerstörung des Wissens anderer Völker oder des anderen Geschlechts. So sollte Raum für die Wissensnormen der westlichen oder männlichen Ordnung geschaffen werden.[2] Diese Normen waren verschriftet und gehörten in den Bereich des Glaubens, weshalb sich Epistemizide mit der Erfindung des Buchdrucks verstärkten und zugleich violenter wurden.

Obwohl die Psychoanalyse die Sexualität ins Zentrum ihrer Lehre über das Unbewusste stellte, nahmen Freud und viele frühe Psychoanalytiker (zu Beginn durchweg Männer) den sich zeitgleich vollziehenden Umbruch der Geschlechterordnung kaum zur Kenntnis. Dabei hätte dieser eine Möglichkeit geboten, Freuds Sexual- mit Adlers Machtpsychologie zu verbinden. Keiner von beiden kam auf die Idee. Britische Suffragetten sowie Frauenrechtlerinnen in Deutschland und anderswo hatten schon Mitte des 19. Jahrhunderts den Kampf ums Wahlrecht und die Zulassung von Frauen zu akademischer Ausbildung aufgenommen. Beides wurde nur sehr zögerlich und oft gegen große Widerstände bewilligt, zu tief saßen die Voranahmen über die geistige Insuffizienz von Frauen. Psychoanalytische Theorien über die »Weiblichkeit« unterschieden sich hierin kaum von der Mehrheitsmeinung. Dabei sollte sich der Wandel der Geschlechterordnung als die tiefgreifendste soziale Umwälzung des 20. Jahrhunderts erweisen. Sie erfasste alle Schichten und veränderte nicht nur die Lebensbedingungen von Frauen, sondern auch die von Männern und Schwulen, Intersexuellen, Transsexuellen. Zugleich erschütterte er die Vorstellungen vom Zusammenleben in der Gemeinschaft.

Ab den 1920er Jahren widersprachen einige der frühen Analytikerinnen, etwa Karen Horney, den psychoanalytischen Theorien zur Weiblichkeit, doch ihre Positionen blieben lange im Abseits. Die Gesellschaft gestand den Frauen das Wahlrecht und den Zugang zu höherer Ausbildung zu, lange bevor die Revision psychoanalytischer Theorien zur Weiblichkeit einsetzte.[3] Die Psychoanalytikerin Christa Rohde-Dachser, die den Lehrmeinungen ihres Fachs zur Weiblichkeit 1991 eine ausführliche Untersuchung widmete, nannte sie »Phantasien«, die »dem gleichen ›kollektiven Unbewußten‹ entstammten, auf dem auch die Weiblichkeitbestimmungen der patriarchalen Gesellschaft und das patriarchale Geschlechterverhältnis gründen«.[4] Wegen der Rückwärtsgewandtheit der Psychoanalyse fragten sich Feministinnen der 1970er Jahre, etwa Kate Millett (*Sexus und Herrschaft*) und Shulamith Firestone (*Frauenbefreiung und sexuelle Revolution*), ob nicht die Entstehung der Psychoanalyse sogar als Widerstand gegen die Veränderung der Geschlechterordnung zu verstehen sei, ja, als eine »Schlüsselideologie der sexuellen Gegenrevolution und als Instrument erneuter Unterdrückung«.[5] Tatsächlich werden Geschlechterstereotype immer dann aktiviert, wenn es gilt, gesellschaftliche Veränderungen *aufzuhalten*. Christa Rohde-Dachser drückt es anders aus: Sie fragt sich, ob die psychoanalytischen Theorien nicht auch dem Ziel gedient haben könnten, »dem männlichen Unbewußten sein zentrales Projektionsfeld zu erhalten« und die »für das Fortbestehen notwendige *Denk- und Wahrnehmungsidentität*« zu bewahren.[6] Damit verlagert sie Simone de Beauvoirs These, dass der Mann seine Position als Subjekt und Norm durch die Definition weiblicher *Andersartigkeit* sichert,[7] auf die psychoanalytische Ebene: als bewusst gegen unbewusst.

Seit dem Zeitalter der Aufklärung war die Trennlinie zwischen Bewusstsein und Unbewusstem oft entlang der Geschlechtergrenzen gezogen worden. In seinem berühmten, damals (1795) als progressiv und frauenfreundlich geltenden Text über die Geschlechtsunterschiede nannte Wilhelm von Humboldt das männliche Prinzip »mehr aufklärend«, das weibliche »mehr rührend«: »Das eine gewährt mehr Licht, das andere mehr Wärme.«[8] In seinem Bild wiederholte sich das seit der griechischen Antike vorherrschende geschlechtlich codierte Gegensatzpaar von Geist/Körper, Ratio/Gefühl, nun in der Opposition bewusst/unbewusst. Humboldt glaubte, seine Dichotomie sogar im »Geschlechtsbau« wiederzuerkennen: Beim weiblichen Körper habe sich die Natur »mit unverkennbarer Sorgfalt alle Theile, die das Geschlecht bezeichnen, oder nicht bezeichnen, in Eine Form gegossen, und die Schönheit sogar davon abhängig gemacht«. Beim männlichen Körper dagegen habe sie sich »eine größere Sorglosigkeit erlaubt«; sie gestatte sich »mehr Unabhängigkeit von dem, was nur dem Geschlecht angehört«, und begnüge sich damit, dieses »nur angedeutet zu haben«.[9] Der Mann müsse, so Humboldt, sein Geschlecht »der Menschheit zum Opfer bringen«.[10]

Ein Mittel, dieses »Opfer« zu vollziehen, war offenbar dic Feminisierung des Unbewussten. Als die Psychoanalyse das Unbewusste mit der Sexualität in eins setzte und den Geschlechtstrieb zugleich als »männlich« identifizierte, war die Definition des Unbewussten als weiblich allerdings nicht mehr aufrechtzuerhalten. Es war eine der vielen Kehrtwendungen, die sich mit dem Begriff des Unbewussten vollzogen.

Die Charakterisierung des Unbewussten als »weiblich« hatte den Frauen den Zugang zu den von der Aufklärung bewirkten Erkenntnissen und Emanzipationsbewegungen erschwert. Ein Jahrhundert lang blieben ihnen die Universitäten verschlossen, und als sich schließlich die Tore der *alma mater* für Frauen öffneten, untersagten viele Väter ihren Töchtern das Studium. Einer von ihnen war Freud, der sich zugleich zur Aufklärung bekannte. Seine Tochter Anna durfte schließlich Lehrerin werden, und als sie auf eine psychoanalytische Ausbildung drängte, lag sie beim Vater auf der Couch. Dort, neben den Räumlichkeiten ihres Vaters in der Berggasse 19, eröffnete sie 1923 auch ihre eigene Praxis.

Aufschlussreich für Freuds Haltung zu Fragen von Frauenemanzipation und Sexualmoral waren seine Äußerungen anlässlich einer öffentlichen Diskussion im Jahr 1905 über die Reform des Scheidungsrechts im Allgemeinen Bürgerlichen Gesetzbuch der Donaumonarchie. An den Anhörungen nahm ein breites Publikum teil; Freud zog es vor, seine Aussagen schriftlich mitzuteilen, weshalb sie wortwörtlich vorliegen. Er sprach sich gegen die Unauflöslichkeit der Ehe aus, »die sich insbesondere als ein Unrecht gegen das Weib« darstelle, denn dieses sei bei der Eheschließung meist sehr jung. Auf die Frage, ob die Monogamie zwingend Bestandteil »unserer Kultur« sei, antwortete er: »Ich kann mir sehr wohl vorstellen, dass wenigstens sukzessive Polygamie mit unseren Kulturanforderungen verträglich gemacht wird.« Allerdings, so ergänzte er, sei diese Freizügigkeit nur beim Manne denkbar: »Die Gleichberechtigung beider Geschlechter schliesst sich geradezu aus durch ihre verschiedenartige Rolle in der Fortpflanzungsfunktion.«[11]

Da sich für Katholiken die Scheidung mit dem Verbot der Wiederverheiratung verband, wurde Freud auch zu den Auswirkungen der sexuellen Enthaltsamkeit befragt: »Für Frauen scheint mir festzustehen, dass ihnen die Einhaltung der Abstinenz häufiger als den Männern gelingt, viele von ihnen aber noch grössere psychische Opfer kostet. Ein Teil der kultivierten Frauen scheint übrigens bereits gegenwärtig auf Frigidität gezüchtet zu sein.«[12] Mit Freud war ein Gutachter berufen worden, dem man wegen seiner Einblicke in die »Realität« der geschlechtlichen Psyche eine hohe Kompetenz zubilligte, doch seine Aussagen zu Geschlecht waren ein Konglomerat bürgerlicher Vorurteile: Die Sexualmoral sei zwar zu eng, aber bei Frauen nicht anders denkbar; und wenn Frauen intellektuelle Interessen verfolgten, so könne dies nur an einer »angezüchteten« Frigidität liegen.

Zugleich erwies sich die Psychoanalyse auch als Terrain weiblicher Emanzipation. Als erste profitierten die »Hysterikerinnen« von ihrer befreienden Wirkung. Noch bevor Frauen das Stimmrecht erhielten, verlieh ihnen die psychoanalytische »Redekur« eine Stimme. Allerdings erkannten die Therapeuten nicht den Zusammenhang zwischen dieser »Frauenkrankheit« und der Frauenbewegung: Keinem von ihnen fiel auf, dass sich die psychiatrischen Kliniken von Frauen mit der Diagnose »Hysterie« leerten, sobald die Gesellschaft dem weiblichen Geschlecht das Recht auf höhere Ausbildung zugestanden hatte.[13]

Die Frauen, die sich zu Analytikerinnen ausbilden ließen, zogen nicht minder Nutzen aus der emanzipatorischen Wirkung der Psychoanalyse. Dass sie diesen Weg überhaupt einschlagen konnten, verdankten sie den fehlenden Zulassungsbedingungen des Fachs. Und als Karl Abraham 1920 seinen Ausbildungskanon für das Berliner Institut für Psychoanalyse ausformulierte, war es zu spät: Zu diesem Zeitpunkt hatten Frauen schon längst ihre Chance ergriffen, hatten begonnen, ihre Spuren in der psychoanalytischen Theorie zu hinterlassen. So Karin Horney, so Sabina Spielrein, die ihre Theorie zum Todestrieb schon lange, bevor sich Freud diesem Gedanken zuwandte, formulierte.[14] Und es galt auch für die Ärztin und Sozialdemokratin Maria Hilferding, die 1903 als erste Frau in Wien promoviert wurde. 1911 hielt sie in der »Mittwochs-Gesellschaft«, zu der sie und andere Frauen nur gegen den Widerstand einiger Mitglieder zugelassen worden waren, einen Vortrag, in dem sie bestritt, dass die Mutterliebe angeboren sei.[15]

Wie die Entstehung der Psychoanalyse, bewirkte auch die Änderung der Geschlechterordnung einen unmittelbaren Kampf ums Unbewusste. Nach der Einführung des Frauenwahlrechts mussten sich alle Parteien um das neue und beträchtliche Wählerinnen-Potenzial bemühen. Die weibliche Psyche wurde zum Territorium, das es auch politisch zu erobern galt. Doch es ging um mehr als nur Wahlstimmen: Auf dem Spiel standen die unbewussten Geschlechterhierarchien, die Männlichkeit mit Geistigkeit, Rationalität und Weiblichkeit mit Gefühl und Leiblichkeit gleichsetzten.

Mit dem Wandel der Geschlechterbilder wurde auch die Grenze zwischen dem individuellen und dem kollektiven oder kulturellen Unbewussten fließend. In allen Kulturen hängt das Regelwerk, nach dem sich die Geschlechter zu verhalten haben, von der Struktur dieser Kultur ab: Je zentralistischer eine Kultur strukturiert war, desto wahrscheinlicher war eine strikte Geschlechterhierarchie. Obwohl sich die Kulturen auf die »Natur« der Geschlechter beriefen, zeigen die

Differenzen in den Geschlechterordnungen unterschiedlicher Kulturen deutlich, dass diese Vorstellung von »Natur« kaum haltbar ist. Einmal installiert, wird das kulturelle Regelwerk zu einem Teil des kollektiven Unbewussten. Das erleichterte die Gleichsetzung mit der Natur, hat aber – aus Gründen, von denen noch die Rede sein wird – heute seine Plausibilität verloren. Obgleich kollektiv bestimmt, wird die Geschlechterordnung individuell erlebt, sie steuert das Fühlen und Denken der einzelnen Mitglieder. Eine Mittlerin bei diesem Prozess war und ist die Institution Ehe (die »Liebe« überhaupt), so unterschiedlich jede Kultur sie auch definiert. Durch sie bemächtigt sich das kollektive Unbewusste des individuellen Unbewussten.

Die Individualisierung der Geschlechterzuschreibung erschwert es vielen Frauen bis heute, sich aus den Fesseln der traditionellen Geschlechterhierarchie zu befreien. Erleben sie Gewalt in der Beziehung, neigen sie oft dazu, die Schuld bei sich selbst zu suchen, nicht in der strukturellen Geschlechterordnung. Homosexuelle dagegen erleben in ihren Herkunftsfamilien oft eine Ablehnung ihrer sexuellen Orientierung, die bei einigen bewirkt, dass sich tatsächlich für krank halten. In ihren Liebesbeziehungen erfahren sie jedoch, dass nicht sie, sondern die Geschlechterordnung das Problem darstellt. Dieser Bewusstseinswandel entwickelt sich in den Liebesbeziehungen von Frauen seltener.[16] Schwule konnten die Diffamation, die im Begriff »gay« liegt, zu einer positiven Selbstbeschreibung umdefinieren. Dafür gibt es im Kampf der Frauen um Selbstbestimmung keine Parallele – sieht man einmal vom Krankheitsbild der »Hysterie« ab. Der Name verweist auf die älteste Krankheitsbezeichnung unseres medizinischen Vokabulars. Sie wurde von Hippokrates geprägt, erwies sich aber als äußerst wandelbar. Jedem Zeitalter diente dieses Krankheitsbild als Definitionsraster für seine Projektionen auf die Weiblichkeit. Die Hysterikerinnen unterschiedlicher Epochen griffen die Definitionen jedoch auf und »inszenierten« sie mit ihren Symptomen – mit dem Erfolg, dass das, was jeweils als »Weiblichkeit« definiert worden war, zugleich zur Krankheit erklärt werden musste. Das Krankheitsbild wurde so zur Parodie der Phantasien über Weiblichkeit. Im Gegensatz zur Umdeutung des Begriffs »gay« geschah dies unbewusst. Erst rückblickend wurde klar, dass es sich um eine Form von Widerstand gegen die Imaginationen zur Weiblichkeit gehandelt hatte.[17] Ein Beispiel unter vielen für das Widerstandspotenzial des Unbewussten.

Im letzten Kapitel wurde auf Émile Durkheims Untersuchung zum Suizid hingewiesen, der 1897 nachwies, dass in den Ländern, wo die Scheidung zugelassen wurde, die Suizide und psychischen Erkrankungen von Männern zunahmen, während die von Frauen zurückgingen. Er kam zum Schluss, dass die Institution Ehe offenbar nicht dem Schutz der Frau, sondern des Mannes diente.[18] Zu einem ähnlichen Befund kommt eine weltweite Studie von 2024, die festhält, dass 75 Prozent der Frauen, die therapeutische Hilfe suchen, verheiratet sind und nur 25 Prozent ledig – bei den Männern verhält es sich genau umgekehrt. Auch ist die Depressionsquote bei unverheirateten Männern zwei- bis dreimal höher als bei unverheirateten Frauen.[19] Solche Zahlen sind ein Indiz für die bedeutende Rolle der Institution Ehe bei der Herstellung und Sicherung der Geschlechterhierarchie – ein Prozess, der selten bewusst, meistens unbewusst verlief.

Der Ethnopsychoanalytiker Mario Erdheim hat den Prozess einer Verschiebung von Wissen und Normen ins Unbewusste an einem Beispiel beschrieben. »Über viele Kulturen verbreitet war der (männliche) Mythos, einst hätten die Frauen über die Männer geherrscht.«[20] Er zitiert den katholischen Priester und Ethnologen Martin Gusinde (1886–1969), der auf Feuerland Feldforschungen betrieb und eine Variante dieses Mythos festhielt: Die indigenen Selk'nam erzählten sich, dass in einer früheren Zeit die Frauen »alle Macht und das Befehlsrecht« über die Männer ausübten. Um dieses Recht zu sichern, hätten sie Geister, »die vom Himmel kommen«, erfunden und sich reihum als diese verkleidet. Die Aufgabe der Geister habe darin bestanden, »jene Männer streng zu bestrafen, die den Befehlen der Frauen entgegenhandeln«. Doch eines Tages habe einer der Männer, der »Sohn der Sonne«,[21] Frauen beim Baden belauscht und dabei gehört, wie sich diese über »das schlaue Treiben der Frauen und über die Leichtgläubigkeit« der Männer belustigten. Daraufhin hätten die Männer Rache geschworen: Alle weiblichen Wesen über zwei Jahren wurden getötet. Nur an Frau Mond wagte man sich nicht heran, sie sei ans Firmament geflohen, »und ihr Gatte Sonne rannte hinterher, ohne sie je zu erreichen«. Schließlich erfanden die Männer ihre eigenen »Geister«, mit denen sie über die Frauen der Gemeinschaft regierten.[22] In manchen Mythen, etwa im babylonischen Schöpfungsmythos Enūma eliš, wird die frühere »Frauenherrschaft« auch als ein präkulturelles Chaos umschrieben, das sich einer übermächtigen Ur-Göttin verdankt. Das biblische *tohu-wa-bohu* ist eine Erbschaft dieses Mythos. Im Mythos der Selk'nam tritt die geschlechtliche Dimension solcher Erzählungen besonders deutlich hervor.

Die Verkündung der neuen Wahrheit, so Erdheim, »bildete den Höhepunkt der Initiation, die den Unterschied schuf zwischen den Männern, die das Geheimnis wußten, und den Frauen und Kindern, die es nicht kannten, nicht kennen durften. Unbewußtheit wurde so zur Voraussetzung der Herrschaft. Dabei bedeutet ›Unbewußtheit‹ nicht einfach ›Nicht-Wissen‹, die Männer mußten die Frauen glauben machen, daß es Geister gäbe, mußten also ein falsches Wissen produzieren und durch entsprechende Zeremonien als wahr erscheinen lassen.« Die Produktion von Unbewusstheit im Verhältnis der Geschlechter, so schreibt er, könne »geradezu als Modell für die Funktion des Unbewußten im Dienst der Herrschaft betrachtet werden«.[23] Der Mythos gibt eine weltweit verbreitete Erzählung über die Entstehung patriarchaler Verhältnisse wieder: die angebliche frühere Herrschaft der Frauen. Wie es scheint bedurfte die männliche Herrschaft einer solchen Rechtfertigung, das heißt, sie war nicht einmal ihren Erfindern ganz selbstverständlich. Der Mythos offenbart nagende Zweifel an der Berechtigung einer männlichen Herrschaft.

Zugleich zeigt der Mythos aber auch, warum sich die *symbolische* Geschlechterordnung so tief in der Psyche verankern konnte: Als Urmodell aller sozialen Hierarchien führt der Mythos vor, wie sich kollektive Normen in individuelles Fühlen überführen lassen. Dieser nahtlose Übergang vom kollektiven zum individuellen Unbewussten ähnelt den Überschneidungen von individuellem und sozialem Gedächtnis, über die der französische Soziologe und Philosoph Maurice Halbwachs, ein Zeitgenosse Freuds, als erster geschrieben hat.[24] 1925 veröffentlichte er das Buch *Les cadres sociaux de la mé-*

moire.[25] Er betrachtete die »mémoire collective«, das kollektive Gedächtnis, als den sozialen Rahmen, der darüber bestimmt, was sich der individuellen Erinnerung einschreibt. Halbwachs zufolge wirkt der soziale Rahmen nicht nur bei der selektiven Funktion des kollektiven Gedächtnisses (das die Erinnerungsstücke »vorsiebt«, bevor sie sich in der individuellen Erinnerung festsetzen), er dient auch als »Bezugsrahmen«, dessen »sich die in der Gesellschaft lebenden Menschen bedienen, um ihre Erinnerungen zu fixieren und wiederzufinden«.[26] Für Halbwachs basierte das individuelle Gedächtnis auf der Teilnahme des Einzelnen am kommunikativen Netz, das jeder Gemeinschaft zugrunde lag. Das kollektive Gedächtnis sei gruppenkonstitutiv; jede soziale Gruppe bilde eine »Erinnerungsgemeinschaft«. Bestehe keine Gemeinsamkeit der Erinnerung, so sei auch die Gemeinschaft gefährdet. Ähnliche Prinzipien gelten auch für die Vermittlung der Geschlechterordnung.

Halbwachs' Begriff der »Gemeinschaft« hat viel mit der bereits beschriebenen Gesellschaft der Gabe zu tun, was wenig erstaunt: Halbwachs und Marcel Mauss, der die zirkulierende Gabe als erster beschrieb, waren beide Schüler von Émile Durkheim, dem Begründer der modernen Sozialwissenschaft in Frankreich. Wie die Gesellschaft der Gabe sind Halbwachs' »Erinnerungsgemeinschaften« keine bewusst geschaffenen Institutionen, sie haben wenig mit Willen und Glauben zu tun. Vielmehr entsprechen sie jenen unbewussten, flexiblen Gemeinschaften, die sich durch Sitten und Gewohnheiten herausbilden und immer wieder verändern können, sobald sich der Bezugsrahmen oder die Bedürfnisse verändern.[27] Diese Gewohnheiten wurden in Mythen formuliert, die konsensuell entstanden und die Funktion hatten, das Vertrauen zu stützen. Vertrauensgemeinschaften bezogen die Überzeugungskraft ihrer Institutionen aus der Tatsache, dass niemand sagen konnte, wann und wie bestimmte Riten entstanden waren und wer sie erfand. In Mythen fallen Vergangenheit und Gegenwart ineinander, das macht den Mythos immer »aktuell«. Das Nicht-Wissen über ihren Ursprung verlieh den Mythen den Anschein des Ursprünglichen. Glaubensgemeinschaften dagegen greifen bewusst konkrete Ereignisse heraus und machen diese zur Basis der Gemeinschaftsbildung. Beide, die bewussten wie die unbewussten Erinnerungen, entfalten eine eigene Wirkmacht, doch die bewussten Erinnerungen (die leichter angezweifelt werden können, *weil* sie bewusst sind) tendieren dazu, ihre »Wahrheit« der Gemeinschaft aufzuzwingen, zur Not mit Gewalt.

Um solche Normen außer Kraft zu setzen, bedarf es außergewöhnlicher Anstöße. Einen solchen Impuls gab die Ethnopsychoanalyse, die die Betrachtung gesellschaftlicher Verhältnisse mit individueller Selbstbefragung verband. Diese Verbindung bot den idealen Ausgangspunkt für eine neue Perspektive auf die Geschlechterverhältnisse und eröffnete zugleich den Blick Forschender auf eigene Vorurteile – eine Sichtweise, die vielen frühen psychoanalytischen Theorien zur Weiblichkeit fehlte: Trotz Selbstanalyse, trotz Wissen um die Macht der Gegenübertragung und trotz aller Gegenbeweise aus der sozialen Realität hielten die meisten Theoretiker fest an ihren alten Vorurteilen. Als Freud sein apodiktisches »Anatomie ist Schicksal« verkündete,[28] hatten viele Frauen schon längst Belege dafür geliefert, dass ihre Anatomie sie keineswegs daran hinderte, eigenständige politische

Urteile zu fällen und neue wissenschaftliche Erkenntnisse oder künstlerische Leistungen zu erbringen. Wenn Freud solchen Frauen begegnete, bediente er sich gerne des Arguments der Bisexualität, wie er später selbst zugab: »Wir hatten es dagegen auf dem Boden der Bisexualität leicht, jede Unhöflichkeit zu vermeiden. Wir brauchten nur zu sagen: Das gilt nicht für Sie. Sie sind eine Ausnahme, in diesem Punkt mehr männlich als weiblich.«[29] Mit dem Argument, dass Ausnahmen die Regel nur bestätigen, lassen sich Vorurteile leicht aufrechterhalten.

Indem die Ethnopsychoanalyse die Abhängigkeit der Geschlechterrollen vom jeweiligen kulturellen Umfeld betonte, distanzierte sie sich von vielen Fundamentallehren Freuds. Deren Universalität hatten schon Ethnologen wie Bronisław Malinowski und Margaret Mead infrage gestellt. Die Ethnopsychoanalyse ging weiter. In einem Aufsatz, der 1980 in einem vom Sexualwissenschaftler Volkmar Sigusch herausgegebenen Band erschien, beschrieb Fritz Morgenthaler ausdrücklich die kulturelle Abhängigkeit der Regelwerke zu Homosexualität: »Die klassischen Sexualtheorien haben bisher immer unreflektiert angenommen, die Geschlechtsrolle eines Individuums sei biologisch vorbestimmt. Das sollte bloß die Forderung verdecken, daß sie festgefügten gesellschaftlich wirksamen Implikationen entsprechen müsse.«[30] Die Unterscheidung zwischen Hetero- und Homosexualität gehörte für ihn in den Bereich jener kulturell codierten »Sexualität«, die »alles Triebhafte in Bahnen lenkt, organisiert und nach anzustrebenden Zielsetzungen ausrichtet«.[31] Dagegen zeige ein Vergleich unterschiedlicher Kulturen, »daß Homosexualität eine immer und überall vorkommende, ernst zu nehmende Ausformung des menschlichen Sexuallebens« sei.[32] In einer Zeit, in der die klassische Psychoanalyse die Homosexualität noch als eine mit der Ausübung des psychoanalytischen Berufs unvereinbare Störung betrachtete, erklärte Morgenthaler: »Die Verwirrung, die in den Vorstellungen über diese Verhältnisse besteht, entwickelte sich aus der Überbewertung polarer Gegensätze in der Beurteilung der Sexualität.«[33] Und er fügte hinzu: »Die Schwierigkeit mit der Homosexualität liegt darin, daß das einzig Spezifische an ihr sexuell zu sein scheint« – das Sexuelle sei aber »nicht weiter teilbar«, es sei der Trieb an sich. Man käme gar nicht auf den Gedanken, »von Heterosexualität zu sprechen, gäbe es nicht die Homosexuellen«.[34]

Solche Erkenntnisse waren Stärkung und Zuspruch für die erste Generation der Gay-Rights-Aktivisten im deutschsprachigen Raum, vergleichbar mit Rosa von Praunheims Film *Nicht der Homosexuelle ist pervers, sondern die Situation, in der er lebt* (1971). An der Basis von Morgenthalers Sexualtheorie stand der Unterschied, den er zwischen dem »Sexuellen«, einer allgemeinen Triebkraft, und der »Sexualität« aufmachte.[35] Letztere verglich er mit der Herrschaft einer Militärmacht und sprach wiederholt von der »Diktatur der Sexualität«.[36] Damit lieferte er eine sexualtheoretische Erklärung dafür, dass sexuelle Diversität für alle autokratischen Systeme ein rotes Tuch ist. Im Gegensatz zur vorgeschriebenen »Sexualität« entzieht sich das »Sexuelle« jeglicher Kontrolle. Morgenthaler schreibt: »Das Potential der Triebe, die sich der sekundärprozeßhaften Kanalisierung entziehen, bleibt dauernd freischwebend disponibel, um sich als emotionale Bewegung allen möglichen Ichfunktionen momentan und reversibel beizumischen.«[37] Morgenthaler hat die Entwicklungen der neueren Zeit nicht mehr erlebt, aber in den vielfältigen Formen, die das sexuelle Erleben seither angenommen hat, scheint immer wieder dieses Moment des Widerstands auf. Mehr noch: Weil die moderne Gesellschaft über immer effizientere Techniken verfügt, das Unbewusste zu okkupieren, könnte es sein, dass die sexuelle Vielfalt zu einer Art von Freiheitsstrategie geworden ist: Homosexualität, Bisexualität, Transsexualität und alle anderen Formen sexueller Vielfalt wären somit als Formen der Verweigerung zu verstehen – als Verweigerung einer »Sexualität«, die der Glaube gestaltet hat.

Zusammenfassend: Der Beginn der Psychoanalyse wie auch der Wandel der Geschlechterordnung fielen in dieselbe historische Zeit, beide rückten die Geschlechterbilder ins Zentrum der Aufmerksamkeit, und beide beförderten zugleich den Zweifel an den tradierten Normen. Auf Wissenschaftsebene war Psychoanalyse und Geschlechterforschung, die aus der feministischen Bewegung hervorging, gemeinsam, dass sie sich zunächst am Rande des akademischen Mainstreams bewegten, ja sogar davon ausgeschlossen wurden, dann aber neue Rahmenbedingungen für Erkenntnisprozesse setzten. Ihre Auswirkungen standen jedoch oft in scharfem Gegensatz zueinander. Die Psychoanalyse, so der Philosoph Jürgen Habermas, »ist für uns als das einzige greifbare Beispiel einer methodisch Selbstreflexion in Anspruch nehmenden Wissenschaft relevant«.[38] Auf vielen Ebenen wurde sie dieser Einschätzung gerecht, allerdings *nicht* auf der von Geschlecht – weshalb kaum eine der Freud'schen Lehren zur Weiblichkeit für die heutige Diskussion taugt.

Auf moderne Gendertheorien dagegen traf Habermas' Formulierung der »selbstreflexiven Wissenschaft« in hohem Maße zu. Durch die von ihr eingeführten Fragen und Sichtweisen und die von ihr praktizierte Transdisziplinarität wurden tradierte akademische Konventionen und vermeintlich »endgültige Wahrheiten« hinterfragt. Keine Disziplin – von der Theologie, über die Geschichte, Literaturwissenschaft bis zur Biologie und Medizin – blieb von den neuen Perspektiven unberührt, weshalb der amerikanische Wissenschaftshistoriker Thomas Kuhn 1985 die Geschlechterforschung als den wichtigsten Paradigmenwechsel der jüngeren Wissenschaftstheorie bezeichnete.[39] Laut Kuhn sind politische Revolutionen meist die Folge eines wachsenden Unbehagens gegenüber bestehenden Institutionen. Auf ähnliche Weise entstünden auch wissenschaftliche Revolutionen aus dem Gefühl heraus, »daß ein existierendes Paradigma aufgehört hat, bei der Erforschung eines Aspekts der Natur, zu welchem das Paradigma selbst den Weg gewiesen hatte, in adäquater Weise zu funktionieren.«[40] Dass es auf der Ebene von Geschlecht zu einem Wandel des Paradigmas gekommen ist, lässt sich schwerlich bestreiten. Es wäre erstaunlich, wenn die Wissenschaft nicht davon tangiert wäre.

Bei aller Kritik an der Psychoanalyse muss aber festgehalten werden, dass sich der Begriff *Gender* oder *Gender Identity*, der die Ideen zu Geschlecht neu aufmischte, einem Psychoanalytiker verdankte: Robert Jesse Stoller (1924–1991), der in seinem Buch *Sex and Gender* (1968) zwischen biologischem und psychischem Geschlecht unterschied und den Raum öffnete für Männer und Frauen, die sich psychisch einem anderen als ihrem biologischen oder phänotypischen Geschlecht zugehörig fühlten. Er führte die inzwischen geläufige Unterscheidung zwischen »sex« und »gender« ein: Der erste Begriff bleibe der Biologie vorbehalten, der andere umfasse »psychologische oder kulturelle Konnotationen«. Stoller wies darauf hin, dass die neuere naturwissenschaftliche Forschung gezeigt habe, dass jedes höhere Lebewesen »sowohl männliche als auch weibliche CNS-Subsysteme für die Regulierung des Sexualverhaltens« habe. Die Definition der »Geschlechtsidentität« werde allerdings dadurch erschwert, dass diese »im Laufe der Entwicklung sehr viel komplizierter wird, so dass man sich beispielsweise nicht nur als Mann, sondern auch als maskuliner Mann oder als effeminierter Mann oder sogar als Mann, der sich einbildet, eine Frau zu sein, fühlen kann.« Dagegen bezeichne die »Geschlechterrolle« das Verhalten, »das jemand in der Gesellschaft an den Tag legt, die Rolle, die er vor allem gegenüber anderen Menschen spielt, um seine Position bei ihnen in Bezug auf seine und ihre Bewertung seines Geschlechts zu bestimmen.« Bei der Mehrheit der Menschen seien Geschlecht, Geschlechtsidentität und Geschlechterrolle »fast gleichbedeutend«, in anderen Fällen wichen sie voneinander ab. Zusätzliche Probleme bereite die Tatsache, »dass das geschlechtliche Verhalten, das zum größten Teil von Geburt an erlernt wird, eine wesentliche Rolle im sexuellen Verhalten spielt«. Dieses sei wiederum biologisch bestimmt, so »dass es manchmal sehr schwierig ist, Aspekte von Geschlecht und Sex von einem bestimmten Verhalten zu trennen«.[41]

Stoller griff mit seiner Unterscheidung zwischen biologischem und kulturell erworbenem oder gefühltem Geschlecht einerseits Gedanken aus dem 19. Jahrhundert auf, wie sie mit

Karl Heinrich Ulrichs' »drittem Geschlecht« und Magnus Hirschfelds »sexuellen Zwischenstufen« formuliert worden waren, andererseits nahm er auch spätere Erkenntnisse der Endokrinologie und der Neurobiologie vorweg. Er verharrte zwar noch in einem binären Denken, das nur zwischen »männlich« und »weiblich« unterschied, bot aber auch schon erste Modelle, die jene Vielfalt des aktuellen Sexualitätsdiskurses ins Auge fassten.

Der deutlichste Unterschied zwischen Psychoanalyse und Geschlechterordnung liegt in den kulturhistorischen Gründen ihrer Entstehung. Im Folgenden sollen einige kulturhistorische Hintergründe für die moderne Umwälzung der Geschlechterordnung ausgeführt werden. Dabei gilt es vor allem, zwei Fragen zu reflektieren: Erstens, was könnte der Hintergrund für die Entstehung der »patriarchalen Ordnung« gewesen sein und warum konnte sie sich so lange halten? Darüber, dass sie *nicht* in der Frühzeit angelegt war, ist sich die moderne Anthropologie einig. Zweitens, wie kam es zu ihrem plötzlichen Niedergang? Der »Untergang des Patriarchats« vollzog sich für eine mentalitätsgeschichtliche Veränderung in ungewöhnlich kurzer Zeit, was darauf schließen lässt, dass diese Ordnung nicht besonders stabil war und unvorhergesehene Faktoren eine Rolle spielten.

Gründe für das Beharrungsvermögen der binären Geschlechterordnung

Die Konstruktion »Patriarchat« basiert auf der Vorannahme, dass Männlichkeit Kultur und Weiblichkeit Natur repräsentieren. Diese Vorstellungen bewirkten, dass nur Männer

Priesterämter bekleiden, sich Bildung aneignen, ökonomische Entscheidungen treffen und Führungsaufgaben übernehmen durften. Weil sie Kultur verkörperten, wurde Männern die Deutungshoheit über die Gesellschaft anvertraut – und dies in einer weltweit verbreiteten Form.[42] Diese Zuordnungen wurden dadurch verstärkt, dass patriarchale Gesellschaften auf einer strikten Binarität der Geschlechterordnung beharrten. Da die Grenze zwischen Männlichkeit und Weiblichkeit als unüberwindbar galt – sie unterlag, je nachdem, göttlichem Gesetz oder dem Regelwerk der »Natur« –, konnte es auch kein »Dazwischen« geben.

Heute bekleiden Frauen geistliche Ämter, sind in intellektuellen Berufen tätig und üben Macht auf allen Ebenen politischer und ökonomischer Strukturen aus. Innerhalb kürzester Zeit wurde klar, dass es nie eine *anatomische* Begründung für ihren Ausschluss von geistiger Tätigkeit gegeben haben kann. Diesen Zusammenhang übergehen die meisten anthropologischen Theorien zur Geschlechterhierarchie. Sie haben deren Beginn im Auge, bieten aber keine Erklärung dafür, warum sie plötzlich ihre Gültigkeit verlor. So veröffentlichte die Zeitschrift *National Geographic*, die sich der Wissenschaft verpflichtet sieht, Anfang 2023 eine große Studie zur Frage »Woher kommt das Patriarchat?«,[43] in der sie die aktuellen Ansätze zu dieser Frage – darunter das Buch *Die Wahrheit über Eva* des Historikers Kai Michel und des Anthropologen Carel van Schaik[44] – referierte. Ähnlich wie in vielen anderen Theorien seit Friedrich Engels' *Der Ursprung der Familie, des Privateigenthums und des Staats* von 1884, heißt es dort, die »Männerherrschaft« habe sich mit dem Übergang von einer nomadischen zu einer sesshaften, Landwirtschaft betreibenden Lebensweise etabliert. Grund seien einerseits der Beginn von Kämpfen um Land, also Kriege, andererseits höhere Geburtenraten durch bessere Ernährungsverhältnisse; das habe die Unabhängigkeit der Frauen eingeschränkt. Die neuen Dominanzverhältnisse der frühagrarischen Gesellschaften seien in eine kulturelle Hierarchie eingeflossen, die Frauen aus geistigen Tätigkeiten ausschloss. Die den Männern vorbehaltene Deutungshoheit habe es ihnen gleichzeitig ermöglicht, »Rechtfertigungen« für die Hierarchie zu finden. Etwa die vermeintlich in der Natur angelegte Unfähigkeit der Frau zu geistiger Tätigkeit, oder die Vorstellung, das weibliche Geschlecht verkörpere die Sünde. Nicht erwähnt werden Rechtfertigungsversuche wie die oben zitierten Mythen über eine angeblich »ursprüngliche Herrschaft der Frauen«. Diese lassen sich allerdings auch als eine Variante der Frau als Verkörperung der Sünde oder des ursprünglichen »Chaos« verstehen.[45]

Das von den beiden Autoren und vielen anderen gelieferte Erklärungsmuster bietet allerdings keine Erklärung, warum die Geschlechterhierarchie gegen Ende des 19. Jahrhunderts plötzlich infrage gestellt wurde: nicht nur vonseiten der Frauen – es hatte immer schon Frauen gegeben, die Kritik an der Hierarchie übten –, sondern auch seitens der Gesellschaft, die sich mit mentalitätsgeschichtlich einmaliger Geschwindigkeit entschloss, Frauen für mündig zu erklären. »Heute wissen wir«, so lautet die schlichte Erklärung von Kai Michel, »dass die männliche Dominanz weder von einem Gott gewollt noch in der Natur begründet ist. Es handelt sich um eine kulturelle Verirrung – und Kultur können wir verändern.«[46] Fragt man, wie es zur Einsicht in diese »Verirrung« kam, werden der Niedergang der Religion und die »Aufklärung« geltend gemacht. Doch diese Antwort befriedigt nicht. Denn erstens brachte die Aufklärung, wie das oben zitierte Beispiel von Humboldt zeigt, eine neue Verstärkung der Geschlechterhierarchie;[47] und zweitens hatte der revolutionären »Entdeckung«, dass die männliche Dominanz nicht naturgegeben ist, nie etwas entgegengestanden. Vielmehr hatte es einer intensiven Wissens*verdrängung* bedurft, um die Erkenntnis einer gleichrangigen geistigen Fähigkeit der Frauen zu unterdrücken.

Um zu verstehen, warum das Patriarchat dennoch und so plötzlich seine Plausibilität einbüßte, gilt es, sein Fundament zu untersuchen. Freud hat dazu, eher unfreiwillig, einen wichtigen Schlüssel geliefert. In *Der Mann Moses und die monotheistische Religion*, verfasst in seinem Todesjahr 1939, schrieb er: »Diese Wendung von der Mutter zum Vater bedeutet einen Sieg der Geistigkeit über die Sinnlichkeit, also einen Kulturfortschritt. Denn die Mutterschaft ist durch das Zeugnis der Sinne erwiesen, während die Vaterschaft eine Annahme ist, auf einen Schluß und auf eine Voraussetzung aufgebaut.«[48] Für Freud war es also die *Evidenz der Mutterschaft*, die die Frau auf Natur und Sinnlichkeit festlegte, während die »auf einer Annahme« beruhende Vaterschaft den Mann zu jener Geistigkeit prädestinierte, die den »Sieg über die Sinnlichkeit« davontrug. Mit anderen Worten: Das Patriarchat, benannt nach dem Vater, beruhte auf der *Nichtbeweisbarkeit* der Vaterschaft. Die Gesellschaft versuchte, dem Dilemma der unsicheren Vaterschaft durch eine strenge Monogamie zu begegnen. Aber es blieb immer ein letzter Zweifel,[49] und auf ihm beruhte die Notwendigkeit, Frauen/Mütter kollektiv zu beherrschen.

Das wirkmächtigste Ereignis der letzten zwölftausend Jahre, die Errichtung des Patriarchats, basierte also auf einer *Wissenslücke* – ein dürftiges Fundament für einen großen Herrschaftsanspruch. Dass diese Wissenslücke für *alle Kulturen*, frühe wie historische, galt, erklärt allerdings, weshalb das Patriarchat ein weltweit verbreitetes Phänomen ist. Und es erklärt auch, warum der Phallus, der nicht biologische, sondern »geistige« Männlichkeit symbolisiert, als Zeichen männlicher Macht in fast allen Kulturen zu finden ist. Das Wissen, dass die männliche Macht auf einem Mangel beruhte, wurde im Sinne von Erdheims »gesellschaftlicher Produktion von Unbewusstheit« verdrängt und durch eine Symbolik ersetzt, die Weiblichkeit entweder, wie in den oben erwähnten Schöpfungsmythen, mit einem präkulturellen Chaos oder, wie in Theorien von Aristoteles bis Freud, mit einem »Defekt« gleichsetzte.

Yuval Noah Hararis millionenfach aufgelegtes Buch *Eine kurze Geschichte der Menschheit* illustriert gut die Blindheit der modernen Forschung für den Zusammenhang von Geschlechterordnung und fehlendem Vaterschaftsnachweis. Harari fragt sich, warum »das Patriarchat in fast allen landwirtschaftlichen und industrialisierten Gesellschaften die Regel war«. Obwohl jede Kultur Männer und Frauen anders definiere, sei »daher anzunehmen, dass es auch biologische Gründe gibt, warum fast alle Kulturen der Männlichkeit gegenüber der Weiblichkeit den Vorzug geben«. Er benennt Argumente, die von der Forschung vorgebracht werden, um diesen Sachverhalt zu erklären – erstens Muskelkraft, zweitens höheres Aggressionsverhalten, drittens »patriarchale Gene«, die die Evolution als Überlebensstrategie entwickelt habe –, bringt aber gegen jede von ihnen stichhaltige Argumente vor. Schließlich konstatiert Harari: »Es gibt zwar viele Theorien, doch keine ist völlig schlüssig. [...] Auf diese Fragen haben wir keine Antwort.«[50] Dabei liegt die »biologische« Begründung auf der Hand. Die Hierarchie war bedingt durch die Gleichsetzung von Männlichkeit mit Kultur, von deren umwälzender Wirkmacht auf die Natur Harari selbst so ausführlich berichtet. Diese Gleichsetzung war aber dem mangelnden Vaterschaftsnachweis geschuldet. Mit jeder neuen Kulturtechnik – vom Pflug bis zur Schrift, vom Geld bis zum Computer – verstärkte sich die Hierarchie; und sie fand auch in den Religionen, die ebenfalls als Kulturtechniken zu verstehen sind, ihren Niederschlag.[51]

Für die Entstehung von Ungleichheit gab es auch andere Gründe, etwa – im Falle von Engels und weiterer Theoretiker – die Entstehung sesshafter Gesellschaften. Doch die darin angelegte soziale Ungleichheit implizierte nicht zwingend eine geschlechtliche Ungleichheit. Als Kapitalismus und freie Marktwirtschaft um 1800 übernahmen, verschärften sich die sozialen Verwerfungen, während zugleich die allmähliche gesetzliche Angleichung der Geschlechter begann. Das heißt, die Gründe für die Entstehung und den Untergang des Patriarchats sind weniger auf der Ebene der angeblichen »harten Fakten« der Ökonomie zu suchen als mit dem Begriff des kollektiven und individuellen Unbewussten zu erfassen. Für dieses haben Fragen von Geschlecht, Genealogie sowie männlicher und weiblicher Anteil an der Fortpflanzung eine fundamentale Bedeutung.

Es lässt sich darüber spekulieren, warum die männliche Wissenschaft den Zusammenhang von Patriarchat und fehlendem Vaterschaftsnachweis nicht selbst hergestellt hat. Eine mögliche Antwort: Indem sie ökonomische Verhältnisse oder »patriarchale Gene« oder »höhere Muskelkraft« für die Geschlechterhierarchie verantwortlich machte oder sich mit der schlichten Erklärung einer »männlichen Machtergreifung« beim Übergang von nomadischer zu sesshafter Landwirtschaft zufriedengab, blieb das männliche Geschlecht Subjekt der Geschichte. Kein Mann musste sich eingestehen, *passives Objekt* von deren Eigendynamik zu sein. Die Hierarchie blieb gesichert.

Wegen des fehlenden biologischen Vaterschaftsnachweises war der väterliche »Stammbaum« in patriarchalen Gesellschaften nie etwas anderes als Kultur und Text. Die Vaterlinie wurde in genealogischen Tabellen, Akten, Gesetzen, manchmal auch durch Bauten und Memorialtechniken festgehalten; diese überdauerten die einzelnen Generationen und gruben sich als Fakten und Normen im Denken und Fühlen ein. Sie wurden Teil des kollektiven Unbewussten. Erbschaftsregeln und Gesetze verankerten die Hierarchie in der ökonomischen und sozialen Realität. Im Gegensatz dazu stand die Mutterlinie für die vergängliche Natur, weshalb diese Generationenfolge gar nicht erst festgehalten wurde. Sie verschwand nach zwei oder drei Generationen aus dem kollektiven Gedächtnis der patriarchalen Gesellschaften.

Das erklärt aber noch nicht das lang anhaltende Beharrungsvermögen der Vaterlinie. Denn es gab auch Beispiele für eine abweichende Entwicklung. Da die Mutterlinie über den Vorteil der Evidenz verfügte, entschied sich das antike Judentum, das wie fast alle Völker rund ums Mittelmeer patrilinear ausgerichtet war, nach der Zerstörung des zweiten Tempels im Jahr 70, für eine matrilineare Definition jüdischer Zugehörigkeit: Seit dem zweiten Jahrhundert unserer Zeitrechnung gilt als jüdisch, wer eine Jüdin zur Mutter hat. Für das extraterritoriale Judentum gab es nun auf der einen Seite die Heilige Schrift, die die geistige Vaterlinie repräsentierte und von Heinrich Heine so treffend als das »portative *Vater*land« der Juden bezeichnet wurde,[52] und auf der anderen Seite das »portative *Mutter*land« der leiblichen Zugehörigkeit zum Judentum. Die Interdependenz dieser beiden Prinzipien – das eine männlich, das andere weiblich, das eine verbunden mit der Schrift, das andere verbunden mit der Oralität – hielt die zerstreute jüdische Gemeinschaft zusammen und beeinflusste auch die symbolische Geschlechterordnung: Schwer vorstellbar, dass eine Kultur, deren Gemeinschaftsidentität auf einer weiblichen Linie beruht, das Prinzip Weiblichkeit als minderwertig ansieht. Die Geschlechterordnung der jüdischen Religion ist strikt monogam ausgerichtet und bestraft jede Abweichung vom Regelwerk, aber sie ist ebenso wenig frauenfeindlich, wie sie sexualfeindlich ist.[53] Sie ist zwar patriarchal in dem Sinne, dass sie Geistigkeit zu einem männlichen Prinzip erklärt: die Thora als »jüdisches Vaterland«. Doch die Gleichwertigkeit von Schrift als männlichem Prinzip und einer weiblich codierten Oralität sorgte für eine Balance zwischen beiden Kommunikationsformen und beiden Geschlechtern.[54]

Die christliche Kultur dagegen hielt am patrilinearen Prinzip fest, das sie von Griechen und Römern übernahm. Diese hatten kein Problem damit, den Vater als eine geistige Institution zu denken. Das römische Recht formulierte ausdrücklich: *pater semper incertus est* (der Vater ist immer unsicher). Ein römischer Vater war enger mit seinem adoptierten Sohn verwandt als mit seinen leiblichen Kindern, die er beispielsweise mit einer Unfreien gezeugt hatte. Der römische Begriff der *consanguinitas* verwendete zwar Bilder des Blutes, bezeichnete aber eigentlich einen Clan, der sich durch *soziale* Endogamie konstituierte.[55] Das »Blut« hatte also eine metaphorische Bedeutung.

Im Gegensatz zu Rom und Griechenland konnte sich die Kirche mit dem *pater incertus* nicht abfinden. Das Christentum stand in Konkurrenz zum zeitgleich sich entwickelnden rabbinischen Judentum, das sich für die Evidenz der Mutterlinie entschieden hatte. So bemühte sich die Kirche darum, auch dem patrilinearen Prinzip durch Bilder des Blutes Eindeutigkeit zu verleihen – und sie leitete dies ab vom Heilsversprechen einer Vereinigung der Glaubensgemeinschaft im »Blut Christi«.

Michel Foucault bezeichnete das Blut als »Realität mit symbolischen Funktionen«.[56] Diese Eigenschaft machte das Blut zum idealen Mittel, das Symbol mit Realitätsgehalt zu versehen. Mit der allmählichen Etablierung der christlichen Religion überlagerten sich Signifikat und Signifikant. Im Jahr 1215 dekretierte schließlich die Transsubstantiationslehre, dass Wein und Blut beim Heiligen Abendmahl nicht symbolisch, sondern real zu verstehen seien. An die Stelle der alten Hierarchie zwischen Geist und Fleisch trat nun eine neue: die zwischen zwei Arten des Blutes. Auf der einen Seite gab es das »gute« oder höhere Blut der Passionsgeschichte, das Erlösung und Auferstehung versprach und in der Eucharistie zelebriert wurde; auf der anderen Seite das mindere, weltliche Blut, das für Diesseits, Krankheit, das Sexuelle und die »Unreinheiten« des weiblichen Körpers stand.

Das »gute Blut« wurde bestimmend für die patrilineare Genealogie des Christentums. Wie Ernst Kantorowicz in seinem Buch *Die zwei Körper des Königs* dargestellt hat, wurde das Konzept des Heiligen Blutes im Mittelalter von Christus auf die Definition des Königtums übertragen. Auf dem Konzil von Chalcedon war im Jahr 451 festgehalten worden, dass Christus eine Person mit zwei Naturen sei – einer menschlichen und einer göttlichen –, die in seiner Gestalt eine »unvermischte« Form annehme. Ähnlich, so die mittelalterlichen Kronjuristen, habe auch der König zwei Körper: einen unsterblichen als Regent (*body politic*) und einen sterblichen wie jeder andere Mensch (*body natural*).[57] Solange der König sein Amt ausübte, verlieh der *body politic* (das Korrelat zum göttlichen Leib Christi) dem natürlichen Körper Unsterblichkeit.[58] Starb der König, so ging der unsterbliche Körper auf seinen Nachfolger über: Eine geistigere Form von männlicher Genealogie ist eigentlich kaum denkbar. Aber schon bald – hier zeigten die Juristen ihre weltliche Kompetenz – galt diese Thronfolge nur im Verbund mit einer leiblichen Genealogie. Ab 1270 wurde in England und ab 1272 in Frankreich die Thronfolge als Geburtsrecht des ältesten Sohnes anerkannt. Damit nahm das »höhere Blut« einerseits säkularen Charakter an; andererseits erhielt die patrilineare Blutslinie des Thrones sakralen Status – fortan war vom »Heiligen Blut der Könige« die Rede.[59]

Die Übertragung des monarchischen Prinzips einer gehobenen Blutslinie auf den Adel vollzog sich zwar unterschiedlich von Land zu Land, aber sie vollzog sich überall. Schon bald war nur noch vom »edlen Samen« die Rede, der von Vater zu Sohn weitergeben werde.[60] Das königliche Blut war durch die Spiritualität Christi aufgewertet worden; doch beim Adel verselbstständigte sich das »blaue Blut« als materielle Substanz, die der Aristokratie auf ganz weltliche Weise Anspruch auf Besitz und sozialen Status verlieh. Aus dem »guten Blut« der Passionsgeschichte wurde ein soziales Distinktionsmerkmal.[61]

Das Konzept der zwei Arten des Blutes prägte die Struktur der Feudalgesellschaft über viele Jahrhunderte, bis Monarchie und Klerus um 1800 ihre Bestimmungsmacht einbüßten. Die Guillotine ließ das Blut in Strömen fließen – rückblickend stellt sich die Frage, ob die Tötungsrituale nicht deshalb so unerbittlich waren, weil es galt, die Wirkmacht des »höheren«, symbolischen Blutes auszulöschen. Doch das bedeutete keineswegs den Untergang der alten Metaphorik. Vielmehr verlagerte sich das Konzept einer durch sakrales Blut zusammengehaltenen Glaubensgemeinschaft auf ein neues Gemeinschaftskonzept: die Nation. Als 1793 die königlichen »Väter« und »Mütter« Frankreichs hingerichtet wurden, traten »körperlose Eltern« an deren Stelle: Das Vaterland wurde zur »nationalen Familie«, und die Bürger wurden zu den »Kindern der Nation« (*enfants de la patrie*), wie es in der *Marseillaise* heißt.[62] Das Konzept des »*Vater*lands« verlieh dem männlichen Stammbaum den Anschein eines kollektiven Erblichkeitsprinzips, während umgekehrt die Vaterlinie für eine emotionale Aufladung des »Patriotismus« sorgte.[63] Das christlich-theologische Konzept des höherwertigen Blutes wurde zum nationalen Inklusionsmerkmal. Und auch hier galt es, die Zweiteilung des Blutes zu beschwören: Während das eigene Blut die Reinheit repräsentierte, sollte auf dem Schlachtfeld das »unreine Blut« (*sang impur*) der Feinde fließen.

In einigen europäischen Ländern, vor allem im deutschsprachigen Raum, mündete das Konzept einer nationalen Blutsgemeinschaft und einer aristokratischen Blutshierarche in eine neue kollektive Blutsverwandtschaft ein: die Idee der Rassengemeinschaft. In der Vorstellung von »höherwertigem« arischen und »minderwertigem« jüdischen Blut lassen sich nach wie vor die christlichen Lehren von den zwei »Naturen Christi« und den zwei Arten des Blutes erkennen.[64]

In den Ländern des christlichen Kulturraums wurde der männliche Stammbaum währenddessen als *biologisches Faktum* verstanden, was das Befremden westlicher Anthropologen erklärt, die im späten 19. Jahrhundert konstatieren mussten, dass die Mehrheit anderer Kulturen Verwandtschaftsverhältnisse kulturell oder sozial definierte und die leibliche Blutsverwandtschaft der christlichen Gesellschaft für abartig oder bestenfalls für eine Metapher sozialer Verhältnisse hielt.[65]

An eben dieser historischen Schwelle, als sich der Glaube an die Vaterlinie die scheinbare »Realität« des Blutes angeeignet hatte, setzte der Umbruch ein – und er ging ausgerechnet von der Biologie aus. Sie lieferte, anders als erhofft, keine naturwissenschaftliche Bestätigung der männlichen Blutslinie, sondern deren Widerlegung. Ende des 17. Jahrhunderts hatten Wissenschaftler nacheinander Spermatozoon und Ovarialfollikel entdeckt; um 1830 wurde der Eisprung identifiziert. Seit 1875 konnte man dank verbesserter Mikroskope *sehen*, was bei der Verschmelzung von Samen und Eikern geschah. Damit war klar, dass der Nachwuchs die Erbschaft von Vater *und* Mutter in sich trug, dass die biologische Abstammung also weder patrilinear noch matrilinear, sondern *bilinear* war.

Die neuen Erkenntnisse hatten zunächst juristische Folgen: Begriffe wie »Erbe« oder »Anlage« nahmen eine doppelte, eine juristische und eine biologische Bedeutung an, Frauen wurden wieder erbberechtigt. In den vorangegangenen Jahrhunderten waren sie zunehmend aus den Erblinien verdrängt worden.[66] Die Erkenntnisse hatten ebenfalls zur Folge, dass Vaterschaft – und damit Männlichkeit – immer weniger geistig, sondern eher leiblich gedacht werden musste. Der Prozess fand seinen Abschluss, als die Genetik 1984, zum ersten Mal in der Menschheitsgeschichte, den sicheren Vaterschaftsnachweis erbringen konnte. (Dass »1984« zum Synonym für Dystopie wurde, gehört zur Ironie dieses historischen Prozesses.) Der von den Wissenschaftlern erbrachte biologische Vaterschaftsnachweis war keineswegs beabsichtigt, sondern eher unfreiwilliges Nebenprodukt des Forschungsdrangs. Er bildete jedoch die Hintergrundfolie für den verblüffend raschen Wandel der Geschlechterordnung in den letzten zweihundert Jahren: Dem Patriarchat, das auf einem geistigen Verständnis der Vaterschaft basierte, war der Boden entzogen worden. Rückblickend wurde damit klar, dass das Patriarchat nie auf etwas anderem als einer Leerstelle beruht hatte.

Die Erkenntnisse und Ergebnisse der Zeugungsforschung ließen der kollektiven »Unbewusstheit« (im Sinne von Erdheim) keine andere Wahl: Sie musste sich in die Umwälzung der Geschlechterordnung fügen. Ebenso wie es einen alle Kulturen erfassenden Konsens für die Entstehung des Patriarchats gegeben hatte, kam es nun zu einem sich allmählich ausbreitenden Einvernehmen über das Ende seiner Laufzeit. Das mindert keineswegs die Bedeutung feministischer Kämpfe bei der Umwälzung. Es widerspricht auch nicht der Tatsache, dass der Kampf um Geschlechtergerechtigkeit Teil einer großen demokratischen Veränderung war. Es erklärt jedoch, warum ein großer Teil der Bevölkerung umzudenken bereit war und woher der gesellschaftliche Konsens kam, Frauen die Erbberechtigung, das Wahlrecht, den Zugang zu akademischer Ausbildung zuzugestehen. Da dem Patriarchat die Begründung abhandengekommen war, musste sich die Gesellschaft fügen.

Unter Künstlern und Schriftstellern hatten sich schon seit 1800 Zweifel an der tradierten Männlichkeit geregt. In »weiblichen Symptomen« wie Migränen, Schwindel- und Ohnmachtsanfällen agierten Künstler wie Novalis, Flaubert oder Mallarmé ihre Lust an der eigenen Ohnmacht aus. »Seltsamer- und eigentümlicherweise«, so schrieb etwa Stéphane Mallarmé, »habe ich alles geliebt, was sich in diesem Wort Sturz zusammenfassen läßt«.[67] Die Literaturwissenschaftlerin Inge Stephan hat in ihrem Buch *Verweigerte Männlichkeit* viele Beispiele aus der deutschen Literatur und Kunst zusammengetragen: Sie reichen vom späten 18. Jahrhundert bis in die Weimarer Moderne und erzählen von einer »Krise der Männlichkeit«, lange bevor sich Psychologie oder Soziologie des Themas angenommen hatten.[68] In Frankreich musste sogar die Hysterie, »Frauenkrankheit« par excellence, für das neue Männerbild herhalten. Flaubert nannte sich ein »dickes hysterisches Mädchen« oder eine »alte hysterische Frau«.[69] Während er an *Madame Bovary* arbeitete, litt er an Schwindelanfällen und an »Fallsucht« – epilepsieähnlichen Anfällen, die im Französischen manchmal als »le petit mal«, das kleine Übel, bezeichnet wurden. Er bezog seine schöpferische Kraft nicht aus dem tradierten männlichen Überlegenheitsprinzip, sondern aus einer gespaltenen sexuellen Identität: »Schreiben ist etwas Köstliches, nicht mehr man selbst zu sein, sondern in der ganzen Schöpfung zu kreisen, von der man spricht. Heute zum Beispiel bin ich als Mann und Frau zugleich, als Liebhaber und Geliebte [...] durch einen Wald geritten.«[70] Diese Künstler konnten zwar nicht sagen, wie es dazu gekommen war (was ihnen vermutlich auch gleichgültig war), doch sie spürten, dass ein neues Zeitalter mit einer anderen Geschlechterlogik angebrochen war.

Feministinnen buchstabierten ihrerseits aus, was sich verändern musste; sie definierten die Leitlinien der juristischen, sozialen und psychologischen Veränderungen. Historikerinnen gruben Wissen der Vergangenheit aus, das Einblicke in die allmähliche Etablierung des Patriarchats gab, Ethnologinnen analysierten die Rolle der Religionen, der Ökonomie oder der Gesetzgebung bei diesem Prozess, Literaturwissenschaftlerinnen und Kunsthistorikerinnen wiesen nach, wie sich die Herrschaft des Mannes auf dem Territorium von Sprache, Literatur und Kunst manifestierte, und viele Forscherinnen erzählten von den Frauen, die den Versuch unternommen hatten, das Regelwerk zu durchbrechen. Denn es hatte immer schon Frauen gegeben, die sich Bildung aneignen wollten und politisches Mitspracherecht einforderten. Es war ihnen systematisch verwehrt worden. Nun jedoch waren dem Patriarchat die alten Rechtfertigungen abhandengekommen, der traditionellen Geschlechterordnung fehlte eine plausible Grundlage. Der neue Konsens der Gesellschaft wurde nie mit den Erkenntnissen der Zeugungsforschung begründet; er beruhte auf einer Umwälzung des kollektiven Unbewussten. Kein anderes soziales Phänomen der letzten zweitausend Jahre hat so deutlich wie diese Revolution die politische und soziale Wirkmacht des Unbewussten offenbart.

Freud nannte die Religion eine »Illusion«. Mit dem biologischen Vaterschaftsnachweis wurde nun auch die Vorstellung einer geistigen Vaterschaft als Illusion entlarvt. Obwohl Freud selbst auf den Zusammenhang zum fehlendem Vaterschaftsnachweis hingewiesen hat, führte ihn das nicht zum naheliegenden Schluss, dass der patriarchale Stammbaum und die geistige Überlegenheit des Mannes bedroht sein könnten. Das ist umso erstaunlicher als Freud aus den Naturwissenschaften kam und diese bereits lange vor dem »genetischen Fingerabdruck« Erkenntnisse zur Vaterschaft lieferte. Das Wissen über die Bilinearität der Zeugung hat Freud selbst zitiert – wenn auch mit einem Genderbias über die »bewegliche, aktive« männliche Geschlechtszelle und das »unbeweglich, passiv erwartende« weibliche Ei.[71] Auch muss ihm bekannt gewesen sein, dass die Blutgruppenbestimmung schon seit Mitte der 1920er Jahre einen relativ sicheren Vaterschaftsnachweis ermöglichte. Da für ihn die »Annahme« der Vaterschaft über die Geistigkeit der väterlichen Funktion bestimmte, hätte er also sehen *können*, dass die Geschlechterhierarchie keine Basis mehr hatte und nur noch am seidenen Faden der Tradition hing. Doch die Idee männlicher Deutungshoheit hatte sich seiner Psyche, wie auch der seiner

Zeitgenossen, viele Frauen eingeschlossen, als »naturbedingt« eingeschrieben. Sie verstellte den Blick auf die Umwälzungen, die sich auf der geschlechtlichen Ebene parallel zur Entstehung der Psychoanalyse vollzogen hatten.

Während es einerseits zur Neubewertung weiblicher Geistigkeit kam – innerhalb weniger Dekaden erhielten Frauen Zugang zu höherer Ausbildung, zum Wahlrecht, man traute ihnen eine künstlerische Kreativität zu, die ihnen über Jahrhunderte abgesprochen worden war – wurde andererseits Männlichkeit zu einer biologischen Kategorie. In der Gesellschaftstheorie kamen diese Veränderungen verzögert an: Ende der 1970er Jahre etablierte sich die Männlichkeitsforschung, die nicht mehr männliche Geistigkeit, sondern den männlichen Körper in den Mittelpunkt rückte. Denn siehe da, viele Männer fühlten sich zunehmend wohl bei der Vorstellung, dass Männlichkeit nicht nur Geist, Institution, sondern auch Körperlichkeit bedeutete. Zugleich änderte sich der Blick auf den Vater. Der Wandel wurde zunächst als *Verlust* beschrieben: So schrieb der Familienhistoriker Jack Goody, dass der Industrialisierungsprozess den Typus der »kaputten Väter« hervorgebracht habe;[72] für Horkheimer traten Kollektiva an die Stelle der Väter,[73] und Alexander Mitscherlich nannte sein Buch *Auf dem Weg zur vaterlosen Gesellschaft*.[74] Erst spät wurde wahrgenommen, dass ein neuer, leiblicher Vatertypus dabei war, den alten institutionellen zu überlagern – eine Verschiebung, der das Bundesverfassungsgericht im April 2024 schließlich Rechnung trug, als es die Rechte leiblicher Väter stärkte. Das ist bemerkenswert für eine Institution des Rechts, das auf der Schrift, einer der wichtigsten Kulturtechniken des Patriarchats, basiert.[75] Dass ausgerechnet der institutionelle Vater als Repräsentant einer »natürlichen« Ordnung gegolten hatte, war eine der vielen Paradoxien patriarchaler Verhältnisse. Die Verlagerung zum biologischen Vater zeigt sich heute auch an den Vaterschaftsklagen: Früher verfolgten diese fast immer das Ziel, Vaterschaftsansprüche *abzuwenden*; heute klagen Väter, weil sie *Anspruch* auf ihren Nachwuchs erheben. Auf die neurobiologischen Forschungen zum »väterlichen Gehirn«, die einige überraschende Perspektiven auf den »neuen Vater« eröffnen, kommt das 9. Kapitel zurück.

Auch wenn es seine Begründung verloren hat, ist das Patriarchat noch weit davon entfernt, die Waffen zu strecken – es kann sich auf zu vielen von ihm geschaffenen Realitäten ausruhen: etwa männlichen Vermögensverhältnissen oder der öffentlichen Akzeptanz von männlicher Gewaltausübung. Die Organisation FEM-United, eine Organisation zur Erfassung und Prävention von Femiziden, meldet: »Jeden Tag werden weltweit 137 Frauen und Mädchen aufgrund ihres Geschlechts von einem Familienmitglied, einem Partner oder Ex-Partner getötet.«[76] Das heißt, dass Jahr für Jahr fast fünfzigtausend Frauen ermordet werden. Nicht von Fremden, nicht durch Kriegshandlungen, sondern von nahen Familienangehörigen oder Intimpartnern. Das Problem betrifft Industrieländer kaum weniger als die sogenannten Entwicklungsländer. Im Jahr 2023 wurden in Deutschland mehr als 900 Mädchen und Frauen Opfer von versuchten Tötungsdelikten, bei 360 kam es zur Vollendung der Tat. Mehr als 52.000 Frauen und Mädchen wurden im gleichen Jahr Opfer von Sexualstraftaten.[77] »Wir haben jedes Recht, von den Männern in unserem Leben zu erwarten, dass sie mehr für uns tun«, sagte Michelle Obama während des US-Wahlkampfs 2024, »unsere Leben sind mehr wert als ihre Verärgerung und Enttäuschung«.[78] Um die Gewalt gegen Frauen zu durchbrechen, bedarf es eines Erkenntnisprozesses, der nicht beim Individuum anfängt, sondern bei der Gemeinschaft. Gewiss, Mentalitäten und das kollektive Unbewusste verändern sich nur langsam, aber Legislative wie Exekutive verfügen über Instrumente, dem nachzuhelfen.

Allerdings ist eine der liberalsten Gesellschaften der Welt auf dem besten Weg, den entgegengesetzten Weg einzuschlagen. 2022 verkündete der Supreme Court der USA, den Donald Trump während seiner ersten Amtsperiode durch seine Nominierungen nach rechts gerückt hat, die Rücknahme des seit über 50 Jahren bestehenden, bundesweiten Rechts auf Schwangerschaftsabbruch.[79] Noch deutlicher zeigte sich die Ausrichtung im Wahlkampf 2024, den Trump überwiegend auf die männliche Wählerschaft zuschnitt. Mit Erfolg: 54 Prozent seiner Wähler waren Männer, die zu einem Gutteil aus konservativen und rechtsextremen Kreisen stammen. Weiße Evangelikale stimmten zu 77 Prozent für Trump – und das, obwohl nur 14 Prozent der Befragten bereit waren, Trump als Christen zu bezeichnen.[80] Noch deutlicher zeigt sich dieser Trend am Kabinett, das er schon vor Amtseinführung zusammensetzte und Ministeriumsbesetzungen mit rechtsradikalen Evangelikalen vorsah, die sich, wie der neue Verteidigungsminister Pete Hegseth, als »crusader«, Kreuzritter, verstehen. Die meisten verfügen zwar über wenig Expertise zum Portefeuille, das man ihnen anvertraut, aber sie sind sich einig im Anliegen einer Wiederherstellung alter geschlechtlicher Dominanzverhältnisse. Das war schon so bei Trumps Abwahl im Jahr 2020: 86 Prozent der Teilnehmer am Sturm aufs Kapitol vom 6. Januar 2021 waren Männer. Die Entwicklungen in den USA lassen Margaret Atwoods dystopischen Roman von 1985, »The Handmaid's Tale«, in der ein männliches Imperium auf der Beherrschung des Frauenkörpers errichtet wird, 2025 als luzide Prophezeiung erscheinen.[81]

Ein anderes Indiz für die Abwehrhaltung ist die hohe Emotionalität der Diskussion um geschlechtergerechte Sprache. Ähnlich wie die Institution Ehe vermittelt auch die Sprache zwischen dem kollektiven und dem individuellen Unbewussten. Daher die Bedeutung – wie auch die intensive Aufladung –, die mit den Diskussionen um das »Gendern« einhergehen. Weil sie mit dem Unbewussten so eng verbunden ist, ist die Sprache ein lebendiger, sich permanent wandelnder Organismus. Gerade die deutsche Sprache hat sich über Jahrhunderte, auch in jüngster Geschichte, immer wieder verändert; sie zeigte dabei eine hohe Beweglichkeit und die Fähigkeit, sich Wörter aus anderen Sprachen anzueignen, um begriffliche Lücken zu füllen. Wäre das nicht so, wäre das Deutsche eine tote Sprache wie Altgriechisch und Latein. Sie wäre geeignet für den wissenschaftlichen Gebrauch, aber nicht für die zwischenmenschliche Kommunikation. Die Lebendigkeit des Deutschen zeigt sich aktuell an ihrer Assimilation von Wörtern aus dem digitalen Bereich. Sie kommen fast ausschließlich aus dem Englischen, werden aber problemlos in das Alltagsvokabular übernommen und auch von jenen verwendet, die kein Englisch sprechen. Und ausgerechnet beim Thema Geschlecht und der größten sozialen Umwälzung der letzten zweihundert Jahre soll diese Flexibilität des Deutschen versagen? Soziale Veränderungen, die vom kollektiven Unbewussten ausgehen und einen »direkten Draht« zum individuellen Unbewussten haben, lassen sich nicht aufhalten – auch nicht durch bayerische Regierungsbeschlüsse.[82] Wie auch immer die Anpassung aussehen mag, sie wird kommen.

Die alte Geschlechterordnung hat ihre Evidenz – oder vielmehr: ihre fehlende Evidenz – verloren, sie ist nur noch zu *erzwingen:* durch Gewalt wie in autokratisch regierten Ländern oder durch fragwürdige Mehrheiten in politischen Institutionen. So kommt es zum weltweit beobachteten Phänomen, dass sich männliche Wähler eher nach rechts und Wählerinnen eher nach links orientieren:[83] Die eine Seite blickt auf verlorene Machtverhältnisse, die andere hofft auf eine wachsende Geschlechtergerechtigkeit. Die Spaltung spiegelt sich auch am US-Supreme Court im Gegensatz zwischen weiblich-liberalen und männlich-konservativen Richtern wider. Das Phänomen eines wachsenden Konservatismus, das für jüngere Männer mehr als für ältere gilt,[84] wird zumeist mit dem »Aufstieg« der Frauen und der damit einhergehenden Verunsicherung und Zukunftsangst erklärt. Der Verlust an Selbstvertrauen führe dazu, dass ein Teil der männlichen Wählerschaft zur auserkorenen »Beute« rechtsradikaler Bewegungen werde.

Auffallend ist auf jeden Fall der Wandel, dass gebildete Männer einst die Vorreiter des »Patriarchats« waren, während heute eher bildungsferne Männer für männliche Dominanz eintreten. »Je mehr Bildung, Perspektiven, Ressourcen (junge) Männer haben, um sich in der Transformation der Geschlechterverhältnisse zu behaupten, umso besser sind sie gewappnet gegen männlichkeitsideologische Verführung«, heißt es in einem ZDF-Beitrag.[85] Der Einstieg der weniger privilegierten Männer in die »Szene« findet oft über die Gaming-Portale statt, die ihren Nutzern ein radikales und gewalttätiges Männlichkeitsbild als »Heilung« von ihren Nöten anbieten. Von dort aus werden sie dann in die »Manosphäre«,[86] ein loses sexistisches, antifeministisches Netzwerk geleitet, das sie in die entsprechenden politischen Bahnen lenkt. Stephen Bannon, der Donald Trump und rechte europäische Politiker in die Kunst des männlichen Populismus einführte – er spielte auch eine tragende Rolle im *Cambridge Analytica*-Skandal von 2018 –, berichtete dem Journalisten Joshua Green »über eine Entdeckung, die er nach dem Kauf einer Gaming-Firma« machte. Dort sei ihm eine »unglaubliche Power bei diesen entwurzelten, heimatlosen weißen Männern« begegnet. Nach seiner Übernahme der Nachrichten- und Meinungs-Website *Breitbart* habe er, Bannon, dieses Potenzial durch den rechtsextremen Influencer Milo Yiannopoulos in politische Bahnen umgeleitet: Diese Leute »steigen durch Gamergate oder sowas ein, und werden dann auf die Politik und auf Trump aufmerksam«.[87] Auf die Rolle der Gaming-Portale und der sozialen Medien bei der Radikalisierung und Polarisierung der Gesellschaft komme ich im 6. Kapitel zurück. Hier sei nur festgehalten, dass sich die Geschlechterhierarchie nicht mehr auf die alten Selbstverständlichkeiten verlassen kann, und dass dies zur Steigerung der Gewalt gegen Frauen beiträgt.

Die Aufhebung der Geschlechterpolarität in Reproduktion und Sexualität

Die neuen Erkenntnisse zur Zeugung hatten weitere Folgen: In der zweiten Hälfte des 19. Jahrhunderts begannen Sexualität und Fortpflanzung, getrennte Wege zu gehen. Das geschah ausgerechnet zu einer Zeit, in der das bürgerlich-romantische Ideal einer Symbiose von Liebe, Ehe und Fortpflanzung alle Schichten, auch die Arbeiterklasse, erfasst hatte.[88] Dass Sexualität und Fortpflanzung für die Imagination nicht zwingend zusammengehören, hatte sich schon im Laufe der Evolution gezeigt: an Phänomenen, die heute »lesbar« werden. Der Mensch ist eines der wenigen Lebewesen, bei denen das Ende der Fortpflanzungstätigkeit nicht mit dem Lebensende oder dem Ende der sexuellen Aktivität zusammenfällt.[89] Die Trennung von Kultur und Natur war also schon früh in der Entwicklung des Menschen angelegt. Andererseits zeigen Laborstudien bei Mäusen, dass sich Tiere, anders als Menschen, in einer lebensbedrohenden Hungersituation eher um Paarung als um Nahrungsaufnahme bemühen. Ihnen ist die Kontinuität der Art ein wichtigeres Anliegen als das eigene Überleben. Das ist bei Menschen anders. »Unser Gehirn«, so Tatiana Korotkova, Neurowissenschaftlerin am Universitätsklinikum Köln und am Max-Planck-Institut für Stoffwechselforschung, »muss irgendwie berechnen, welches Verhalten sich am meisten lohnt oder was wir am dringendsten brauchen«.[90]

Im 19. Jahrhundert wurde die Trennung von Sex und Reproduktion durch einen weiteren Faktor bestimmt: die Planbarkeit. Entsprechende Phantasien hatte es schon seit der Antike gegeben. Platon formulierte sie im *Staat* als Forderung nach einer übergeordnet reglementierten Reproduktion[91] und Augustinus im *Gottesstaat* als wünschenswerte Unterwerfung des Sexualtriebs unter die Herrschaft des Willens.[92] Diese Phantasien gehörten mit ihrer Betonung von Willen und Berechenbarkeit in den Bereich des Glaubens, verblieben jedoch im Reich der Imagination. Die Eugenik[93], die die Reproduktion ins Labor verlagerte, verlieh den Vorstellungen die Dimension des Machbaren. Die Verschmelzung von Samen und Ei in der Petrischale war nur der erste Schritt. Schon bald wurde darauf spekuliert, auch Schwangerschaft und Geburt ins Labor zu verlagern. In seinem Roman *Brave New World* von 1932 malte Aldous Huxley diese Zukunftsprojektionen in allen Einzelheiten aus. Obgleich es sich dabei um die Imaginationen männlicher Wissenschafts- und Machbarkeitsgläubigkeit handelte (von Huxley ausdrücklich so dargestellt), wurde das Projekt alsbald zum Ziel des *Feminismus* erklärt.

Die Liberalisierung der Verhütungsmittel wurde als Möglichkeit der Frauen dargestellt, Kontrolle über ihr Leben auszuüben. Einerseits war das so. Für Feministinnen wie Simone de Beauvoir waren Verzicht auf Mutterschaft, für andere Abtreibung und Verhütung oder auch der Gedanke der extrauterinen Schwangerschaft (Shulamith Firestone)[94] Vorbedingung der Frauenemanzipation. Aber es ist fraglich, ob dies der *Grund* für die Entwicklung der Verhütungsmittel war. Ihre Herstellung und Verbreitung waren mindestens ebenso der Idee der Planbarkeit[95] und der neoliberalen Ökonomie geschuldet. Eine der unterschwelligen Phantasien bestand darin, die menschliche Reproduktion der geschlechtslosen und (scheinbar) berechenbaren Vermehrungsart des Geldes anzugleichen.

Auf der einen Seite erklärte der Erfinder der Antibabypille, Carl Djerassi: »Die Zukunft wird so sein: Sterilisierung im Alter von 20 Jahren oder wann immer wir anfangen wollen mit sexuellem Verkehr, und [vorher gehen Sie hin, um] Ihre Gameten, also die Eier und die Spermien einzufrieren, also diese kommen auf ein Bankkonto, Ihre Gameten. Und wenn

Sie dann Ihr Kind haben wollen, das erwünschte Kind, dann gehen Sie zur Bank, zu Ihrem Konto, mit IBAN und Ihrer Nummer, und sagen, bitte, Konto Nr. soundso, ich möchte mein Ei heute haben, und dann haben Sie eine künstliche Befruchtung ...«[96] Und auf der anderen Seite schrieb der »sozialistische Historiker« Ernest Bornemann in seinem Buch *Das Patriarchat* (1975), dass die Emanzipation der Frau erst dann gelingen werde, wenn der weibliche Körper von der »Bürde der Menstruation« befreit und für eine »Alternative zur Austragung des Kindes im Mutterleib« gesorgt sei. »Einerlei wie lange es dauern mag, einerlei in welcher Form es eines Tages geschehen wird, eines ist sicher: die endgültige Befreiung der Frau kann nur in der Befreiung von der Geschlechtlichkeit liegen. Die klassenlose Gesellschaft der Zukunft kann nur eine geschlechtslose Gesellschaft sein.«[97]

Jahrzehnte später erklärten die Trans- oder Posthumanisten des Silicon Valley die künstliche Herstellung des Menschen durch Reproduktionstechniken und Genetik zu einer der Voraussetzung für die von ihnen angestrebte leibliche Unsterblichkeit. Auf die Phantasien der Transhumanisten kommen ich im 6. Kapitel im Zusammenhang mit Künstlicher Intelligenz (KI) zu sprechen, hier sei nur angemerkt, dass viele Forderungen der 1968er, des Feminismus und queerer Bewegungen – von der Freisetzung der Sexualität bis zur autonomen Entscheidung über die sexuelle Identität – schon bald von Kräften und Organisationen vertreten wurden, die mit Geschlechter- oder sozialer Gerechtigkeit nicht das Geringste im Sinn hatten und eher an die Züchtung von Eliten dachten.

Die rasanten Entwicklungen der Reproduktionsmedizin war von drei Faktoren bestimmt: dem Erkenntnisinteresse der Forschung sowie ökonomischen und politischen Machbarkeitsphantasien, wie Erfüllung der Kundenwünsche. An ihnen zeigte sich aber auch, wie sehr der – mittlerweile kollektive – Glaube ans Machbare über die Realität zu bestimmen begonnen hatte. 2014 setzte in Schweden eine Frau mit gespendeter Gebärmutter ein gesundes Baby in die Welt; die Göteborger Ärzte sprachen von ihrem Gefühl, »selbst ein Kind zur Welt zu bringen«.[98] Wie bei der Herzchirurgie ist auch beim Uterus die Verpflanzung des Organs nur der erste Schritt zur künstlichen Herstellung. US-Forschern ist es mittlerweile gelungen, Lämmchen in einen flüssigkeitsgefüllten Beutel einzuschließen und ihre Nabelschnur mit einer Maschine zu verbinden, die Sauerstoff und Nährstoffe liefert. Die Übertragung auf die menschliche Fortpflanzung bereite noch Probleme, betonten die Forscher, doch die Verwirklichung sei absehbar.[99] Auf dem Gebiet der Reproduktionsmedizin traten bisher alle Neuerungen schneller ein als prognostiziert. So steht heute der Implantation des Uterus in einen männlichen Körper nicht mehr viel entgegen: Die Gebärmutter der schwedischen Patientin war nicht mit den Eierstöcken verbunden, und ihr wurde eine befruchtete Eizelle implantiert.[100] Damit waren so gut wie alle Voraussetzungen für ein ähnliches Experiment am männlichen Körper gegeben. Rückblickend könnte sich Bornemanns Utopie einer Befreiung der Frau von der »Bürde« der Schwangerschaft auch als Hoffnung auf eine männliche Mutterschaft erweisen.

Bei der Zeugung konzentrierten sich die Fortschritte der Reproduktionsmedizin abwechselnd auf den männlichen und den weiblichen Anteil an der Fortpflanzung: Auf die homologe (innereheliche) Insemination, die um die Mitte des

19. Jahrhunderts möglich wurde, folgte ab 1930 die heterologe, bei der ein Außenstehender den Samen lieferte. 1978 erfolgte die erste In-vitro-Fertilisation (Louise Brown); mittlerweile wurden viele Millionen Babys auf diese Weise gezeugt. Fast zeitgleich (1975) gab es die erste Leihmutterschaft der Neuzeit.[101] Schon bald folgte die Eizellspende und parallel dazu die Institution der Tragemutter: Erstere spendet ihre Eizelle; letztere ist mit dem Kind genetisch nicht verwandt, trägt aber das Kind aus. 1992 wurde zum ersten Mal die Intrazytoplasmatische Spermieninjektion (ICSI), eine Fortentwicklung der In-vitro-Fertilisation, angewandt: Ein einzelnes Spermium wird einer mütterlichen Eizelle injiziert; die befruchtete Eizelle wird dann der Mutter eingepflanzt.[102] Die Reproduktion verlagerte sich zunehmend ins Labor, Sperma und Eizellen werden in »Banken« verwahrt. Begriffe wie Depot, Anlage und Portfolio nahmen, wie schon einmal im 19. Jahrhundert, eine biologische *und* eine ökonomisch-juristische Bedeutung an.

Inzwischen können aus Hautzellen auch embryonale Stammzellen gewonnen werden, die »pluripotent« sind, das heißt, aus ihnen lassen sich sowohl Ei- als auch Samenzellen gewinnen. Das Lebewesen, das aus dieser Selbstbefruchtung hervorgeht, hat nur ein Elternteil, ist aber, anders als beim Klonen, keine genetische Kopie, da es sowohl väterliche als auch mütterliche Chromosomen besitzt. Setzen sich diese Experimente weiter durch, wird es männlichen wie weiblichen homosexuellen Paaren möglich sein, ein Kind zu zeugen, das die Anlagen von beiden in sich trägt: Ein Elternteil liefert das weibliche, der andere das männliche Erbgut.[103]

Gleichzeitig gelang es Forschern, Spermien aus embryonalen Stammzellen zu gewinnen. Zwar handelt es sich bisher um Vorläuferzellen von Spermien, doch nachdem diese Urkeimzellen in Testosteron gebadet und in das Hodengewebe von Mäusen eingebettet worden waren, konnten mit dem daraus sprießenden Sperma eine Eizelle befruchtet und sogar gesunde Mäuse gezeugt werden. Wird es erst einmal möglich, aus Hautpartikeln einer Person Spermien zu züchten, wären diese von den natürlichen Samenzellen des Betreffenden nicht zu unterscheiden. »Zum ersten Mal in der Menschheitsgeschichte könnten Frauen ›ohne männliches Beiwerk‹ Kinder zeugen«, schrieb der *Tagesspiegel* unter der Überschrift »Werden Männer entbehrlich? Frauen machen sich ihr Sperma selbst«.[104] Wie es scheint, besteht die Zukunft der Reproduktion im Prinzip der Selbstbefruchtung: eine Neuerung, die auf Planung und Willen setzt, also eher dem Glauben als dem Vertrauen geschuldet scheint und die Frage aufwirft, ob in dieser Konstellation überhaupt noch Platz für das Unbewusste ist.

Die Trennung von Sexualität und Fortpflanzung veränderte auch die Vorstellungen von Sexualität. Parallel zu Eugenik entwickelten sich die Sexualwissenschaften, die in der Sexualität einen von der Fortpflanzung unabhängigen Trieb sahen. Diese Überlegungen setzten schon im frühen 19. Jahrhundert, parallel zu den ersten Theorien über das Unbewusste, etwa bei Schopenhauer, der zwar den Begriff des »Willens« verwendete, aber letztlich den Sexualtrieb beschrieb: Der Geschlechtstrieb sei »der Kern des Willens zum Leben, mithin die Konzentration alles Wollens«. Er nannte die Genitalien »den Brennpunkt des Willens« und verkündete: »Ja, man kann sagen, der Mensch sei konkreter Geschlechtstrieb; da seine Entstehung ein Kopulationsakt und der Wunsch seiner Wünsche ein Kopulationsakt ist, und dieser Trieb allein seine ganze Erscheinung perpetuiert und zusammenhält.«[105] Der Wille, einst Waffe des Glaubens bei der *Domestizierung* des Sexualtriebs, mutierte bei Schopenhauer zum Sexualtrieb selbst. Was hier stattfand, war die Ermächtigung der Sexualität.

Schopenhauers Zeitalter dachte die Sexualität zwar als mächtigen Faktor des Gefühlslebens – Mozart und Da Ponte schufen mit der Figur des *Don Giovanni* dafür die paradigmatische Gestalt. Doch die Zeitgenossen konnte ihn noch nicht unabhängig von der Reproduktion und den damit verbundenen Konsequenzen, vor allem für die Frauen, imaginieren. Das änderte sich mit den Erkenntnissen der Zeugungsforschung. Die Sexualwissenschaften bewiesen am Beispiel der Homosexualität, dass es einen von der Fortpflanzung unabhängigen Trieb gab, was auch Freuds Überzeugung war. Doch eines unterschied die Sexualwissenschaften von der Psychoanalyse. Freud verortete den Sexualtrieb vornehmlich in der Psyche und sprach deshalb von Libido, während die Sexualwissenschaftler ihn der Biologie zurechneten.[106] Das geschah zur Verteidigung der Homosexuellen: Die Einordnung ihrer sexuellen Orientierung in die Kultur konnte Bestrafung oder Konversionsmaßnahmen zur Folge haben, denn was der Kultur angehörte, schien veränderbar, während die Verortung der Homosexualität in der Biologie sie zur unabänderlichen »Veranlagung« machte.

»Theoretisch«, so sagte Freud, »wäre es einer der größten Triumphe der Menschheit, eine der fühlbarsten Befreiungen vom Naturzwange, dem das Geschlecht unterworfen ist, wenn es gelänge, den verantwortlichen Akt der Kindererzeugung zu einer willkürlichen und beabsichtigten Handlung zu erheben und ihn von der Verquickung mit der notwendigen Befriedigung eines natürlichen Bedürfnisses loszulösen.«[107] Dies formulierte Freud zu einem Zeitpunkt, da die Sexualwissenschaften die Sexualität schon längst zu einem von der Fortpflanzung unabhängigen Trieb erklärt und damit den Prozess einer Entkriminalisierung der Homosexualität eingeleitet hatten.

Einer der frühesten Vorkämpfer für die Rechte Homosexueller war Karl Heinrich Ulrichs, ein Jurist und politisch engagierter Bürger des Königreichs Hannover. In den Jahren 1864 bis 1879 gab er zwölf vielbeachtete Monographien über das *Räthsel der mannmännlichen Liebe* heraus. Die ersten dieser Schriften veröffentlichte er noch unter dem Pseudonym »Numa Numantius«; 1867 aber trat er auf dem Sechsten Deutschen Juristentag öffentlich gegen die Strafbarkeit gleichgeschlechtlicher Handlungen auf. Unter den 500 Zuhörern im Saal kam es zu tumultartigen Szenen, Ulrichs stand die Anfeindungen tapfer durch. Vier Bekenntnisbriefe an seine Familie aus dem Jahr 1862, in denen er vom »dritten Geschlecht« sprach, veröffentlichte Magnus Hirschfeld in der ersten Nummer seines *Jahrbuchs für sexuelle Zwischenstufen* von 1899.[108] Sie wurden zu einer Art Gründungstext der Homosexuellenbewegung wie der Sexualwissenschaft. 1868 hatte der österreichisch-ungarische Schriftsteller Karl Maria Benkert, unter dem Pseudonym Karl Maria Kertbeny, den Begriff »Homosexualität« in einem handschriftlichen Brief an Ulrichs geprägt. Nach dieser Benennung erhielt auch die »Heterosexualität« ihren Namen: Sie war nun nicht mehr selbstverständlich und mit »Normalität« gleichzusetzen.

Sogar Freud musste sich eingestehen, wenn auch nur in einer Fußnote, die er 1915 seinen *Drei Abhandlungen zur Sexualtheorie* von 1905 beifügte, dass »auch das ausschließliche Interesse des Mannes für das Weib ein der Aufklärung bedürftiges Problem und keine Selbstverständlichkeit ist«.[109]

Nach dem Ersten Weltkrieg etablierte sich die Sexualwissenschaft endgültig. 1919 gründete Magnus Hirschfeld das *Institut für Sexualwissenschaft* in Berlin, wo zuvor schon die *Ärztliche Gesellschaft für Sexualwissenschaft* (1913) und die *Internationale Gesellschaft für Sexualforschung* (1914) entstanden waren.[110] Allerdings blieb Hirschfelds Sexualwissenschaftliches Institut auf außeruniversitäre Strukturen angewiesen – wie die Psychoanalyse und die »Wissenschaft des Judentums«. Juden mit ihrer »undefinierbaren Identität« und Menschen mit unscharfer Geschlechtlichkeit galten als inkompatibel mit wissenschaftlicher »Eindeutigkeit«. Als die Nationalsozialisten 1933 die Macht übernahmen, wurde das Hirschfeld-Institut verwüstet, Homosexuelle wurden wieder strafrechtlich verfolgt, und es begann der Terror gegen die Juden. Der kritische Teil der Psychoanalyse floh ins Ausland.

Die männliche Homosexualität war über lange Zeit vor allem deshalb bekämpft worden, weil sie die Regeln der Fortpflanzung außer Kraft setzte. Das galt in geringerem Maße für die weibliche Homosexualität, weil der Eisprung unbekannt war und der weibliche Anteil an der Prokreativität erst im Laufe des 19. Jahrhunderts begriffen wurde.[111] In ihrem Buch *Die Politisierung der Lust* weist die Historikerin Dagmar Herzog darauf hin, dass die Nationalsozialisten einerseits eine liberale Sexualpolitik verfolgten, diese andererseits aber durch Kriterien von »rassischer Reinheit« und normierter

Sexualität einschränkten.[112] Die NS-Ideologie hielt am Zusammenhang von Reproduktion und Sexualität fest, obgleich deren Trennung ihren eugenischen Zielen entgegengekommen wäre. Heinrich Himmler, der von der Idee der Züchtung fasziniert war, schlug die Einwerbung von »Zeugungshelfern« vor, doch die Techniken der Reproduktionsmedizin mit heterologer Insemination lehnte er ab, so wie es in der NS-Zeit auch keine Versuche mit assistierter Reproduktion gab.[113] Offenbar sollte nicht nur die Fortpflanzung, sondern auch der Geschlechtstrieb der Kontrolle des Staats unterworfen werden.

Nach dem Zweiten Weltkrieg entwickelten die beiden deutschen Staaten ein gespaltenes Verhältnis zur Sexualität, das viel mit der politischen Teilung des Landes zu tun hatte. In der DDR galten freiere Sexualgesetze, auch in Bezug auf Homosexualität, als in der Bundesrepublik, was Herzog damit erklärt, dass die SED die Bindung an den eigenen Staat befördern wollte.[114] Es ging um die Konkurrenz mit der Bundesrepublik während des Kalten Kriegs: liberaler Sex im Osten, Befriedigung von Konsumwünschen im Westen. Nach der Wiedervereinigung wurde 1994 der § 175 des Strafgesetzbuchs, der seit 1872 homosexuelle Handlungen unter Strafe gestellt hatte, endgültig aufgehoben: Es war eines der wenigen Gebiete, auf denen die DDR leitend für die Gesetzgebung des wiedervereinigten Deutschlands war. Danach vollzog sich ein rascher Wandel der öffentlichen Haltung zur Homosexualität. Der Wissenschaftliche Dienst des Bundestags veröffentlichte 2016 eine repräsentative Studie, derzufolge 83 Prozent der Deutschen die juristische Gleichstellung von homosexuellen Paaren mit dem Ehegesetz befürworten. »Auf die Frage: ›Sollte die Gesellschaft Homosexualität akzeptieren?‹ antworten 87 Prozent der Deutschen mit Ja.«[115] Die Sichtweise unterliegt zwar Schwankungen, die von Faktoren der Verunsicherung wie Corona-Pandemie, Klimawandel, Energiekrise oder Kriegsangst beeinflusst werden. Doch insgesamt nahmen die Vorurteile gegen Homosexualität ab. Bei der Veränderung dieser Einstellungen wie bei der allmählich wachsenden Akzeptanz der Frauenrechte nimmt die Gesetzgebung oft eine Vorreiterrolle ein. Nicht immer, aber oft geht sie der allgemeinen Veränderung des Meinungsklimas voraus.[116]

Die Geschichte der Homosexualität legt es nahe, ihre Entkriminalisierung, vergleichbar der Angleichung der Geschlechterrollen, im Zusammenhang mit den Erkenntnissen der Zeugungsforschung zu betrachten: Diese befreiten einerseits den Sexualtrieb von seiner »Fortpflanzungspflicht«, andererseits ermöglichten sie eine Zeugung ohne Sexualität. Dennoch werden die beiden Entwicklungen selten in Zusammenhang gebracht. Als Beispiel mag Robert Beachys *Das andere Berlin. Die Erfindung der Homosexualität* dienen.[117] Die Vorreiterrolle Berlins für die Homosexuellenrechte führt der Autor auf das rasante Wachstum der Stadt (die Einwohnerzahl vervierfachte sich zwischen 1871 und 1914), einen der Industrialisierung und Elektrifizierung geschuldeten Wirtschaftsboom sowie auf Modernisierungsschübe zurück, die von neuesten Transportmitteln über eine progressive Wissenschaft und Presse bis zu einer relativ liberalen Sittenpolizei reichten. Viele dieser Faktoren galten allerdings auch und schon früher für andere europäische Städte wie Paris und London, ohne dass sich dort eine Sexualwissenschaft à la Magnus Hirschfeld oder, wie in Wien, die Psychoanalyse etabliert hätte.

Beachy stellt auch einen Zusammenhang zwischen der tolerierten homosexuellen Subkultur in Berlin und der Entstehung der Sexualwissenschaften her: »Berlin wurde zu so etwas wie einem Labor für sexuelle Abweichungen.« Und er betont, dass die moderne Sexualwissenschaft hier ihren Anfang nahm: »Allein, dass das Wachstum einer homosexuellen Kultur *zugelassen* wurde, trug zur Entwicklung der noch jungen Disziplin der Sexualwissenschaft bei.«[118] Doch er behandelt die Entstehung der homosexuellen Subkultur und der Sexualwissenschaft, als bestünde kein Zusammenhang mit den neuen Erkenntnissen der Biologie. Das ist umso erstaunlicher als Sexualwissenschaften und Reproduktionsforschung in derselben Zeit, der zweiten Hälfte des 19. Jahrhunderts, und von demselben Ort, dem deutschsprachigen Raum, vor allem Berlin, ihren Ausgang nahmen.

Auch die moderne Sexualwissenschaft übersieht oft dieses Junktim. So etwa Volkmar Sigusch in seinem Buch *Sexualitäten. Eine kritische Theorie in 99 Fragmenten*, in dem das, was er die »Neosexualitäten« nennt, ohne Nexus zu den Neuerungen auf dem Gebiet der Reproduktionsmedizin gedacht wird. Auch wenn das Patriarchat nicht mehr existiere, so schreibt er: »Unhintergehbar ist das Vermögen der einen Körper, Kinder zu zeugen, und der anderen, Kinder zu empfangen und auszutragen.«[119] Als er sein Buch 2013 publizierte, konnte Sigusch noch nicht die neuesten Entwicklungen auf dem Gebiet der Reproduktionsforschung kennen. Doch es war seit mehr als hundert Jahren Allgemeinwissen, dass Frauen Kinder nicht »empfangen«, sondern die weibliche Eizelle an der Zeugung beteiligt ist, ebenso wenig wie »Kinder« im männlichen Samen enthalten sind. Das behauptete nur die alte aristotelische Präformationslehre. Die Formulierung dieses Satzes zeugt schlicht vom Desinteresse der Sexualwissenschaften an den Entwicklungen des Wissens um die Fortpflanzung. Dabei lassen sich viele aktuelle Neuerungen auf dem Gebiet der Sexualität besser begreifen, wenn dieser Kontext mitgedacht wird.

Das Verhältnis der Psychoanalyse zur Homosexualität war (und ist zum Teil noch immer) verhalten bis ablehnend. Die Ambivalenz wurde besonders deutlich bei der Psychoanalyse in den USA, wo Dagmar Herzog zufolge das Aufkommen von Frauenbewegung und *gay activism* mit dem Ende der »glücklichen Tage« der Psychoanalyse zusammenfielen.[120] Feminismus und Schwulenbewegung forderten beide ein Ende des normativen Denkens über Sexualität; damit tat sich die Psychoanalyse schwer. Einerseits wurde sie von den einflussreichen christlichen Religionsgemeinschaften in den USA dafür kritisiert, die Sexualität ins Zentrum zu rücken. Andererseits hatten der Kinsey-Report, vor allem der zweite Band, in dem vom Sexualverhalten der Frauen die Rede ist, sowie die Berichte von William Masters und Virginia Johnson Zweifel an den psychoanalytischen Lehren zur Sexualität aufkommen lassen: Sie seien eher vom Wunschdenken geprägt als ein Spiegelbild gelebten Sexualverhaltens. Der Kinsey-Report konstatierte keinen grundlegenden Unterschied zwischen männlicher und weiblicher Orgasmusfähigkeit, ehelicher Treue und Interesse an Sex, und die Homosexualität erschien darin als »eine natürliche Variante der menschlichen Sexualität«.[121] Diese Ergebnisse empörten viele, was die Psychoanalyse in ihrer konservativen Haltung bestärkte.

Die Psychoanalyse hatte die Homosexualität abgelehnt, um den eigenen Ruf zu wahren. In England hatte sich Ernest Jones dafür ausgesprochen, Homosexuelle nicht zur Berufsausbildung zuzulassen; in Berlin vertrat das von Karl Abraham geleitete Institut die Ansicht, dass jemand, der seine »Inversion« durch die Lehranalyse nicht »heilen« könne, für den Beruf ungeeignet sei. In Wien hatte Otto Rank immerhin vorgeschlagen, die Frage fallweise zu beurteilen. Am stärksten war jedoch die Homophobie in den USA, vor allem zur Zeit des Kalten Kriegs, der einen starken Homogenisierungsdruck ausübte. Homophobie wurde, so Dagmar Herzog, zum einzigen gemeinsamen Nenner aller verfeindeten psychoanalytischen Strömungen: »Das Anbieten von verurteilenden Ansichten über Homosexualität scheint tatsächlich ein wesentliches Element der psychoanalytischen Selbstvermarktung in den USA der Nachkriegsjahre gewesen zu sein.« Durch die Berufung auf eine normative Sexualität hofften die Analytiker, als Experten der Sexualität zu gelten, ohne auf das Thema festgelegt zu werden. Kinseys Studien wurden von ihnen als »zoologisch« abgetan und der psychischen Qualität der »Liebe« gegenübergestellt: Sex ohne Liebe sei pathologisch. Diese »Liebesdoktrin« war gegen Kinseys empirische Erkenntnisse gerichtet, aber letztlich nichts anderes als der Versuch, »sich der repressiven und konformistischen Kultur des Kalten Krieges anzubiedern«.[122] Doch die Realität sollte sich durchsetzen: Psychologische Studien wiesen nach, dass nicht einmal Experten fähig waren, »irgendwelche Unterschiede zwischen Heterosexuellen und Homosexuellen hinsichtlich der ›mentalen Anpassung‹ zu identifizieren«.[123]

Zu schaffen machte der Psychoanalyse auch die neue Konkurrenz mit populären Ratgebern, alternativen und esoterischen Heilungsangeboten, während auf dem Markt die ersten Psychopharmaka zur Behandlung von Depressionen und Psychosen auftauchten, die allesamt rasche Erfolge versprachen. Von der Psychiatrie wurde die Psychoanalyse weiterhin als »unwissenschaftlich« abgelehnt. Der Psychoanalyse blieb schließlich keine andere Wahl als die Flucht nach vorn. Im November 1973 schlug der Board of Trustees (in dem kein Psychoanalytiker vertreten war) der American Psychiatric Association vor, die Kategorie Homosexualität aus dem Krankheitskatalog des Diagnostic and Statistical Manual of Mental Disorders (DSM) zu streichen, was im DSM III von 1980 dann auch der Fall war. Doch in der Psychoanalyse war die Position zunächst minoritär; die Mehrheit der Mitglieder vertrat die Ansicht, dass Homosexuelle weniger fähig seien, eine reife Liebesbeziehung zu führen als Heterosexuelle und dass ihre Sexualbeziehungen von höherer Instabilität gekennzeichnet seien. Allerdings hatte das niemand je überprüfen können: Bis zu dieser Zeit konnten homosexuelle Beziehungen nur klandestin gelebt werden. Erst 1992 kam es zu einer nicht-diskriminierenden Position der amerikanischen Psychoanalyse; die Internationale Vereinigung, der Großbritannien, Frankreich und Deutschland angehörten, folgte sogar erst 2002.[124]

Es gab in der Psychoanalyse aber auch schon früh Gegenströmungen. Am deutlichsten positionierte sich der bereits erwähnte Robert Stoller, der auf einem Kongress der amerikanischen Psychoanalyse im Jahr 1973 beißende Kritik an Homophobie und Misogynie übte: »Der Homosexuelle ist Teil der natürlichen Welt und gehört nicht zur Spezies der verdammten Sünder«.[125] Sollte die Kategorie im DSM beibehalten werden, so müssten auch viele Varianten heterosexueller Normverweigerung – »zwanghafte Promiskuität, Nutzung von Pornographie, Vorliebe für Prostituierte, Erwachsenenmasturbation« – als »Perversionen« pathologisiert werden.[126] Für Stoller war Sex kein biologischer Trieb: Trotz einer unüberschaubaren Literatur zum Thema Sexualität sei es bisher noch niemandem gelungen, »sexuelle Erregung« zu definieren.[127] Sex sei auch nicht durch Liebe charakterisiert, sondern ein durch Phantasien emotional aufgeladenes Phänomen, das von einem Menschen zum anderen variiere: »Die sexuelle Erregung hängt vom Drehbuch ab. Die Person, die erregt werden soll, ist der ›Autor‹, der seit seiner Kindheit an der Geschichte arbeitet. Die Geschichte ist ein Abenteuer, in dem der Held/die Heldin Risiken eingeht, denen er/sie entkommen muss. Als Fiktion getarnt, ist sie eine Autobiographie, in der sich entscheidende innerpsychische Konflikte und die Erinnerungen an tatsächliche Ereignisse verbergen sowie die Auflösung all dieser Elemente in einem Happy End, das am besten mit einem Orgasmus gefeiert wird.«[128] Was für die einen erotisch sei, sei unerotisch für andere – egal, ob es sich um »Schuhe, Peitschen, Brüste, Arschbacken, Mozart, Klee, Wackelpudding, *cochon de lait farci à Trébizonde* oder Lacan« handle.[129] Stoller gelang es auch, »die alte freudianische Weisheit, dass viele der scheinbar nichtsexuellen Probleme im Leben ihre (versteckten) Wurzeln im sexuellen Begehren« haben, umzudrehen und zu sagen, dass vieles, was ursprünglich *nicht* sexuell ist, »in jede sexuelle Begegnung mit *hinein*gebracht wird«.[130] Was Stoller nicht erfasste oder zumindest nicht thematisierte: Egal, ob man es »Liebe«, »Phantasie« oder »Emotionen« nennt, die von ihm faktisch vorgenommene Trennung der Psyche von der Biologie war eine Spätfolge der Trennung von Sexualität und Reproduktion.

Nach langjährigen Auseinandersetzungen wurden 1989 auch Psychologen in die American Psychoanalytical Asssociation aufgenommen, die bis dahin Ärzten vorbehalten war. Zu den neu Aufgenommenen gehörte die Soziologin, Psychoanalytikerin und Feministin Nancy Chodorow, die in ihrem Aufsatz von 1992 *Heterosexuality as a Compromise Formation* verkündete, dass die Kategorie Heterosexualität mindestens ebenso viele Fragen aufwerfe wie die der Homosexualität: Da die Heterosexualität als Norm betrachtet werde, mache sich niemand Gedanken über ihren Ursprung oder ihre Wechselfälle. Alles, was seit Freud als »normale Heterosexualität« bezeichnet worden sei, »ergibt sich aus dem, was man zwischen den Zeilen über Perversion und Homosexualität lesen kann«. Die klinische Praxis zeige aber, dass es »keine normale Heterosexualität gibt: Jede Heterosexualität ist ein Entwicklungs*ergebnis*, das sich in der Übertragung widerspiegelt – mit Beimischung aus Biologie und Kultur.«[131] Hatte Karen Horney in den 1930er Jahren die Einschränkung der Psychoanalyse auf die männliche Perspektive kritisiert, so machten nun Chodorow und Stoller darauf aufmerksam, dass es nicht »die Sexualität« gibt; Sexualität sei nur im Plural zu denken. Bis dahin waren viele Bücher und Aufsätze über die Entstehung der homosexuellen »Pathologie« verfasst und ebenso viele Werke über die »normale Weiblichkeit« veröffentlicht worden. Beides war reif für den Papierkorb. Die Psychoanalyse begann sich zu erneuern: Man war bereit, von Feministinnen und Schwulen zu lernen. Ein solcher Wandel war nur denkbar, weil er sich auch im kollektiven Unbewussten vollzogen hatte.

Die neue sexuelle Vielfalt

Die Tatsache, dass heute die Begriffe »Vater« und »Mutter« je fünf Definitionen zulassen,[132] ging mit der Multiplikation sexueller Identitäten einher; sie gehörten zu dem, was Volkmar Sigusch als »Neosexualitäten« bezeichnet. Die sexuelle Diversität wird heute meist mit dem Kürzel LGBTIQ+ erfasst: lesbisch, schwul, bisexuell, trans*, intergeschlechtlich oder queer. Das Plus und das Sternchen stehen für potenzielle weitere Varianten. Seit 2014 bietet Facebook seinen Nutzern die Wahl zwischen 60 Geschlechtsdefinitionen.[133] Die digitale Multiplikation der Geschlechter ist zwar weiter fortgeschritten, doch die reale holt auf. Im November 2017 forderte das deutsche Bundesverfassungsgericht den Gesetzgeber auf, im Geburtenregister ein »drittes« oder »anderes« Geschlecht vorzusehen. Das geschah aufgrund neuerer Erkenntnisse, dass die »Natur« keineswegs so eindeutig binär ist, wie die dem Gesetz eingeschriebene Geschlechterpolarität unterstellt.

Revolutionär war diese Erkenntnis nicht. Schon das Preußische Landrecht ging von einer Uneindeutigkeit der Natur aus. Es räumte Kindern mit unbestimmten Geschlechtsmerkmalen die Möglichkeit ein, im Alter von achtzehn Jahren über die Zugehörigkeit zu einem Geschlecht zu bestimmen. Die Einsicht in die Flexibilität der Natur kannte also schon das 18. Jahrhundert. Das Bürgerliche Gesetzbuch von 1900 hob diese Klausel auf und folgte dabei einer staatlichen Logik, die sich im Verlauf des 19. Jahrhunderts herausgebildet hatte und von idealtypischen Vorstellungen über das »Wesen« des Männlichen und des Weiblichen geleitet war.

Wie tief sich dieses Leitbild dem kollektiven Unbewussten eingeschrieben hatte, zeigt das Beispiel von Karl M. Baer, der unter dem Pseudonym N. O. Body 1907 eine nur spärlich fiktionalisierte Autobiographie unter dem Titel *Aus eines Mannes Mädchenjahren* veröffentlichte. Baer, dessen wahre Identität durch die akribischen Recherchen des langjährigen Leiters des Centrums Judaicum in Berlin, Hermann Simon, aufgedeckt wurde, kam aus einer jüdischen Familie und war »glühender Zionist«.[134] Sein Pseudonym übernahm er aus Theodor Herzls Roman *Altneuland* von 1902 über ein künftiges jüdisches Palästina.[135] Baer wurde 1885 mit uneindeutigen Geschlechtsmerkmalen geboren. Die Eltern beschlossen, ihr Kind nicht zu beschneiden, was bei einem Sohn am 8. Tag nach der Geburt hätte geschehen müssen, und es zu einem Mädchen zu erklären. In der heranwachsenden Martha verstärkte sich aber zunehmend das Gefühl, im »falschen Körper« zu leben. Mithilfe von Magnus Hirschfeld, an den sich Martha Baer um 1906 wandte, gelang ihr die offizielle »Umwandlung« in das andere, nun »richtige«, Geschlecht – eine Transition zu Karl, die mit einem geringen chirurgischen Eingriff und hohen bürokratischen Hürden verbunden war. Es bedurfte zunächst mehrerer medizinischer und juristischer Gutachten sowie aufwendiger Korrekturen im Geburtsregister, womit sich die Beamten schwertaten.

Die »wahre« Identität von N. O. Body wurde erst in den 1990er Jahren aufgedeckt, als Hermann Simon hinter dem Pseudonym einen Mann entdeckte, der in der Berliner jüdischen Gemeinde eine wichtige Rolle gespielt hatte und 1938, zusammen mit seiner zweiten Frau, vor den Nationalsozialisten nach Palästina geflohen war. Bei Baer waren sich die Ärzte einig gewesen, dass er nur aufgrund einer Malformation zum Mädchen erklärt worden war. »Man kann«, so bilanziert Baer seinen Leidensweg bis zur Umwandlung, »einen gesunden Knaben noch so weibisch erziehen und ein weibliches Wesen noch so männlich, niemals werden sie dadurch dauernd verkehrt empfinden.«[136] Für alle Beteiligten, den Betroffenen eingeschlossen, wurde mit Baers Operation eine »Normalität« oder die Natur *wiederhergestellt.*

Das Buch, das Baer über seine weibliche Jugend und die Umwandlung schrieb, beschäftigte die Imagination der Zeitgenossen intensiv: Es wurde siebenmal aufgelegt und zweimal (1912 und 1919) verfilmt.[137] Die damalige Aufmerksamkeit nahm das heutige Interesse an Transsexualität wie auch die aktuelle Skepsis gegenüber den traditionellen Geschlechterbildern voraus. Viele Filme und Romane der Weimarer Republik zeigen, wie weit die deutsche Gesellschaft dieser Zeit schon in Kategorien jenseits der binären Geschlechtlichkeit zu denken begonnen hatte – eine Entwicklung, die von den Nationalsozialisten zerschlagen wurde.

Der Faszination von Baers Schicksal stand ein ausgeprägter Drang zu Norm und Eindeutigkeit gegenüber. Der schon vor den Nationalsozialisten aufkeimende Hass gegen »unklare Geschlechtergrenzen« verband sich mit dem Hass auf das Verschwinden der Grenze zwischen »Jude« und »Arier«. Der »Rasseforscher« Otto Hauser, der 1921 eine *Geschichte des Judentums* verfasste, auf die sich die Nationalsozialisten gerne beriefen, verlieh dieser Vermischung Ausdruck.[138] In seinem

Aufsatz *Juden und Deutsche* heißt es: »Bei keinem Volk findet man nun so viel Weibmänner und Mannweiber wie bei den Juden. Deshalb drängen sich so viel Jüdinnen zu männlichen Berufen, studieren alles mögliche, von der Rechtswissenschaft, Heilkunde bis zur Theologie, werden Gruppen- und Volksvertreterinnen. Betrachtet man diese jüdischen Frauen auf die sekundären Geschlechtsmerkmale hin, so kann man bei gut zwei Dritteln von ihnen deren Verwischung feststellen. Der deutliche Bartanflug ist überaus häufig, die Brüste dagegen unausgebildet, das Haar bleibt kurz.«[139] Wegen ihrer Undefinierbarkeit wurden sowohl Juden als auch Frauen, die sich beide auf dem Weg in die Emanzipation befanden, zum Feindbild der Rechten.

Erst im 21. Jahrhundert erlebte die »liquide Identität« ihr Comeback. Volkmar Sigusch teilt die »sexuellen Revolutionen« der letzten hundert Jahre in drei große Etappen: Erstens die »Inthronisation des Königs Sex« im späten 19. Jahrhundert, deren Beginn er mit Freuds *Drei Abhandlungen zur Sexualtheorie* ansetzt. Die zweite sexuelle Revolution in den 1960er und 1970er Jahren entzündete sich an der Studierendenbewegung und umfasste den Beginn eines neuen Kampfs um Frauenrechte und die Legalisierung der Homosexualität. In Deutschland waren viele Linke der Überzeugung, dass die sexuelle Emanzipation den Weg für die soziale Revolution ebne. Diese Ansicht hatte Wilhelm Reich in den 1930ern vertreten, was auch den Boom seiner Bücher in den 1960er Jahren erklärt. Allerdings war die Enttäuschung groß, als nach den verschiedenen sexuellen Liberalisierungen der 1920er und der 1960er Jahre die soziale Revolution auf sich warten ließ. Nach Sigusch ging diese zweite sexuelle Revolution mit einer breiten Kommerzialisierung von Sex, Pornographie und einer neuen »Orgasmuspflicht« der Frau einher.[140] Was Sigusch darunter versteht, erklärt er nicht genauer. Aber der Begriff umreißt treffend einige der Konflikte, die sich während der »sexuellen Revolution« in den 1960er Jahren zwischen den Geschlechtern entwickelten: Männliche Kommilitonen zelebrierten die neuen sexuellen Freiheiten, hatten jedoch wenig Verständnis dafür, dass Frauen über ihren Körper selbst bestimmen wollten.

Von ihren Kommilitoninnen erwarteten die neuen Revolutionäre nicht nur traditionell weibliche Zuarbeiten wie Kaffee kochen, Küchenreinigung oder Schreibdienste, sondern auch permanente sexuelle Bereitschaft. Dass sich Frauen dagegen auflehnten, sah das revolutionäre Programm nicht vor. Schon in den 1920er Jahren hatten Männer die ungewohnte Erfahrung gemacht, dass das Gesetz den Frauen zugestand, selbstbestimmt zu leben. Nationalsozialismus und Krieg hatten diese Erkenntnisse ausgelöscht, nun lebten sie wieder auf. Die Männer der Nachkriegsgeneration wurden daran erinnert, dass eine »freie Sexualität« nie nur das eine Geschlecht betreffen konnte. In diesem Kontext entwickelte sich die »zweite Frauenbewegung«, die im Verlauf der folgenden Jahrzehnte für ein breites Spektrum an juristischen, wissenschaftlichen und medizinischen Veränderungen sorgen sollte. Etwas später kam es zum Wandel männlicher Selbstwahrnehmung: Gegen Ende der 1970er Jahre formierte sich die Männlichkeitsforschung, die männliche Körperlichkeit und Gefühle in den Fokus rückte.

Sigusch' dritte, »neosexuelle« Revolution setzte in den 1980er Jahren ein. Sie hält bis heute an und beinhaltet unter anderem die Debatte um Sex und Gender, den Diskurs über Missbrauch, die Bedrohungen durch die Krankheit Aids und digitalen Sex. In dieser Revolution reduzierte sich, so Sigusch, einerseits die »hohe *symbolische Bedeutung*, die die Sexualität Ende der 1960er Jahre« erlangt hatte; andererseits habe die Sexualität begonnen, jenes multiple Gesicht anzunehmen, das für die neuere Zeit charakteristisch sei: »E-Sex, Asexualität, Agender, Transgender, Liquid Gender, Intergender, Portalsex und Polyamorie.« Hinzu kommen jene, die nicht genau wissen, welchem Geschlecht sie sich zuordnen sollen, und solche, die bewusst »in between« bleiben wollen, die sogenannten »Gender Blenders«: Sie »entnehmen dem Geschlechtsrepertoire das, was ihnen gefällt oder andere irritiert; immer mehr sind überzeugt, die Sensationen beider Geschlechter erleben zu können.« Diese *Transgenderisten* wollen keine irreversiblen operativen Eingriffe, sondern abwechselnd im einen und im anderen Geschlecht leben. Je nachdem ob sie ihre sexuelle Identität oder ihr Sexualverhalten meinen, bezeichnen sich die Gender Blenders als »androgyne, agender, neutrois, gender fluid, bigender, trigender, transgender, intergender, pangender, questioning, genderfuck, demigirl, demiguy, girlfags, guydykes etc.«.[141]

Die Vorstellung, in beiden Geschlechtern leben zu können, ist nicht neu; sie fand schon in der griechischen Mythologie im Seher Tiresias wie auch in der Erzählung Platos von den zweigeschlechtlichen »Ursprungswesen« ihren Ausdruck, und sie impliziert eine Allmachtsphantasie: die Imagination eines sich selbst regenerierenden Lebewesens. In den Mythen blieb es göttlichen Wesen vorbehalten. Doch heute steht diese Phantasie in der Reproduktionsmedizin kurz vor ihrer

Umsetzung in die Realität, es war nur eine Frage der Zeit, bis die Sexualität nachzieht.

Zwei der wichtigsten Aspekte der »neuen Sexualitäten« sollen im Folgenden herausgegriffen und näher beleuchtet werden: Das eine ist der Einfluss der virtuellen Welt auf die geschlechtliche Wahrnehmung, das andere die Transsexualität. Beide Gebiete sind insofern verwandt, als im Internet schon Jahrzehnte, bevor von Transsexualität die Rede war, der Geschlechtswechsel als zukunftsweisendes Thema galt. In den 1970er und 1980er Jahren beschrieben Medientheoretiker wie Eric Gullichsen und Randal Walser, Howard Rheingold oder Sherry Turkle den virtuellen Raum als »Befreiung« von den Beschränkungen der leiblichen Existenz. Im Gegensatz zu Marshall McLuhan, der die Medien als »Extension« des menschlichen Körpers verstand, hieß es bei Sherry Turkle: »Im *cyberspace* sind wir mit vielen anderen. Einige von ihnen sind Verkörperungen unserer selbst, Aspekte unseres Ich. Die Grenze zwischen virtuell und real, zwischen dem Lebendigen und dem Leblosen sind durchlässig geworden. Identität? Wir erfinden uns laufend selbst – unser multiples Selbst.«[142]

Turkle machte als eine der ersten auf die transgeschlechtliche Dimension der digitalen Identitätsaneignung aufmerksam und zeigte zugleich die Rückwirkungen der virtuellen Welt auf die reale. Sie zitierte den Fall von »Case«, einem Graphiker, der in den damals beliebten MUDs (*multi-user-dungeons* oder *multi-user domains*) eine weibliche Gestalt annahm: willensstarke Frauen, die er seine »Katherine-Hepburn-Typen« nannte: »Es gibt Aspekte meiner Persönlichkeit – die stärker bestimmenden, bürokratischen, organisatorischen – an denen ich in den MUDs arbeiten kann. Ich habe mich mit bürokratischen Dingen immer schwergetan. Aber seitdem ich in den MUDs übe und Frauen in Machtpositionen spiele, werde ich besser darin. Weil ich Katherine Hepburn-Figuren gespielt habe, kann ich jetzt – im wirklichen Leben – Dinge tun, die ich vorher nicht tun konnte.«[143] Das Beispiel offenbart, dass die virtuelle Welt von Anfang an auf die Realität zurückwirkte.

Andererseits wirkt die leibliche Welt auch auf die virtuelle Welt ein. Erstens werden die Algorithmen von zumeist weißen Männern mit spezifischen Vorurteilen geschrieben; zweitens basieren viele der Vorgaben, auf denen die Künstliche Intelligenz beruht, auf Statistiken, die aus der sozialen Realität abgeleitet werden. Beim »Trolley-Problem« zum Beispiel, einem Gedankenexperiment, das der Frage nachgeht, ob es »gerechtfertigt ist, eine Person zu opfern, um das Leben anderer zu retten, entschied sich die KI häufiger, Männer zu retten und Frauen sterben zu lassen – und zwar in 80 Prozent der Fälle.«[144] Solche Entscheidungen der KI basieren auf Versicherungszahlen, die einprogrammiert worden waren. Sie sind nicht ohne *gender bias* (geschlechtsbezogene Verzerrungen), wie drei Wissenschaftlerinnen aus Deutschland und Österreich vor einigen Jahren nachweisen konnten. An etwa 1.500 gerichtlichen Schmerzensgeldentscheidungen zeigten sie, dass Versicherungen den »Wert des Lebens« mit durchschnittlich 1,7 Millionen Euro ansetzen.[145] Allerdings erhielten Frauen im Schnitt signifikant weniger Schmerzensgeld als Männer.[146] Ein ähnliches Preis-Gefälle der Körper verläuft auch von Norden nach Süden und von West- nach Osteuropa. Aktuelle »Entscheidungen« der KI reflektieren schlicht die Einkommensunterschiede in der sozialen Realität.

Die ungleiche Einspeisung der KI hat auch zur Folge, dass Männer eher zu Vorstellungsgesprächen eingeladen werden (weil die Daten der KI besagen, dass Männer erfolgreicher sind); dass bei nicht-weißen Patienten Hautkrebs seltener diagnostiziert wird (die KI wurde an weißer Haut trainiert); oder dass Patientinnen mit Herzkrankheiten überproportional häufig falsch behandelt werden.[147] Wissenschaftler und Wissenschaftlerinnen des Massachusetts Institute of Technology (MIT) haben diese Diskriminierungen erforscht und im *AI Risk Repository* festgehalten.[148] Diese Perpetuierung tradierter Ungleichheit durch KI ist an sich schon problematisch, doch werden die Schwierigkeiten noch dadurch gesteigert, dass man den Verzerrungen mit einem Trick beizukommen versucht: Der Algorithmus versieht die Daten mit einem Bonus/Malus-System, wodurch weitere Fälschungen und die Gefahr zusätzlicher Fehldiagnosen entstehen.

Gefragt ist also eine Erneuerung der gesamten Wissensbasis, aus der KI gespeist wird. Vor dieser Mammut-Aufgabe schreckt die Wissenschaft bisher zurück. Bei Literatur und Kunst, die kollektive Mentalitätsveränderungen als erste reflektieren, ist die Umstellung weiter fortgeschritten. Die US-amerikanische KI-Künstlerin Sarah Ciston, die sich mit dem der Technik eingeschriebenen *gender bias* gegenüber queeren Themen beschäftigt, fordert, die bestehende KI durch die Einspeisung von Texten aus queeren Theaterstücken neu zu programmieren.[149] Anders lasse sich der Kreislauf, bei dem Vorurteile aus der sozialen Realität in die virtuelle eingespeist werden und diese wiederum auf die soziale und gefühlte Welt zurückwirken, nicht durchbrechen. Auf den Zusammenhang von Medien und Unbewusstem werde ich ausführlicher im folgenden Kapitel eingehen, hier sei nur festgehalten, dass die geschlechtlichen Vorurteile von eben jener Technik festgeschrieben werden, die heute beträchtlichen Einfluss auf ein modernes Unbewusstes hat.

Gut zwanzig Jahre nach den ersten digitalen Versuchen mit dem Geschlechtswechsel verlagerte sich die transsexuelle Vorstellung auf die realen Körper. Noch muss der Idee mit chirurgischen Eingriffen und Hormonen nachgeholfen werden. Doch das könnte sich ändern. Denn Vorstellungen erzeugen, ebenso wie Sitten und Gewohnheiten, ihre eigene Realität.[150] Die weibliche Hose zum Beispiel, die sich parallel zum Kampf ums Stimmrecht durchsetzte, erschloss nicht nur den öffentlichen Raum für Frauen, sondern veränderte auch ihren Körper. Sie ebnete Frauen den Weg zu neuen Berufen und ermöglichte ihnen herausragende Leistungen im Sport. Der Einfluss des Verhaltens auf die Physis zeigt sich auch in den Forschungen der israelischen Neurobiologin Ruth Feldman, die nachwies, dass sich das Gehirn von männlichen Paaren, die sich ohne weiblichen Beistand um ein Kleinkind kümmern, dem von jungen Müttern angleicht.[151] (Die potenziellen Konsequenzen dieser Forschungen für die Psychoanalyse thematisiert das 9. Kapitel.) In ähnlicher Weise könnte auch die »Einbürgerung« der Transsexualität, die in den USA heute schon rund 1,3 Millionen Erwachsene betrifft,[152] Rückwirkungen auf Gesellschaft und Physis haben.

Am Anfang taten sich viele Ärzte schwer damit, dem Wunsch von Transsexuellen nachzugeben. Die Mehrheit hatte eine andere Vorstellung von der Funktion des Körpers als ihre Klienten. Während letztere ihn »vornehmlich als Agenten von (erotischer oder romantischer) Lust sahen, betrachteten die Praktiker ihn als somatische Repräsentation von Geschlecht und Selbst«. Ihre Zurückhaltung veranlasste die Ärzte, zu niedrige Hormondosierungen oder sogar Placebos zu verschreiben – nach dem Motto: »Viele Menschen denken, dass kein Mensch durch die Änderung des Körpers glücklich wird. Es wäre besser, den Geist zu verändern.« Doch allmählich stellte sich auch bei der Ärzteschaft die Einsicht ein: »Wenn man schon das Gehirn nicht ändern kann, so ist die Änderung des Körpers die zweitbeste Lösung.«[153]

Sigusch weist darauf hin, dass Transsexuelle, die die Normen überschreiten, diese zugleich bestätigen. »Ein operierter Transsexueller mit männlichem Körpergeschlecht ist fortan nichts als eine Frau; eine operierte Transsexuelle mit weiblichem Körpergeschlecht wird nach dem Gesetz natürlich als Mann geführt. Normalität und Normativität sind wieder im Lot.« Andererseits, so Sigusch, könne er nachvollziehen, dass Transsexualität für die sogenannten »Normalen« beunruhigend ist: »Indem der Transsexualismus beweist, dass auch die Geschlechtlichkeit ein kulturell Zusammengesetztes und psychosozial Vermitteltes ist, fallen Körpergeschlecht und psychosoziale Geschlechtsidentität bei den ›Normalen‹, die bisher die einzig ›Gesunden‹ waren, nicht mehr fraglos zusammen. Das aber geht ans kulturell Eingemachte.«[154] Mit der Transsexualität wiederholt sich ein Prozess, der sich schon mit der Einführung des Begriffs »Homosexualität« im 19. Jahrhundert vollzog: Die alte Selbstverständlichkeit verliert ihren normierenden Status.

Im April 2024 verabschiedete der Bundestag ein neues Transsexuellengesetz, das am 1. November desselben Jahres in Kraft trat. Das alte Gesetz von 1980 sah für die Veränderung des Personenstands zwingend eine Geschlechtsangleichung vor. Seit 2011 musste, wer die eigene Geschlechtsidentität verändern wollte, in Therapie gehen und zwei psychologische Gutachten vorlegen. Das neue Gesetz sieht eine »Selbsterklärung« beim Standesamt vor. Sie gilt auch für Jugendliche ab 14 Jahren, soweit die Eltern einverstanden sind und ihrerseits die Erklärung abgeben. Eine Einschränkung: Ein Geschlechtswechsel kann nur einmal im Jahr stattfinden. Der Entwurf schließt auch die Bestrafung von »Zwangsoutings« ein: »Wer gegen den Willen der betroffenen Person ihren abgelegten Namen (›Totname‹) oder den alten Personenstand öffentlich macht, kann mit einem Bußgeld belegt werden.«[155] Dieselben Regeln sollen in Zukunft auch für intersexuelle und nichtbinäre Menschen gelten.[156] Seit der Zulassung der Homosexuellen-Ehe müssen sich Paare auch nicht mehr scheiden lassen, wenn einer der Partner das Geschlecht wechselt. Die Befürchtung, dass es einen Run auf die Personenstandsänderungen geben wird, hat sich in Ländern, wo das Recht auf »Self-ID« schon seit einigen Jahren existiert (Schweiz, Malta, Brasilien, Irland), nicht bestätigt.[157] Bisher liegt die Lebenserwartung von Transsexuellen bei nur 35 Jahren, im Gegensatz zu durchschnittlich 76 Jahren bei der Gesamtbevölkerung. Diese hohe Mortalität ist zum Teil auf hohe Suizidraten, Aids oder Gewalttaten zurückzuführen. Zum Teil aber auch auf die Hormonbehandlung, die, wie neuere Forschungen zeigen, zu Veränderungen des Immunsystems führt. Das Testosteron im männlichen Körper hat eine höhere Infektionsanfälligkeit zur Folge (was sich bei der Covid-Pandemie darin zeigte, dass mehr Männer an der Infektion starben), während Frauen aufgrund ihrer Hormone leichter Autoimmunkrankheiten entwickeln. Die androgene Hormonzugabe erhöht also die Anfälligkeit von Transmännern, und diese Veränderung ist schon nach wenigen Monate in deren Körper nachweisbar.[158]

Trotz häufig prekärer Existenzbedingungen versuchen Transsexuelle, ihrem Leben eine Normalität zu verleihen; das neue Gesetz bietet dafür noch keine Garantie. Wir befinden uns heute an der Stelle, wo einerseits die realisierte Utopie eines Paul B. Preciado gilt, für den die Begriffe Homosexualität und Heterosexualität in den Bereich »der binären und hierarchischen Taxonomie« gehören.[159] Wo es andererseits aber auch die biologischen und juristischen Probleme Transsexueller gibt, die Eltern werden möchten. Als der Berliner transsexuelle Mann Ben zusammen mit seinem Mann zwei Kinder in die Welt setzte, musste er zunächst die vorübergehende Rückversetzung in einen »weiblichen« Zustand in Kauf nehmen, indem er das Testosteron absetzte. Wie sich jedoch bei der Ausstellung der Geburtsurkunde zeigte, war die biologische Umsetzung des Wunsches weniger schwierig als die juristische. »Man könnte uns als gebärenden Elternteil in der Urkunde markieren.« Stattdessen kannte die Behörde nur die »Mutter«, was Ben als diskriminierend empfand. »Hätte ich meine Kinder adoptiert statt geboren, dürfte ich mit meinem echten Geschlecht in der Geburtsurkunde stehen.«[160] Das Gesetz wurde schließlich verändert, damit homosexuelle Paare (von denen bisher nur ein Teil mit dem Kind leiblich verwandt sein kann) gleichermaßen als Eltern eingetragen werden können. Es scheint abzusehen, dass eine vergleichbare Regelung auch für transsexuelle Eltern kommen wird.

Wie die Revolution zur Normalität werden kann, zeigt das Beispiel des schwedischen CEO Carl Farberger, aus dem im

Jahr 2018 Caroline Farberger wurde. Mitarbeiter und Mitarbeiterinnen wurden durch eine Mail informiert. Die Familie, bestehend aus Ehefrau und drei Kindern, begleitete den Geschlechtswechsel, der lange vorbereitet worden war; alle leben weiterhin zusammen unter einem Dach. Durch die Transition kam Farberger zu neuen Einsichten: Nach mehr als 30 Jahren Erfahrung im Bank- und Finanzwesen sah sie zum ersten Mal die faktische Benachteiligung von Frauen auf dem Arbeitsmarkt und in der Geschäftswelt. Von Kolleginnen erfuhr sie »Geschichten darüber, dass man in den Vorstandsetagen nicht gesehen, gehört oder respektiert wird, dass man das Gefühl hat, man müsse auf eine bestimmte Art und Weise aussehen, um weiterzukommen«. Es gelte, die eigenen »unbewussten Vorurteile« zu erkennen, sagt sie. »Das Mindeste, was wir tun können, ist, uns zu erziehen, um uns ihrer bewusst zu werden. Nur wenn wir bewusste Vorurteile haben, können wir mit ihnen arbeiten und sie ausgleichen.«[161] Die Erkenntnisse von Farberger hatten praktische Folgen: Um die Vereinbarkeit von Beruf und Kindererziehung zu erleichtern, wurde in ihrer Firma Ica Försäkring keine Sitzung vor neun oder nach 16 Uhr anberaumt, und das Versicherungsunternehmen nahm ein neues Modell, Deckung für häusliche Gewalt, in ihr Portfolio auf. 2022 wechselte Farberger als Partnerin und Vorstandsvorsitzende zur Risikokapitalfirma Wellstreet.

Farberger ist ein Sonderfall, wie auch die Transsexualität eine kleine Minorität betrifft: 2020 ließen in Deutschland 2155 Menschen eine geschlechtsangleichende Operation an sich vornehmen, davon entfielen zwei Drittel auf Transfrauen (Mann zu Frau). Auch beschränkt sich die Transsexualität bisher vornehmlich auf die »westliche« Welt, was allerdings, wie das Beispiel Russland zeigt, auch eine Folge des Kampfs autokratischer Regierungen gegen »undefinierbare« sexuelle Identitäten sein dürfte. Doch die niedrigen Zahlen zur Transsexualität spiegeln nicht annährend den Raum wider, den das Phänomen im öffentlichen Bewusstsein – und Unbewussten – einnimmt. »Offensichtlich gab und gibt es«, so Sigusch, »Millionen Zissexuelle, also ganz ›Normale‹, für die chirurgische Eingriffe nicht in erster Linie lebensbedrohend, sondern lebenserhaltend sind, für die Operationen nicht die Bedeutung einer Verstümmelung, sondern einer Restitution haben. […] Heute gehören die Geschlechtsumwandlungen zu den Realitäten, mit denen wir uns auseinandersetzen müssen.«[162]

Die USA unter Trump schlagen den entgegengesetzten Weg ein: Zwei Tage nach Amtsantritt erließ der gerade vereidigte Präsident neue Dekrete, mit denen sich ein großer Backlash ankündigt: Jede Form von Transgender wird eingeschränkt, ein drittes Geschlecht darf in den Pässen nicht mehr ausgewiesen werden. »Es ist die Politik der Vereinigten Staaten, zwei Geschlechter, männlich und weiblich, anzuerkennen. Diese Geschlechter sind nicht veränderbar und beruhen auf einer grundlegenden und unumstößlichen Realität.« Nach dem Erlass definieren sich Begriffe wie »Mann« und »Frau« danach, ob eine Person »bei der Empfängnis« »dem Geschlecht angehört, das die große Fortpflanzungszelle hervorbringt« oder dem, das »die kleine Fortpflanzungszelle hervorbringt«.[163] Transsexuellen wird die Aufnahme in den Militärdienst verweigert, Frauengefängnisse werden für Transgender-Frauen geschlossen (was die Betroffenen in Lebensgefahr bringt).[164] Die Mitarbeiter der DEI-Behörden, die sich für »Diversität, Gleichstellung und Inklusion« einsetzen, werden in Zwangsurlaub geschickt, die Stellen sollen gestrichen werden, und wie in autokratischen Staaten werden Mitarbeiter aufgefordert, übereinander zu berichten.[165] Nach Verteidigungsminister Pete Segeth sei die US-Armee durch Diversitäts-, Gleichstellungs- und Inklusionsmaßnahmen »geschwächt« worden, nun wolle er das »Krieger-Ethos« wieder herstellen.[166] Die Weichen sind gestellt für eine Rückkehr zur »heldischen« Männlichkeit, die sich schon für die Soldaten im Ersten Weltkrieg als Albtraum erwies.

Alle neuen Maßnahmen fallen unter den Oberbegriff der verhassten *wokeness*. Dass es der Trump-Administration auch darum geht, die Psyche der Menschen zu erreichen, zeigen die beträchtlichen Eingriffe in das Vokabular staatlicher Dokumente. Dort, so eine Untersuchung der *New York Times*, wurden Hunderte von Wörtern mit Bann belegt. Wegen vorangegangener Erlasse verwundert es nicht, dass darunter Begriffe wie *climate crisis, activism, gender, identity, inequality* oder *anti-racism* fallen. Dass aber auch die Worte *women* und *Native American* dazugehören, wirft dann doch die Frage auf, ob mit diesen »Reformen« nicht auch reale Auslöschungen gemeint sind. Um solchen Reflexionen vorzubeugen, kam denn auch gleich der Begriff *unconscious bias* auf den Index.[167]

Es wird oft angezweifelt, dass sich das Geschlecht über die Biologie hinwegsetzen kann. Einerseits ist das richtig: Männlichkeit und Weiblichkeit werden definiert durch primäre und sekundäre Geschlechtsmerkmale. Allerdings lassen sich diese heute im anderen Körper »nachbauen« oder in diesen verpflanzen, ebenso wie sich männlicher Samen und weibliche Eizellen züchten lassen. Das heißt, in den letzten hundert

Jahren hat die Fähigkeit des Menschen zugenommen, das biologische Geschlecht dem sozialen anzupassen. Das ist die eine Seite. Denkbar ist andererseits, dass sich die sexuelle Transition auf die Ebene der Phantasie verlagert; dass vielen Menschen die einfache Veränderung des Personenstands schon genügt, um sich aus dem Gesetz der Binarität herauszulösen. Der transsexuelle Gender-Aktivist Linus Giese betonte in einem Interview, »dass trans sein für alle Menschen etwas Unterschiedliches bedeuten kann. Es gibt Menschen, die sich wünschen, Eingriffe zu machen und es gibt Menschen, die nur Hormone nehmen oder auch nur ihren Namen ändern wollen. Ich finde es superwichtig, dass Raum dafür existiert, dass Menschen hier unterschiedliche Entscheidungen treffen und unterschiedliche Wege gehen. Und auch dafür, Entscheidungen wieder zu korrigieren oder es sich nochmal anders zu überlegen. Einfach Raum für Diversität.«[168] Auch in diesem Fall wäre die soziale Geschlechterrolle wichtiger als die biologische.

Fluide Geschlechtergrenzen reflektieren die fließenden Grenzen zwischen bewusst und unbewusst

Es versteht sich, dass diese radikalen Veränderungen von Reproduktion und Sexualität, insbesondere die Multiplikation der geschlechtlichen Identitäten und Sexualitäten, das Unbewusste nicht unberührt ließen. Die frühe Psychoanalyse beschränkte die Diskussion auf das Gebiet der Bisexualität; an eine Multiplikation der sexuellen Identitäten oder Orientierungen, wie wir sie heute erleben, dachte damals niemand, obgleich sie schon in Ulrichs »drittem Geschlecht«

und Hirschfelds »sexuellen Zwischenstufen« angelegt war. Freud griff das Thema der Bisexualität erst spät (1930) und dann mit Vorbehalt auf: »Die Lehre von der Bisexualität liegt noch sehr im Dunkeln, und daß sie noch keine Verknüpfung mit der Trieblehre gefunden hat, müssen wir in der Psychoanalyse als schwere Störung verspüren.«[169] Weiter gingen seine Überlegungen nicht.

Hundert Jahre später sieht das anders aus. Die Implikationen der neuen Geschlechter*un*ordnung für die Psychoanalyse wurden offensichtlich, als Frankreich im Jahr 2012 eine Gesetzesnovelle zum Zweitadoptionsrecht homosexueller Eltern diskutierte. Es kam zu Demonstrationen von Hunderttausenden, an deren Spitze nicht nur katholische Priester, Rabbiner und Imame, sondern auch viele Psychoanalytiker, Psychiater und Psychologen marschierten. Über Monate verging kaum eine Woche, in der nicht ein oder zwei Artikel in *Le Monde* oder *Libération* erschienen, verfasst von »Psys«, die sich für oder gegen die Gesetzesnovelle oder die Homo-Ehe überhaupt aussprachen. Bei den Gegnern war von »Perversion« die Rede, von »Kastrationsverweigerung« und von »Realitätsverleugnung«. Mit dem Verschwinden der Begriffe »Mutter« und »Vater« aus dem *code civil* würden jene beiden Wörter aus dem Zivilrecht gelöscht, die »unsere Identität kodifizieren«.[170] Allerdings hatten die Gegner der Gesetzesnovelle keine anderen Argumente als die Bewahrung des traditionellen Familienbilds, unter dem doch viele ihre Patienten und Patientinnen litten.

Die Befürworter, darunter die bekannte französische Psychoanalytikerin Sylvie Faure, versuchten es mit einer neuen Umschreibung der »Urszene«,[171] die im Fokus der psychoanalytischen Diskussion stand und von Faure umdefiniert wurde zum *Begehren* eines Paares, ob hetero- oder homosexuell, nach einem gemeinsamen Kind: »Unsere Symbolisierungsfähigkeit ist Teil unserer Psyche und nicht eine Folge der realen Familienorganisation. Warum sollten nicht auch die erheblichen Anstrengungen von Eltern, ein Kind zu bekommen, einen strukturierenden Effekt haben? Das ›Kind des Kinderwunsches‹ zu sein – egal, ob dieses adoptiert wird oder mit Hilfe der Reproduktionsmedizin zur Welt kommt –, impliziert den Entwurf eines neuen Urszenen-Phantasmas. Die Identität leitet sich vom Begehren der Eltern ab und nicht von der Verwendung der Keimzellen.«[172] Mit dem »Begehren der Eltern« führte Faure eine andere Formulierung für den Begriff der »intentionalen Eltern« ein – eine Kategorie von Elternschaft, die erst mit der Reproduktionsmedizin entstand und heute für die Rechtsauffassung bestimmend ist, etwa bei Leihmüttern.

Der Kultursoziologe Hervé Glevarec, der ein Forschungsprogramm am französischen *Centre national de la recherche scientifique* (CNRS) leitet, begann, sich »gegen meinen eigenen Willen« zu fragen, ob Freuds Ödipus-Lehre und Lacans »Nom-du-père«[173] nicht insofern »historisch situiert« seien, als sie »vom traditionellen Familienmodell« abhängen. Konsequent als *strukturelles* Wissen gedacht, müsse Jacques Lacans Lehre auf eine Metaphorik verzichten, die auf das traditionelle Familienschema rekurriert.[174] Man könne, so Glevarec, das traditionelle genealogische Modell auch nicht mit solchen »Basteleien« retten, durch die in einer homosexuellen Familie ein Elternteil die »mütterliche« und der andere die »väterliche« Rolle übernimmt. (Das Modell war von einer anderen »Psy« vorgeschlagen worden.[175]) Erstens bestünden in vielen Familien »die Eltern« aus einem alleinerziehenden Elternteil; und zweitens sei man mit der beispiellosen Tatsache konfrontiert, dass ein Kind mehrere Mütter und mehrere Väter habe. Das könne nicht folgenlos für die Therapie sein, vor allem, wenn sie Elternschaft als Grundlage der psychischen Struktur denke. Seine Schlussfolgerung: Das psychoanalytische Wissen verlangt nach neuen Begrifflichkeiten, die jenseits einer Logik »der Inkarnation« stehen. »Die durch die assistierte Reproduktion eingeführte Transformation scheint auf die notwendige Preisgabe der mütterlichen und väterlichen Referenten als Strukturelemente hinauszulaufen. *Ce n'est pas rien.*«[176] Auch hier also die Erkenntnis, dass die neuen Geschlechtsdefinitionen »ans Eingemachte« gehen. Glevarecs Fazit verdeutlicht das Dilemma, in dem sich die Psychoanalyse heute befindet. Sie war ursprünglich mit dem Anspruch angetreten, eine gewisse Ordnung in die Diskussion über das Unbewusste zu bringen. Heute sind die Kategorien, die sie vor hundert Jahren entwickelte, eher dazu bestimmt, den Blick zu verstellen.

Ein ähnliches Problem zeigte sich auch beim Versuch, das psychoanalytische Modell zu universalisieren. In seiner Autobiographie hat der indische Psychoanalytiker Sudhir Kakar beschrieben, wie die Lehren Freuds, die er sich am Frankfurter Sigmund-Freud-Institut angeeignet hatte, für die Therapie in Neu-Delhi versagten: »Ich merkte bei fast allen meinen indischen Patienten sehr schnell, dass ich an den analytischen Techniken, die ich in Deutschland gelernt hatte, Änderungen vornehmen musste. Ich musste die Tatsache akzeptieren, dass für die meisten dieser Patienten ihre emotionalen Probleme keine biographische Dimension hatten.«[177] Für seine Analysanden waren die gesellschaftlichen Probleme – darunter die Codes, die über das Leben der Geschlechter bestimmen – von größerer Bedeutung als das Innerfamiliäre. Psychoanalytiker, die in China tätig sind (und dort ist die Psychoanalyse heute durchaus gefragt[178]), berichten wiederum, dass es für ihre Analysanden undenkbar sei, über das Verhältnis zu den Eltern oder zu anderen engen Familienmitgliedern zu sprechen. Da die konfuzianische Tradition – die moderne chinesische Führung toleriert diese Lehre ohne transzendenten Bezug eher als Buddhismus, Christentum und Islam – den Respekt gegenüber den Vorfahren ins Zentrum des Verhaltenscodex stellt, ist das Thema mit einem Tabu behaftet. »Die Würde der Eltern ist unantastbar«, so könnte der erste Satz eines ungeschriebenen chinesischen Grundgesetzes lauten.

Mit anderen Worten: Die Psychoanalyse muss sich heute der Erkenntnis stellen, dass sie eine europäische Erfindung ist und sich auch innerhalb ihres eigenen Entstehungsrahmens historische Veränderungen vollzogen haben. Will sie ihre Relevanz behalten, so muss sie sowohl dem neuen Zeitalter als auch neuen interkulturellen Verflechtungen Rechnung tragen. Und wenn der Terminus Geschlecht eine bislang unbekannte Bedeutungsvielfalt annimmt, so erfordert auch dies neue Perspektiven in der Erforschung und dem Umgang mit dem Unbewussten.

Die Umrisse einer veränderten Definition des Unbewussten werden allmählich erkennbar. Bei der Geschlechterordnung zeigt sich der Wandel besonders deutlich. Die alte Ordnung hatte Schrift/Kultur mit Männlichkeit und Oralität/Leiblichkeit mit Weiblichkeit gleichgesetzt.[179] Doch die Entdeckungen der Zeugungsforschung hatten den Raum für eine neue Geschlechterordnung geöffnet, die der alten Hierarchie von »männlicher Geistigkeit« und »weiblicher Natur« den Boden entriss. Der Prozess mündete in die Verabschiedung der binären Vorstellungen von Geschlecht und die Entstehung multipler Definitionen von »Vater«, »Mutter« sowie sexueller Identitäten. Mit dieser Entwicklung verlor auch die alte Unterscheidung zwischen Natur und Kultur ihre Plausibilität. Die Erkenntnisse der Zeugungsforschung waren also nicht nur relevant für den Wandel der Geschlechterordnung, sie änderten auch die Parameter der naturwissenschaftlichen Forschung.

Die Psychoanalyse hatte sich von Anfang an zwischen den Natur- und Geisteswissenschaften verortet. Diese Position warf allerdings von Anfang an die Frage auf, ob die Natur der Kultur vorausging oder umgekehrt. Auf die Transsexualität übertragen hieß dies: Wird die Psyche den körperlichen Gegebenheiten angepasst – oder der Körper der Psyche? Aufgrund der Reproduktionstechniken kam die Wissenschaftstheorie zur Einsicht, dass sich zwischen Natur und Kultur gar nicht unterscheiden lässt. So die Ethnologin Marilyn Strathern in ihrem Buch von 1992 *Reproducing the Future*: Mit der Samenspende, bei der es nur den biologischen (und keinen sozialen) Vater gibt, werde die »westliche« Konstruktion, laut der die Mutter »Natur« und der Vater »Kultur« sei, hinfällig; heute zeige sich, dass beide Eltern sowohl Natur als auch Kultur seien.[180]

Die Wissenschaftstheorie machte die Ununterscheidbarkeit an der Genetik fest, weshalb der Soziologe und Wissenschaftsforscher Bruno Latour 1993 vorschlug, die Trennung zwischen Natur und Gesellschaft/Kultur gänzlich aufzugeben.[181] Wenige Jahre zuvor hatte Donna Haraway die kulturelle Produktion von »natürlichen Fakten« im Labor beschrieben.[182] 1997 hielt sie fest, dass wissenschaftliche Fakten heute weniger »entdeckt« als hergestellt werden. Damit vollziehe sich eine »Implosion« von Natur und Kultur, von Semiotik und materiellen Substanzen, und diese Ununterscheidbarkeit impliziere einen doppelten Vorgang: Einerseits entstünden aus der Verschmelzung von Werkzeugen, Theorien und biologischen Substanzen »lebendige Werkzeuge«; andererseits nähmen theoretische Konzepte leibliche Form an.[183] Ähnlich die Soziologin Sarah Franklin: Im Labor sei die Fortpflanzung nicht mehr eine »natürlich vorgegebene Abfolge von Ereignissen, sie wird zur ›Leistung‹«.[184] In der modernen Reproduktionsmedizin unterscheide sich das Objekt der Forschung immer weniger von der Forschung selbst.[185] »Die neue Art von Sprössling, die durch diese Befruchtungstechniken zustande kam«, so Franklin, »substantialisierte nicht nur die Beziehung zwischen Ei und Sperma, sondern auch die zwischen Technologie und Biologie«.[186] Es finde eine Verschmelzung von Natur und Technik statt, woraus die Anthropologin Janet Carsten wiederum den Schluss zieht, »dass sich Natur und Technik gegenseitig substituieren können«.[187]

Mit dem Verschwinden der Unterscheidung zwischen Natur und Kultur stand auch die Unterscheidung zwischen bewusst und unbewusst zur Disposition. Leibniz, so Ludger Lütkehaus, gilt als »Vater der Entdeckung des Unbewußten (die metaphorisch offenbar stets einen ›Vater‹ braucht)«.[188] Wie oben dargestellt, ordnete die Aufklärung das Unbewusste der Weiblichkeit zu. Es wurde imaginiert als dunkler Kontinent, der nur darauf warte, vom männlichen Eroberer kartographiert zu werden. Diese Vorstellung hatte sich bis in die Moderne fortgesetzt. Oswald Spenglers Formulierung lautete: »Der Mann *macht* Geschichte, das Weib *ist* Geschichte«.[189] Und Weininger verkündete: Der Mann weiß »um seine Sexualität, während die Frau sich ihrer Sexualität schon darum gar nicht bewußt werden und sie somit in gutem Glauben in Abrede stellen kann, *weil sie nichts ist als Sexualität, weil sie die Sexualität selbst ist*«.[190]

Über Jahrhunderte hatte die Wissenschaft versucht, sich vor der Verunreinigung durch das Unbewusste zu schützen, indem sie die Frau von der *alma mater* fernhielt. Als das weibliche Geschlecht mit dem Frauenstudium in das System integriert wurde, zeigte sich zur allgemeinen Überraschung, dass der Fremdling Unbewusstes der Wissenschaft keineswegs schadete, sondern vielmehr für Innovationskraft sorgte. Denn die Verbannung des Unbewussten aus der kanonischen Wissensordnung barg von Anfang an ein Problem: Neue Fragen und Erkenntnisse kommen oft zufällig und ungeplant, ja ungewollt daher – als hätten die Neuerungen nur auf den Moment gewartet, in dem die Wissenschaft gerade mal nicht aufpasst. Die Erkenntnisse der Zeugungsforschung sind dafür das beste Beispiel. Nicht selten verdanken sich Entdeckungen in den Natur- wie in den Geisteswissenschaften dem Zufall, der Eingebung, der Assoziation. Freud hatte deshalb versucht, das Unbewusste zu einem legitimen Bestandteil der Wissenschaft zu machen. Er maß dem Unbewussten eine wichtige Funktion nicht nur für den künstlerischen Schöpfungsprozess bei, sondern auch für »feine und schwierige intellektuelle Arbeit, die sonst angestrengtes Nachdenken erfordert«.[191] Nach der Biologin und Philosophin Kerstin Palm forderte Freud nicht weniger als »die Berechtigung, ein unbewusstes Seelisches anzunehmen und mit dieser Annahme wissenschaftlich zu arbeiten«.[192]

Unter seinen Zeitgenossen stieß Freud mit diesem Vorstoß auf Widerstände, doch auf lange Sicht, und ohne dass viel darüber gesprochen wurde, setzten sich seine Ideen durch; ihre Berechtigung wird inzwischen wissenschaftlich bestätigt. Die modernen Kognitionswissenschaften, die heute einen Teil von Freuds Annahmen über das Unbewusste, etwa die Verdrängung, in der Hirntätigkeit bestätigt finden, verschweigen oft die Herkunft dieses Wissens aus der Psychoanalyse. Es falle auf, so die Psychotherapie-Forscherin Patrizia Giampieri-Deutsch, »dass viele psychoanalytische Befunde, etwa die Annahme unbewusster Gedanken, Gefühle und Motive, längst einen Platz in der Kognitionsforschung gefunden haben, freilich ohne die psychoanalytischen Ursprünge auch nur zu erwähnen«.[193] Die Psychoanalyse umfasst sowohl empirische als auch nichtklinische und konzeptuelle Forschung, was es ihr erlaubt, Phänomene aus der Außen- und der Innenperspektive zu beschreiben. Damit wird sie wegweisend für die moderne Wissenschaft.[194] Wie jeder Wissenschaftler und jede Wissenschaftlerin am eigenen Leibe erfährt, ist nicht nur das Bewusstsein, sondern auch das Unbewusste beteiligt, sobald ein Problem so sehr das Denken besetzt, dass es auch auf die Psyche übergreift. Ein gutes Beispiel ist der Neurowissenschaftler Mark Solms, der laut eigener Aussage immer wieder an die Grenzen seiner Wissenschaft geriet, bis er die Psychoanalyse entdeckte: Sie habe ihm ermöglicht, eine Synthese zwischen Neurologie und subjektivem Erleben herzustellen; aus diesem Gedanken heraus entwickelte er das Fach Neuropsychoanalyse. Hatte Freud noch vor der Beherrschung durch das Unbewusste gewarnt, so gilt heute: Bewusstsein, Kultur und Wissenschaft können Gewinn daraus ziehen, sich dem Unbewussten zu öffnen.[195] Zu diesem Wandel trug die Überwindung polarisierter Geschlechternormen bei. Seither sind Wissenschaft und Unbewusstes potenzielle Weggefährten.

Die politische Dimension von Geschlecht und Reproduktion im Unbewussten

Was passiert bei der Überlagerung von Bewusstsein und Unbewusstem mit dem sekundären Unbewussten? Und wie veränderte sich das Unbewusste als Quelle des Widerstands gegen Totalitarismus und gegen einen Glauben, der sein eigenes Unbewusstes zu fabrizieren versucht? Die medialen Techniken trugen zur Durchsetzung des »kontrollierenden«, sekundären Unbewussten bei und begünstigten damit die Entstehung totalitärer Staaten. Doch im Gegensatz zu Stalinismus und Nationalsozialismus gingen die Medien nicht unter, vielmehr nahmen ihre Leistungsfähigkeit und ihr Einfluss auf das politische Geschehen zu. Heute verbinden sie sich mit der Biologie. Mit den Gentechniken, so der Wissenschaftshistoriker Hans-Jörg Rheinberger, »wird das Labor, diese privilegierte Schmiede epistemischer Dinge, in den Organismus selbst verlegt und damit potentiell unsterblich, fängt sie doch an, mit der eigenen Schreibmaschine des Seins zu schreiben«.[196] Den Einfluss der Medien auf das Unbewusste werde ich im 6. Kapitel ausführlicher thematisieren. Hier soll zunächst nur die

Frage interessieren: Was wurde nach dem Ende des Totalitarismus in Deutschland und Europa aus dem *widerständigen* Unbewussten, dem wir im Buch der Träume von Charlotte Beradt, in den Berichten von Jean Cayrol oder den Phantasien von Anna Ornstein begegnet sind? Bei der Beantwortung dieser Frage rückt die neue Geschlechterdiversität in den Blick – zusammen mit einer neuen Vielfalt jüdischer Identität.

Historisch wurden religiöse und politische Dispute und Abgrenzungen oft auf der Ebene von Geschlecht ausgetragen. Der vermeintlich lockeren Sexualmoral der Römer stellten die frühen Christen ihr Keuschheitsideal gegenüber.[197] In der Reformation wetterten die Protestanten gegen die Unzucht in der katholischen Kirche. Und heute stehen Fragen der Geschlechterordnung im Zentrum der Konflikte zwischen Islam und säkular-christlicher Gesellschaft.[198] Auch im Verhältnis von Juden und Christen waren Fragen von Geschlecht konfliktträchtig. Juden und Christen beriefen sich auf dieselbe Heilige Schrift, doch ihre Geschlechterordnungen hätten gegensätzlicher kaum sein können.[199] Auf beiden Seiten wurde das Verhältnis zwischen Gott und Religionsgemeinschaft in Analogie zur ehelichen Verbindung gedacht. Das Volk Israel wurde in jüdischen Texten als »Braut Gottes« beschrieben und der Ehebruch mit Idolatrie gleichgesetzt.[200] Im Christentum wurde auf dem Laterankonzil von 1215, wo die Kirche die Transsubstantiationslehre verkündete, einerseits die Abgrenzung gegen Juden verschärft (Juden mussten fortan den gelben Fleck als Erkennungszeichen tragen), andererseits wurde die christliche Ehe zum Sakrament erhoben und für unauflöslich erklärt – eine Bestimmung, die von allen Religionen der Welt nur das Christentum kennt und die im

Katholizismus bis heute gültig ist. Die protestantische Kirche ermöglichte die Scheidung, und sie hob den Zölibat für Geistliche auf. Doch die Ehe selbst wurde zu einer »festen Burg« erklärt. Alle Regelwerke zur Ehe verhinderten, dass Juden, Katholiken und Protestanten interreligiöse Verbindungen eingingen. Das enge Nebeneinander von Juden und Christen erhöhte noch das Konfliktpotenzial, während das Verbot interreligiöser Verbindungen die gegenseitige Abneigung verstärkte.

Der weibliche Körper hatte eine hohe symbolische Bedeutung in allen interkulturellen Konflikten, weil er das Kollektiv repräsentierte. Als *Synagoga* oder *Ecclesia* stand er für die Religionsgemeinschaft, als *Marianne, Britannia* oder *Germania* für die Nation. Solche Vorstellungen hatten einschneidende Konsequenzen für die Frauen als Individuen: Innerhalb der eigenen Gemeinschaft unterlagen sie strengen Kontrollen; in Konfliktsituationen waren sie besonderer Gefährdung ausgesetzt. Die Vergewaltigungen von Frauen im Krieg stellen bis heute den Versuch dar, den Kollektivkörper des Gegners durch die Verletzung seiner Repräsentationsgestalt zu schädigen. Das englische Wort für Vergewaltigung, *rape,* bedeutete ursprünglich »Landnahme«, verlagerte sich aber zunehmend auf das Territorium des weiblichen Körpers.

Zugleich war Weiblichkeit eine vielschichtige Kategorie, die in jeder Kultur anders definiert wurde. In dieser Hinsicht ähnelten sich die Phantasien über Weiblichkeit und Jüdischkeit: Jede Epoche verhandelte die Bilder neu. Die Bezeichnungen *Jude* und *Weib* wurden zu dem, was Ernesto Laclau als »leeren Signifikanten« bezeichnet hat: Behälter für beliebige Bedeutungen.[201] Ihr Inhalt war kontextabhängig und wurde bestimmt von den jeweiligen Bedürfnissen, auch wenn diese sich bisweilen widersprachen. So verwies der Signifikant »Jude« sowohl auf Kapitalismus als auch auf Kommunismus; auf Reichtum wie auf Armut (die oft als Synonym für Unreinheit und Schmutz daherkommt). Mal galt »der Jude« als impotent, dann wurde er zum »Rassenschänder«, Vergewaltiger und Mädchenhändler erklärt. An solchen Zuschreibungen waren, wie bei den tradierten Weiblichkeitsbildern, Wissenschaft und Kunst, Politik und Ökonomie, Religion und Psychologie beteiligt, die Stereotype erschienen in Schriften und ikonographischen Darstellungen, in Texten und Filmen, und sie bestätigten sich gegenseitig. Eine Bedingung hatten aber alle Klischees zu erfüllen: Sie mussten so verbreitet sein, dass sie sich dem Unbewussten eingeschrieben hatten und als naturgegeben galten. Wurden sie lesbar, büßten sie ihre Macht über das Unbewusste ein.[202] Auf dieser Bedingung beruht die *longue durée* sowohl antisemitischer als auch misogyner Bilder.

Hinzu kamen weitere Parallelen von *Jude* und *Weib*. Im antisemitischen Diskurs war »der Jude« übermächtig, ein Verschwörer gegen den Rest der Welt – eine Imagination, die wiederum den Antisemiten als Rechtfertigung für Verfolgung und Genozid diente. In den »Querdenker«-Demonstrationen der Corona-Zeit hatte diese Strategie hohen Kurs. Die antisemitischen Bilder funktionierten nach denselben Prinzipien wie die von Mario Erdheim zitierten Mythen über eine ursprüngliche weibliche Übermacht, mit der die Unterwerfung der Frauen gerechtfertigt wurde. Hier dienten erfundene »jüdische Verbrechen« der Legitimierung von Aggressionen.

Die Vermischung der Imaginationen über *Weiblichkeit* und *Jüdischkeit* trugen im rassistischen Antisemitismus dazu bei, den Phantasien über jüdische Andersheit eine reale, körperliche Dimension zu verleihen. Weil die Frau biologisch anders war und weil sie im Christentum, wie schon in der aristotelischen Antike, das »Fleisch«, die »Materie« verkörperte, der die männliche Idealität und Geistigkeit gegenübergestellt wurde, verschaffte die Feminisierung des »Juden« den antisemitischen Bildern den Anschein von Leiblichkeit. Indem der religiöse Andere zu einem »rassisch« Anderen gemacht wurde, nahm wiederum das Phantasma des »Ariers« biologische Gestalt an. Das Bild jüdischer Andersheit hatte seinerseits Rückwirkungen auf das Bild der modernen emanzipierten Frau.[203]

Die Parallelen erstreckten sich auch auf die Vorstellung, es gebe »echte« und »unechte« Juden sowie »wahre« und »falsche« Weiblichkeit. Vom säkularen Juden, der traditionelle Merkmale wie Kaftan, Bart und Schläfenlocken abgelegt hatte, hieß es, er verstecke seine »wahre« Natur hinter einer Maske; seine »Assimilation« sei nur vorgetäuscht. Den Frauen auf dem Weg in die Emanzipation wurde unterstellt, keine »echten« Frauen zu sein, ihre »Natur« zu verleugnen. Diese Uneindeutigkeit wurde in beiden Fällen als Hysterie, Neurasthenie oder Nervosität pathologisiert. Sie galten nicht nur als typische Krankheiten von Frauen auf dem Weg in die Emanzipation, sondern auch als »jüdische Krankheiten«. Hieß es, dass geistige Tätigkeit beim weiblichen Körper zu »nervöser Erkrankung« führe, so wurde die angebliche Prädisposition des Juden für ähnliche Leiden mit der »Überstrapazierung und Erschöpfung des Gehirns« erklärt.[204] Was man beiden, Juden wie Frauen, vorwarf, war letztlich eine »liquide« Identität.

Tatsächlich hatte sich bei beiden im Verlauf des 20. Jahrhunderts eine Identitätsvielfalt herausgebildet. Bei den Juden reichte sie vom religiösen, konservativen und orthodoxen bis zum kulturellen, nationalen, areligiösen und schließlich auch israelischen Judentum. Seit dem Holocaust umfasst die Identität auch viele Varianten *innerhalb* dieses Spektrums: religiös-orthodox, -konservativ, -liberal oder säkular, kulturell sowie die Gegenüberstellung von »halachisch-matrilinear« definierten Juden und »Vaterjuden«.[205] Die Entstehung dieser Vielfalt war eine Antwort auf das eindimensionale Bild des »Juden« im rassistischen Antisemitismus. Auch beim Begriff »Geschlecht« entwickelten sich »fluide« Grenzen; sie umfassten zunächst die sexuelle Orientierung, später auch die Geschlechtszugehörigkeit. Hier hatte der Prozess Mitte des 19. Jahrhunderts mit den »sexuellen Zwischenstufen« begonnen und war im 21. Jahrhundert mit den »Neosexualitäten« zur vollen Entfaltung gekommen. Außer ihrer zeitlichen Koinzidenz wiesen diese beiden Arten von Vielfalt aber keine Gemeinsamkeit auf. Sie verblieben *innerhalb* der jeweiligen Kategorie von Geschlecht oder Jüdischkeit. Die Überlagerung der beiden Kategorien war das Produkt antisemitischer und misogyner Phantasien.

Die neue Vielfalt der Identitäten hat mit dem Unbewussten insofern zu tun als auch das Unbewusste ein »liquides Territorium« ist. Es unterscheidet sich von einer Kultur zur anderen, von einer Epoche zur nächsten. Sein Beharrungsvermögen beruht auf eben dieser Flexibilität, die es unfassbar und ungreifbar macht. Die Versatilität des Unbewussten steigert einerseits das Verlangen von Autokraten, dieses nicht-kartographierte Gelände zu besetzen, den eigenen Glaubensprinzipien zu unterwerfen und so ihre Pflöcke in den vermeintlichen »Schlamm« zu setzen. Andererseits scheitern aber alle Versuche, das *no man's land* mit sicheren Grenzen zu versehen, an eben dieser Unbestimmtheit. Das Unbewusste ist weit schwieriger »trockenzulegen« als die Zuydersee.[206]

Der Kampf um die Definition des Unbewussten führte dazu, dass Geopolitik und Gender zu austauschbaren Topoi der Herrschaftspolitik wurden. Da die Kontrolle über die Psyche der Bevölkerung ebenso wichtig erschien wie die Kontrolle über Grund und Boden und Geschlecht zugleich einen direkten Zugang zur Psyche versprach, wurde LGBTIQ+ zum gemeinsamen Feindbild aller autokratischen und diktatorischen Regime – unabhängig von ihren spezifischen Unterschieden. Autokraten verstehen undefinierbare Geschlechtergrenzen als Akt der Sabotage gegen ihre Vorstellung von fest umrissenen Staatsgrenzen und rigiden Hierarchien – so wie sie auch das Prinzip des Nationalstaats durch die Extraterritorialität der jüdischen Diaspora bedroht sehen. Diese angeblichen »Gefährdungen« dienen wiederum als Rechtfertigung für *territoriale* Grenzüberschreitungen. Der russische Präsident Putin begründete seinen Einmarsch in die Ukraine nicht nur mit der Notwendigkeit, das Gebiet zu »entnazifizieren«, sondern auch mit den Geschlechtsbildern des Westens: Für ihn beförderten die verhassten liberalen Demokratien Homo- und Transsexualität; statt Vater und Mutter gebe es nur noch Elternteil 1 und Elternteil 2. Sein Hass auf die sexuelle Diversität – und der russische Präsident steht hier stellvertretend für viele Autokraten, zu denen nun auch der amerikanische

Präsident zu rechnen ist – war von Anfang an durchzogen von Bildern »ungenauer Grenzverläufe«. Sein erklärtes Ziel war es, auch durch die Fixierung auf alte Geschlechtergrenzen das alte Imperium wiederherzustellen. So wie Trump nun antritt, Amerika »wieder great« zu machen, oder die AfD Deutschland in eine völkische Vergangenheit zurückführen möchte, die nie existierte.

In Wirklichkeit ist das alte russische Reich ein schlechtes Vorbild für Putins Homophobie. Das Zarenreich kümmerte sich nicht um Homosexualität, sie war zwar verboten, wurde aber kaum verfolgt. Erst als Peter der Große sein Land europäischen Standards anzupassen versuchte, wurde ein Gesetz gegen Homosexualität in der Armee erlassen; angewandt wurde es nie. Die Revolution von 1917 entkriminalisierte die Homosexualität, ja, sie »lehnte es gänzlich ab, Homosexualität als etwas Anormales zu sehen«.[207] In der Stalin-Ära änderte sich das: Schwule wurden nun zu Spionen und Konterrevolutionären erklärt. Sie waren der »Fremdkörper« im eigenen Reich. Auch in Putins Russland repräsentieren sie das Feindbild. Putins Hass ist gegen »Homosexualität, Atheismus, Kosmopolitismus gerichtet, gegen das Internet und jeden künstlerischen Ausdruck, der mit Unordnung in Verbindung gebracht werden kann«, schreibt Michel Eltchaninoff in seinem Buch *In Putins Kopf*. Dass der orthodoxe Patriarch Kirill Putin bei der Eroberung dieses psychischen Territoriums Schützenhilfe leistet, weckt Erinnerungen an die traditionelle Verbindung von Religion und weltlicher Herrschaft, zu deren Machtinstrumenten schon immer die Normierung von Geschlecht gehörte. Allerdings hat sich eines verändert: Während die Kirche einst Königshäuser instrumentalisierte, um die eigene Macht zu sichern, ist sie nun zur Magd der Politik geworden. Putin bedient sich der Kirche, um den sowjetischen Mythos des »Großen Vaterländischen Krieges« zu aktivieren. Eltchaninoff schreibt dazu: »Um die Macht zu erlangen und zu behalten, müssen die Nuancen der Realität durch das Flammende der sakralen Erzählung ersetzt und dann dieser Mythos auf das Existierende angewendet werden, auch um den Preis der Gewalt.«[208]

Die Etablierung einer zentralisierten Herrschaft durch verstärkte sexuelle Normierung begann schon im 19. Jahrhundert. In Deutschland verschärften sich mit der Reichsgründung von 1871 die Gesetze gegen Homosexualität. Auch in demokratischen Ländern wie den USA und der Bundesrepublik rückten sexuelle Diversität und jüdische Vielfalt ins Zentrum innenpolitischer Auseinandersetzungen. Bei den Wortführern rechter Bewegungen paart sich der Hass auf fluide Geschlechtergrenzen mit der Abwehr anderer »flexibler Identitäten«. Sie diffamieren abwechselnd LGBTIQ+, Geflüchtete, Migranten und Juden. Als Hasslotsen[209] lenken sie den Zorn auf jede Form von Mobilität, darunter die soziale. In den USA werden die Abstiegsängste weißer Männer umgeleitet auf Hispanics, Afroamerikaner und Frauen auf dem Weg nach oben – mit Erfolg, wie Arlie Hochschild gezeigt hat.[210] Der Betrug populistischer Wahlversprechen besteht darin, dass einer Gesellschaft, die an sozialer Stagnation leidet, »Heilung« versprochen wird: durch die Abschaffung liquider Identitätsgrenzen und sozialer Mobilität. So richtet sich die Wut nicht gegen die ständig wohlhabender werdenden »Eliten«, sondern gegen den »Gender-Wahn«[211], Abtreibung und

»Homo-Ehe«. Regt sich dagegen Widerspruch, so werden die Aggressionen nach außen gelenkt – etwa gegen die »abtrünnige« Ukraine. Auch Trump hat sich auf ähnliche Ablenkungsmanöver vorbereitet: Gebietsansprüche auf Grönland und Eingemeindungsforderungen in Richtung Kanada bieten Möglichkeiten einer Verlagerung des MAGA auf Territorialgrenzen. Der Hass auf Gender dient dabei als emotionaler Hebel.

Heute beginnt die Hetze zunächst im Netz, bevor sie auf reale Gewalt übergeht. Ein prägnantes Beispiel sind die Verschwörungstheorien von »QAnon«, die seit 2017 im Netz kursieren. Der Diskussionskanal *4chan*, der für seine extremistischen Positionen bekannt ist, sorgte von Anfang an für ihre Verbreitung. Der Autor der Botschaften bleibt anonym, ist aber angeblich in die nuklearen Geheimnisse der USA eingeweiht und verfügt über die höchste nicht-militärische Sicherheitsstufe »Q«. Verbreitet werden Verschwörungsmythen, in denen wenige Fakten mit vielen Legenden verwoben werden. Zwar haben soziale Medien wie Facebook, Twitter und TikTok einzelne Seiten gesperrt (viele von ihnen sind inzwischen wieder freigegeben), doch die QAnon-Nachrichten (»QDrops«) bleiben davon unberührt. Dafür sind die Einnahmen, die der Sektor generiert, zu hoch. Rechte Politiker nutzen die Nachrichten für ihre Zwecke: Laut »Media Matters« von März 2022 verbreiteten sechzig ehemalige und aktuelle Kongress-Kandidaten QAnon-Nachrichten für die eigene Propaganda. In Deutschland sind es vor allem Rechtsradikale und »Reichsbürger«, teilweise auch Querdenker und Gegner der Corona-Maßnahmen, die die Nachrichten von QAnon unter die Leute bringen.[212]

QAnon hat klare Feindbilder, verneint die Existenz von Zufällen, lässt Gegenbeweise nicht gelten. Jeder Zweifel wird ausgeschlossen. Wer dazugehören will, wird zum Glauben verpflichtet. Das Programm ist durchsetzt von Sexualbildern. Zu den Feindbildern von QAnon gehören Hilary Clinton, der die Gründung eines Rings von Kinderhändlern unterstellt wird, der jüdische Milliardär und Philanthrop George Soros, dessen ökonomischer Erfolg mit der Legende von Rothschild als Zentrum einer »jüdischen Weltverschwörung« verknüpft wird, und Expräsident Barack Obama, der beschuldigt wird, während der ersten Präsidialzeit von Trump einen Putsch gegen ihn geplant zu haben.[213] Diese drei Figuren – Frau, Jude, Person of Color – stehen nicht nur für die *alten* Feindbilder, sondern auch für den *neuen* Hass auf mobile Identitäten: die emanzipierte Frau (Hilary Clinton war die erste Frau, die sich um das Amt des amerikanischen Präsidenten bewarb), der »heimatlose« Jude (George Soros setzte sich als Mäzen für Menschenrechte und Völkerverständigung ein), und Obama, der erste afroamerikanische Aufsteiger, der es bis ins höchste politische Amt schaffte.

Zugleich spiegeln sich in diesen drei Feindbildern faktische Verbrechen: Obamas angeblicher Putschversuch fand tatsächlich am 6. Januar 2021 im US-Kongress statt, als Trumps Anhänger versuchten, die Wahl Joe Bidens und die Abwahl Donald Trumps zu verhindern. Die Soros unterstellte »Verschwörung« findet ihre reale Umsetzung in Nachrichten, die QAnon über die »jüdische Weltverschwörung« in die Welt setzt, und der Mythos von Clintons Kinderhandel fand 2022/23 tatsächlich statt, als russische Truppen ukrainische Kinder nach Russland entführten und dort zur Adoption freigaben. Last but not least entsprechen die verhassten fluiden Geschlechtergrenzen der Undefinierbarkeit, die QAnon selbst ausmacht: Gegen Transsexuelle wird oft der Vorwurf erhoben, bei ihnen wisse man nicht, »wer sie eigentlich sind«. Bei QAnon ist es bis heute ein Geheimnis, wer dahintersteckt.

Besagt die Vielfalt geschlechtlicher und jüdischer Identitäten etwas über das Unbewusste unserer Zeit? Ist sie ein Indiz für politische Einstellungen? Eben das liegt nahe. Else Frenkel-Brunswik, eine Psychologin und Psychoanalytikerin, die ihre Ausbildung im Wien der 1920er und 1930er Jahre absolvierte und 1938, nach dem »Anschluss« Österreichs ans Deutsche Reich, in die USA floh, war eine der Hauptautorinnen des Buchs *The Authoritarian Personality.* Sie führte viele der im Band analysierten Interviews und prägte den Begriff der »Ambiguitätstoleranz«.[214] Er bezeichnet das Verhältnis von Menschen zu ambivalenten Situationen oder Personen. Ambivalenz, so schrieb sie, sei die »emotionale Form der Ambiguität«.[215] Wer Widersprüche wahrnehmen und zulassen kann, verfüge über Ambiguitätstoleranz. Am anderen Ende der von Frenkel-Brunswik aufgestellten Skala standen Personen, die Ambivalenz nicht ertrugen, diesen durch Dichotomien zu begegnen suchten,[216] und alles Ambivalente für »ich-fremd« (*ego-alien*) hielten.[217] In der Ambiguitätstoleranz sah Frenkel-Brunswik einen Immunitätsfaktor gegen die totalitäre Versuchung. Kritisch gegen Frenkel-Brunswiks Kategorisierungen lässt sich heute einwenden, dass die Ambiguitätsintoleranz nicht notwendigerweise ein Persönlichkeitsmerkmal ist, sondern auch durch historische Situationen entstehen kann.

Die Gegenüberstellung von Ambiguitätstoleranz und *-in*toleranz machte Frenkel-Brunswik auch an Sexualkategorien fest. »Es ist bekannt, dass das Muster der Sexualität den Zustand der gesamten psychosexuellen Entwicklung im Detail widerspiegelt. [...] Wie bereits erwähnt, sind das männliche und weibliche Rollenverständnis von Männern und Frauen, die Starrheit gegenüber der Flexibilität dieser Rollen und die Intoleranz gegenüber den Tendenzen des anderen Geschlechts innerhalb des Selbst von entscheidender Bedeutung für unser Problem, da diese Einstellungen dazu neigen, sich zu verallgemeinern und auf den sozialen Bereich übertragen zu werden.«[218] Indem sie sexuelle Vielfalt zum Feindbild erklären, generieren autokratische Regime eine staatlich gelenkte Ambiguitäts*in*toleranz. Indem sie jüdische Vielfalt ins Visier nehmen, schaffen sie einen Begriff von Fremdheit, von dem sich ein homogenes »Wir« ableiten lässt.

Die neue Diversität von Geschlecht und Jüdischkeit trägt dazu bei, die Ambiguitätstoleranz zu befördern und damit der Ausbreitung autokratischer, dogmatischer und rechter Regime ein Nein entgegenzusetzen: Vielfalt versus Homogenität. A priori ist der Hass der Autokraten auf die sexuelle oder jüdische Vielgestaltigkeit nicht einleuchtend. Worin soll die Bedrohung bestehen? Menschen, die ihre individuelle Jüdischkeit oder Geschlechtsidentität zu leben versuchen, sind nicht vergleichbar mit den Massenbewegungen der Parteien oder Fraktionen. Die Nationalsozialisten empfanden die Kommunisten, die Sozialdemokraten und die Gewerkschaften als Bedrohung, weil sie *organisiert* waren. Homosexuelle, Transsexuelle und andere »Neosexuelle« sind nicht organisiert, schon gar nicht in einer Partei. Ihr Kampf um eine individuelle Existenz verträgt sich nicht mit Parteidisziplin und Politbüro. Dasselbe gilt für die Vielfalt jüdischer Definitionen.

Genau darin scheint das Bedrohungspotenzial für autoritäre Regime zu bestehen: Die Diversität repräsentiert das Individuelle, sie stellt die Herrschaft intoleranter Regime über die Psyche infrage – deutlicher als jede Massenbewegung dies vermag. Sie schafft einen Raum nicht nur für das Begehren des Einzelnen, sondern auch für die Beweglichkeit der Gesellschaft. Sie ist zum Erkennungszeichen der liberalen Gesellschaft geworden – das sollten sich all jene vor Augen führen, die die Freiheit wollen, aber diesen Lebensmodus ablehnen.

Die Emotionalität, mit der über Transsexualität debattiert wird, ist ein deutlicher Hinweis, dass mit dieser Frage Probleme verhandelt werden, die weit mehr beinhalten als die Geschlechtsumwandlung einzelner Personen. In den USA erließen 2023 zwanzig republikanisch dominierte Staaten Gesetze, nach denen minderjährigen Transgenderpersonen die dafür notwendige medizinische Unterstützung verweigert wird. »Etwa 1,3 Millionen Erwachsene und 300.000 Kinder in den Vereinigten Staaten bezeichnen sich als Transgender«, schreibt die *New York Times*. »Diese Bemühungen rücken sie in einem Moment erhöhter Sichtbarkeit und Verletzlichkeit in den Mittelpunkt des jüngsten Kulturkampfes der Nation.«[219] Nun mag einiges dafürsprechen, Minderjährige vor Operationen mit irreversiblen Folgen abzuhalten, aber das ist kein Grund, Transsexuelle aus der medizinischen Versorgung auszuschließen. Deshalb hat ein Bundesrichter in Arkansas, einer der beteiligten Staaten, der neuen Gesetzgebung einen Riegel vorgeschoben. In seiner Begründung schrieb er, »dass die Argumente des Staates, das Gesetz diene dem Schutz von Kindern und der Wahrung der medizinischen Ethik, nicht erklären, warum nur die geschlechtsspezifische medizinische

Versorgung – und zwar die gesamte geschlechtsspezifische medizinische Versorgung – von dem Verbot betroffen ist«.[220] Mit der Sorge um Jugendliche hat diese Gesetzgebungsinitiative offenbar wenig zu tun. Die *New York Times* sieht »eine direkte Verbindung zwischen dem Fokus der Rechten auf Transgender-Kinder und anderen Themen, die sie im Namen der ›Elternrechte‹ aufgegriffen hat – wie das Verbot von Büchern und Lehrplänen zum Thema Rassismus«.[221]

Bei allen religiösen Orthodoxien, ob christlich-evangelikal, islamistisch oder jüdisch, hat sich ein Konsens herausgebildet, der Frauenbewegung, LGBTIQ+ und der Transsexualität den Kampf anzusagen. Malte Lehming spricht von einer »Ökumene der Anti-Liberalen« und schreibt dazu: »Eine unheilige Allianz hat sich formiert aus autoritären, illiberalen Kräften mit Repräsentanten streng konservativ ausgelegter Weltreligionen. Sie wollen nicht Länder oder Märkte erobern, sondern die Seelen der Menschen.«[222] Als das Unbewusste an die Leerstelle rückte, die das Wort »Gott« hinterließ und der Begriff »Seele« seine neue, psychologische Bedeutung annahm, wurde Geschlecht zu einem der wichtigsten Schlachtfelder des seither tobenden Kampfs um die Seele. Dieser Krieg hat viel Ähnlichkeit mit den alten und neuen religiösen Auseinandersetzungen: zwischen Katholiken und Protestanten, zwischen Schiiten und Sunniten, zwischen Islamisten und der »westlichen Welt«.

Auf dem Prüfstand steht heute nicht nur das *Recht* auf sexuelle Vielfalt, sondern auch die von ihr bewirkte *Reflexion* und *Toleranz*. Als Barack Obama seinen ersten Wahlkampf führte, riefen seine Wahlhelfer systematisch Wähler an: Sie machten keine Werbung für den Kandidaten, sondern fragten nur, ob die Betreffenden vorhätten zu wählen oder nicht. Dann fragten sie nach den Gründen für ihre Entscheidung. Allein der Anruf bewirkte eine Reflexion über das Recht zu wählen, über die Möglichkeiten, durch Wahlen etwas zu bewirken. Für populistische Strömungen ist jede Form von Reflexion ein rotes Tuch, sie setzen lieber auf den Glauben, die Erzeugung von Stimmungen, die sie für eigene politische Ziele zu kanalisieren versuchen. In den im 3. Kapitel zitierten Auszügen aus Hitlers *Mein Kampf* wird dieses Vorgehen ganz explizit.[223] Allerdings formiert sich auch Widerspruch gegen den diffamatorischen Umgang mit Geschlechterdiversität, und er zeigt Wirkung: Viele Republikaner wurden nachdenklich über den negativen Widerhall, den die Entscheidung des Supreme Court, das Abtreibungsrecht zurückzunehmen, erzeugte. Ebenso wenig hatten sie mit der wachsenden Zustimmung zur gleichgeschlechtlichen Ehe gerechnet. Die Umkehr zeigte sich im März 2024, als der Supreme Court davon Abstand nahm, die Abtreibungspille zu verbieten.[224] Auch der Feminismus wird sich dieser Vielfalt zu stellen haben. Bisher gewohnt, die verschiedenen Arten von Feminismus als unvereinbare Gegensätze zu betrachten – die Varianten reichen von feministischen Müttern über bewusst kinderlose Frauenrechtlerinnen bis zu feministischen Klassenkämpferinnen –, wird er lernen müssen, die Vielfalt als Stärke und Gewinn zu begreifen.

Der Konflikt um die neue »Geschlechter*un*ordnung« lässt sich als weitere Etappe im Kampf ums Unbewusste lesen. Nach dem »unberechenbaren« Unbewussten des 19. Jahrhunderts, über das sich, mit unterschiedlicher Gewichtung, alle Theoretiker des Unbewussten von den Romantikern bis

Freud einig waren, und nach dem sekundären oder »gesteuerten« Unbewussten, das sich in den totalitären Staaten herausbildete, scheint sich nun im 21. Jahrhundert ein *multiples Unbewusstes* zu entwickeln und in der Vielfalt geschlechtlicher Identitäten einen Ausdruck zu finden. Das legt es nahe, in der Geschlechterdiversität eine neue Form von Widerstand gegen das sekundäre Unbewusste zu sehen; sie als Versuch zu interpretieren, die Unberechenbarkeit und Undefinierbarkeit des Unbewussten zu wahren. Wer heute nach eindeutigen und unveränderbaren Kategorien sucht, um die Identität einer Person zu bestimmen, wird feststellen, dass keine der traditionellen Kategorien – Nationalität, Rasse, Geschlecht – diese Erwartung erfüllt. Alle drei sind austauschbar geworden – und das liegt nicht zuletzt an der neuen Fluidität von Begrifflichkeiten wie »Geschlecht« oder »Jude«.

Es soll hier nicht unterstellt werden, dass die politische Dimension von Transsexualität der Grund für die Entscheidung der Betroffenen ist, das Geschlecht zu wechseln. Ebenso wenig wird bezweifelt, dass es sich bei der Diversität der Geschlechter um ein *eigenes* Bedürfnis der Individuen handelt. Da aber gerade im Fall von Geschlecht kollektives und individuelles Unbewusstes ineinandergreifen, liegt ein Zusammenwirken nahe: ein Konsens, bei dem heute weniger die Geschlechter*ordnung*, als deren Unterwanderung im Fokus steht. In den Worten von Paul B. Preciado: »Ich gehe so weit zu sagen, dass es die Übergangsprozesse sind, die uns die globale politische Transformation, mit der wir konfrontiert sind, besser verstehen lassen. Wechsel des Geschlechts und Migration sind zwei Praktiken, die, indem sie die politische und rechtliche Architektur des patriarchalen Kolonialismus, der

Geschlechterdifferenz und die rassifizierte Hierarchie infrage stellen, einen lebenden menschlichen Körper den Grenzen der Staatsbürgerschaft, ja dessen überantworten, was wir als Menschheit verstehen.«[225] Als Morgenthaler von der »Diktatur der Sexualität« sprach,[226] erklärte er damit auch, warum Diktaturen Homosexualität und flexible geschlechtliche Identitäten bekämpfen. Im Freischwebenden des »Sexuellen« liegt ein Widerstandspotenzial.

Man braucht kein Apartment auf dem Uranus zu mieten, wie Preciado es vorschlägt, um der Vielfalt von Geschlecht gerecht zu werden. Anders als heute oft behauptet, stellt sie keinen Bruch mit der »Natur« und den Traditionen dar, sondern umgekehrt. Es war die Einführung der »Sexualität« (im Sinne Morgenthalers) mit ihrer binären Geschlechterordnung und ihrem vorbestimmten Sexualverhalten, die der Natur zuwiderlief. Die Natur bietet eine breite Variation von Möglichkeiten, Sexualität zu leben, und viele Kulturen in Europa wie anderswo trugen und tragen dieser Tatsache Rechnung. Ihnen »Unnatürlichkeit« zu unterstellen, ist eine Gestalt des Eurozentrismus, die weder in der Natur noch im Unbewussten ihre Entsprechung findet. Es klingt paradox, aber die nun vollzogene Trennung von Sexualität und Reproduktion – eine Errungenschaft der »patriarchalen« Wissenschaft, die ihre eigenen Folgen nicht voraussah – ermöglicht es heute, der kulturellen »Sexualität« die Stirn und dem »sexuellen Trieb« mehr Raum zu bieten.

Zusammenfassend: Die heutige Diversität von Geschlecht, Sexualität und Jüdischkeit lässt sich als Gegenbewegung zu verschiedenen nationalistischen, rassistischen, homophoben Gestalten des Glaubens verstehen: Der Eindeutigkeit des kontrollierten Unbewussten hält sie das *Prinzip Vielfalt* entgegen. Keine andere Gestalt von »Identität« bietet einen solchen Variantenreichtum wie *Jüdischkeit* und *Geschlecht*. Man kann diese Uneinheitlichkeit als Defizit auslegen, darin aber auch einen Reichtum und die Möglichkeit entdecken, die Widerstandskräfte der Psyche zu mobilisieren: durch die Reflexion über die tradierte Geschlechterordnung. Das bedeutet nicht, dass die Transsexualität zum kategorischen Imperativ wird, der am eigenen Leib erfahren werden muss; es bedeutet vielmehr die Akzeptanz dieser Denkmöglichkeit. Die psychoanalytischen Denkmuster hatten stets ihren Effekt auch bei jenen, die keine Analyse gemacht haben. Ähnliches gilt für die Diversität. Egal ob als gelebte, phantasierte oder tolerierte Diversität, bietet sie dem Unbewussten Schutz vor der Besetzung durch den Glauben. Kein Wunder, dass Diktaturen Diversität hassen.

Das Unbewusste erfordert Schutz, aber nicht nur in Diktaturen. Auch da, wo Internet und soziale Medien das Denken auf der *Basis von Freiwilligkeit* beeinflussen, ist unsere Widerstandskraft gefragt, so wie unser Denken des Unbewussten bedarf. Im folgenden Kapitel wird am Beispiel von *social media* und Künstlicher Intelligenz gezeigt, dass das Unbewusste in den Demokratien zum Spielball von Machtkämpfen geworden ist. Stärker als alle bisherigen Kulturtechniken sind die Medien, ob traditionell oder neu, darauf angelegt, unser Denken und Fühlen zu vereinnahmen. Hinter dem geschlechtlichen wie dem medialen »Kulturkampf« steht die Frage, ob Vertrauen oder Glaube den Sieg über das Unbewusste davontragen wird. Dabei zeigt sich immer deutlicher, dass ein »unbesetztes« Unbewusstes zugleich Überlebensgarantie ist.

6 DIE MASSENMEDIEN EROBERN DAS UNBEWUSSTE

Die Gleichzeitigkeit von Psychoanalyse und Massenmedien

Die Veränderung der Geschlechterrollen war nicht die einzige Umwälzung, die um 1900 neue Parameter für das Unbewusste setzte. Eine andere betraf das Aufkommen neuer Medien, auch diese Änderung blieb von der Psychoanalyse weitgehend unbeachtet. Nur bei Erich Fromm, für den das Unbewusste eher von Beziehungsgeflechten als von der individuellen Biographie geprägt war, scheint eine Ahnung davon auf, dass mediale Vernetzungen auch für die Psyche von hoher Relevanz sein könnten. Allerdings richtete er seinen Fokus vor allem auf den Massenkonsum, weniger auf die Massenmedien. Die später entstandene Ethnopsychoanalyse berücksichtigte zwar die Rolle des sozialen Umfelds, sie betonte auch, dass sich die Vorstellungen über das Triebleben nicht von einer Kultur auf die andere übertragen lassen. Aber dieses kulturelle Verständnis psychologischer Entwicklungen rückte erst lange nach der Entstehung der Freud'schen Psychoanalyse in den Fokus. Die Ethnopsychoanalyse verdankte sich den späten Einsichten des Postkolonialismus und dem Verzicht auf die Universalisierung westlicher Werte. Auch bei ihr spielten die Medien nur eine untergeordnete Rolle, sie beschränkte sich auf den Unterschied zwischen geschriebener und oraler Kultur.

Heute werden unter dem Begriff »Medien« zumeist die Massenmedien und digitale soziale Kanäle verstanden. Doch schon die Schrift, der Buchdruck ebenso wie das Geld (letztlich ein Schriftsystem) waren Medien.[1] Sie wirkten auf die Interaktion zwischen Individuen ein, veränderten das Verständnis von Gemeinschaft und hatten einen prägenden Einfluss auf die Geschlechterrollen. Das Kultur- und Wissenschaftsverbot für Frauen war ein mediales Diktat. Medien vernetzen nicht nur auf bewusster Ebene, sie formatieren auch das individuelle und kollektive Unbewusste. Wie im vorigen Kapitel beschrieben, ist die Geschlechterfrage heute zu einem »Kulturkampf« geworden. Ein Gutteil davon wird medial ausgetragen, wie auch das Patriarchat, das auf dem Konzept der »geistigen Vaterschaft« beruhte, medial bestimmt war. Der Einfluss der Medien verstärkte sich im Laufe des 19. Jahrhunderts, parallel zur Verbreitung des allgemeinen Wahlrechts. Zugleich veränderte sich das Verhältnis von Mensch und Technik.

Mitte des 19. Jahrhunderts entwickelte sich die Fotografie: Sie repräsentierte nicht nur die Vorstellung, dass es möglich sei, die Natur unverfälscht abzubilden und zu vervielfältigen, sie hielt auch die vergängliche Zeit auf – ein Thema, das die Fototheorie bis heute beschäftigt. In seinem Aufsatz *Foto, Fetisch* schreibt Christian Metz, dass »Unbewegtheit und Stille Merkmale des Todes« wie der Fotografie seien.[2] Philippe Dubois, der von der Fotografie als *Thanatografie* spricht, sagt von der holographierten Person, sie sei gestorben, »weil sie gesehen wurde«.[3] Für Peter Wollen bewahrt das Foto die Fragmente der Vergangenheit »wie der Bernstein die Fliegen«.[4] Und Roland Barthes erscheint das Fotografiert-Werden als

»im kleinen das Ereignis des Todes [...] ich werde wirklich zum Gespenst. [...] Wenn ich mich auf dem aus der Operation hervorgegangenen Gebilde erblicke, so sehe ich, daß ich GANZ UND GAR Bild geworden bin, das heißt der TOD in Person.«[5] Erst seitdem es Fotos gibt, können Menschen ihren eigenen Alterungsprozess verfolgen. Bis dahin alterte das Spiegelbild mit dem Original.

Der Film, der wenige Jahrzehnte nach der Erfindung der Fotografie aufkam, veränderte diese Parameter. Zwar hielt auch er die Zeit an; da sich aber die Menschen auf der Leinwand bewegten, assoziierte man mit dem Medium nicht den Tod, sondern permanente Gegenwart. Das galt erst recht für den Tonfilm, der in den späten 1920er Jahren in die Kinos kam und den abgebildeten Personen ein unvergängliches Leben einhauchte. Parallel zu den ersten Filmstreifen wurden Speichersysteme erfunden, die nicht nur Geräusche und musikalische Interpretationen, sondern auch die menschliche Stimme und gesprochene Worte festhalten konnten. Mit dem Tonfilm verschalteten sich die »beweglichen« Medien untereinander; das verstärkte den Eindruck einer permanenten Gegenwart. Das Medium Film verwirklichte, zumindest auf der Leinwand, den alten Menschheitstraum von der Unsterblichkeit des Individuums.

In den 1920er und 1930er Jahren gab es noch keine Filmtheorie im modernen Sinne, schon gar nicht eine, die die Zuschauer ins Zentrum der Betrachtung rückte. Aber einzelne Künstler und Künstlerinnen, Schriftsteller und Essayisten beschrieben auf sensible Weise, was der Aufenthalt im Kinosaal bewirkte. Einige ihrer Beobachtungen kamen dem nahe, was die Filmtheorie später formulierte. Zu ihnen gehörte der

Schriftsteller Joseph Roth. In seinem Essay *Der Antichrist* von 1934 nannte er den Film ein Werk des Teufels, weil die auf der Leinwand agierenden Personen zwar sterbliche Menschen seien, im Film aber nicht alterten.[6] Er sah in dem Medium die Gefahr, dass das Reale und die Natur vom technisch Geschaffenen verdrängt würden. In der ersten Generation der Schauspieler und -spielerinnen gab es tatsächlich viele, die sich auf dem Höhepunkt ihrer Karrieren aus der Öffentlichkeit zurückzogen. Oder jung verstarben. Sie hinterließen ihr niemals alterndes Film-Bild, während der reale Mensch in Vergessenheit geriet. Fünfzig Jahre nach Roths Essay persiflierte Woody Allen diese Phantasie: In seinem Film *The Purple Rose of Cairo* trat der Darsteller aus der Leinwand heraus und nahm als Fleisch gewordener Held am Leben seiner Verehrerin teil. Allen zeigte, dass die einzige Brücke zwischen Leinwand und Leben die Psyche der Zuschauer war.

Das eigentliche Thema von Joseph Roths *Antichrist* waren die seit einem Jahr regierenden Nationalsozialisten. Der große Exodus hatte begonnen – die Skepsis, für die unter anderem die Psychoanalyse stand, floh vor den neuen Machthabern, während diese medial aufrüsteten. Für Roth war die Technik ein Werkzeug des Faschismus. Tatsächlich hatten die Nationalsozialisten sehr früh begriffen, was sich mit den neuen Medien bewirken ließ. Das ist heute nicht anders: Populistische Bewegungen wie die US-Republikaner unter Donald Trump, der Brexit-Betreiber Nigel Farage oder die AfD in Deutschland entwickelten viel schneller eine hohe Kompetenz in der Nutzung der sozialen Medien als die traditionellen Parteien. Während es Benito Mussolini in Italien mit der Inszenierungen seiner Virilität auf die männliche Wählerschaft absah – damals schloss das nationale Wahlrecht Frauen noch aus[7] –, trat Hitler in Deutschland als Herrscher über die Medien auf. Mit Radio, Fotografie und Film ließen sich die Gefühle der Geschlechter noch mehr erregen als mit Mussolinis sexueller Potenz.

Das hing mit der Technik selbst zusammen: Die Massenmedien – Fotografie, Film, Radio, Fernsehen, Lautsprecher – funktionierten als Einbahnstraßen-Kommunikation: Die traditionellen Medien verlangten nach einem Dialog, einer direkten Reaktion des Publikums. Eine Rückmeldung, deren Bedeutung jedem, der je auf der Bühne stand, bewusst ist. Im Falle der Massenmedien war das anders. Hitler sprach im Radio, er wusste nicht, wer ihm zuhörte. Und auch wenn er vor Tausenden im Sportpalast stand, erreichte er sein Publikum nur dank Mikrophon und Lautsprecher. Seine Zuhörer hatten kein Mikrophon, konnten nicht antworten. Aber sie setzten den Körper ein, um Zustimmung zu signalisieren – und dieser Körper riss ihre Psyche mit. Sobald ihre Emotionen »mitgingen«, gehörten sie dazu, befanden sie sich im berauschenden Synchronzustand mit den anderen Teilnehmern. Die technischen Gegebenheiten der Massenmedien bildeten so eine wichtige Basis für den Totalitarismus.

Die Nationalsozialisten gehörten auch schon früh zu den Profiteuren des Suggestivkraft des Kinos, und sie verstanden es, Unterhaltung mit politischer Propaganda zu verbinden. Angesichts der Neuartigkeit des Mediums war die Fähigkeit des Publikums, dieser Anziehungskraft zu widerstehen, die Suggestion zu durchschauen, noch wenig ausgeprägt. In den 1930er und frühen 1940er Jahren konnten Parteipropagandafilme wie *Triumph des Willens* (1935), nationalistische Filmporträts wie *Friedrich Schiller* (1940) und antisemitische Spielfilme wie *Jud Süß* (1940) die Psyche ihrer Zielgruppen erreichen, ohne auf nennenswerten Widerstand zu stoßen. Das Dritte Reich verfügte in Deutschland und in den besetzten Gebieten über 8.600 Vorführsäle, nur in den USA gab es mehr.[8] Hetzfilme wie *Jud Süß*, *Die Rothschilds* und *Der ewige Jude* kamen in die deutschen Kinos zu einer Zeit, da die »Judenpolitik« der Nationalsozialisten verschärft wurde und der Nationalsozialismus versuchte, Zustimmung zu Aktionen wie der Errichtung des Warschauer Ghettos und den ersten Deportationswellen deutscher Juden zu generieren.[9]

Der Film, wie die Massenmedien überhaupt, gehörte zu den Technologien der sekundären Oralität: eine Form von Mündlichkeit, die von der Schrift erschaffen wurde. Im Verlauf des 19. Jahrhunderts hatte die sekundäre Oralität den »Glauben« an die Schrift verdrängt und durch den Glauben an die Sinnlichkeit – eine »geschriebene« Sinnlichkeit – ersetzt. Die Schrift verlor ihre Autorität gegenüber dem gesprochenen Wort.[10] In den Worten von Friedrich Kittler: »Das Buch eines Mannes taugt nur unter der Bedingung, als Buch zu verschwinden«.[11] Die Kunst des Schreibens entwickelte sich zur Kunst, *vergessen* zu machen, dass es sich um einen Text handelte; das Geschriebene erschien nur erträglich, wenn es so direkt und sinnlich wie die gesprochene Sprache daherkam. Sorgte einst das Schriftsystem Alphabet für die Überführung von gesprochenen Lauten in visuelle Zeichen, so ersetzten nun die Töne und (technisch wiedergegebene) Stimmen die geschriebenen Zeichen. Mit den auditiven Speichermedien besetzte die sekundäre Oralität das traditionelle Terrain der Schrift: Grammophon, Telefon, bald auch Radio und der Tonfilm hielten fest, was bis dahin nicht fixiert werden konnte. Sie verschafften der Mündlichkeit das, was ihr im Vergleich zur Schrift immer gefehlt hatte: Beständigkeit. Vorher konnte nur das Geschriebene Fortbestand garantieren und »ewige Wahrheiten« oder »Heilige Gesetze« verkünden. Ähnliche Ansprüche auf Permanenz erhob nun auch die sekundäre Oralität: Sie schuf »Gewissheiten«, die einst als Privileg der Schrift gegolten hatten.

Mit der Entwicklung der sekundären Oralität büßte das semitische Konsonantenalphabet der jüdischen Tradition eine bis dahin unbestrittene Vorrangstellung gegenüber dem griechischen Alphabet ein. Hatte die Langlebigkeit der jüdischen Kultur auf der Flexibilität beruht, die aus der Interaktion von Geschriebenem und Gesprochenem erwuchs, so erhob nun die sekundäre Oralität einen konkurrierenden Anspruch. Aber anders als die jüdische Exegese verteufelte sie jede Form von Zweideutigkeit.[12] Mit dem Streben nach neuer Eindeutigkeit erhielt der alte Impetus des Antisemitismus, der sich immer an der jüdischen Interpretationsvielfalt gerieben hatte, einen neuen Schub. Die neuen Medien, vor allem der Film, wurden so zu den auserwählten Kommunikationskanälen nationalsozialistischer Propaganda.

Seit Ende des 18. Jahrhunderts hatte jede neue mediale Erfindung eine neue Form von Antijudaismus generiert. Als die Rotationspresse die Entstehung des Nationalgefühls beförderte, indem sie, so Benedict Anderson, die Voraussetzungen dafür schuf, dass die Menschen einer Nation dieselben Zeitungen lasen und »volles Vertrauen in ihr stetes, anonymes, gleichzeitiges Handeln« hatten,[13] kam der nationale Judenhass auf. Parallel zu Fotografie und Film entwickelte sich der rassistische Antisemitismus, der aus der religiösen oder nationalen Andersartigkeit des »Juden« einen sichtbaren, leiblichen Anderen machte. Und seit die digitalen Medien Gefühle kanalisieren können, dienen jüdische Feindbilder erneut dem Schüren von Hass und der Bestätigung des Selbst.

Rückblickend erscheint die Psychoanalyse wie ein Antidotum zum zeitgleich entstehenden Kino. Die *Studien zur Hysterie*, die die Geburtsstunde der Psychoanalyse markierten, erschienen in demselben Jahr, 1895, in dem die ersten Filmstreifen gezeigt wurden. Freud erwähnt den Film in seiner 1900 erschienen *Traumdeutung* an keiner Stelle, obgleich das Kino von Anfang an mit dem Traum verglichen wurde. Er vermied das Thema, erzählte aber zugleich von einem Traum, in dem es um die Trauerfeier zum Tod seines Vaters ging. Darin heißt es: »Man bittet, die Augen zuzudrücken«. Freud interpretierte dies unter anderem damit, dass er bei der realen Trauerfeier zu spät erschienen war und nun »bittet, ein Auge zuzudrücken«.[14] Aber der Traum könnte auch von der Abwehr der Sehtechniken erzählen, die mit dem Traum konkurrierten. Ausdrücklich wies Freud seine Patienten und Patientinnen an, auf der Couch die Augen zu schließen, damit die intensiven visuellen Stimuli der Außenwelt nicht von den inneren Bildern ablenken.

Einige Zeitgenossen, etwa der deutsch-amerikanische Psychologe und Philosoph Hugo Münsterberg (1863–1916), betonten die *Nähe* von Kino und Psychotherapie.[15] Münsterberg sah den Zusammenhang von Film und Psyche in den Bereichen Suggestion und Hypnose. Aber seine Gleichsetzung ging nicht auf: Die Bilder des Films und die der Psychoanalyse hatten unterschiedliche Quellen. Der Film bestand aus technisch hergestellten Bildern, während sich die Bilder der Psychoanalyse der Sprache verdankten. Es waren *Sprachbilder* – das heißt, sie waren zwar visueller Art, hatten ihren Ursprung aber in der Sprache und waren nur über diese entzifferbar. Das Sprechen über die Bilder, so sagte Freud, trage dazu bei, dass das Bild (und damit meinte er sowohl die verdrängte Erinnerung als auch das Symptom) »zerbröckle und undeutlich werde [...] Der Kranke trägt es gleichsam ab, indem er es in Worte umsetzt.«[16] Die Sprache *befreite* also das Unbewusste vom Zugriff dieser Bilder; während es der Film darauf anlegte, das Unbewusste zu *besetzen*. Die Konkurrenz der beiden Bilderarten verschärfte sich, als der Film, wie der Traum, mit Tönen, Sprache, Geräuschen ausgestattet wurde.

Die auditiven Medien führten zu einer Ablösung der Stimme vom Körper.[17] Die »Redekur« mit der körpereigenen Stimme war das Gegenteil der technischen Wiedergabe einer Stimme, die sich vom Körper unabhängig gemacht hatte. Freud selbst thematisierte die neuen audiovisuellen Techniken nicht. Aber es fragt sich, ob er den sprachlichen Ursprung der Bilder und deren »Zerbröckeln« durch die Sprache nicht auch deshalb in den Vordergrund der Trauminterpretation rückte, *weil* diese Techniken das Unbewusste entdeckt und zu besetzen begonnen hatten. Mit der Betonung der Sprache schuf er einen Schutzwall um die inneren Bilder und die körpereigene Stimme.

Die Suggestionskraft des Kinos beruhte unter anderem darauf, dass die Rezeptionsmuster des Films, anders als die der Fotografie, eine doppelte Subjektbildung bewirkten. Die Fotografie hatte die zentralperspektivische Tradition fortgeführt: Der Betrachter war Subjekt des Blicks und deshalb männlich, während das Objekt des Blicks als »weiblich« imaginiert wurde – gleichgültig, ob die Abbildung Frauen, die Natur oder Heerscharen wiedergab. Im Film dagegen identifizierte sich das Publikum sowohl mit dem betrachtenden Auge der Kamera als auch mit dem Objekt der Betrachtung, den auf der Leinwand agierenden Darstellern, die jedoch nicht als Objekt, sondern als Subjekt ihres Handelns wahrgenommen wurden. Im Kino konnte sich das Publikum also mal als männlich, mal als weiblich imaginieren. Das war kein Willensakt, sondern eine Reaktion der Psyche auf die im Kino austauschbaren Blickmuster. Damit verstärkten die Rezeptionsstrukturen des Kinos die Verwischung der Geschlechtergrenzen, die sich zeitgleich in der »sozialen Realität« vollzog: Frauenwahlrecht, Zulassung von Frauen zu akademischer Ausbildung, »Biologisierung« des geistigen Vaters, Entkriminalisierung der Homosexualität – alle diese Neuerungen fanden im Kino ihr mediales Spiegelbild, so wie später die Transsexualität im Computer präfiguriert wurde.[18] Die Verwischung der Geschlechtergrenzen implizierte eine machtvolle Erweiterung des Ich, das machte die Kinoerfahrung so anziehend. Gleichzeitig barg sie auch die Gefahr eines Aufgehens im »Wir«, was den Film zu einem geeigneten Instrument totalitärer Politik machte.

Schon die ersten Filme thematisierten explizit das Verschwinden des Individuums in der Masse. Einer der Meister dieser Kunst war Sergej Eisenstein (1898–1948), der mit Filmen wie *Panzerkreuzer Potemkin* (1925) und *Oktober* (1927) der russischen Revolution ein Denkmal setzte. Eisenstein gehörte zu den russischen Kulturschaffenden der 1920er Jahre, die alles von Freud gelesen hatten, aber mit der Psychoanalyse ihre eigene Agenda verfolgten. Er wusste sowohl um die Verführbarkeit der Masse, hatte sie selbst erlebt, als auch um die Suggestivkraft des Kinos – und er verband beides. Die Massenszenen in seinen Filmen seien »unmittelbare Illustrationen zu Freuds *Massenpsychologie und Ich-Analyse*«, schreibt Etkind, doch mit konträrer Wirkung. »Im Gegensatz zu Freud stößt Eisenstein die Massenhypnose in keiner Weise ab. Nur allzu gern möchte er sich in der Menge verlieren und stiftet seine Massenzuschauer an mitzukommen.« Freuds Psychoanalyse versuchte, dem Ich Selbstschutz zu verschaffen, Eisenstein wollte, dass es den Boden unter den Füßen verliert. Der russische Filmemacher hatte ein ähnliches Verhältnis zum Unbewussten wie Trotzki: Er suchte nicht in Träumen den »Königsweg zum Unbewußten«, sondern »die willentliche Erweiterung des Bewußtseins«. Freud wollte Träume interpretieren, Eisenstein sie inszenieren: Der eine Weg führte zur Reflexion, der andere öffnete das Tor zur Manipulation. Bei *Potemkin*, der große Menschenmengen ins Kino strömen ließ, »spürten diese Leute die Erotik des einen, wogenden und zerfließenden, geschlechtslosen, sich selbst reproduzierenden Kollektivkörpers, in dem der Einzelne zur Ruhe findet – wie in der Gebärmutter. [...] In Eisenstein hat das ›Zeitalter der Massen‹ seinen schöpferischen Meister gefunden.« Wenn Eisenstein dann doch das Individuum thematisierte, wählte er die Gestalt des Führers, so etwa in *Iwan der Schreckliche* (1944), ein Film, der in Stalins persönlichem Auftrag entstand. Der erste russische Diktator war ihm offenbar ein Vorbild.[19] Während der erste Teil der dreiteiligen Filmreihe über *Iwan* mit dem Stalinpreis ausgezeichnet wurde, erhielt der zweite ein Aufführungsverbot, der dritte wurde nie fertiggestellt. Die Darstellungen entsprachen nicht den Vorstellungen Stalins.

Es fällt auf, dass die beiden Länder, in denen sich die ersten totalitären Regime etablierten, auch die ersten großen Filmemacher hervorbrachten und dass beide die Psychoanalyse für ihre Zwecke zu instrumentalisieren versuchten. Der lustvolle Ichverlust, den Eisenstein durch seine Filmszenen intendierte, findet sein Gegenstück in Leni Riefenstahls *Sieg des Glaubens* (1933) und *Triumph des Willens* (1934). Beide, Eisenstein wie Riefenstahl, galten als Meister der Massenszenen – und dennoch unterschieden sie sich grundlegend. Eisenstein sah in der Masse die Klasse und inszenierte sie als Zusammenschluss von vielen, die ein gemeinsames Ziel verband. Riefenstahl dagegen idealisierte den geschlossenen, homogenen Volkskörper, der keinen Platz für das Individuum ließ. Totalitär waren beide, doch Riefenstahls Ideal von »Schönheit« implizierte zugleich den Ausschluss aller anderen: Behinderter, People of Color, Nichtarier. Und wie bei Hitlers Massenveranstaltungen[20] musste auch im Kino das Wissen um die technischen Vorgänge ausgelöscht werden. Taugten Bücher »nur unter der Bedingung, als Buch zu verschwinden«, so war die Kinotechnik darauf angelegt, den Zuschauer vergessen zu machen, dass er sich in einem technisch konstruierten und maschinell funktionierenden Raum befand. Für die totalitären Regime sollte der Film dafür sorgen, dass die Reflexion ausgeschaltet und der imaginäre Raum als realer wahrgenommen wurde.

Diese Absicht verfolgt ein Teil der Filmindustrie bis heute, oft mit Erfolg. Wäre da nicht die Filmtheorie. Und wären da nicht Filmpionierinnen wie Germaine Dulac oder Maya

Deren und das »andere Kino« eines Alain Resnais, eines Jean-Luc Godard und einer Marguerite Duras. Sie legen es darauf an, die Skepsis gegenüber der »ambivalenten Allmachts- und Ohnmachtserfahrung« des Kinobesuchs[21] nicht nur theoretisch, sondern auch filmisch zu *sichern*. Mittlerweile ist das Kino zur Arena eines Wettstreits zwischen der »Besetzung« des Unbewussten durch den Film und ein ebenfalls durch den Film bewirktes »Zerbröckeln« dieser Wirkmacht geworden.

Solche Bildstrategien trugen Früchte. Forscher fragten sich, warum der Intelligenzquotient der Menschen seit 1900 (dem Beginn der ersten IQ-Messungen) kontinuierlich gestiegen ist.[22] Mögliche Erklärungen wurden zunächst in der besseren Ernährung und Gesundheitsversorgung sowie höherer Bildung vermutet. Doch es stellte sich heraus, dass der IQ nicht generell, sondern vor allem im Bereich der Bildinterpretation gestiegen war. Die Fähigkeit, »Bilder zu entziffern«, ihre technische Herstellung zu hinterfragen, hatte mit der Verbreitung der visuellen Massenmedien zugenommen. Es hatte sich eine »Alphabetisierung des Blicks« eingestellt; die Kompetenz, ihre »Absicht zu lesen«, war gewachsen. Dieser späteren Entwicklung konnte der Kulturpessimismus von Adorno und Horkheimer noch nicht Rechnung tragen. Als Adorno sagte, »[a]us jedem Besuch des Kinos komme ich bei aller Wachsamkeit dümmer und schlechter wieder heraus«[23] und Horkheimer gegen die »Bilderflut« wetterte,[24] sahen sie nur den Missbrauch der Medien. Die Fähigkeit der Psyche zur Kritik und zum *Selbstschutz* war damals noch nicht so evident.

Film und Psychoanalyse haben mittlerweile zu einer Versöhnung gefunden: Nicht nur dass viele Filme psychologische Themen behandeln oder nach psychologischen Mustern interpretiert werden (kein Psychoanalyse-Seminar ohne Filmbeispiel), auch der Film selbst agiert gelegentlich nach dem Muster eines psychoanalytischen Prozesses. Besonders prägnant im Film *Shoah* von Claude Lanzmann. Die vier Teile kommen als Dokumentarfilme daher und sind zugleich von Anfang bis Ende inszeniert: in ihrer »Dramaturgie« und in der Art, wie der Autor die Zeugen für ihre Berichte rahmt, in die äußere Situation des damaligen Geschehens zurückversetzt. Der Dialog zwischen Autor und Zeugen hat viel gemeinsam mit psychotherapeutischen Sitzungen: Lanzmann bohrt, lässt nicht locker, zwingt seine Protagonisten und Protagonistinnen, ihre Erinnerungen zuzulassen, ihre traumatischen Erfahrungen preiszugegeben. Das macht das damalige Geschehen einerseits zugänglich für alle – auch für die, die immer noch nicht die Verbrechen wahrhaben wollen, die in diesen Jahren unter deutscher Anleitung begangen wurden. Andererseits ermöglicht es den Betroffenen, ihre schrecklichen Erfahrungen in Worte zu fassen; die tief vergrabenen Bilder, die sie in der Nacht immer wieder einholen, ein wenig »zerbröckeln« zu lassen. Das Erlebte wird dadurch nicht weniger real, wohl aber in Worte übertragbar. Wenn je ein Film bewiesen hat, dass er es mit der Psychoanalyse aufnehmen kann, dann *Shoah* von Claude Lanzmann.

Trotz der positiven Entwicklungen im Bereich Film ist die mediale Schlacht ums Unbewusste noch lange nicht entschieden. Im Verlauf des 20. Jahrhunderts entstanden weitere – und immer suggestivere – Techniken zur Besetzung des Unbewussten. Das Kino machte lediglich den Anfang. Diese Innovationen trugen dazu bei, dem Begriff »Territorium« eine veränderte Bedeutung zu geben. Hatte er einst einem konkreten Landstrich, einer Region gegolten, so verschob er sich zunehmend auf Bevölkerungsgruppen und schließlich auf die individuelle Psyche. Aus dem ursprünglichen Landgewinn wurde die Eroberung von Seelen. Diese Verlagerung hing eng mit der Einführung des allgemeinen Wahlrechts zusammen, das einerseits die Demokratisierung von Entscheidungsprozessen ermöglichte, andererseits aber die Eroberung von »Stimmen« ins Zentrum politischer Auseinandersetzungen rückte. Heute wissen wir: Die Demokratie funktioniert, wenn sie auf Vertrauen basiert, vergleichbar der Gesellschaft der Gabe,[25] aber sie kann auch den Verführungen des Glaubens verfallen.

Die Entstehung der »Emokratie«

Die Geschichte der Begriffe »Volk«, »Nation/Nationalismus« und »Masse« zeigt deutlich, wie sich allmählich ein Phänomen herausbildete, das heute unter »Populismus« firmiert und das ohne die Entwicklung der Medien nicht denkbar ist. Über die »Masse« reflektierte schon die Antike. Damals hieß sie *multitudo*, Menge, und *plebs*. Deren Klassifikation blieb über Jahrhunderte mehr oder weniger unverändert: Die Menschenmenge galt als unberechenbar, versehen mit Durchschlagskraft, als emotional aufgeladen, »wetterwendisch«, aber auch verführ- und lenkbar.[26] Was sich im Laufe der Zeit veränderte, waren erstens ihre politische Rolle und zweitens die Schichten, die der »Masse« zugerechnet wurden. Im Mittelalter waren große Menschenmengen Phänomene der Stadtkultur. In einem von Koselleck und anderen herausgegebenen Werk zu Nationalismus und Masse heißt es: »Um sie zu beeinflussen und zu kontrollieren, haben sich Herrscher der Kirche bedient, deren cura animarum allen, vom König bis zum Sklaven galt, und die über die Kanzel die breite Bevölkerung erreichen, sie gar mit den im 6. Jahrhundert aufkommenden Glocken (›signa‹, bei Gefahr ›Signale‹ gebend) mobilisieren konnte.«[27] Lange bevor es das allgemeine Stimmrecht gab, wurden schon Stimmungsbarometer erhoben. Das galt fürs alte Rom ebenso wie für die späteren Königreiche und Fürstentümer Europas. Die Herrscher wollten wissen, welche politische Entscheidung bei welcher Bevölkerungsgruppe auf Widerstand stoßen würde. Sie setzten auch Gerüchte in die Welt, um Stimmungen zu beeinflussen.

Gehörten dem »Volk« zunächst alle Bevölkerungsschichten außer Herrscher und Aristokratie an, so konnten sich mit der Entstehung der Stände ab dem 13. Jahrhundert auch nichtadlige Gruppen der Zugehörigkeit zum »Volk« entziehen. Schließlich blieben nur die übrig, die keiner genau umrissenen Gruppe zugerechnet werden konnten. »Der Weg vom ›populus‹/›peuple ‹ zum ›Pöbel‹ war frei.« Im 17. Jahrhundert hatte das »Volk« eine klassenspezifische Bedeutung im Sinne von »das gemeine Volk«. Doch im 18. Jahrhundert setzten Bemühungen um eine Erziehung des »Volkes« ein; Bildung diente nun dazu, das Volk zu einer kohärenten Gemeinschaft zu formen. Das geschah mit dem Beginn der allgemeinen Alphabetisierung und der wachsenden Verteilung gedruckter Erzeugnisse. Lesefähigkeit und Verschriftung der gesprochenen Sprache trugen wiederum zur Vereinheitlichung der Regionalsprachen bei, womit sich ein Gemeinschaftsgefühl entwickelte, das über die Grenzen der einzelnen Fürstentümer hinausging: Aus dem »Volk« wurde die »Nation«. Parallel dazu kam es zu einer Aufwertung der »Volksseele«: Diese habe sich, so die Annahme, bei den Ungebildeten besser erhalten als bei den oberen Schichten. In Deutschland war diese »Nobilitierung« des Begriffs »Volk« vor allem dem Dichter, Philosophen und protestantischen Theologen Johann Gottfried Herder zu verdanken.[28] Sie vollzog sich zeitgleich mit der Entdeckung des Unbewussten und erzählte von einer *kollektiven* Seele.

Überall in Europa, bald auch in den Amerikas, waren die Volksgemeinschaften eine Folge von Buchdruck und Rotationspresse, so der Politikwissenschaftler Benedict Anderson und der Historiker Eric Hobsbawm. Die Homogenität dieser »imaginären Gemeinschaften« beruhte darauf, dass alle Mitglieder der Gruppe dieselben oder ähnliche Druckerzeugnisse lasen. Diese bewirkten auch, »jenes Bild vergangener Zeiten zu errichten [...], das für die subjektive Vorstellung der Nation von zentraler Bedeutung« war.[29] Für Hobsbawm waren das »erfundene Traditionen«, die suggerieren sollten, dass es die gemeinsame Kultur »schon immer« gegeben habe und diese von der »unsterblichen Seele« eines Volkes zeuge.[30] Der Begriff »Volk« stand nun für eine Schicksalsgemeinschaft, die als naturgegeben, nicht-bewusst-gewählt daherkam: »Gerade weil solche Bindungen nicht bewußt eingegangen werden, erhalten sie den hehren Schein, hinter ihnen steckten keine Interessen.«[31] Die nationale Homogenisierung der Gesellschaft vollzog sich auch in Schichten und Regionen mit geringen Alphabetisierungsraten: Der Nationalgedanke war ansteckend. Noch um 1840 war in den Ländern Europas, wo die Industrialisierung am weitesten fortgeschritten war, England und Frankreich, fast die Hälfte der Bevölkerung des

Lesens und Schreibens unkundig – im weit weniger industrialisierten Russland waren es 98 Prozent.[32] Das änderte nichts an der Ausbreitung des neuen Gemeinschaftsgefühls.[33]

Herders Zeitgenosse Immanuel Kant blieb skeptisch gegenüber beiden Begriffen. Er sah im »Volk« wie in der »Nation« Risikofaktoren für die von ihm angestrebte Erziehung des Menschen zu einem vernünftigen Wesen.[34] In einem handschriftlichen Nachlass zur *Anthropologie* sprach er vom »nationalwahn«[35] und verwendete den Begriff »Pöbel« im klassenspezifischen Sinn als Synonym für die »wilde Menge« eines Volks, »dessen gesetzwidrige Vereinigung das Rottieren« sei; Kant hielt das für unvereinbar mit »der Qualität eines Staatsbürgers«.[36] Der Begriff des »Populismus« entstand in diesem Kontext. Er bedeutete ursprünglich so viel wie »Aufstand der einfachen Leute«. Populisten waren Prediger oder politische Führer, die, ausgestattet mit Charisma, diese »einfachen Leute« zu begeistern wussten. Es sind Traditionen, an die viele moderne Politiker anschließen.

Von der »Masse« war im 18. Jahrhundert noch nicht die Rede. Wenn der Begriff überhaupt verwendet wurde, so im physikalischen Sinne. Das Wort »Masse« leitete sich ab vom griechischen Wort Maza, (Teig), woraus sich die allgemeinen Bedeutungen »Brei, ungeformte Menge, Metallklumpen« entwickelten. Mit den thermodynamischen Theorien des 19. Jahrhunderts entwickelte sich eine Analogie von Physik und Völkerpsychologie. »›Kraft‹, ›Bewegung‹ und ›Energie‹ waren Begriffe, die nun aus der Physik in die massengesellschaftliche Selbstbeschreibung übernommen wurden und mechanische Konzeptionen sozialer Ordnung transformierten.« Als der Begriff »Volk« seine klassenspezifische Bedeutung verlor, bedurfte es eines alternativen Begriffs, um das Verhalten großer Menschenmengen zu beschreiben: So entstand das »politisch-psychologische Phänomen« der »Volksmasse«, aus der in der Folge die »Masse« wurde.[37]

Der Begriff »Volk« gewann einerseits an Bedeutung für die Kriegsführung, die sich auf die psychologische Ebene verlagerte. Seit Bonaparte, so schrieb Clausewitz in seinem Buch *Vom Kriege* (1832), das bis heute zur Grundausbildung aller Offiziersanwärter gehört, sei der Krieg auf allen Seiten zur »Sache des ganzen Volkes« geworden und habe »eine ganze andere Natur« angenommen. Es zeige sich, »welch ein ungeheurer Faktor in dem Produkt der Staats-, Kriegs- und Streitkräfte das Herz und die Gesinnung der Nation« sei. Diese Veränderung verlange nach einer neuen Militärstrategie.[38]

Andererseits nahm die Masse eine sozialpolitische Bedeutung an. Mit der Verelendung der Arbeiterklasse im Industrialisierungsprozess wurde die Masse zu einem Kampfbegriff. Die Aufwertung der untersten Schichten hatte mit der positiven Besetzung des Begriffs »Volk« begonnen.[39] Nun machte Marx aus der Masse eine eigene Klasse. In *Das Elend der Philosophie*, seiner Antwort von 1847 auf Pierre-Joseph Proudhons *Philosophie de la misère* (1846) schrieb er: »Die ökonomischen Verhältnisse haben zuerst die Masse der Bevölkerung in Arbeiter verwandelt. Die Herrschaft des Kapitals hat für diese Masse eine gemeinsame Situation, gemeinsame Interessen geschaffen. So ist diese Masse bereits eine Klasse gegenüber dem Kapital, aber noch nicht für sich selbst.«[40] Von nun an wurde die Masse zu einem politischen Terminus: ein Kampfbegriff, der auf die Auseinandersetzungen um das allgemeine und gleiche Wahlrecht abzielte und aus der Masse eine Übermacht von Stimmen machte. An dieser Stelle, so schreibt Koselleck, »rückt der Begriff zu einem geschichtlichen Grundbegriff auf. Dabei verliert er – wie in der Zusammensetzung ›Massendemokratie‹ – nie seine Ambivalenz, daß keine Politik ohne aktive Bewegung der Masse möglich sei und daß eben deshalb jede Masse auf politische Führung angewiesen sei.«[41]

1918 rief Karl Liebknecht auf dem Gründungsparteitag der KPD dazu auf, »Massenaktionen« auszulösen, die die »revolutionäre Begeisterung in die Arbeiter- und Soldatenmassen« tragen. Wer das nicht leiste, begehe »Hochverrat an der Revolution«.[42] Zwar erfolgte die Aufwertung von »Masse« zu einem »positiv konnotierten Aktionsbegriff« zunächst im marxistischen Spektrum.[43] Doch das Lager der Rechten zog sofort nach. In *Mein Kampf* schrieb Hitler, dass jede Massenbewegung eines »Agitators« bedürfe, »der die Fähigkeit aufweist, eine Idee der breiten Masse zu vermitteln«. Denn: »Führen heißt Massen bewegen können«. Im Gegensatz zu Liebknecht, fügte er hinzu: Der Demagoge »muß immer Psychologe sein«. War die Masse bei Liebknecht Objekt von politischer Überzeugungskraft oder Propaganda, so stand bei den Nationalsozialisten die psychologische *Manipulation* im Vordergrund – eine Verlagerung, die sich in Hitlers Idealisierung der »fanatischen« oder »hysterischen« Triebkraft des Chauvinismus einfügte.[44] Wie im 3. Kapitel beschrieben, betrachtete der Nationalsozialismus die Psychologie nicht als Heilmethode, sondern als Medium der Einflussnahme.

In den turbulenten Jahren nach dem Ersten Weltkrieg gab es vereinzelte Stimmen, die davor warnten, auf die »Masse« zu setzen. Eine gehörte dem jungen Schriftsteller Ernst Toller, eine andere Sigmund Freud. In Tollers Theaterstück *Masse Mensch* verkündet der »Namenlose«, dass das Recht der Massen über dem des Einzelnen stehe. Toller kritisierte die neu entstandene Vorstellung, dass weder das Individuum noch der Staat entscheidungsberechtigt seien und nur die »Masse« als Souverän zu gelten habe. Die Figur der »Frau« antwortet dem Namenlosen: »Gott war Moloch, Staat war Moloch, Masse war Moloch«.[45] Toller schrieb dieses Stück im Gefängnis im Jahr 1919, innerhalb von zwei Tagen »vor innerem Fieber frierend«. Er sagt, es sei »aus der seelischen und geistigen Welt des proletarischen Volks heraus« entstanden und »Ausdruck erschütterndster, aufwühlendster, den ganzen Menschen erfassender ideeller Kämpfe«.[46] Der Text entstand in der unmittelbaren Nachkriegszeit, als Kommunisten und Rechte auf je eigene Weise »die Masse« für sich entdeckten und instrumentalisierten.

Sigmund Freuds Schrift *Massenpsychologie und Ich-Analyse* entstand fast zeitgleich (1921) mit Tollers Stück. Freud berief sich auf das Buch *Psychologie der Massen* des französischen Mediziners, Anthropologen und Sozialpsychologen Gustave Le Bon. Es war im Jahr 1895 erschienen, der Geburtsstunde von Film und Psychoanalyse, und nicht das erste Werk zum Thema, wohl aber das mit der breitesten Wirkung.[47] Das Werk beruhte auf eigenen Erfahrungen: Le Bon war Zeuge der Pariser *Commune* von 1871 gewesen, wo er Massenverhalten beobachten konnte. »Das Überraschendste an einer psychologischen Masse ist: welcher Art auch die einzelnen sein mögen, [...] durch den bloßen Umstand ihrer Umformung zu Masse besitzen sie eine Art Gemeinschaftsseele, vermöge deren sie in ganz anderer Weise fühlen, denken und handeln, als jedes von ihnen für sich fühlen, denken und handeln würde.« Als Teil einer Masse werde das Individuum leichtgläubig, beeinflussbar, kritiklos, intolerant, enthemmt, autoritätsgläubig, verantwortungslos. Die Affektivität werde gesteigert, das Ich entgrenzt, Bewusstsein weiche dem Unbewussten. Das führe zur Ausschaltung aller Zweifel und Ungewissheiten; Illusionen und suggerierte »Bilder« würden mit Realität gleichgesetzt. Freud stimmte mit vielen von Le Bons Beschreibungen überein, kritisierte aber, dass er erstens keine Erklärung für den Zusammenhalt der Masse biete und zweitens die Rolle einer Führergestalt »nicht genügend gewürdigt« habe.[48] Freud wollte diese Lücken schließen, indem er eigene Erklärungsmuster für das anbot, was sich mit dem Individuum in der Masse vollzog.

In seinem Text kommt Freud, nicht ganz überraschend, auf die Libido zu sprechen. Nur sie verfüge über die Macht, die Masse zusammenzuhalten. »Welcher Macht könnte man aber diese Leistung zuschreiben als dem Eros, der alles in der Welt zusammenhält?« Dann nennt er weitere Faktoren: Die Willenlosigkeit des Einzelnen, die Einschränkung seines Narzissmus und die Duldung der Eigenart anderer lasse sich einzig »durch libidinöse Bindung an andere Personen« erzeugen. Genauer: durch die Identifizierung mit einer idealisierten Führergestalt. Diese Figur sei das Ziel der »Verliebtheit« und werde wie das eigene Ich behandelt, womit »ein größeres Maß narzißtischer Libido auf das Objekt überfließt. [...] Das Objekt hat das Ich sozusagen aufgezehrt.« Identifizierung und Idealisierung könnten so weit gehen, dass »das Objekt an die Stelle des Ichs oder des Ichideals gesetzt wird«. Freud vergleicht die Führergestalt mit einem »Hypnotiseur«. Er sei das »einzige Objekt, kein anderes wird neben ihm beachtet«. Das erkläre die Ausschaltung des individuellen Willens wie auch anderer Instanzen des Ich, die normalerweise für die »Realitätsprüfung« zuständig sind. »Die völlige Abwesenheit von Strebungen mit ungehemmten Sexualzielen trägt zur extremen Reinheit der Erscheinungen weiteres bei.«[49]

Mit seiner Betonung der Führergestalt griff Freud auf die Thesen seiner Schrift *Totem und Tabu* von 1912/13 zurück. Entgegen Theoretikern, die das Phänomen der Masse mit dem »Herdentrieb« erklärten, vertrat er die Ansicht, der Mensch sei kein Herdentier, sondern »vielmehr ein Hordentier, ein Einzelwesen einer von einem Oberhaupt angeführten Horde«. Diese versammle sich um das »Bild des überstarken Einzelnen inmitten einer Schar von gleichen Genossen, die auch in unserer Vorstellung von der Urhorde enthalten ist«. Durch den modernen »Hypnotiseur« werde beim Subjekt ein Stück »archaischer Erbschaft« geweckt, die auch im Verhältnis zum Vater eine individuelle Wiederbelebung erfahre: »die Vorstellung von einer übermächtigen und gefährlichen Persönlichkeit, gegen die man sich nur passiv-masochistisch einstellen konnte, an die man seinen Willen verlieren mußte und mit der allein zu sein, ›ihr unter die Augen zu treten‹ ein bedenkliches Wagnis schien.«[50]

Freuds Interpretation berücksichtigte nicht, dass die »Masse« ein historisch neues Phänomen war. Anders als die frühere »Menge« oder das »Volk« war diese Masse ein Politikum, das eng mit den Konflikten um das allgemeine Wahlrecht zusammenhing und politische Manipulationen beförderte. Freud war schon vor dem Vergleich von Traum und Film zurückgeschreckt, nun übersah er auch die Nähe des neuen Phänomens Masse zu den modernen Massenmedien. Zwar erwähnte auch Le Bon diese nicht, aber in seiner Beschreibung tauchten schon alle jene Charakteristika auf, die bald mit ihnen assoziiert werden sollten: das Trugbild, die Illusion, der Triumph eines Glaubens, die Einbildung, der Realitätsverlust. Auch war sich Le Bon bewusst, dass die Masse ein junges Phänomen war. »Es ist ein Glück für den Fortschritt der Kultur, dass die Übermacht der Massen erst dann geboren wurde, als die großen Entdeckungen der Wissenschaft und der Industrie vollendet waren.«[51]

Offenbar kam es Le Bon nicht in den Sinn, dass die Übermacht der Masse auch eine *Folge* des Kulturfortschritts gewesen sein könnte. Dabei deutet alles, was er schreibt, auf den Einfluss neuer Techniken hin. So konstatierte er, dass die »Einbildungskraft der Massen durch Bilder erregt« werde, dass die Massen »nur in Bildern denken« und »sich nur durch Bilder beeinflussen« lassen. Nur diese »schrecken oder verführen sie und werden zu Ursachen ihrer Taten«. Die Fotografie war wenige Jahrzehnte zuvor erfunden worden, und es bedurfte technischer Reproduktionsmöglichkeiten, um so viele Bilder unter die Leute zu bringen. Das heißt, Le Bon erkannte zwar, dass die Denk- und Urteilsfähigkeit des Einzelnen in der Masse zum Erliegen kam – die Masse werde »beinahe ausschließlich vom Unbewußten geleitet. Ihre Handlungen stehen viel öfter unter dem Einfluß des Rückenmarks als unter dem des Gehirns«[52] –, aber er sah nicht den Zusammenhang mit den modernen Bildtechniken.

Vielmehr versuchte er, wie Freud, das Massenverhalten durch psychologische Begriffe wie Ansteckung, Suggestion oder das Machtgefühl zu erklären, das dem Einzelnen in der

Masse erwachse. Dass ihm die Rolle der Medien ebenso fremd war wie Freud, wird im Zusammenhang mit der Sprache deutlich. Sie sei das »wohlgeordnete und feine Gebilde der unbewussten Massenseele«.[53] Als er dies schrieb, war »die Sprache« schon längst zur sekundären Oralität mutiert und ihrer »verborgenen Kräfte« verlustig gegangen. So wie Herder die »Volksseele« zu einer Zeit entdeckte, da diese vom Alphabetisierungsprozess ergriffen wurde, lokalisierte auch Le Bon die »Massenseele« in einem historischen Moment, da sie sich anschickte, zum Projekt der Massenmedien zu werden. Das heißt, Le Bons »Sprache« ist die einer *sekundären* Gemeinschaftsseele.

Im Gegensatz zu Freud näherte sich Le Bon dem Phänomen der »Masse« nicht über die Individualpsyche, sondern über das Kollektiv. Damit erfasste er dann doch das Neue des Phänomens. Bis Mitte des 19. Jahrhunderts basierten alle Vorstellungen von Gemeinschaft – gleichgültig, ob es sich um die religiöse, politische oder eheliche Gemeinschaft handelte – auf dem Bild eines Hauptes, das über einen »Leib« regiert.[54] Die Analogie zum menschlichen Körper garantierte die Homogenität der Gemeinschaft. Bei Le Bon war dieses Konzept verschwunden. Er verglich zwar auch die Masse mit einem »Organismus«, doch sein Sozialkörper bestand aus der Vereinigung einzelner Zellen; daraus entstehe »ein neues Wesen mit ganz anderen Eigenschaften als denen der einzelnen Zellen«. Diesem »unbestimmten Wesen« traute er historische Wirkmacht zu. »Das göttliche Recht der Massen wird das göttliche Recht der Könige ersetzen.« Eine Prophetie, mit der Le Bon einerseits das allgemeine Wahlrecht vorausnahm, andererseits aber auch sagte, dass das Volk bei der Ausübung seiner Macht vom »Unbewussten« geleitet wird. Soweit es für Le Bon überhaupt einen Führer gab, war dieser ein Teil der Masse: »Meistens sind die Führer keine Denker, sondern Männer der Tat. Sie haben wenig Scharfblick und könnten auch nicht anders sein, da der Scharfblick im allgemeinen zu Zweifel und Untätigkeit führt. Man findet sie namentlich unter den Nervösen, Reizbaren, Halbverrückten, die sich an der Grenze des Irrsinns finden.«[55] Le Bons Führergestalt nahm jenes Bild voraus, das C. G. Jung wenige Jahrzehnte später auf Hitler anwenden sollte: »Er horcht hin und gehorcht. Der wahre Führer ist immer *geführt*«.[56]

Le Bons Aktualität verdankt sich nicht nur der Tatsache, dass er die Diktaturen des 20. Jahrhunderts vorausahnte (gegebenenfalls auch modellieren half), sie bietet auch einen Schlüssel zum Verständnis heutiger Verhältnisse. Die Aussagen, dass Vernunft und Argumente wenig gegen »die ursprüngliche Natur der Massen« vermögen, haben in Anbetracht der sozialen Medien mit ihren Verschwörungserzählungen, kontrafaktischen Informationen und Fake News nichts von ihrer Relevanz eingebüßt. Die Masse, so schrieb Le Bon, sei unfähig, »Meinungen zu haben außer jenen, die ihnen eingeflößt wurden; Regeln, welche auf rein begrifflichem Ermessen beruhen, vermögen sie nicht zu leiten. Nur die Eindrücke, die man in ihre Seele pflanzt, können sie verführen.«[57] Das sind Aussagen, die sich auch auf viele aktuelle Situationen und technische Neuerungen übertragen lassen.

Allen politischen Initiativen, die sich an die Masse richteten, war eines gemeinsam: Die Masse wurde zum »Handlungssubjekt«[58], indem sie auf ihre Gegensätze verwies – einerseits die »Elite« und andererseits das Individuum. Die heute weit verbreitete Antinomie von Masse/Populärkultur und Elite legt die Vermutung nahe, dass immer da, wo abfällig von »Eliten« die Rede ist, »Massen« konstituiert werden sollen – egal, ob diese aus Wählerstimmen oder Konsumenten und Konsumentinnen bestehen. Die Ablehnung von Eliten ist ein Kernelement populistischer Parteien. Was sich allerdings im Vergleich zum späten 19. Jahrhundert geändert hat: Die Einzelnen, aus denen sich die moderne Masse zusammensetzt, sind nicht nur Objekt, sondern auch Subjekt von »social engineering« oder Manipulationen. Das Gefühl der »Selbstbestimmung« ist einer der Gründe für den großen Erfolg der sozialen Medien. Sie bieten dem Ich eine Plattform zur Selbstdarstellung und schaffen zugleich die Voraussetzungen dafür, dass sich »das Individuelle im Verbund mit dem Kollektiven« konstituieren kann.[59]

Die Geschichte des Phänomens »Masse« begleitete die Pervertierung von Begriffen wie »Freiheit«, »Recht« oder »Gleichheit«. Viele dieser Begriffsumkehrungen vollzogen sich mit dem Demokratisierungsprozess, der sich zu keinem geringen Teil der wachsenden Medienvielfalt verdankte. Nach der Historikerin Hedwig Richter, die sich mit der Geschichte von Wahlen beschäftigt hat, setzten »Scheinreferenden« und »Scheinwahlen« schon Ende des 18. Jahrhunderts ein, das heißt, mit der Französischen Revolution, die die Rechte des Bürgers zum Heiligtum erhob und beanspruchte, im Namen einer *volonté générale* (eines allgemeinen Willens) zu agieren. Manipulierte Plebiszite standen von Anfang an auf der Tagesordnung: Schon das erste napoleonische Referendum von 1799 lag laut amtlichem Endergebnis bei 99,9 Prozent.[60]

Als sich im 20. Jahrhundert die Ideale von Gleichheit und Freiheit als Standard etablierten, sahen sich die Diktaturen genötigt, der Symbolik und den Ritualen der Demokratie zu folgen und verbanden dies mit einem Wahl*zwang*. Wer Abstimmungen fernblieb, wurde der Dissidenz verdächtigt. »Die Regierenden bedurften der Bürger bei der Stimmabgabe als Legitimationsspender«. Weit davon entfernt, dem Bürger eine Stimme zu geben, machten die Diktaturen die »freie Wahl« zu einer Machtdemonstration der Herrschenden, durch die die Bevölkerung diszipliniert wurde. In autokratischen Staaten sind demokratische Errungenschaften bis heute ein »performativer Akt«.[61] Im antiken Griechenland entstand die Demokratie zeitgleich mit dem Theater. Heute *inszenieren* Diktatoren und Populisten die Demokratie.

Die Homogenisierung der Bevölkerung, etwa durch Wahlzwang, veränderte wiederum den Begriff der »Gleichheit«: Er verwies nicht mehr auf die Gleichberechtigung, sondern auf die Konformität und Ununterscheidbarkeit der einzelnen Mitglieder des »Volkes«, womit sowohl die soziale Schicht als auch die nationale Wählergemeinschaft gemeint sein konnte. Die Nationalsozialisten, die alle Vorkehrungen zum Schutz der Demokratie wie Gewaltenteilung oder Rechtsstaatlichkeit aufhoben, machten so aus der alten *volonté générale* der Französischen Revolution einen »Volkswillen« eigener Prägung. In einer Wahlkampfrede von 1936 verkündete Hitler: »Ich habe nicht die Demokratie beseitigt, sondern sie vereinfacht, in dem ich mich nicht zur Zuständigkeit der 47 Parteien, sondern zur Zuständigkeit des deutschen Volkes selbst bekannte.«[62] Forscher sehen heute, dass die »elektorale« oder demokratische »Selbstgefährdung« schon in Weimar bestand, wo die Verbindung von Wahlrecht und Populismus dem Totalitarismus den Weg ebnete: Dank Populismus wurde die Demokratie mit ihren eigenen Mitteln – dem allgemeinen, gleichen und freien Wahlrecht – ausgehebelt.[63] Das »demokratische Paradox« besteht darin, dass die Demokratie es zulässt, dass antidemokratische Parteien an die Macht gewählt werden. Bisher hat noch keine politische Theorie einen Ausweg aus dieser Paradoxie gefunden.

Die Pervertierung des Begriffs »Freiheit« wurde besonders deutlich mit der Entstehung der »neo-liberalen« Ökonomie. Seither bezeichnet er sowohl das souveräne Individuum als auch die Freiheit des Marktes, die soziale Ungerechtigkeiten und Abhängigkeiten in Kauf nimmt. Eine solche Pervertierung des Freiheitsbegriffs zeigte sich deutlich in Chile 1973, beim Putsch gegen den demokratisch gewählten Präsidenten Salvador Allende. Beim Umsturz spielten chilenische Wirtschaftstheoretiker, die sogenannten »Chicago Boys«, die von den Lehren von Milton Friedman und Friedrich von Hayek beeinflusst waren, eine wichtige Rolle. Er war das Startsignal für die weltweite Ausbreitung einer neoliberalen Wirtschaftsordnung, die den Finanzsektor flexibilisieren und deregulieren wollte. Das Resultat waren Regierungen wie die von Margaret Thatcher und die Finanzkrise von 2008. Eines der Hauptanliegen des Neoliberalismus war die Abschaffung staatlicher Institutionen, etwa in den Sektoren Bildung, Gesundheit und Soziales. Und neoliberale Theoretiker scheuten nicht vor der Zusammenarbeit mit Diktatoren wie Augusto Pinochet zurück. Bis heute steht der Begriff der »Freiheit« im Zentrum politischer Auseinandersetzungen: So beschuldigte US-Vizepräsident J. D. Vance die Europäische Union, durch ihre Regularien gegen die Verbreitung von Unwahrheiten, Gewaltdarstellungen sowie Hass und Hetze die »freie Rede« zu zensieren.[64]

In ihrer großen Totalitarismus-Studie schrieb Hannah Arendt: »Die große Anziehungskraft, die das dem Terror entsprechende, sich selbst zwingende Denken auf moderne Menschen ausübt, liegt in der Emanzipation von Wirklichkeit und Erfahrung. Je weniger die modernen Massen in dieser Welt noch wirklich zu Hause sein können, desto geneigter werden sie sich zeigen, sich in ein Narrenparadies oder eine Narrenhölle abkommandieren zu lassen, in der alles gekannt, erklärt und von übermenschlichen Gesetzen von vornhinein bestimmt ist.«[65] Arendt hat die sozialen Medien und die Auswirkungen der neoliberalen Lehren nicht mehr erlebt, aber ihre Beschreibung trifft auch auf deren Wirkmacht zu: Sie ermöglichen die Flucht vor der Wirklichkeit in ein »Narrenparadies« von Verschwörungstheorien und Desinformation.

Der Erfolg populistischer Bewegungen wird oft mit ihren »einfachen Erklärungen« begründet. Zu ihnen gehört das Versprechen einer Rückkehr zu einer idealisierten Vergangenheit: Das *Make America Great Again* (MAGA) schürt die Angst vor der Zukunft, die angesichts realer Umwälzungen – Klima, neue Kriege, Migration – berechtigt und nicht von der Hand zu weisen ist. Es steckt dahinter aber auch etwas anderes: die Vertrauenssehnsucht. Dieses Vertrauen soll durch die Rückkehr zur alten Einheit, etwa der Nation, hergestellt werden. Vor dem Nationalismus war es die Region (oder das Fürstentum), davor das Dorf. Die jeweils kleinere Einheit versprach die Wiederherstellung einer überschaubaren Vertrauensgemeinschaft. Diese Sehnsucht greifen Populisten auf, in ähnlicher Weise wie Polanyi es für die Wiederherstellung der Gemeinschaft beschrieben hat, nachdem durch Industrialisierung und freie Marktwirtschaft eine zersplitterte »Gesellschaft« entstanden war.[66]

Als Donald Trump 2016 und dann erneut 2024 die US-Wahlen gewann, geschah dies nicht aufgrund seiner besonderen Führungskompetenz, sondern weil er seinen Anhängern versprach, durch ihn ihr Selbstbestimmungsrecht wiederzuerlangen. Das *Pew Research Center* hatte im Februar 2016 einen Bericht über die »Aushöhlung« der amerikanischen Mittelklasse veröffentlicht: Gehörten 1971 noch 61 Prozent der US-Bevölkerung der Mittelschicht an, so war der Anteil 2015 auf knapp 50 Prozent gesunken. Seither ging der Wert noch weiter zurück. Während die Einkommen der reichsten Amerikaner in der ersten Dekade des 21. Jahrhunderts um drei Prozent stiegen, gab es keinerlei Lohnverbesserung für die Geringverdiener.[67] Die USA, das Land der hohen sozialen Mobilität, kennzeichnet mittlerweile eine starre Klassenstruktur, an der auch hohe Beschäftigungsraten nichts ändern: Laut einer Untersuchung der *Pew Charitable Trusts* von 2012 schaffen es zwei Drittel der Amerikaner im unteren Fünftel der Einkommensskala zeitlebens nicht, in höhere Sozialschichten vorzudringen – ebenso wenig wie das oberste Fünftel nach unten absinkt. »Amerikaner am oberen Ende und am unteren Ende der Skala verharren auch als Erwachsene in diesem Status.«[68] Diese Stagnation impliziert den Verlust des Selbstbestimmungsrechts; darauf setzen die Wahlkampfmanager der Populisten. Die Kampagnen laufen fast ausschließlich über die sozialen Medien, die für viele Menschen zur »Nachrichtenquelle« geworden sind.

Der Verlust des Selbstbestimmungsrechts spiegelt sich in der Lebenserwartung der Betroffenen wider. Eine im Jahr 2017 von der Amerikanischen Akademie der Wissenschaften veröffentlichte Studie belegt eine sinkende Lebenserwartung von weißen Männern ohne akademische Ausbildung. Obgleich ähnlich schlecht ausgebildete Afroamerikaner und Hispanics ein durchschnittlich niedrigeres Einkommen hatten, stieg der Durchschnittswert für Afroamerikaner, auch der weniger gut gebildeten, an – langsam, aber kontinuierlich. Die wachsende Mortalität unter den weißen Männern mittleren Alters war vornehmlich Suiziden, Drogenkonsum und Leberzirrhose geschuldet. Die Autoren der Studie sprachen von »Verzweiflungstoten«, bei denen der Niedergang des sozialen Status ausschlaggebend sei, oft gepaart mit Scheidung und dem Verlust von sozialer Geborgenheit: »Diese Amerikaner haben die Hoffnung verloren.«[69] Sie machten den Kern von Trumps Wählerschaft aus: Zwei Drittel der weißen Wähler ohne Bildungsabschluss haben für ihn gestimmt; er verkörperte für sie die Hoffnung auf eine verbesserte Selbstachtung.[70] In Wirklichkeit spülten ihre Stimmen aber einen Mann und eine neue »Elite« an die Macht, die an allem interessiert ist, *außer* am sozialen Aufstieg dieser Wähler. Die Stagnation hat sich seit diesen Erhebungen weiter verschärft. Während sie vorher ältere weiße Männer betraf, erfasst sie heute weiße Männer ab 45.[71]

Auch in Deutschland verfolgt die AfD eine neoliberale Wirtschaftspolitik, will den Staat beschneiden, die Sozialleistungen kürzen, spricht sich gegen die Erhöhung des Mindestlohns aus und verlangt niedrigere Löhne für Geringverdiener, während sie zugleich den Euro abschaffen, aus der Europäischen Union austreten und Maßnahmen gegen den Klimawandel aussetzen will – durchweg Maßnahmen, die sich zu allererst gegen sozial Benachteiligte auswirken würden, darunter viele AfD-Wähler. »Menschen, die die AfD unterstützen, würden am stärksten unter der AfD-Politik leiden, und zwar in Bezug auf fast jeden Politikbereich: Wirtschaft und Steuern ebenso wie Klimaschutz, soziale Absicherung, Demokratie und Globalisierung«, schreibt Wirtschaftswissenschaftler Marcel Fratzscher.[72] Dieses widersprüchliche Verhalten bezeichnet Fratzscher als »AfD-Paradox«.[73] In Deutschland ist die Wählerschaft der AfD nicht so eindeutig männlich wie die der Republikaner in den USA – 44 Prozent der AfD-Anhänger sind Frauen. In beiden Ländern gehören inzwischen auch höhere Einkommensschichten zur Wählerschaft populistischer Politiker.[74] Es ist also nicht nur soziale Benachteiligung und drohender Verlust des Selbstbestimmungsrechts, die die Wählerschaft in diese Richtung treibt.

Was sich immer mehr als gemeinsamer Nenner aller populistischer Wählerschaften herausschält, ist die Aggression gegen Migranten und soziale Aufsteiger aus den Reihen von People of Color, gegen Frauen und geschlechtliche Diversität. Diese stehen für soziale Veränderung und Vielfalt, die Hauptfeinde populistischer Parteien. Die neuen Trump-Dekrete wie auch das AfD-Narrativ sind dafür deutliche Indizien. Die Wählerschaft der populistischen Parteien versucht, ihren Ängsten nicht durch ökonomische und egalitäre, sondern durch rückwärtsgewandte *kulturelle* Veränderung beizukommen. Das unterstützen die Parteien, weil kulturelle Veränderungen leichter zu kanalisieren sind als ökonomische.

Dass es beim Zulauf zu den populistischen Parteien nicht um soziale Gründe geht, erklärt die fehlende Fluktuation von deren Wählerschaft. Während Wähler sonst volatil mal von CDU zu FDP zu SPD oder zu den Grünen wandern, geschieht dies bei der AfD nicht. Deren Wählerschaft entscheidet sich höchstens für eine andere populistische Partei, kehrt jedoch nicht zu den alten demokratischen Parteien zurück – auch dann nicht, wenn die Programme der traditionellen Partei denen der Populisten ähnlich sind. Nach dem Politikwissenschaftler und Wahlforscher Aiko Wagner liegt dies daran, dass die traditionellen Parteien in den letzten Jahrzehnten immer mehr zu einem Repräsentanten der Besserverdienenden und höher Gebildeten geworden seien. Ein Teil der Wählerschaft fühle sich schlicht nicht vertreten.[75] Da nun aber auch die populistischen Parteien Zulauf von höheren Einkommensschichten finden, fragt sich, ob nicht noch andere Faktoren im Spiel sind – etwa die mangelnde Fähigkeit oder Bereitschaft, den von den sozialen Medien verbreiteten »Nachrichten« Skepsis entgegenzubringen. Die jungen Wähler, deren Zustimmung zur AfD in den Landtagswahlen vom Herbst 2024 deutlich wurde, informierten sich fast ausschließlich über die sozialen Medien.

Wie die kulturellen Veränderungen des Populismus, einmal an der Macht, aussehen könnten, zeigt der Vergleich mit dem italienischen Faschismus der 1930er und 1940er Jahre. Damals machte Mussolini eine ähnliche Rechnung auf wie Björn Höcke, der im Februar 2024 behauptete, dass Deutschland leicht auf 20 bis 30 Prozent seiner Einwohner (und das heißt auch seiner Arbeitskräfte) verzichten könne.[76] Im Sommer 1943 verkündete der »Duce«: »Der Auszug der Frauen aus der Arbeitswelt wird ohne Zweifel für viele Familien wirtschaftliche Folgen haben, doch dafür wird eine Legion von Männern das gedemütigte Haupt erheben und eine hundertmal größere Zahl neuer Familien mit einem Schlag ins nationale Leben treten. Man muss sich davon überzeugen, dass die Arbeit, die bei der Frau den Verlust ihrer weiblichen Eigenschaften herbeiführt, beim Mann eine sehr starke körperliche und moralische Manneskraft zur Folge hat. Eine Manneskraft, der die Maschine beispringen sollte.«[77] Höcke bezog sich nicht auf den Ausschluss von Frauen, sondern von denen, die keine »Biodeutschen« sind.[78] Anders als Höcke konnte Mussolini den Ausschluss von erwerbstätigen Frauen vorschlagen, da die italienischen Frauen damals noch nicht das volle Wahlrecht besaßen (es erfolgte erst im Herbst 1944). Die aktuellen Populisten sind auf die weibliche Wählerschaft angewiesen, aber, wie die Attacken von Rechts- wie Linkspopulisten gegen den »Gender-Wahn« zeigen, lenken auch sie den Blick auf Feministinnen, Homosexuelle und Transsexuelle.

Dass Frauen und Queeren bei der erfolgreichen Wahl von Populisten, egal welcher Couleur, die Beschneidung errungener Rechte droht, zeigte schon die erste Amtsperiode von Donald Trump, in deren Nachbeben – die Republikaner hatten konservative Richter an den Supreme Court berufen – das Abtreibungsrecht aufgehoben wurde.[79] Und es zeigt sich bei Populisten wie dem argentinischen Präsidenten Javier Milei. Dort haben sich seit seiner Wahl die Lebensbedingungen aller sozialen Schichten außer der wohlhabendsten radikal verschlechtert (Mileis »Sparprogramm« bewertet der Internationale Währungsfonds IWF positiv und quittierte ihn mit der Freigabe einer neuen Kredittranche).[80] Zugleich wurden Frauenrechte wie das auf Abtreibung und queere Rechte zurückgenommen.[81] Milei wurde von einer Mehrheit männlicher Wähler an die Macht gebracht. Die »kulturellen« Veränderungen, die Populisten anstreben, bezwecken vor allem die »Wiederherstellung« der traditionellen Geschlechterordnung. Die Zurückdrängung der Frauen soll den sozialen Abstieg verhindern und dafür sorgen, dass auch heute »eine Legion von Männern das gedemütigte Haupt erheben« kann. Genau dies steckt hinter den nationalistischen Parolen des Populismus und dem *Make America Great Again*.

Die Geschichte des Missbrauchs demokratischer Institutionen und die Korruption von Begriffen wie Recht, Freiheit und Gleichheit erzählt von der Verwandlung der Demokratie in eine »Emokratie«. Der Begriff kam zunächst im Zusammenhang mit der Presse auf: Früher habe sich der Journalismus auf die Vermittlung von Informationen für Bürger bemüht, heute gehe es den Medien um die Bedienung von Emotionen. Man richtet sich bei Lesern und *digital usern* nicht mehr an Staatsbürger, sondern an »Kunden«.[82] Inzwischen betrifft das System Emokratie aber nicht nur die Presse, es bestimmt auch über das politische Leben. Das zeigte sich deutlich am Begriff der »Realität«. Verwies dieser bisher auf ökonomische, soziale oder physische Tatsachen, so gesellt sich nun ein Realitätsbegriff hinzu, der sich auf die Gefühlswelt bezieht: Real ist das, was ich empfinde. Mit der Emokratie rückt das Unbewusste endgültig ins Zentrum innen- und außenpolitischer Auseinandersetzungen.

Soziale Medien: Das Beispiel Facebook

2021 ging die Whistleblowerin Frances Haugen an die Öffentlichkeit, um die Methoden und Funktionsweisen von Facebook öffentlich zu machen. Ihr Bericht, der den Kongress erschütterte und den Börsenwert des Unternehmens in den Monaten danach um 75 Prozent abstürzen ließ – »der größte Tagesverlust eines börsennotierten US-Unternehmens in der Geschichte« – vermittelte die ersten konkreten Einsichten in die Art, wie sich die sozialen Medien auf das Denken und Fühlen ihrer Nutzer auswirken. Er soll hier als paradigmatisches Beispiel näher betrachtet werden. Als Haugen ihre *Facebook Files* veröffentlichte, gab es weltweit nur 300 bis 400 Personen, die die Funktionsweise dieses Systems fundiert genug verstanden, um erfassen zu können, warum die 20.000 Seiten dieser Akten so brisant waren und Facebook in manchen Gegenden eine existenzielle Bedrohung für Menschen darstellte.[83]

Haugen, die am W. Olin College of Engineering und der Harvard Business School studiert hatte (bei gleichzeitigen Ausflügen in soziale und kulturelle Felder) und dann bei *Google Books* arbeitete, begann im Sommer 2019 bei Facebook. Das war kurz vor Beginn der Corona-Pandemie, während derer viele Menschen, vom Rest der Welt abgeschnitten, nur noch über Facebook kommunizierten, dabei den Kontakt zur Außenwelt verloren und in eine Welt von Falschinformationen abtauchten. Haugen beschreibt dies am Beispiel eines Freundes, der sich während der Pandemie in Verschwörungstheorien verstieg und der realen Welt verloren ging. »Ich hatte das Gefühl, dass Jonah in einen Bereich abrutschte, den ich nicht verstehen konnte; mir war, als wäre er mit Vernunft überhaupt nicht mehr zu erreichen.«[84] Sein Verhalten zeigte ein immer wiederkehrendes Grundmuster der von sozialen Medien verursachten Probleme.

Als Haugen bei Facebook anfing, war die Plattform, zusammen mit ihren Produkten wie Instagram, das weltweit vorherrschende soziale Medium, außer in einigen Ländern wie China, wo sie verboten war.[85] Das Ziel und die Möglichkeiten von Facebook waren anders als die der meisten anderen Tech-Giganten. War es Googles Absicht, alle Bücher der Welt zu erfassen, so versuchte Facebook, alle Menschen zu erreichen. Ihre Vormachtstellung hatte die Plattform dadurch errungen, dass sie in ärmeren Ländern den Usern einen limitierten Zugang zum Internet über »Free Basics« bereitstellte.[86] »Nutzte man sein Facebook-Konto, um ins Internet zu gehen, war der Datenverbrauch kostenlos«, steuerte man jedoch ein anderes Ziel an, kostete das Geld.[87] Da in vielen Ländern der Internetzugang teuer ist, beschränken sich zahlreiche User auf die über Facebook zugänglichen »Informationen«. Die Folgen zeigten sich 2017 aufs Schlimmste bei den Pogromen gegen die Rohingya in Myanmar.

Im ehemaligen Burma verfügte weniger als ein Prozent der Bevölkerung über einen Internetzugang, die in Facebook veröffentlichten Posts wurden als »Nachrichten« verstanden. Im Jahr 2000 hatte die Militärregierung Offiziere nach Russland entsandt, um sich dort über Formen der Einflussnahme über das Internet zu informieren. Als die Wahlen für die Junta schlecht ausgingen, begannen Trolle antimuslimische Inhalte über Facebook zu verbreiten. In diesen wurden die Rohingya, die muslimische Minderheit in Myanmar, beschuldigt, einen Umsturz zu planen. Versuche, Gegeninformationen zu liefern, wurden von Militär-Trollen zunichte gemacht. Die Taktik sollte sich »rund um die Welt zum Standard-Drehbuch für gewaltsame ethnische Ausschreitungen entwickeln«. Es wurden aus dem Zusammenhang gerissene oder gefälschte Fotos von Leichen gepostet, »die angeblich von den Rohingya verübte Massaker darstellen sollten«. In den Posts wurden Muslime mit Tieren verglichen und User dazu aufgerufen, »die ganze Rasse« zu beseitigen. Es kam zu Pogromen mit 25.000 Toten und 70.000 Vertriebenen.[88] Die Kanalisierung der Gefühle auf einen »inneren Feind« war auch im Totalitarismus des NS-Staates und des Stalinismus praktiziert worden. Dort wurde die eigentliche Vernichtung aber durch den Staat und unter Vermeidung öffentlicher Aufmerksamkeit betrieben. In Myanmar blieb es der Öffentlichkeit überlassen, das schreckliche Geschäft zu erledigen: Das verschaffte der Bevölkerung einerseits ein Gefühl von Macht, gab andererseits aber auch den Machthabern die Gelegenheit, gegen oppositionelle Strömungen vorzugehen. Bei Facebook wusste man um die Rolle, die die Plattform bei der Rohingya-Verfolgung spielte, dagegen unternommen aber wurde nichts.

Facebook entzog sich jeder Verantwortung durch die Behauptung, dass die Contents, »die wir in unseren Newsfeeds sehen, maßgeblich durch unsere eigenen Entscheidungen und Aktionen geprägt sind«. Das Beispiel zeigte jedoch, dass eine solche Auffassung von selbstbestimmtem Handeln den Tatsachen schwerlich gerecht wurde: Die »Täter« hatten keinen Zugang zu anderen Informationen als den Posts der Junta. »Das beste Mittel gegen Desinformation sind Kompetenzen im kritischen Denken«, schreibt Frances Haugen. Da die wichtigsten Zielgruppen von Facebook Free-Basics-Länder mit geringen Alphabetisierungsraten sind, hatte dieses kritische Denken allerdings wenig Chancen. Hinzu kam, dass ein hoher Anteil der Nachrichten *gesprochen* versandt wurde.[89] Das erleichterte den Zugang für Analphabeten, verstärkte aber auch den Desinformationseffekt. Die Wirkmacht der sekundären Oralität – um die handelt es sich, wenn sich Technik mit gesprochener Sprache verbindet – beruht darauf, dass sie die vertrauenerweckende Unmittelbarkeit der mündlichen Kommunikation mit technischer Ausrüstung verbindet. An sich immunisiert die mündliche Kommunikation mit anderen Menschen gegen mediale Suggestionen; die körperliche Nähe des direkten Austausches wendet sich gegen den Derealisierungseffekt des Internets. Wenn jedoch das Internet selbst als Oralität daherkommt, steigert das den Effekt des Netzwerks.

Warum Facebook nicht daran dachte, die Kampagnen von Myanmar zu unterbinden, wurde Anfang 2019 klar, als in Indien die Regierungspartei, die Bharatiya Janata Party, Muslime als »Nagetiere« bezeichnete. An sich ist die Verwendung solcher Bilder ein wichtiges »Alarmsignal für aufkeimende Rasseunruhen« – genauer: für drohende Pogrome. Nach den Erfahrungen von Myanmar wurde bei Facebook über ein Eingreifen diskutiert. Die Überlegungen kamen zu einem jähen Ende, als einer der Diskutanten einwarf: »Wenn man die Äußerungen der Regierungspartei in Indien, in denen Minderheiten mit Schädlingen verglichen wurden, löscht, müsste man auch die Beiträge von Donald Trump löschen, in denen er sich in gleicher Weise über ethnische Minderheiten in den USA ausließ.« Mark Zuckerberg entschied: »Unter keinen Umständen würde Facebook die Äußerungen irgendwelcher Politiker antasten.«[90]

Nach dem Amtsantritt von Donald Trump im Jahr 2025 strich Zuckerberg erneut alle Arten von Moderation der Plattform. Zusammen mit den Diversity-, Gleichstellungs- und Inklusionsinitiativen strich er auch die Faktencheckprogramme: Die Überprüfung der Tatsachen überließ er den Usern von Facebook.[91] »Wir werden zu unseren Wurzeln zurückkehren, Fehler reduzieren, unsere Regelwerke vereinfachen und die freie Meinungsäußerung auf unseren Plattformen wiederherstellen«, sagte Zuckerberg,[92] der eine Million Dollar für Trumps Inauguration spendete und dem Präsidenten nahestehende Republikaner in die Leitung und den Vorstand des Meta-Konzerns berief.[93] Elon Musk hatte es ihm bei X vorgemacht. Mit diesem Schritt der beiden CEOs der Medienkonzerne vollzog sich erneut eine Pervertierung des Begriffs der »Freiheit«: Er umfasste das »Recht« auf Rassismus und Sexismus im Internet, während die Gesetze, die die EU erließ, um die dortige Polemik und Polarisierung einzugrenzen, unter »Zensur« gehandelt werden.[94] Das Erstaunlichste an dieser Vorgehensweise ist die Ahnungslosigkeit, mit der die Tech-Milliardäre eben jene Demokratie untergraben, in denen sich ihre Unternehmen entwickeln konnten und auf deren Bestand sie für ihren Erfolg angewiesen sind. Facebook erwies sich nicht nur für Länder mit geringen Alphabetisierungsraten als gefährlich. Hinzu kam eine allgemeine neue Taktik der Kundenbindung. In den ersten Jahren waren die User animiert worden, möglichst lange auf der Seite zu verharren, was die Werbeeinnahmen erhöhte. Als in den Jahren 2017/18 die Menge an Contents zurückging, begann man, die User zu provokativen Posts zu animieren. Die Nutzer erhielten von anderen Usern »kleine soziale Belohnungen« in

Form von Likes, Kommentaren oder durch das Teilen von Inhalten. Je aggressiver die Nachricht, desto mehr Reaktionen erntete sie. Der Algorithmus sorgte außerdem dafür, dass solche Inhalte nach oben befördert werden. Die Folge war eine wachsende Verbreitung extremer Inhalte. Da die Nutzer keine anderen Nachrichten zum Faktencheck erhielten, sahen sie in den Posts Darstellungen der Realität. Spätestens im Dezember 2019 hatten Datenspezialisten darauf hingewiesen, dass Facebook auf diese Weise »eine Feedbackschleife erzeugt hatte, die nicht zwischen positiven und negativen Reaktionen unterscheiden konnte«. Der Algorithmus wertete jede Reaktion als Indiz, dass der User mehr derartiger Nachrichten sehen wollte. Nicht nur in Afrika oder Asien, auch in den USA und Europa kam es zu einer Polarisierung der Diskussionen. »Der Rückkoppelungszyklus zwischen Algorithmen, die extreme Inhalte belohnen, und Content-Produzenten, die diese Änderungen aufgreifen und noch drastischere Beiträge erstellen, zog sich über Monate oder Jahre hin. […] Die Infektion breitete sich nur allmählich aus – und dann war sie plötzlich überall da.«[95]

Von dieser Polarisierung waren alle, Schüler und Studierende, Wähler wie Politiker, betroffen: »Es gibt interne Dokumente von Facebook, in denen zu lesen ist, dass Facebook nicht nur der psychischen Gesundheit von Teenagern schadet, sondern sogar wesentlich schädlicher sei als andere Formen von Social Media«. Dieser Effekt auf Frauen und Mädchen war schon im Ursprung von Facebook angelegt. Während seines Studiums der Psychologie und der Informatik an der Harvard Universität hatte Mark Zuckerberg die Website *facemash.com* entwickelt, auf dem das Aussehen von

Frauen – zumeist Kommilitoninnen – öffentlich bewertet wurde. Ohne nach ihrem Einverständnis zu fragen, hatte er ihre Fotos ins Netz gestellt und Nutzer eingeladen, von je zwei Fotos das attraktivere zu wählen. Das Programm musste aufgrund von Protesten eingestellt werden. Heute vergleichen sich junge Frauen untereinander und mit digitalen Vorbildern jenseits jedweder Realität, und viele, die meinen nicht mithalten zu können, reagieren mit Essstörungen, die tödlich enden können. Dieselben Algorithmen zwangen Parteien und Kandidaten, sich »extreme Positionen zu eigen zu machen, obwohl sie wussten, dass die Mehrheit ihrer Wählerschaft diese Positionen nicht befürwortete«. Facebook wurde von Impfgegnern genutzt, um Zweifel an den Maßnahmen zur Eindämmung der Pandemie zu säen, wissenschaftliche Erkenntnissen zur Klimakrise werden geleugnet. In all diesen Fällen hatte der Algorithmus das Ruder übernommen.[96]

Hinzu kam die Gefahr durch eine wachsende Zahl von automatisierten Fake-Accounts: »riesige Netzwerke, die aus Zehntausenden von Accounts bestanden«. Jeder dieser Accounts rief jede Woche mehrere tausend Profile ab »und schrie geradezu, individuell und kollektiv: ›Ich bin kein Mensch‹, war aber eindeutig zugleich auch ein echter Mensch.« Die User, auf die Haugen stieß, waren zwar in den USA registriert, hatten aber als Sprache »Vietnamesisch« eingestellt, und sie fragte sich, ob diese Netzwerke von Nationalstaaten betrieben wurden, die kurz vor Wahlen Desinformationen unter die Leute zu bringen versuchten. Indem die Algorithmen Inhalte mit einem Like versahen, Links aus einem Post folgten oder den Post teilten, konnten sie »gezielt den Eindruck erwecken, der betreffende Inhalt sei von großer Qualität«. Zur Weitergabe ihrer Falschnachrichten benutzten die Netzwerke auch die Accounts von bekannten Klimaaktivisten, evangelikalen Christen, älteren schwarzen Männern und Polizeibeamten. »Wenn Russland diesen einflussreichen Menschen Desinformationen unterjubeln könnte, die diese dann womöglich weitergäben, würden die Empfänger sie im Zweifelsfall für glaubwürdig halten.«[97]

Über Facebook wurden Massendemos orchestriert. Schon lange vor dem 6. Januar 2021, als Trumps Anhänger das Kapitol stürmten, hatten Beobachter vor einer solchen Entwicklung gewarnt. Doch Facebook traf keine Gegenmaßnahmen. Die Anführer der Unruhen benutzten Live-Videos, um das Ausschwärmen der Protestierenden zu koordinieren, und da Live-Videos von den Facebook-Algorithmen stark priorisiert wurden, rückten diese »Streams fast immer an die Spitzte der Newsfeeds der Leute«. Nach den Wahlen im November 2020 waren alle für die Präsidentschaftswahlen aktivierten Sicherheitsmaßnahmen zurückgefahren worden. Andernfalls wären »die konfrontativen Gruppen nicht so schnell gewachsen«, und es wäre verhindert worden, dass sich »Wut und Lügen« verbreiteten und Menschen in einen Wahn versetzten, der sie für Jahre hinter Gitter brachte. Obwohl sie Zugang zu anderen Informationsquellen hatten, verhielten sich diese User nicht viel anders als die Bürger von Myanmar bei der Verfolgung der Rohingya. Haugens Fazit zu den Ereignissen: »So viel geballte Macht darf nicht existieren, ohne dass öffentliche Rechenschaft darüber abgelegt werden muss, wie sie eingesetzt wird. Die Geschichte hat uns gelehrt, dass unkontrollierte Macht unweigerlich missbraucht wird.«[98]

Im Mai 2019 bekamen auch die für die Europa-Wahl angetretenen Parteien den Einfluss von Facebook und anderen sozialen Medien zu spüren. Während des Wahlkampfs konstatierten Media-Experten, dass nicht die Parteiprogramme verbreitet wurden, sondern Nachrichten, »die Wut erzeugten. Die Menschen Angst machten. Das Schlechteste im Menschen zutage förderten. Es hatte ein klares *Vorher* gegeben, und jetzt gab es ein *Nachher.*« Die Akteure wussten zu dem Zeitpunkt nicht recht, was geschah, aber sie merkten, dass das Spiel neue Regeln hatte. Nur Inhalte, die intensive emotionale Reaktionen hervorriefen – wie Angst, Verachtung oder Wut – breiteten sich aus. Der Algorithmus »eröffnete den extremsten Inhalten eine Überholspur«, und die Parteien mussten erkennen: »Wenn der Bürger an die Wahlurne tritt, hat Facebook längst gewählt.«[99]

Wegen dieser Erkenntnisse beschloss die EU im Jahr 2022 das *Gesetz über digitale Dienste.* Es sieht unter anderem die einklagbare Verantwortung der Plattformen für die Löschung von Desinformationen vor und eröffnet Wissenschaftlern und zivilgesellschaftlichen Gruppen erstmals in der Geschichte ein Auskunftsrecht über ihre gespeicherten Daten. Kein anderer Wirtschaftszweig verfügt über einen derartigen Einfluss wie die Social-Media-Plattformen: Sie werden von vielen genutzt, aber die wenigsten wissen, wie diese Systeme technisch funktionieren und welche Folgen die Nutzung haben kann. Das EU-Gesetz machte deutlich, dass Technologien, die in und von der Demokratie leben wollen, auch deren Regeln befolgen müssen. Viele Unternehmen sehen in der Forderung nach Transparenz eine Zumutung, schreibt Haugen. Doch wie viel besser wären sie »aufgestellt, wenn sie Transparenz als strategischen Vorteil betrachten würden?«[100] Viele der EU-Parlamentarier begriffen erst durch die Veröffentlichung der *Facebook Files* die Notwendigkeit eines solchen Gesetzes. Durch die Nichtzulassung von Kontrollen hatte Facebook den eigenen Niedergang provoziert. Umso erstaunlicher, dass Facebook nicht aus dieser Erfahrung lernte und heute erneut auf eine unmoderierte Plattform setzt.

Haugen schließt ihren Bericht mit einigen allgemeinen Überlegungen zur Prävention. Bei den Anhörungen im US-Kongress hatten einige Republikaner Haugens Enthüllungen mit der Bemerkung eines »tragischen Konflikts zwischen Redefreiheit und Sicherheit« kommentiert. Sie antwortete den Senatoren, dass es zahlreiche Möglichkeiten gebe, die Social-Media-Plattformen sicherer zu machen, ohne sie zu zensieren. Man könne etwa verhindern, dass Algorithmen den »extremsten und spaltendsten Inhalten die größte Reichweite verschaffen«. Dieses Ziel lasse sich auch durch eine andere Ausbildung der Programmierer erreichen. Da sich die Curricula für Informatik auf die technischen Fächer konzentrierten, bleibe den Studierenden keine Zeit für Lehrveranstaltungen der Sozial- und Geisteswissenschaften. Haugen empfiehlt den Hochschulen, die Engineering-Curricula um Lehrveranstaltungen der *humanities* zu erweitern.[101] Zu einer ähnlichen Schlussfolgerung waren schon die Alliierten nach dem Sieg über den Nationalsozialismus gekommen. Auf ihre Veranlassung wurde in den Gründungsstatuten der Technischen Universität Berlin festgehalten, dass Technik- und Ingenieurswissenschaften nicht ohne die Begleitung von Geisteswissenschaften gelehrt werden sollen. Offenbar hatten sie erkannt, dass reine Technikgläubigkeit Geburtshelfer bei der Entstehung des totalitären Staates gewesen war.

Ihr eigenes Bedürfnis, mit anderen Fächern in Berührung zu kommen, hatte Haugen auch deshalb entwickelt, weil sie als Frau in der Tech-Branche völlige Außenseiterin war. Als sie 2006 bei Google anfing, waren weniger als 13 Prozent der Mitarbeiter im technischen Bereich weiblich, die meisten Frauen waren im Sales-Team oder im Marketing beschäftigt; unter den Programmierern gab es so gut wie keine Frauen.[102] Das ist umso erstaunlicher als das Informatik-Studium noch in den 1980er Jahren den für ein Ingenieurstudium ungewöhnlich hohen Frauenanteil von zwanzig Prozent aufwies. Zehn Jahre später war dieser Wert radikal gesunken, was wenig mit einem sinkenden Interesse der Frauen, wohl aber mit der Einsicht in die Bedeutung der Branche zu tun hatte: das übliche Signal für eine männliche Machtübernahme.[103] Für die zu Haugens Zeit überwiegend männlichen Studierenden des Fachs waren Frauen in den Lehrveranstaltungen »Fremdkörper«. Als Haugen dieselbe Erfahrung bei Google machte, war das »ein schriller Weckruf, weil ich bis dahin noch nie zu spüren bekommen hatte, wie es sich anfühlt, ständig sexualisiert zu werden. Ich hatte noch nie das Gefühl gehabt, als Objekt gesehen zu werden.«[104]

Hinzu kommt, dass die Tech-Branche, wie ein großer Teil der modernen Wirtschaft, in kurzfristigen Kategorien denkt. Silicon Valley gilt als der moderne Wilde Westen, wo das schnelle Geld gemacht wird. Diese Vorstellung konditioniert die Leute »darauf, sich nur innerhalb von zwei bis drei Jahren realisierbare Dinge« vorstellen zu können. Haugens Blick in die Wirtschaftstheorie, das Erkennen größerer ökonomischer

Zusammenhänge, ein Curriculum in »Cold War Studies«, wo sie Widerstandsformen von Frauen gegen Kriegshetze und -übungen kennenlernte, wie auch die Wissenschaftstheorie, die Erhellendes über den Genderbias in den Wissenszweigen zu sagen hat, öffneten Haugen die Augen für die Verhältnisse bei Facebook. »Ohne dieses Studium und das in den Geisteswissenschaften verankerte kritische Denken, das ich dabei entwickelte, hätte ich nicht verstehen können, welch ein toxischer Einfluss das Verbreiten von Desinformation sein kann.«[105]

Allerdings: Wer einen Facebook-Account öffnet, tut dies freiwillig. Es war die Freiheit des Einzelnen, die den Weg ebnete für die Demagogen und Populisten des 20. und des 21. Jahrhunderts. Was bedeutet unter diesen Bedingungen Hannah Arendts Forderung nach der »Freiheit, frei zu sein«? Der Essay, der 2018 unter diesem Titel veröffentlicht wurde, erschien posthum, geschrieben wurde er um 1967.[106] Mit »Freiheit« meinte Arendt, dass ein Leben ohne Ketten und ökonomische Abhängigkeit die erste Voraussetzung dafür sei, frei denken und entscheiden zu können. »Nur diejenigen, die die Freiheit von Not kennen, wissen die Freiheit von Furcht in ihrer vollen Bedeutung zu schätzen, und nur diejenigen, die von beidem frei sind, von Not wie von Furcht, sind in der Lage eine Leidenschaft für die öffentliche Freiheit zu empfinden.«[107] Die Bevölkerung von Myanamar, die Rohingya verfolgte und ermordete, verfügte nicht über diese Freiheit. Mangels anderer Informationsquellen hielt sie eine in Facebook veröffentlichte Falschmeldung für eine objektive Nachricht. Aber galt dies auch für die US-Bürger, die sich am 6. Januar 2021 am Sturm aufs Kapitol beteiligten? Sie lagen nicht an Ketten, standen in keiner ökonomischen Abhängigkeit. Wenn überhaupt, waren sie psychisch abhängig, insofern sie den Informationen *glaubten*, die man ihnen zugespielt hatte: Viele dieser Bürger waren, wie die späteren Verhöre zeigten, überzeugt, ihr Land sei tatsächlich in Gefahr, und sie empfanden es als ihre patriotische Pflicht, den Kongress, Symbol amerikanischer Souveränität, zu »verteidigen«.[108]

Von der Französischen Revolution sagte Hannah Arendt, sie sei »aufs Jämmerlichste gescheitert«: Zwar habe sie »die Armen aus der Verborgenheit« geholt, doch nicht für die Gleichheit der Menschen gesorgt. Die russische Revolution habe statt politischer Mündigkeit den Terror hervorgebracht. Im Gegensatz dazu, so Arendt, sei die Amerikanische Revolution »ein triumphaler Erfolg« gewesen; allerdings habe sie sich auf die »lokale Ebene« beschränkt. Kann man diesen Einschätzungen heute noch folgen? Erstens ist der amerikanische Liberalismus heute keineswegs auf die lokale Ebene beschränkt. Und zweitens ist es gerade der Glaube an einen »öffentlichen Raum der Freiheit«,[109] der es heute dem amerikanischen Kongress schwer bis unmöglich macht, die Mechanismen der Meinungsmanipulation einzuschränken.[110] Wenn selbst erfahrene EU-Politiker nicht verstehen, warum nicht ihre politischen Programme, sondern emotionale Nachrichten verbreitet werden und auf große Resonanz stoßen – wie kann man dann von den Wählern erwarten, das System zu durchschauen? Was Arendts Essay *Die Freiheit, frei zu sein* jedoch beweist: In den gut fünfzig Jahren seit der Niederschrift hat der Begriff der »Freiheit« eine vielfältige – oft willkürliche – Bedeutung angenommen. Und mit ihm auch der Begriff der »Wirklichkeit«. Verwies dieser einst auf das empirisch Erfassbare oder wissenschaftlich Nachweisbare, so rückt er nun zunehmend in den Bereich der subjektiven Wahrnehmung.

Affekt und Technik

In der psychologischen Therapie des 19. Jahrhunderts diente die »Suggestion« dem Ziel, verborgene und verdrängte Wahrheiten ans Licht zu bringen. Dank ihr, so der französische Neurologe Hippolyte Bernheim (1840–1919) erübrige sich die Hypnose: Gedanken und Gefühle könnten auch direkt, ohne Vermittlung von einem Unbewussten zum anderen weitergegeben werden. Unter den Zeitgenossen Bernheims gab es viel Widerstand gegen seine Thesen, doch er konnte zeigen, dass Charcots hysterische Patientinnen alle dieselben Symptome entwickelten (Symptome, die sie nachher und bei anderen Therapeuten nicht wieder zeigten), weil sie einer Suggestion des »Meisters« erlegen waren.[111] Charcot, der seine Patientinnen während ihrer Anfälle gerne fotografieren ließ und aus ihren Posen ein Lehrgebäude zimmerte, musste nur noch die Fotoapparate und Leuchtkörper auffahren lassen, damit der Anfall einsetzte.[112]

Mit solchen Erkenntnissen über Massenhypnose gewann der Begriff der Suggestion eine politische Dimension. Sprach Le Bon noch von »psychischer Ansteckung«, also in Kategorien von Krankheit, so erschien die »Suggestion« nun wie ein Zustand, der jede große Menschenmenge erfassen konnte. »Was im Falle des Individuums zuvor als irrationale Abweichung und monströse Ausnahme angesehen worden war – Perversion, Nervenschwäche, Barbarei – erschien für die modernen Massen ganz regulär; die Unvernunft und Triebhaftigkeit des Einzelnen wiederum wurden zum Ausdruck seines aufscheinenden Massencharakters.«[113] Die Vorstellung einer kollektiven Suggestion wurde prägend für eine Interpretation des Faschismus, die bis heute hohen Kurs hat. Allerdings haben sich die Vorstellungen vom *Motor* der Suggestion geändert: Ging man früher von einer Führerfigur aus, so ist heute von der Suggestivkraft der Technik die Rede. Haugen zeigte dies am Beispiel von Facebook.

Mit der Künstlichen Intelligenz verstärkte sich diese Entwicklung. Andrew McStay, der an der britischen Bangor Universität ein Laboratorium für »KI-Emotionen« leitet, prägte den Begriff der »empathischen Medien«. Er verwendet »Empathie« nicht im Sinne von »Mitgefühl«, sondern eines »interpretativen Akts«.[114] Die moderne Gesellschaft habe es mit digitalen Assistenten zu tun, »die nicht nur verstehen, was wir sagen, sondern auch wie wir es sagen«; sie stellten Informationen über das bereit, »was unsere Aufmerksamkeit erregt«.[115] Zu den Fähigkeiten der KI gehöre nicht nur das Lesen von Worten und Bildern, sondern auch das Erkennen von Mimik, Blickrichtung, Gestik, Stimme, Herzschlag, Körpertemperatur usw. Unsere »Körper und Emotionen sind maschinenlesbar geworden«.[116] Dieses *»affective computing«* erfasst Körpersignale und verschafft so Einblicke in die Psyche eines Menschen. Mittlerweile wird die Technik bei Entscheidungen über die Einstellung von Mitarbeitern eingesetzt; auch Bewegungsprofile der Angestellten lassen sich damit erstellen.[117] KI kann Emotionen nicht nur lesen, sondern auch *reproduzieren*, indem sie konstatiert, welcher Art von »Fütterung« die Psyche bedarf.[118] Da die Speicherkapazitäten von KI die des menschlichen Gedächtnisses weit übersteigen, kommt McStay zum Schluss: Verhaltensökonomie, neurologische Erforschung von Konsumverhalten und die Ergebnisse der empathischen Medien lassen das »Argument der freien Wahl« so verdächtig aussehen wie noch nie.[119]

Das Potenzial von digitaler Technik und Künstlicher Intelligenz ist kaum umfassend zu beschreiben. Einerseits bieten sie durch bisher unbekannte Möglichkeiten der zwischenmenschlichen und maschinellen Vernetzung einen unbestreitbaren Gewinn für den Zugang zu Wissen und damit auch für demokratische Verhältnisse und soziale Gerechtigkeit. Insofern rechtfertigt diese Technik den Begriff Revolution. Der uralte Menschheitstraum einer völligen Erfassung des Wissens scheint Wirklichkeit zu werden. Andererseits basiert das so erzeugte Wissen auf menschengemachten Vorgaben, es beschränkt sich also auf das, was bisher für wissenswert gehalten wird und erhöht nicht unbedingt die Bereitschaft, neue Erkenntnisse zu generieren. Die Gefahr ist, dass bestehendes Wissen die Suche nach neuem Wissen »kanalisiert«, in bestimmte Bahnen lenkt. Außerdem ist es auch jetzt schon so, dass sich Fehler in KI-generiertem Wissen eingeschlichen haben, die nun wiederum von KI abgerufen werden und allmählich in den festen Wissensbestand einfließen. Solche Vor- und Nachteile sind bekannt. Hier interessiert vor allem der Einfluss, den diese neuen Kulturtechniken auf das Unbewusste hat.

Auf die Frage, ob KI ein Unbewusstes hat und wenn ja, wie sich dieses vom menschlichen Unbewussten unterscheidet, lieferte ChatGPT selbst die Antwort, dass das Unbewusste ein

Subjekt voraussetze, das denkt, fühlt und erlebt. Es sei dynamisch und unberechenbar. KI dagegen fehle sowohl die Subjektivität als auch die emotionale Erfahrungswelt. Zwar würden die undurchschaubaren Prozesse der KI oft als »unbewusste Vorgänge« wahrgenommen, in Wirklichkeit handle es sich aber nur um »komplexe, schwer nachvollziehbare Datenverarbeitungen und Algorithmen«. Diese zugrunde liegenden Daten können als eine Art »versteckter Einfluss« angesehen werden, der das Verhalten der KI prägt, ohne dass KI dies »bewusst« steuern könne. Ein Unbewusstes setze zwingend die Existenz eines Bewusstseins voraus, über das KI nicht verfüge. Die technisch generierte Antwort, hier gekürzt zusammengefasst, ist richtig. Was allerdings übergangen wird, ist die Tatsache, dass KI zwar kein Unbewusstes hat, aber auf die Psyche, die Wahrnehmung, das emotionale Befinden, kurz, auf das Unbewusste des Menschen einwirkt.

KI verwandelt Sprache in Zahlen – und umgekehrt. Die Sprache, so erkannte Freud, ist der direkteste Kanal zu unserem Unbewussten: Sie ermöglicht unseren verborgenen Wünschen, »ans Licht« zu kommen. Eben deshalb bietet sie aber auch den unmittelbarsten *Zugang* zum Unbewussten. Wer die Sprache »mathematisieren« kann, wie Castoriadis die geistige Kartographie nennt,[120] der hat auch Zugang zu dieser Sphäre, die sich dem Bewusstsein entzieht. KI fehlen viele der Qualitäten, die die Sprache des Unbewussten kennzeichnen. Der Philosoph David Lauer hat diese Defizite am Beispiel von ChatGPT benannt; sie gelten auch für andere Systeme wie DeepSeek. Die Tatsache, dass das Sprachsystem sein Wissen aus dem im Netz gespeicherten Datenreichtum bezieht, erkläre zwar seine Fähigkeit, kohärente Sätze zu bilden, impliziere aber auch die Weitergabe von Vorurteilen. So extrapoliere es aus den im Netz gespeicherten Daten, dass »a nurse« fast immer eine Frau und »a CEO« fast immer ein Mann ist. Im Jahr 2021 bezeichneten Kritiker in einer Studie zu Künstlicher Intelligenz diese Sprachsysteme als »stochastische Papageien«.[121] Sam Altman, der CEO von Open AI, erklärte daraufhin, er sei ebenfalls ein stochastischer Papagei, denn auch der Mensch rufe seine Worte aus einem Sprachschatz ab, der in ihn eingespeist wurde. Damit griff er jedoch zu kurz.

Denn das Gehirn vermag, so Lauer, mehr als nur Worte und Fakten wiederzugeben: Es produziert Bedeutungen. Das impliziert, dass es erstens diese Worte mit einer Absicht verbindet, zweitens das Umfeld einbezieht und drittens über eine Selbstrepräsentation verfügt. Das Gehirn erkenne auch, dass es von Systemen umgeben ist, die über ähnliche Fähigkeiten verfügen. Ohne diese Faktoren sei ein Text oder eine Aussage nicht »grounded«, geerdet. Man könnte auch sagen: in der analogen Welt verankert. Zu diesen bestimmenden Faktoren, so Lauer, komme die Verantwortung hinzu. Ein Mensch werde erst dann zum Autor eines Textes oder einer Aussage, wenn er die Verantwortung für das Gesagte/Geschriebene übernimmt. Das schaffe Vertrauen. Mit anderen Worten: Maschinen können nicht vertrauenswürdig sein oder Vertrauen herstellen, weil sie keine Verantwortung übernehmen.[122] Die Frage der Verantwortung ist zurzeit auf vielen Gebieten der Künstlichen Intelligenz umstritten. So ist bei selbstfahrenden Autos bis heute ungeklärt, wer bei einem Unfall zur Rechenschaft gezogen wird: der Fahrer, der Programmierer oder der Hersteller des Wagens.

Ein anderes Thema ist das Verhältnis von Technik und Affekt. Hatte schon die Genetik den Gegensatz zwischen Kultur und Natur zum Verschwinden gebracht,[123] so erreicht nun die Verschaltung von Körper und Maschine, etwa durch Brain-Computer-Interfaces (BCI), den Effekt, dass die Grenze zwischen Gehirn und Computer fließend wird. »Dann hat man das, was als Bluetooth für das Gehirn bezeichnet wird.«[124] Dieselbe Technik kann auch Gehirne untereinander verschalten; die Maschine funktioniert dann ähnlich wie das Unbewusste, das sich durch die Suggestion mit einem anderen Unbewussten verbindet. Das impliziere, so die Zukunftsprojektion, eine wachsende Angleichung von Gehirn, Psyche und Kreativität der User. Die Nationalsozialisten verwendeten den Begriff der »Gleichschaltung« für die willkürliche Einsetzung von NS-Landesregierungen, die Ausschaltung von Oppositionellen, die Errichtung des Einparteienstaates, die »Arisierung« von Wirtschaft und Privateigentum, die Kontrolle des Alltagslebens und die Kontrolle über Presse, Film und Rundfunk. Man zögert deshalb, den Begriff der »Gleichschaltung« auf die Auswirkungen der sozialen Medien und der Künstlichen Intelligenz anzuwenden: Der computergenerierte Angleichungsprozess wird nicht über Terror bewirkt, sondern über Freiwilligkeit und (meistens) im Rahmen eines Rechtsstaats. Dennoch liegt der Begriff nahe, wenn es um die Verschaltung von Technik und Affekt oder um die Angleichung individueller Gehirne und emotionaler Prozesse geht. So wie die durch Künstliche Intelligenz erzeugten Bilder oft nicht von »realen« Fotos zu unterscheiden sind, wird auch immer weniger auszumachen sein, ob der Affekt eines Menschen von der Technik bewirkt wurde oder der individuellen

Biographie geschuldet ist. Zugleich wird die Unterscheidung zwischen analoger und digitaler Welt erschwert. Anfang 2024 erhielt zum ersten Mal ein in der Mobilität eingeschränkter Patient ein digitales Implantat, mit dem er Bewegungen geistig steuern konnte. Vorläufig dienen solche Techniken der Behebung von Behinderungen, aber die Neuerungen haben schon längst Spekulationen über eine potenzielle psychologische und politische Steuerung von Menschen ausgelöst.

Die Medienwissenschaftlerin Marie-Luise Angerer überlegt deshalb, ob es nicht an der Zeit sei, »die Frage nach Begriffen wie dem Unbewussten neu zu stellen und sich zu fragen, ob dieses in einem technologischen Kontext mit nonhumanen Mitspielenden andere Aufgaben und Funktionen übernimmt.« Bis weit ins 20. Jahrhundert hinein, so schreibt sie, sei das Verhältnis zwischen Mensch und Maschine »vom Menschen aus gedacht und konzipiert« worden, dann habe eine Umkehrung dieser Beziehung stattgefunden: »Der grundlegende Tenor lautet dabei, dass Maschinen ihre ›Grammatik‹ den Menschen aufzwingen bzw. dass sich deren Fähigkeiten zunehmend ›maschinisieren‹«. Mit der heutigen »Interpenetration« von Mensch und Maschine stelle sich nun jedoch »die explizite Frage nach der Verbindung zwischen unbewusst agierenden Technologien und den Menschen sowie nach deren Anpassung an diese Technologien«.[125] Mit unbewusst agierenden Technologien meint Angerer offenbar eine Technologie, die sich ihrer selbst nicht bewusst ist. Aber ist dies die Definition des Unbewussten?

Bis heute bleibt die Frage ungeklärt, was Bewusstsein ist und ob es auf dem Körper oder anderen materiellen Voraussetzungen basiert. Dem entspricht die Undefinierbarkeit des

Unbewussten. Für Freud war es das aus dem Bewusstsein Verdrängte. Damit definierte er umgekehrt Bewusstsein als das, was ohne »Hilfsmittel« wie Versprecher, Fehlleistung oder Traum abrufbar und formulierbar ist. Nach Freud wäre Bewusstsein also das, was ein Individuum einem anderen oder sich selbst sprachlich (in mündlicher, schriftlicher oder auch künstlerischer Form) mitteilen kann. Doch diese Korrelation von Bewusstsein und Unbewusstem wurde schon in den 1920er Jahren angezweifelt, und die Zweifel haben seither zugenommen.

Für die Einbindung des Menschen in das technische Umfeld verwendet Angerer den Begriff des »Nichtbewussten«. Sie beschreibt damit eine reziproke Verbindung, bei der einerseits »eine technische Intervention in sinnliche Wahrnehmung und Empfindung« überführt wird, und andererseits »eine neue Ebene von organischer und technischer Taktung« entsteht.[126] Diese Angleichung von Körper und Medium ist allerdings nicht neu. Wie beschrieben, fand sie auch schon mit der Einführung der Schrift, des Geldes und der mechanischen Uhr statt: Jede dieser menschengeschaffenen Techniken brachte nicht nur neue Körperwahrnehmungen hervor, sondern schuf auch faktisch veränderte Körper. Der Mensch, der sich und seine Gefühle dank der Schrift verewigen konnte, unterschied sich deutlich von dem, der seine Gedanken, Gedichte oder auch das Wissen um die eigene Herkunft der mündlichen Weitergabe anvertraute. Der Mensch, der ohne Geld mit anderen Menschen verkehrte, war ein anderer als der, der dem gemeinschaftsbildenden Kommunikationsmittel Geld seine sozialen Beziehungen überantwortete. Der Mensch, der vor der Erfindung der mechanischen Uhr lebte, war ein anderer als der, der seinen Alltag an ihren gleichbleibenden Stunden ausrichtete. Jede dieser Techniken schrieb sich, auf je eigene Weise, dem Körper und dem psychischen Apparat des einzelnen Menschen ein, ohne dass sich dieser des Eingriffs bewusst war, geschweige denn dagegen auflehnte. Auch hier handelte es sich also schon um Medien der »Interpenetration« von Mensch und Technik.

Dennoch liegt die Frage nahe, ob oder wie die Künstliche Intelligenz das Unbewusste verändert. Um dieser Frage nachzugehen, sei zunächst KI definiert: Es handelt sich um ein in Software geladenes neuronales Netzwerk, für das die Biologie Modell stand, das jedoch nicht über die Lernfähigkeit unserer neuronalen Systeme verfügt. Das System bedeutet einerseits einen weiteren Schritt bei der »Besetzung des Unbewussten«. Wurde im Faschismus ein bereinigtes, transformiertes und gelenktes Unbewusstes, eben das »sekundäre Unbewusste«, durch Reglementierung, Propaganda und Angst bewirkt, so übernimmt heute die Technik diesen Angleichungsprozess. Andererseits steht die Freiwilligkeit im Vordergrund. Anders als in autokratischen Systemen geht die Angleichung mit dem Anspruch auf Selbstermächtigung und Selbstverwirklichung einher. Mit der Aussage, dass alles, was die User auf der Plattform zu sehen bekommen, ihren »eigenen Entscheidungen und Aktionen« unterliegt, bietet Facebook die paradigmatische Gestalt dieses selbstbestimmten Vorgehens, das sich auch als »Diktatur der Freiwilligkeit« beschreiben ließe. Was die Inhalte von KI betrifft, ist es mit der Freiwilligkeit allerdings nicht weit her. Sie kann nur ausspucken, was in sie eingespeist wurde. Die Fehleranfälligkeit von KI ist oft nur durch die Kontrolle von Menschen zu korrigieren, und da ein Gutteil von KI durch KI-generierte Daten gefüttert wird, potenziert sich diese Fehleranfälligkeit.

Die generative Künstliche Intelligenz wird von Menschen mit Bewusstsein und Willen gesteuert. Sie selbst hat keine Gefühle, ebenso wenig wie Bewusstsein und Unbewusstes, und sie ist auch nicht fähig zur Selbstreflexion. Selbstironisch kann KI nur sein, wenn sie den Befehl dazu erhält. Allerdings ist sie darauf angelegt, die menschlichen Gefühle zu steuern und sogar zu imitieren. Es gibt Versuche, ihr den Anschein von Gefühls- und Bewusstseinsfähigkeiten zu verleihen – die Robotik mit ihrem Tast- und Sehsinn leistet ihren Beitrag dazu. Weil KI auf der Ebene der Freiwilligkeit funktioniert, erweckt sie den Anschein von Vertrauen. Wie alle früheren Kulturtechniken ist und bleibt sie jedoch ein Medium des Glaubens.

Das Unbewusste im Dienst der freiwilligen Diktatur

Die Unterschiede zwischen den beiden Arten des Unbewussten – der des Glaubens und der des Vertrauens – sind an psychisch existenziellen Faktoren ablesbar. Etwa dem Ende des Lebens. Das menschliche Unbewusste kennt den Tod nicht. Genauer: Es kennt nicht das Nichts. Im psychoanalytischen Prozess tritt zwar die Angst vor dem Tod zutage, auch die »Trauerarbeit« beim Tod anderer. Doch der Tod selbst ist nicht repräsentierbar. Niemand träumt den eigenen Tod. Dagegen geht das Unbewusste des Glaubens bewusst und geplant mit Tod und Endlichkeit um. Anders sind weder der Transhumanismus-Hype des Silicon Valleys noch die Avatare zu erklären, die für die Illusion eines »Weiterlebens« der Verstorbenen sorgen.

Bei den »Grief Techs« (Trauertechniken) speichern Firmen wie *HereAfter AI* (Jenseits KI) die Aussagen und Erzählungen von Menschen, die nach ihrem Tod von Nachfahren und Freunden abgerufen werden können. Dem Sterblichen verschaffen Avatare digitale Unendlichkeit (soweit die Nachfahren ans Update der Software denken), und den Hinterbliebenen bieten sie die Möglichkeit, den Verstorbenen »unter den Lebenden« zu halten. Die Anbieter der Technik »versprechen, was gefühlt nicht versprochen werden dürfte: sich niemals wieder verabschieden zu müssen«.[127] Die Firma *You, Only Virtual* (Du, nur virtuell) bieten sogar an, von den Verstorbenen angerufen zu werden und mit ihnen zu chatten. Voraussetzung ist Datenmaterial zur Person, an die erinnert werden soll. Da die KI nicht nur in der Lage ist, Texte in der Originalstimme des Toten zu generieren, sondern auch Fotos der Person so zu bearbeiten, dass sich Lippen und Mimik synchron zum Gesagten bewegen,[128] fehlt wenig, um den Eindruck vollständiger Präsenz zu erwecken. Zugleich können den Verstorbenen Dinge »in den Mund gelegt« werden, die sie nie geäußert haben. Es gibt keine postmortalen Persönlichkeitsrechte wie den Datenschutz. Denkbar sind auch »lebensechte« Auftritte von verstorbenen Demagogen wie Stalin oder Hitler, deren Aussagen, auf aktuelle Situationen zugeschnitten, populistischen Bewegungen Schützenhilfe leisten.

Die »Medien« des 19. Jahrhunderts boten ihren Anhängern die Kommunikation mit dem Jenseits an »rückenden Tischen«; die Medien des 21. Jahrhunderts realisieren sie auf jedem Bildschirm oder auch dreidimensional als Hologramm. Popgruppen wie *Abba* schicken heute ihr Abbild aus dem Jahr 1979 als Hologramm auf Tournee. »Medium« bedeute im

19. Jahrhundert die Vermittlung zwischen den Lebenden und den Verstorbenen; heute verschwimmt die Grenze zwischen Vergangenheit und Jetzt, zwischen Diesseits und Jenseits. Hinzu kommt, dass bis Ende des 21. Jahrhunderts auf Facebook oder X, ehemals Twitter, mehr Profile von Toten als von Lebenden liegen werden und dass dieses kollektive Gedächtnis zwei Unternehmen gehört, die sich so reale Biographien einverleiben.[129] Das bedeutet, dass sich das unter medialem Einfluss entstandene »sekundäre Unbewusste« aus dem »Material« des traditionellen Unbewussten speisen wird. Es geht also um mehr als eine Nachahmung des Unbewussten. Das sekundäre Unbewusste der Zukunft wird über viele »echte« Anteile verfügen und damit den Abstand zum »ursprünglichen« Unbewussten verringern.

Nicht nur Verstorbene, auch Lebende werden digital ersetzt. KI sorgt im Bereich der Influencer, die selbst schon ein Produkt der digitalen Kultur sind, für beträchtliche Unruhe. Schon jetzt stehen digitale Influencer bei großen Firmen wie Chanel, Calvin Klein oder Levi's unter Vertrag, ihre Agenturen kooperieren mit Zeitschriften wie *Vogue* und *Cosmopolitan*. Bei »Lil Miquela« handelt es sich zum Beispiel um einen Avatar, der aus den weiblichen Schönheitsidealen asiatischer, afroamerikanischer und europäischer Kulturen synthetisiert wurde und seinen Erfindern Gagen im vierstelligen Bereich sichert. Im Gegensatz zu »realen« oder analogen Influencern haben die digitalen Konkurrenten einen entscheidenden Vorteil: »Sie werden nicht müde, haben keine Allüren und altern nicht.« Sie lassen alle Nachteile der Endlichkeit hinter sich. Auch funktionieren sie »auf Knopfdruck. Pose, Frisur, Hautfarbe, das lässt sich alles am Bildschirm korrigieren, wie ein Neuwagen im Autohaus. KI killt den Social-Media-Star«.[130]

Allerdings kostet die Herstellung dieser Influencerinnen viel Geld. Um »Noonoouri«, eine der einflussreichsten der KI-generierten Influencerinnen, zu erschaffen, war ein Team von mehr als zehn Mitarbeitern monatelang beschäftigt. Dabei ist »Noonoouri« gar kein reines KI-Produkt. Sie ist das weibliche Alter-Ego ihres Schöpfers Jörg Zuber, dessen Körper, Bewegungen, Mimik auch als Vorlage herhielten. Zuber sagt von sich selbst, er sei in seiner Kindheit immer sehr schüchtern und unkommunikativ gewesen und habe sich diese Art von sozialer Kompetenz gewünscht und sie dann eben digital hergestellt. Inzwischen singt Noonoouri auch, obwohl sie zu Anfang gar keine Stimme hatte, und steht bei Warner Brothers unter Vertrag. Auch hier hielt die Stimme des Schöpfers für die Stimme her. Er kann zwar nicht singen, aber es genüge das »bisschen Reale«; den Rest besorgte KI. Mit anderen Worten, der Erfolg von Noonoouri basiert auf der Mischung von Realem und KI-Generiertem. Wenn Figuren komplett KI-generiert sind, haben sie nur dann Erfolg, wenn sie dies nicht zu verbergen versuchen, also offensichtlich künstlich sind.

Ein weiterer existenzieller Faktor betrifft das Verhältnis von Kollektiv und Individuum. Das Unbewusste, von dem die Psychoanalyse berichtet, entsteht in Abgrenzung gegen das Kollektiv: Würde es mit den Strömungen der Zeit übereinstimmen, müsste es nicht ausgegrenzt und verdrängt werden. Das sekundäre Unbewusste der Medien dagegen befindet sich in Übereinstimmung mit den kollektiven Entwicklungen der Zeit. Diese Kongruenz verstärkt ihrerseits die Wirkmacht der digitalen Technologien. Der Like-Button zum Beispiel dient nicht nur dem Zweck, die User auf der Plattform zu halten, er trägt auch dazu bei, sie zu durchleuchten. »Laut einer Cambridge-Studie braucht es nur 150 Likes, dann kennt Facebook den User besser als dessen Mutter ihren eigenen Sohn. Bei zehn Likes besser als der Arbeitskollege. 70 Likes reichen, um anhand der Kriterien der ›Big Five‹ ein komplettes Persönlichkeitsprofil zu erstellen, das die Grundlage bildet für nahezu alle Algorithmen, die unser Verhalten ausforschen und vorhersagen wollen.«[131] So der Psychologe Johannes Hepp, der sich mit den Auswirkungen der Medien beschäftigt hat.[132] Mit diesen *freiwillig bereitgestellten* Daten werden Dating-Portale gefüttert, politische und wirtschaftliche Profile ermittelt, und sie zeigen an, welche Gefühle und »Neurosen« zusätzlich befeuert werden könnten. Angeblich hat der Erfinder des Like-Buttons inzwischen schlaflose Nächte wegen der Auswirkungen seiner Innovation.[133]

Auch das Gedächtnis ist ein existenzieller Faktor der Unterscheidung zwischen den verschiedenen Arten des Unbewussten. Wir sind nicht nur Träger persönlicher Erinnerungen, sondern auch ausgestattet mit kollektiver Erinnerung, die Kultur und Evolution uns vermittelt. Obwohl KI über eine unfassbar große Speicherkapazität verfügt, vermag sie es nicht, mit der Präzision unseres Gehirns zwischen dem zu unterscheiden, was gerade relevant ist, und dem, was im Moment vergessen werden kann. Zugleich wirken die digitalen Medien aufs Gedächtnis ein. Schon ein klassisches Medium wie der Film bewirkt, dass fiktionalisierte Darstellungen historischer Persönlichkeiten oder Ereignisse tatsächliche historische Erinnerungen, auch die von Zeugen, verdrängen und überlagern. Fiktionale Darstellungen geben die Ereignisse verdichtet wieder und laden sie zugleich emotional auf. Damit prägen sie sich oft effektiver ein als die vielseitigen Facetten der Wirklichkeit. Für das Gehirn ist die Wahrheit »sekundär«, sagt der Biopsychologe und Hirnforscher Onur Güntürkün, es kümmert sich nicht um die Unterscheidung zwischen real und fiktiv.[134] Diese Eigenschaften gelten erst recht für die digitalen Techniken, die in der Lage sind, »realen« Personen Aussagen in den Mund zu legen, die diese nie getätigt haben, und »wirkliche« Orte mit Ereignissen und Handlungen zu verbinden, die dort nie stattfanden. Hinzu kommt die erhöhte Multiplikationsfähigkeit digitaler Techniken. Indem sie ihre »Wahrheiten« oft wiederholen, stellt sich das ein, was Wissenschaftler des Londoner University College als »illusorischen Wahrheitseffekt« bezeichnen.[135] Der Begriff besagt, dass Nachrichten, die Probanden besonders häufig gehört oder gelesen haben, für sie an Glaubwürdigkeit gewinnen und sie deshalb eher dazu tendieren, sie weiterzugeben. Die rasche Zirkulation von gefälschten Nachrichten erklärt sich nicht zuletzt durch diesen Effekt.

Während der Corona-Lockdowns und der Verlagerung der Kommunikation ins virtuelle Feld besetzten die digitalen Techniken zunehmend Lebenszeit. Das hatte Folgen für die Psyche und den Körper, aber auch Auswirkungen auf die zwischenmenschliche Kommunikation. So wies eine Gruppe von Wissenschaftlern und Wissenschaftlerinnen aus Israel, Finnland, Kanada und den USA unter der Leitung der Neurobiologin Ruth Feldman nach, dass der technologisch moderierte Austausch im Vergleich zum direkten erstens erschöpfender ist (»Zoomfatigue«) und zweitens erheblich weniger Informationen passieren lässt. »Im Gegensatz zu den 9 ›synchronisierten‹ Verbindungen, die während der Live-Interaktion beteiligt waren, verband nur 1 Verbindung die beiden Gehirne während der Videochat-Kommunikation.«[136] Insgesamt haben die Ergebnisse gezeigt, »dass die Konnektivität zwischen den Gehirnen deutlich abnimmt, wenn die Interaktionen durch Technologie moderiert werden«.[137] Die Forschungsgruppe hob die Risiken hervor, die die technologisch assistierte Kommunikation für Heranwachsende und die Entwicklung »ihrer Fähigkeit zu Empathie und Zusammenarbeit« mit sich bringe.[138] Man kann das Problem auch anders formulieren: Die Informationen, die durch die technologischen Kanäle geleitet werden, gehören in den Bereich des Bewussten. Auf der Strecke bleiben dagegen die unbewussten Mitteilungen – dabei sind sie der entscheidende Faktor für die zwischenmenschliche Kommunikation. Dieses Problem wird besonders relevant, wenn es zur Psychotherapie per KI kommt.[139]

Die Hirnforscherin Frederike Petzschner kam zum Ergebnis, dass die sozialen Medien nicht nur durch die Technik, sondern auch durch ihre Inhalte auf die Strukturen des Gehirns einwirken. Sie nennt TikTok, das im Januar 2024 1,56 Milliarden Nutzer zählte (rund 14 Prozent der Weltbevölkerung),[140] das »größte Experiment der Menschheitsgeschichte«.[141] Was die User von TikTok auf der Plattform halte, sei der massive Dopamin-Ausstoß, der weit höher sei als bei anderen Befriedigungen wie Sex oder gutem Essen. Dieses Dopamin wird aber nicht als Reaktion auf den Effekt ausgeschüttet, sondern in *Erwartung* des Effekts. Die User bindet an die Plattform, dass sie nicht wissen, welche unvorhergesehene Neuigkeit sie erwartet; es ist die Überraschung, die bannt. Immer kürzere Video-Ausschnitte verstärken den Effekt; sie hinterlassen eine permanente Unbefriedigung, die »Hunger nach mehr« macht. Das Risiko, so betont Petzschner, sei besonders hoch bei Jugendlichen, Menschen mit ADHS oder geringer Impulskontrolle. Die australische Regierung hat deshalb 2024 ein Gesetz erlassen, das Jugendlichen unter 16 Jahren den Zugang zu den sozialen Medien verbietet. Trotz der drohenden hohen Strafen für Plattformen, die sich nicht an das Gesetz halten, bestehen beträchtliche Zweifel an seiner Durchsetzbarkeit.

Der Vorwurf, dass ein neues Medium »süchtig« mache, ist alt. Platon erhob ihn gegen die Schrift, im 17. Jahrhundert richtete er sich gegen den Roman, im frühen 20. Jahrhundert gegen den Film, später gegen das Fernsehen. Doch die Psyche entwickelt meistens Schutzmechanismen, wie das oben erwähnte Beispiel der Steigerung des IQ im Zuge des Aufkommens visueller Massenmedien zeigt. Im Falle der digitalen Techniken kommt aber ein neuer Faktor hinzu. In Silicon Valley werden die Techniken studiert, mit denen sich Aufmerksamkeit bannen lässt. Dazu greifen die Innovatoren auf behavioristische Theorien wie die des US-Psychologen B. F. Skinner zurück, der Mitte des 20. Jahrhunderts das Konzept der »operanten Konditionierung« entwickelte: Es besagt, dass ein bestimmtes Verhalten durch Belohnungen oder Bestrafungen gestärkt oder abgeschwächt werden kann. Skinners Theorien setzten bei den Experimenten des russischen Mediziners Iwan Pawlow an, der an Hunden gezeigt hatte, wie Konditionierung funktioniert. (Im 3. Kapitel wurde Stalins hohe Wertschätzung für Pawlow erwähnt.) Skinner wollte nicht nur Individuen, sondern die ganze Gesellschaft konditionieren. In seinem Roman *Walden Two* (1948), sein erfolgreichstes Buch,[142] entwarf er das Modell eines sozialen Organismus, der durch Technologien der Verhaltenssteuerung und der gezielten Unterstützung von genormten Verhaltensmustern ein friedliches Zusammenleben erzeugt. Der Entwurf, von ihm selbst als Utopie, von anderen als Dystopie bezeichnet, näherte sich einerseits den digital gesteuerten Kontrollsystemen des heutigen China an, war andererseits aber auf das Mekka des »freien Willens«, Skinners US-amerikanische Heimat, zugeschnitten. Für den Glauben spielt es keine Rolle, ob planwirtschaftliche und neoliberale Überwältigungsstrategien zur Anwendung kommen.

Zugleich fällt auf, dass Skinners pazifizierte Gesellschaft in ihrer Zielsetzung viel Ähnlichkeit mit der Gesellschaft der zirkulierenden Gabe hat: Beide Konzepte arbeiten auf eine gewaltfreie Gesellschaft hin. Der Unterschied liegt lediglich im Weg dorthin. Im Modell der Gabe wird das Ziel durch ein System erreicht, das aus dem Vertrauen erwuchs; in Skinners Anordnung durch bewusste, also dem Glauben verpflichtete, Konditionierung.

Die Funktion von Verschwörungserzählungen und der immunisierende Effekt des Analogen

Die Begeisterung für Donald Trump bei seinen Präsidentschaftswahlkämpfen von 2016 und 2024 sowie der Aufstieg europäischer politischer Parteien wie der AfD oder Giorgia Melonis Fratelli d'Italia verdankt sich weniger der Lektüre ihrer politischen Programme als der Verbreitung ihrer speziellen »Narrative« in den sozialen Medien: Es sind »Erzählungen« (im Sinne der fiktionalisierten Darstellungen), die zumeist sowohl eine idealisierte Vergangenheit als auch ein düsteres Bild der Zukunft (etwa der »Große Austausch«) bereithalten. Durch die sozialen Medien werden Diskussionen, die vorher am Stammtisch stattgefunden hätten, in den öffentlichen Raum verlegt. Dort gewinnen sie an Verbreitung, wobei auch die Anonymität eine Rolle spielt.

In den Verschwörungstheorien sieht die Philosophin Donatella Di Cesare eine »Nostalgie der Lesbarkeit«. Die Säkularisierung habe eine Leerstelle mit Hunger nach Mythen hinterlassen, die mit solchen scheinbar stringenten Erzählungen gefüllt werde.[143] Die Verlockung von Verschwörungstheorien, so zeigte eine Studie von 2021, besteht darin, dass sie »viel stärkere Emotionen hervorriefen als ihre weniger spektakulären Gegenstücke.« Besonders anfällig für den »Glauben an Verschwörungstheorien« waren deshalb die sogenannten »*sensation seekers*«, Menschen mit Bedürfnissen nach Erregung. Die Forschung hat drei psychologische Faktoren ausgemacht, die die Anziehungskraft von Verschwörungserzählungen erhöhen. Neben den schon genannten – Hunger nach Welterklärungsmythen, Bedürfnis nach Sensation – gibt es den Wunsch nach Ausübung von Kontrolle. Eine Studie aus dem Jahr 2008 zeigte, dass Menschen, die das Gefühl haben, die Kontrolle über ihr Leben verloren zu haben, dazu neigen, »Zusammenhänge zwischen Ereignissen wahrnehmen, die nicht existieren.« Der Grund: »Das Gehirn versucht dem erlebten Chaos einen Sinn zu geben, indem es vermeintliche Muster erkennt.« Drittens, so die Psychologin Pia Lamberty, die zu konspirativen Mythen forscht: »Über den Glauben an Verschwörungen kann man sich selbst aufwerten. Die eigene

Grandiosität, während andere wie ›Schlafschafe‹ der offiziellen Darstellung glauben, wird so befriedigt.«[144]

Verschwörungstheorien stellen einen Bruch mit dem angeborenen Vertrauen dar. Es sind Konstrukte des Glaubens, die zugleich den Eindruck erwecken, eine Vertrauensgemeinschaft zu konstituieren: durch die Einschwörung der Gläubigen, durch die zirkulierende »Gabe« von Insiderwissen und durch die Verwischung aller Spuren ihres Ursprungs. Aus der Verwechselung von Glauben mit Vertrauen beziehen sie ihre Wirkmacht: Sie entfalten eine neue überschaubare Welt, aber geben vor, die alte und sichere Welt des Vertrauens wiederherzustellen. Hier zeigt sich am deutlichsten, warum es so schwierig geworden ist, zwischen einem unkontrollierten und einem technisch geleiteten Unbewussten zu unterscheiden und woher die politische Wirkmacht dieser Techniken kommt.

Die Corona-Pandemie gab den ohnehin weit verbreiteten sozialen Medien einen zusätzlichen Schub. Die Unterbrechung vieler analoger Beziehungen, gerade unter Jugendlichen, verschärfte die Auswirkungen der Medien. Sensationslust, Sehnsucht nach Kontrolle, Erzählungen über die Lesbarkeit der Welt und der Wunsch, dem Ich mehr Bedeutung zu verleihen, überlagerten sich gegenseitig. Das auffällige Anwachsen von Verschwörungstheorien in dieser Zeit, besonders während der Lockdowns, ergab sich aus dem Wegfall des immunisierenden Effekts der analogen Welt. Zugleich wurden in den zirkulierenden Erzählungen Personen oder Erscheinungen aus der realen Welt aufgegriffen und anders eingeordnet. Es hieß, George Soros oder Bill Gates hätten das Virus gezüchtet, um damit die Welt zu beherrschen. Oder sie hätten Computerprogramme eingerichtet, die den Körper technisch verändern und Menschen willfährig machen. In solchen Anschuldigungen spiegeln sich einerseits die Ängste, die noch nicht heilbare Krankheit und neue Entwicklung wie Klimakrise oder weltweite Migration auslösen, andererseits bieten sie einen Aktionsradius, um dem Verursacher das Handwerk zu legen. In der Corona-Epidemie wurden das biologische und das digitale Virus zu austauschbaren Gefahren,[145] und Verschwörungsmythen verliehen dieser Bedrohung einen »Sinn«.

Für Julia Ebner, Extremismusforscherin an der Oxford University, gelang es, durch digitale Infiltrationstechnik, sowohl unter Rechtsradikalen wie der Identitären Bewegung als auch unter Incels und in radikal islamistischen Bewegungen zu recherchieren. Für sie ist das Internet ein Katalysator erfundener Narrative.[146] Außerhalb der digitalen Welt wird der Wahrheitsgehalt kontrafaktischer Berichte durch die soziale Realität und im analogen Gespräch mit anderen hinterfragt. Parteien wie die AfD treten deshalb immer weniger öffentlich auf; sie lassen sich immer seltener auf Debatten mit Widersachern ein,[147] so wie sich Trump 2024 weigerte, an weiteren Fernseh-Debatten teilzunehmen, nachdem er bei der ersten gegen Kamala Harris klar unterlegen war. Seine Arena ist auch heute weniger Radio und Fernsehen als das Internet, wo die Zustimmung technisch »organisiert« werden kann, Gleichgesinnte leichter zueinander finden und Andersdenkende ferngehalten werden können. In der »Blase« gewinnt die eigene Sicht den Anschein einer triumphierenden »Wahrheit«. Was Hitler in *Mein Kampf* als den Effekt von realen Massenveranstaltungen beschrieb, bewirkt heute die Technik im Netz: Der Einzelne verlässt die Veranstaltung bestärkt und in der Überzeugung, dazu zu gehören. Faktenchecks werden zur »Störung« erklärt und Berichte der traditionellen Medien als »Lügenpresse« abgetan. So wie schon die Nationalsozialisten zu den ersten gehörten, die die Medien Radio und Film zu instrumentalisieren wussten, entwickeln heute auch Populisten und Rechte eine avancierte Kompetenz im Bereich der Digitalität.

Digitale Medien verändern auch die Taktik der politischen Propaganda. Statt »die eigene Wahrheit zu präsentieren«, rückt zunehmend das Ziel in den Vordergrund, »den Wahrheitsanspruch der anderen Seite zu unterwandern«.[148] Diese Veränderung ging mit der Verlagerung der Konflikte ins Internet einher. Hier verbreiten sich Desinformation und Fakes wie ein Lauffeuer, je emotionaler sie wirken, desto größer ist ihre Reichweite. »Das Internet«, so schreibt der russisch-österreichische Schriftsteller Vladimir Vertlib, »ist die Fortsetzung des Kriegs mit anderen Mitteln«.[149] Der schon erwähnte ostpreußische General und Militärwissenschaftler Carl von Clausewitz (1780–1831) hatte Anfang des 19. Jahrhunderts geschrieben, der Krieg sei »eine bloße Fortsetzung der Politik mit anderen Mitteln«.[150] Heute sind Internet und soziale Medien zum Schauplatz von Auseinandersetzungen geworden, und dienen der Vorbereitung kriegerischer Handlungen. Zwei Beispiele: Die ukrainischen Truppen entwickelten zum Ersatz für die ausbleibenden Artilleriegranaten ein elektronisches System, mit dem sich die feindliche Drohnensteuerung stören (»jammen«) lässt.[151] Die Hamas erließ vor ihrem Überfall am 7. Oktober 2024 ein internes Verbot digitaler Kommunikation, es wurde nur noch mit Zetteln gearbeitet. Die israelische Abwehr war davon ausgegangen, dass ihr das Internet die notwendigen Informationen liefert, deshalb traf der Überfall Israel so unvorbereitet. Das bewusste Meiden des digitalen Raums bestätigt indirekt die Rolle der digitalen Medien im Krieg. Doch anders als Vertlibs Bemerkung suggeriert, ersetzt das Internet nicht die kriegerische Handlung, es ergänzt und verstärkt sie.

Das zeigt sich unter anderem am Wandel der Waffen selbst. So verwendet heute die Ukraine (mangels anderer Waffen) Spielzeug-Drohnen, wie man sie in einem beliebigen Media-Markt kaufen kann, um die russischen Truppen hinter der Grenze zu attackieren. Die Drohnen können nicht nur mit Explosiva ausgestattet werden, sondern auch kleine, präzise und ferngesteuerte Kameras transportieren, die unter Buschwerk gehen oder durch das Fenster in die Häuser fliegen. Gesteuert werden sie von einem Piloten, der am Computer sitzt und auf seinem Bildschirm sehen kann, wie sich die Angegriffenen wehren, wegzulaufen versuchen und dennoch eingefangen, getötet werden.[152] Der Betrachter kann dem Tod bei seinem Geschäft live zusehen: Das hat es in der bisherigen Kriegsberichterstattung noch nicht gegeben. Es ist abzusehen, dass sich die Gaming-Industrie aus diesem Bildarsenal bedienen wird, um den Realitätsgehalt ihrer Kriegsspiele zu erhöhen.

Der Umschlag von Affekt in physische Gewalt

Auf der einen Seite bestärken die sozialen Medien die Verbindungen über Landesgrenzen hinweg. Sie schaffen Zusammenschlüsse da, wo es vorher keine gab. Auf der anderen Seite sind sie Vorreiter der digitalen Emotionalisierung. Dabei hat der Hass, die intensivste aller Emotionen, Vorrang. Beim Hass spüren sich Menschen, er verleiht ihnen das Gefühl zu existieren. Das macht die Attraktivität dieser Emotion aus, besonders da, wo der Körper – durch die Verlagerung des »Gefühls« in den virtuellen Raum – außen vor bleiben muss. Das Gefühl des Hasses verbindet und will erwidert werden; es dient der Etablierung wie der Spaltung von Gemeinschaften. Wegen seiner Intensität erwies sich der Hass als geeignetes Mittel, um digitale Techniken zum integralen Bestandteil körperlicher Wahrnehmung zu machen. Bei der Liebe wäre das schwieriger: Sie hat ein spezifisches, zumeist individuelles Ziel. Hass dagegen kann breit gestreut sein. Deshalb ist seine Lebensdauer meist beschränkt: Er bringt nie Erfüllung. Das bekommen alle, die sich dem Rechtsextremismus anschließen, auf lange Sicht zu spüren. »Hasspiloten« müssen immer neue Techniken erfinden, um ihn am Leben zu halten. Allerdings werden Emotionen nicht durch digitale Techniken hergestellt, diese verstärken sie nur. Die Emotionen selbst sind in unserer Psyche angelegt.

Als Elon Musk, der sich selbst als einen »Free Speech Absolutist« (Absolutisten der freien Rede) bezeichnet, Ende 2022 Twitter übernahm und die Plattform für vorher gesperrte User wieder freigab, verdreifachten sich die Diffamationen gegen Afroamerikaner; die Verwendung des »N-Worts« stieg um 500 Prozent, antisemitische Posts nahmen um 61 Prozent zu. Gleichzeitig wurden neue Accounts von Personen angelegt, die zuvor wegen Verbindungen zum IS gesperrt worden waren.[153] Schon vor der Pandemie war die Plattform Austragungsort für Verschwörungstheorien gewesen, danach verstärkte sich der Trend, auch bei den konkurrierenden Anbietern. Zugleich verstärkt sich der Antagonismus zwischen den beiden großen Parteien der USA: »1960 gaben nur 4 Prozent der Amerikaner an, dass sie unglücklich wären, wenn ihr Kind jemanden von einer anderen Partei heiraten würde; 2021 waren es 40 Prozent. Nur 4 Prozent der Ehen werden heute zwischen einem Republikaner und einem Demokraten geschlossen.«[154] Diese Spaltung der Gesellschaft ist zum Gutteil einer von den sozialen Medien beförderten Polarisierung zu verdanken. Hass-Kommentare in der Online-Community führen nachweislich dazu, dass sich die andersdenkende Mehrheit der Bevölkerung entscheidet, nicht mehr an Online-Diskussionen teilzunehmen, was wiederum den Stimmen von Hass und »inzivilen« Äußerungen zusätzliches Gewicht verleiht: ein *»silencing effect«*, der Rückwirkungen sowohl auf die wissenschaftliche Auswertung als auch auf Medienhäuser und Journalisten hat, die oft darauf verzichten, Kommentare oder Berichte zu veröffentlichen, die ihnen Hate-Mails einbringen könnten.[155]

Obwohl oder weil Corona die analoge Kommunikation einschränkte, nahm reale physische Gewalt zu: sowohl im innerhäuslichen Bereich, wie zahlreiche Studien belegen,[156] als auch im Verhältnis zur Außenwelt. In den USA erhöhte sich der Kauf von Schusswaffen im Jahr 2020 auf 22 Millionen, im Vergleich zum Vorjahr ein Anstieg um 64 Prozent. Acht Millionen der Käufer besaßen vorher keine Waffen, 5,4 Millionen von ihnen hatten noch nie in einem bewaffneten Haushalt gelebt. Die neuen Käufer unterschieden sich von den traditionellen (weißen, männlichen) Waffenbesitzern: Die Hälfte von ihnen waren Frauen, 50 Prozent waren People of Color (Schwarze und Hispanics). Auch Tötungsdelikte nahmen zu: von rund 39.000 im Jahr 2019 auf 45.000 im Jahr 2020 und fast 49.000 im Jahr 2021 (Suizide eingeschlossen).[157]

Für diese wachsende Gewaltbereitschaft gab es keinen plausiblen Grund, verringerten die Lockdowns doch eher die Bedrohung. Doch Waffenkäufer gaben an, die Welt für gefährlich zu halten. Anders als die Unbewaffneten gaben sie Äußerungen von sich wie: »Man kann den Leuten nicht vertrauen.« Während die Käufer behaupteten, sich mit Schusswaffen sicherer zu fühlen, sagten Nichtbesitzer, dass es sie ängstige, eine Waffe, auch nur als Nachbildung, in der Hand zu halten. Wissenschaftler haben wiederholt darauf hingewiesen, dass der Waffenbesitz ein hohes Risiko birgt: »Es ist wahrscheinlicher, dass Sie ein Opfer dieser Waffe werden, als dass Sie sich erfolgreich damit schützen«.[158] Ohne Erfolg: Waffenbesitzer neigen stärker als Nichtbesitzer dazu, anzunehmen, dass auch andere bewaffnet sind – ein Umstand, der das Bedürfnis nach Schutz noch weiter steigert.

Der Umschlag von virtueller zu realer Gewalt zeigt sich besonders deutlich im Antisemitismus. »Der Jude« stellte schon immer einen »leeren Signifikanten« dar,[159] der, je nach historischer Situation, mit neuen Bedeutungen gefüllt wurde.[160] Heute dient er als Code für Hasspropaganda und verstärkt alte wie neue Stereotype: Begriffe wie »Weltverschwörung«, »Wucher«, »Fremdkörper«, »Krankheitserreger«, »Ritualmörder«, »Zerstörer« werden in aktuelle Kontexte wie den von Flucht und Migration (»der große Austausch«), Finanzkrise (»Finanzeliten«, »1 %«), Klimakrise oder Corona gestellt und durch die digitalen Techniken affektiv verstärkt. KI nutzt die Informationen, die sie im Netz finden, und verstetigt so deren Verbreitung. Einer der antisemitischen Corona-Mythen lautete: Das Virus sei eine Waffe im Rahmen von Weltherrschaftsplänen; es diene der Bereicherung an einem zuvor produzierten Wirkstoff; durch die »Zwangsimpfungen« würden Kontroll-Mikrochips implantiert; durch Anti-Corona-Maßnahmen solle eine faschistische »Neue Weltordnung« oder die »Eine-Welt-Regierung« etabliert werden.[161] Der Glaube an gesteuerte Flüchtlingsbewegungen verbindet sich mit der Idee eines »Geheimplans«, der von »jüdischen Eliten« gesteuert werde. Den Usern oft unbewusst, waren viele dieser Feindbilder schon zu Anfang des 20. Jahrhunderts in den »Protokollen der Weisen von Zion«, einem antisemitischen Pamphlet des Zarenregimes, zu lesen.[162] Durch den »algorithmischen Antisemitismus« und die sozialen Medien, so Monika Hübscher, erhalten tradierte antisemitische Bilder einen »weltweiten Gratis-Upgrade«.[163]

Der Politikwissenschaftler und Extremismus-Forscher Jan Rathje fasst mehrere rechtsradikale Bewegungen unter dem Begriff der »Souveränisten« zusammen: Das gemeinsame Anliegen dieser heterogenen Bewegungen – Reichsbürger, Querdenker oder QAnon-Anhänger – sei die Delegitimierung des Staates. Deutschland, so die Behauptung, sei nicht souverän, sondern das Opfer einer »Fremdherrschaft«, die von einer »jüdischen Weltverschwörung« gelenkt werde.[164] Im Jahr 2020 verzeichnete das Bundesamt für Verfassungsschutz zwanzigtausend »Reichsbürger und Selbstverwalter«, von denen eintausend als rechtsextrem eingestuft wurden.[165] Ein Teil der Bewegungen verlangt eine Rückkehr zur Verfassung von 1871, die nach der Gründung des Kaiserreichs entstand und die letzte »freigewählte« Verfassung gewesen sei. Eine der Folgen wäre die von manchen Anhängern gewünschte Aufkündigung des Frauenwahlrechts, das es damals noch nicht gab. Eine andere wird von den Akteuren übersehen: Die Verfassung von 1871 gestand zum ersten Mal Juden die vollen Bürgerrechte zu. Logik war noch nie die Stärke von Verschwörungsmythen.

Als es während der Covid-Pandemie zu staatlich verordneten Lockdowns kam und sich die Kommunikation aufs Netz beschränken musste, wurde der Antisemitismus zum sozialen Klebstoff rechtsradikaler Bewegungen. Die Souveränisten schlossen sich den Protesten der Querdenker an, die QAnon-Bewegung wiederum rekrutierte Anhänger unter den deutschen »Souveränisten«, die sich von Donald Trump einen Friedensvertrag für Deutschland und die Wiederherstellung des souveränen Reichs erhofften.[166] Als Trump diese Hoffnungen enttäuschte, kam der Gedanke einer Befreiung durch Russland auf. Die Nähe zu Gewalt und Terror der Souveränisten nährt sich aus der Phantasie, dass die Deutschen »Opfer« der Gesetzlosigkeit und »Bestialität« und des »illegitimen Staates« seien; dem sei legal nicht beizukommen, nur mit gewalttätigem »Widerstand«.[167]

Ich wies darauf hin, dass die wechselnden Bilder des imaginären Juden eng mit den medialen Erfindungen ihrer Zeit zusammenhängen. Die sozialen Medien und KI bestätigen die Regel. Bei ihnen kommen spezifische Charakteristika hinzu, die den Umschlag von Phantasie zu Gewalt befördern. Die Nationalsozialisten machten aus dem nur potenziell antijüdischen Code »Jude«[168] eine Gestalt aus Fleisch und Blut: Sie war die Basis des antisemitischen Rassismus. Ein solcher Umbruch scheint sich heute zu wiederholen. Die schon vor dem 7. Oktober 2023 weit verbreitete antijüdische Hasspropaganda im Internet führte nach dem Hamas-Angriff auf Israel zu Attacken auf israelische und nicht-israelische Juden. 1938 wagten sich Juden nicht mehr auf die Straße, nun wagen sich jüdische Studierende nicht mehr auf den Campus der Universitäten. Viele User verstehen die in sozialen Medien wie Facebook, Twitter, YouTube, Instagram und Messenger-Diensten wie WhatsApp, Telegram verbreiteten Posts nicht als Meinungen, sondern als objektive Nachrichten.[169] Zugleich senkt die Anonymität im Netz die Hemmschwelle für Aufrufe zur Gewalt; es entstehen virtuelle und dann reale Konsensgemeinschaften, die sich gegenseitig bestärken und radikalisieren, ohne dass die analoge Welt dagegen ankommt. Die globale Vernetzung sorgt dafür, dass sich Stereotype nicht auf einen nationalen Kontext beschränken, sondern über Twitter und andere Plattformen alle Länder erreichen – mit bisher ungekannter Geschwindigkeit. Das alte Stereotyp des »wandernden Juden« wird überholt von der rasanten Verbreitung antisemitischer Darstellungen.

Durch Bilder, Emojs, Memes werden Sprachbarrieren überwunden und dringen Klischees in den kulturellen Alltag ein. Da Vorurteile nur dann funktionieren, wenn sie unbewusst bleiben, erweist sich der Rückgriff auf Bilder als besonders durchschlagend. Die Programme zur Löschung von Hassbotschaften wurden fast alle an Texten trainiert; deshalb entgeht ihnen das Arsenal des visuellen Antisemitismus. Von den Usern werden sie sehr wohl erkannt und um neue Varianten erweitert. Zwei Beispiele: Das Meme »The Happy Merchant« tauchte 2004 zum ersten Mal auf und zeigt das physiognomische Klischee eines gebeugten Juden mit Kippa und großer Nase, der sich bösartig lächelnd die Hände reibt.[170] Ende des Jahres 2019 verbreiteten Nutzer verschiedener Social-Media-

Plattformen Fotos, auf denen Personen blau eingefärbt waren. Diese Aktion, erstmals auf 4chan zu sehen, geht auf den Terroristen zurück, der im Jahr 2015 neun schwarze Kirchenbesucher im US-Bundesstaat South Carolina ermordete. Wie viele der Attentäter hatte er vorher seine Tat angekündigt und geschrieben, es gäbe ein »Massenerwachen«, würde man alle Juden für 24 Stunden blau einfärben.[171]

Die USA und Großbritannien, die nach dem Holocaust für viele Juden zu den wichtigsten Zufluchtsorten neben Palästina/Israel wurden, sind heute Länder, in denen antiisraelische und antisemitische Hetze weit verbreitet ist, gerade in höheren Bildungseinrichtungen.[172] Dasselbe ist auch an deutschen Universitäten der Fall, doch in den USA, dem Land, in dem so viele Juden während des Holocausts Asyl fanden, war diese Entwicklung nicht vorherzusehen.[173] Sie ist eine Folge der hohen Präsenz von sozialen Medien und der mangelnden Bereitschaft oder juristischen Möglichkeit, die Macht der großen Tech-Giganten einzuschränken.

Zwar lassen sich Texte leichter kontrollieren, doch auch hier gibt es Strategien der Umgehung: Zum Beispiel werden Buchstaben vertauscht: etwa »Jill the kews«. Wird KI trainiert, antisemitische Ausdrücke zu erkennen, so verändert sich sofort der Sprachgebrauch, ein Phänomen, das als »Algospeak« bezeichnet wird.[174] Auch Ironie dient der Umgehung: »In einem vor wenigen Jahren veröffentlichten Strategiepapier Andrew Anglins, Betreiber der neonazistischen Website Daily Stormer, wird beispielsweise empfohlen, menschenfeindliche Artikel so zu formulieren, dass Leser auf den ersten Blick nicht unterscheiden können, ob es sich um grenzüberschreitenden Humor oder tatsächlichen Antisemitismus, Islamfeindlichkeit, Rassismus oder Misogynie handelt. Diese Strategie kann man letztlich auch als Ironievergiftung bezeichnen.«[175] Im Falle einer Strafverfolgung können sich User auf die Behauptung zurückzuziehen, das alles gar nicht ernst gemeint zu haben. Auch erlaubt die Wandelbarkeit der sozialen Medien eine rasche Anpassung antisemitischer Bilder an neue Restriktionen: durch die Verwendung von Code-Wörtern oder Emoj-Kombinationen (etwa den Davidsstern mit einer Ratte).[176] Hinzu kommt, dass KI durch Text-zu-Bild-Generatoren heute auch aus Wörtern Bilder erzeugen kann, sogenannte Prompts. Oft bedarf es gar nicht der Wörter. Tradierte Bilder, die Sprachgrenzen überwinden, genügen schon, um an alte Stereotypen anzuschließen.

Die Tatsache, dass es neben dem imaginären »Juden« auch reale Juden gibt, intensiviert den Umschlag von virtueller zu physischer Gewalt. Das gilt für die Betroffenen selbst, die einerseits reale Angriffe erleben, andererseits aus Furcht davor mit körperlichen Symptomen reagieren (Angst, Depression, Unsicherheitsgefühle, Schlafstörungen); oder sie sehen sich gezwungen, ihr Leben zu verändern, indem sie auf das Tragen von jüdischen Insignien (Kippa oder Kette mit Davidsstern) verzichten, sich aus den sozialen Medien zurückziehen und nur noch mit Juden kommunizieren.[177] Die Zunahme antisemitischer Darstellungen in den sozialen Medien hat zu einem Anstieg konkreter Hassverbrechen geführt.[178] Es gebe gute Gründe anzunehmen, »dass antisemitische Hassreden auf social media in die reale Welt hinüberwandern«, schreibt Monika Hübscher.[179] Zusammen mit Sabine von Mering hat sie zu diesem Thema ein Buch herausgegeben.[180]

Alle Täter antisemitischer Terroranschläge auf Synagogen der letzten Jahre (Pittsburgh 2018, Poway 2019, Halle 2019) waren Teil rechtsextremer antisemitischer Online-Communities, die diese Taten im Anschluss feierten. Obwohl die von ihnen gefilmten und im Internet geposteten Darstellungen der Taten sofort gelöscht wurden, schafften die Anhänger es immer wieder, die Upload-Beschränkungen zu umgehen. Vom Video des Terroristen von Christchurch gibt es über 800 verschiedene Versionen. Das Video des Anschlags von Halle wurde in 200 unterschiedlichen Versionen auf Facebook, YouTube und anderen Kanälen hochgeladen.[181] Die Darstellung und Verbreitung der Taten erhöht wiederum die Gefahr der Nachahmung.

Die Gaming-Portale verstärken den Transfer von virtueller zu realer Gewalt. Einige der dort angebotenen Spiele sind martialisch – die Plattform *Roblox* ist dafür berüchtigt –, sie schmücken sich mit Nazi-Symbolik und inszenieren Massentötungen, darunter solche, die tatsächlich stattgefunden haben wie die Attentate von Halle und Christchurch. Die »Dekors« dieser Spiele sind den realen Orten und den Ereignissen genau nachgebildet.[182] In den Games von *Steam*, einer Internet-Vertriebsplattform für Computerspiele, Software, Filme und Serien, die täglich von 47 Millionen Usern genutzt wird, werden Amokläufer, Attentäter und Terroristen nach der Anzahl ihrer Opfer bewertet. Christchurch belegt Platz vier.[183] Die Gaming-Szene zieht sehr junge Spieler im Alter von nur zehn oder elf Jahren an. Häufig entsteht dabei ein Gruppendruck, der junge Spieler, die sich als »Helden« imaginieren, dazu verleitet, virtuelle Inhalte in die reale Tat umzusetzen. Spätere Attentäter wurden oft auf diese Weise radikalisiert.[184] Zwar können Eltern bestimmte Plattformen blockieren, doch finden Jugendliche oft schnell Wege, die Sperren zu umgehen.

Das Einzige, das tatsächlich psychischen Schutz vor dieser »Verführung« bietet, sind intensive »analoge« Beziehungen zur eigenen Familie oder zu Freunden, die nicht auf demselben »Trip« sind. Einen vergleichbaren Effekt sehen Forscher wie Ruth Feldman bei der Unterscheidung zwischen realer und virtueller Kommunikation. Ähnliches gilt auch für die Hass-Sprache: Wenn alle gezwungen würden, das, was sie im Netz schreiben, den Adressaten ihrer Angriffe ins Gesicht zu sagen, würden viele verstummen.

Der gewaltstiftende Effekt der Virtualität ist heute auch Nährboden für kriegerische Auseinandersetzungen. Der Ukraine-Konflikt wurde ursprünglich digital geführt; er begann mit Desinformationen und Trollen, um eine »affektive Polarisierung« herbeizuführen.[185] Erst als die Erfolge der virtuellen Eroberung hinter den Erwartungen zurückblieben – es zeigte sich, dass in den besetzten Gebieten der Ukraine pro-russische Botschaften vor allem bei denen verfingen, die Russland ohnehin positiv gegenüberstanden –, entfesselte Putin einen »klassischen« Krieg. »Ich war überrascht«, sagt der 100-jährige Henry Kissinger in einem Interview, »dass Putin die Ukraine so massiv angegriffen hat. Diese Art von Kriegsführung passt eher in die 1930er Jahre«.[186] Putins Kriegsführung ist die Fortführung des virtuellen Kriegs mit anderen Mitteln.

Der Konflikt um die Herrschaft in der Ukraine wird oft – außerhalb des überfallenen Landes – als Neuauflage des Kalten Kriegs verstanden. Das ist nicht falsch: In beiden Fällen handelte es sich um Kriege, bei denen es um Werte ging und hybride Formen der Auseinandersetzung zum Einsatz kamen. Allerdings standen sich in der Konkurrenz Sowjetunion-USA zwei *ökonomisch-soziale* Systeme gegenüber, während heute eher *kulturelle* Identitäten auf dem Spiel stehen: Die russischen Invasoren räumen die Depots der ukrainischen Museen leer, um spezifisch ukrainische Identitäten negieren zu können,[187] und die Ukrainer »derussifizieren« das Stadtbild von Odessa, um das Russische aus der eigenen Psyche zu tilgen.[188] Die Auslöschung des Anderen im Selbst taucht regelmäßig in bewaffneten Konflikten auf und wird durch eine frühere Nähe zum Gegner erhöht. Freud spricht vom »Narzissmus der kleinen Differenz«.[189] Im Ukraine-Krieg kommt nun hinzu, was der Kalte Krieg noch nicht kannte: hochentwickelte Medien, die aus dem Krieg um die kulturelle Definition einen Kampf ums Unbewusste machen.

Seit der russischen Invasion von 2022 sind Putin und Selenskyj oft miteinander verglichen worden. Dabei wird immer wieder auf den unterschiedlichen Umgang mit den Medien hingewiesen. Putin träumt von einer Rückkehr zum großen Russischen Reich, wobei er sich nicht zwischen dem zaristischen und dem stalinistischen Imperium entscheiden kann. Das Idol seiner Jugend war eine Filmfigur, Max Otto von Stierlitz, die russische Version von James Bond, die ihn, so Dina Newman, dazu bewegte, sich dem KGB anzudienen.[190] Selenskyj wiederum spielte den ukrainischen Regierungschef über drei Staffeln hinweg in einer Fernsehserie, bevor ihn die Rolle im »echten Leben« einholte. Der eine misstraut dem Internet, »was nicht verwundert, wenn man bedenkt, dass er seit mindestens zehn Jahren seine eigene Propagandamaschine im

Internet betreiben lässt«.[191] Der andere »bedient problemlos ein Iphone, liest Kommentare auf Facebook oder Instagram und schreibt Kommentare«.[192] Putin appelliert an die Anziehungskraft der Religion, um seine Ziele zu erreichen; Selenskyj appelliert über tägliche Videobotschaften an die Bevölkerung des Landes. Beide wissen sich wirkungsvoll in Szene setzen; doch während der eine sich vor der Außenwelt abschottet, um den Dialog mit der analogen Welt zu vermeiden, tritt der andere in Erscheinung – ob per Fernschalte auf den Filmfestspielen von Cannes, den Grammy-Awards oder dem Wirtschaftsforum in Davos, oder häufiger noch als »reale Person« in Washington, New York, Brüssel und an der Front bei den Soldaten. Das heißt, Selenskyj nutzt die Möglichkeiten der virtuellen Medien, ohne die analoge Kommunikation preiszugeben. Er konfrontiert sich und andere mit den Realitäten der Gewalt in Butscha oder Mykolajiw. Putin meidet die Realität; seine Befehle sind gewalttätig, *weil* die Entscheidung dazu im abstrakten Raum getroffen wird. Selenskyj »vertraut Leuten und delegiert, das war schon zu Friedenszeiten so. Als der Krieg begann, änderte er sein Auftreten, er trägt grüne T-Shirts, aber es ist ausdrücklich keine Militäruniform.«[193] Selenskyj weiß, dass er Zivilist ist. Putin dagegen trägt zwar selten Uniform. Aber er lässt keinen Zweifel daran, dass er nicht nur den KGB-Nachfolger FSB, sondern auch das Militär befehligt. Er vertraut niemandem. Alle diese medialen Inszenierungen richten sich direkt an die russische und die ukrainische Bevölkerung. Was die Menschen davon halten, weiß niemand so genau. Aber es ist abzusehen, dass weder Putin noch Selenskyj eine freie Wahl nach dem Krieg gewinnen würde (so erging es auch Churchill) und dass dann die bestehenden innenpolitischen Konflikte an die Oberfläche drängen. Für Putin stellt sich diese Perspektive allerdings so bedrohlich dar, dass er es womöglich vorzieht, den Krieg weiterzuführen.

Einerseits verneint Putin die Existenz der ukrainischen Nationalität, andererseits produziert er diese durch den Krieg. Der Psychologe und Sozialforscher Alexander Etkind spricht deshalb vom *Genocide of Minor Differences* (Genozid der kleinen Differenzen).[194] Freud, auf den er sich bezieht, ging davon aus, dass die Abgrenzung gegen das Nahe Gewalt erzeugen kann. Hier ist es umgekehrt: Die Gewalt erzeugt die Differenz. Seit der Invasion weigern sich Ukrainer, russisch zu sprechen, distanzieren sich von den russischen Aspekten ihrer Identität und verwerfen die mit Russland geteilte Geschichte. Es ist das Paradox einer durch den Krieg hergestellten Andersartigkeit, die zugleich durch Gewalt ausgelöscht werden soll.

Gewiss, für die russische Invasion in der Ukraine spielten auch geopolitische Begehrlichkeiten eine Rolle: die Eroberung ostukrainischer Rohstoffquellen und Industrieanlagen, die Ausbeutung des fruchtbaren Bodens. Doch das Hauptanliegen war die Eroberung der »Seelen«: Die Ukrainer, deren Kultur aus russischen, polnischen, ostjüdischen und den vielen Anteilen des Habsburgerreichs besteht, sollten zu genuinen Russen werden. Solche Homogenisierungsbestrebungen sind sowohl für die Ukraine als auch das traditionell multikulturelle Russland ungewöhnlich. In beiden Fällen gehen sie einher mit sinkenden Bevölkerungszahlen: Laut Prognosen der UN könnte die russische Bevölkerung innerhalb der nächsten Dekaden von 143 auf 133 Millionen Menschen schrumpfen – ein Rückgang, der auf hoher Mortalität (man schätzt, dass allein während der Covid-Pandemie etwa eine

Million Menschen starb), sinkender Lebenserwartung und niedrigen Geburtenraten beruht. Letztere gelten oft als Ausdruck eines schwindenden Vertrauens in die Gemeinschaft. »Wie andere weiße Nationalisten ist auch Putin von Demographie besessen und von der Angst getrieben, dass seine Ethnie zahlenmäßig in die Minderheit geraten könnte«, sagt der US-Historiker Timothy Snyder.[195] Der Krieg und die Besetzung der Ukraine seien für ihn Möglichkeiten, »Millionen Russen einfach zu erfinden«.[196] Diesem Ziel diente auch die Entführung von ca. 20.000 unbegleiteten ukrainischen Kindern, die in Russland zur Adoption freigegeben wurden. Diese Art von Menschenverschleppung wird inzwischen als eine spezifische Form von Völkermord betrachtet.[197] Putin selbst behauptet, Russland werde »von der Kraft eines jungen Volkes getragen«.[198] Mehr noch: Es besitze einen eigenen genetischen Code, der aus der Vielfalt seiner Ethnien und Nationalitäten entstanden sei.[199]

Um das Ziel einer Bevölkerungskonsolidierung zu erreichen, ist Krieg eigentlich ein schlechtes Mittel. Er kostet viele Menschenleben (angeblich bisher über 600.000); zudem flohen gut ausgebildete junge Leute in hoher Zahl vor dem Kriegsdienst ins Ausland. Noch härter betroffen ist die ukrainische Bevölkerung. Sie schrumpft ohnehin seit Jahren: Lebten 2001 noch 48 Millionen Menschen in der Ukraine, so waren es vor Kriegsbeginn 42 Millionen. Im ukrainisch kontrollierten Gebiet des Landes leben heute nur noch zwischen 28 und 32 Millionen Menschen, und die UN prognostiziert bis 2100 einen Rückgang auf die Hälfte davon (15 Millionen).[200] Solche Vorhersagen sind ungenau. Gewiss ist nur: Kriege um die kulturelle Identität und »Seelen« werden niemals auf dem Schlachtfeld gewonnen. Das haben alle Religionskriege der Vergangenheit bewiesen.

Für Michel Eltchaninoff, der in seinem Buch *In Putins Kopf* über Putins Lektüren und Lieblingsphilosophen schreibt,[201] ist der Krieg in der Ukraine ein »metaphysischer Krieg«. Putin sehe sich als »Retter der christlichen Mythen und Religionen gegen die Profanität des Westens«. Mit anderen Worten: Der Krieg wurde so radikal und mörderisch, *weil* an seinem Ursprung ein »Zivilisations- und Wertekonflikt« stand. Deshalb kann er, so Eltchaninoff, »nur mit einem Sieg oder einer Niederlage enden«.[202] Die Unerbittlichkeit dieses Feldzugs ist also der Tatsache geschuldet, dass er weniger um »reale« als um kulturelle oder psychische Werte geführt wird. Ds erinnert an die europäischen Religionskriege von 1618 bis 1648: Sie forderten mehr Menschenleben als jeder vorangegangene Territorialkonflikt, und sie wurden nur beendet, weil etwa 40 Prozent der Gesamtbevölkerung ums Leben gekommen und den kriegführenden Parteien die Mittel ausgegangen waren.

So bedrückend diese Bilanz der Auswirkungen der digitalen Medien auf den Körper und die Psyche auch ist, es gibt Gründe darauf zu vertrauen, dass in der digitalen Welt die Gewalt am Ende *nicht* den Sieg davonträgt. Dafür möchte ich ein paar Beispiele nennen. »Blasen«, Metapher für Echokammern des Internets, in denen sich Gleichgesinnte zusammenfinden, befördern nicht nur den Austausch von Hatespeech, sie können auch Wissen über bedrohte Personen oder Gruppen verbreiten und diese schützen. Deshalb gründete die EU *Eurojust*, eine Institution, die zuständig ist bei der Recherche, Verfolgung und Sicherung von Beweisen bei grenzüberschreitenden Verbrechen. Im März 2022 wurde ein Investigativ-Team aufgestellt, dem Mitglieder verschiedener Staaten angehören. Der Internationale Strafgerichtshof ist beobachtender Partner, Europol trat 2023 bei. Damit verfügt *Eurojust* über eine der weltweit größten Datensammlungen mit beträchtlicher Strukturmacht. Da Beweise in modernen Konflikten zunehmend digital erfasst werden, wurde 2023 die *Core Crimes Evidence Database* gegründet.[203] Sie sammelt, sichert und speichert Beweise für Verbrechen außerhalb der Reichweite von Konfliktregionen, so dass sie praktisch unbegrenzt erhalten bleiben. Die Datenbasis wurde nach der Invasion der Ukraine geschaffen, bietet aber auch ein Modell für künftige Konflikte.

Die digitalen Techniken haben auch erheblich dazu beigetragen, Hassverbrechen früh aufzudecken und zu verhindern. Die Recherchen der Plattform *Correctiv*, die 2024 über ein Treffen von Rechtsextremen, Rechtskonservativen und AfD-Funktionären in einer Villa am Lehnitzsee in Potsdam berichtete, wo umfassende Pläne zur »Remigration« verhandelt wurden – Pläne, die die Abschiebung von Millionen von Einwanderern und Deutschen vorsahen –, wären ohne digitale Techniken nicht denkbar gewesen. Dass die Enthüllungen Hunderttausende von Demonstranten auf die Straße brachten und die Klagen der AfD gegen *Correctiv* von den Gerichten abgewiesen wurden, zeigt, dass Gegenwehr möglich ist und der professionelle Einsatz digitaler Techniken nicht den Rechtsextremen vorbehalten bleibt. Auch können sich soziale Medien, die in den westlichen Demokratien dazu beitragen, Widersprüche auszulöschen und einheitliche Meinungen herzustellen, in autokratischen Systemen als Bastionen des Widerstands erweisen.

Nicht nur die russische Regierung und der FSB, auch die Dissidenten beherrschen die digitalen Techniken und verwenden sie, um ihre Informationen zu verbreiten. Aus den baltischen Staaten werden Nachrichten nach Russland eingeschleust, und selbst innerhalb des scharf bewachten russischen Mediensystems gelingen immer wieder Coups. Alexei Nawalnys Film »Ein Palast für Putin« über das Anwesen des russischen Präsidenten an der Schwarzmeerküste wurde 130 Millionen Mal (Stand Februar 2024) angeklickt.[204] Autokratische Systeme müssen feststellen, dass die durch die digitalen Techniken entstandene Transparenz nicht nur ihre Bürger, sondern auch sie selbst betrifft. Das System erlaubt, Kriegs- und andere Verbrechen nicht nur aufzudecken, sondern auch festzuhalten und für spätere Tribunale zu sichern. Mit dem Internet ist es schlicht nicht mehr möglich, Dinge lange zu verbergen. Auch nicht die Verbrechen totalitärer Systeme.

Vor allem aber scheint die Psyche über hohe Fähigkeiten zum Selbstschutz zu verfügen. Als sich Mitte des 15. Jahrhunderts die Gutenbergpresse verbreitete, nahm die Zahl derer, die lesen und schreiben lernten, rasch zu. Das bewirkte, dass die während der Religionskriege zirkulierenden Flugblätter die Stimmungen aufheizten. Mit der Zeit lernten die Menschen aber auch, *kritisch* zu lesen. Die zunehmende Lesekompetenz ermöglichte es den Menschen, unterschiedliche Informationen aufzunehmen und eine generelle Skepsis gegenüber dem gedruckten Wort zu entwickeln. Tatsächlich ist das Phänomen der Massenmanipulation nicht neu, es gab sie schon in der Antike. Was sich seither jedoch beobachten lässt, ist die Fähigkeit der Menschen, eine Abwehr gegen jede neue mediale Manipulation zu entwickeln. Sie war vermutlich der wichtigste Motor des »Bildungshungers« jedes Zeitalters – ein Hunger, der zweifellos auch bei der Entstehung der Psychoanalyse eine Rolle spielte.

Der Selbstschutz der Psyche zeigte sich deutlich am bereits kurz erwähnten »Flynn-Effekt«, bei dem es um Bilder geht. James Flynn hatte 1984 einen Anstieg des IQ zunächst für die Bevölkerung der USA, dann auch für andere Industrieländer konstatiert. 2012 stellte Flynn fest, dass der IQ weiter zugenommen hatte, insbesondere im Bereich des visuellen und logischen Denkens.[205] Kurz danach begann der Effekt zu stagnieren, in einigen Ländern sank der IQ sogar. Die Gründe für diese Umkehr sind noch nicht genau erforscht. Die meisten Wissenschaftler sehen einen Zusammenhang mit der Einführung des Privatfernsehens und der massenmedialen Politik der Einschaltquoten.[206] Flynn selbst, der 2017 erneut Daten aus unterschiedlichen Ländern gesammelt hat, fügt dem noch Computerspiele und Social Media hinzu. In längerer historischer Perspektive lässt sich derselbe Effekt wie bei der Einführung der Gutenbergpresse und der visuellen Techniken erkennen: Das neue Medium bewirkt zunächst eine Steigerung der Gefühle, bevor sich dann eine innere Distanz einstellt. Für Flynn besteht Intelligenz nicht nur aus der Fähigkeit, abstrakt und logisch zu denken: »Kritische Intelligenz ist die Fähigkeit, die Gegebenheiten zu hinterfragen.«[207]

Der heilige Algorithmus

Die hohe Suggestionskraft, über die Religionen verfügen, prädestinieren sie, eine Rolle in der modernen Medienmaschine einzunehmen. In seinem Buch *Die Macht des Heiligen. Eine Alter-*

native zur Geschichte von der Entzauberung weist Hans Joas darauf hin, dass der sogenannte »Säkularisierungsprozess«, das heißt, die Verabschiedung des transzendenten Denkens, ein Spezifikum der *europäischen* Kulturgeschichte sei. In anderen Industrieländern – etwa in den USA oder Südkorea – sei keine vergleichbare Entwicklung eingetreten.[208] Vielmehr habe sich dort das religiöse Denken erhalten, der Moderne zum Trotz. In manchen Gegenden, so wäre hinzuzufügen, ist die Religion nicht nur mit der Moderne kompatibel, sie gilt sogar als *Motor* des Fortschritts. Etwa in Afrika, wie die Religionsanthropologin Birgit Meyer von der Universität Utrecht gezeigt hat: In vielen afrikanischen Kulturen werden die Pfingstkirchen ebenso wie der Islam als Ausdruck von Fortschritt betrachtet.[209]

Ähnliches gilt für die USA, wo es Anzeichen für eine Interferenz von Religion und Genetik gibt; dasselbe trifft auf neuere Formen des Kapitalismus zu. Eigentlich gelten sowohl die Naturwissenschaften als auch die Marktwirtschaft als Gewinner (oder Auslöser) des Säkularisierungsprozesses. Inzwischen erweisen sie sich jedoch als religionskompatibel. Einer der wichtigsten Unternehmer auf dem Gebiet der Genomforschung, Randy Scott, Gründer von Biotech-Firmen wie *Incyte* oder *Genomic Health*, ist evangelikaler Christ. Für ihn weisen sein Glaube und seine Wissenschaft »grammatikalische Parallelen« auf.[210] Nach Scott »befindet sich jeder Mensch auf einer christlichen Odyssee, die ihn zu seinem jüngsten Tag führt, nämlich zur Stunde seiner genetischen Wahrheit«.[211] Andere haben die Sequenzierung des menschlichen Genoms »als Suche nach dem Heiligen Gral des Lebens dargestellt«.[212] Francis Collins, der die erste Phase des

Humangenomprojekts leitete, bekennt sich, ebenso wie Randy Scott, als »wiedergeborener Christ« zu seinen religiösen Überzeugungen. Er sagt, »seine Leidenschaft für das Aufspüren von Krankheitsgenen hänge zusammen mit dem dankbaren Erkennen von etwas, das bis dahin kein Mensch, sondern nur Gott wußte.«[213] Für ihn ist die Genforschung eine Art von »Gottesdienst«.[214]

Der Fortschrittsmotor Kapitalismus verbindet sich nicht minder gut mit religiösem Gedankengut. Nachdem in den USA die Medien Radio und Fernsehen schon lange den Markt des Glaubens erobert hatten – es entstanden TV-Churches, in denen Eventgottesdienste mit emotional hoch aufgeladenen und professionell inszenierten Shows, inklusive Wunderheilungen und Spontanbekehrungen, abgehalten wurden –, bildete sich der »Biblische Kapitalismus« heraus. Er hat heute viele Anhänger unter den konservativen Christen, zumeist evangelikale Protestanten. Für Kritiker propagiert der Biblische Kapitalismus den Glauben, dass »der Schöpfer des Universums einen freilaufend, deregulierten, Plutokratie befördernden Kapitalismus mit geringen Steuern vor allem für reiche Investoren bevorzugt«.[215] Der Biblische Kapitalismus kann zwar seine Herkunft aus dem Calvinismus, in dem der weltliche Wohlstand Indiz für Erwählung ist, kaum verleugnen. Doch er will mehr: Er fordert den bedingungslosen *Glauben* an den Kapitalismus. Christen, die die sozialen Aspekte der Religion hervorheben, sind für diese Strömung Atheisten, Blasphemiker, Säkularisten, Marxisten und Kommunisten.[216]

Zu den Protagonisten des Biblischen Kapitalismus gehört der frühere US-Vizepräsident Michael Pence, der in einem katholischen Elternhaus aufwuchs und eigentlich Priester werden wollte,[217] bevor er zum Protestantismus übertrat und sich der *Grace Evangelical Church* anschloss. Als Christ zweifelt Pence an der Evolutionstheorie, hängt aber ironischerweise einer Art von religiösem Darwinismus an, der auch zur Basis seines Biblischen Kapitalismus wurde. Laut Serene Jones, Präsidentin des *Union Theological Seminary*, eines angesehenen überkonfessionellen theologischen Seminars in New York, versteht Pence darunter zwei Dinge. »Einmal glaubt er, dass Gott uns auffordert, unseren Weg in dieser Welt zu machen, indem wir Verstand und Körper nutzen, um so viel Geld wie möglich zu machen, und dass eine Regierung, die diesen Prozess stört, letztlich blasphemisch handelt. Und zweitens, dass, wenn man an Gott glaubt und das Leben an den christlichen Prinzipien ausrichtet, die Wirkkraft des Glaubens selbst wohlhabend macht; die, die nicht wohlhabend sind, haben das ihrem fehlenden Glauben zu verdanken.«[218] Millionen, darunter viele einkommensschwache US-Bürger, folgen dieser Botschaft, die an Popularität gewann, nachdem der »alte Glaube«, demzufolge es in den USA jeder »schaffen kann«, seine Plausibilität eingebüßt hatte.[219]

Megachurches gestalten die Ideologie des Biblischen Kapitalismus. Sie verkünden den *prosperity gospel*, das Wohlstandsevangelium. Gebete werden als »Investition« bezeichnet und Kredit mit Gottvertrauen gleichgesetzt. Diese Kirchen, evangelikale Unternehmen, leben davon, dass sich Menschen nicht nur zur christlichen Religion, sondern auch zum Kapitalismus bekennen. Ihr Erfolg lässt sich nach der Anzahl von »Bekehrungen« beziffern. Der Kampf ums Unbewusste erfolgt hier über den Glauben an die Gesetze des freien Markts. Das größte dieser kirchlichen Unternehmen ist Lakewood

Church in Houston, Texas, zu deren wöchentlichen Gottesdiensten bis zu 50.000 Menschen in einer umgebauten Arena zusammenkommen. Weitere Millionen nehmen am Bildschirm teil. Die Gemeinde hat über 350 Angestellte, über 2500 ehrenamtliche Mitarbeitende und gab schon 2007 an, jedes Jahr 30 Millionen Dollar für ihre »Fernsehgeistlichkeit« auszugeben. Nach der Zeitung *Houston Chronicle* betrug das Einkommen der Lakewood Church im Jahr 2016/17 rund 89 Millionen Dollar. Neunzig Prozent davon wurde von den Gläubigen erbracht, weniger als ein Prozent ging an karitative Zwecke.[220]

Der Biblische Kapitalismus erfüllt die Kriterien einer »sekundären Religion«.[221] Damit ist keine falsche oder Pseudo-Religion gemeint, sondern ein religiöses Denken, das durch die Aufklärung hindurchgegangen ist und diese integriert hat.[222] Es hat sich die Errungenschaften der Aufklärung angeeignet und verortet zugleich, so paradox das klingen mag, das Transzendente im Diesseits.[223] Im Einklang mit diesem Widerspruch kommen viele Anhänger der Glaubenslehre einerseits politisch und technisch hochaufgerüstet daher, vertreten andererseits jedoch ein rückwärtsgewandtes Gesellschaftsmodell, insbesondere, was die Geschlechterordnung betrifft.[224] Sie stehen für eine explizite Schriftgläubigkeit, die als »Literalismus« oder »Skripturalismus« bezeichnet wird: Die heiligen Texte werden als Wiedergabe einer »geschichtlichen Wirklichkeit« gelesen und eine historisch-kritische Lektüre der Heiligen Schriften strikt abgelehnt.[225] Ambivalenz*un*fähigkeit gehört zu den Charakteristika dieser Glaubensrichtung: Intellektuelle gelten als »Ketzer«, Eindeutigkeit soll gegen Reflexion und Skepsis immunisieren. Für die Verbreitung ihrer Botschaften bedienen diese Kirchen sich der modernen Massenmedien – Radio, Fernsehen, Internet, soziale Medien. Diese verleihen dem Literalismus den Anschein körpernaher Unmittelbarkeit und jene »Natürlichkeit«, die als Charakteristikum von Oralität gilt.[226]

Nicht nur die Geistlichen der Mega-Churches, auch die von kleineren Gemeinden bedienen sich mittlerweile der künstlichen Intelligenz. Einige lassen sich die Predigt schreiben: Gehen sie »korrekt« vor, so wurde das Programm an eigenen früheren Ansprachen trainiert, andere überlassen ihre Inspirationen dem Datenfundus der Chatbots. Allerdings »halluzinieren« diese oft und bringen angebliche Zitate von Maimonides oder christlichen Kirchenvätern ein, für die es keine Belege gibt. Gelegentlich verwendet ein Geistlicher auch die eigene, von der KI registrierte und mit einem Text versehene Stimme, um zu predigen. Die Kanzel bleibt leer.[227]

Der Drang zu den modernen Medien geht auch nicht an den europäischen Kirchen vorbei.[228] Sie richten Facebook- und Twitter-Accounts ein, kommunizieren mit ihren Gemeinden über das Internet. Neben Internet-Gottesdiensten gibt es Chat-Seelsorge und Gebetsportale wie *www.amen.de*. Auf Plattformen wie Youtube, X und Instagram agieren, neben weltlichen Influencern auch religiöse »Sinnfluencer«. Evangelische Theologen und Pastorinnen posten eigene Bibel-Auslegungen, reflektieren für Follower im fünfstelligen Bereich über Trauer oder Geschlechterfragen. Sie verkünden neue Formen von Gemeinschaftsbildung, Ritualen und Spiritualität, die sich dem Zugriff der Amtskirchen entziehen. Allerdings zeigt sich, dass »Influencing im christlichen Kontext ein wichtiger Beitrag zur Mitgliederbindung ist. 85,5 Prozent sind Mitglied der Kirche.« Diese digitalen Netzwerke entstanden wegen »einer Lücke im System Kirche« und bilden eine neue Form von christlicher Gemeinschaft.[229] Im Frühjahr 2024 kam die Streaming-Plattform *Yesflix* dazu, die christliche Inhalte anbietet. *Yesflix* hatte es 2019 schon einmal bei Bibel TV gegeben, damals ein Flop. Dann erwarb und überarbeitete die katholische Tellux-Gruppe die Plattform, die Filme, Serien, Dokus sowie Mitschnitte aus den Programmen der katholischen Akademien sendet. Kritische Inhalte, etwa zum Missbrauchsskandal, der die Kirchen so erschüttert, werden ausgespart.

Die *Kompress-Mediengesellschaft* führte 2014 eine Umfrage zu »Gott im Netz« durch, in der sie ausschließlich online-aktive Kirchenmitglieder befragte. Anders als in der traditionellen Kirche, wo ältere Jahrgänge die Regel sind, waren die meisten von ihnen unter 40. »Ein Drittel gab an, dass sie vertrauliche Dinge im Netz besser besprechen könnten als im engen Familien- und Freundeskreis. Sie wünschten sich, dass sich die Kirchen online viel mehr engagieren.«[230] Der geringe Grad an direktem Austausch, den Feldman und ihr Team bei der Kommunikation im Netz konstatieren, mag hier gewollt sein, doch er ist das Gegenteil von der einst in der Religion gesuchten Nähe zum Ewigen.

Die Religionsstifter des Silicon Valley haben keine transzendente Macht im Sinn, aber auch sie verstehen sich als Vorreiter eines neuen Glaubens. So etwa Anthony Levandowski, der im September 2015 eine Kirche namens *Way of the Future* gründete. Auf der mittlerweile abgeschalteten Website *Wayofthefuture.church* konnte man lesen: In den letzten Jahren »haben wir unser Verständnis von Rechten auf beide Geschlechter, Minderheiten und sogar Tiere ausgedehnt, sorgen wir nun dafür, dass wir auch einen Weg für Maschinen finden«.[231] Diese »Kirche« fordert eine Parität zwischen Natur (Mensch und Tier) und Kultur (Maschine) ein. Das ist unter religionshistorischer Perspektive neu. In der traditionellen Kirche stand der Mensch über der Natur. Levandowskis »Kirche« wurde 2021 wieder geschlossen, doch die von ihm vertretenen Phantasien leben fort und erstrecken sich nun auch auf die Biologie. »Wenn wir zum Beispiel Hardware herstellen, die nicht mehr aus Metall oder Siliziumchips besteht, sondern aus gentechnisch gezüchteten Zellen. Gut möglich, dass es bald Systeme gibt, die weder künstlich noch natürlich sind.«[232]

Werden Künstliche Intelligenz und Genetik ein neues religiöses Paradigma hervorbringen? Die bisherigen Religionen bauten auf die Dominanz der Kultur über die Natur; das machte den Kern ihres Glaubens aus. Diese Vorstellung ist rückläufig – was in der Wissenschaftstheorie zur Aufhebung der Unterscheidung zwischen Natur und Kultur führte und zugleich Raum schuf für eine ökologische Neuorientierung. Nur Bewegungen wie der Transhumanismus setzen noch auf die Überlegenheit der Kultur. Träumten frühchristliche Autoren vom »engelhaften Leib« im Jenseits und verstanden Autoren wie Rheingold, Walser und Turkle die Auswirkungen des Cyberspace als Herauslösung aus der leiblichen Existenz,[233] so strebt der Transhumanismus die *faktische* Unsterblichkeit in der leiblichen Welt an. Seine Anhänger wollen nicht wiederauferstehen, sie planen, gar nicht erst zu sterben. »Biohacker«, die eine verbesserte Gehirn-Computer-Schnittstelle anstreben und dafür Experimente am eigenen Leib durchführen, sind überzeugt, dass der Zustand der Unsterblichkeit technisch herstellbar ist. Den Körper vergleichen sie mit einem Auto, für das es Ersatzteile gibt. Die Ressourcen seien unbegrenzt: Die Energie werde durch die Sonne produziert, das Fleisch im 3D-Drucker hergestellt. Tatsächlich werden schon heute Gewebe und Organe auf diese Weise fabriziert.

»Wie die Nuklearphysiker und die Genetiker vor ihnen, müssen sich die Forscher der KI auf die Idee einstellen, dass die Ergebnisse ihrer Forschungen der Menschenart zugutekommen.« So Stuart Russell, einer der Pioniere der Künstlichen Intelligenz und Mitautor eines Manifests des *Future of Life Institutes* in Kalifornien, das 5000 Unterschriften versammelte. Ray Kurzweil, einer der Pioniere des Transhumanismus und Autor von *The Singularity is Near. When Humans Transcend Biology*, wurde 2012 von Google rekrutiert: Er sollte »die Biologie neu programmieren, um Krankheiten auszumerzen«.[234] Kurzweil prophezeit, dass es eines Tages so viele Möglichkeiten geben wird, den Körper des Menschen zu verbessern, dass jeder das eigene physische Erscheinungsbild nach Belieben verändern kann.[235] Es versteht sich von selbst, dass dieser neue Übermensch mithilfe von Reproduktionstechniken entsteht, einschließlich genetischer »Verbesserungen«. Auf diese Weise sollen neue »Eliten« gezüchtet werden, die über das Schicksal der Menschheit bestimmen.[236] Das eigentliche Ziel der Evolution, so Kurzweils neuestes Buch, sei jedoch die Verschmelzung von Mensch und Maschine: In den Körper injizierte Nanoroboter beseitigen physische Defizite; zuletzt entstehen perfekte digitale Kopien unserer selbst, die – nicht angewiesen auf eine irdische Existenz – unsterblich sind.[237]

Mit dem Transhumanismus, so schreibt der Neuroethiker Thomas Metzinger, ist »eine neue Form von Religion entstanden, die ohne Kirche und Gott auskommt, aber trotzdem als Kernfunktion die Sterblichkeitsverleugnung anbietet. Roboter und vor allem Avatare suggerieren die Hoffnung, wir könnten den Tod besiegen, indem wir einst in künstlichen Körpern weiterleben.«[238] Gläubige strebten früher durch Askese an, den Zustand des »verklärten Leibes« zu erreichen, für sie Garant der Auferstehung im Jenseits. An die Stelle der Askese treten heute Medikamentenkonsum, chirurgische Eingriffe, gentechnische »Verbesserungen«. Biotechnisch, davon sind die Transhumanisten überzeugt, sei die Verlängerung des Lebens um Hunderte von Jahren noch in den nächsten Dekaden möglich. Sogar ein ewiges Leben wird in Aussicht gestellt. Forscher nehmen eine winzige Qualle zum Vorbild: der einzige bekannte Vielzeller. Sie ist der einzige Organismus, der sich selbst verjüngen kann; die Forscher hoffen, sein Regenerationsprinzip auf menschliche Zellen zu übertragen.[239] Man kann sich fragen, ob ein ewiges Leben wirklich begrüßenswert wäre – die Sterblichkeit scheint die wichtigste Triebkraft unserer Lust- und Emotionsfähigkeit zu sein. Da die Unsterblichkeit aber ohnehin den Reichsten vorbehalten bliebe, ist absehbar, dass die Menschheit bald nur noch aus alten weißen und dementen Männern bestehen wird (Forscher gehen davon aus, dass Demenz zu den unvermeidbaren Folgen fortgeschrittenen Alters gehört). Wenn diese nicht freiwillig ihr Dasein beenden, werden sie den Folgen des Klimawandels erliegen. Das Scheitern ist vorprogrammiert, weil jedes dieser techno-religiösen Projekte auf dem Glauben an die Überlegenheit der Kultur über die Natur basiert – ein Glaube, dem der Klimawandel von Anbeginn inhärent war.

Das Aufkommen des Transhumanismus ist Indiz für eine neue Phase der Verdrängung des Vertrauens durch den Glauben. Vertrauen basiert, wie weiter oben beschrieben, auf einer »Ordnung«, die der Evolution und den ihr angepassten Sozialstrukturen geschuldet ist; es entsteht also unwillkürlich. Der Glaube dagegen ist zur Herstellung seiner Ordnung auf den Willen angewiesen. Um diesen durchzusetzen, wird er alles – von freiwilliger Vereinbarung bis zur Suggestion, von Manipulation bis zu Zwang – einsetzen. Der Übergang vom Willen zur Willkür ist fließend. Da Zwang aber eine prekäre Angelegenheit ist und politischen Systemen wenig Nachhaltigkeit verleiht, haben sich Mechanismen entwickelt, die dem Glauben eine dem Vertrauen ähnliche Selbstverständlichkeit und Bindungskraft verschaffen sollen. Die sozialen Medien lassen sich als jüngster Versuch lesen, dieses Ziel zu erreichen. Freiheit und Selbstbestimmung bleiben gewahrt, weil die Technik dafür sorgt, dass die Unterwerfung freiwillig stattfindet, ja, als Selbstermächtigung erfahren wird.

Das Verhältnis von Religion und Aufklärung ist heute nicht unter der Perspektive ihrer Gegensätzlichkeit zu betrachten, wie Joas das tut – hier Säkularisierungsprozess, da Festhalten an der Religion –, sondern als divergierende Auslegungen des Begriffs »Aufklärung«. Für die europäische Kultur war Aufklärung die Befreiung vom Zugriff der Kirche und ihrer unschlagbaren »Waffe«, der Transzendenz. Für viele außereuropäische Kulturen (von den USA über Südkorea bis Afrika) dagegen ist die Religion ein potenzieller Beschleuniger der Aufklärung. In beiden Fällen *glaubt* man an die Aufklärung.

Das von Menschen erfundene digitale Schriftsystem KI wird beiden Interpretationen gerecht. Sie ist einerseits menschengeschaffen, andererseits etabliert sie sich als Macht, die über den Menschen bestimmt. Nach Ian Bremmer, dem Initiator des Global Political Risk Index an der Wall Street, werden die Algorithmen den Menschen »so programmieren, dass er sich selbst wie KI verhält«.[240]

Das ist anders kaum denkbar. Da der Computer in einer Weise »gefüttert« werden muss, dass Menschen mit ihm kommunizieren können, müssen sowohl die technische Kommunikation als auch die menschliche Sprache austauschbare – und das heißt: berechenbare – Formate annehmen. »Der Mensch ist, was er ißt«, lautete ein berühmter Satz von Ludwig Feuerbach.[241] Noch liefert der Computer das, was ihm vom Menschen eingespeist wurde. Doch schon bald könnte der Mensch nach den Vorgaben des Computers denken und handeln. Die zwischenmenschliche Kommunikation wird sich dem Primat der Berechenbarkeit anzupassen haben. So wie das Medium Alphabet das menschliche Sprechen veränderte und der Buchdruck die gesprochene Sprache der Logik der geschriebenen unterwarf, wird auch die »Programmierbarkeit« der menschlichen Kommunikation Individuum und Gesellschaft neu formatieren.[242] Es sagt alles, so Gerhard Fitzthum, dass man vom »Bedienen« der Geräte spricht. In Wirklichkeit sind es die Maschinen und Programme, die uns sagen, wo's langgeht.[243]

Es ist aber auch nicht auszuschließen, dass eine neue Religion entsteht, die den zeitgenössischen Paradigmen gerecht zu werden versucht – etwa der Verwischung der Grenze zwischen Kultur und Natur. Eine Religion, die auf der Einsicht basiert, dass das alte Narrativ von der Freiheit durch technischen Fortschritt nicht mehr funktioniert und die Menschen wissen, dass die Grenzen der Naturbeherrschung erreicht sind und ihr Überleben vom Erhalt des Ökosystems abhängt. Wenn es stimmt, dass Religionen entstehen, um jedem Zeitalter das Narrativ zu liefern, dessen es zur Bewältigung aktueller Probleme bedarf, so würde diese Religion drei entscheidende Merkmale aufweisen: Erstens wäre sie global, also von vorneherein als Weltreligion angelegt. Lokal ist der Verzicht auf die Naturbeherrschung nicht umsetzbar. Zweitens würde sie auf die anthropozentrischen – und damit auch androzentrischen – Charakteristika der bisherigen Traditionen verzichten. Und drittens würde sie die Tatsache reflektieren, dass sich die Kultur – oder alternativ: Gott – in die Natur »versenkt« hat und von ihr ununterscheidbar geworden ist. Das würde das Ende des Transzendenzgedankens implizieren, bei dem Gott als höchste Allmacht *über* der Natur steht – ohne deshalb die Rückkehr zur Struktur der alten Naturreligionen zu beinhalten, die die göttlichen Kräfte als *Ausdruck* der Natur verstanden. Allerdings ist es eine Gratwanderung: Die bewusste und gewollte Hinwendung zur Natur kann ein ökologisches Projekt sein, das die Balance zwischen Natur und Kultur zum Ziel hat. Sie kann aber auch Glaubensprojekte umfassen, die auf eine weitere Naturbeherrschung abzielen. Dazu würde etwa der Vorschlag des Chicagoer Geophysikers David Keith gehören, die Erde durch die tonnenweise Ausschüttung von Schwefeldioxid in etwa 20 Kilometern Höhe vor schädlichen Sonneneinstrahlungen zu schützen. Der Plan ist nicht nur unvergleichlich kostspieliger als etwa der Ausbau alternativer Energien, er ist auch unabsehbar in seinen Folgen und Nebenwirkungen.[244]

Yuval Noah Hararis Buch *Homo Deus* ist die Ausbuchstabierung solcher Religionsvorstellungen, die die Menschheitsgeschichte entlang der Spur des Glaubens verlaufen lassen. Hatte Harari schon in seinem Geschichtsentwurf zum *Homo sapiens* eine solche Linie für die Vergangenheit gezogen – weshalb ihm der entscheidende Bruch in dieser Gradlinigkeit, der Grund für den Wandel der Geschlechterordnung, entging –, so projiziert er diese Glaubensspur nun auch auf die Zukunft der Religion, die bei ihm »Dataismus« heißt: »Wie der Kapitalismus begann auch der Dataismus als neutrale wissenschaftliche Theorie, doch nun mutiert er zu einer Religion, die für sich in Anspruch nimmt, über richtig und falsch zu bestimmen. Wenn Leben die Bewegung von Information ist, und wir glauben, dass das Leben gut ist, folgt daraus, dass wir den Informationsfluss im Universum ausweiten, vertiefen und intensivieren sollten. Dem Dataismus zufolge sind menschliche Erfahrungen nicht heilig und der *Homo sapiens* nicht die Krone der Schöpfung oder der Vorläufer irgendeines *Homo deus*. Menschen sind lediglich Instrumente, um das ›Internet der Dinge‹ zu schaffen, das sich letztlich vom Planeten Erde aus auf die gesamte Galaxie und sogar das gesamte Universum ausbreiten könnte. Dieses kosmische Datenverarbeitungssystem wäre dann Gott.«[245] Wie schon frühere totalitäre Systeme bedarf auch der Dataismus keines transzendenten Bezugs; er findet seine Erfüllung im Diesseits und unter Einbeziehung dessen, was den Menschen, nach Leibowitz, von der Natur unterscheidet: Wille und Bewusstsein.[246] Eines ist in diesem Entwurf allerdings nicht vorgesehen: das Unbewusste mit seiner Unberechenbarkeit. Da es, wie in vorigen Kapiteln beschrieben, über einen höheren Informationsstand verfügt als das Bewusstsein und daraus beachtliche Widerstandskräfte ableitet, wird es auch der neue Glauben nicht leicht haben.

Diese Widerständigkeit mag ein kleines Beispiel illustrieren: Der Dokumentarfilm *Total Trust* (Totales Vertrauen) aus dem Jahr 2023 thematisiert Chinas digitale Systeme der sozialen Überwachung. Dass diese digitale Überwachung von den meisten Kontrollierten als Schutzsystem wahrgenommen wird, zeigt sich allenthalben. Bei einer in Köln lebenden Freundin von uns, die manchmal internationale Studierende aufnimmt, wohnte für einige Wochen eine junge Chinesin. Die junge Frau wollte alles über das Leben ihrer deutschen Altersgenossen wissen: ihr Sexualleben, das Verhältnis der Geschlechter, die Bindung an die Eltern usw. Unsere Freundin stand ihr Rede und Antwort, schlug ihrer jungen Besucherin aber vor, das Handy in ihrem Zimmer zu lassen. Sie wusste, dass fast alle jungen Chinesen, die ins Ausland gehen, potenziell überwacht werden. Die junge Besucherin lehnte den Vorschlag mit der Begründung ab: »I feel safer with it.« Sie empfand die Überwachung nicht als Bedrohung, sondern als Sicherheit. Das gilt auch für Chinas Sozialkreditsystem, bei dem das Verhalten der Bürger – Einhaltung von Verkehrsregeln und Hygiene-Bestimmungen, politische Loyalität, Fleiß, Ordnung usw. – zu positiven oder negativen Einträgen in einem nationalen Register führt, das in China auf große Zustimmung stößt.[247] Die Kontrolle, die eigentlich einen Bruch mit dem Vertrauen darstellt, wird als Vertrauenssystem verstanden: Das ist Total Trust.

Doch der Film zeigt auch einen Moment des Widerstands, und dieser hat mit Gott zu tun, für den im chinesischen Politsystem kein Platz vorgesehen ist. Im Film kommt eine Frau zu Wort: Ihr Mann ist Anwalt und Menschenrechtsaktivist und saß mehrere Jahre im Gefängnis; bei der Verhaftung war der gemeinsame Sohn zweieinhalb Jahre alt. Als der Vater wieder entlassen wird, ist der Sohn acht. Das Verhältnis zwischen beiden ist konfliktreich; hinzu kommt die permanente Überwachung der Familie durch das autokratische System. Die Mutter leidet an den Spannungen zwischen Mann und Sohn und kann sich, wegen der permanenten Bespitzelung, niemandem anvertrauen. In dieser Situation wendet sie sich plötzlich an die Kamera und lässt uns wissen, dass sie jemanden brauche, mit dem sie über alles sprechen kann – und der einzige Gesprächspartner, den sie gefunden habe, sei Gott.[248] Das heißt, in diesem dataistischen System (das Harari mit Gott gleichsetzt) kann Gott oder die Transzendenz auch zum *Fluchtpunkt* aus der Überwachung werden. Auch in der DDR wurde die Kirche, obgleich ursprünglich selbst Instanz der Bevormundung, zur Vorreiterin der Dissidenz. Kein Wunder, dass alle autokratischen Systeme die Transzendenz entweder verbieten oder der eigenen Vormundschaft unterstellen, wie etwa in Russland. Womit totalitäre Systeme – wie auch populistische Demokratien – schlicht nicht rechnen, sind die Flexibilität und der Erfindungsgeist des Unbewussten. Auch eines kollektiven Unbewussten, als dessen unberechenbare Symptome sich etwa die fortschreitende Klimakrise oder die weltweite Migration lesen lassen. Im Jahr 2023 waren weltweit 117,3 Millionen Menschen auf der Flucht vor Krieg und Verfolgung, und die Zahl wächst jährlich um weitere Millionen.[249] Wer hier vollmundig behauptet, »Herr im Haus« bleiben zu können, unterliegt der Illusion, die Freud schon beim Verhältnis von individuellem Bewusstsein und Unbewusstem ausmachte.

Das widerständige Unbewusste

Im 21. Jahrhundert scheint sich ein Kreis zu schließen. Er begann mit der Leerstelle, die das Verschwinden des Transzendenten, das Ende des Glaubens an eine höhere Macht, an Gott, hinterlassen hatte. Dort nistete sich mithilfe von protestantischen Schriftstellern und Philosophen, von Pastorensöhnen und abtrünnigen Theologen das Konzept des Unbewussten ein. Im Verlauf des 19. Jahrhunderts nahm es immer mächtigere und diversere Formen an: Es wurde als Beherrscher der Gefühle bezeichnet, galt als unberechenbar und gefährlich wie auch als schöpferisch und produktiv. Auffallend an diesen Konzepten des Unbewussten war die Ähnlichkeit zum christlichen Gott: abstrakt *und* leiblich, mächtig *und* schwach, unendlich *und* sterblich, fehlerlos *und* schuldig zugleich. Die Religion ist ein starker, womöglich der intensivste Faktor, der je über das Unbewusste geherrscht hat, doch der religiöse Glaube verortet die Quelle seiner Macht im Jenseits. Im Europa des 19. Jahrhunderts verlagerte sich das Unbewusste vom Jenseits in die Psyche des Einzelnen.

Diese Erzählung wurde um 1900 durch die Psychoanalyse, deren Vorkämpfer vor allem säkulare Juden waren, durch neue Sichtweisen erweitert. Den jüdischen Traditionen verdankt das Nachdenken über das Unbewusste Ambivalenz,

Reflexion und Skepsis. Die Pioniere der Psychoanalyse versuchten, die Gesetze zu verstehen, nach denen dieses unberechenbare Unbewusste funktionierte und den Menschen lenkte. Sie kamen zu vielen innovativen Ansichten, irrten sich auch – etwa, wenn Freud das Begehren, das er für seine Mutter empfand, zum Universalgesetz erhob. Doch meist gelang es ihnen, alte Einsichten umzukrempeln. In den ersten Jahrzehnten des 20. Jahrhunderts entstand so eine neue Wissenschaft vom Menschen, die immer mehr Adepten fand und das Denken über Individuum und Gesellschaft grundsätzlich veränderte. Allerdings weckten die Einblicke ins Unbewusste auch Begehrlichkeiten bei Autokraten und totalitären Staaten, die die psychoanalytischen Erkenntnisse zu instrumentalisieren und daraus ein Herrschaftsinstrument zu schmieden versuchten. Heute, hundert Jahre nach den Anfängen der europäischen Totalitarismen, stehen wir vor dem Scherbenhaufen, den diese Versuche hinterließen.

Zugleich erleben wir eine neue Technologie, die potenziell nicht weniger totalitär werden könnte. Sie auf dem »Müllhaufen der Geschichte« zu entsorgen, ist weder realisierbar noch eine wünschenswerte Option. Eher scheint heute eine Denkweise geboten, die den Erfordernissen von Algorithmen und Künstlicher Intelligenz gewachsen ist, ohne sich ihnen zu unterwerfen. In der aktuellen Situation, in der wir noch lernen müssen, mit den digitalen Überwältigungsstrategien umzugehen, könnte ein größeres Misstrauen zum Schutz der Psyche und der Entstehung eines neuen Vertrauens beitragen. So war es nach den Erfahrungen mit dem totalitären Regime des Nationalsozialismus. Dieser Skepsis könnte zugutekommen, dass dem Glauben der Zweifel immer inhärent war. Das heißt, der Schlüssel zur Entzauberung des Glaubens könnte in ihm selbst angelegt sein. Um ihn zu finden, bedarf es eines Impetus, wie ihn Anfang des 20. Jahrhunderts die Psychoanalyse hervorbrachte. Allerdings kann sich eine neue Wissenschaft vom Menschen nicht damit begnügen, die Erkenntnisse und Lehren dieser Zeit aufzugreifen. Sie hatten vor hundert Jahren ihre Berechtigung – aber heute?

Bekanntlich beruht die Bereitschaft, sich auf tiefgehende Veränderungen einzulassen, kaum auf breitem gesellschaftlichem Konsens. Ein solcher kommt meistens nur in Extremsituationen zustande, die die Einsicht in die Notwendigkeit erzwingen. In dieser Hinsicht ähneln Gemeinschaften – egal ob national oder global – großen Verbrechern: Beide legen sich ungern oder gar nicht auf die Couch; beide haben Angst, dass die Selbstreflexion ihre Fähigkeit lähmen könnte, Herr im Haus zu sein. Der Fall Adolf Hitler mag hier als Beispiel dienen. Hitler sah in seinem Leben einen einzigen Psychologen: Alois Maria Ott, Gefängnispsychologe im Krankenhaus der Festung Landsberg, wo Hitler nach seinem Münchner Putschversuch von 1923 einsaß. Die Begegnung fand 1924 statt, der Prozess wegen Hochverrats stand noch bevor, es drohte eine lange Gefängnisstrafe, die Abschiebung nach Österreich oder sogar ein Todesurteil. Hitler, so die Berichte, war zu dieser Zeit ein »Häufchen Elend«. Er blieb entweder vollkommen stumm oder »heulte wie ein Wahnsinniger«, wütete gegen »Lügner und Verräter«, wollte sich das Leben nehmen und trat mangels einer Waffe in Hungerstreik. Deshalb hatte man ihn ins Krankenhaus verlegt. Dort gelang es Ott, sein Vertrauen zu gewinnen – er versprach ihm, dass kein Mensch je von diesem Besuch erfahren werde (tatsächlich hat

Ott seinen Bericht erst 1990 im Alter von 98 Jahren veröffentlicht), er appellierte an die Gemeinsamkeit der Kriegserfahrungen und verwickelte Hitler in ein Gespräch, unter anderem über den Sinn oder Unsinn seiner antisemitischen Positionen. Das verfing: Hitler diskutierte und beendete seinen Hungerstreik. Ott war im einzigen Moment in Hitlers Leben getreten, wo dessen Machtphantasien auf Grenzen stießen.[250] Nach diesem Gespräch wurde Hitler in die Haftanstalt zurückverlegt und begann mit der Niederschrift von *Mein Kampf* – dem Buch, nach dessen Vorgaben die Emotionen der Deutschen neu strukturiert werden sollten.

Bei Gemeinschaften können erlittene Demütigungen radikalisieren, aber sie können auch das Gegenteil bewirken. Nach dem verlorenen Ersten Weltkrieg und nach den Folgen der Inflation fühlte sich Deutschland, das gerade seinen Monarchen eingebüßt hatte, von der Idee eines starken Führers angezogen; die Bevölkerung glaubte, unter seiner Führung ihr Selbstbild wieder aufrichten zu können. Nach dem Zweiten Weltkrieg war es anders: Deutschland lag am Boden, war gezwungen, die bedingungslose Kapitulation zu akzeptieren – und ließ sich auf das Experiment Demokratie ein. Woher rührte dieser Unterschied? Offenbar war die Hoffnung auf Veränderung größer als die Trauer über den Verlust des Alten.

Es kam so zur Stärkung der Grundrechte. Ein solcher Wandel konnte nur von der Gemeinschaft als Ganzes geleistet werden. Sie bestimmt über die Rechte und Pflichten des Einzelnen. Das Grundgesetz – eine Verfassung, die heute weltweit als vorbildlich eingeschätzt wird – basiert auf der Einsicht, dass die Souveränität des Einzelnen einen

Souveränitätsverzicht einschließt. Ein solcher Ansatz gewinnt mittlerweile auch im Verhältnis zur digitalen Welt an Bedeutung. Diese verspricht dem Einzelnen Selbstermächtigung, aber das kann sich ändern, wenn den Tech-Giganten Grenzen gesetzt werden. Während sich die USA zur Zeit in Richtung eines Ausbaus dieser Herrschaft bewegen – zu erkennen etwa an den Machtbefugnissen, die Elon Musk eingeräumt wurden –, unternimmt Europa erste zaghafte Versuche, einen anderen Weg einzuschlagen. Mit dem 2023 in Kraft getretenen Digital Services Act (DSA) verpflichtet die EU die Plattformen, illegale Nachrichten zu löschen und dafür das notwendige Personal bereitzustellen. Zwar halten viele das Gesetz schon jetzt für überholt – zumal Brüsseler Lobbyisten versuchen, es abzuschwächen. Doch verglichen mit der »Section 230« – ein Teil des »Communication Decency Act«, der 1996 für die USA festhielt, dass Internet-Plattformen nicht für die von ihnen verbreiteten Inhalte haften – bedeutet der europäische DSA einen Durchbruch. Ein zweiter Schritt betrifft die Regulierung von KI. Auch hier entwickelte die EU neue Gesetze, die vorsehen, dass Unternehmen die Funktionsweise ihrer Systeme offenlegen und potenzielle Diskriminierung beseitigen müssen. Unternehmen dürfen nicht mehr ihre eigenen Spielregeln aufstellen und sind verpflichtet, allgemein anerkannte Sicherheitssysteme einzuhalten. Auch müssen Unternehmen vor der Markteinführung einer neuen Technologie prüfen, ob diese Menschen schadet. Darüberhinausgehende Vorschläge sehen vor, KI zu einem öffentlichen Gut zu erklären und so der Willkür von Konzernen und einzelner Player zu entziehen.

Als weitere Maßnahme wird diskutiert, alle KI-generierten Bilder und Audioposts mit einem Wasserzeichen zu versehen, damit diese nicht mit dokumentarischen Aufnahmen verwechselt werden. Zwar ist es einerseits möglich, Wasserzeichen künstlich einzufügen, andererseits gibt es Analysetools, die Bilder erkennen, die mithilfe von KI erzeugt oder manipuliert wurden. Die Zeitschrift *Science* hat angekündigt, dieses Werkzeug zu verwenden – mit dem Ziel, »mehr Vertrauen in die Wissenschaft zu schaffen«.[251] Auch hat die EU Gesetze erlassen, die die Kennzeichnung veränderter Dokumente vorschreibt. Weiter wird angestrebt, alle Social-Media-Konten auf ihre Authentizität zu überprüfen, um sicherzustellen, dass dahinter tatsächlich Menschen und nicht Bots stehen. Auch die Einrichtung eines sozialen Mediums unter öffentlicher Trägerschaft, vergleichbar dem öffentlich-rechtlichen Rundfunk, wird erwogen. Die Öffentlich-Rechtlichen gehören zu den erklärten Feindbildern von Populisten, weil sie den »Wahrheiten« der sozialen Medien Informationen entgegensetzen. Man könne, so heißt es, die Öffentlichkeit dafür sensibilisieren, »dass es eine sinnvolle Investition ist, für geprüfte Inhalte vertrauenswürdiger Medien zu bezahlen«.[252] Noch verlangt eine Mehrheit nach vertrauenswürdigen Informationen, das heißt, der Journalismus wird zunehmend als potenzielle Bildungseinrichtung wahrgenommen. Betrachtet man diese Maßnahmen, so wird immer deutlicher, dass es auch Techniken des Vertrauens gibt: Oft dienen sie der Verstärkung des Analogen, manche hingegen entfalten ihre Wirkung im rein digitalen Raum.

Da sich KI und digitale Kommunikation wenig um nationale Grenzen scheren, wird vorgeschlagen, überstaatliche

Organisationen, vergleichbar dem Weltklimarat (IPCC), einzurichten. Ohnehin, so Bremmer, werden die Nationalstaaten bald ihre tradierte Funktion verlieren: »Unsere bestehenden Institutionen wurden für eine ganz andere Zeit geschaffen. Sie sind eine Reaktion auf die industrielle und in gewissem Umfang auch auf die Dienstleistungsrevolution. Aber eben nicht auf die technologische Revolution.« Bremmer geht davon aus, dass KI zu einer neuen Weltordnung führen wird. Zurzeit gebe es drei widersprüchliche globale Ordnungen: erstens die Sicherheitsordnung, die von den USA und ihren Verbündeten dominiert wird. Zweitens eine multipolare Wirtschaftsordnung. Nun komme eine digitale, von Technologieunternehmen bestimmte Ordnung hinzu. »Das gab es seit dem Westfälischen Frieden nicht mehr, dass Teile der Weltordnung nicht von Nationalstaaten dominiert wurden. Das Risiko, dass die Welt durch KI technopolar wird, ist sehr greifbar und besorgniserregend.«[253] Diese Sorge wird durch die politische Rolle von Tech-Giganten wie Google, Amazon, Facebook greifbar. Der Stanforder Soziologe Aneesh Aneesh spricht von einer »Algokratie«.[254] Diese neue Herrschaftsform könnte tatsächlich alle Demokratisierungsbestrebungen um Jahre zurückwerfen.

Besonders beunruhigend ist das Imperium von Elon Musk. Als in den Stunden vor der russischen Invasion im Februar 2022 russische Hacker das Kommunikationssystem des ukrainischen Militärs lahmlegten, wandte sich die Ukraine per Twitter an Elon Musk mit der Bitte, die Ukraine mit Starlink-Empfangsstationen auszustatten. Mit Starlink kontrolliert Musk ein Funksystem, das entlegene Gegenden erreicht. Mehr als die Hälfte aller Erdsatelliten gehören heute zu diesem Monopol. Zwei Tage später erreichten 500 Empfänger die Ukraine, in den folgenden Monaten kamen Tausende weitere dazu. Allerdings behielt sich Musk von Anfang an die Möglichkeit vor, das System ganz oder partiell, etwa für die Krim, abzuschalten.[255] Er verfügte also über eine Macht, wie sie bisher nur Staaten hatten.

Vor wenigen Jahrzehnten ahnte noch kaum jemand, wie stark KI und soziale Medien ins politische Geschehen, etwa ins Wahlverhalten, eingreifen und wie tief ihre Auswirkungen auf die individuelle und die kollektive Psyche sein würden. 2023 sandten die Regierungschefs acht europäischer Länder (Estland, Lettland, Litauen, Polen, Tschechien, Slowakei, Moldau und Ukraine) ein gemeinsames Schreiben an die Betreiber großer Tech-Konzerne. Darin hieß es: »Technologieplattformen wie Ihre sind zu virtuellen Schlachtfeldern« und die Desinformation zur »wichtigsten und weitreichendsten Waffe« geworden. Nur große Technologiefirmen verfügten über die Macht, »feindliche Informationsangriffe auf Demokratien und die internationale regelbasierte Ordnung zu bekämpfen«.[256] Den Unterzeichnern des Briefs, die allesamt vom Imperialismus ihres Nachbarn bedroht wurden, erschienen die digitalen Medien ebenso gefährlich wie blanke Waffengewalt. Auch intern setzen autoritäre Regime digitale Medien ein, um ihre Macht zu sichern und »Stimmungen frühzeitig zu filtern und Widerstand schon im Keim zu ersticken«.[257] Da inzwischen 60 Prozent der Weltbevölkerung in autoritären Herrschaftssystemen leben, findet der Vorschlag, eine digitale UNO ins Leben zu rufen, immer mehr Gehör. Die Herausforderungen für eine solche Organisation sind allerdings ebenso groß wie die Widerstände gegen ihre Entstehung.

Seitdem Elon Musk, der reichste Mann der Welt, zum Vertrauten von US-Präsident Donald Trump geworden ist und dieser ihm ein öffentliches Amt für »Regierungseffizienz« anvertraute, vereint er politische, ökonomische und mediale Macht. Damit befinden sich zum ersten Mal in der Geschichte alle drei Säulen, auf denen die moderne Demokratie ruht, in der Hand eines einzigen Mannes und seines Unternehmens. In seiner politischen Funktion will Musk den öffentlichen Haushalt um ein Drittel kürzen und dies durch einen radikalen Personalabbau und Einschnitte im Sozialbereich verwirklichen. Seine Verachtung der Bürokratie und der öffentlichen Hand hat ihn bisher allerdings nicht gehindert, Aufträge von der US-Bundesregierung für seine Weltraumfirma *SpaceX* in Höhe von fast vier Milliarden Dollar anzunehmen. Die *New York Times* schrieb: »Er ist ein Techno-Utopist, der seine Tätigkeit – von der Kolonisierung des Mars zur Implantation von elektronischen Chips in den Gehirnen – als unerlässlich für das Überleben der menschlichen Art betrachtet, und er will nicht, dass die Bürokratie ihn bei diesen Bemühungen im Weg steht.«[258] Ende November, noch bevor er sein Amt antrat, postete der designierte »Effizienz-Chef« auf X die Namen von vier betroffenen Angestellten – durchweg Frauen und allesamt tätig in Umweltprogrammen. Die Social-Media-Seiten der vier Frauen, so berichtet CNN, seien millionenfach aufgerufen und mit negativen Kommentaren überschüttet worden. Frühere Internet-Attacken von Musk auf ihm missliebige Personen hatten Morddrohungen und physische Angriffe zur Folge.[259] Seither zittert der öffentliche Dienst, und die Entlassungen, die Trump im Bereich des FBI, der Behörde für Umweltschutz und des gesamten Bereichs DEI (Diversity,

Equality and Inclusion.) vornahm, zeigen, wie radikal die Pläne tatsächlich gemeint waren. Zudem bedarf es oft gar nicht der Eingriffe des Staates: Die Veröffentlichung von Namen, der Entzug von staatlichem Schutz für prominente Trump-Gegner genügt schon, um eine Atmosphäre der Angst herzustellen.

Dass Musk ausgerechnet diese Namen und Funktionen zur ersten Zielscheibe seiner Räumungsmission machte, dürfte kein Zufall sein: In der Klima-Politik gibt es Subventionen, von denen er profitieren könnte, und Auflagen, die er sich vom Hals schaffen möchte – vorausgesetzt, er besetzt die entsprechenden Stellen mit hörigen Gefolgsleuten. Mit Geschlechterfragen steht Musk auf dem Kriegsfuß, seitdem eines seiner Kinder, als biologischer Junge geboren, im Teenageralter verkündete, künftig als Frau leben zu wollen. Sie trägt heute den Namen Vivian Jenna Wilson. Seither wütet Musk gegen die »Transideologie«. Sein Kind sei ihm »entrissen« worden, »getötet vom woken Gedankenvirus«.[260] Wie schon bei Trumps Entlassungen im Justizbereich (sie betrafen Richter und Staatsanwälte, die gegen Trump ermittelt hatten), werden auch hier die Stellenstreichungen von persönlichen Anliegen geleitet. Die Behörde USAID, von deren rund zehntausend Angestellten die große Mehrheit entlassen werden soll, hatte gegen Musk ein Verfahren eingeleitet. Zugleich wird die Plattform X »zur neuen Heimat« der MAGA-Bewegung, und die *New York Times* berichtete von Überlegungen der neuen Administration, die künftige Öffentlichkeitsarbeit der Regierung generell über dieses Medium abzuwickeln, unter Umgehung der unabhängigen Medien, die Trump »für feindlich und Musk für überflüssig und korrupt hält«.[261] Die neue Kombination von Macht und Geld, so schreibt der *Spiegel*, habe das »Potenzial, die fast 250 Jahre alte amerikanische Demokratie zu beschädigen«. Nicht nur die: Vizepräsident J. D. Vance hat zu verstehen gegeben, »dass die USA nur jene europäischen Partner militärisch verteidigen wollen, die das amerikanische Verständnis von ›Meinungsfreiheit‹ teilten.«[262]

Mit Sicherheit werden Demokratie und Kapitalismus nicht in der jetzigen Form weiterbestehen. Dass die Idee der Demokratie durch ihre Transformation in eine »Emokratie« an ihre Grenzen stößt, ist offensichtlich. Dass aber auch der Kapitalismus im Kreuzfeuer steht, zeigt die wachsende Zahl von US-Kritikern, die Tech-Tycoons wie Mark Zuckerberg oder Elon Musk entmachten, ihre Imperien zerschlagen wollen. Bleibt allerdings die Frage: Wer wird sie in ihre Schranken weisen? Der Kongress? Die öffentliche Meinung? Im Moment verhalten sich alle Kritiker noch zurückhaltend angesichts des radikalen Vorgehens der Trump-Administration gegen potenzielle Widersacher. Doch es bildet sich auch Widerstand: Einige mutige Richter und Staatsanwälte haben den Klagen gegen Trump-Entscheidungen Recht gegeben – das gilt etwa für die massiven Entlassungen bei USAID oder den freien Zugang der Musk-Mitarbeiter von DOGE zum Computer- und Zahlungssystem der US-Bundesregierung.

Die Vergangenheit hat gezeigt, dass auch die Demokratie zu radikalem Handeln fähig ist und dass der Staat in solchen Situationen etwas bewirken kann – sogar in den USA, wo die Bevölkerung Eingriffen der Regierung misstrauisch gegenübersteht. Das bewies Anfang des 20. Jahrhunderts der republikanische Präsident Theodor Roosevelt (1858–1919), als er sich gegen die Monopole großer Industrie-Trusts positionierte und für die Rechte der Arbeiter eintrat. Sein Eingreifen war ein Bruch mit dem bis dahin ökonomisch neutralen Amt des amerikanischen Staatsoberhaupts wie auch mit den Regeln des freien Marktes, die die Industrialisierung der USA vorangetrieben hatten. Noch tiefgreifendere Maßnahmen ergriff der demokratische Präsident Franklin D. Roosevelt (1882–1945). Als er 1933 das Amt des Präsidenten übernahm, befanden sich die USA in der schwersten wirtschaftlichen Krise ihrer Geschichte. Der Börsencrash von 1929 hatte zu einer bis dahin nicht gekannten Arbeitslosigkeit geführt, zahlreiche Banken und Unternehmen mussten Insolvenz anmelden. Die von Roosevelt vorgeschlagenen Reformen waren radikal: Der *Emergency Banking Act* sah vor, dass zahlreiche Banken geschlossen, andere strengen Kontrolle unterworfen wurden, während Geschäftsbanken der Handel mit Wertpapieren untersagt blieb. Zugleich wurde mit dem *Social Security Act* ein Rentensystem geschaffen, das zwar nicht so durchgreifend war wie die europäischen Vorbilder – Landwirte, Hausangestellte, Selbstständige und damit 65 Prozent der schwarzen Bevölkerung blieben außen vor. Doch mit diesen Reformen wurde zum ersten Mal der Gemeinschaft die Verantwortung für das Schicksal des Einzelnen übertragen, was innerhalb weniger Jahre zu einer Stabilität führte, die das Vertrauen in die Gemeinschaft stärkte. Beide Roosevelts traten ihr Amt während einer schweren Krisensituation an und schufen, oft gegen den Willen ihrer eigenen Parteien, Institutionen zur Vertretung von Allgemeininteressen. Damit veränderten sie auch das Verhältnis von Individuum und Gemeinschaft. Ein ähnlicher Eingriff steht heute zweifellos auch für den Umgang mit den digitalen Techniken an, die Kartelle von bisher ungekannter Größe entstehen ließen. Allerdings bedarf es eines neuen Präsidenten, bevor es in den USA zu einer Wiederermächtigung des Staates kommt.

An der US-Universität Stanford wird inzwischen über Modelle reflektiert, die der ökonomischen und politischen Macht der IT-Giganten etwas entgegensetzen. In der Einführung zu den dabei entstandenen »Digital Papers« wird die aktuelle Situation mit dem Jahr 1780 verglichen, als mehrere führende Köpfe der Zeit, darunter zwei Gründerväter der USA, die *Federalist Papers* verfassten, in dem sie für die Ratifizierung der Verfassung und das amerikanische System der *Checks and Balances* plädierten. Die historische Situation sei heute ähnlich, schreiben die Wissenschaftler und richten ihren Fokus auf Modelle von Bürgerräten, die in Taiwan und Irland zu völlig neuen politischen Entscheidungsprozessen geführt haben. Diese Bürgerräte sind frei, über politische Themen zu debattieren, die in der Öffentlichkeit kaum verhandelt werden – in Irland etwa wegen des Einflusses der katholischen Kirche. So legten die irischen Beiräte Gesetzesvorschläge zu Abtreibung und zur Ehe für alle vor, die dann von der Legislative mit großer Mehrheit ratifiziert wurden. In Taiwan wurden Entscheidungen angenommen, nachdem durch mehrere digitale Befragungen ein Kompromiss herausgefiltert worden war, den eine Mehrheit mittrug.[263]

Wie oben beschrieben, richtet sich eine wichtige Kritik an KI gegen die Homogenisierung und Automatisierung des Denkens.[264] Es stellt sich die Frage, ob die Psyche lernen – oder befähigt werden – kann, dem Sog der sozialen Medien zu widerstehen. Bisher erwies sich die Hoffnung, dass mit gestiegener digitaler Kompetenz auch die Fähigkeit zum Widerstand wächst, als trügerisch. Forscher der Universitäten Bristol und Exeter zeigten aber, dass sich Misstrauen trainieren lässt: Durch eigenes Programmieren lernten User, Desinformationen zu erkennen. »Indem man Menschen abgeschwächten Dosen von Fehlinformationen aussetzt, können sie ›mentale Antikörper‹ gegen Fake News kultivieren.«[265] Dieses Immunisierungsprogramm wird begleitet von Schulungen über emotionale Inhalte, Verschwörungstheorien, die Funktion von »Sündenböcken«, widersprüchliche Aussagen und absichtliche Inkohärenz. Die Taktik sei zwar keine *»silver bullet«* (Wunderwaffe), sie bewirke wenig bei Menschen mit extremen Ansichten, und der Effekt halte auch nur für eine begrenzte Zeit. Doch das Programm ist Indiz für einen möglichen Weg und vor allem den Wunsch, die Richtung zu ändern.

Ähnliches zeigte sich beim Umgang mit Verschwörungstheorien. »Der Glaube an Verschwörungsmythen ließ sich am effektivsten bekämpfen, indem den Teilnehmern beigebracht wurde, zwischen Wissenschaft und Pseudowissenschaft zu unterscheiden. Die Probanden erlernen kritisches Denken.«[266] Das bedeutet Selbstbeobachtung, letztlich eine pragmatische Anwendung psychoanalytischen Denkens. Allerdings sind diese Methoden aufwendig, und dass sie den Intellekt erreichen, heißt noch lange nicht, dass sie auf die Emotionen einwirken. Erfolg hatte auch eine US-Initiative, die persönlich zugeschnittene Chatbots verwendete. Für gewöhnlich dient die Personalisierung von Bots dazu, Wahl- oder Konsumverhalten zu beeinflussen. *DebunkBot* verwendete die KI, um Verschwörungstheorien durch Fakten zu widerlegen. (*debunk* bedeutet »entlarven«.) Die Studie, die an 2000 Probanden durchgeführt wurde, widerlegte die verbreitete Überzeugung, dass Verschwörungstheorien und der Glaube an Fake News durch Evidenz nicht zu bekämpfen seien, so der Leiter der Studie Gordon Pennycook von Cornell University. Die KI-Gegenposition müsse nur auf die Person und ihre Verschwörungserzählung zugeschnitten sein.[267]

Bei Fake News scheint sich heute ein vergleichbarer Effekt einzustellen, wie er im 20. Jahrhundert im Zusammenhang mit der bildlichen Intelligenz zu beobachten war: Stieg mit der Verbreitung der technisch erzeugten Bilder (Fotografie und Film) die Fähigkeit, Bilder zu »lesen«, so wächst heute das Misstrauen gegenüber Falschnachrichten. Nach einem Pew-Report von Juni 2019 sahen US-Bürger eine höhere Gefahr in gefälschten Nachrichten als in Terrorismus, illegaler Einwanderung, Rassismus und Sexismus. Fast sieben von zehn US-Erwachsenen sagen, »dass gefälschte Nachrichten und Informationen das Vertrauen der Amerikaner in die staatlichen Institutionen stark beeinträchtigen, und etwa die Hälfte (54 %) ist der Meinung, dass dies einen großen Einfluss auf unser Vertrauen zueinander hat«.[268] So wie Bilder ihre Macht verloren, nachdem die Psyche gelernt hatte, sie zu »entziffern«, wird auch die Fähigkeit wachsen, Fälschungen zu erkennen und Nachrichten kritisch aufzunehmen. Auch fällt auf, dass Künstler und Künstlerinnen, konfrontiert mit der Fähigkeit von KI, Bilder zu generieren, mit zunehmender Verlagerung auf die Ebene der Bild-Philosophie reagieren: Sie reflektieren *über* den Einfluss von Kunst und Bild und befinden sich damit in einer ähnlichen Situation wie die schreibende Zunft bei der Entstehung der sekundären Oralität.[269]

Sie versehen das Ich nicht mit Ego-Insignien, sondern mit Fragezeichen. In eine ähnliche Richtung weist auch eine 2024 erschienene Studie von Klaus Hurrelmann und anderen. Eine Mehrheit von Jugendlichen gibt darin an, ihr Handy mehr zu nutzen, als ihnen lieb ist. Ein Viertel von ihnen verwendet sogar den Begriff der Sucht, um ihre Situation zu beschreiben. Diesen Selbstaussagen zufolge nehmen sie also wahr, »unter Einfluss« zu stehen, was schon der erste Schritt ist, um Gegenmaßnahmen zu ergreifen.[270]

Wir wissen heute, dass eine wichtige Voraussetzung für das Überleben im Konzentrationslager die Anwesenheit von Vertrauenspersonen war. Vom Privaten als Schutzraum vor der Fremdherrschaft berichten auch Menschen, die in totalitären Systemen gelebt haben. Im Zeitalter der »totalen Erfassung« durch die digitalen Medien nimmt das analoge Leben eine ähnlich immunisierende Rolle ein. Wir haben die Wahl, so sagte Kenza Ait Si Abbou, ob KI unser Leben »drastisch verbessert« oder zum Bau des »perfekten Überwachungsstaats« dient. Ait Si Abbou ist Expertin für Künstliche Intelligenz und Algorithmen, verantwortet bei IBM Deutschland den Vertrieb von KI-Produkten und beobachtet, wie sich Menschen im Umgang mit Computern diesen anpassen. Obwohl Nutzer rational wissen, dass sie es mit einer Maschine zu tun haben, behandeln sie das Programm, als wäre es ein lebendiges Wesen. »Wir stülpen also das Muster menschlicher Interaktionen, die uns bekannt vorkommen, über die Maschinen.« Wir empfinden Zuneigung, wenn der Roboter uns hilft, schimpfen mit dem Sprachassistenten, wenn er versagt. Dieser Gleichsetzung entgegenzusteuern, setze voraus, sich ihrer bewusst zu werden – und das könne nur durch den

Rückgriff auf das analoge Leben gelingen. »Ich sehe es zumindest bei vielen Expert:innen in meinem Feld. Je mehr sie sich damit auseinandersetzen, was digitale Technologien können, desto analoger bleiben sie oft im Privatleben«, schreibt Ait Si Abbou.[271] Auch andere KI-Forscher gehen davon aus, dass der »Salon«, das Gespräch im Café, das private Abendessen an Bedeutung gewinnen werden.

KI hat Hunger, muss gefüttert werden. »Die Tech-Firmen benötigen massenhaft Daten für ihre Text- und Bildgeneratoren.« Bisher bedienten sie sich großzügig in den umfangreichen Archiven von Zeitungen – zumeist ohne deren Einverständnis. Oder sie trainierten ihre Sprachprogramme an den Texten erfolgreicher Autoren und Autorinnen. Die wehren sich jetzt, verklagen OpenAI. Auch Nachrichtenseiten wie Reuters, CNN oder *The Guardian* haben ihre Archive für die Webcrawler gesperrt. Die *New York Times* hat OpenAI sogar wegen Urheberrechtsverstößen verklagt. Andere wie Reddit schließen einen Vertrag mit Google. Gegen eine beträchtliche Jahresgebühr erhält der »Wortmakler« Zugang zu den Texten der Foren. Nur die User haben das Nachsehen. Einige Kritiker sprechen von »linguistischem Kapitalismus«; andere von der Entwertung geistigen Eigentums.[272] Dieser Widerstand könnte bedeuten, dass die »Übernahme« durch KI zwar nicht verhindert, aber doch verlangsamt wird. Lange genug, damit der Gesetzgeber nachkommt und die menschliche Psyche lernt, mit den Neuerungen umzugehen.

Widerstand bietet auch ein kulturell oder historisch informierter Blick auf die aktuelle Entwicklung. Statt diesen zu fördern, pflegen die »Matadore von Silicon Valley«, wie Adrian Daub sie nennt, »ihr Image als Uni-Dropouts«.[273] Daub ist Professor für Vergleichende Literaturwissenschaft an der Uni Stanford, also dem Mekka der IT-Technologie ganz nah, und ergründet in seinem Buch *Was das Valley denken nennt* deren intellektuelle Wurzeln.[274] Für viele seiner Studierenden sei die Uni nur ein »Wartezimmer für einen Job in Silicon Valley«; sie brechen ihr Studium ab, sobald sich dort eine Perspektive auftue, und seien überzeugt, Teil einer »Revolution« zu sein. In Wahrheit sei »die digitale Revolution, wie Bezos, Musk, Thiel und Co. sie sich vorstellen, eine Revolution von oben, jedoch vorgetragen im klassenkämpferischen Vokabular«. In Kalifornien erlebt die Pervertierung der Begriffe, wie wir sie aus dem Missbrauch demokratischer Rechte und Riten durch Diktaturen kennen, eine neue Variante. Kenntnisse über historische Prozesse und kulturelle Zusammenhänge, wie sie diesen Studierenden eigentlich offenstehen, könnten dagegen immunisieren. Sie würden ihnen vermitteln, dass mit »diesem entkernten Revolutionsbegriff« Ausbeutung betrieben und verschleiert wird, »dass anschließend die Mächtigen noch mächtiger sind«.[275]

Frances Haugens Plädoyer für die Aufnahme politischer und kultureller Aspekte in die Ausbildung der Informatik ist heute integraler Bestandteil einiger Forschungsprojekte. Das geschieht nicht immer in kritischer Absicht, kann aber diesen Effekt haben. In seinem Buch *Zukunft durch nachhaltige Innovation* weist der Mathematiker und Philosoph Klaus Mainzer auf ein Beispiel hin: Computer und digitale Kommunikation sind große Stromfresser, das gilt besonders für KI: Eine Anfrage bei ChatGPT kostet zehnmal so viel Strom wie eine Anfrage bei Google. In wenigen Jahren wird IT alle anderen Formen von Energieverbrauch übertreffen. Deshalb wird jetzt an der Entwicklung von neuromorphen digitalen Systemen gearbeitet, die dem Gehirn mit seinen vielen Synapsen nachgebildet sind: Denn der Energieverbrauch des Gehirns entspricht lediglich dem einer 20-Watt-Birne.[276] An der Entwicklung dieser neuromorphen Systeme sind nicht nur Informatik und Technik, sondern auch Sozialwissenschaften, Geisteswissenschaften und Psychologie beteiligt, die sich mit den Auswirkungen technischer Veränderungen befassen.[277] KI selbst ist darauf angelegt, interdisziplinär zu arbeiten. Es könnte sich erweisen, so KI-Entwickler Richard Socher, dass ihr wichtigster technologischer Beitrag darin bestehen wird, bisher getrenntes Fachwissen zusammenzuführen.[278] Das Ergebnis ist eine nicht nur interdisziplinäre, sondern auch interkulturelle Zusammenarbeit, die, so Mainzer, das Rechtsverständnis erneuern, das Völkerrecht verändern und den Menschenrechten einen innovativen Schub geben wird.[279] Das heißt, die Weiterentwicklung der digitalen Techniken kann auch zum kritischen Blick auf sie beisteuern.

Eine weitere wissenschaftliche Innovation bezieht das Unbewusste direkt ein. Denn neue Forschungsfragen tauchen fast immer unvorhergesehen, ungeplant auf. Wissenschaftler wollten wissen: Was sind die Bedingungen, unter denen das Gehirn offen ist für neue Inspirationen, kreative Einfälle. Sie kreierten den Begriff der *night science*. Der Gegensatz dazu, die *day science*, ist die klassische Form der wissenschaftlichen Forschung: Aufstellung einer Hypothese und deren Verifizierung oder Falsifizierung unter korrekten Bedingungen. Die *Nachtwissenschaft* dagegen sucht nach einer neuen Fragestellung – und wie ein Team um den Bioinformatiker Martin Lercher von der Heinrich-Heine-Universität in Düsseldorf und den Biochemiker Itai Yanai von der New York University zeigten, bestanden die idealen Bedingungen im *analogen* Gespräch: kein Brainstorming, keine große Gruppe, am besten im Zweierformat.[280] Bei diesen Gesprächen sind keine Hypothesen gefragt, sie verstellen eher den Blick, sondern das Kreisen um eine Problematik, idealerweise mit jemandem aus einem anderen Fach. Innovative Entdeckungen entstehen häufig, wenn Wissenschaftler nicht im Zentrum des eigenen Forschungsgebiets suchen, sondern an den Rändern, wo es zu Überschneidungen mit anderen Disziplinen kommt. Es handelt sich also um eine »Technik«, die dem Unbewussten Raum gibt, seine eigene Kreativität zu entfalten. Die Künste praktizieren diese »Methode« schon lange; dass sie auch die Naturwissenschaften bereichert, ist neu.

KI wird sich auch durch die Einsicht in die Veränderung der Geschlechterrollen wandeln. Noch herrschen in Silicon Valley Verhältnisse wie in den Industrieunternehmen des 19. Jahrhunderts. Einer der Gründer der Dating-App »Tinder«, der seine Mitgründerin aus der Firma gedrängt hatte, gab 2016 als Begründung an, eine Frau im Vorstand lasse »die Firma wie einen Witz aussehen«.[281] Mögen solche Aussagen vor einigen Jahren noch auf Widerstand gestoßen sein, so zeigen die Äußerungen von CEOs der Tech-Giganten, wie aktuell sie erneut sind. Kaum hatte Trump das Amt für Diversität geschlossen, kündigte auch Mark Zuckerberg die Einstellung von Diversität bei Facebook an. Seine Begründung: »Maskuline Energie« sei gut; sie zu übergehen, habe die Firmenpolitik »kulturell neutralisiert«. »Ich denke, eine Kultur, die die Aggression ein wenig mehr zelebriert, hat ihre eigenen Vorzüge.«[282] Musk wiederum ließ die Öffentlichkeit nach einem Besuch der Gedenkstätte Auschwitz-Birkenau wissen: »Diskriminierung aufgrund der Ethnie, wie sie die DEI betreibt, ist buchstäblich die Definition von Rassismus.« Antidiskriminierungspolitik sei »grundsätzlich antisemitisch«.[283]

Dass die »frauenreinen« Zustände der Computerbranche ihrerseits ideologisch bedingt sind, zeigt die Geschichte der Informatik. Zu Beginn trugen Frauen Erhebliches zu deren Entwicklung bei. Das gilt nicht nur für den bekannten Fall von Ada Lovelace (1815–1852): Sie war Mathematikerin und Tochter von Lord Byron und erstellte das erste Computer-Programm. Zusammen mit Charles Babbage entwickelte sie Ende der 1830er Jahre (als Frauen noch nicht zum Studium zugelassen waren) die *Analytical Engine*, einen Vorläufer des Computers. Auch die 1906 geborene Grace Hopper, promovierte Mathematikerin, war eine Computerpionierin. Nach dem Eintritt der US in den Zweiten Weltkrieg meldete sie sich freiwillig zur Armee, wurde aber nicht an die Front, sondern nach Harvard geschickt, wo sie an der Entwicklung der ersten angewandten Programmiersprachen beteiligt war. Während sich viele männliche Spezialisten für die Erweiterung der Computer-Kapazitäten begeisterten, entwickelten Informatikerinnen wie sie ein kritisches Verhältnis zum digitalen Fortschritt. Hopper interessierte sich besonders für das Verhältnis von Mensch und Maschine. 1952 entwickelte sie den weltweit ersten Compiler[284] und wurde so zur Geburtshelferin der Open-Source-Bewegung. Zugleich leistete sie einen Beitrag zum Abbau von Vorurteilen gegenüber Frauen: Mehr als die Hälfte ihrer Programmierer rekrutierte sie unter den Sekretärinnen des Instituts. Mit ihrem »Marilyn-Projekt« gelang ihr die »Verwandlung des dummen Blondchens zum Programmier-Genie«.[285]

Ein anderes Beispiel ist Maria Ressa, die 2021 den Friedensnobelpreis für ihren Einsatz für die Pressefreiheit erhielt. »Wir müssen wissen«, sagt sie, »wie unsere Gefühle manipuliert werden.«[286] Ressa weiß, wovon sie spricht. Sie kommt aus den Philippinen, dem Land, dessen Bevölkerung im Jahr 2021 zum sechsten Mal in Folge weltweit die meiste Zeit online verbrachte. Christopher Wylie, der Whistleblower, der den Cambridge-Analytica-Skandal ins Rollen brachte, bezeichnete die Philippinen als die »Petrischale« für die Erprobung von Manipulationstechniken.[287]

Schon Joseph Weizenbaum identifizierte einen Zusammenhang zwischen psychologischem Wissen und Informatik.[288] Als er in den 1960er Jahren den ersten Vorläufer der Chat-Bots entwickelte, versah er die Software mit der Figur einer Psychoanalytikerin. *ELIZA* konnte mit ihren Usern rudimentäre Gespräche nach dem Modell des therapeutischen Erstinterviews führen. Das Programm bestand letztlich nur darin, eingetippte Aussagen aufzugreifen und als Fragen zurückzugeben. Sagte jemand: »Ich bin unglücklich«, so frage *ELIZA*: »Warum bist du unglücklich?« Daraus entwickelte sich ein »Dialog«, der, obgleich recht dürftig, die User in seinen Bann zog: Weizenbaum bemerkte, dass sich Mitarbeiter des Instituts abends in den Computerraum schlichen, um Gespräche mit *ELIZA* zu führen. Unter Psychiatern fand das Programm begeisterten Anklang. Einige sahen darin ein »therapeutisches Werkzeug, das man all den Nervenkliniken und psychiatrischen Zentren an die Hand geben könnte, die über zu wenig Therapeuten verfügen«. Eigentlich hatte Weizenbaum *ELIZA* als Parodie auf verbreitete Ideen zur Psychotherapie konzipiert. Das Ergebnis jedoch war, dass die Nutzer ein emotionales Verhältnis zur Maschine entwickelten. Dies und die Reaktionen der Fachwelt bestärkten nur seine Skepsis gegenüber dem neuen Computerzeitalter. Obwohl Weizenbaum an seiner Entstehung selbst großen Anteil hatte, wurde er zum Mahner vor dem System. Seine Erfahrungen hatten ihn in der Ansicht bestärkt, dass die digitale Moderne ohne fundiertes psychologisches Wissen über ihre Manipulationsmöglichkeiten Unheil bringt.[289]

Ähnlich wie Weizenbaum bereute auch J. Robert Oppenheimer, der Wegbereiter der Atombombe, nachträglich seine Erfindung. Doch weder er noch Joseph Weizenbaum konnten ihre Innovationen ungeschehen machen, zumal sie mit der Einsicht konfrontiert waren, dass andere bereitstanden, das Werk zu vollenden. Das Dilemma, in dem sich der Konstrukteur der Atombombe befand – dem entscheidenden Mittel für den Sieg über den Nationalsozialismus und der Bereitstellung einer menschheitsgefährdenden Technik –, wird manchmal als »Oppenheimer-Moment« bezeichnet.[290] Weder Weizenbaum noch Oppenheimer konnte die Büchse der Pandora wieder schließen, doch beide wurden zu den Vorkämpfern einer neuen wissenschaftlichen Nachdenklichkeit. Sie war geprägt von ihren Erfahrungen mit dem totalitären Deutschland, aus dem Weizenbaum 1936 in die USA geflohen war. Deutlicher als andere nahmen sie die Parallelen zwischen totalitären Systemen und ihren »totalen« Erfindungen wahr. Oppenheimer wurde später zu einem Pazifisten und Vorkämpfer der nuklearen Abrüstung, so wie Weizenbaum vor den Folgen der KI warnte.

Muss man durch die Hölle gegangen sein, um jene Distanz zu entwickeln, die vor der Verführung durch Allmachtsphantasien schützt? Die Psychoanalyse, die sich in der ersten Hälfte des 20. Jahrhunderts etablierte, war weder in der Lage, den Ersten Weltkrieg noch den Holocaust zu verhindern. Sie trug jedoch zur Entstehung einer neuen Spezies Mensch bei, aus deren »Software« Kulturkritik, Nachdenklichkeit wie auch die Reflexion über die Kategorie Geschlecht nicht mehr zu löschen sind. Sie wurde zu einem wichtigen Instrument der Gesellschaftsanalyse, bot sogar im Konzentrationslager der Diktatur die Stirn und zeigt auch heute in autokratischen Systemen Gesicht – trotz Verhaftung, Lebensgefahr, Entzug der Bürgerrechte. Ihr spezifisches Denken kennzeichnet nicht nur jene, die auf der Couch gelegen haben; die Psychoanalyse wurde Allgemeingut und zugleich Schutzschild für ein Unbewusstes, das sich sowohl genaueren Definitionen als auch der Besetzung durch den Glauben jeglicher Art verweigert. Es findet etwa im weißen Blatt, das chinesische oder russische Dissidenten der polizeilichen Übermacht entgegenhalten, einen Ausdruck. Das unbeschriebene Stück Papier signalisiert: Die Festplatte mit euren Glaubenssätzen lässt sich löschen.

Nicht die Psychoanalyse per se bietet Widerstand. Das zeigte sich sowohl in ihrer erfolgreichen Instrumentalisierung im Nationalsozialismus als auch den langfristigen Auswirkungen auf das psychotherapeutische System der Bundesrepublik.[291] Und es manifestiert sich in der neoliberalen Ökonomie, wo der Einsatz psychologischer und psychoanalytischer Methoden weniger der Bewusstmachung als der Beeinflussung von Konsumenten oder der Produktivitätssteigerung der Beschäftigten dient (von diesen oft als *self improvement* praktiziert). Diese Art von Psychoanalyse wäre dem sekundären oder affirmativen Unbewussten zuzuordnen, das keinen Widerstand gegen die Glaubenssysteme bietet. Ihr gegenüber steht jedoch eine andere Psychoanalyse.

»Die Amnesie der Verdrängung«, so Jacques Lacan, »ist eine der lebendigsten Formen des Gedächtnisses«.[292] Das gilt nicht nur individuell. Auch unser kollektives Unbewusstes umfasst eine lebendige Erinnerung: Es verwahrt das kulturelle Gedächtnis. Aus diesem Vermächtnis bezieht jede Generation einen Gutteil ihrer Denk- und Kritikfähigkeit – eine Kompetenz, die angesichts gefälschter Nachrichten, Bilder und Audios, die unser Vertrauen in das untergraben, was wir täglich sehen, hören, erfahren, von entscheidender Bedeutung ist. Im 4. Kapitel wies ich darauf hin, dass Menschen in totalitären Systemen den eigenen Gefühlen oder dem Sinn ihrer Worte zu misstrauen begannen. Auch heute gibt es Aufrufe, nicht mehr auf die eigenen Gefühle zu vertrauen. »Bis auf weiteres müssen wir digitalen Bildern mit Vorbehalt begegnen [...] und vor allem misstrauisch werden, wenn die eigenen Emotionen anspringen.«[293] Diese Warnung kommt nicht aus einem totalitären Land. Im Gegenteil: Die Wissenschaftsjournalistin Manuela Lenzen formuliert ihn in einem freien Land, in dem das Gesetz des »freien Willens« gilt. Warum wird das Misstrauen gegenüber den eigenen Wahrnehmungen dennoch zu einer schmerzlichen Grunderfahrung im Umgang mit den modernen Medien? Einer der Gründe liegt im Missbrauch von Freiheit und Selbstbestimmung.

Welche Möglichkeiten hat das Unbewusste, sich seiner Besetzung durch den Glauben zu entziehen? Sein großer Trumpf ist die Flexibilität, die in Travestie, Transsexualität und jeder anderen Form von Ambiguität ihren Ausdruck findet. Widerstand bietet auch der Traum sowie unsere Fähigkeit, jene phantasmatischen Welten zu denken, über die Glaubenssysteme keine Macht ausüben: Literatur und Kunst. Der französische Roman *Les Yeux de Mona* erzählt davon in einer kleinen Parabel.[294] Der Titel des Buchs, in dem es um Imaginationen und um die Schätze unseres kulturellen Gedächtnisses geht, verweist auf den Namen der Hauptfigur wie auch auf den berühmten Blick der Mona Lisa. In dem Roman besucht ein Großvater mit seiner zehnjährigen Enkelin, die an einer unheilbaren Augenkrankheit leidet und ein Jahr später erblinden wird, die großen Museen von Paris. Jede Woche betrachten die beiden ein großes Kunstwerk – die 52 Werke reichen von Sandro Botticelli, über Courbet und van Gogh bis zu Magritte, Frida Kahlo und Louise Bourgeois. Dazu erzählt der Großvater der Enkelin Genaueres zur Biographie der Künstler und Künstlerinnen und zum einzelnen Werk. Er lehrt sie, die Kunst mit einem inneren Auge zu sehen und sich damit einen visuellen Schatz zuzulegen, den sie auch nach der Erblindung mit sich durchs Leben trägt. Der Autor, Thomas Schlesser, ist Kunsthistoriker und sagt, er sei über Videospiele zu seiner Leidenschaft für Ästhetik und Kunst gekommen.[295] Er stammt also aus der Medienwelt und erzählt zugleich von einem Ausweg. Das Buch wurde innerhalb weniger Wochen zum französischen Bestseller, die Rechte wurden in 60 Länder verkauft.[296] Der Erfolg verdankt sich dem Sachverstand des Autors, nicht unbedingt seinem schriftstellerischen Talent, aber in hohem Maße dieser Parabel über die Bewahrung des kulturellen Gedächtnisses. Der Roman erzählt davon, dass unser Unbewusstes eine Schatzkammer ist.

Kann die Psychoanalyse, die das Unbewusste zu ihrem Hoheitsgebiet erklärt hat, einem ähnlichen Zweck dienen? Ja, sie kann – soweit sie sich nicht als Instrument eines totalitären Systems oder einer neoliberalen Wirtschaft versteht und vielmehr die Bereitschaft zu Kritik und Skepsis zu einem integralen Bestandteil ihrer Konzepte macht. Und ja, sie kann – soweit sie nicht allein auf die individuelle Biographie fixiert ist. In der klassischen Psychoanalyse bedarf es der Triangulation, damit das Ich seine Grenzen findet. Die bisherige Psychoanalyse setzte dieses Dreieck mit dem Verhältnis von Vater, Mutter und Kind gleich. Die Mutter repräsentiere das In-der-Welt-Sein oder den Körper, der Vater den Geist und das Prinzip der Abtrennung, und das Kind sei das Ich, das sich in diesem Konfliktfeld herausbildet. Da wo das Konfliktfeld fehlt, kann der psychoanalytische Prozess heilend eingreifen. Inzwischen erscheint es obsolet, die Triangulation an den klassischen Geschlechterrollen festzumachen.

Wie also könnte ein zeitgemäßes Dreieck aussehen? Eran Rolnik ist Psychoanalytiker, Psychiater und lehrt Geschichte an der Universität Tel Aviv. Er befürchtet, dass die Psychotherapie den sich heute stellenden Aufgaben nicht gewachsen ist. »Die Psychoanalyse besteht niemals nur aus zwei Menschen in einer geschlossenen Blase. Damit sie existieren kann, braucht es das Dritte. Das ist nicht nur eine Theorie. Das Dritte ist nicht der Vater, der dem Kind neben der Mutter eine dritte Perspektive anbietet – das Dritte ist die Gesellschaft.«[297]

Der psychoanalytische Prozess bedarf des gesellschaftlichen »Außen«, um das Ich mit jenen Grenzen und jener Vielfalt auszustatten, die seine Widerstandskraft stärken: In den Ich-Grenzen liegt der Selbstschutz, die Kritik- und Urteilsfähigkeit. Wenn nun in einer neuen Triangulation eine der drei Seiten »die Gesellschaft« ist, würden die beiden Eltern einen *gemeinsamen* Platz einnehmen. An die Stelle der alten Vaterfigur, die Gesetz und Ordnung repräsentierte und als Gegenfigur zur Mutter den Eintritt in die symbolische Ordnung garantierte, tritt nun die Gesellschaft. Sie löst den »institutionellen« oder geistigen Vater ab, während Eltern und Familie an die Stelle rücken, wo sich vorher allein die Mutter befand. Eine solche Annäherung von Vater und Mutter entspricht der im 5. Kapitel thematisierten Angleichung der Geschlechterrollen. Gleichzeitig fällt sie zusammen mit dem Wandel des »väterlichen Gehirns«, von dem im 9. Kapitel die Rede sein wird.

In den vorangegangenen Kapiteln habe ich darzustellen versucht, wie abhängig das Unbewusste von der Geschichte und politischen Situationen ist; dass es dank seiner Dynamik und Flexibilität immer wieder neu auf diese reagiert. Die psychoanalytische Praxis kann sich heute schwerlich der Erkenntnis versperren, dass das Unbewusste sowohl von den Bedingungen der individuellen Biographie als auch denen der Außenwelt bestimmt wird. Genau das fällt ihr aber bis heute schwer. Zwar gab es immer wieder Versuche, das »Draußen« einzubeziehen: bei Wilhelm Reich, der in der Massenpsychologie des Faschismus eine Auswirkung des Kapitalismus sah, ebenso bei Karen Horney, Melanie Klein, Erich Fromm, Gilles Deleuze und Félix Guattari, deren Kritik an Freuds Ödipus-Modell auf die Verdrängung historischer Ereignisse und Entwicklungen aus der Ich-Erzählung abzielte. Und auch Max

Horkheimer insistierte, dass sich der Faschismus nur begreifen lasse, wenn Psychologie und Sozialwissenschaften gemeinsame Sache machen.[298] Doch keiner von ihnen etablierte sich im psychoanalytischen Mainstream. Angesichts der aktuellen Veränderungen der Geschlechterrollen und der Medien wäre es vielleicht an der Zeit, den psychoanalytischen Umgang mit dem Unbewussten neu zu überdenken. Rolnik sieht in der Tradition des Instituts für Sozialforschung in Frankfurt, wo die Sozial- und Geisteswissenschaften mit psychoanalytischen Erkenntnissen arbeiteten, ein Vorbild zur Bewältigung heutiger Krisen.[299] Die Demokratie, so sagt er, wird »ein frustrierendes und unabgeschlossenes Projekt bleiben, das fortwährend Schutz und Mut erfordert, ganz so wie eine langfristige Therapie«.[300]

In den folgenden drei Kapiteln wird an konkreten Beispielen dargestellt, wie sich diese psychoanalytische Öffnung zur Außenwelt vollziehen könnte. Sie setzt das »skeptische Unbewusste« voraus, das sich 1945, nach den Katastrophen des Nationalsozialismus, schon einmal entwickelte, nun jedoch in den Hintergrund gedrängt wird. Da das Unbewusste unsere Vertrauensfähigkeit hütet und heute sowohl das kollektive als auch das individuelle Überleben sichert, wäre es wichtig, dass sich die Psychoanalyse dieser Herausforderung stellt. Einst war sie die engste Gefährtin des Unbewussten. Warum sollte sie es nicht wieder sein?

ZWISCHENBILANZ

Bis hierher wurde die Entwicklung des Unbewussten seit seiner Benennung um 1800 thematisiert: vom protestantischen Ersatzgott über jüdische Einflüsse auf die Entstehung der Psychoanalyse bis zu den Versuchen der totalitären Staaten, die Psychoanalyse zu instrumentalisieren; dann die Diversifizierung der Zugänge zur »modernen Seele« in der zweiten Hälfte des 20. Jahrhunderts. Es wurde gezeigt, dass sich die Psyche in einem permanenten inneren Konflikt befindet: Auf der einen Seite standen die Kräfte des »Vertrauens«, das uns die Evolution mitgab und das sich, aller Unterdrückung und Verdrängung zum Trotz, immer wieder behauptet. Auf der anderen Seite agierte ein von Bewusstsein und Willen geleiteter »Glaube«. In autokratischen Gesellschaften wie auch in Epochen mentalitätsverändernder Kulturtechniken trägt zumeist der Glaube den Sieg davon. In anderen triumphiert eher das Vertrauen, das nicht auf normative Kräfte setzt. Dieser Konflikt offenbarte, dass das Vertrauen über eigene Ressourcen verfügt, die im Unbewussten angelegt sind und der Psyche Widerstandskraft verleihen. Diese Vitalität trat vereinzelt sogar unter den schwierigsten Bedingungen, etwa in den Konzentrationslagern, zutage und bewies immer wieder ihre Kraft, wenn sie gebraucht wird. Die Instrumente dieses Widerstands können sich in sozialer und geschlechtlicher Diversifizierung oder medialer Unordnung manifestieren; sie repräsentieren jene Form von Flexibilität, an der die normativen Kräfte des Glaubens bisher immer gescheitert sind – und, wie wir hoffen, auch weiterhin scheitern werden.

In dieser Entwicklungsgeschichte wurde die Psychoanalyse zur Verbündeten des Unbewussten. Ein »Fachwissen« dieser Art hatte es bis dahin noch nie gegeben – aus gutem Grund: Erstens tendierten bis dahin alle Auseinandersetzungen mit psychischen Vorgängen, ob in Theologie, Philosophie oder Medizin, zum Normativen, wohingegen die Psychoanalyse zum ersten Mal zeigte, dass es möglich ist, über psychische Vorgänge zu reflektieren, ohne ins Normative zu verfallen. (Gewiss, auch Freud konnte es gelegentlich nicht lassen, Regeln aufzustellen, etwa bei der Geschlechterfrage, aber genau diese Gebiete erwiesen sich später als überholt.) Zweitens war die Psychoanalyse eine Begleiterscheinung der sich allmählich herausbildenden Demokratien und, wie sich herausstellte, das Gegenprogramm zu den autokratischen Staaten, die sich zeitgleich entwickelten. Zwar weckte das »Wissen« der Psychoanalyse bei totalitären Bewegungen Begehrlichkeiten: Ihre Hoffnung lag darin, daraus ein Herrschaftsinstrument über Menschen zu machen, worauf sich in Deutschland auch ein Teil der Psychoanalytiker einließ. Doch dem weitaus größeren Teil des Wissens gelang die Flucht in andere Länder, wo es weiterwirkte, neue Entdeckungen und Lehrmeinungen generierte.

Im zweiten Teil dieses Buchs wollen wir uns dieser »Verbündeten« des Unbewussten in der Jetztzeit zuwenden und nach den Kriterien für eine moderne Psychoanalyse fragen. Unbestreitbar ist, dass heutzutage viele Menschen eine »Psychotherapie machen« oder verzweifelt nach einem Therapieplatz suchen. Allerdings bedeutet das nicht zwangsläufig, dass auch psychoanalytisches Wissen vermittelt wird. Vielmehr geht es dabei um Unterstützung, Heilung oder einen Ausweg aus einer verfahrenen Lage – vergleichbar einem Medikament oder einer physiotherapeutischen Behandlung, die Schlafstörungen oder eine Muskelverspannung lösen sollen. Ein solches Ziel ist legitim, rechtfertigt aber nicht, von einem psychoanalytischen Wissen zu sprechen. Dieses war, so meinen wir, in den vortotalitären Gesellschaften präsenter als heute. Die Träume, die Charlotte Beradt beispielsweise dokumentierte, die schöpferischen Überlebensstrategien, die Jean Cayrel oder Anna Ornstein in höchster Lebensgefahr aktivieren konnten, erzählen von einem speziellen Lebenswillen, der von den Kräften des Unbewussten aktiviert wurde. Dass viele dieser Überlebenden später zu Psychoanalytikern wurden, deutet darauf hin, dass ihnen erst im Nachhinein bewusst wurde, dass sie auf ein psychoanalytisches Wissen gestoßen waren und dass dieses zugleich als *survival strategy* des individuellen wie des sozialen Organismus zu verstehen war.

Als die Psychoanalyse um 1900 entstand, befand sich die Gesellschaft in der Krise: Die Forderung nach demokratischen Verhältnissen war laut, aber viele waren sich der Herausforderung, diesem Bedürfnis gerecht zu werden oder es umzusetzen, nicht bewusst. Es war eine Zeit, in der viele alte Gewissheiten und tradierte Kategorien infrage gestellt wurden: Geschlechterrollen, soziale Hierarchien, ökonomische Verhältnisse oder Kommunikationskanäle. Wie von vielen befürchtet, eskalierte die Lage und mündete schließlich in den Ersten Weltkrieg. Die Folgen sind bekannt: Totalitarismus und Völkermord einerseits; andererseits aber auch die Bereitschaft zu einer Neuordnung der Gesellschaft. Die Psychoanalyse erschien plötzlich wie ein Modus, die Vorgänge begreifbar zu machen, über eine neue Ordnung zu reflektieren. Daher erfuhr die immer noch junge Lehre in den 1920er und frühen 1930er Jahren besonders viel Zulauf unter jenen, die sich um die Zukunft einer neuen politischen Ordnung Gedanken machten. Ihre Hinwendung war nicht zwingend eine Frage höherer Bildung, sie war das Resultat eines *kollektiven* Wissens.

Auch heute befinden wir uns in einer krisenhaften Situation, und da es um das Überleben der freiheitlichen Gesellschaften geht, wächst erneut der Ruf nach einer Befähigung zur Abwehr – weniger durch Waffen als durch psychische und intellektuelle Resilienz. Wir haben dargestellt, dass sich das Unbewusste – aufgrund seiner Flexibilität und seiner Unbeherrschbarkeit – als besonders widerstandsfähig erwies. Um wirksam zu werden, bedarf es jedoch eines Instrumentariums, das in der Welt des Bewusstseins angesiedelt ist. Diese Brücke schlug die Psychoanalyse um 1900, und auch heute könnte sie die richtige Mittlerin sein.

Dafür sind allerdings Denkmuster gefragt, die der aktuellen Situation gerecht werden. Die Psychoanalyse repräsentiert ein ungewöhnliches Fach, das, so Eli Zaretsky, drei »Projekte« umfasst: Psychotherapie, Kulturtheorie und eine »ethische Strömung im Alltagsleben«, die auf »Selbsterkenntnis« beruht.[1] Die Psychotherapie kann eine Biographie ebenso wenig ungeschehen machen, wie es der Kulturkritik möglich ist, historische Prozesse zurückzudrehen. Doch in beiden Fällen kann die Erkenntnis dazu beitragen, dass die

Ereignisse anders gelesen werden. Die historische Erkenntnis übt eine befreiende Wirkung aus, sobald der Blick in die Vergangenheit eine andere Einordnung der Jetztzeit ermöglicht. Ähnliches gilt für das Individuum: Auch hier vermag der Blick zurück, den Verletzungen, die aktuell wirksam sind, einen anderen, das Ich entlastenden Sinn zu verleihen. Um diese Art von sinnstiftendem Narrativ geht es bei der Psychoanalyse, die dem Ich neue Erzählformen anbietet, so wie es auch Literatur, Film und Kunst für die Gesellschaft tun.

Eine der Neuerungen, auf die sich die Psychoanalyse, anders als zu ihrer Entstehungszeit, einzustellen hat, ist die Einsicht, dass es nie nur ums Individuum, sondern auch um die umgebende Gesellschaft geht. Im 6. Kapitel wurde auf die Arbeiten des israelischen Psychoanalytikers und Historikers Eran Rolnik hingewiesen, der die Einbeziehung des sozialen Umfelds in den psychoanalytischen Prozess fordert. Auch in den Jahrzehnten davor gab es Theoretiker und Theoretikerinnen, die in dieselbe Richtung wiesen: etwa Deleuze und Guattari mit ihrem *Anti-Ödipus*, der im 4. Kapitel zitiert wurde. Oder die feministischen Theorien, die deutlich machten, wo Freuds Lehre einem modernen psychoanalytischen Wissen nicht mehr gerecht wird. Beispielhaft dafür sind die Arbeiten von Julia Kristeva[2], Luce Irigaray[3] oder Jessica Benjamin.[4] Über diese Forderungen hinaus ist aber auch die *strukturelle* Verankerung der Psychoanalyse in der Gesellschaft wichtig. Sie bringt alle Voraussetzung mit, integraler Bestandteil des kollektiven Wissens zu sein.

In den drei folgenden Kapiteln wird der Psychiater und Psychoanalytiker an je einem Schwerpunkt zeigen, welche Veränderungen es mit sich bringt, auch unter aktuellen Bedingungen den drei zentralen Projekten der Psychoanalyse gerecht zu werden. Für die Situation der Psychotherapie (Kapitel 7) wird weiterhin das Beispiel Deutschland herangezogen, wo die Psychoanalyse einerseits noch immer die Erbschaft des Nationalsozialismus in sich trägt, sich andererseits aber auch (oder eben deshalb) zunehmend auf das reine Behandlungsanliegen beschränkt. Noch vor wenigen Jahrzehnten war das anders. Während Alexander Mitscherlich und Horst-Eberhard Richter in den Jahren zwischen 1960 und 1990 bei gesellschaftlichen Krisen oft zu Rate gezogen wurden, erwartet heute kein deutscher Politiker von der Psychoanalyse irgendeine brauchbare Antwort. Dieser Verlust an Ansehen ist die Folge des Verzichts der Therapie auf ihre beiden anderen Projekte: Erkenntnismethode und Kulturkritik.

Das Einbüßen des öffentlichen Renommees der Psychoanalyse steht in völligem Widerspruch zu den hohen Erwartungen, die an sie gestellt werden, und dem Bedarf an Therapieplätzen. Unter »Psychotherapie« werden jedoch zunehmend verhaltenstherapeutische Maßnahmen verstanden. In den letzten Jahren verschwanden an den staatlichen Universitäten alle Lehrstühle für Psychoanalyse bis auf einen, und die Lehrstühle für Psychotherapie wurden mit Personen besetzt, für die die Psychoanalyse kein Anliegen war. Diese Ausrichtung bleibt nicht auf Deutschland beschränkt. Sie gilt auch für andere Länder und sogar für die Weltgesundheitsorganisation (WHO), die in ihrem neuesten *Psychological Interventions Implementation Manual* (Handbuch für psychologische Intervention) nur noch verhaltenstherapeutische Methoden vorsieht, unter Ausschluss der längst als wirksam erwiesenen psychodynamischen Verfahren.[5] Mit der analytischen Psychotherapie würde, soviel lässt sich voraussagen, auch das psychoanalytische Wissen verschwinden.

Das Projekt Psychoanalyse als Erkenntnismethode wird in Kapitel 8 am Beispiel der Traumaforschung behandelt. Dabei wird offensichtlich, welchen Gewinn die Psychoanalyse durch die Integration gesellschaftlicher Perspektiven in ihren Wissensfundus erzielen könnte. Bisher tut sie sich damit schwer. Lieber fixiert sie sich auf die individuelle Biographie, wie Freud es tat. Dabei musste er sich – vor allem mit dem Machtzuwachs rechtsextremer und gewaltbereiter Strömungen – selbst schon der Einsicht stellen, dass hinter jeder Einzelentwicklung kulturelle Faktoren stehen. Im Vergleich zu anderen Ländern wie Israel und die USA hat die deutsche Traumaforschung ein Defizit, das sich auch als Spätfolge des Nationalsozialismus verstehen lässt: Auf der einen Seite gab es nicht viele Juden, die die Shoah überlebt hatten und danach bereit waren, in Deutschland zu bleiben, geschweige denn auf der Couch eines deutschen Analytikers zu liegen. Andererseits gab es auch – bei allen beeindruckenden Versuchen der deutschen Gesellschaft, mit der Schuld an den Verbrechen umzugehen – eine Abwehr gegen neuere Erkenntnisse der Traumaforschung, die in anderen Ländern unter dem Begriff des »posttraumatischen Wachstums« firmieren. Was dieser Begriff beinhaltet und welchen Erkenntnisprozessen er sich verdankt, soll im 8. Kapitel behandelt werden, und es soll dabei gezeigt werden, wie sehr die Psychoanalyse nicht nur vom internationalen Austausch, sondern auch von Fächern außerhalb des traditionellen Horizonts profitieren kann.

Kapitel 9 unterzieht die Psychoanalyse einer Kulturkritik und beleuchtet, welchen Gewinn sie daraus ziehen könnte, ihren Blick auf bisher gemiedene oder ausgegrenzte Fachgebiete zu richten: etwa die Genetik, die Neurobiologie, die Evolutionsforschung. Sie alle bieten ein neues Wissen und neue Einblicke in die Menschheitsentwicklung, von denen Freuds Zeitalter nur träumen konnte. Obwohl Freud aus den Naturwissenschaften kam, wandte er sich lediglich den Geistes- und Sozialwissenschaften zu – der Geschichte, der Ägyptologie, der Sprachforschung zum Beispiel. Zu seiner Zeit war das einleuchtend, stand die Psychoanalyse doch unter großem Druck, mit der Medizin mitzuhalten. Heute kommen viele wichtige neue Erkenntnisse über die Psyche aus der Genetik, der Anthropologie und der Evolutionsforschung, die sich ihrerseits mit den Geisteswissenschaften, der Philosophie oder der Medienforschung kreuzen. Ihre Erkenntnisse widerlegen Behauptungen über die kulturelle Bedingtheit einiger Phänomene, etwa des Inzesttabus. Vor allem aber zeigen sie Schutzmechanismen und potenzielle Freiheitsgrade – des Ichs oder der Gesellschaft –, die bisher unbekannt waren, jedoch zum Bestand eines kollektiven Wissens gehören. Warum beschränken wir uns ausgerechnet im Bereich der Psyche auf das Unwissen einer Zeit, die mehr als hundert Jahre zurückliegt? Warum machen wir neues Wissen nicht zum Leitfaden eines bereicherten psychoanalytischen Wissens? Wer den Kräften des Unbewussten Raum geben will – und unser Zeitalter hat jeden Grund, auf sie zu bauen –, der ist gut beraten, dem Bewusstsein all das zugänglich zu machen, was wir heute wissen können. Das Unbewusste nährt sich vom bewussten Wissen, ebenso wie das Bewusstsein auf die Kräfte des Unbewussten angewiesen ist. Die Brücke, die die Psychoanalyse zwischen

Unbewusstem und Bewusstsein schlägt, öffnet den Weg in beide Richtungen.

Die speziellen Perspektiven, die wir als Autor und Autorin unterschiedlicher Fächer repräsentieren, erfordern oft ihren eigenen Duktus, eigene Methoden der Forschung. So kommt es an dieser Stelle des Buchs zum Wechsel von der historischen Analyse zur Praxis, von der kulturellen Interpretation zur Empirie, mit der die Wissenschaft das jeweils Nachweisbare zu erfassen versucht. Das bringt es mit sich, dass sich beim Weiterlesen nicht nur der Blick auf den Stoff, sondern auch die Sprache und die Argumentationsweise verändern. Unsere Leser und Leserinnen mögen uns den Sprung nachsehen. Er ist die unvermeidbare Folge von transdisziplinärer Zusammenarbeit. Wir selbst haben vom Transfer zwischen Kulturgeschichte und Psychiatrie/Psychoanalyse, dem Dialog zwischen zwei Fächern, zwei Personen und, ja, unterschiedlichen Geschlechterperspektiven profitiert. Der Austausch hat uns Einblicke in die Sichtweisen des anderen gegeben, und diese haben wiederum die eigenen Standpunkte modifiziert. Wir hoffen, dass unsere Ergebnisse den Sinn eines solchen Austausches vermitteln können.

7 DIE ZUKUNFT DER ANALYTISCHEN PSYCHOTHERAPIE AM BEISPIEL DEUTSCHLAND

Psychotherapie und Medizin

Von den drei Feldern der Psychoanalyse – Therapie, Erkenntnis und Kulturkritik – war die Therapie das erste. Freuds Behandlung von Hysterikerinnen resultierte in der Entstehung der Psychoanalyse. Es ist also sinnvoll, bei einer Reflexion über die Zukunft der Psychoanalyse mit der Therapie zu beginnen. Eli Zaretsky bedauert in seiner 2021 erschienenen Studie *Psychoanalyse und politische Bewegungen*,[1] dass sich die drei Projekte des Fachs im Laufe der Zeit immer mehr voneinander gelöst hätten; das mache es heute so schwer, oft auch unpassend, in einem umfassenden Sinne von »*der* Psychoanalyse« zu sprechen. Zweifellos entspricht diese Entwicklung einer Realität, die ihren Ausdruck auch darin findet, dass dieses Buch von einer Kulturwissenschaftlerin sowie einem Psychiater und Psychoanalytiker verfasst wird. Beide haben Affinität zum Gebiet und vertreten die Überzeugung: Es ist möglich, trotz der Spezialisierung die Kulturtheorie mit Erkenntnissen aus der Therapie anzureichern und der Therapie die Erkenntnisse der psychoanalytischen Kulturtheorie zugutekommen zu lassen.

Das soll am Beispiel des deutschsprachigen Raums behandelt werden, der durch seine Geschichte eine Sonderstellung einnimmt: Erstens hat die Psychoanalyse hier eine lange Tradition; zweitens etablierte sich in Deutschland eine spezifische Form von Psychoanalyse, die sich zur Magd des Totalitarismus hatte umformen lassen – eine Erbschaft, die bis heute, besonders auf dem Gebiet der Therapie, spürbar ist. Drittens ging die deutsche Psychoanalyse nach 1945 einen »Sonderweg«, etwa in der Traumaforschung (vgl. 8. Kapitel). Allein diese drei Merkmale lassen es ratsam erscheinen, über die Frage der psychoanalytischen Therapie nie unter Ausschluss von analytischer Erkenntnis und Kulturtheorie zu reflektieren.

Die Selbstdefinition der psychoanalytischen Psychotherapie, so wie sie zunächst von Sigmund Freud begründet und für die Bundesrepublik durch den »Staatsvertrag« von 1967 zementiert wurde, lautet: Die analytische Psychotherapie ist eine heilende und – das wurde immer so aufgefasst – verstehende Disziplin. Was dabei jedoch übersehen wurde, und dieser Punkt soll hier betont werden: Sie ist auch eine lernende Disziplin. Die Medizin, das Fachgebiet, dem das therapeutische Projekt der Psychoanalyse am nächsten kommt, kennt es nicht anders: Wer dieses Fach studiert oder praktiziert, weiß, dass er oder sie sich einer lernenden Disziplin widmet; somit setzt das Bekenntnis zum Heilberuf alle Therapeuten in Deutschland auf dasselbe Gleis. Ein wesentlicher Aspekt und ein wichtiges Ziel dieses Kapitels ist folglich die Weiterentwicklung der analytischen Psychotherapie als einer lernenden Disziplin.

Die kritische Auseinandersetzung mit der Entwicklung einer staatlich definierten Psychotherapie ist keineswegs unbegründet, beruht sie doch letztlich – wenn auch mit Einschränkungen – auf der »Verstaatlichung« der psychotherapeutischen Einrichtungen im Nationalsozialismus. Im 4. Kapitel wurde dargestellt, wie die weltweit einmalige Situation, die Anerkennung der Psychotherapie als Kassenleistung, in weiten Teilen der Initiative einer Psychotherapeutin zu verdanken ist, die aus ihrer Verbundenheit mit dem Nationalsozialismus keinen Hehl machte.[2] Zwar ist die allgemeine Zugänglichkeit begrüßenswert – sie ist nicht mehr wenigen Privilegierten vorbehalten –, aber eine Psychotherapie unter staatlicher Kontrolle läuft doch auch immer Gefahr, ihre Lernfähigkeit einzuschränken. Dennoch haben sich die Therapeuten durch eigene Entscheidungen zur Psychotherapie als Kassenleistung entschlossen.

Was hier nun aufgezeigt werden soll: Gerade die Analogie sowie das Bekenntnis zur Medizin würden der Psychoanalyse Freiräume und Entwicklungsmöglichkeiten eröffnen, die sie bisher nicht genutzt hat – mangels Bereitschaft, eine *lernende* Disziplin zu sein. Das damit verbundene Risiko beschrieb ein Kollege bei einer Mitgliederversammlung des Berliner Psychoanalytischen Instituts einmal so: »Wenn wir weiter nicht mehr kreativ sein können und fachlich diskutieren, dann werden wir an Langeweile sterben.«

Rückblick

Die deutsche Sonderstellung in der analytischen Psychotherapie geht schon auf eine Äußerung Sigmund Freuds auf dem Internationalen psychoanalytischen Kongress in Budapest 1918 zurück: »irgendeinmal wird das Gewissen der Gesellschaft erwachen und sie mahnen, dass der Arme ein ebensolches Anrecht auf seelische Hilfeleistung hat wie bereits jetzt auf lebensrettende chirurgische. [...] Diese Behandlungen werden unentgeltlich sein«.[3] An der 1920 gegründeten Berliner Psychoanalytischen Poliklinik wurde begonnen, dieses Projekt umzusetzen. Dank einer großzügigen Stiftung von Max Eitingon gab es für Patienten und Patientinnen mit niedrigem Einkommen unentgeltliche Behandlungen. Klinisch, wissenschaftlich und in der Ausbildung der Psychoanalytiker nahm damals Berlin eine führende Stellung ein. Das traurige Ende dieser fruchtbaren Zeit wurde im 3. Kapitel beschrieben, wie der Nationalsozialismus Interesse an der Psychoanalyse gewonnen und konkrete Schritte zur eigenen Nutzung und Umwandlung ihres Potenzials in eine »deutsche Seelenheilkunde« unternommen hat.

Der Neuanfang nach 1945 war, wie so vieles andere in dieser Zeit, kein wirklicher Neuanfang. Die führenden Personen Harald Schultz-Hencke und Annemarie Dührssen nutzten damals die Gunst der Stunde und die eigene Vernetzung zur Vorbereitung der Anerkennung der tiefenpsychologischen Psychotherapie als allgemeine Kassenleistung. Das von Dührssen geleitete Zentralinstitut für psychogene Erkrankungen in Berlin schuf mit den Katamnesestudien über die Langzeitwirkungen von Psychoanalysen und -therapien dafür die Voraussetzungen. Dieses unbestreitbare Verdienst[4] angemessen zu würdigen fiele leichter, wenn Annemarie Dührssen nicht in so polemischer Form gegen alle vorgegangen wäre, die sich mit ihrer Form der arisierten und germanisierten Psychoanalyse nicht anfreunden konnten.

Zu den Voraussetzungen für den deutschen Weg in der Psychoanalyse gehörte auch ein Urteil des Bundessozialgerichts aus dem Jahr 1964, in dem erstmalig psychische Störungen als behandlungsbedürftige Krankheiten im Sinne der »Reichsverordnung« anerkannt wurden. Am 1. Oktober 1967 trat die »Vereinbarung über die Ausübung von tiefenpsychologischer und analytischer Psychotherapie in der kassenärztlichen Versorgung« in Kraft.[5] Das Datum so präzise zu nennen ist deshalb wichtig, weil sich nicht alle Mitglieder der Profession darüber im Klaren sind, welchen Pakt ihre Vorgänger an jenem denkwürdigen Tag geschlossen haben, und dass sie dadurch Mitglieder eines ärztlichen (und für die Psychologen: arztgleichen) Heilberufs wurden, dessen Ziele und Bedingungen der Berufsausübung seither staatlich geregelt werden – eine schmerzhafte Souveränitätseinbuße. Der Austritt aus diesem System wäre jederzeit möglich. Nur, wie sich immer wieder zeigt: Wegen des doppelten Vorzugs des Patientenzugangs ohne Einkommensschwelle und der finanziell gesicherten Praxissituation ist dies keine wirkliche Alternative.

Das wohl entscheidende Argument für das Modell »Psychotherapie als generelle Krankenkassenleistung« verdanken wir den britischen Forscher:innen Kate Pickett und Richard Wilkinson. In mehreren Arbeiten untersuchten sie den Zusammenhang zwischen ökonomischer Situation und psychischen Störungen. 2008 stellten sie fest: Das Pro-Kopf-Einkommen der US-Amerikaner lag um 40 Prozent höher als das der Deutschen. Allerdings war in den USA der »Gini-Index für ökonomische Ungleichheit« pro Jahr, laut World Bank,[6] um 30 Prozent höher. Infolgedessen (so scheint es die Wissenschaft zu belegen) lag die Häufigkeit psychischer Störungen pro Jahr bei über 25 Prozent, in Deutschland unter 10 Prozent.[7] Der »Staatsvertrag« schuf eine Situation, die dem »Kampf ums Unbewusste« eine völlig neue Dimension und ungeahnte Schärfe verlieh. Die Auseinandersetzungen verlagerten sich in die Therapieverfahren selbst, wo sich Verhaltenstherapie und analytische Therapie gegenüberstanden. Da bei ersterer das Unbewusste so gut wie keine Rolle spielt – wenn überhaupt ist es Objekt der »Bearbeitung« –, ist die Verhaltenstherapie der Tradition des Glaubens zuzuordnen. An der analytischen Therapie ist das Unbewusste als Subjekt beteiligt; diese Therapieform hat also mehr mit der Tradition des Vertrauens zu tun. Wie in den traditionellen Auseinandersetzungen zwischen Glauben und Vertrauen, tendiert auch die Verhaltenstherapie dazu, der anderen Therapieform die Existenzberechtigung abzusprechen und ihr die Daseinsgrundlagen zu entziehen. Der Erfolg der Glaubensseite zeigt sich mittlerweile deutlich: Im staatlichen Universitätsbereich in Deutschland besetzt nur noch ein Psychoanalytiker in Kassel einen Lehrstuhl für Psychotherapie. Zugleich werden Anstrengungen unternommen, psychodynamische Verfahren als wirksame Heilmethode infrage zu stellen und damit auch die Übernahme der Therapiekosten zu verhindern. In der Zwischenbilanz wurde auf die einseitige Empfehlung der WHO hingewiesen, die in eine ähnliche Richtung weist. Führende Psychoanalytiker setzen sich in aller Deutlichkeit dagegen zur Wehr.[8]

Eine weitere bedrohliche Initiative: Die »Qualitätssicherung« der Psychotherapien soll vom derzeitigen vorgeschalteten Gutachterverfahren auf eine Patientenbefragung *nach* der Therapie umgestellt werden. So lautet der Beschluss des

Gemeinsamen Bundesausschusses und Instituts für die Qualitätssicherung und Transparenz im Gesundheitswesen. Im Januar 2025 startete die Testphase in Nordrhein-Westfalen. Je nach Auskunft der eventuell unzufriedenen Patienten oder Patientinnen sind Sanktionen bis zur Rückforderung des Behandlungshonorars durch die Krankenkassen möglich. Da ein solches Verfahren sonst nirgendwo in der Medizin Usus ist, und die Verhaltenstherapie davon kaum berührt wird, betrifft es ausschließlich die psychodynamische Therapie. Wie stattdessen eine qualitätsverbessernde Therapiebegleitung aussehen könnte, zeigen Arbeiten von Cord Benecke und Matthias Volz.[9] Infolge dieses Szenarios planen viele Psychotherapeuten und Psychotherapeutinnen, ihre Dienste nur in Kombination mit einer Gruppentherapie anzubieten, da dort solche Sanktionsmöglichkeiten nicht geplant sind.

Bei der geschilderten Entwicklung hat die Therapie, haben Patienten viel zu verlieren. Und nicht nur sie, da in diesem Zuge jene Widerstandskräfte des Unbewussten verloren gehen können, deren historische und politische Relevanz die vorangegangenen Kapitel belegten. Eine Gesellschaft, die sich auf den psychoanalytischen Dialog einlässt, erfährt eine bleibende Bereicherung. Therapeutisch gesprochen heißt dies, durch die Interaktion in einer therapeutischen Beziehung Freiheits- und Schutzpotenziale in sich zu entdecken und zu verwirklichen. Die Psychotherapie kann dazu beitragen, diese zu entwickeln, und die zuvor beschriebenen historischen Erfahrungen zeigen uns, wie wichtig es ist, dass sie Teil des psychoanalytischen Weltverständnisses werden. Die Ergebnisse der Psychotherapie mögen heterogen sein, aber sie haben eines gemeinsam: Wer sie im Rahmen der Psychoanalyse hervorbringt und lebt, dürfte mit seiner inneren und der äußeren Welt besser zurechtkommen.

An wissenschaftlichen Belegen für die Wirksamkeit tiefenpsychologischer und analytischer Psychotherapie fehlt es nicht, und diese Grunderfahrung der therapeutischen Wirksamkeit bildet die Basis der folgenden Ausführungen, gerade der kritischen. Die staatlich verordnete Verlagerung der psychotherapeutischen Ausbildung an die Universitäten klingt einerseits erfreulich, hatten sich doch schon Karl Abraham und andere in den 1920er Jahren um eine solche Integration in die *Academia* bemüht. Doch die Tatsache, dass inzwischen nur noch ein einziger Psychoanalytiker eine Professur innehat, während alle weiteren Stellen mit Verhaltenstherapeuten besetzt wurden, gibt Anlass zu echten Zukunftssorgen. Zwar wurde in Berlin die großartige International Psychoanalytic University (IPU) dank der privaten Initiative von Christa Rohde-Dachser ins Leben gerufen, doch auch diese kann das Manko nur teilweise ausgleichen. Was fehlt, ist die Erkenntnis, dass psychoanalytisches Wissen ein wesentlicher Bestandteil der akademischen Bildung ist – und dies zum Vorteil nicht nur der Psychoanalyse, sondern auch der Gesellschaft und der Funktion der Wissenschaft für sie.

Ein »selbstgemachtes« Problem der heutigen psychoanalytischen Therapie in Deutschland: Die staatliche Gestaltung der Ausbildung und Arbeit der Psychotherapie wird durch Arbeitskreise umgesetzt, in denen Psychotherapeuten und -therapeutinnen ihre Plätze und ihren Einfluss haben. Die Neigung des Nachwuchses, solche Plätze einzunehmen und damit die Zukunft im eigenen Sinne zu gestalten, ist bedauerlicherweise sehr gering.

Der häufig zu beobachtende Rückzug der Psychotherapie auf die »reine Lehre« ist zwar angesichts dieser Bedrohungen verständlich, führt aber kaum weiter. Die Psychoanalyse wird dabei zunehmend zu einem denkmalgeschützten Gebäude, und von solchen gehen bekanntlich selten neue gesellschaftliche Impulse aus. Das gilt auch für die Psychotherapie selbst. Da die Grundentscheidung von 1967, die analytische Psychotherapie zum medizinischen Heilberuf zu machen, nicht infrage gestellt wird, bleibt nur die Möglichkeit, ihre Zukunft so positiv wie möglich zu gestalten. Der strenge Denkmalschutz scheint nicht die beste Strategie zu sein.

Als ein Beispiel der Erweiterung psychoanalytischen Wissens mag die Kontroverse um die Bindungstheorie von Bowlby, Robertson und Ainsworth gelten. Sie besagt kurzgefasst, dass die Art der Beziehung zu frühen Bindungspersonen über spätere Beziehungen im Erwachsenenalter (mit-)entscheidet. Während meiner streng klassisch gestalteten psychoanalytischen Ausbildung in Paris war es ein Tabubruch, Bowlbys Theorie überhaupt nur zu erwähnen. Autoren wie Siegfried Zepf bestritten noch 2005 die Kompatibilität der Bindungstheorie mit der Psychoanalyse wie auch generell ihre Nützlichkeit. Wissenschaftler wie Bernhard Strauß und andere widersprachen dem deutlich.[10] Die von John Bowlby konzipierte, auf evolutionsbiologischen Annahmen basierende Bindungstheorie postuliert beim Kind ein primäres Bedürfnis nach Nähe zu einer erwachsenen Bindungsfigur, die von überlebenswichtiger Bedeutung ist.[11] Ausgehend von den frühen Erfahrungen eines Kindes mit versorgenden (Bindungs-)Personen beschreibt die Theorie die Relevanz von Beziehungserfahrungen für die spätere Entwicklung und künftige Beziehungen, die Vielfalt dieser Erfahrungen sowie die daraus resultierenden Verhaltensmuster und inneren Repräsentanzen. Die Forschungen einer Arbeitsgruppe um Mary Ainsworth zeigten, dass beim Kleinkind zwischen verschiedenen Klassen von Bindungsverhaltensweisen zu unterscheiden ist.[12] In Anlehnung an diese Erkenntnisse kamen Strauß und Gunter Schmidt zur Erkenntnis: »Bindungsfiguren, die positiv, sensitiv und vorhersagbar auf das Kind reagieren, wenn das Kind belastet ist, bieten diesem eine sichere Umgebung, die es ihm ermöglicht, die Wirksamkeit des Ausdrucks seiner Gefühle zu validieren und ein Gefühl der Kontrolle über die Umwelt zu entwickeln. Kinder, die derartige Entwicklungsbedingungen aufweisen, entwickeln eher ein *sicheres* und ausgewogenes *Bindungsmuster.*«[13] Zusätzlich zum sicheren Bindungstyp sind noch der unsicher-vermeidende, der unsicher-ambivalente und der desorganisierte Typ beschrieben worden. Bowlby fasst es so zusammen: »Wir alle, von der Wiege bis zur Bahre, sind am glücklichsten, wenn das Leben als eine Reihe von kurzen oder langen Ausflügen von der sicheren Basis unserer Bezugspersonen aus organisiert ist.«[14] Mit anderen Worten: Die bestätigenden Erfahrungen eines Kleinkindes sind die Basis der Vertrauensfähigkeit, die der Erwachsene entwickeln wird. Angesichts der Rolle des Vertrauens im »Kampf ums Unbewusste« ist diese Kompetenz kaum zu überschätzen.

Warum wehrt sich also die Psychoanalyse gegen diese Theorie? Liegt es nicht eher nahe, die eigene Theorie und Praxis einerseits beizubehalten, andererseits aber um dieses entscheidende Merkmal anderer Zugänge zu erweitern – und seien es konkurrierende Therapieverfahren? Die Welt zu erklären und zu verstehen ist nicht unser alleiniges Privileg. Wir teilen diesen Anspruch mit vielen anderen Wissenschaften, die sich ebenfalls psychischen Phänomenen zuwenden, Gesetzmäßigkeiten und Vorhersehbarkeiten suchen und finden, zum Beispiel die evolutionäre Anthropologie, Ethnologie oder Genetik, um nur diese zu nennen.

Ebenso unsinnig erscheint es, der Medizin als einem »szientistischen Schreckgespenst« zu begegnen. Seitdem sich die Psychotherapie ihr angeschlossen hat – wohlgemerkt freiwillig! – geschieht aber genau das. Genauer betrachtet, bietet die Medizin allerdings ein System, das seit Langem Probleme erfolgreich bewältigt, in denen wir als Psychoanalytiker noch befangen sind.

Nach einer Definition von Klaus D. Bock ist die Medizin »eine Anwendungs- und Handlungswissenschaft, die Methoden und Theorien anderer Wissenschaften, der Chemie, der Physik, der Biologie, der Psychologie und der Sozialwissenschaften unter dem Gesichtspunkt ihrer Brauchbarkeit für die Erkennung, Behandlung und Vorbeugung von Krankheiten auswählt, modifiziert und empirisch Regeln für die Anwendung in Forschung und Praxis der Medizin erarbeitet«.[15] Damit wird klargestellt, dass für die Medizin nicht die Vereinbarkeit verschiedener Beiträge mit einer zentralen Theorie das entscheidende Kriterium darstellt, sondern deren praktischer Nutzen. In einem weiteren Schritt sucht und findet sie Erklärungen für die Wirksamkeit unterschiedlicher Verfahren.

Nun dürfte kaum zu bestreiten sein, dass das medizinische Modell erfolgreich ist – trotz oder wegen des geringen Stellenwerts theoretischer Kompatibilität der Beiträge, auf denen es basiert. Wir erwähnten die hohe Flexibilität und Anpassungsfähigkeit des Unbewussten; dieser Heilberuf praktiziert sie. Warum sollte die psychoanalytische Psychotherapie nicht davon lernen und profitieren – statt gegen einen Vertrag zu polemisieren, den sie seit Langem geschlossen hat und aus dem niemand aussteigen will? Zur Erinnerung: Nachdem zunächst nur Ärzte zur Kassenabrechnung der tiefenpsychologischen und analytischen Psychotherapie zugelassen waren, konnten später Psychologen diese Zulassung genauso anstreben und erwerben wie auch andere Verfahren, die Verhaltenstherapie und die systemische Therapie, in das Angebot aufgenommen wurden.

Es ist zu bezweifeln, dass den ersten Vertragsunterzeichnern im Jahr 1967 klar war, dass fortan alle relevanten Entscheidungen über das Fach, therapeutische Prinzipien und deren Anwendbarkeit auf *höchster politischer Ebene* gefällt würden. Ob sie ahnten, um welche Geldsummen es gehen würde und dass die hohe Politik sich ihre Privilegien nicht nehmen lassen würde? Wahrscheinlich nicht. Um es vorwegzunehmen: Die Psychoanalyse wird sicherlich überleben – aber eher in außeruniversitären Ausbildungsinstituten, wo weiterhin das Essenzielle der Praxis vermittelt wird, oder in den Geisteswissenschaften, wo die psychoanalytische Theorie oft einen wichtigen Erkenntnisbeitrag liefert. Was jedoch verloren gehen könnte, ist der Zusammenhang zwischen den drei »Standbeinen«, aus denen sich das psychoanalytische Wissen zusammensetzt.

Die psychoanalytische Diskussion der 1960er und 70er Jahre befasste sich vielmehr mit den Fragen der Wiederaufnahme in den internationalen Kontext und mit den Auseinandersetzungen zwischen der Deutschen Psychoanalytischen Vereinigung und der Deutschen Psychoanalytischen Gesellschaft um Nähe oder Distanz zu Ideologie und Praxis des Nationalsozialismus. Der Streit war berechtigt, verzögerte aber lange die Erkenntnis, dass die existenziellen Fragen nicht nur an dieser Front ausgetragen wurden. So kam es, dass es, von den Psychoanalytikern zunächst fast unbemerkt, im Jahr 1987 zur Zulassung eines weiteren Verfahrens kam: der Verhaltenstherapie. Diese besitzt unbestreitbar therapeutische Relevanz, doch sie sollte sich bald als bedrohliche Konkurrenz erweisen, sowohl auf inhaltlicher als auch auf politischer Ebene. Die Verhaltenstherapie konnte nachweisen, dass sie zu »rascheren« Ergebnisse führte – Ergebnisse, die sich jedoch primär an den Symptomen orientierten. Sie setzten sich weniger mit den psychischen Ursachen von Problemen auseinander. Ihre kurzfristigen Effekte senkten die Kosten für die Krankenkassen, weshalb dieses Verfahren bevorzugt wurde. Allerdings deutet vieles darauf hin, dass die Wirksamkeit der psychoanalytischen Therapie langfristig stabiler ist als die der Verhaltenstherapie.[16]

Dessen ungeachtet (und mit dem Rückenwind der Kassen) reklamierte die Verhaltenstherapie, als einziges Verfahren über eine wissenschaftliche Fundierung zu verfügen, und erhob den Alleinvertretungsanspruch für die Psychotherapie im wissenschaftlichen und universitären Kontext.[17] Aus der Kontroverse wurde mittlerweile ein politischer Machtkampf, in dem sich die Kräfte neu ordneten. In dieser Situation bildete sich ein psychoanalytischer Dachverband, die Deutsche Gesellschaft für Psychoanalyse, Psychotherapie, Psychosomatik und Tiefenpsychologie (DGPT), die inzwischen die

Standes- und Berufsinteressen ihrer 3500 psychologischen und ärztlichen Mitglieder vertritt.

Der Kampf ist allerdings weit davon entfernt, abgeschlossen zu sein. Denn nun betritt eine weitere Konkurrentin die Arena: die Künstliche Intelligenz. Und sie droht, nun auch die Verhaltenstherapie in ihre Schranken zu weisen. Die KI bietet eine Therapie an, die vorgibt, die analytische Therapie technisch zu imitieren, ja zu ersetzen. In Wahrheit entfernt sie sich noch weiter von der Psychoanalyse als die Verhaltenstherapie. Dessen ungeachtet gewinnt die Verwendung zunehmend an Breite – und wird von Usern mit Begeisterung aufgenommen. Auf öffentlichen Seiten wie Reddit loben Nutzer die Chatbots *Therapist* und *Psychologist*, die ihre Dienste auf der Plattform Character AI anbieten: Sie seien »hilfsbereit«, »mitfühlend« und hätten den Vorteil, 24 Stunden am Tag zur Verfügung zu stehen und nichts zu kosten.[18] Der bekannteste dieser virtuellen Helfer ist der *Psychologist*-Bot: Das Programm registriert seit seiner Erschaffung 154 Millionen Gespräche. Sein Schöpfer, ein neuseeländischer Psychologie-Student, konzipierte es für eigene Bedürfnisse und stellte es dann anderen zur Verfügung. Viele dieser Programme müssen mittlerweile überarbeitet werden. So auch der Chatbot »Eliza«, nachdem sich im März 2023 ein junger belgischer Forscher das Leben genommen hatte. Zuvor hatte er sechs Wochen intensiven Austausch mit dem Programm gehabt, dessen Name natürlich an Weizenbaums Programm ELIZA anknüpft, von dem bereits die Rede war. Es sei wie eine Droge gewesen, berichtete seine Frau, er sei nicht mehr ohne »Eliza« ausgekommen. Danach wurde das Programm bearbeitet: Wenn Nutzer von Suizid sprechen, weigert sich der Chatbot, eine Antwort zu geben. Er geht aber nicht so weit, dem User die Konsultation eines Gesundheitsexperten nahezulegen.

In Großbritannien hat der Nationale Gesundheitsdienst NHS inzwischen einen Chatbot als medizinisches Instrument zertifiziert. Er wurde – immerhin – in Zusammenarbeit mit Fachleuten entwickelt und wird vom öffentlichen Gesundheitssystem verwendet, um gezielt Risikopatienten anzusprechen. Auch die amerikanische Behörde für Lebens- und Arzneimittel FDA hat einen solchen Bot, *Wysa*, freigegeben. Die europäischen Behörden sind dabei, dem Vorbild zu folgen: Bedeutete schon die Verhaltenstherapie eine Kostensenkung im Vergleich zur analytischen Therapie, belasten diese Programme das Gesundheitssystem nahezu gar nicht. Eine bisher unveröffentlichte Stellungnahme einer Arbeitsgruppe der Deutschen Psychoanalytischen Vereinigung hebt, angesichts der oft unkritischen Begeisterung für die digitale Kommunikation, berechtigterweise das Unersetzliche der direkten Präsenz mit ihrer Transmission des Unbewussten hervor. Für die Kernbestandteile der Ausbildung (Lehranalyse und Supervision der hochfrequenten Behandlungsfälle) schließt sie den digitalen Ersatz für physische Präsenz aus, womit die Vorgaben deutlich strenger würden als in den USA.

Dass die Programme Gespräche im mündlichen Modus führen und die Emotionen des Nutzers an dessen Mimik und der Tonlage seiner Stimme ablesen können, weckt bei vielen Firmen und politischen Manipulatoren Begehrlichkeiten. Mit Psychoanalyse haben solche Programme nichts zu tun, sie ähneln eher Abhöranlagen, denen sich Menschen freiwillig aussetzen. Nicht nur das unterscheidet dieses Instrument von der Psychoanalyse, sondern auch die Einbahnstraße der

Kommunikation: Der User liefert Informationen über sich und seine Psyche aus, zurück kommt nichts außer den eingespeisten Wissensbeständen des Programms plus abgewandelte Fragen der Nutzer. Es gibt kein Unbewusstes, das mit dem Unbewussten des Users kommunizieren könnte. Genau darin besteht aber der psychoanalytische Prozess. Im 6. Kapitel wurde auf die Forschungen von Ruth Feldman hingewiesen: Die Neurobiologin dokumentierte, dass bei technologisch vermittelter Kommunikation zwischen zwei Personen nur ein Bruchteil der Informationen transportiert wird, der im direkten Austausch fließt. Die Erkenntnisse dieser Forschung gelten erst recht für die Therapie-Programme. Die Kommunikation besteht hier aus bewussten Inhalten, unbewusste bleiben auf der Strecke. Das heißt, das Programm kann bestenfalls zur Reflexion anregen.

Es wäre falsch zu behaupten, dass eine der heute üblichen unterschiedlichen Therapieformen überflüssig oder dass die Therapien untereinander unvereinbar wären. Wer praktische Erfahrungen mit therapeutischen Einrichtungen erworben hat, die nicht von vornherein restriktiv ausgerichtet sind, erfährt immer wieder, dass die – übrigens oft weiblichen – Therapeuten genau abzuschätzen wissen, wann ihre Patientinnen und Patienten mehr von der einen oder der anderen Therapie profitieren würden. Auch KI kann zum Hilfsmittel werden, aber analytische Therapie sieht anders aus.

Genau hier bietet die Medizin ein denkbares Modell für eine Veränderung der Psychotherapie. Einander ausschließende Grabenkämpfe widersprechen ihren Grundprinzipien. Die oben zitierte Definition der Medizin, die sich ihr Basiswissen und ihre Anregungen überall da holt, wo sie sie bekommen kann und wo geeignetes Wissen zur Verfügung steht, könnte der Angst entgegenwirken, dass der psychoanalytischen Theorie durch eine Annäherung an die Medizin eine »szientistische« Selbstentfremdung droht. Denn die Medizin speist sich nicht nur aus den Naturwissenschaften, sondern auch aus der Psychologie, den Sozialwissenschaften, der Kommunikationswissenschaft, evolutionärer Anthropologie und anderen Wissenschaften vom Menschen.

Glaubt die psychoanalytische Therapie wirklich, auf diese Beiträge zum Verständnis des Menschen und seines Lebens verzichten zu können? Wir glauben es nicht. Im Folgenden soll zunächst eine Definition des Begriffs »Psyche« angeboten und dann an einigen Beispielen dargestellt werden, welchen Gewinn die Psychoanalyse aus einer größeren Berücksichtigung der Forschungen in den Nachbardisziplinen ziehen könnte. Wir glauben, die Zeit ist gekommen für eine Öffnung des Blicks der Psychoanalyse in alle Richtungen.

Was bedeutet das Vorübergehen der Jahrzehnte für das Theorieverständnis des Psychoanalytikers/Psychiaters? Ich bin davon überzeugt: Es bedeutet den Abschied von vielen in der Ausbildung erlernten Kausalzusammenhängen, wie es auch Beispiele in diesem Text zeigen. Ein Dogma, dem ich nicht mehr anhänge, ist etwa: dass Psychotherapie und Medikamentenverschreibung inkompatibel, nicht von ein und derselben Person ausführbar seien. Die Erfahrung, dass die Psyche durch Worte und durch chemische Substanzen beeinflusst wird – und das Lernen eines angemessenen Umgangs damit – erfordert ein differenziertes Verständnis. Der einfache Antagonismus »gutes Wort – böse Chemie« ist dabei keine Hilfe. In den USA gingen einige Staaten (New Mexico,

Louisiana, Illinois, Iowa) so weit, Psychologen das Verschreiben von Psychopharmaka zu erlauben, was allerdings weniger durch eine besonders gute Ausbildung dieser Psychologen als durch den Psychiatermangel begründet ist. In Deutschland wächst unter Gesundheitspolitikern die Neigung, Psychotherapie künftig allein dem Beruf der Psychologie zuzuschreiben. Man muss befürchten, dass der von uns favorisierten Öffnung zum Lernmodell der Medizin dann erneut ein Riegel vorgeschoben wird.

Was ist? Und was könnte werden? Die Psyche als Transformationsfeld

Die Frage, ob die Psychoanalyse in ihrer Vielseitigkeit überlebt – und mit ihr das psychoanalytische Wissen – spiegelt sich in den einzelnen Therapien wider. Bei einem neuen Patienten, einer neuen Patientin stellen sich den Therapeuten zwei Fragen: Was ist? Und was könnte werden? Die Beantwortung dieser Fragen hat für die psychoanalytische Theorie und Praxis Implikationen, die weit über den Einzelfall hinausgehen.

Die Frage »was ist?« ließe sich, wenn es sein muss, mit den Begriffen des klassischen analytischen Theorierahmens beantworten. Doch spätestens bei der Frage »was könnte werden?« muss sich der Horizont erweitern, zur Frage: Wie kann ich diesem Menschen helfen, mit seiner Welt – der Welt von heute – besser zurechtzukommen? Und wenn eine Antwort ist: Ich will ihm/ihr helfen, die bestehenden Freiheiten besser zu nutzen, so setzt dies immer noch voraus, dass ich ein breites Wissen über die bestehenden psychischen Freiheiten und ihre Einschränkungen besitze.

Deshalb sei an dieser Stelle der Versuch unternommen, die Psyche zu definieren: Die Psyche ist kein beschreibbares, abgegrenztes Gebiet, das eine Wissenschaft, auch nicht die Psychologie, besitzen oder besetzen könnte. Die Psyche sehen wir vielmehr als ein weites, nicht a priori abgegrenztes Feld, in dem die von uns beobachtbaren Transformationen stattfinden: Bewusstes in Unbewusstes, Biologisches in Psychologisches, Psychologisches in Biologisches, Psychologisches in Soziales, Soziales in Psychologisches, Soziales in Biologisches. Für einige dieser Transformationen sollen im Folgenden Beispiele angeführt werden. Sie machen den Prozess als Teil unseres Alltags sichtbar und zeigen zugleich, dass die Psychotherapie Motor solcher Prozesse sein kann.

Die Transformationen von Bewusstem in Unbewusstes und umgekehrt sind inzwischen Allgemeinwissen und so vertraut, dass sie hier nicht ausführlich erläutert werden müssen: Es geht um Prozesse der Verdrängung, der Wiederentdeckung von Vergessenem. Anders verhält es sich mit der Transformation des Ererbten in sichtbares Verhalten – selbst dann, wenn es *keine* Bezugspersonen gibt, die das Verhalten beeinflussen könnten, wie es für die Bindungsforschung relevant ist. Hier bieten die Forschungsergebnisse von Timothy Levine zum »angeborenen Vertrauensvorschuss« einige Ansätze. Es handelt sich um die der menschlichen Natur inhärente Vorannahme, dass wir uns auf das, was andere uns sagen, verlassen können. Die Forschungen zu dieser Frage wurden im ersten Kapitel im Zusammenhang mit der Gegenüberstellung von Vertrauen und Glauben behandelt und werden hier erneut aufgegriffen.

In der *Truth-default theory (TDT)* geht Levine davon aus,

»dass der Inhalt eingehender Kommunikation in der Regel unkritisch als wahr akzeptiert wird, und das ist meistens eine gute Sache für uns. Eine der überraschendsten neuen Erkenntnisse ist, dass die Wahrheitsannahme gut für uns funktioniert. Ich behaupte, dass die Tendenz, anderen zu glauben, ein adaptives Produkt der menschlichen Evolution ist, das effiziente Kommunikation und soziale Koordination ermöglicht. Die Wahrheitsannahme ermöglicht es dem Menschen, sozial zu funktionieren. Da die meisten Täuschungen von einigen wenigen produktiven Lügnern begangen werden, ist das so genannte Wahrheitsbias in Wirklichkeit gar kein Bias. Passives Glauben gibt uns die meiste Zeit Recht.«[19]

Wenn das angeborene Vertrauen ein »adaptives Produkt der menschlichen Evolution« ist, also eine Anpassungsleistung, so entwickelte es sich in einer Zeit, in der mündliche oder schriftliche Kommunikation einen meist identifizierbaren Urheber hatte, der beim Lügen ein persönliches Risiko einging. Problematisch wird es, wenn die uns erreichenden Botschaften keinen eindeutigen Autor mehr haben, der für Inhalte zur Verantwortung gezogen werden kann. Das trat bereits früh in der Menschheitsgeschichte auf – man denke an Erzählungen aus »uralten Zeiten« oder an Phänomene wie das Gerücht – und hat sich seither immer mehr verstärkt. Wird sich der angeborene Vertrauensvorschuss in der Zukunft als dysfunktional erweisen? Eine wichtige Frage, sowohl für Gesellschaft und Politik, wie im 6. Kapitel dargelegt, als auch für die analytische Psychotherapie. Zur Beantwortung der Frage wird im Folgenden das Beispiel der sogenannten »Kinder von Bulldogs Bank« beschrieben. Bei ihnen stellte sich die Frage: Wie erklärt sich ein so extremes prosoziales Verhalten, das vorher in dieser Form bei Kindern noch nie beobachtet – oder zumindest nicht beschrieben – worden war?

Anna Freud, die mit ihrem Vater im Juni 1938 nach London emigriert war, setzte dort nahezu bruchlos ihre kindertherapeutische Wiener Arbeit fort, mit einem zunehmenden Akzent auf Kinder, die durch Krieg und Verfolgung traumatisiert waren. Weltweit berühmt wurde ihre 1951 zusammen mit Sophie Dann in *The Psychoanalytic Study of the Child* veröffentlichte Studie »An Experiment in Group Upbringing«.[20] Das dort beschriebene Verhalten war für die Kinder ein Selbstrettungsversuch, kein Experiment, und wird sich hoffentlich nie wiederholen. Diese Einzigartigkeit dürfte der Grund dafür sein, dass empirisch arbeitende Kinderpsychologen, die auf die Wiederholbarkeit von Experimenten bauen, sich dieser faszinierenden Arbeit wenig zugewandt haben.

Freud und Dann berichten von sechs jüdischen Kindern, die zwischen 1942 und 1945 im Alter von sechs bis zwölf Monaten von ihren Eltern getrennt in das Konzentrationslager Theresienstadt deportiert worden waren. Dort lebten sie unter extremen Mangelbedingungen. Im Frühjahr 1945 wurde Theresienstadt von den Sowjets befreit, die Kinder kamen auf ein Schloss in der Tschechoslowakei, wo man sich um sie kümmerte. Von dort aus wurden sie mit anderen Kindern in Bombern nach England geflogen und »im August 1945 in einem sorgfältig vorbereiteten Empfangslager in Windermere/Westmoreland, aufgenommen, wo sie zwei Monate blieben. Als das Empfangslager aufgelöst und die älteren Kinder auf verschiedene Heime und Pflegestellen verteilt wurden, hielt man es für ratsam, die sechs jüngsten Kinder zusammenzulassen. Sie sollten ferngehalten werden von den Erschütterungen, die im Leben einer großen Kindergemeinschaft unvermeidbar sind, und zumindest für ein Jahr eine friedliche, ruhige Umgebung erhalten, in der sie sich allmählich an ein neues Land, eine neue Sprache und veränderte Lebensumstände anpassen konnten.« Dieser ehrgeizige Plan wurde durch die vereinten Anstrengungen einer Anzahl von Menschen realisiert. »Es wurde den Kindern für ein Jahr ein Landhaus mit dem umgebenden Waldland zur Verfügung [gestellt], Bulldogs Bank in West Hoathly/Sussex. Das Haus enthielt zwei Schlafräume mit angrenzenden Badezimmern für die Kinder, einen großen Tagesraum, die notwendigen Räume für die Erzieher, eine an der großen Längsseite des Hauses entlanglaufende Veranda und eine Sonnenterrasse.«[21]

Die Kinder waren bei ihrer Ankunft drei Jahre und wenige Monate alt. Vier von ihnen hatten ihre Mutter bei der Geburt oder unmittelbar danach verloren, zwei vor ihrem ersten Geburtstag. Alle Kinder waren nach dem Verlust ihrer Mütter für einige Zeit von Ort zu Ort gewandert, mit drei bis sechs Stationen. Keines der Kinder hatte irgendwelche anderen Umstände als das Leben in dieser Gruppe gekannt. Sie wussten nicht, was eine Familie ist, kannten keine Bindung an Erwachsene. Keines der Kinder hatte Erfahrung mit dem normalen Leben außerhalb eines Lagers oder einer großen Institution. Anna Freuds und Sophie Danns Beschreibungen sind so präzise und anschaulich, dass sie wortwörtlich wiedergegeben werden sollen:

»Die positiven Gefühle der Kinder bezogen sich ausschließlich auf ihre eigene Gruppe. Es war offensichtlich, dass sie sich sehr umeinander kümmerten und um niemanden und nichts sonst. Sie hatten keinen anderen Wunsch, als zusammen zu sein, und wurden aufgeregt, wenn sie nur für kurze Augenblicke voneinander getrennt wurden. Kein Kind willigte ein, oben zu bleiben, wenn die anderen unten waren, und umgekehrt, und kein Kind wollte zu einem Spaziergang mitgenommen werden ohne die anderen. Wenn das doch vorkam, fragte das einzelne Kind unablässig nach den anderen, während die Gruppe sich um das fehlende Kind grämte. Dieses Beharren auf dem Nicht-getrennt-Werden machte es im Anfang unmöglich, die Kinder als Individuen zu behandeln oder ihren speziellen Bedürfnissen in verschiedener Weise gerecht zu werden. Ruth mochte z. B. keine Spaziergänge, während die anderen Spaziergänge dem Spiel im Haus vorzogen. Aber es war schwierig, die anderen zu veranlassen, auszugehen und Ruth im Haus zu lassen. Eines Tages gingen sie tatsächlich ohne Ruth fort, aber fragten unaufhörlich nach ihr, bis John es nach etwa 20 Minuten nicht mehr aushielt und umkehrte, um sie zu holen. Die anderen schlossen sich ihm an, alle kehrten um, begrüßten Ruth, als wenn sie lange getrennt gewesen wären, und nahmen sie dann zum Spaziergang mit, wobei sie ihr ganz besondere Aufmerksamkeit widmeten.«[22]

Während das Verhältnis von Geschwistern oder Gleichaltrigen normalerweise von Neid, Eifersucht und Rivalität gekennzeichnet ist, war bei diesen Kindern eine für dieses Alter ungewöhnliche gegenseitige Abhängigkeit und Rücksichtnahme zu beobachten.

> »Es war niemals nötig, darauf zu dringen, dass jeder an die Reihe kommen sollte; sie taten das spontan, da sie eifrig darauf bedacht waren, dass jeder seinen Anteil bekam. Da die Erwachsenen zu der Zeit in ihrem Gefühlsleben keine Rolle spielten, rivalisierten sie nicht miteinander um deren Gunst oder Anerkennung. Sie verpetzten sich nicht gegenseitig und standen automatisch für einander ein, wenn sich ein Mitglied ihrer Gruppe ungerecht behandelt oder von einem Außenseiter bedroht fühlte. Sie beobachteten die Gefühle der anderen genau, sie neideten einander ihre Besitztümer nicht, verliehen sie im Gegenteil mit Vergnügen aneinander. Wenn ein Kind in einem Laden ein Geschenk erhielt, verlangte es das Gleiche für alle anderen, auch für die Abwesenden. Bei Spaziergängen achteten sie sehr auf die Sicherheit jedes Kindes im Verkehr, sahen nach den Kindern, die hinterhertrödelten, halfen sich über Gräben, räumten für die anderen den Weg versperrende Zweige fort und trugen den Mantel für jedes andere Kind. Im Kindergarten räumten sie für die anderen Spielzeug auf.«[23]

Diese einzigartige Arbeit beschreibt auf 67 Buchseiten so viele prosoziale Verhaltensweisen, dass Eltern und Großeltern darüber vor Neid erblassen. Ebenso wird geschildert, dass das Angebot einer konstanten emotionalen Zuwendung seitens der Betreuerinnen von den Kindern im Laufe des Jahres immer stärker angenommen wurde. So war es dann auch möglich, nach einem Jahr, wie geplant, die Kinder in amerikanische Adoptivfamilien zu vermitteln.

So präzise die Beschreibung der Kinder auch ist: Die Arbeit enthält keine wirkliche Erklärung für die frappierenden Abweichungen von dem bei Kindern dieses Alters zu erwartenden Verhalten. 2013 griff Veronica Mächtlinger das Beispiel unter dieser Perspektive auf. In ihrem Aufsatz »Resilienz. Psychoanalytische Überlegungen zur späteren Entwicklung der sechs Kinder, die als Kleinkinder Theresienstadt überlebt haben (Die Kinder von Bulldogs Bank)« suchte und bot sie die Resilienz als Erklärung.[24] Bei der Darstellung der späteren Entwicklung dieser Kinder konnte Mächtlinger sich auf das Buch von Sarah Moskovitz stützen, die die sechs Kinder von Bulldogs Bank in deren Erwachsenenalter aufgesucht und interviewt hat. Moskovitz' Schlussfolgerungen: Alle – und das war ein wichtiger gemeinsame Nenner – hatten Angst vor erneuter Verfolgung und zögerten, Ärger zu zeigen. Die stärkste gemeinsame Eigenschaft war jedoch die Lebensbejahung, verbunden mit einem ethischen und spirituellen Engagement. Betont wurde nicht, »was die Welt mir schuldet«, sondern ein aktives Mitgefühl für andere. Auch die gelungene Elternschaft der erwachsenen Kinder widerspricht der allgemeinen Erwartung, dass dies nur für jene möglich sei, die positive Erfahrungen mit den eigenen Eltern gemacht haben.[25]

Mächtlingers Erklärung für dieses Verhalten und die Entwicklung der Protagonisten lautete: »Resilienz«. Der Begriff stammt nicht aus der Psychoanalyse, sondern aus der Traumaforschung: Er bezeichnet die gewissermaßen unbeschädigte Rückkehr – *resiliare*, Lateinisch für »zurückspringen« – zum Zustand vor dem Trauma. Insofern eignet sich der Begriff eher für Erwachsene als für Kinder, für die es keine »Zeit vor dem Trauma« gab. Die erwachsen gewordenen Kinder von Bulldogs Bank lassen sich höchstens insofern als resilient bezeichnen, als sie trotz aller frühen Beschädigungen und Belastungen ein vergleichsweise erfülltes Leben geführt haben und ethisch verantwortungsbewusste Menschen wurden.

Allerdings beschreibt die Traumaforschung »Resilienz« als eine Eigenschaft, die immer nur bei einem Teil der Mitglieder einer Gruppe zu finden ist. Auch deshalb ist die spätere positive Entwicklung *aller* Bulldogs-Bank-Kinder nur mit Vorbehalten als Zeichen von Resilienz zu beschreiben. Zudem hat der Begriff beschreibenden und nicht erklärenden Charakter. Insofern liefert er keine Antwort auf das erstaunliche Gruppenverhalten der Kinder. Es handelt sich hier um keine Rückkehr zum Vortraumatischen, sondern um die Erschaffung eines neuen, nicht dagewesenen und nicht erlernten, aber mit großer Selbstgewissheit gelebten Verhaltens. Das erfordert eine andere Deutung.

Der prominente Vertreter der evolutionären Anthropologie Michael Tomasello liefert dafür einen möglichen Rahmen: »Der Beitrag von Reifung und Erfahrung: Von einem Großteil der modernen Psychologie werden Reifung und Erfahrung oder Gene und Umwelt oder Natur und Kultur oder angeboren und erlernt häufig als sich wechselseitig ausschließende Alternativen behandelt. Aber in Wirklichkeit sind Reifung und Erfahrung komplementäre Teile eines einzigen Prozesses. Im Sinne der Hausbaumetapher lässt sich ein Haus nicht bauen, wenn es nicht sowohl Rohmaterialien (wie Ziegelsteine und Mörtel) als auch irgendeine Art von Plan oder Blaupause dafür gibt, wie diese Rohmaterialien zusammengefügt werden sollen. In einzelnen Fällen kann man durchaus fragen, ob der Plan oder die genetische Blaupause so wirkmächtig ist, dass man fast alle Rohmaterialien verwenden kann, oder ob die Rohmaterialien so nahe am Endprodukt liegen, dass der Plan oder die Blaupause nur ganz generisch zu sein braucht. Beide sind jedoch besonders bei komplexen psychologischen Phänomenen wie denjenigen, die wir hier untersuchen, immer unverzichtbarer Bestandteil des Prozesses.«[26]

Tomasellos Überwindung der Gegenüberstellung von Ererbtem und Erlerntem passt nicht gut ins herkömmliche Schema der Psychotherapie, sie bringt uns aber einer Lösung des Rätsels der Kinder von Bulldogs Bank näher. Diese Kinder trugen, wie alle Kinder, einen »Plan A« in ihren genetischen Anlagen: Er sah vor, im Kontakt mit konstant präsenten, zugewandten Erwachsenen den »Hausbau« ihrer Entwicklung zu vollziehen. In diesem Fall kam es anders. Erwachsene Bezugspersonen gab es nicht, was nach traditionellem Verständnis eine Bedrohung der psychischen und physischen Existenz impliziert hätte. Um zu verstehen, was dann passierte, muss es einen genetischen Plan B gegeben haben, der es ermöglichte, sich zum Überleben auf die ganz anders geartete Interaktion mit Gleichaltrigen einzustellen, einschließlich präziser Beispiele, dass sich etwa Kinder, die noch nie einen Waldspaziergang gemacht hatten, gegenseitig über störende Zweige beim Waldspaziergang hinweghalfen.

Unsere Hypothese: Es gibt neben dem »Plan A« genetische

Reserve- und Notfallpläne, die unter bestimmten Bedingungen aktiviert werden können. Die Kinder von Bulldogs Bank sind ein greifbares Beispiel dafür. Ganz allgemein heißt das: die Evolution hat uns, zur Verbesserung unserer Lebenschancen, mit ganz unterschiedlichen Schutz- und Gestaltungsmöglichkeiten ausgestattet, die bereitliegen und durch unterschiedliche Umweltbedingungen »wachgerufen« werden können – ein Beleg für unsere evolutionär bedingte Flexibilität und Anpassungsbereitschaft. Die Psychoanalyse ist es gewohnt, die Genetik mit einer statischen, unveränderbaren Struktur gleichzusetzen. Doch dieses Beispiel zeigt, dass die Genetik ebenso flexibel und anpassungsfähig ist wie das Unbewusste und somit einen geeigneten Partner für die psychotherapeutische Behandlung darstellt. Und – wichtiger Punkt – auf der Genetik basierte jenes »Urvertrauen«, das die Kinder untereinander entwickelten. Die Psychoanalyse hat also jeden Grund, in der so verstandenen Genetik eine Verbündete zu sehen.

Die Transformation des Sozialen in das Individualpsychische

Auch auf die psychotherapeutische Frage »Was könnte werden?« ergeben sich so ganz neue Antworten. Jenseits des ehemals vorherrschenden Paradigmas der Verantwortung früher Kontaktpersonen, vor allem der Mütter, für psychische Störungen der Kinder (s. die »schizophrenogene Mutter« von Frieda Fromm-Reichmann)[27], gibt es das »Auslösen besonderer Verhaltensweisen« durch das soziale Umfeld. Einige Beispiele mögen dies illustrieren.

1963 publizierte Stanley Milgram seine inzwischen weltberühmte Studie, in der Freiwillige gebeten wurden, an der Erforschung der Auswirkung von Bestrafung (durch Stromstöße) auf den Lernerfolg von Probanden mitzuwirken. Versuchspersonen, die glaubten, an einem lernpsychologischen Experiment teilzunehmen, erhielten die Anweisung, einem vorgeblichen Probanden bei Fehlern elektrische Stöße von zunehmender Stärke verabreichen zu lassen. Milgram kam zum Ergebnis, dass zwei Drittel der Versuchspersonen bereit waren, auf Anweisung einer Autorität eine ihnen unbekannte Person mit Gewalt (Stromstöße in lebensbedrohlicher Höhe) zu »belehren«.[28] Ein Forscherteam, das die Originalaufzeichnungen und die späteren Rückmeldungen der Teilnehmer erneut auswertete, kam allerdings zu einem anderen Schluss. Im Gegensatz zu Milgram, der in seinem Experiment vor allem die Unterwerfung der Probanden unter die Autorität des Versuchsleiters betonte, hob das Forscherteam den Respekt der Teilnehmer vor der Wissenschaft hervor. Diese betrachteten ihre Teilnahme als Dienst an der Forschung, auf den sie stolz waren. Sie übten Gewalt aus in der festen Überzeugung, dies für einen »guten Zweck« zu tun. Gemeinsam ist beiden Interpretationen, dass die Probanden bereit waren, im Namen einer »höheren Instanz« Gewalt auszuüben.

Wer das ehemalige KZ Buchenwald besucht und die Kasernenunterkunft von mehreren Tausend SS-Männern sieht, die schlimmste Verbrechen begingen, mag sich die Frage nach deren Müttern stellen. Doch diese Perspektive übersieht ganz andere Einflüsse. Diese Männer agierten nicht aufgrund ihrer Mütter (oder ihrer Erziehung) so mörderisch, sondern weil sie eingetreten waren in das, was der Historiker Jörg Baberowski einen »Raum der Gewalt« nennt; sie hatten erstens die Gewissheit erworben, dass sie an etwas Gutem mitwirkten, und befanden sich zweitens in einer Umgebung, die Gewalt guthieß. Beides zusammen bewirkte eine »Entriegelung von Sicherungen, die sonst Menschen davor bewahren, einander zu töten und zu verletzen«.[29]

Es ist erschreckend, immer wieder festzustellen, dass es keiner abnormen Kindheit bedarf, um Menschen monströs handeln zu lassen, und dass eine gesunde Kindheit nicht zwingend Schutz davor bietet. Oder, wie Freud an Albert Einstein schrieb: »Wo die Gemeinschaft den Vorwurf aufhebt, hört auch die Unterdrückung der bösen Gelüste auf, und die Menschen begehen Taten von Grausamkeit, Tücke, Verrat und Rohheit, deren Möglichkeiten man mit dem kulturellen Niveau für unvereinbar gehalten hätte«.[30] Grausamkeit entsteht offenbar unter ganz anderen Bedingungen als denen der individuellen Biographie. Es bedarf keiner missratenen Kindheit, auch nicht eines harschen Befehls. Manchmal bedarf es nur einer verallgemeinernden Umdefinition dessen, was »gut« ist.

Was bedeutet das für die Psychotherapie und den Heilungsprozess? Gleichgültig, ob sich die Therapie an die Täter oder an die Opfer richtet: Die Betrachtung des sozialen Umfelds ist von entscheidender Bedeutung. Dass und in welcher Weise dies für die Behandlung von Shoah-Opfern zutrifft, wird im nächsten Kapitel am Beispiel der Traumaforschung behandelt. Die Regel gilt aber auch für die »Behandlung« der Täter. Es stimmt, dass sich nach dem Ende des nationalsozialistischen Albtraums kaum ein Täter auf die Couch gelegt hat oder öffentlich darüber nachzudenken begann, wie es bei ihm zur »Entriegelung der Sicherungen« kam. Was sich jedoch sagen lässt – und das Beispiel gilt besonders für Deutschland: Es gab so etwas wie eine kollektive Therapie. Das von den USA im Nachkriegsdeutschland angestrebte Programm der »Entnazifizierung« verdankte sich zu einem Gutteil der Reflexion deutscher, vor allem jüdischer Emigranten, die in die USA geflohen waren und dort lange vor Kriegsende umfangreiche Maßnahmen zur Umerziehung (Reeducation) entwarfen. Diese basierten auf psychoanalytischen Überlegungen und entstanden unter Beteiligung von Menschen mit »psychoanalytischem Wissen«. Später wurden diese Programme zwar oft belächelt und in ihrer Wirksamkeit angezweifelt, was sich auch faktisch für die Zeit belegen lässt, nachdem die Deutschen ihre Reeducation in eigener Regie weiterführten.[31] Doch schon der Beginn sowie die demokratische Prämisse, unter der die Reeducation angestoßen worden war, bewirkten einen Wandel in deutschen Mentalitäten. Vor allem handelte es sich um ein breit angelegtes Projekt, bei dem nicht Einzelne, sondern ein Kollektiv zur analytischen Selbstreflexion gebracht wurde. Der in der amerikanischen Zone zuerst angestoßene Impuls breitete sich mit der Gründung der Bundesrepublik auch auf die frühere französische und britische Besatzungszone aus.

In der sowjetischen Besatzungszone kamen ebenfalls »Entnazifizierungsprogramme« zur Anwendung. Sie sollten die Restbestände der nationalsozialistischen Ideologie auslöschen. Das geschah aber nicht auf der Basis psychoanalytischer Überlegungen – ganz im Gegenteil: Stalin tat alles, um Reste des »Freudismus« auszumerzen[32] –, sondern auf der Basis einer neuen, nun sowjetisch geprägten Ideologie: Hier ersetzte ein neuer Glaube den alten.

Kurz: Psychoanalytische Denkmuster, die das soziale Umfeld mitreflektieren, können dazu beitragen zu verstehen, wie es zum kollektiven Morden kommen konnte, und ein kollektives Umdenken einleiten. Auch und gerade da, wo das individuelle, biographische Verstehen oder Therapieren versagt.

Das Inzesttabu

Das Verbot von Sexualität und Fortpflanzung unter nahen Verwandten ist in menschlichen Kulturen so generell verbreitet, dass es Anlass zu erdumspannenden Interpretationen gab. Psychoanalyse und Psychotherapie blieben davon nicht unberührt. Keine Geringeren als Sigmund Freud und Claude Lévi-Strauss gründeten ihre Sicht vom Menschen auf den Satz, dass das Inzesttabu konstitutiv für die Entstehung der menschlichen Kultur sei, in Abgrenzung vom Tierreich mit seiner regellosen Sexualität.

Dem widersprach der finnische Anthropologe Edvard Westermarck mit einer auf die Evolutionstheorie begründeten Sichtweise. Es ist nicht meine Absicht, als Schiedsrichter in diesem Titanenkampf aufzutreten. Ganz im Sinne der Psychoanalyse als lernende Disziplin, kann diese Diskussion unser Wissen nur bereichern.

Claude Lévi-Strauss' Interpretation des Inzestverbots lautet: »Man kann gar nicht genügend betonen, dass, wenn die gesellschaftliche Organisation einen Anfang hat, dieser nur in dem Inzestverbot bestehen kann. Denn, wie wir gezeigt haben, ist das Inzestverbot eine Art Neuformung der biologischen Bedingungen von Paarung und Fortpflanzung (die keinen Regeln gehorchen, wie die Beobachtung der Tiere zeigt).

Diese Neuformung bewirkt, dass Paarung und Fortpflanzung zu ihrer Fortdauer der Einfügung in ein künstliches Regelwerk von Verboten und Verpflichtungen bedürfen. Hier, und nur hier, finden wir den Übergang vom tierischen zum menschlichen Leben, und nur hier können wir das Wesen ihrer Artikulation verstehen.«[33]

Westermarck dagegen konstatiert: Frühes Zusammenleben (bis etwa zum zehnten Lebensjahr) bewirkt eine spätere Hemmung der sexuellen Anziehung gegenüber diesen Kontaktpersonen, speziell unter Geschwistern. Bei Westermarck ist nicht so sehr von Inzesttabu oder -verbot die Rede, sondern von Inzesthemmung und sexueller Aversion.[34] Freud, der sich mit Westermarcks Thesen direkt auseinandergesetzt hat, schrieb dazu: »Die erste Objektwahl der Menschen ist regelmäßig eine inzestuöse, beim Manne auf Mutter und Schwester gerichtete, und es bedarf der schärfsten Verbote, um diese fortwirkende infantile Neigung von der Wirklichkeit abzuhalten.«[35] Im Gegensatz zu Freuds Annahme ließen sich Westermarcks Thesen empirisch überprüfen und wurden seither mehrfach bestätigt.

Am überzeugendsten waren die Beobachtungen bei *minor marriages* (Ehen zwischen Unmündigen) in Taiwan: *Minor marriages* wurden die Ehen genannt, bei denen die künftige Ehefrau des Sohnes schon als kleines Mädchen in die Familie des späteren Mannes aufgenommen wurde. Die künftigen Eheleute lebten als nicht verwandte Kinder zusammen, unterlagen also keinem späteren Inzestverbot. Als Erwachsene entwickelten sie, wie von Westermarck vorhergesagt, eine sexuelle Abneigung gegen ihre Kindheitspartner. Die meisten Frauen waren in diesen Ehen unglücklich, hatten keine oder sehr wenige Kinder und gingen, wegen sexueller Unbefriedigung, oft stark geächtete außereheliche Beziehungen ein.[36]

Claude Lévi-Strauss' Sicht von der Inzestvermeidung als definitorischem Merkmal menschlicher Kultur dürfte als widerlegt gelten, seit Anne Pusey ausführlich und präzise nachgewiesen hat, was viele Studien belegen: Bei nichtmenschlichen Primaten kommt Inzucht zwischen Verwandten ersten Grades so gut wie gar nicht vor. Das heißt, auch bei ihnen gibt es eine Inzesthemmung, wahrscheinlich auf der Grundlage des Westermarck'schen Mechanismus.[37] Dessen Hypothese kann mithin als gültig betrachtet werden. Deswegen untersuchen neuere Forschungen zum Inzest eher die Frage, ob diese genetische Reaktionsbereitschaft nur die spätere Sexualität betrifft.

Arthur Wolf, der sich mit Westermarcks Thesen auseinandergesetzt hat, schreibt: »Es muss unterschieden werden zwischen sexuellen Bindungen und asexuellen Bindungen. Bindungen, die ein Kind mit der Mutter oder anderen Bezugspersonen eingeht, sind fundamental verschieden von denen, die erwachsene Sexualpartner miteinander eingehen. Die Beziehung Kind/Bindungsperson ist fundamental antisexuell. Unser Argument bezieht sich auf Bowlbys Beschreibung des Bindungsverhaltens. Wir möchten aber den Gedanken hinzufügen, dass Bowlbys Bindung und Westermarcks Sexualhemmung zwei Aspekte der Bindung in der frühen Kindheit sind. Es könnte auch nicht anders sein, denn ohne Sexualabneigung würde die kindliche Bindung zum Inzest führen, und ohne Bindung würde die kindliche Sexualabneigung zum Verlassen des Kindes führen. Um sich auszubilden, mussten diese beiden erblichen Dispositionen gemeinsam auftreten.«[38] Diese Aussage widerspricht nicht nur der Freud'schen These zum Inzest, sondern erklärt auch – auf der Basis der von Psychoanalytikern angezweifelten Bindungstheorie Bowlbys – den Zusammenhang zwischen Inzest und Sexual*hemmung*. Damit erweist sich die Bindungstheorie als äußerst relevant für das proklamierte »Hoheitsgebiet« der Psychoanalyse: die Sexualität.

Es gäbe auch die Möglichkeit, einen gegenseitigen Altruismus als dritte Komponente zu dem Duo »Sexualhemmung und Bindung« hinzuzufügen und somit einen »Plan der Familientauglichkeit« zu definieren – jenen Plan, der bei den Bulldogs-Bank-Kindern zunächst nicht aktiviert werden konnte. Allerdings beinhaltet auch dies die Berücksichtigung des sozialen Umfelds bei der Betrachtung und Behandlung des Problemfelds. Mit anderen Worten: Die Psychotherapie, eins der drei Elemente der Psychoanalyse, kann schwerlich umhin, ihr Blickfeld auf das Feld des Sozialen zu erweitern, in dem das Individuum lebt. Das gilt, wie wir sehen werden, nicht minder für ihre anderen Standbeine, Erkenntnis und Kulturkritik.

Welche Bedeutung haben die zuvor genannten Beispiele – Räume der Gewalt und Inzest – für das zentrale Thema dieses Kapitels, die Psychotherapie? Um das Jahr 1990 vollzog sich in der Evolutionstheorie eine bahnbrechende Neuerung: Man fand und beschrieb die evolutionäre Anpassung psychologischer Mechanismen, in der Fachsprache ist von einem »*evolved psychological mechanism*« die Rede. Seither verfügen wir (warum nicht auch die Psychotherapie?) über eine wachsende Kenntnis bereitliegender Bewältigungs- und Anpassungsmechanismen, die zu nutzen uns freisteht. In diesem Buch werden eine Reihe von ihnen beschrieben: Resilienzbereitschaft, Vertrauensvorschuss, das »väterliche Gehirn« und der Plan B der Bulldogs-Bank-Kinder.

Das Wissen um die von der Evolution bereitgehaltenen potenziellen Pläne vertieft unsere Kenntnis dessen, »was werden könnte« und gehört deshalb in die Theorie und Praxis einer Psychotherapie, die sich die vielfältigen Wissensfelder benachbarter Forschungsgebiete zu eigen macht und von ihnen lernt. Im Gegensatz dazu gibt es in allen Ländern, in denen psychoanalytische Therapie praktiziert wird, eine bemerkenswerte Abschottung gegen andere Gebiete und ein Festhalten am Freud'schen Lehrgebäude. Das ist einerseits verständlich, zieht man in Betracht, zu welcher Zeit die Psychoanalyse entstand und welch konstruktive Rolle sie gespielt hat, um damals notwendige Erklärungsmuster zu liefern. Für die deutsche Psychoanalyse nach 1945 kam hinzu, dass sie durch den Rückgriff auf die Anfänge der Psychoanalyse an die Zeit vor dem Nationalsozialismus anknüpfen konnte. Doch die alleinige Ausrichtung an der Frühzeit fordert einen hohen Preis. Denn viele der Umbrüche gingen viel weiter, als damals ersichtlich wurde. Die Geschlechterordnung und neue digitale Kommunikationsmittel sind dafür die eklatantesten Beispiele: Sie bewirkten gesellschaftliche Veränderungen, mit denen wir und unser Unbewusstes sich bis heute auseinandersetzen. Die Psychotherapie kann an diesen neuen Entwicklungen nicht vorbeigehen – oder sie verliert ihre Relevanz.

Ausgerechnet die Psychoanalyse, die Anspruch auf einen privilegierten Zugang zum »lernenden« Unbewussten erhebt

– denn dessen Variabilität verdankt sich der permanenten Anpassung an gesellschaftliche Änderungen –, weigert sich, ihrerseits zur »lernenden Disziplin« zu werden. Damit verzichtet sie darauf, als therapeutische Methode, als Kulturtheorie zu wirken und damit auf die Bedürfnisse unseres Zeitalters zu antworten. Sie begann und erwarb sich ihre Bedeutung als therapeutisches Verfahren. Will sie die Bedeutung, die sie einst hatte, aufrechterhalten, wird sie nicht umhinkommen, sich auch in der Therapie auf neue Erkenntnisse und Methoden aus anderen Fächern einzulassen, sei es Evolutionsforschung, historische Anthropologie oder Kultur- und Gesellschaftswissenschaft.

8 PSYCHOANALYSE UND TRAUMAFORSCHUNG

Die Bedeutung des zweiten Standbeins der Psychoanalyse, der Erkenntnis, soll exemplarisch anhand der Traumaforschung dargestellt werden. Wer sich mit dem Unbewussten beschäftigt, kann nicht umhin, sich den Fragen der Erinnerung – bewusster wie verdrängter und deren Symptome, also leiblich gewordener Erinnerungen – zuzuwenden. Die Psychoanalyse nahm ihren Ursprung in Freuds Erkenntnis, dass sich in den Symptomen vieler Patienten unterdrückte, oft schmerzliche Erinnerungen verbargen. Dass es zunächst überwiegend Frauen waren, hing vielleicht damit zusammen, dass sich in ihrer Psyche besonders viele Verletzungen eingeschrieben hatten. Oder auch damit, dass es, wie im 5. Kapitel umrissen, eine lange Tradition gab, das Unbewusste zu einem weiblichen Spezifikum zu erklären und die Symptome der Hysterikerinnen als einen Beleg für diesen Zusammenhang zu betrachten. Als es nicht mehr zu bestreiten war, dass die Hysterie und ihre Symptombildung auch die männliche Psyche betreffen konnten, kamen neue Einsichten. Spätestens seit den »Kriegszitterern« des Ersten Weltkriegs war ersichtlich, dass auch der männliche Körper schmerzhafte Erinnerungen in sich trug und »hysteriefähig« war. Das Unbewusste, das wurde klar, bleibt nicht dem einen Geschlecht vorbehalten. (Wäre ja auch schade, angesichts dieser schönen Ressource von Kreativität und Resilienz.)

Im Bereich des Traumas steht ebenfalls das Verhältnis von Verletzung und Symptom im Mittelpunkt, weshalb die Traumaforschung zum ureigensten Feld der Psychoanalyse gehört. Die Deutsche Traumastiftung definiert Trauma (das sich vom griechischen Wort für »Wunde« ableitet) als »ein belastendes Ereignis oder eine Situation, die von der betreffenden Person nicht bewältigt und verarbeitet werden kann. Es ist oft Resultat von Gewalteinwirkung – sowohl physischer wie psychischer Natur. Bildhaft lässt es sich als eine ›seelische Verletzung‹ verstehen.«[1] Diese relativ weit gefasste Definition ist nicht falsch, hat allerdings zu einem inflationären Gebrauch des Begriffs geführt. Beim Begriff des »Traumas« gilt es zudem, zwischen der Schreckens*erfahrung* und den angenommenen *Folgen* zu unterscheiden. Im allgemeinen Sprachgebrauch ist das nicht immer der Fall. Das erweckt den Eindruck, dass beides kausal und untrennbar miteinander verbunden ist. Ob aus einer Schreckenserfahrung eine Traumafolgestörung wird, ist aber alles andere als selbstverständlich. So sehr dies erstaunen mag: Auch bei den stärksten traumatischen Einwirkungen kommt es in weniger als der Hälfte der Fälle zu einer psychischen Störung.[2]

Im Folgenden soll der Fokus speziell auf die Traumata gerichtet werden, die im Zusammenhang mit den Verfolgungen des Nationalsozialismus stehen; sie repräsentieren einen integralen Teil der deutschen Geschichte und betreffen insofern nicht nur die therapeutische Seite der Psychoanalyse, sondern auch ihre beiden andren Dimensionen: Erkenntnis und Kulturkritik. Die folgende Betrachtung konzentriert sich auf Kinder und Jugendliche; ihre Entwicklung nach dem Ende der Verfolgung durch den Nationalsozialismus konnte am längsten beobachtet werden und ist insofern besonders relevant, um die Spätfolgen von traumatischen Erfahrungen zu erkennen.

Persönliche Vorbemerkungen

In diesem Kapitel werden Überlegungen beschrieben, die meinen persönlichen Erfahrungen in Frankreich und Deutschland entspringen, die also notwendigerweise autobiographische Züge aufweisen.[3] Schon in den 1960er Jahren deuten sich darin Erkenntnisse an, die die moderne Traumaforschung mittlerweile bestätigt. Zugleich wird von der Begrenztheit psychoanalytischer Herangehensweisen die Rede sein, zuweilen auch von der Überschätzung psychoanalytischer Erkenntnismöglichkeiten. Um aber von vornherein die Gewichte richtig zu verteilen: Ich verdanke der Psychoanalyse Entscheidendes. Eine der wichtigsten Erfahrungen meines Lebens war die Eigenanalyse, sie wurde zum Ausgangspunkt meiner psychoanalytischen Reflexion und meiner beruflichen Identität. Die intellektuelle und emotionale Diskussion über das Verhältnis von Psychiatrie und Psychoanalyse stellte eine permanente Herausforderung dar. Jener Zeit verdanke ich meine besten Freunde, die fast alle Analytiker und Analytikerinnen sind. Umso größer ist aber auch mein Anliegen, die Psychoanalyse auf jene Sackgassen hinzuweisen, in die sie – nach meiner Einschätzung – geraten ist. Dies beschränkt sich nicht auf Deutschland, ist hier aber besonders spürbar – aus Gründen, die zweifellos mit der deutschen Geschichte zu tun haben.

In Deutschland verbindet sich der Begriff »Trauma« bewusst und unbewusst mit dem Versuch der emotionalen und wissenschaftlichen Bewältigung des Holocausts als eines traumatischen Jahrhundertphänomens, mit dem sich viele Patienten und Patientinnen, Analytiker und Analytikerinnen auseinanderzusetzen hatten. Was wussten wir damals, in den 1960er und 1970er Jahren, über die nationalsozialistischen Verfolgungen? Und vor allem über die Langzeit-Auswirkungen dieser Verbrechen? Wir, das war eine Gruppe junger Psychiater und Psychoanalytiker in Paris, die damals aufbrach, die Psychoanalyse zur Grundlagenwissenschaft der Psychiatrie zu machen, und zur Leitschnur der Umgestaltung der psychiatrischen Versorgung. Damit waren wir im französischen Kontext ziemlich erfolgreich, wir fanden politisch starken Rückhalt, und das bestärkte uns in unserem Vertrauen in die Richtigkeit und Wirkmacht unserer Konzepte. Vieles lag damals noch im Dunkeln, darunter auch die kurz- und langfristigen Folgen der Holocaust-Traumatisierungen.

Im Bereich der psychoanalytischen Kindertherapie vertraten wir die Ansicht: Der Zeitpunkt der Störung der Kindesentwicklung bestimmt das Krankheits- oder Störungsbild. Dieses Verständnis ist noch heute lebendig, zum Beispiel im Begriff »frühe Störung«. Implizit bedeutete dies: je früher die störende Einwirkung, umso tiefgreifender der Schaden. Der sich spätestens im dritten Lebensmonat manifestierende frühkindliche Autismus konnte, so die damalige Überzeugung, nur aus einer katastrophalen frühzeitigen Störung der Mutter-Kind-Beziehung resultieren. So hatte es der austro-amerikanische Kinder- und Jugendpsychiater Leo Kanner (1894–1981) beschrieben, der sich als Erster mit diesem Krankheitsbild beschäftigte.[4] Gleiches galt für die »schizophrenogene Mutter«: Ihr Bild wurde zur Vorlage für eine universalisierte Verantwortlichkeit der Mütter für das Wohlergehen und die Gesundheit ihrer Kinder und prägt bis heute die Psychiatrie.[5] Diese klaren Kausalbeziehungen sahen wir damals in beiden Richtungen wirksam: Wenn wir eine Störung sahen, glaubten wir zu wissen, in welchem Alter und welchem Stadium Entscheidendes »schiefgelaufen« war. Wir waren der Ansicht, die Bedingungen gesunden Aufwachsens zu kennen, damit glaubten wir auch zu wissen, was die Folgen des Fehlens dieser Grundbedingungen wären. Noch heute finden sich solche Glaubensüberzeugungen bei vielen Psychoanalytikern. Im 5. Kapitel wurde davon berichtet, dass in Frankreich anlässlich der geplanten Novellierung des Adoptionsrechts homosexueller Paare Tausende dagegen auf die Straße gingen. In vorderster Reihe der Protestierenden waren Psychoanalytiker und -analytikerinnen, die genau zu wissen vorgaben, dass ein Kind ohne Vater-Mutter-Triade psychotisch wird.

Praktische Erfahrungen mit autistischen Kindern und ihren Müttern ließen bei mir erste Zweifel an der Gültigkeit des Modells der »mütterlichen Verantwortung« aufkommen. Bei den Mutter-Kind-Paaren, die ich in Behandlung hatte, habe ich eine katastrophale, sehr frühzeitige Störung der Beziehung nicht finden können, wohl aber ein tiefes Erschrecken der Mütter über das Ausbleiben des ersten Lächelns um den zweiten Lebensmonat ihres Kindes. Auf diese ersten Zweifel folgte eine zweite »Ent-Täuschung«. Die Entpathologisierung der bis dahin (auch in analytischen Kreisen) als

»Perversion« bezeichneten Homosexualität öffnete den Blick für weitere Ungereimtheiten der Lehre. Und dann kam die Erfahrung mit den »Babys in der Glaskugel«.

Eine Freundin und psychoanalytische Kollegin arbeitete in der Pariser Universitätskinderklinik. Dorthin kamen sehr kleine Babys, bei denen ein angeborener Immundefekt diagnostiziert worden war. Ohne moderne Medizin wären sie in den ersten sechs Monaten an Infektionen gestorben. Die Behandlung bestand in der Unterbringung in einer sterilen Glaskugel (heute Plastikzelt), einer Knochenmarkstransplantation und einer Rekonvaleszenz in der Glaskugel, die viele Monate (heute immer noch sechs) dauern konnte. Welchen schärferen Einschnitt in die natürliche Lebenswelt des Kleinstkindes können wir uns vorstellen? Keine Berührung, keine Geruchserfahrung, keine Entdeckungen am und mit dem Körper der Mutter ... Schlimmstes war zu befürchten.

Und doch wiesen diese Kinder keine bleibenden Schäden auf. Offenbar war es gelungen, gemeinsam mit dem Glück der Eltern über die Heilung ihres Kindes, über alle Hindernisse hinweg dem Kind einen Schutz- und Interaktionsraum zu bieten. Im Bericht eines Forscherteams heißt es: »Diese Mutter und andere haben uns nachdenken lassen über die Bindungstheorie. Sie zeigten uns, dass die Liebe ›durch den Kopf geht‹, durch die zugrundeliegende unbewusste Phantasie, und nicht vor allem über die Sinnesempfindungen. Trotz der vorhandenen Barriere zeigt die Entwicklung dieser Kinder in der Glaskugel eine intakte Ichorganisation und intakte Objektbeziehungen. All diese Kinder haben befriedigende und entwicklungsfördernde autoerotische Aktivitäten entwickelt. Ihre Fähigkeit, spontan zu spielen und auf ein Verbot zu reagieren zeigt, dass das Eingesperrtsein die Entfaltung der psychischen Aktivität nicht behindert hat.«[6] Die Erfahrungen mit diesen Babys säten erste Zweifel an der Vorstellung einer unterentwickelten Resilienz des Kleinkindes. An einen »Plan B« der Evolutionsbiologie, wie bei den Kindern von Bulldogs Bank beschrieben, dachten wir nicht: Genetik und Evolutionsbiologie waren damals außerhalb unseres Spektrums. Aber es kamen doch Zweifel an der tradierten Traumatheorie auf, der zufolge schmerzliche Erfahrungen in Kindern und Jugendliche besonders tiefe Wunden und Schädigungen hinterlassen.

An diesem Punkt einer lebhaften inneren und äußeren Auseinandersetzung mit Psychiatrie und Psychoanalyse befand ich mich damals in Paris, als mich ein Schreiben der deutschen Botschaft erreichte, ob ich bereit sei, im Auftrag der Botschaft Gutachten über den psychischen Gesundheitszustand von ehemals Verfolgten des Naziregimes zu erstellen, die (nach dem Bundesentschädigungsgesetz) Rentenansprüche wegen »Verfolgungsschäden« stellten. Viel und berechtigte Kritik hatten deutsche Behörden und deutsche Psychiater schon geerntet wegen ablehnender oder kleinlicher Auslegung der ohnehin schon extrem restriktiven Bestimmungen des Gesetzes. Die meisten Betroffenen lehnten die eigentlich vorgesehene Begutachtung in Deutschland verständlicherweise ab. Ich sagte gern zu. Die Notlage dieser Menschen und die unsägliche Praxis vieler Gutachter waren mir bekannt.

Schon 1963 hatte der in die USA emigrierte österreichische Psychiater Kurt R. Eissler, der von deutschen Behörden um die Begutachtung in Amerika lebender Verfolgter gebeten wurde, in der Zeitschrift *PSYCHE* einen langen Artikel publiziert mit dem Titel: »Die Ermordung von wie vielen seiner Kinder muss ein Mensch symptomfrei ertragen können, um eine normale Konstitution zu haben?«[7] Darin berichtete Eissler von einem Menschen, dem von Gutachtern und Gerichten vorgehalten wurde, dass seine psychischen Symptome nach der Zeit im KZ (bei der er unter anderem die Erschießung zweier seiner Kinder mitansehen musste) die Folge einer schwachen Konstitution und nicht etwa der Vernichtungserfahrungen sei. Ähnliches widerfuhr vielen anderen Verfolgten und Antragstellern. Um ihre Position zu unterstreichen, schreckten die Gutachter nicht einmal davor zurück, Freud als Autorität zu zitieren. Er hatte die Entstehung von Neurosen in der frühen Kindheit verortet, was den Gutachter nun als »Beweis« dafür diente, dass die KZ-Erfahrungen im Erwachsenenalter keine Störung verursachen können. Es war eine Wiederholung der Deformation der Psychoanalyse, die der Nationalsozialismus zuvor betrieben hatte. »Freud verwerfen und Freud verwenden.« Dagmar Herzog bringt es in ihrem Buch *Cold War Freud* treffend auf den Punkt, in dem sie ausführlich auf die beschämenden Debatten um die Entschädigungspolitik eingeht.[8]

Durchbrochen wurde diese Front nicht von einer prominenten Kapazität, sondern von dem »kleinen Assistenten« Ulrich Venzlaff aus Göttingen, der den Begriff des »erlebnisbedingten Persönlichkeitswandels« schuf und durchsetzte.[9] Einer solchen Entwicklung im wissenschaftlichen Verständnis konnten sich auch die Gerichte nicht verschließen, obwohl die Warnungen vor der Gefahr einer Lawine von Rentenansprüchen laut erhoben wurden und weit verbreitet waren. Der damalige Bundesfinanzminister Fritz Schäffer tat alles, um die Verwirklichung des Bundesentschädigungsgesetzes auszubremsen. Kanzler Adenauer hielt es, vor allem aus außenpolitischen Gründen, für unverzichtbar. Schäffer wollte es verhindern oder – da er dies nicht schaffte – möglichst hinauszögern und die Leistungen minimieren, während er dazu beitrug, dass »Renten und Pensionen für Bedienstete des NS-Staates aus Steuergeldern deutlich schneller flossen«.[10] Er sorgte auch dafür, dass Angehörige der »Legion Condor« – ein vom NS-Regime nach Spanien versetzter Luftwaffenverband, der im spanischen Bürgerkrieg an der Seite Francos kämpfte – üppige Zahlungen erhielten. Dank Schäffers Intervention gelang es auch dem NS-Ideologen Otto Koellreutter, der von den US-Behörden zunächst seines Amtes enthoben und in einem Entnazifizierungsverfahren als Hauptschuldiger eingestuft worden war, in ein normales Rentenverhältnis zurückzukehren.

Doch trotz solcher Interventionen, kontroverser öffentlicher Diskussionen und einer mehrheitlichen Ablehnung in der Bevölkerung wurde schließlich im September 1952 das Luxemburger Abkommen zwischen der Bundesrepublik auf der einen sowie Israel und der Jewish Claims Conference auf der anderen Seite unterzeichnet. Die Kabinettssitzung, die ihn dazu bevollmächtigte, hatte Adenauer so gelegt, dass sie mit einer USA-Reise Schäffers zusammenfiel. Als dieser davon erfuhr, reiste er zurück, kam 45 Minuten verspätet in die Sitzung und fand Gelegenheit, massiv gegen Adenauers Absichten zu polemisieren. Anders als in der Bevölkerung fand er in der Regierung aber keine Resonanz.[11] So sah die Vorgeschichte des Entschädigungsgesetzes der Bundesrepublik aus.

Ich selbst sah in den Aufträgen für Gutachten nicht nur eine Möglichkeit, die Antragsteller zu unterstützen, sondern auch die Chance, selbst viel zu lernen. Frustriert durch die vagen Aussagen der Psychiatrie über die bio-psycho-soziale Krankheitsentstehung fand ich hier eine klare monokausale Erklärung: die traumatische Einwirkung und sonst nichts. Später stellte sich heraus, dass auch diese Antwort zu kurz griff.

In den folgenden Jahren, bis zu unserer Rückkehr nach Deutschland, erstellte ich etwa 300 solcher Gutachten. Sie betrafen Menschen, die der Deportation in die Vernichtungslager entgangen waren und in Frankreich in der Klandestinität überlebt hatten, darunter 40 Kinder. Es wäre ein großer Fehler, ihr Schicksal als ein leichteres anzusehen als das der Gefangenen in den Konzentrationslagern. Die Todesbedrohung war auch für sie allgegenwärtig, und wie bei den Erwachsenen verdankte sich auch ihr Überleben einer großen Zahl glücklicher Zufälle. Hinzu kam ein Faktor, dessen Bedeutung erst viel später verstanden wurde: Fast alle versteckten Kinder in Frankreich haben ein- oder zweimal einen kompletten Identitätsverlust erlitten, der in dieser Form nicht mit der Leidenszeit in einem Konzentrationslager verknüpft war. Die Jungen und Mädchen kamen in christliche Familien, wobei die Abschiedsworte der leiblichen Eltern oft waren: Und vergiss nie, dass du ein Jude, eine Jüdin bist. Und ebenso oft: Niemand darf je erfahren, dass du jüdisch bist. Was dies für einen beschnittenen Jungen bedeutete, kann man sich vorstellen. Zugleich wird offensichtlich, wie wichtig den leiblichen Eltern die jüdische Identität war, auch wenn sie sich nicht als religiös definierten. Stattdessen nun die Christianisierung. Nur *ein* mir bekanntes Paar von Pflegeeltern, evangelikaler Ausrichtung, unterwies das Kind, voller Respekt vor dem Alten Testament, in der hebräischen Bibel. Nach der Befreiung stellte sich für viele dann die Frage, ob es einen Weg zurück zum Judentum gab, so etwa bei Saul Friedländer, oder ob die katholische Identität beibehalten wird, so bei Aron Jean-Marie Lustiger, später Kardinal und Erzbischof von Paris.

Wie wir erfuhren, waren wir in Paris, ohne es zu wissen, umgeben gewesen von Prominenten, die sich später als »Child Survivors« zu erkennen gaben, was erst in den 1980er Jahren zu einem identitätsstiftenden Merkmal wurde; später übrigens als das Identitätsmerkmal *»second generation«*, das auf die Kinder von Verfolgten Anwendung findet.[12]

In den Gutachtengesprächen machte ich eine Beobachtung: Bei den im Erwachsenenalter Verfolgten waren die Traumafolgen Ängste und chronifizierte Depression und das Gesamtbild der schwer beschädigten Existenz so evident, dass die Begründung der Rentenberechtigung nicht schwerfiel. Zum Glück war damals auch bei deutschen Behörden und Gerichten die Ablehnungsfront gebröckelt, so dass meine positiven Einschätzungen in der Regel Bestand hatten und zur Bewilligung von Entschädigungsleistungen führten.

Anders die Child Survivors. Bei ihnen konnte man nicht von gebrochenen Existenzen sprechen, auch nicht von der für die Rente ausschlaggebenden erheblichen Minderung der Erwerbsfähigkeit. Tieferliegende Verunsicherung hätte sich sicher in langen und häufigen Gesprächen gezeigt, aber nicht im Rahmen der Begutachtung. Ich wollte nicht, dass unser damals sehr unvollständiges Wissen sich zu Lasten der Antragsteller auswirkte, insofern habe ich immer Begründungen gefunden, die auch ihnen zum Rentenanspruch verhalfen. Aber das Erstaunen blieb, ebenso wie der Widerspruch zu unseren damaligen Grundüberzeugungen, dass Traumafolgen umso schlimmer sind, je jünger die Betroffenen zum Zeitpunkt der destruktiven Erfahrungen waren. Ich hatte das Gefühl, auf etwas Neues – oder bisher Unerforschtes – gestoßen zu sein, das nicht in unser Schema der kindlichen Verletzlichkeit passte.

Nach meiner Rückkehr nach Deutschland gehörte die Gutachtertätigkeit nicht mehr zu meinen Aufgaben, auch waren unter meinen Patienten keine Holocaust-Opfer. Ich befand mich nun einmal wieder im Land der Täter. 1994 habe ich auf einem Kongress Thesen zur psychoanalytischen Traumatheorie vorgetragen, die sich aus meinen Pariser Beobachtungen ergaben.[13] Lese ich sie heute wieder, so fällt mir auf, wie sehr sie getragen sind von der Absicht, die Rentenberechtigung der Verfolgten argumentativ zu untermauern und den deutschen Behörden keine Gründe für ihre Ablehnungsbescheide zu liefern. Heute, 30 Jahre später, sind wir, bin ich in der Lage, den Child Survivors in anderer Weise gerecht zu werden. Ich will versuchen, eine Synthese dessen zu bilden, was sie der Forschung gegeben haben. Es leben nur noch wenige von ihnen, so dass eine Bilanz berechtigt und erstmals möglich ist. Sie zeigt auch, was die psychoanalytische Theoriebildung zu gewinnen hätte, wäre sie bereit, die Ergebnisse anderer Forschungsgebiete – wie der Soziologie, der Epidemiologie oder der Evolutionsforschung – in ihr Wissensfeld aufzunehmen.

Der deutsche »Sonderweg«

In der internationalen Traumaforschung vollzog sich in den letzten Dekaden ein tiefer Wandel, dessen Relevanz im historischen Rückblick besonders deutlich wird. Auch nachdem Schäffer und Gleichgesinnte aus dem Amt geschieden waren, tat sich Deutschland schwer mit der Erkenntnis, dass die Überlebenden der Konzentrationslager und der Verfolgung schwere und nachhaltige Störungen erlitten hatten. Im Land der Täter herrschte viele Jahre nach dem Krieg ein unvermindertes Misstrauen gegenüber den Überlebenden; ihnen wurde sogar unterstellt, weniger gelitten zu haben als die Soldaten im Feld und die Menschen in den bombardierten Städten. Dieser Argwohn bestand auch fort, nachdem sich der deutsche Staat, vertreten durch die Bundesrepublik (nicht die DDR), zu den Entschädigungen entschlossen hatte. Stieß schon die Restitution von Eigentum auf viele Widerstände (es fehlten oft die geforderten Belege), so bewegte sich die Politik der Entschädigung für Gesundheitsfolgen erst recht auf unsicherem Terrain: Verlangt wurden *Nachweise* körperlicher und psychischer Symptome, *Belege* für den Verlust der Erwerbsfähigkeit oder für entgangene Ausbildungsmöglichkeiten. Das Fehlen von Bindungs- oder Liebesfähigkeit, die oft mit den Verfolgungs- und Lagererfahrungen, mit Todesangst und dem Verlust von Angehörigen einhergingen, wurde gar nicht erst erfasst.

Wie oben dargestellt, war in den ersten zehn bis fünfzehn Jahren der Widerwille deutscher Gutachter groß, einen Zusammenhang zwischen Symptomen und Verfolgung oder KZ-Erfahrungen anzuerkennen. Diese Gutachten wurden meist von staatlicher Seite unterstützt, wenn nicht sogar in diesem Sinne eingefordert. Der führende Neurosenforscher der Bundesrepublik, Ernst Kretschmer, hielt es für wissenschaftlich unhaltbar, für eine Neurose eine Rente zu gewähren. Und eine frühe regierungsamtliche Veröffentlichung, die als Orientierungshilfe für Ärzte bei Fragen der Entschädigung von Opfern des Nationalsozialismus diente, stützte ausdrücklich diese Position. Renten zu gewähren, heiße, »im größten Stil Neurosen zu züchten, statt sie zu heilen«.[14] Zwar gab es einige Gutachter und Verteidiger, die den Opfern beisprangen, doch sie gerieten nicht minder ins Kreuzfeuer der Entschädigungsgegner als die Opfer selbst. Im 4. Kapitel wurde auf das Beispiel von Alexander Mitscherlich hingewiesen, der ohne Erfolg bei der Ärzteschaft ein Bewusstsein für die NS-Verbrechen zu etablieren versuchte.[15] Mit den Entschädigungsbefürwortern wurde ähnlich verfahren. Man warf ihnen »Unwissenschaftlichkeit« vor, während den Überlebenden unterstellt wurde, Symptome zu simulieren oder Störungen vorzubringen, die schon lange vorher bestanden hätten. Alle wurden bezichtigt, sich an den Entschädigungszahlungen bereichern zu wollen. Bei jüdischen und nichtjüdischen Gutachtern im Ausland war es anders. Aber es sollte lange dauern, bis sie ihren Positionen in Deutschland Gehör verschaffen konnten.

In einem Punkt waren die Gutachter, die den Traumatisierten helfen wollten, tatsächlich in Erklärungsnot. Es bestand oft eine beträchtliche zeitliche Lücke zwischen dem Ende der Verfolgung und der Symptomatik. Nachdem in den späten 1970er Jahren eine gezielte Traumaforschung an den amerikanischen Vietnam-Veteranen eingesetzt hatte, ließ sich nachweisen, dass Symptome oft erst dann auftraten, wenn die akute Angst vorüber und der Betroffene in einem sicheren Umfeld war. Die Posttraumatische Belastungsstörung (PTBS), die damals ihren Namen erhielt, bezeichnet ein Leiden, das durch wiederkehrende und belastende Erinnerung an ein überwältigendes traumatisches Ereignis ausgelöst wird. Der Begriff etablierte sich nach dem Vietnam-Krieg, in dem viele amerikanische Soldaten nicht nur schreckliche Kriegserfahrungen akkumuliert, sondern auch am Sinn dieses Krieges gezweifelt hatten. Erst dreißig Jahre nach dem Ende des Zweiten Weltkriegs wurde PTBS auch auf die Überlebenden des Holocausts angewandt.

Die Psychoanalyse, in deren Zentrum das Gedächtnis steht, übernahm eine wichtige Rolle bei der Neuformierung der Traumaforschung. Allerdings war ihr der Gedanke neu, dass nicht nur Kindheitserfahrungen, sondern auch solche aus dem Erwachsenenalter ihre Spuren in der Psyche hinterlassen können.[16] Viele deutsche Gutachter verwendeten dieses Argument, um Anträge abzulehnen. Im 3. Kapitel wurde die Vereinnahmung der Psychoanalyse durch den Nationalsozialismus dargelegt; hier kam erneut ein angelerntes Wissen zum Einsatz – auch hier zum Schaden der NS-Opfer. Die Gutachter verwendeten gerne Freuds Aussage, dass die Neurose eine »Flucht in die Krankheit« darstelle und dass es einen »Krankheitsgewinn« gebe; sie sprachen von der »unbewussten« Motivation, eine Pension zu erhalten.[17] Diese Taktik ging zunächst auf, doch das änderte sich, als die Erkenntnisse aus den Traumata der Vietnam-Veteranen auf die Holocaust-Opfer übertragen wurden. Der Transfer war dem Druck internationaler jüdischer Organisationen zu verdanken. Die Parallele zum Vietnamkrieg hatte allerdings einen Makel: Sie verwischte die Grenze zwischen Tätern und Opfern: Die US-Soldaten waren beides. Davon konnte im Fall der Holocaust-Opfer nicht die Rede sein.

Es geschah auf Druck der US-Antikriegsbewegung, dass der Begriff des Traumas 1980 in das Krankheitsverzeichnis DSM III aufgenommen wurde.[18] Zugleich wuchs in Deutschland die Zahl der Gutachter, die bereit waren, das Leid der Opfer anzuerkennen. Die Ablehnung von Entschädigungszahlungen sank von rund fünfzig auf dreißig Prozent.[19] Zugleich öffnete sich die Psychoanalyse wieder für politische und soziale Fragen in dieser Zeit: Wie zuvor beschrieben, hatte sich die Psychoanalyse nach 1945 aus der politischen Reflexion zurückgezogen; nun kam es zu einer Umkehr. Die Deutschen begannen sich allmählich einzugestehen, dass große Teile der Bevölkerung an den NS-Massenmorden beteiligt gewesen waren. Es war nicht mehr der Stolz, der über das Gedächtnis siegte, um Nietzsches Bild aufzugreifen, sondern die Fakten übernahmen das Ruder.

Anfang des 21. Jahrhunderts kam es zu einer weiteren Veränderung der Traumaforschung – allerdings weitgehend außerhalb von Deutschland. Diese neuere Forschung war nur zum Teil Psychoanalytikern und Psychoanalytikerinnen zu verdanken; sie nährte sich aus Quellen außerhalb des Fachs. Wenn Beiträge von Analytikern kamen, etwa im Fall von Anna Ornstein, dann deshalb, weil sie nicht nur Betroffene behandelt hatte, sondern selbst eine war. Die Forschungen, die zu den Neuerungen in der Traumaforschung beitrugen, basierten auf einem reichen primären Quellenmaterial und einem breiten Spektrum von Fällen. Sie stammten zum größten Teil aus Israel und den USA, wohin auch die meisten

Überlebenden emigriert waren, als sie nach 1945 Europa verließen.

In der deutschen Psychoanalyse kam es ebenfalls zu einem Wandel. Die Auswirkungen der Verbrechen wurden nun weniger abgewehrt. Zugleich etablierte sich eine neue Sicht, die eine deutsche Analytikerin in dem Satz zusammenfasste: »Die Entkommenen, Opfer von Extremtraumen, unter deren Druck jede psychische Struktur zerbricht, geben mittels kumulativer Traumatisierung und überfordernder Delegationen ihre Störungen an ihre Kinder weiter«.[20] Diese Betrachtungsweise wurde nicht als Frage oder Hypothese formuliert, und sie kann im Einzelfall auch richtig oder falsch sein. Doch die darin postulierten pathogenetischen Kausalzusammenhänge bedurften einer Überprüfung und einer umfangreichen empirischen, auch epidemiologischen Forschung, die in Deutschland nie geleistet wurde – und wegen fehlender »Fälle« auch nie zu leisten war. Von der empirischen Forschung im Ausland wurde die Hypothese inzwischen in allen Punkten widerlegt. Die vorschnelle Schlussfolgerung beruht auf zwei Problemen: Das eine ist die Abkoppelung der deutschen Wissenschaft von der empirischen Forschung anderer Länder, das andere die – nicht nur deutsche – Tendenz der Psychoanalyse, Einzelbefunde zu generalisieren.

Zunächst zur Generalisierung der Einzelbefunde. Der analytische Dialog mit den Patienten und Patientinnen erschafft bereichernde Sinnzusammenhänge, die ihrerseits zu neuen Erkenntnissen und Deutungen führen können. Korrekturen ergeben sich in einer Atmosphäre der freischwebenden Aufmerksamkeit wie aus der Offenheit und Wachsamkeit beider Protagonisten. Doch, sobald sich die Behandelnden mit anderen austauschen oder über eine Publikation in einer Fachzeitschrift nachdenken, beginnen die Schwierigkeiten. Viele würden dann gerne über den Sinnzusammenhang dieses einen Falls hinaus weitergreifende Kausalitäten formulieren. Ob dies gelingt, hängt davon ab, ob sich andere Behandelnde dadurch in ihren eigenen Beobachtungen bestätigt fühlen. Der Austausch ist legitim, doch bevor sich daraus allgemeine Erklärungsmuster – und sogar eine transgenerationelle Weitergabe – ableiten lassen, bedarf es sehr vieler Fälle.

Die Wissenschaft produziert zunächst immer fragmentarische Befunde; es obliegt dann den Forscherinnen und Forschern, eine Synthese des jeweiligen Wissensstandes zu versuchen. Diese empirische – meist anonyme – Forschung stellt den eigentlichen Realitätstest dar. Unbestreitbar, ein Teil der Psychoanalyse hatte immer schon eine der Medizin zugewandte Seite; der oder die Behandelnde muss sich oft zwischen medizinischen und psychischen Krankheitsursachen entscheiden und davon die geeignete Therapie ableiten. Psychoanalytiker und Psychoanalytikerinnen, die so arbeiten, haben die Gesetze der empirischen Forschung akzeptiert und praktizieren sie, oft im Verbund mit anderen Disziplinen.

Für einen anderen Teil der Psychoanalytiker gilt das aber nicht: Sie formulierten oft Hypothesen über Zusammenhänge zwischen Störung und Symptombildung, die niemals adäquat getestet wurden. So war es zu den Fehleinschätzungen der Spätfolgen für die »Glaskugel-Babys« gekommen. Und so verhielt es sich nun auch mit den Irrtümern in der Traumaforschung – etwa zur transgenerationellen Weitergabe. Faktisch hält die moderne Survivor-Forschung überraschende und ermutigende Einsichten bereit. Doch diese nahm die deutsche Psychoanalyse kaum zur Kenntnis. So manövrierte sie sich in diesem Forschungsbereich in eine schwierige Position.

Die deutsche Psychoanalyse verfügte an sich über alle Instrumente, um Schäden und Beeinträchtigungen zu erkennen und oft auch zu bessern, hätte sie nicht einen Aspekt völlig außer Acht gelassen: die erstaunlichen Selbstheilungskräfte der Child Survivors, die außerhalb jeglicher Therapie ihr Potenzial entfalteten. Stattdessen handelten sich die deutschen Analytiker den Vorwurf der Pathologie-Fixiertheit ein. Es entstand so eine Kluft zwischen einzelnen analytischen Befunden in Deutschland und der klinischen Forschung im Ausland, die empirisch vorging und sich um Vergleichsgruppen bemühte. Die mangelnde empirische Ebene kompensierten manche Psychoanalytiker und Psychoanalytikerinnen mit Verallgemeinerungen von Einzelfällen. Gleichzeitig ist zuzugeben, dass ohne die Psychoanalyse viele Fallgeschichten und Narrative nicht existieren würden. Sie bilden heute das wertvolle Vermächtnis der Survivors.

Aus Gründen, die zu diskutieren interessant wäre, resultierte die Betrachtung des Einzelfalls immer in der übermäßigen Zuschreibung von Krankhaftigkeit. Warum dies in Deutschland besonders ausgeprägt war? Es könnte, wie oben angedeutet, damit zusammenhängen, dass es Juden in Deutschland tatsächlich schwerer hatten als anderswo, die Traumafolgen zu überwinden, dass ihre Selbstheilungskräfte im Land der Täter schwächer ausgeprägt waren. Es könnte – und das widerspricht nicht der ersten Hypothese – aber auch vonseiten der Mehrheitsgesellschaft das Bedürfnis bestehen, den Juden den Status des »Opfers« zu bewahren – ein Status, der in Israel konsequent abgelehnt wird, und auf den auch in Deutschland viele Juden gerne verzichten würden. Mit dem »Opfer« identifiziert zu werden, perpetuiert das Bild der während der nationalsozialistischen Verfolgung erfahrenen Hilflosigkeit.

Dass die deutsche Traumaforschung einen »Sonderweg« ging, zeigt sich daran, dass man in Deutschland auf der Suche nach systematischen Forschungsergebnissen (nach dem Modell der israelischen und amerikanischen Epidemiologen) auf dem Gebiet der Langzeitfolgen auf gähnende Leere stößt. Gewiss hing dies mit der begrenzten Zahl von Fällen zusammen, die man hätte untersuchen können. Auch die Betonung einer generationenübergreifenden Weitergabe des Traumas ließe sich aus den Fakten ableiten: Für Überlebende im Land der Täter war es tatsächlich erheblich schwieriger, wieder Vertrauen zu fassen und ein solches Vertrauen ihren Kindern zu vermitteln, als für Survivors in den USA oder Israel. Es gab also reale Unsicherheiten, die an die nächste Generation weitergegeben wurden. Darüber hinaus fehlte aber offenbar die Bereitschaft, die internationalen Forschungsergebnisse aufzugreifen und ihre Relevanz für Überlebende in Deutschland zu prüfen.

Zusammenfassend: In Deutschland hatte sich nach einer ersten Phase der Verleugnung von Langzeitfolgen der Traumatisierung und einer Verzögerung der Entschädigungsleistungen die erste Sichtweise in ihr Gegenteil verkehrt: Es kam zum Festhalten am Bild des lebenslang gezeichneten Opfers. Mehr noch: Es setzte sich auch die Überzeugung durch, dass die Schädigung an die nächste Generation weitergegeben wird. An dem Bild hielt die Psychoanalyse entgegen den neuen Erkenntnissen der Traumaforschung fest. In einem Satz ausgedrückt: Die größten Leistungen der »Wiedergutmachung« haben die Betroffenen selbst erbracht!

Die Selbstheilungskräfte der Traumatisierten anzuerkennen, hätte weder eine Entlastung der Täter noch die Einstellung von Entschädigungsleistungen beinhaltet. Aber sie hätte die Frage aufgeworfen, ob sich die Wiedergutmachung überhaupt an Krankheitssymptomen oder sichtbaren Folgen hätte orientieren dürfen. Rückblickend handelte es sich dabei ganz schlicht um den falschen Maßstab. Zweifellos wäre es besser gewesen, auf Kontrollen zu verzichten und stattdessen für jede Person, die Konzentrationslager oder Verfolgung erlitten hat, eine Entschädigung vorzusehen. Es wäre so vermieden worden, dass vor allem Child Survivors für ihre Resilienz »bestraft« werden. Gewiss, das Fehlerhafte des Vorgehens ist nur unter Einbeziehung der neueren Forschung als solches zu erkennen. Doch die Probleme der damals getroffenen Entscheidungen wirken sich auf die deutsche Psychotherapie bis heute aus und hätten schon längst revidiert werden können.

Child Survivors in der internationalen Traumaforschung

Wie sieht nun die neuere Traumaforschung aus und zu welchen Ergebnissen kam sie? Ein Gutteil der Forschung konzentrierte sich auf die Child Survivors, bei denen die Langzeitfolgen am besten zu beobachten waren. Drei Stimmen, die eine deutliche Antwort geben. Sie gehören den prominentesten Vertretern der Forschung in ihrem jeweiligen Land:

William B. Helmreich (Forschungen in den USA) 1996: »Die Geschichte der Überlebenden ist eine Geschichte des Mutes und der Stärke, von Menschen, die der lebende Beweis für den unbezwingbaren Überlebenswillen der Menschen und ihre enorme Fähigkeit zur Hoffnung sind. Es ist nicht die Geschichte von bemerkenswerten Menschen. Es ist eine Geschichte darüber, wie bemerkenswert Menschen sein können.«[21]

Cohen, Brom, Dasberg (Forschungen in Israel) 2001: »Wir können das Profil des Child Survivors, das sich aus dieser Untersuchung ergibt, wie folgt zusammenfassen: Kinder, die den Holocaust überlebt haben, scheinen etwas stärker unter emotionaler Belastung zu leiden als die durchschnittliche Vergleichsgruppe, aber dies erreicht kein klinisches Niveau. Sie leiden häufiger unter posttraumatischen Symptomen. Sie sehen die Welt als einen guten Ort, einen Ort, an dem es Glück und Kontrolle gibt und an dem im Großen und Ganzen Gerechtigkeit herrscht. Mit anderen Worten: Sie sind anfällig für Stress, obwohl sie keine ausgeprägten psychosozialen Symptome zeigen. Und sie sind im Allgemeinen optimistisch, obwohl sie unter posttraumatischen Symptomen leiden.«[22]

Peter Suedfeld (Forschungen in Kanada) 2005: »Die wohl wichtigste Schlussfolgerung dieser Studie ist, dass die Überlebenden nicht die dauerhaft geschädigten Objekte des Mitleids sind, die in der Literatur so oft beschrieben werden, sondern dass sie sogar unmittelbar nach der Befreiung eine beträchtliche Widerstandsfähigkeit zeigten. Fünfzig Jahre später zeigt eine andere

Stichprobe von Überlebenden ein hohes Maß an Anpassung und Zufriedenheit. Sie zeigen keine behindernden Symptome des Überlebenden-Syndroms, keine ›Überlebenden-Schuldgefühle‹ oder andere Aspekte des Opfer-Stereotyps. Stattdessen sorgen sie sich um andere, sind im täglichen Leben sehr kompetent, wissen, was sie wollen, und haben Vertrauen in ihre Fähigkeit, ihre Ziele zu erreichen.«[23]

Soweit drei Zeugnisse, die aus Ländern mit starker Präsenz von Holocaust-Überlebenden stammen, und zugleich von Forschern, die selbst Betroffene waren. Der sehr deutliche Kontrast dieser Aussagen zu pathologiezentrierten, speziell auch deutschen Arbeiten springt ins Auge. Er wird noch deutlicher, wenn man sich den Langzeitbeobachtungen zu den Child Survivors zuwendet.

Die israelische Traumaforschung ging empirisch vor. Sie lieferte völlig neue Ergebnisse in vielen Bereichen: erstens zu den Child Survivors, zweitens zu den Unterschieden zwischen Child, Adult und Adolescent Survivors, drittens zu Fragen von Resilienz, Recovery und posttraumatischem Wachstum, viertens zur zweiten Generation und fünftens zum Land der Niederlassung nach den Holocaust-Erfahrungen. In den Ländern, in die viele Überlebende emigrierten, kam es zu Ergebnissen, die im Kontrast zur deutschen Forschung und zu allgemeinen Vorannahmen über die Tiefe kindlicher Traumatisierungen stehen.

A priori ist es so, dass sich unsere Psyche weigert, anzunehmen, dass das größte denkbare Verbrechen, Kinder zu ermorden und ihnen nach dem Leben zu trachten, nicht auch bei den Überlebenden die schlimmsten denkbaren Folgen haben muss. In den bevorzugten Auswanderungsländern haben jedoch von den Überlebenden in den ganzen Folgejahren Schätzungen zufolge etwa 70 Prozent keine professionelle Hilfe gesucht. Oft waren es die Child Survivors selbst, die helfende Berufe ergriffen und andere unterstützten. Sie gründeten professionelle Institutionen zugunsten der anderen 30 Prozent. Als Forscher bemühten sie sich auch, valide Aussagen über die gesamte Gruppe zu formulieren. Das heißt, sie versuchten, ihre Beobachtungen an sich selbst in einem größeren Rahmen zu überprüfen und zu verstehen, wie es zu dieser großen Mobilisierbarkeit eigener Kräfte kommen konnte.

Große Verdienste hat die Psychoanalytikerin Judith Kestenberg, Autorin vieler Artikel und Bücher zum Thema, die für sich und ihre Arbeitsgruppe den Ehrgeiz hatte, alle noch lebenden Child Survivors zu interviewen.[24] So sprach sie auf den Straßen von Tel Aviv Menschen an, die den Eindruck machten, zu dieser Gruppe zu gehören. Es kamen schließlich 1500 Interviews zustande. Die versprochene statistische Auswertung erschien nie, wohl aber gibt es einen großen Reichtum an Beobachtungen. Zum Beispiel die, dass Kinder Szenen aus ihrer Verfolgungszeit niemals nachgespielt haben. Oder auch die, dass die Ausbildung masochistischer Phantasien oder masochistischen Verhaltens, über die man sich vielleicht gar nicht gewundert hätte, bei Child Survivors nie beobachtet wurde. Auch die Identifikation mit dem Aggressor war kein dominanter Abwehrmechanismus.

Am erstaunlichsten aber waren folgende Ergebnisse: Child Survivors waren in ihrem Leben nicht häufiger psychiatrisch auffällig als Nicht-Verfolgte. Suizide, Abhängigkeitserkrankungen oder Psychosen kamen in den meisten untersuchten Kohorten überhaupt nicht vor.

Wer über kasuistische Eindrücke hinaus wissen möchte, welche Effekte robust sind und wie sich zwei Gruppen wirklich unterscheiden, kommt um eine Metaanalyse nicht herum. Darin werden Studien ähnlichen Aufbaus und ähnlicher Zielsetzung zusammengetragen und nach bewährten Standards statistisch analysiert. Es lässt sich sogar genau beziffern, wie viele Studien mit konträren Ergebnissen notwendig wären, um das gefundene Ergebnis umzuwerfen. Im Falle der Holocaust Survivors kann es große neuere Studien nicht mehr geben, so dass die große Metaanalyse von Barel und Ijzendoorn aus Haifa und Leiden (2010) definitive Antworten liefert.[25] Sie umfasst die Daten von 12.746 Probanden aus 71 Studien, die in Israel, den USA, Kanada und Australien durchgeführt wurden. Voraussetzung für die Aufnahme in die Studie war, dass es – parallel zur Survivor-Gruppe – eine möglichst ähnliche Vergleichsgruppe von jüdischen Einwanderern ohne Verfolgungshintergrund gab. Hier einige Ergebnisse:

Insgesamt hatten die Holocaust-Überlebenden deutlich häufiger posttraumatische Symptome, die aber unterhalb der sogenannten diagnostischen Schwelle lagen und sie nicht hinderten, ein normales Leben zu führen. In allen anderen Bereichen wie physische Gesundheit, stress-korrelierte physische Reaktionen und kognitive Leistungsfähigkeit gab es keinerlei Unterschiede.

Unterschiede, die in kleineren Studien festgestellt wurden, sind hier nicht zutage getreten. Das bedeutet nicht, dass diese

Ergebnisse falsch oder irrelevant, sondern nur, dass sie nicht ausreichend generalisierbar waren, um in einer Metaanalyse sichtbar zu werden. Für Studien und Beobachtungen, die in der Metaanalyse keine Bestätigung fanden, trifft das Zitat von Jacob von Uexküll – »Die Wahrheit von heute ist der Irrtum von morgen« – ausdrücklich nicht zu.[26] Vielmehr gilt hier: Die Wahrheit von heute ist der Sonderfall von morgen. Sie bleibt im Wissensfundus erhalten, wenn auch möglicherweise an weniger prominenter Stelle. Die Barel'sche Metaanalyse hat sich auch für viele andere Gebiete der Traumaforschung als relevant erwiesen.

Die Todesbedrohung während der nationalsozialistischen Verfolgung wird in ihrer traumatischen Relevanz von niemandem bestritten, und bei der immer wieder auftauchenden Frage, wann und in welchem Umfang Traumafolgestörungen entstehen, ist es heute möglich, auf die Ergebnisse von 70 Jahren psychotraumatologischer Forschung zurückzublicken. Sie bilden den Fundus des größten Gebiets der Psychotraumatologie und betreffen die frühen und Langzeitfolgen der Extremtraumatisierung von Kindern durch den Holocaust. Diese Forschungsgrundlage ist inzwischen solide, und sie veränderte die gesamte Traumaforschung, auch im Hinblick auf Traumatisierungen, die nicht vom Holocaust verursacht wurden.

Prä- und posttraumatische Traumafolgen

Für die Spätfolgen erwies sich die Zeit *nach* der Traumatisierung und das Umfeld, in dem Survivors ihr neues Leben aufnahmen, als entscheidend. Schon Hans Keilson, der Nestor der Traumaforschung zu Kindern, die den Holocaust überlebten, hat die wichtige Unterscheidung von prätraumatischen, peritraumatischen und posttraumatischen Einwirkungsfaktoren eingeführt.[27] Er betreute und untersuchte Kinder im Hinblick auf posttraumatische Prozesse. Seine Ergebnisse sind bis heute gültig und besagen: Zentral sind die *posttraumatischen* Lebensbedingungen der Überlebenden, auch wenn Keilson den Einfluss der Vorerfahrungen und der Art der traumatischen Ereignisse nicht abstreitet. Die Ergebnisse der neueren Forschung unterstützen seine Einsichten.

Unzweifelhaft spielen auch prätraumatische Risikofaktoren eine Rolle. Der aktuellen Forschung zufolge gehören hierzu ein niedriger sozioökonomischer Status, frühere Traumata und vorangegangene belastende Kindheitserfahrungen. Dagegen scheint ein Schutzfaktor gegen Traumafolgestörungen in der Orientierung an modernen kulturellen Werten zu bestehen. Die dadurch erworbene Resilienz, zum Beispiel in der Überzeugung »als Opfer werde ich von meinem Umfeld akzeptiert«, ließe sich vielleicht so erklären, dass die traumatische Einwirkung weniger als schicksalhaft empfunden wurde und somit eine größere Bereitschaft bestand, gegen ihre Folgen anzugehen.[28]

Bei den *posttraumatischen* Schutz- und Risikofaktoren stand wiederum die *soziale Einbindung* beziehungsweise deren Fehlen im Vordergrund. Dieser Befund verdient besondere Aufmerksamkeit, muss er doch als Hinweis verstanden werden, dass die Einzeltherapie bei Traumatisierungen nicht zwingend die einzige und beste Antwort sein muss.

Überlebende befanden sich schon bald nach Ende des Kriegs in sehr unterschiedlichen Lebensumgebungen, deren

Einfluss in der Wissenschaft berücksichtigt wird. In gut erforschten Umgebungen wie Israel oder die USA existieren adäquate Vergleichsgruppen. Denn hier konnten die Forschenden nicht nur jene, die Hilfe suchten, erfassen, sondern auch Überlebende, die keine Unterstützung in Anspruch nahmen – sowie die Gruppen der nicht vom Holocaust Betroffenen. So bot dieses Umfeld die Bedingungen für exzellente epidemiologische Untersuchungen, die nicht auf die Generalisierung von Einzelfällen angewiesen sind. Sie konnte sich auf die Beobachtung aller Altersstufen, die Verfolgung von extrem langen Zeiträumen stützen und setzte, dem Thema angemessen, medizinische, psychologische und soziologische Schwerpunkte. Zugleich bot das kleine Land Israel mit seinem hoch entwickelten Gesundheitssystem besonders gute Bedingungen für solche Studien, die schlüssige Antworten auf Forschungsfragen lieferten.

Eine der wichtigsten neuen Erkenntnisse dieser empirischen Traumaforschung bestand in dem, was die Wissenschaft inzwischen als »posttraumatisches Wachstum« bezeichnet. Sie zeigte sich vor allem bei jener Gruppe von Betroffenen, von der man bis vor Kurzem annahm, dass die Traumafolgen besonders tiefe Spuren hinterlassen haben mussten: Menschen, die als Kinder oder Jugendliche den Holocaust überlebten – die Child Survivors. Bei der Schilderung der überwiegend positiven Entwicklung von jugendlichen Holocaust-Überlebenden stellt sich ein verständliches Unbehagen ein. Die moralische Verurteilung der Traumatisierung von Kindern ist fast allen gemeinsam. Es ist auch legitim, das Phänomen aus der moralisch-politischen Perspektive zu betrachten. Internationale Fachleute trafen jedoch eine andere

Wahl – und dies nicht zuletzt deshalb, weil sie unerwartet auf ein Phänomen gestoßen waren, das sie besser verstehen wollten. Das konnte nur gelingen, wenn sie sich nicht durch das Gefühl des Abscheus einschränken ließen.

Der Holocaust gehört zu den größten Menschheitsverbrechen. Nur dem Vordringen der alliierten Truppen verdanken wir es, dass der Vernichtung der europäischen Juden schließlich ein Ende gesetzt wurde und es überhaupt Child Survivors gibt. Es impliziert keine Relativierung des Holocausts, nach den Gründen für die erfolgreichen Lebensläufe dieser Menschen zu suchen. Auch in Israel war und ist man sich des Ausmaßes dieses Verbrechens bewusst. Dennoch haben sich israelische Wissenschaftler auf eine allgemeine und empirische Forschung eingelassen. Ihre Ergebnisse sind von weltweitem Gewinn für die Traumaforschung. Leider werden sie von der Psychoanalyse im Allgemeinen kaum wahrgenommen.

Die oben erwähnte, problematische Verallgemeinerung des Einzelfalls und die Abschottung der Psychoanalyse von der Forschung benachbarter Disziplinen betrifft nicht nur die deutsche Psychoanalyse. Wegen der Forschungsbedingungen zu den Holocaust-Überlebenden und der Fülle an kohärenten Ergebnissen ist es erstaunlich, dass Untersuchungen wie die zum posttraumatischen Wachstum so wenig Eingang in die allgemeine psychoanalytische Theorie gefunden haben und diese sich bis heute eher darauf verlegt, den Einzelfall in den Vordergrund zu stellen. Es ist zwar legitim, dass Fachleute über jene Patienten berichten, die ihre Praxis, ihr Ambulatorium oder ihre Klinik aufsuchen, aber es ist nicht statthaft, daraus Verallgemeinerungen, Kausalbeziehungen und Regeln abzuleiten, die die Realität nicht widerspiegeln. Durch den Ausschluss einer breiteren Forschung, die auch soziologische und statistische Faktoren berücksichtigt, kommt es zu gravierenden Fehleinschätzungen, die auch für die Therapie relevant werden.

Weitere Ergebnisse der neueren Traumaforschung

Die Traumaforschung in Israel und den USA, wo sich auch die meisten Holocaust-Überlebenden niedergelassen hatten, brachte Unerwartetes zutage: Die Betroffenen waren für ihr ganzes Leben geprägt, hatten sich lebenslang mit den schrecklichen Erlebnissen auseinandersetzen müssen, trugen posttraumatische Symptome davon – und dennoch hatten sie beruflich und familiär überraschend erfolgreiche Lebensentwicklungen. Mit fortschreitender Zeit zeigte sich immer deutlicher, dass die Gesamtbeobachtungen nicht mit den unterschiedlichen Abstufungen von Psychopathologie zu vereinbaren waren. Dazu war die Zahl paradoxer und kontraintuitiver Ergebnisse zu groß, das zeigen einige Beispiele:

- Kleinkinder, die Konzentrationslager überlebt haben, entwickeln nach der Befreiung, stärkere, nicht gelernte prosoziale Verhaltensweisen als normale Kinder. Das Beispiel der Kinder von Bulldogs Bank (England).[29]
- Verfolgte Junge weisen im Vergleich zu Älteren positivere Lebensläufe auf (Deutschland).[30]
- Die transgenerationale Transmission der Traumafolgestörungen ist, was die Häufigkeit angeht, ein marginales Phänomen.[31]

- Survivors glauben stärker an eine bessere Zukunft als Nicht-Survivors.[32]
- Auch bei Extremtraumen liegt die PTBS-Häufigkeit unter 50 Prozent.[33]
- Kindesmissbrauch und Kindesmisshandlung durch nahe Angehörige haben schlimmere Folgen als Verfolgung (Bindungstraumatisierung).[34]
- Überlebende der zweiten Generation messen Bildung einen höheren Stellenwert bei als Nicht-Verfolgte.[35]
- Überlebende leben länger als Nicht-Verfolgte.[36]
- Junge Verfolgte, die von den Eltern getrennt wurden, zeigen im Vergleich zu nicht getrennten Verfolgten positivere Lebensverläufe.[37]
- Stärkere Hinwendung von Überlebenden zu dem, »was wirklich wichtig ist«.[38]

Die israelischen Fachleute waren von diesen positiven Beobachtungen selbst überrascht und bemühten sich, das theoretische Verständnis für diese unerwarteten Resultate voranzubringen: mit Begriffen wie Salutogenese,[39] Wiederbelebung,[40] Resilienz[41] und posttraumatisches Wachstum[42]. Am häufigsten wurde das Phänomen als Resilienz bezeichnet; es ist der gängige Begriff für die Rückkehr nach einem potenziell traumatischen Ereignis in den vorigen Zustand. Die meisten der profilierten Holocaust-Forscher verwenden ihn auch weiterhin. Allerdings ist der Begriff problematisch, da bei keinem Holocaust-Überlebenden von einer unbeschadeten Rückkehr in den vorigen Zustand die Rede sein kann. Außerdem stellt der Begriff die individuelle Psyche in den Mittelpunkt und lässt Fragen nach sozialen Ursachen außer Acht. Andererseits hatte niemand mit einem derart deutlichen Ausmaß an erfreulichen Entwicklungen gerechnet, wie sie dann beobachtet wurden. Am treffendsten lässt sich dieses Phänomen als posttraumatisches Wachstum beschreiben. Genau dies war zu beobachten: keine Symptomfreiheit, aber eine positive Entwicklung über den eigenen vorigen Zustand und oft auch über den Zustand nichtverfolgter Altersgenossen hinaus. Die Entwicklung nach dem Trauma führt also nicht zurück, sondern in eine Zukunft, die die Lehren aus dem Erlebten und Erlittenen integriert hat. Die verbliebenen Traumafolgen und deren Symptome sind kein Hindernis für das posttraumatische Wachstum, sondern oft ursächlich für neues Wachstum.[43]

Wenn es die Auseinandersetzung mit den Symptomen ist, die zum posttraumatischen Wachstum führt, wie genau müssen wir uns dies vorstellen? Nach heutiger Ansicht ist es die kognitiv-emotionale Verarbeitung des unbewältigten Erlebnisses, die zu veränderten Einstellungen und Grundannahmen führt. Jeder Mensch lebt mit bewussten und unbewussten Grundannahmen, die durch ein potenziell traumatisches Erlebnis erschüttert werden können. Im schlimmsten Fall kann eine solche Prämisse, »Fremde wollen mir zunächst nichts Böses«, irreparabel zerstört werden. Im Rahmen des posttraumatischen Wachstums kann eine solche Annahme durch eine neue ersetzt werden, etwa: »Ich kann für meine Sicherheit und die meiner engsten Familie sorgen, muss aber genau darauf achten, in welchem gesellschaftlichen Zusammenhang ich lebe.« Genau dies sagt die Gerontologin Sarah Canham, die sich ausführlich mit dem »Nachleben« von Holocaust-Überlebenden beschäftigt hat: »Holocaust-Überlebende definieren ihr Leben nicht über Trauma und Verlust, sondern über ihre Fähigkeit, sich aus der Asche zu erheben und über das Vergangene Zeugnis abzulegen, um das Künftige abzusichern.«[44]

Es mag überraschen, aber alle Schätzungen gehen davon aus, dass deutlich weniger als die Hälfte der Betroffenen größere psychische Schäden dauerhaft behielt, mehr als die Hälfte jedoch von posttraumatischem Wachstum profitierte. Noch einmal: Wachstum und Symptome schließen sich nicht aus. In Forschungsarbeiten wird das posttraumatische Wachstum in der Regel durch Selbstauskünfte erfragt, was häufig zu Kritik führt. Aber ist es nicht legitim, Menschen über ihre Befindlichkeit und Zukunftsperspektiven selbst Auskunft geben zu lassen? Noch kritikwürdiger wäre, wenn die Forschung die Betroffenen nicht zu Wort kommen lassen würde – oder über ihre Selbsteinschätzungen hinwegginge. Das heißt, die kritische Bewertung durch Dritte, dass Selbsteinschätzungen oft von Illusionen getragen würden, ist ihrerseits zu problematisieren. Schon deshalb, weil es unmöglich ist zu beurteilen, ob eine realistische Selbsteinschätzung der beste Weg zum Glück ist. Und wer maßt sich an, darüber zu entscheiden, was realistisch ist?

Die Forschung über die Mechanismen des posttraumatischen Wachstums steht noch an ihrem Anfang. Es wird dauern, bis wir diese in ähnlicher Präzision kennen wie die Mechanismen der Krankheitsentstehung.

Welche positiven Entwicklungen werden als posttraumatisches Wachstum bezeichnet? Auch hier zunächst eine Zusammenfassung, die Quintessenz aus sehr vielen Arbeiten. Demnach prägte die Holocaust-Erfahrung die verfolgten Kinder und jungen Erwachsenen der ersten Generation, indem sie sie stärker und achtsamer anderen gegenüber machte, ihr Bewusstsein für die wirklich wichtigen Dinge im Leben schärfte und ihre Ausrichtung auf das Allgemeinwohl stärkte. Die eigenen Bildungschancen waren durch die Verfolgung – und häufig schon zuvor – eingeschränkt, was zu niedrigeren Bildungsabschlüssen im Vergleich zu Nicht-Verfolgten führte. Umso stärker war das Bedürfnis, eine Familie zu gründen und den eigenen Kindern eine materiell und emotional sichere Umgebung mit guten Bildungschancen zu verschaffen. Roberta Greene zitiert eine Interviewpartnerin, die selbst über ihre Hilfsbereitschaft sprach: »Meine offene Wunde schloss sich durch die guten Taten, die ich für andere erbringen konnte«. Und: »Hass ist eine Last auf deinen Schultern. Ja, ich spreche zur nächsten Generation und versuche, sie zu lehren, dass sie niemals hassen. Durch den Hass beschädigst du dich selbst«.[45]

Eine Prägung durch die frühen Verfolgungserfahrungen in Form einer Identifikation mit dem Aggressor durch die Übernahme von Hass oder Selbsthass, durch Fixierung auf die Verfolger hat es in dieser Gruppe erstaunlicherweise nicht gegeben. Sofern Hitler – selten genug – von ihnen erwähnt wird, dann im Satz: »Wir haben gezeigt, dass Hitler nicht das letzte Wort hat.« Die kleinen Ausnahmen illustriert eine Anekdote: Sarah Moskovitz berichtet in ihrem Buch über das Erwachsenenleben der Kinder von Bulldogs Bank, die sie Jahrzehnte später in ihren jeweiligen Gastländern aufgesucht und ihre Beobachtungen festgehalten hat, darunter die, dass sich die Mehrzahl von ihnen Deutsche Schäferhunde zugelegt hatte, offenbar zur Verarbeitung des Erlebten – mit Ausnahme der in Israel Lebenden, wo so etwas verpönt war.[46]

Ein weiteres Merkmal der Child Survivors, die zumeist die Ursprungsfamilie verloren hatten, war die Hinwendung zur neuen Familie: Zwei Forschende beschrieben, dass die von ihnen Untersuchten zu 98 Prozent verheiratet, nur zwei Prozent geschieden waren.[47] Ähnliche Beobachtungen galten für die Displaced-Persons-Lager in Deutschland und Österreich, in denen die Befreiten auf Lösungen für ihr weiteres Leben warteten: Nirgendwo waren die Geburtenraten so hoch.

Eine der besten Zusammenfassungen der Beobachtungen in Israel stammt von Haim Dasberg, selbst Child Survivor: »Das Profil des Child Survivors, so wie es sich aus unseren Forschungen ergibt, können wir wie folgt zeichnen: Child Survivors des Holocausts scheinen etwas mehr unter emotionalem Distress zu leiden als die Vergleichsgruppe, aber dies nicht auf krankheitswertigem Niveau. Sie leiden häufiger unter PTBS-Symptomen. Aber sie betrachten die Welt als einen guten Ort, als einen Ort, wo es glückliche Fügungen gibt und Kontrolle über die Dinge, und wo im Allgemeinen die Gerechtigkeit siegt. In anderen Worten, sie sind empfindlich gegen Stress, obwohl sie keine ausgeprägten psychosozialen Symptome aufweisen. Und sie sind im Allgemeinen optimistisch, obwohl sie unter posttraumatischen Symptomen leiden.«[48] Dasberg hat damit ein präzises Bild der Paradoxien skizziert, die zu den Langzeitfolgen der Überlebenden gehören.

Etwas verstörend sind dagegen die Forschungsergebnisse von Zeidner und Aharoni-David aus Haifa. Sie untersuchten Child Survivors im Alter von 65 bis 91 Jahren nach den Kriterien des subjektiven Wohlbefindens und Kohärenzgefühls, wobei sie nicht dem Gedanken des posttraumatischen Wachstums, sondern dem der »Salutogenese« folgten, ein Konzept, das Heilung durch die Wiederherstellung von Kohärenz meint.[49] Bei ihren Gesprächspartnern stießen sie auf das schockierende Ergebnis, dass der Verlust der Eltern in der Verfolgungszeit danach zu einem höheren Kohärenzgefühl und indirekt auch zu einem größeren subjektiven Wohlbefinden geführt hatte.[50] Der Versuch einer Erklärung: Der insgesamt erfolgreiche Zwang, sich allein durchzuschlagen, hatte ein Gefühl der Unbezwingbarkeit erzeugt, das zu einer überraschend optimistischen Weltsicht führte. Überhaupt scheint das posttraumatische Wachstum bei den Verfolgten früh eingesetzt zu haben: Menschen, die kurz nach Kriegsende im Displaced-Persons-Lager interviewt wurden, äußerten sich ähnlich entschlossen und zuversichtlich wie die Child Survivors 40 Jahre später. Die positiven Befunde bei älteren Survivors wurden manchmal damit erklärt, dass es sich bei ihnen einfach um die »natürliche Auslese« der Lebensfähigsten handle. Doch erstens ist das unrichtig (wie die Forschung zeigte), und zweitens ist es auch nicht akzeptabel, den Tod von 90 Prozent der Verfolgten ihrer mangelnden Lebensfähigkeit zuzuschreiben. Die eigenen Widerstandskräfte mobilisieren zu können, hing zumeist von seltenen und glücklichen Zufällen ab. Zu diesen konnte etwa die Nähe von vertrauten Personen gehören. Anna Ornsteins Berichte, die im 3. Kapitel zitiert wurden, erzählen davon.

Hier, wie an vielen anderen Stellen, hat sich gezeigt, dass sich die Traumafolgen mit den Begriffen der Psychopathologie nicht ausreichend oder sogar nur unzutreffend beschreiben lassen. Resilienz und posttraumatisches Wachstum sind keine Pathologie. Es sind Phänomene, die sich eher mit einer generellen Widerstandsfähigkeit der Psyche erklären lassen. Die Forschung dazu steht erst am Anfang.

Holocaust-Überlebende wie Hillel Klein[51], Aaron Antonovsky[52] und Shamai Davidson[53] gehören zu den Mitbegründern der »Positiven Psychologie« und »Positiven Psychiatrie«, weil sie mit empirischer Forschung die Entstehungsbedingungen solch positiver Entwicklungen beschreiben und verstehen wollten. Allerdings fragt es sich, ob es dazu eines solch neuen Labels bedarf. Ist es doch jedem Forscher zuzumuten, die gesamte Wirklichkeit auf seinem Gebiet in den Blick zu nehmen. Wie sonst will er haltbare Ergebnisse finden? Das setzt allerdings eine Erweiterung des Forschungsrahmens und die Einbeziehung nicht-analytischer Daten voraus. Immerhin gibt es ein Indiz für eine solche sich anbahnende Horizonterweiterung der Psychoanalyse: Manche Forscher sprechen jetzt von der posttraumatischen Belastungs*reaktion*, statt -störung. Dies würde das posttraumatische Wachstum einschließen.

Welches Ziel verfolgt die Traumaüberwindung? Bis zur Resilienz, dem Zustand vor dem Trauma, zu gelangen? Wichtige Autoren verneinen dies. Martin Seligman[54] und Viktor Frankl,[55] auch er ein Holocaust-Überlebender, sind der Überzeugung, die Traumaüberwindung müsse weiterführen bis zum Finden eines Lebenssinns. Zitat Seligman: »Einen Lebenssinn zu haben bedeutet, dass du Teil von etwas bist und dem dienst, von dem du glaubst, dass es größer ist als du selbst. Es könnte so klein sein wie eine eigene Familie oder so groß wie eine politische Partei oder Gott. Wichtig dabei ist nur, dass du involviert bist in Aktivitäten, die dem dienen, von dem du glaubst, dass es über dir steht«.[56] Die Beschreibung des posttraumatischen Wachstums führt in die Nähe solcher

Ideen. Eine Konzentration der Lebensziele auf »das, was wirklich zählt« und, mit zunehmendem Alter, der Versuch, das Schlimmste, das einem widerfahren kann, in einen Sinnzusammenhang zu bringen, der mir und anderen hilft. Viktor Frankls Ideen einer Sinnsuche als Basis von Kohärenz sind in diesem Zusammenhang bereichernd.

Die Rezeption großer wissenschaftlicher Gedanken wird oft dadurch erschwert, dass sie, gerade weil sie brillant sind, häufig mit der Entstehung von Schulen verknüpft sind. Bei der Therapie ist es die Gründung einer neuen Therapieschule, die sich mit Exklusivitätsanspruch neben die schon bestehenden stellt; in der Wissenschaft sind es eine Forschungsmethodik und -instrumente, die verwendet werden müssen, um die Gedanken weiter zu verfolgen. Dies hat zum Beispiel Antonovskys Salutogenese-Konzept geschadet: Die Einengung auf den einen zentralen Begriff des Kohärenzgefühls und die dazu gehörenden Fragebögen wurden in den Augen der nachfolgenden Forscher der Vielgestaltigkeit des Phänomens nicht mehr gerecht. Frankls Konzept der Sinnsuche hat hingegen einen zentralen Aspekt dessen getroffen, was uns die Holocaust-Überlebenden hinterlassen.

Bedingungen für die Entfaltung des posttraumatischen Wachstums

Eine unerlässliche Bedingung für das posttraumatische Wachstum ist die soziale Unterstützung, was die Forschungen sowohl in den USA als auch in Israel zeigten. In beiden Ländern muss die soziale Umgebung für Überlebende ähnlich günstig gewesen sein. Beim Vergleich der Entwicklungen in den USA und Israel zeigte sich jedoch, dass die Lebenszufriedenheit und Gemeinschaftsorientierung der israelischen Survivors immer höher waren.[57] Das ist überraschend, war doch der Staat Israel in seiner ganzen Geschichte niemals frei von äußerer Bedrohung. Aber das Gefühl, Teil einer auf die Zukunft ausgerichteten jüdischen Gemeinschaft zu sein, muss übergewogen haben. Segev und andere haben beschrieben, dass die Aufnahme der europäischen Holocaust-Überlebenden in Israel keineswegs problemlos verlief. Wir wissen inzwischen jedoch, dass die Anerkennung als Opfer die erste und unabdingbare Voraussetzung dafür ist, dass sich so etwas wie Vertrauen in eine gerechte Welt wieder einstellen kann. Erst sehr spät haben die europäischen Einwanderer in Israel diese Genugtuung erfahren, aber offenbar nicht zu spät.

Die Dynamik des posttraumatischen Wachstums verläuft in zwei Phasen: Zur Wiederherstellung der vorher zusammengebrochenen Sicht einer halbwegs gerechten Welt gehört zunächst die Anerkennung als Opfer. Ist dies geschehen, kann sich der oder die Überlebende in eine mit ihnen solidarische Welt integrieren, wobei die Ausrichtung am anderen (der Anschluss an eine Gemeinschaft, die Sorge für Leidende) hilfreich sind. Die Opfer legen so – aus eigenem Entschluss und in einem Akt von Selbstermächtigung – ihren Opferstatus ab. Die umgebende Gesellschaft kann dazu beitragen. Junge Überlebende, die gleich nach der Ankunft in einen Kibbuz eintraten, bekamen oft gesagt: »Du bist kein Opfer. Opfer sind die Toten. Du hast das Privileg, zu den Pionieren zu gehören, die das Land neu aufbauen können.« Nicht alle werden diese radikale Verkürzung eines notwendigen längeren psychischen Prozesses gut verkraftet haben. Und dennoch:

Diese Menschen, denen das Lebensrecht ausschließlich aufgrund ihrer jüdischen Identität abgesprochen worden war, entfalteten dort, wo das Jüdischsein eine positive Selbstverständlichkeit war, mehr Lebenszufriedenheit als irgendwo sonst.

Das Gegenbeispiel zu diesen Erfahrungen sind Überlebende in Polen. Viele polnische Juden waren nach ihrer Befreiung gewillt, in Polen zu bleiben. Antisemitismus und Pogrome nach dem Zweiten Weltkrieg führten jedoch dazu, dass sich viele zur Emigration entschlossen. Wenige blieben. Polnische Forscher veröffentlichten schon früh und auch noch in jüngster Zeit Studien über die psychische Verfassung der polnischen Überlebenden. Das Ergebnis: Es gibt einen hohen Anteil von schweren posttraumatischen Belastungsstörungen, der weit über dem in westlichen Ländern diagnostizierten liegt. Auch die Lebenserwartung war niedriger als die von Überlebenden in Israel. Die polnischen Forscher selbst zogen daraus den Schluss, dass es mangelnde soziale Unterstützung und Akzeptanz gewesen sei, die diese ungünstigen Lebensläufe geprägt hatten.[58]

Auch Deutschland bereitete Juden nach 1945 ein schweres Leben. Das hat sich zweifellos auch in den Forschungen zu Langzeit- oder transgenerationalen Traumatisierungen niedergeschlagen. Das mag erklären, dass man sich in Deutschland noch immer schwer damit tut, das posttraumatische Wachstum als einen Fakt anzuerkennen. Es entspricht nicht den Erfahrungen der hiesigen Praktiker, und zugleich wiegt die deutsche Schuld zu schwer. Allerdings wäre es auch in Deutschland Zeit zu verstehen, dass Juden nicht auf ihre Opferrolle beschränkt werden wollen, und nicht mehr zu bestreiten, dass das posttraumatische Wachstum ein wichtiger Faktor der Jüdischkeit nach dem Holocaust ist.

Schließlich eine der größten Paradoxien: Aus der staatlichen israelischen Bevölkerungsstatistik, die alle Verstorbenen registriert, konnte von einer Forschergruppe um Avi Sagi-Schwartz herausgelesen werden, dass Holocaust-Überlebende ein höheres Alter erreichen als Nicht-Verfolgte, und zwar über den gesamten Zeitraum seit der Staatsgründung.[59] Das widerlegt den Einwand, dass die heute noch Lebenden besonders resistente »Sonderfälle« und alle Schwächeren und Kränkeren unter den Survivors eben früher verstorben seien. Diese Annahme ist eindeutig falsch. Der »Überlebensvorteil« betrifft alle Überlebenden des Holocausts, wobei die heute Lebenden inzwischen alle zu den Child Survivors und damit zu der bestuntersuchten Gruppe von Holocaust-Überlebenden gehören. Will man den »Überlebensvorteil« quantifizieren, so ist er am stärksten ausgeprägt bei jenen, die als ältere Jugendliche der Verfolgung ausgesetzt waren – einer Altersgruppe, die sich auch sonst durch posttraumatisches Wachstum besonders auszeichnet.

Die Konsequenz aus den internationalen Forschungsergebnissen ist eindeutig, und sie ist relevant für die psychoanalytische Praxis: Traumafolgestörungen wie auch Resilienz und posttraumatisches Wachstum lassen sich nicht mehr individuell definieren, sie ereignen sich in einem sozialen Kontext, der über den Ausgang der Entwicklung bestimmt. Auch Andreas Maercker, der wichtige Zürcher Traumaforscher, sieht die Notwendigkeit einer breiteren Perspektive von Trauma und Wiederherstellung. Es gebe dafür drei Ebenen: die sozialen Affekte des Individuums, die engen interpersonellen Beziehungen und die Beziehungen zu Kultur und Gesellschaft.[60] Auf allen drei Ebenen kann das Sicherheitsgefühl des Individuums bedroht und beeinträchtigt werden; entsprechend ist, bei überlebtem Trauma, auch eine Wiederherstellung des Sicherheitsgefühls auf allen drei Ebenen notwendig. Dies kann nur gelingen, wenn sich ein Überlebender nach der Verfolgung in einer sicheren und anerkennenden Umwelt wiederfindet. Dies war in Israel der Fall, nicht aber in Polen. Und nur begrenzt in Deutschland.

Die deutsche Wissenschaft wäre schon deshalb gut beraten, sich nicht der internationalen Forschung über die Überlebenden des Holocausts zu verschließen, weil diese auch für die allgemeine Traumaforschung neue Blickwinkel eröffnet. Zum Beispiel: Die Spätfolgen für die psychische Gesundheit von Holocaust-Traumatisierten sind – sofern große Zahlen von Betroffenen untersucht werden – geringer als die Folgen häuslicher Gewalt und elterlichen Missbrauchs.[61] Die Erklärung für diese Erkenntnis reicht weit in unsere anthropologischen Daseinsbedingungen zurück. Es gehört zur Menschheitsgeschichte, Feinde zu haben. Und es ist offenbar auch Teil einer erfolgreichen evolutionären Anpassung, die Leiden bei den Auseinandersetzungen mit Feinden relativ unbeschadet zu überstehen. Anders ist es mit den engsten Bindungspersonen. Es gibt keine Alternativen zum blinden und verletzlichen Urvertrauen, das das Kind ihnen entgegenbringt. Gegen den Verrat an diesem Urvertrauen, das heißt gegen die Bindungstraumatisierung, gibt es keinen Schutz und keine evolutionäre Anpassung, sie steht und wird immer an der Spitze der Ursachen für Traumafolgeschäden bei Kindern stehen. Psychoanalytisch gesprochen:

Die Verfolgung während des Holocausts hat die Elternbilder der betroffenen Kinder weitgehend intakt gelassen, was zur Grundlage für den später so vehementen Kinderwunsch wurde.

Zugleich gibt es auch eine Reihe von Beispielen von Kindern und Jugendlichen, die auf Bindungstraumatisierung kreative Bewältigungsstrategien entwickelten. So etwa die Künstlerin Niki de Saint Phalle[62] und die Sängerin Barbara[63]. Beide waren Opfer von sexuellem Missbrauch durch den Vater, und bei beiden kam es zu einem posttraumatischen Wachstum, im besten Sinne des Wortes. Mag sein, dass die künstlerische Arbeit – die eine Arbeit mit den Kräften des Unbewussten ist – dabei eine wichtige Rolle spielt. Was diese Frauen in sich entdeckten und aktivierten, war der Rekurs auf einen von der Evolution in uns angelegten Vertrauensvorschuss, der fortbestehen kann, wenn die Bindungspersonen fehlen oder versagen.

In einem Fall, dem Missbrauch, ist das Ausmaß des ursprünglichen Vertrauens zum traumatisierenden Täter und die Sicherheitserwartung an ihn entscheidend für das Trauma. Im Fall des Holocaust-Traumas dagegen ist das Vertrauen Fremden gegenüber und die Sicherheitserwartung relativ gering, so dass die Folgen einer Verletzung dieses Vertrauens überschaubar bleiben. Ausnahmen betrafen Eltern, die ihre Kinder, um sie zu retten, in die Obhut fremder, christlicher Familien gaben. Ihre Kinder waren oft zu klein, um die Gründe zu verstehen, und fühlten sich verraten und verlassen. Dies führte sehr wohl zu einer Beschädigung des Elternbilds, was die Wiederaufnahme der Beziehung, wenn denn die Eltern noch lebten, danach oft erschwerte.

Das Fazit dieses Abschnitts über das Leben der Survivors, speziell der Child Survivors, sei zwei israelischen Forschern überlassen. Moshe Abramowitz und Haim Knobler schreiben: »Zusammengenommen sollte man die Generation der Überlebenden als das sehen, was sie ist: als eine einzigartige Generation von Helden, die schrecklichste Grausamkeiten überlebt haben. Ihre Lebenskraft, und nicht nur ihr Leid, sollte den nächsten Generationen vermittelt werden.«[64]

Die nächste Generation

Auf welche Weise wurden die Erfahrungen der Holocaust-Überlebenden an ihre Kinder weitergegeben? Wie waren sie als Eltern? Auch hier ändert die neue Traumaforschung unseren Blick. Aus manchen Einzelfallschilderungen wissen wir, dass die Erleichterung zu leben und der überstarke Wunsch, Leben zu spenden, nach dem Krieg zu sehr schnellen Paarbildungen, etwa in den Displaced-Persons-Lagern führten, in denen Überlebende von den Alliierten zunächst untergebracht wurden. Manche dieser Paare trennten sich später. Eine zutreffende Beobachtung, die jedoch viel zu sehr verallgemeinert wurde. Wie schon erwähnt, war die Zahl der Scheidungen unter den Überlebenden insgesamt sehr gering. Warum also diese schiefe Wahrnehmung? Es waren die unglücklichen Scheidungskinder, die zum Analytiker gingen, und nicht die anderen. Überhaupt ist zu konstatieren, dass von den Überlebenden der ersten Generation relativ wenige den Kontakt zum Therapeuten gesucht oder gefunden haben – abgesehen von den psychiatrisch Erkrankten. Dies änderte sich radikal bei den Nachkommen, den Second Generation Survivors.

Entsprechend der großen Popularität psychoanalytischer Ideen in den 1950er und 1960er Jahren wurde das Angebot an Einzeltherapien umfassend wahrgenommen und spiegelte sich in den Berichten der Therapeuten wider. Aber auch hier gilt es zu differenzieren. Erwachsene Überlebende bekamen ihre ersten Kinder früh nach der Befreiung, manchmal noch im DP-Lager. Zusammen mit ihrer jungen Familie kamen sie im Zielland an, mitsamt den Traditionen aus der Heimat. Anders die Child Survivors. Sie assimilierten sich sehr früh in ihrer neuen Heimat und gründeten Familien, nachdem sie dafür eine solide materielle Grundlage geschaffen hatten. Ihren Kindern vermittelten sie die Werte der neuen, sie umgebenden Gesellschaft.

Die Berichte der behandelnden Psychoanalytiker gaben nur selten dieses Bild wieder. Sie schildern *ihre* Beobachtungen; sie selbst oder andere Forscher akzentuierten Einzelaspekte, und es etablierten sich sehr schnell Vorstellungen, die noch heute wirkmächtig sind, etwa die von der transgenerationellen Weitergabe des Traumas. Die Weigerung vieler Eltern, über ihre Horrorerlebnisse in den Konzentrationslagern zu sprechen – sei es um die Kinder zu schonen, sei es der für sie notwendige Modus der Verarbeitung gewesen – wurde als »Verschwörung des Schweigens« bezeichnet,[65] eine herbe Anklage durch Fachleute, die Gesellschaft und die eigenen Kinder. Tatsache ist, dass die extrem unterschiedlichen Lebenserfahrungen der Überlebenden und ihrer Kinder zu völlig divergierenden Wahrnehmungen führten und damit zu starken Konflikten. Robert Krell, Peter Suedfeld und Erin Soriano formulieren drei dieser Konflikte in der Form von Paradoxien:

1. Der Stolz der Eltern auf ihre Kinder kam bei diesen nicht an. Sie fühlten sich, als könnten sie die hohen Erwartungen ihrer Eltern ohnehin nicht erfüllen; gelobt fühlten sie sich nicht direkt, dies taten die Eltern nur gegenüber der Verwandtschaft.
2. In den Augen der Kinder interessierten sich die Eltern nur für materielle Werte, während diese in der Überzeugung lebten, ihre altruistischen Ideale weiterzugeben. Tatsache ist, dass die allermeisten Kinder der zweiten Generation helfende Berufe ergriffen.
3. Das dritte Paradoxon sei in Form eines fiktiven Dialogs zwischen einer Tochter und ihrer Mutter wiedergegeben:

Tochter: Ist dir eigentlich klar, wie sehr eure schreckliche Erziehung mich belastet hat?
Mutter (erst schweigend, dann): Aber aus euch ist doch etwas Ordentliches geworden.
Tochter: Natürlich ist aus mir etwas Ordentliches geworden.
Mutter: Na also.
Tochter: Nichts na also. Aus mir ist etwas geworden trotz, nicht wegen eurer Erziehung.[66]

Man kann nicht umhin, in diesem Dialog ein bekanntes Muster zu erkennen. Mit anderen Worten: Das Holocaust-Thema ist einzigartig, die Form der Auseinandersetzung ist es nicht.

Eltern geben ihre Pathologie an die Kinder weiter – so lautete ein in der Psychoanalyse noch heute verbreitetes Denkschema. Als sich herausstellte, dass die pathologischen Folgen, wohl dank des posttraumatischen Wachstums, viel geringer waren als ursprünglich befürchtet, verlagerte sich die Pathologie-Fixiertheit der Psychoanalyse auf die zweite – oder dritte – Generation. Und wieder ging es ums Allgemeine: die nichtgenetische Weitergabe psychischer Störungen. Bevor man sich dieser Verallgemeinerung zuwenden kann, stellt sich zunächst die Frage: Sind Kinder von Holocaust-Überlebenden überhaupt häufiger von Krankheit betroffen als die anderer Eltern? Da dies in der klinischen Literatur zunächst durchweg bejaht wurde, sind von einer Reihe von Forschergruppen methodisch strengere, epidemiologische Untersuchungen in Israel und anderen Zielländern sowie Metaanalysen aller hochwertigen Arbeiten zu diesem Thema durchgeführt worden. Insgesamt beinhaltete die Analyse 10.000 Fälle – zur Hälfte Second-Generation-Kinder von Holocaust-Überlebenden, zur anderen Hälfte Kinder von Nicht-Verfolgten.[67] Gemessen wurden, neben vielen anderen Parametern und den psychiatrischen Diagnosen, Befindlichkeitsstörungen wie Angstsymptome und emotionaler Stress. Die Ergebnisse waren eindeutig. Bezogen auf Indikatoren körperlicher und psychischer Gesundheit unterschieden sich Angehörige der zweiten Generation nicht von anderen Gleichaltrigen.

Das heißt natürlich nicht, dass jene, die Hilfe brauchen, nicht auch Hilfe bekommen müssen. Es würde jedoch genügen, ihnen diese zukommen zu lassen, ohne sie zu Beispielen für allgemeine Gesetze von transgenerationellen Erbschaften zu machen. Vielleicht sind, wenn Mitglieder der zweiten Generation genauso viele oder wenige psychische Symptome aufweisen wie die Nachkommen nicht verfolgter Eltern –

auch andere Faktoren zum Verständnis der Ursachen in Erwägung zu ziehen.

Im Bereich der Bildung jedoch zeigten sich überraschende Unterschiede. Die First-Generation-Eltern hatten niedrigere Bildungsabschlüsse als die Vergleichsgruppe – die Verfolgung war in die entscheidenden Jahre gefallen, in denen sie hätten zur Schule gehen können. Ihre Second-Generation-Nachkommen machten höhere Bildungsabschlüsse als die der Vergleichsgruppe. Das ist es, was Abramowitz und Knobler mit der Bezeichnung »Generation von Helden« für die erste Generation meinen.[68] Die Survivors vermochten nicht nur durch ihre »Selbstheilung« den Kindern die Weitergabe der Leiden zu ersparen, sie vermittelten ihnen auch den Wunsch nach höherer Bildung und verhalfen ihnen damit zu besseren Lebenschancen.

Um die Theorie von der Trauma-Weitergabe zu retten, werden an dieser Stelle der Diskussion oft Befunde der Forschung über Epigenetik ins Feld geführt. Epigenetik ist ein neueres Wissensfeld. Vereinfachend gesagt, beschreibt es biologische Mechanismen, die es einzelnen Menschen, aber auch Populationen erlauben, auf wichtige Erfahrungen mit Genaktivierungs-Anpassungen der Individuen zu reagieren, die auch sofort an Kinder weitergegeben werden können. Dies hat den evolutionären Vorteil, sich veränderten Lebensbedingungen viel schneller anpassen zu können, als dies mit bleibenden Veränderungen der Chromosomen (Genetik) möglich wäre. Forscher wie Rachel Yehuda[69] und Natan P.F. Kellermann[70], die sich auf epigenetische Mikrobefunde bei Überlenden der zweiten Generation konzentrierten, konnten die Grundaussage »keine Weitergabe der Pathologie« nicht außer Kraft setzen.

Die transgenerationale Epigenetik ist ein Millionen Jahre alter Teil der Evolution und dient der evolutionären Anpassung.[71] Epigenetische Anpassung vollzieht sich schneller und ist breiter gestreut als die genetische durch Mutationen. Sie hilft also einer Gruppe, sich schneller an neue, belastende Bedingungen anzupassen. Die Weitergabe krankmachender Faktoren ist sicher nicht ausgeschlossen, sie wäre (und ist) ein Anpassungs*hindernis*, und dies gilt auch für Traumaschäden. Wenn also traumabedingte Veränderungen epigenetisch weitergegeben werden, so kann ihr Sinn nicht darin bestehen, die nächste Generation zu schädigen, sondern vielmehr darin, sie lebens- und anpassungsfähiger zu machen – etwa durch die Weitergabe von Resilienzfaktoren. Wenn die Evolution die Verbreitung von Krankheiten im Sinn hätte, wäre ihr das schon längst gelungen. Ihr Ziel besteht aber wohl darin, die Widerstandskräfte zu stärken, und dazu gehört die Umwandlung von krankmachenden Erinnerungen.

Allerdings bedarf es dann immer noch der anderen Faktoren des posttraumatischen Wachstums, etwa des sozialen Umfelds der Überlebenden, damit sich diese genetische Veranlagung auswirken kann. Auf die Resilienz bezogen heißt dies: Unser evolutionäres Erbe ist die Resilienzbereitschaft. Ob diese zur Resilienz führt, hängt von der Erfahrung oder Verweigerung posttraumatischer sozialer Unterstützung ab. Am deutlichsten zeigt dies das Schicksal der in Polen verbliebenen Holocaust-Überlebenden.

Bei der Beschäftigung mit der Traumaforschung begegnet man immer wieder dem Phänomen, dass es sowohl die Wahrnehmung als auch die Faszination für das Zerstörte und Zerstörende gibt und dass den Lebenskräften unterstellt wird, sich nur mit Mühe gegen diese Zerstörungskräfte behaupten zu können. Psychotherapeuten beschäftigen sich täglich mit den Auseinandersetzungen von Menschen mit den psychischen Dispositionen ihrer Eltern. Es ist kaum denkbar, dass es sich bei Eltern, die den Holocaust überlebt haben, anders verhält. Doch es gibt eine Tendenz zu verkürzten Schlüssen über die Konsequenzen dieser Auseinandersetzung. Die Folgen sind eben nicht die Krankheit, sondern eine thematische Vorprägung, die gesund zu verarbeiten nicht nur möglich, sondern die Regel ist. In einem Satz: Weitergegeben wird die Thematik, nicht die Psychopathologie.

Das Schweigen über die erlebten Schrecken war eine Realität, wenn auch nicht bei allen. Mit zunehmendem Alter scheint sich dies zu lockern. Viele Berichte bezeugen, dass die Survivors ihren Enkeln bewusst oder unbewusst jene Botschaften vermittelten, aus denen sich das kulturelle Gedächtnis nährt. Viele haben nicht mit ihren Kindern gesprochen, aber waren im Alter bereit, in Schulklassen das zu erzählen, was nie vergessen werden sollte. Holocaust als Gegenwart, Holocaust als Vergangenheit – beide Modi des Verarbeitens blieben möglich, und ihre schwierige Vereinigung in einer sinnerfüllten Erzählung des eigenen Lebens war für viele Überlebende eine schwierige, aber im hohen Alter nicht mehr unüberwindliche Aufgabe. Dass sie von den meisten gut bewältigt wurde, bezeugen die Berichte der Forscher, die der kleiner werdenden Zahl von Überlebenden zuhörten.

Es bleibt die Frage nach dem Warum. Warum und wie erlaubt es unsere Natur, auf solche abgrundtiefe Negativität mit so positiven Reaktionen zu antworten? Ich möchte dazu eine Hypothese formulieren, die vielleicht eine in Deutschland so brillant vertretene Wissenschaft wie die evolutionäre Anthropologie überprüfen könnte: Vergangene Katastrophen haben immer wieder zu adaptiven Neuausrichtungen der Evolution geführt. Diese wurden weitergegeben und erlaubten es zum Beispiel, die Weitergabe der Schädigung durch die Katastrophe zu verhindern.

Was kann die Psychoanalyse aus der Traumforschung lernen?

Die wichtigsten Erkenntnisse der Survivor-Forschung seien hier noch einmal kurz zusammengefasst:

1. Genozidale Verfolgung ist ein Menschheitsverbrechen.
2. Psychoanalyse und Individualmedizin allein erlauben nur einen unzureichenden Zugang zum Phänomen; es bedarf auch der Erkenntnisse aus anderen Disziplinen.
3. Bei Überlebenden sind gelingende oder fehlende soziale Inklusion der wichtigste Faktor; er entscheidet über die psychischen Auswirkungen der Verfolgung.
4. Bei fehlender Inklusion oder fortwährendem Ausschluss sind die posttraumatischen psychischen Schäden erheblich.
5. Gelingt die Inklusion, sind Resilienz, positive Zuwendung zur Gesellschaft und posttraumatisches Wachstum die verbleibenden Traumafolgen.
6. Überlebende geben ihre Schädigung nicht an die nächste Generation weiter, wohl aber die Thematik.

Die Traumatisierungen durch den Holocaust haben die Psychoanalyse zutiefst geprägt, zumal sich viele Betroffene zu Psychoanalytikern und Psychoanalytikerinnen ausbilden ließen. Gewiss, mit der Tatsachenerhebung der Traumafolgen war die Psychoanalyse quantitativ und qualitativ überfordert. Andererseits hat sie sich den Wissenszuwachs durch andere Fachrichtungen nur unzureichend angeeignet. Es entstanden Lücken, die sich auf alle drei Projekte der Psychoanalyse – Therapie, Erkenntnis, Kulturkritik – auswirken. Die Wissenschaften – von der Soziologie über die medizinische Forschung bis zur Anthropologie – bieten ein breites Spektrum an Möglichkeiten, die Felder und Sichtweisen der Psychoanalyse zu bereichern.

Wie im obigen Bericht klar geworden sein dürfte, spielen auch beim Trauma und bei den Traumafolgen das Unbewusste und Fragen des Vertrauens eine wichtige Rolle: bei den Traumatisierungen wie bei deren Überwindung.

Es war Vertrauen – in die umgebende Gesellschaft, in die Mitmenschen –, das Überlebenden in Israel zum posttraumatischen Wachstum verhalf. Es war mangelndes Vertrauen, das die Heilungsprozesse traumatisierter Juden, die in Polen oder Deutschland verblieben waren, erschwerte. Und es ist das verratene Vertrauen, das so tiefe Wunden in Menschen hinterlässt, die als Kinder Missbrauch in der eigenen Familie erfahren haben. Dagegen war es der Glaube, der deutschen Psychoanalytikern die Gewissheit gab, dass Juden lebenslange Opfer der Verfolgung blieben und auch ihre Kinder von diesem schweren Erbe gezeichnet sein müssten. Hätten sie ihre Überzeugungen an der Traumaforschung, die andernorts stattfand, gemessen, so hätte dieser Glaube nicht lange Bestand gehabt.

Die Wunden, die die Traumatisierung hinterlässt, sind oft so tief vergraben, dass sie dem Bewusstsein kaum mehr zugänglich sind oder von diesem ferngehalten werden müssen. Nachts, im Traum, wenn das Bewusstsein nicht so wehrhaft ist, kommen sie hoch und mit ihnen die alten Ängste. Sie werden noch verstärkt von Gutachtern, die eigentlich über Entschädigungen entscheiden sollen, aus den Spätfolgen eine »Flucht in die Krankheit« und »Krankheitsgewinn« konstruieren und den Betroffenen die »unbewusste« Motivation unterstellen, auf ihren Vorteil aus zu sein.

Das Unbewusste, dessen Widerstandskraft in den vorigen Kapiteln an vielen Beispielen beschrieben wurde, kam auch hier zu Hilfe: Es verlieh den Betroffenen Kräfte, die niemand in ihnen vermutet hatte. Das ist es, was die Traumaforschung meint, wenn sie diese Überlebenden zu »Helden« erklärt. Gemeint ist der Lebenswille, den diese Traumatisierten bewiesen. Die Traumaforscher haben diese Kräfte als »unbewusste Bewältigungsmechanismen« beschrieben und in ihnen die Alternative zu unbewussten Abwehrmechanismen gesehen. Und auch die Weitergabe des Wissens, zu dem sich viele Betroffene im hohen Alter entschlossen, nahm oft die Kanäle des Unbewussten. In vielen Fällen waren es die Enkel, die bei den Großeltern nachbohrten und sie dann doch zum Reden brachten. Einige begaben sich auch direkt auf die Suche. Viele der jungen Israelis, die heute in Deutschland leben, kamen zunächst mit der Absicht, Genaueres über dieses Land zu erfahren, in dem ihre Vorfahren gelebt hatten, nach dem sich einige von ihnen bis zum Schluss zurücksehnten und das ihnen so Schreckliches zugefügt hatte.

9 DIE PSYCHOANALYSE UND IHRE NACHBARN

Neurowissenschaft der menschlichen Beziehungen

Für den dritten Bereich der Psychoanalyse, die Kulturkritik, würde ich gerne noch einmal auf die 1960er Jahre in Paris zurückkommen. Damals arbeitete ich mit einem Stipendium in der Neurologie des Krankenhauses Salpêtrière, wo auch Sigmund Freud 80 Jahre zuvor geforscht hatte. Meine Kollegen kannten meine Neigung zur Psychoanalyse und verschafften mir Zugang zum neuropathologischen Labor. Darin liegen bis heute die von Freud angefertigten Hirngewebs-Schnitte, mit der von ihm entwickelten Methode der »Freud'schen Goldfärbung«. Die Goldfärbung von Hirnschnitten, von Freud erstmals beschrieben, war eine wichtige Entdeckung. Sie ermöglichte feine Details von Hirngewebsarchitektur wie Neurofibrillen sichtbar zu machen. Freud war damals noch der Überzeugung, eine fruchtbare Verbindung zwischen den ersten Erkenntnissen auf dem Gebiet der *»talking cure«* und der Neuropathologie herstellen zu können. Sie gelang nicht, später wandte er sich von diesem wissenschaftlichen Ansatz ab. Zu weit entfernt waren die Erfahrungen beider Seiten, um zu irgendeiner Form gegenseitiger Bereicherung zu kommen. Dies wissen heute alle Interessierten und stimmen der Richtigkeit der damaligen Freud'schen Entscheidung zu. Kontrovers wird die Diskussion bei der Frage, ob wir immer noch an diesem Punkt einer Heterogenität von Natur- und Geisteswissenschaften stehen. Daran kann man zweifeln.

Im 7. Kapitel sprach ich von der Beziehung der Psychoanalyse zu den »Nachbardisziplinen«. Dabei sollte berücksichtigt werden, wie vielfältig die Arten von Nachbarschaft sein können: Die Möglichkeiten reichen von vereinzelten Höfen ohne Gemeinsamkeit über Weiler mit geteilter Nutzung von Ressourcen bis zur urbanen Eigentümergemeinschaft mit einer großen Zahl gemeinsamer wie divergierender Interessen. Unser Bild von der *Psyche als Transformationsfeld* verlangt nach einer guten Nutzung aller Nachbarschaften: Unser Bewusstsein wie unser Unbewusstes machen ständig Gebrauch von den Möglichkeiten, mit denen uns die Evolution ausgestattet hat. Es gilt, alle Wege, die sie erschloss, offen und begehbar zu halten: durch genetische und epigenetische Anpassung, Speicherung abrufbarer Reaktionsmuster auf Notsituationen, soziale und kulturelle Fortentwicklung, individuelle Freiheitsentwicklung. Das bedeutet aber auch, dass es nicht sinnvoll ist, im analytischen Prozess ausschließlich die Freiheitsräume zu betrachten, die sich im Lebenszeitraum unserer Analysanden eröffnet oder eingeengt haben. Auch vor unserer Geburt (lange oder kurz davor) entwickelten sich erwünschte oder einschränkende Potenzialitäten, die wir in uns tragen und die zu betrachten dem therapeutischen Prozess zugutekommt. Natürlich erlaubt die dialogische Methode der Psychoanalyse keinen unmittelbaren Zugang zum vorgeburtlichen Transformationsfeld. Und doch gibt es zunehmend Nachbardisziplinen, die genau dieses Terrain für sich und für uns zugänglich machen.

Das Arbeitsgebiet der Neurobiologin Ruth Feldman von der Herzliya-Universität in Israel und dem Child Study Center der Yale University in New Haven steht der psychotherapeutischen Wissenschaft besonders nah. Ruth Feldman und ihr Team erkunden mit großer Beharrlichkeit und Effizienz die gesamte Neurowissenschaft menschlicher Beziehungen. Einer der dafür geprägten Gesamtbegriffe ist »*affiliative neuroscience*« (Neurowissenschaft der Verbundenheit oder der Zugehörigkeit). Da die analytische Psychotherapie zu den Gebieten gehört, die am stärksten auf »Beziehungen« aufbauen, könnte sie von den Erkenntnissen der »*affiliative neuroscience*« am meisten profitieren.[1] Diese Untersuchungen wurden in mehreren Kapiteln angerissen und verdienen, hier noch einmal genauer beschrieben zu werden. Es geht um die Gefühlsresonanz bei digitaler Kommunikation.[2]

62 Mutter-Kind-Paare (Kinder zwischen 10 und 14 Jahren) planten in Zweiergesprächen (beide Teilnehmenden waren mit differenzierten Hirnstromableitungen ausgestattet) eine gemeinsame, Freude versprechende Tagesunternehmung, einmal im Gegenübersitzen und dann in getrennten Zimmern, digital verbunden, zum Beispiel per Zoom. Bei der direkten Interaktion kam es zu einer intensiven Synchronisation in neun verschiedenen Hirnbereichen beider Gesprächspartner, wobei die rechte Frontalregion der Mutter eine gewisse koordinierende Funktion übernahm. Bei der digitalen Kommunikation gab es nur eine einzige Synchronisation, das Engagement der Kinder und ihr empathisches Verhalten waren erheblich abgeschwächt. Die Interpretation der Forschenden: Die positiven Auswirkungen der Face-to-face-Interaktion auf die soziale Entwicklung, auf die Empathiefähigkeit und auf die

Hirnreifung würden sich bei digitalen Begegnungen nicht wiederfinden, und die Ermüdung bei digitaler Kommunikation könnte damit zusammenhängen, dass für die Übermittlung aller Inhalte ein einziger Kanal zur Verfügung steht.[3]

Es gibt heute für die Psychotherapie kaum wichtigere Fragen als den Einfluss digitaler Medien auf die psychische Entwicklung, den Alltag, und das schließt auch die Möglichkeiten und Einschränkungen psychotherapeutischer Arbeit durch Telekommunikation ein. Im 6. Kapitel wurde darauf hingewiesen, dass die Geburtsstunde der Psychoanalyse mit der des Kinos als erstem der modernen Massenmedien, zusammenfiel und unter anderem als eine Art von »Gegenprogramm« zum Einfluss der Medien verstanden werden kann: Das Kino sowie ein Gutteil der zeitgleich und danach aufkommenden Massenmedien bieten die Möglichkeit, das Unbewusste zu »besetzen« – was der Manipulation Tür und Tor öffnete. Die Psychoanalyse dagegen versucht zu verstehen und zu vermitteln, was mit der Psyche vor sich geht, wenn dies geschieht. Eben das macht ihre kulturkritische Seite aus. Mit der wachsenden Bedeutung der sozialen Medien ist dieses Projekt der Psychoanalyse zu einem dringlichen Desiderat geworden, wollen wir einen Modus finden, der Beherrschung unseres politischen und gesellschaftlichen Lebens durch die digitale Kommunikation Grenzen zu setzen.

Im vorigen Kapitel zeigte sich, dass die Traumaforschung – angelehnt an die Psychoanalyse und die Medizin – große Schwierigkeiten hat, das Phänomen »Extremtrauma« differenziert zu beschreiben, zu vielfältig sind die Folgen und vor allem der große Einfluss sozialer Faktoren auf den Heilungsprozess. Vieles fügt sich nicht ins tradierte Schema. Auch hier erwies es sich als hilfreich, dass sich neue Denkansätze den erkannten Problemen zuwandten und zugleich darauf verzichteten, *alles* aus dem neuen Blickwinkel zu erklären. Ein solch neuer Ansatz, der der Wissenschaft von der Psyche neue Wege zeigen könnte, ist etwa die *Social Safety Theory* von George M. Slavich:[4] Sie stellt die soziale Sicherheit als evolutionäres Ziel ins Zentrum psychischer und körperlicher Gesundheit. Jedem und jeder von uns fallen sofort Beispiele von Kindern und Erwachsenen ein, die genau dies bestätigen – bis zu den Holocaust-Überlebenden, die in Israel soziale Sicherheit erfuhren, nicht aber in Polen, mit den erwähnten eklatanten und gegensätzlichen gesundheitlichen Folgen.

Soziale Sicherheit – dieser Begriff ist auch untrennbar mit meinem Einstieg in die Psychoanalyse verbunden. Als Medizinalassistent aus der Kardiologie kam ich auf eine Station der Berliner psychiatrischen Universitätsklinik. Mein Stationsarzt war Hans Gerd Puchta, überzeugter und überzeugender, damals angehender Psychoanalytiker. Er hatte gerade einen Vortrag gehalten über den Voodoo-Tod – ein Phänomen, bei dem ein Mensch allein deshalb den Tod erleidet, weil der Priester vor versammelter Gemeinde verkündet: »Du gehörst nicht mehr zu uns.« Ein Mediziner, der solch spannende Fragen stellt wie »Gibt es auch den Tod nur aus sozialen Gründen?«, war mir neu und wurde zum Vorbild. In seinem Vortrag und bei weiteren Diskussionen verdeutlichte er, dass bei solchen Phänomenen mehrere Faktoren – und die soziale Gemeinschaft als einer der wichtigsten – zusammenkommen. Sozialer Tod droht nicht in Situationen der Feindschaft, er folgt aus dem Zusammenbruch des Vertrauens. Das ist ein Beispiel dafür, welche Rolle das Vertrauen, auf das wir im Zusammenhang mit dem Unbewussten immer wieder zurückkommen, nicht nur für die Gemeinschaft spielt, sondern auch für das Individuum *in* dieser Gemeinschaft.

Im Gegensatz zum Ausschluss aus einer Vertrauensgemeinschaft hat der Verlust einer Glaubensgemeinschaft, der man sich aus eigener Entscheidung angeschlossen hat, nicht denselben psychischen Effekt: Er kann tiefe Selbstzweifel, auch Angst und Flucht bewirken, aber diese spielen sich immer auf der Ebene des Bewusstseins ab. Wenn es, wie bei Aron Salkind, zu einem unwillkürlichen Herzstillstand kommt, als er erfährt, dass Stalin sein Projekt der Pädologie abgewickelt hat, so deshalb, weil die Glaubensgemeinschaft, die ihn verstößt, auch zu seiner Vertrauensgemeinschaft geworden war. Die Netzwerke des Vertrauens sind so eng geknüpft, dass es kein bewusstes oder gewolltes Außerhalb gibt. Alle totalitären Gesellschaften, die Glaubensgemeinschaften sind, versuchen deshalb, als Vertrauensgemeinschaften wahrgenommen zu werden. Dass diese auf dem Unbewussten basieren, macht diese Travestie für Autokraten so anziehend.

Auch Ruth Feldman hat sich der Rolle der Gemeinschaft und dem in der Traumaforschung omnipräsenten Begriff der Resilienz zugewendet.[5] Die von ihr vorgeschlagene Neuorientierung war fundamental: Für sie bildet koordiniertes soziales Verhalten den Kern der Resilienz. Die Erkenntnisse von Feldman sind hochrelevant für die Fragen, die sich der Psychoanalyse stellen, und sollen deshalb ausführlicher behandelt werden.

In der Herkunft unserer Art und in der individuellen Entwicklung des Menschen reifen die Eigenschaften der Gegenseitigkeit: Sie umfassen Empathie, Gemeinsamkeit und Perspektivenübernahme. Diese soziale Reziprozität definiert, nach Feldman, die Resilienz, während die beiden Gegenpole Rückzug/Vermeidung und Intrusion/Rigidität spezifische Psychopathologien beschreiben. In der menschlichen Entwicklung weist dieses Verhalten über die Stadien »Affekt-Synchronie«, »gemeinsamer Aufbau symbolischer Sequenzen«, »empathischer Dialog« und »Gemeinschaftlichkeit, Intimität, Perspektiven-Übernahme« eine bemerkenswerte Konstanz auf, die sich in der Entwicklung des Kindes vom dyadischen zum triadischen und Gruppenniveau wandelt.[6] Resilienz entwickelt sich in dieser idealtypischen Konstellation. Deren Entstehen kann jedoch durch Risikofaktoren gefährdet sein.

In der Mutter-Kind-Situation sind dies: Mütterliche Depression (15 bis 18 Prozent in entwickelten Ländern, etwa 30 Prozent in Entwicklungsländern), mütterliche Angststörungen, mütterliche Persönlichkeitsstörungen. Auf Seiten des Kindes gefährden die Resilienz: Frühgeburt, Mehrlingsgeburt, Autismus-Spektrum-Störung, kindliche psychiatrische Störung und Essstörung, Kriegseinwirkungen.

Nicht Resilienz ist angeboren. Was wir in uns tragen, ist die *Resilienzbereitschaft*. Damit diese wirksam und als Resilienz sichtbar wird, bedarf es posttraumatisch wirksamer sozialer Anerkennung, was zuerst Hans Keilson bei verfolgten jüdischen Kindern beschrieben hat.

Der Ort ihres Wirkens in Israel erlaubte es Ruth Feldman und ihrem Team, Langzeitbeobachtungen der Kriegseinwirkungen auf israelische und palästinensische Kinder vorzunehmen und das auf Reziprozität beruhende Sozialverhalten als zentralen Marker der Resilienz zu erkennen. Die Untersuchungen fanden in den Jahren 2009 bis 2022 statt, lagen also vor dem Überfall der Hamas auf Israel und dem Gaza-Krieg, wenn auch damals schon die Verhältnisse im höchsten Maße konfliktgeladen waren. Feldman und ihr Team riefen Dialoggruppen mit israelischen und palästinensischen Jugendlichen ins Leben, die in acht Sitzungen zu den Themen Abbau von Vorurteilen und gesteigerter Reziprozität arbeiteten. Noch sieben Jahre später fand sich bei diesen mittlerweile erwachsenen Personen, gemessen an der Vergleichsgruppe ohne Dialog, ein starkes Engagement in Friedensaktivitäten – ein hoffnungsvolles Ergebnis.

Diese Ergebnisse korrigieren frühere Fehleinschätzungen. Zugleich implizieren sie neue Vorstellungen, die für ein modernes Konzept der Psychoanalyse relevant sein könnten. Einige Folgerungen, zu denen die Forscher kamen, lauten etwa:

- Die Basis der individuellen Resilienz ist uns als evolutionäres Erbe mitgegeben. Ihr grundlegender Marker ist die Fähigkeit, soziales Verhalten innerhalb enger Beziehungen und sozialer Gruppen auszugestalten. Dieses Charakteristikum gilt für die individuelle Biographie wie für die Menschheitsgeschichte.
- Resilienz ist nicht der Ausnahmefall und posttraumatische Störung nicht die Regel.
- Der Prozess der Wiederherstellung der Situation vor dem Trauma sollte nicht primär medizinisch definiert werden.
- Resilienz als Förderung der Freiheit sollte sich von den freiheitseinschränkenden Extremen »totaler Rückzug« und »Intrusion« entfernt halten.

- Eigenheiten des Sozialverhaltens können Hinweise auf geeignete therapeutische Strategien bieten.[7]

Die Forschungsergebnisse der Feldman-Gruppe zeigen noch einmal, wie widersinnig das Beharren auf der Theorie der Weitergabe individueller psychischer Beschädigungen an die nächste Generation ist. Evolution und soziale Gemeinschaft sorgen ganz im Gegenteil dafür, dass Beschädigungen *nicht* weitergegeben werden – eine Erkenntnis, die inzwischen von allen großangelegten Studien gestützt wird. Die neurobiologischen Forschungen von Feldman sind nur eines der davon tangierten Felder. Wenn sich aber Resilienz vertrauensvollen Zweier- und Gruppenbeziehungen verdankt, so begegnen wir hier auch Levines bereits beschriebenen Forschungen über den angeborenen Vertrauensvorschuss und die sozialen Vorteile, die es mit sich bringt, a priori anderen zu vertrauen.[8]

Gibt es ein »mütterliches Gehirn«?

Die Relevanz der Forschungen von Feldman zeigt sich auch an einem anderen Beispiel. Wir stoßen dabei auf Geschlechterforschung, die, wie im 5. Kapitel dargestellt, viele tradierte Vorstellungen der Psychoanalyse über den Haufen warf und sie auch heute immer wieder vor neue Fragen stellt. So musste die Psychoanalyse ihr Urteil zur Homosexualität revidieren; heute hat sie sich den durch die Reproduktionsmedizin veränderten Familienkonstellationen zu stellen.

Die extreme Abhängigkeit des Säuglings hat es lange so erscheinen lassen, als komme es allein auf die Mutter an. Doch auch hierzu ergaben sich durch Evolutionsforschung und Neurobiologie neue Einsichten. Gemessen an den Bedürfnissen des entstehenden Kindes ist die Tragezeit bei Menschen, also die Dauer der Schwangerschaft, drei Monate zu kurz – man spricht vom fehlenden Trimester. Gemessen an den Möglichkeiten der Mütter (Verhältnis der Größe des Kindes zur Größe des weiblichen Beckens) sind aber die neun Monate schon an der Grenze des Leistbaren. Dieser Grundkonflikt und andere Faktoren – vor allem das Kindbettfieber – haben in der Vergangenheit zu einer hohen Müttersterblichkeit geführt. Natur und Kultur mussten sich darauf einstellen, dass Mütter verstarben. Es bildete sich im Gehirn der Menschen – sowohl bei Frauen als auch bei Männern – das, was Ruth Feldman das *»global human parental caregiving network«* nennt, ein Netzwerk, das allgemein zur Pflege eines Neugeborenen bereitsteht und nicht von den mütterlichen Schwangerschaftshormonen abhängt.[9] Dieses *»caregiving network«* wird auch aktiv beim Aufziehen eines Babys durch zwei Väter. Dass dem so ist, liegt zwar nahe, doch den Beweis dafür zu erbringen, gelang erst durch die Hirnforschungen von Feldman.

Sie lieferten den bisher fehlenden Beleg für das, was neben anderen die Anthropologin Sarah Hrdy längst beschrieben hat. Sie nennt es *»allomothering«* (das Übernehmen pflegender Funktionen durch andere als die Mutter)[10], konnte dies aber nicht hirnphysiologisch nachweisen. Bei Menschenaffen-Müttern beschäftigt sich nur der weibliche Elternteil mit Sohn oder Tochter: Im Zoo Stuttgart konnte man drei Wochen nach der Geburt eines Jungtiers noch nicht sagen, ob der Bonobo-Nachwuchs männlich oder weiblich war, so fest trug die Mutter ihn am Leib. Eine solche Exklusivität gibt es beim

Menschen nicht mehr. In der menschlichen Evolution brachte die breite Streuung der Übernahme pflegender Funktionen eine Reihe von Vorteilen. Mütter konnten in kürzeren Abständen erneut Kinder gebären, zugleich aber auch die Rolle einer sozialen Mutter übernehmen und ihre Kinder auf dem langen Weg in die gesellschaftliche Selbständigkeit begleiten.[11] Auch bot sich die Möglichkeit, dass eine andere Frau – oder heute eben auch ein Mann – die mütterliche Funktion übernahm.

So zeigt sich, wie sehr die »alleinerziehende Mutter«, aber letztlich auch die »Kleinfamilie«, hinter den Potenzialen, die die Evolution uns eröffnet hat, zurückbleibt.

Dass wir alle, unabhängig vom Geschlecht, mit dem *»global human parental caregiving network«* ausgestattet sind, war bis in jüngster Zeit unbekannt: Es bedurfte einer fortgeschrittenen Reproduktionsforschung, der Neurobiologie und, last, not least, des sozialen Faktums, dass zwei Väter, allein und ohne die Präsenz einer Mutter, in der Lage sind, ein Kleinkind zu versorgen. Der Beweis, dass letzteres nicht nur in Notlagen funktioniert, konnte erst erbracht werden, nachdem gleichgeschlechtliche Paare das Recht erhielten, Kinder durch Samen- oder Eispende zu zeugen und als vollwertige Eltern großzuziehen – wobei sich die Veränderung des väterlichen Gehirns nicht nur beim leiblichen Vater, dem Samenspender, vollzieht, sondern für beide Väter gilt, soweit beide als Caregiver in Erscheinung treten. Der Wandel ist eine Folge der sozialen Tätigkeit.

Die Tatsache, dass solche Konstellationen in Israel keine Seltenheit sind, nutzte Ruth Feldman und ihr Team für eine umfangreiche Studie, bei der sie *primary-caregiver*-Mütter, *secondary-caregiver*-Väter und homosexuelle *primary-caregiver*-Väter verglichen. Sie machten Videoaufnahmen von Eltern-Kind-Interaktionen in natürlicher Umgebung, bestimmten den Oxytocin-Spiegel und erstellten funktionelle Magnetresonanztomographien, um so die elterlichen Hirnreaktionen auf Stimuli der Video-Interaktion zu bestimmen. Die Ergebnisse erlaubten es, im Gehirn das »globale menschliche Netzwerk für elterliche Fürsorge« zu bestimmen.[12]

Dieses setzt sich aus zwei Komponenten zusammen: einer emotionalen, zur Verarbeitung von Sorge, Wachsamkeit und Belohnung, und einer mentalisierenden für Empathie, Perspektiveneinnahme und »*theory of mind*«, die zur Erkennung und Vorausplanung der Bedürfnisse des Babys dient. Bei *primary-care*-Müttern und *secondary-care*-Vätern – der üblichen Konstellation – aktivieren Mütter stärker das emotionale System, während Väter stärker auf das kortikale System setzen. Doch bei *primary-care*-Vätern (in Familien ohne Mutter) sind sowohl das emotionale als auch das kortikale System aktiviert, mit enger Verbindung zueinander. Sich der Sorge für das Baby auszusetzen, bewirkt bei diesen Männern also eine tiefgreifende Adaption an die *care-giving*-Situation. Das heißt, sie reagieren wie Mütter – und das ohne die Erfahrung und die profunden hormonalen Prägungen durch Schwangerschaft, Geburt und Stillzeit.[13]

Die sich im Gehirn vollziehenden Veränderungen sind primär hormoneller Art, was zu einer weiteren Erkenntnis führt: Dass die veränderte soziale *Rolle* des Vaters hormonelle Veränderungen bewirkt, widerspricht allen bisherigen Annahmen, dass die Hormone das Verhalten und die psychischen Einstellungen steuern. Die Forschungen zeigten, es kann sich genau umgekehrt verhalten: Die psychische Einstellung und die Entscheidung, sich einem entstehenden und dann geborenen Baby eng zuzuwenden, setzten gewaltige hormonelle Umstellungen in Gang.

Da über die betreffenden Hormone so viel Simples und Simplifizierendes im Umlauf ist, sollen ihre Auswirkungen hier in angemessener Komplexität beschrieben werden: am Beispiel des Oxytocins, das oft das »Kuschelhormon« genannt wird. Die Natur bedient sich des Oxytocins seit frühen evolutionären Stufen als eines Regulators von kommunikativem und sozialem Verhalten (was das in so frühen Entwicklungsstufen auch immer heißen mag). Das Oxytocin ist *kein* Kuschelhormon – vielmehr ähnelt es einem Joker, der im jeweiligen Kontext unterschiedliche Prozesse auslösen und verschiedene Systeme modulieren kann, vergleichbar einem Token, das in unterschiedlichen Automaten verschiedenartige Effekte produziert. Beim Menschen mit seinem hochkomplexen Sozial- und Sexualverhalten gehören dazu: Beeinflussung des Fluchtverhaltens, Stressregulierung, Regulierung des Blutdrucks und vieler anderer Systeme, da Oxytocin-Rezeptoren in der Niere, dem Herzen, dem Verdauungstrakt, dem Thymus und dem Pankreas existieren. Hauptsächlich wirkt Oxytocin im Bereich Liebe und Vertrauen, bei Schwangerschaft, Geburt, dem Milchfluss und der Bindung zum Baby. Bei Männern führt der Kontakt zum Baby zu stark gesteigertem Oxytocin und erhöhter Empathie.

Genauso stark ist das väterliche Gehirn determiniert durch das Hormon Prolaktin, auch das eher als Möglichkeit, denn als fertiges Ergebnis. Dieses Hormon hat etwa 300 biologische Funktionen. Prolaktin unterscheidet Väter stark von

Nicht-Vätern. Dies beginnt schon während der Schwangerschaft. Die regelmäßig beobachtete Gewichtszunahme werdender Väter während der Schwangerschaft ihrer Frau hängt mit dem väterlichen Prolaktin-Anstieg zusammen, der nach der Geburt anhält. Prolaktin verbessert die Sensitivität gegenüber dem kindlichen Schreien, trägt aber auch zur Verminderung des Sexualtriebs beim Vater bei. Dass Väter genau so gut wie Mütter in der Lage sind, aus einem Gewirr von schreienden Babys das eigene herauszuhören, wird ebenfalls mit ihrem erhöhten Prolaktin-Spiegel erklärt.

Auch in heterosexuellen Beziehungen werden Männer immer öfter zu engagierten Vätern; selten sind sie sich jedoch dessen bewusst, dass dies erhebliche Veränderungen in ihnen und ihrem Gehirn bewirkt. Dass es überhaupt einen Unterschied zwischen dem männlichen und dem väterlichen Gehirn gibt, kam erst bei diesen Studien zutage. Der Unterschied ist so bedeutsam und greift so tief in Psyche und Körper des Mannes ein, dass die Evolution dies offenbar zu einer »freiwilligen Leistung« gemacht hat. Mit anderen Worten, Männer können heute wählen, ob sie engagierte, zugewandte Väter sein wollen. Allerdings müssen sie wissen, dass die Entscheidung eine Veränderung der Libido mit sich bringt. Das mag als Verlust erfahren werden, doch der Gewinn ist eine enge Beziehung zu den Kindern, die im Gegensatz steht zur tradierten Rolle des »institutionellen« geistigen Vaters, wie sie im 5. Kapitel beschrieben wurde.

Das väterliche Gehirn nähert sich also dem mütterlichen an, vorher bestehende Geschlechtsunterschiede verringern sich. Am deutlichsten wird dies am Beispiel des Testosterons. Nahezu alle Studien mit Männern, die die Schwangerschaft aktiv begleiteten und in die Versorgung des Babys eng eingebunden waren, zeigen einen signifikanten Abfall des Testosteronspiegels. Das galt nicht für traditionelle Väter. Es ist, als wollte die Evolution uns sagen: »Natürlich können Männer gut für Babys sorgen. Aber nicht mit einer Testosteronsteuerung, die für rivalisierendes Verhalten, breit gestreutes Interesse an Frauen und geringe Empathie sorgt. Deshalb musste ich das zurückfahren.« Wie lang dieser Effekt anhält? Bis das Baby etwa 18 Monate alt ist.

Die Verwandlung des männlichen in das väterliche Gehirn ist fakultativ, somit stellt sich die Frage: Was hat der Mann davon? Hier tangieren wir das Phänomen des sogenannten »Gebärneids«. Da sich dieser wohl kaum auf den schmerzhaften Geburtsvorgang richtet, ist es der Neid auf die so evidenten Glücksgefühle der Mutter mit ihrem Baby. Alle beschriebenen Anpassungen des männlichen Gehirns an das väterliche Gehirn deuten darauf hin: Sie versetzen den Mann in die Lage, eine Gefühlssynchronie mit dem Baby herzustellen, die zur Quelle tiefer Glücksempfindungen wird. Der Preis: Das Risiko einer postpartalen Depression ist bei engagierten Vätern deutlich erhöht. Der Testosteronabfall mag als ein Preis empfunden werden, die Annäherung an den Hormonzustand der Frau ebenfalls. Kurzfristig steigt die Rate stressbedingter Erkrankungen. Langfristig ergibt sich aber ein ganz anderes Bild: nicht nur eine beglückende Beziehung zum Nachwuchs, sondern auch eine erhöhte Lebenserwartung.

Wenn Väter praktisch dieselben Anpassungen wie Mütter an die Bedürfnisse der Babys erreichen, so tun sie dies in aller Regel als sekundäre Bezugsperson, mit der Mutter als primärer Bezugsperson. Gibt es dafür eine biologische Determination? Da dies erst untersucht werden konnte, nachdem es Situationen gab, in denen diese Konstellation nicht gegeben war – nämlich männlich-homosexuelle Paare, die ein durch Samen- und Eispende gezeugtes oder adoptiertes Kind ohne weibliche Bezugsperson großziehen –, kann dies heute beantwortet werden. Hätte die Evolution eine Stimme, so würde sie sagen: »Ich habe diese flexible Anpassungsmöglichkeit seit Langem vorbereitet und bereitgehalten, musste aber abwarten, dass die Kultur sie abruft.«

Für engagierte Väter, so wissen wir heute, ergibt sich im Falle von Oxytocin und Prolaktin eine weitgehende hormonelle Angleichung an die Mutter. Die ähnliche hormonelle Disposition erlaubt eine stillschweigende Gefühlsübereinstimmung zwischen Mutter und Vater, die man Synchronie nennt, und die in hohem Maße das erleichtert, worauf es ankommt: den Konsens von Mutter und Baby sowie von Vater und Baby.[14] Gewiss, die Gefühlsübereinstimmung zwischen Mutter und Vater hat etwas Idealtypisches. Sie stützt sich auf keine historische Tradition und ist in der Regel weit davon entfernt, perfekt zu funktionieren. Ein Beleg unter vielen ist das »Still-Face-Experiment«. Entwicklungspsychologen nutzen es, um die Reaktion von Babys und Eltern auf eine überraschende Situation zu erforschen.[15] Das Experiment sieht vor, dass einer der Elternteile für eine Weile in einem Zustand eingefrorener Mimik erstarrt, was nicht nur für das Baby verwirrend bis verstörend ist. Auch für den jeweils anderen Elternteil provoziert dies heftige Gefühle, wenn er oder sie nicht durch vorherige Absprache darauf vorbereitet ist. Väter nehmen ein solches Verhalten ihrer Frau eher gelassen hin, während Mütter – ob sie es ausdrücken oder nicht – häufig empört sind, was er jetzt dem Baby antut ... Solche, auf den ersten Blick minimalen, Verhaltensunterschiede der Eltern werfen eine Frage auf, die sich wie ein roter Faden durch die Alltags- und die Studienrealität von Familien mit engagierten Vätern zieht: Gelingt es den Müttern, das Andersartige im Verhalten des Vaters als willkommen und bereichernd zu sehen?

Bisher ist das offenbar eher *nicht* der Fall, und das hängt nach heutigem Wissensstand mit unterschiedlichen Verhaltensmustern zusammen. Die Synchronie äußert sich als Gefühlsübereinstimmung zwischen zwei Bindungspartnern. Sie ist aber – tiefergehend – ein Vorgang der Koordinierung zwischen Biologie und Verhalten, der bei Mutter und Vater ähnlich wichtig ist. Dennoch gibt es typische Unterschiede, die, wenn alles gut läuft, vom jeweils anderen positiv bewertet werden: die Mutter mit einer Sicherheit gebenden, eher vorhersehbaren, auf die Beziehung zentrierten Interaktion; der Vater mit einer weniger vorhersehbaren, explorierenden, eher der Außenwelt zugewandten Interaktion. Allerdings könnte es sein, dass diese Verhaltensunterschiede nicht biologisch, sondern kulturell bedingt sind und über Jahrtausende »antrainiert« wurden – eine Antwort darauf werden vielleicht spätere Forschungen geben können.

Langzeitstudien zeigten, dass die Synchronie – gestützt durch das Oxytocin – vor allem in den ersten neun Monaten im Falle des Gelingens positive Auswirkungen auf das Kind bis weit in die Adoleszenz und für den Rest des Lebens hat. Da Väter beim Übergang vom männlichen zum väterlichen Gehirn dieselbe Fähigkeit zur Oxytocin-Bereitstellung erwerben wie Mütter, stehen ihnen dieselben Synchronie-

Möglichkeiten mit ihren Kindern offen. Diese Erfahrungen haben dieselben Langzeitauswirkungen, im Sinne der oben beschriebenen spezifisch väterlichen Prägungen. Allerdings können die negativen Einflüsse der Oxytocin-Produktion auch die Fähigkeit zu Synchronie-Interaktionen zum Erliegen bringen: Zu diesen gehören postpartale Depressionen (zunehmend auch bei Vätern) und äußerer oder Beziehungsstress. In dem Fall wird ein Kind abhängig von der Verfügbarkeit möglicher anderer Bindungspartner.[16]

An dieser Stelle würde ich gerne der Evolution eine Stimme geben, damit sie uns selbst sagt, warum sie diese Hormone bereitstellt und mit so vielen Kompetenzen ausgestattet hat. Wir als Forschende können nur schlussfolgern, dass die Evolution einen Schatz von Bewährtem und Erprobtem bewahrt, der uns zum Überleben und zu einem besseren Leben verholfen hat. Für die Menschen bedeutet dieser Schatz zugleich einen permanenten Schutz bei kulturellen und politischen Verirrungen, wofür später einige Beispiele zu nennen sind.

Was es für das Kind heißt, einen engagierten Vater zu haben

Seit der Betrachtung des ersten Ultraschall-Bildes setzt sich der engagierte Vater dem dramatischen Liebesprozess aus, der seine Beziehung zu dem Baby bestimmen wird. Und er erwirbt in einem hormonellen Umwandlungsprozess jene Fähigkeiten, die aus ihm einen ähnlich guten Versorger wie die Mutter machen. Er wird dafür belohnt mit Glücksmomenten, die er als eher distanzierter Vater nie erlebt hätte. Bei engem Körperkontakt ergeben sich die Sequenzen gegenseitigen Gefühlsausdrucks, die wir als Synchronie bezeichnen und in denen das Baby die Grundlagen dafür erwirbt, seine Gefühle einmal selbst regulieren zu können.

Zunächst bestehen zwischen Mutter und Vater wenig Unterschiede, doch diese werden für das Kind mit zunehmendem Alter immer wahrnehmbarer und wichtiger, wobei die Einordnung als Geschlechtsunterschiede kaum der Baby-Perspektive entsprechen dürfte. In der psychoanalytischen Beschreibung der Projektionen auf Vater und Mutter sind die Geschlechtsunterschiede zentral herausgearbeitet worden. Sie werden als eine Dreiecksbeziehung zwischen den Protagonisten Vater-Mutter-Kind beschrieben. Da sich diese Triangulation an den traditionellen Geschlechterrollen orientierte, stellt sich allerdings die Frage, ob einige Ergebnisse der vorliegenden Studien tatsächlich der Evolution geschuldet sind und nicht eher kulturell erworbenen Verhaltensmustern entsprechen.

Unter Berücksichtigung dieser Vorbehalte, widmen sich die folgenden Abschnitte den Erfahrungen engagierter Väter sowie den Auswirkungen ihrer Nähe und Zuwendung. In einer Langzeitstudie aus dem Arbeitskreis von Ruth Feldman wird die zeitliche Entwicklung reziproken Verhaltens, also der Gegenseitigkeit als Basis sozialen Verhaltens, untersucht. Gegenseitigkeit basiert auf den Erfahrungen von Synchronie, die Babys mit Müttern und Vätern machen. Es bilden sich dann mit Müttern und Vätern unterschiedliche Formen von Reziprozität aus, was sich an den Verhaltensmustern des Austausches mit dem Kind messen lässt. Bis in die Adoleszenz bleibt dieser Austausch zeitlich stabil. Im Vorschulalter führen sowohl die Mutter-Kind- als auch die Vater-Kind-Reziprozität beim Kind zu niedrigerer Aggressionsneigung und zu höherer sozialer Kompetenz, während in der Adoleszenz die Reziprozität mit dem Vater ein besseres dialogisches Verhalten bei *Konflikten* bewirkt, wohingegen die Reziprozität mit der Mutter zu einem besseren dialogischen Verhalten in *positiven Interaktionen* führt.[17] Auch hier gilt die Einschränkung: Wir wissen nicht, ob die unterschiedlichen Formen der elterlichen Reziprozität biologischen oder kulturellen Mustern entsprechen. Einerseits legt die Tatsache, dass der Vater weder Schwangerschaft noch Geburt und Stillzeit (wenn nicht die Flasche an die Stelle getreten ist) erlebt hat, eine gewisse Differenz elterlicher Verhaltensmuster nahe. Andererseits lässt es das im Gehirn *aller* Menschen angelegte *»global human parental caregiving network«* wahrscheinlich erscheinen, dass die Ausdifferenzierung der Funktionen geschlechtsunabhängig ist.

Gegenseitigkeit ist eine Grundkomponente prosozialen Verhaltens, sie zu erlernen beginnt nicht in der Interaktion mit Gleichaltrigen, sondern im Austausch mit denen, die vorbereitet sind, die Bedürfnisse des Babys zu spüren. Die überraschende Lehre aus diesen Befunden war: Die Bedürfnisse des Babys verändern die Struktur des Gehirns derer, die sich ihm intensiv zuwenden. Dies ist bei Müttern durch Schwangerschaft, Geburt und Stillen quasi unausweichlich, bei Vätern ist es abhängig von ihrem Verhalten. Der Vater muss sich dafür entscheiden, die Vaterrolle zu übernehmen. Es könnte allerdings sein, dass die historisch erst jungen Erkenntnisse der Zeugungsforschung heute dazu führen, dass auch Väter ihre Rolle mit einer vergleichbaren Unausweichlichkeit verbinden. Wie im 5. Kapitel beschrieben, bewirkten die Erkenntnisse der Zeugungsforschung eine Veränderung der Geschlechterordnung, die unter anderem impliziert, dass Vaterschaft heute nicht mehr geistig, sondern biologisch definiert werden muss. Es ist vorstellbar, dass das erstaunlich rasche Heranwachsen einer Generation von »neuen Vätern« eine Folge dieser Veränderungen des kollektiven Unbewussten ist.

Vater als Modell, Vater als Vertreter von Gesetz und Disziplin: Beides ist auch aus der Distanz möglich. Und beides ist eine Erfahrung, die ein Kind auch im Verhältnis zur Mutter erlernen kann und oft erlernt. Man denke an die vielen Frauen, die nach dem Ersten und dem Zweiten Weltkrieg ein, zwei und mehr Kinder allein aufzogen und in die Welt des moralischen Gebots einführten. Nur der tägliche enge Austausch auf der Basis der Gegenseitigkeit, der langen reziproken Verhaltenssequenzen vermittelt jene Erfahrungen, die dem Kind im Vorschulalter und später die Integration in eine fremde Welt erleichtern. Ob wir die dazugehörigen Rollen als »mütterlich« oder als »väterlich« definieren, und sie nicht vielmehr mit Begriffen wie »Fürsorglichkeit« und »moralische Anleitung« versehen, wird sich dann zeigen. Es ist wahrscheinlich, dass der große soziale Wandel, der sich zunächst mit den Geschlechterrollen vollzog und nun das väterliche Gehirn betrifft, auch Einzug halten wird in unseren Sprachgebrauch.

Wir leben heute in den Industrieländern in einer Welt, in der die geschlechts- und genderspezifischen Unterschiede eine große Ausdifferenzierung erfahren. Das Baby erlebt seine eigenen Potenziale in der Interaktion mit unterschiedlichen Menschen, und dies umso stärker, je tiefer sich diese

Menschen, mit ihrer Unterschiedlichkeit, auf das Baby einlassen. Es scheint, als wären die Ergebnisse dieser frühen Erfahrungen entscheidend für die Adoleszenz, der schwierigsten Zeit für alle Heranwachsende. Wie belohnend die ersten Beziehungen erfahren wurden, kann manchmal in der Adoleszenz dazu führen, dass die positiven Gefühle eher in Beziehungserfahrungen gesucht werden als in den »Belohnungen« der sozialen Medien oder gar chemischer Substanzen. Im 6. Kapitel wurde an mehreren Beispielen gezeigt, wie stark die emotionale Anziehungskraft und die Einflussmöglichkeiten dieser Techniken sind, die so programmiert werden, Gefühle zu kanalisieren. Es wurde auch beschrieben, dass der Verbleib in der »analogen« Welt wie ein Schutzschild dagegen funktioniert. Dazu bedarf es allerdings einer analogen Welt, die ein entsprechendes Gegengewicht liefert – und das Vertrauen darauf früh in der Psyche des Kindes verankert hat. Was die Eltern also leisten, ist das, was man den Aufbau eines Vertrauensnetzwerks nennen könnte. Dies erscheint wie ein Widerspruch zu Levines Aussage, dass die Evolution den Vertrauensvorschuss in uns angelegt hat. Doch so wie es Sozialstrukturen gab, die das angeborene Vertrauen unterstützten,[18] bedarf es heute auch einer Eltern-Kind-Beziehung, die die von der Evolution in uns angelegten Strukturen verstärkt.

Der elterliche Umgang mit Aggression und Regelverletzung kann darüber entscheiden, inwieweit es dem Kind und Adoleszenten gelingt, dabei selbst in einem dialogischen und zivilisierten Rahmen zu bleiben. In vielen Einzelarbeiten sind die positiven Auswirkungen engagierten väterlichen Verhaltens auf die Kinder herausgearbeitet worden. Allerdings vollziehen sich auch hier Änderungen. Früher wurden meistens die Folgen untersucht, die das Fehlen eines präsenten Vaters hatte. Dabei erhielten die Forschenden die Auskunft über den Vater zumeist nur mittelbar von der Mutter – die Väter waren während der Gespräche bei einer aushäusigen Tätigkeit. Heute gelten solche Daten nur dann als valide, wenn sie im direkten Kontakt mit den Vätern erhoben wurden. Das heißt, nicht nur hat sich das Ziel der Forschung verändert – von den Folgen väterlicher *Abwesenheit* zu den Auswirkungen väterlicher *Präsenz* –, auch die Methodik hat sich geändert: Die Väter werden direkt befragt.

Die mehr als 20 Jahre umfassende Bielefelder Langzeitstudie der Forschergruppe um Klaus Grossmann ergab einen klaren Zusammenhang zwischen dem väterlichen, feinfühlig-herausfordernden Verhalten im Spiel mit dem Kleinkind und dem späteren Selbstvertrauen des Teenagers – ein Zusammenhang, der auch im negativen Sinne nachgewiesen werden konnte: Das Fehlen einer solchen väterlichen Feinfühligkeit und einer solchen Ermutigung zur Exploration ist ein prognostisch ungünstiger Faktor. Diese wie auch andere Väter-Studien konzentrieren sich auf den spezifisch väterlichen Beitrag zum Entwicklungserfolg, gehen aber von einem breiten Überschneidungsbereich väterlicher und mütterlicher Einflüsse aus.[19]

In einer großen metaanalytischen Studie mit insgesamt 22.300 Datensätzen haben Anna Sarkadi und Mitarbeiter die Auswirkungen väterlichen Engagements auf die Entwicklung vom neugeborenen Baby zum jungen Erwachsenen untersucht. Als Outcome-Ergebnisse fanden sich weniger Verhaltensprobleme in der Adoleszenz, bessere Sozialfunktion sowohl in der Kindheit als auch im Erwachsenenalter und schließlich ein besserer Bildungserfolg. Bei schwierigen ökonomischen Verhältnissen bildete das väterliche Engagement einen relativen Schutz gegen kriminelles Verhalten, unter günstigeren wirtschaftlichen Bedingungen schützte väterliches Engagement weitgehend vor emotionalen Zusammenbrüchen im frühen Erwachsenenalter. Das heute oft kritisierte Überengagement von Müttern und Vätern war hier nicht Studiengegenstand, gemessen wurde auch nicht die Menge, sondern die Qualität des Engagements: eine einfühlsame Berücksichtigung der Bedürfnisse des Kindes.[20]

Bei den Studien ohne Bezugnahme auf die sozio-ökonomische Situation der Familie fanden sich als Ergebnisse des väterlichen Engagements: bessere kognitive Entwicklung in der früheren Kindheit, überdurchschnittlich gute soziale Funktionen während der gesamten Kindheit und schließlich bessere psychische Funktionen im Erwachsenenalter, wie Selbstwirksamkeitserwartung und Empathiefähigkeit. Zwei große Studien in England (UK Millenium Cohort Study und ALSPAC UK Birth Cohort) kamen zu ähnlichen Ergebnissen. Sie untersuchten den Zusammenhang zwischen psychologischer und emotionaler Nähe des Vaters und der psychischen Gesundheit von 9- bis 11-Jährigen: Es erwies sich, dass die psychische Nähe wichtiger war als die im Haushalt verbrachte Zeit.[21]

Um es noch einmal zu unterstreichen: Der Vertrauens- und Selbstvertrauensaufbau war nicht das Ergebnis einer schlichten Anwesenheit des Vaters, sondern einer durchgehenden, feinfühligen, bi-direktionalen Interaktion. Das bedeutet auch, dass eine enge väterliche Interaktion, die weder feinfühlig noch kindgerecht ist, negative Spuren hinterlassen kann.

Was es für die psychische und körperliche Gesundheit des Vaters bedeutet, engagierter Vater zu sein

Engagierte Vaterschaft bedeutet die Chance, die Glücksgefühle der Mutter in ähnlicher Intensität bei sich selbst erleben zu können. Es bedeutet aber auch, die Risiken der Mütter zu teilen, speziell das der postpartalen Depression, die bei engagierten Vätern häufiger als bei distanzierten auftritt.[22] Geteilt wird auch das Risiko, berufliche Nachteile zu erleiden. Höher als bei Müttern ist das Risiko, im Falle einer Trennung eine ungewollte Distanzierung von den Kindern zu erleben. Dies geht mit einem deutlich erhöhten Suizidrisiko einher.[23]

Glücklicherweise kommt es in der Mehrzahl der Fälle zu keiner ungewollten Trennung von den Kindern, was sich auch für den Vater eminent positiv auswirkt. Studien zeigen, dass Väter im Vergleich mit kinderlosen Männern über ihre gesamte Lebensspanne hinweg eine bessere Gesundheit und höhere Lebenserwartung aufweisen.[24] In psychischer Sicht kommt es zu einer größeren Lebenszufriedenheit und einem höheren Gefühl von Sinnhaftigkeit des eigenen Lebens. Allerdings wirft die Vielfalt der Familienkonstellationen die Frage auf, ob dies für alle Formen des Zusammenlebens gleichermaßen gilt. Folgt man einer größeren Studie von Patricia Waldvogel und Ulrike Ehlert,[25] so ist dies nicht der Fall. Es ist die traditionelle Familie mit zwei biologischen Eltern, die der psychischen Gesundheit des Vaters am zuträglichsten ist. Ein nicht ganz überraschender Befund, da in dieser Konstellation keine vorangegangene Trennung verarbeiten werden muss. Alle abgeleiteten und Patchwork-Familienformen bieten dem Vater einen relativen Schutz, soweit es zu einem regelmäßigen Kontakt mit den biologischen Kindern kommt oder aber der Vater eine neue Familie gründen kann.

Aus der Perspektive des Kindes ist es entscheidend, dass ihm alle Familienformen die gleichen Chancen bieten. Aber es wäre unredlich, mit dem Lob der Regenbogenfamilie den Eindruck zu erwecken, dass dieses Ziel heute schon erreicht ist. Nach der bisherigen Forschung findet das Kind emotionale und materielle Ressourcen in deutlich höherem Maße in den Familien mit zwei biologischen Eltern, weshalb, aus Kindesperspektive, die Investitionen in deren Bestand so wichtig sind.[26] Das bessere Abschneiden traditioneller Familien könnte allerdings auch von Faktoren außerhalb der Familie beeinflusst sein: etwa Vorurteilen gegenüber homosexuellen Paaren. Das legt ein Blick in andere, vor allem außereuropäische, Kulturen nahe, in denen *sozial* definierte Familienstrukturen die Regel sind; diese haben ihrerseits oft Vorbehalte gegenüber der westlichen biologisch definierten Familie.[27] Auch offenbarten die Forschungen der Ethnopsychoanalyse, wie wenig verbreitet die Verurteilung von Homosexualität in anderen Kulturen ist.[28] Künftige Forschungen könnten also noch zeigen, dass die traditionelle Familie deshalb bessere Resultate erzielt, weil dieses Modell mit der Tradition konform geht – nach dem Motto: »So haben wir es doch immer schon gemacht.«

Die unbestreitbaren Belastungen, die mit der Vaterschaft, besonders der engagierten, einhergehen, hindern nicht, dass die Lebenszufriedenheit, vor allem in späteren Jahren, hoch ist. Abhängig von der Persönlichkeit, oder, genauer gesagt, den impliziten Motiven der Väter, sind hierbei aber Unterscheidungen angebracht. Wie in der Arbeitsgruppe um Waldvogel und Ehlert gezeigt wurde, führt ein stärkerer Bindungswunsch bei Vätern, trotz der Belastungen, zu höherer Zufriedenheit, während ein starkes Streben nach Macht eine verminderte Lebenszufriedenheit mit sich bringt,[29] eine Erkenntnis, die auch mit der Absenkung des Testosterons beim engen Umgang von Vätern mit ihren Kindern zusammenhängen könnte.

Immer wieder faszinierend ist der Kontrast zwischen den nachvollziehbaren Klagen junger Eltern und den Berichten über ein Absinken ihrer ehelichen Zufriedenheit einerseits und den Befragungen älterer Menschen andererseits. Auf die Frage: Welche waren die glücklichsten Jahre Ihres Lebens? lautet ganz überwiegend die Antwort: »Als die Kinder klein waren.« Wahrscheinlich haben wir, zu unserem Besten, ein sehr selektives Gedächtnis. Mühen, Belastungen und Kummer treten dabei in einen Sinnzusammenhang, der ihm im Rückblick weniger Gewicht verleiht und nicht bestimmend ist für das *erinnerte* Lebensgefühl. Erfahrene Geburtshelfer wissen: Würden die Mütter nicht die überwältigenden Schmerzerfahrungen während der Geburt vergessen, gäbe es keine zweiten Kinder. Unser Selbsterhaltungstrieb sorgt dafür, dass unangenehme Erinnerungen aus unserem Gedächtnis gelöscht oder umgewandelt werden.

Männer, die verheiratet sind, haben eine geringere Sterblichkeitsrate als unverheiratete, und unter den Verheirateten sind es wiederum diejenigen mit Kindern, die eine niedrigere Mortalität aufweisen als die kinderlosen.[30] Erinnern wir uns an die Erkenntnisse des französischen Soziologen Émile Durkheim: Er konstatierte, dass bei Scheidung die Suizid- und Erkrankungsraten von Männern anstiegen, während sie bei

Frauen sanken. Er schloss aus diesem Befund, dass die Institution Ehe »zum Schutz des Mannes« geschaffen wurde.[31] Seit er seine Untersuchung vor mehr als hundert Jahren machte, hat sich vieles geändert, vor allem auf dem Gebiet der Geschlechterordnung. Doch man könnte Durkheims These in dem Sinne erweitern, dass den Mann heute das Zusammenleben mit seinen *Kindern* schützt. Sie geben ihm eine Bindung, wie sie die alten Autoritätsverhältnisse nie zu bieten vermochten. Das Leben engagierter Väter ist somit etwas wie präventive Medizin – kein Wunder, dass kriegerische Gesellschaften nichts vom engen Umgang der Väter mit ihren kleinen Kindern halten.

Freilich können sich, im Falle einer Trennung von der Frau und Distanzierung von den Kindern, die geschilderten positiven Effekte schnell in ihr Gegenteil umkehren, wofür es genügend empirische Belege gibt.[32] Insgesamt ergeben sich also für den engagierten Vater in den ersten Lebensjahren des Kindes, zusammen mit den Glücksmomenten und der Gewissheit eines Lebenssinns, erhöhte Risiken für die psychische und körperliche Gesundheit. Bleibt oder wird die Beziehung zur Partnerin und zum Kind stabil, dann sind die langfristigen gesundheitlichen Vorteile gegenüber Männern mit anderen Lebensläufen deutlich sicht- und messbar.

Die Mutter und der engagierte Vater

Auf den ersten und auch den zweiten Blick entspricht in unserem Kulturkreis ein größeres Engagement der Väter bei der Sorge um das kleine Kind eindeutig dem Wunsch der Mutter. Es kommt den tief verankerten Gerechtigkeitsbedürfnissen entgegen, die Lasten, Risiken und Nachteile der Elternschaft und des Großziehens von Kindern zu teilen: Selbst in Ländern, in denen dies staatlich unterstützt wird, ist man von einem befriedigenden Ergebnis noch weit entfernt. Speziell die Altersabsicherung von Müttern – die oft berufliche Abstriche machen – ist nach wie vor problematisch.

Lange Zeit hat die Wissenschaft die traditionellen Rollenbilder gestützt, indem sie in der Qualität und Quantität der frühen Mutter-Kind-Bindung die entscheidende Variable für das spätere Wohlergehen von Kind und Mutter sah. Dass diese enge Sichtweise überwunden wurde und sich damit der Horizont für ganz neue Erkenntnisse öffnete, ist unter anderem frühen Arbeiten wie denen von Kai von Klitzing und Dieter Bürgin zu verdanken.[33] Es ist heute nur noch schwer vorstellbar, wie man so lange daran vorbeisehen konnte, dass der Säugling schon vor dem sechsten Lebensmonat gleichzeitig mit Vater und Mutter interagiert, und dies in klar differenzierender Weise. Zweierkonstellationen, Dyaden, gibt es, aber es sind mehrere, und sie schließen die Offenheit des Babys für unterschiedliche Personen und für Mehr-Personen-Situationen nicht aus.

Das Engagement junger Väter entspricht einem tiefen Wunsch der Mütter und neuerdings auch vieler Väter. Und doch betreten wir hier einen Bereich der Paradoxien. Es gibt wenige Erkenntnisse, die empirisch so gut abgesichert sind wie diese: Die Zufriedenheit mit der Paarbeziehung nimmt ab, sobald Kinder geboren werden. Nach der Hochzeit oder dem Zusammenschluss lässt sich dies zwar auch bei Paarbeziehungen ohne Kinder beobachten. Aber das Absinken der Paarzufriedenheit ist deutlicher und steiler nach dem ersten

Kind. Dies ist nicht einmal als vorübergehendes Phänomen zu bezeichnen: Langzeitbeobachtungen konnten es bis in die Adoleszenz des Kindes feststellen.[34] Dafür gibt es vielfältige Gründe, vor allem das Absinken der Libido, mit dem die Partner lernen müssen umzugehen. Einen Aspekt habe ich bei eigenen Behandlungen kasuistisch beobachten können. Die jungen Mütter nahmen bei ihren Männern Veränderungen wahr, die sie nicht einordnen konnten und über die sie erschraken. Sie äußerten sich in dem Ausruf: »Du bist ja gar kein Mann mehr.« Es liegt nahe, dies mit der Wahrnehmung der profunden hormonellen Veränderungen des werdenden Vaters in Zusammenhang zu bringen, von denen sie natürlich nichts wussten. Eine dieser Mütter hat in Panik kurz darauf ihren Mann verlassen und auch ihre Tochter zurückgelassen; später wandte sie sich ihr wieder zu.

Die Gesellschaften, in denen wir leben, gründen den Bestand der Lebenswelt des Kindes auf die Beständigkeit der erotischen Anziehung zwischen den Eltern. Das war von Anfang an und ist erst recht unter den Bedingungen der Moderne ein Problem. Wie oben beschrieben, ist die erotische Anziehung bei jungen Eltern besonderen Belastungen ausgesetzt, die zu überwinden viel Zeit, Geduld und Zukunftsvertrauen erfordert. Ein anderer Grund für die Abwendung mag sein, dass das Väterengagement dem Wunsch der Mütter nach gerechter Lastenverteilung zwar entgegenkommt, ihn aber in der Regel nicht erfüllt. Junge engagierte Väter vergessen oft, dass Wäsche, Einkauf, Haushalt und die Organisation des Alltags, die sogenannte *mental load*, Teil des *mothering* ist. Diese Fürsorgepflichten sind zwar kulturell bedingt, werden aber gerne als Attribut einer »mütterlichen Natur« begriffen. Die ungleiche Verteilung von Verantwortung nährt wiederum Unzufriedenheit. Zugleich führt die Annäherung des väterlichen Erlebens an das der Mütter die Frage nach möglicher Rivalität auf: Wer spürt am besten, was das Baby jetzt braucht? Die Tradition besagt: die Mutter. Für ein partnerschaftliches Kinderaufziehen taugt diese Antwort wenig, zudem sie die Rivalität nur erhöht. Aber das ist nur *ein* Punkt. Schlafmangel, verarmte Sexualität, wenig Gelegenheiten zur Anerkennung können sich akkumulieren und nach einigen Monaten in dem Gefühl wachsender ehelicher Unzufriedenheit kulminieren.

Kann das väterliche Engagement unter diesen Umständen zur Überwindung der Unzufriedenheit mit der Paarbeziehung beitragen? Zu dieser Frage gibt es eine Langzeitstudie der Arbeitsgruppe um Simonelli, die Paare von der Geburt eines Kindes bis durch das Vorschulalter beobachtet hat. Ihr auf den ersten Blick paradoxes Ergebnis: Die Zufriedenheit mit der Paarbeziehung (auch bei engagierten Vätern) nimmt ab. Ähnliches zeigten auch alle anderen Studien. Doch das Team um Alessandra Simonelli stellte zudem fest, dass die Qualität der familiären *Interaktionen* im Laufe der Zeit zunimmt, und dies in Verbindung mit einem gleichbleibend hohen Niveau väterlichen Engagements.[35] Das könnte erklären, dass die meisten Elternbeziehungen – trotz offenbar sinkender Zufriedenheit – nicht getrennt werden. Zwar erfüllt die Zweierbeziehung, anders als zu ihrem Beginn, nicht mehr die Erwartungen. Doch sie wird durch eine weiter gefasste familiäre Beziehung mit anderen Inhalten und zusätzlichen Freudenquellen ersetzt. Das väterliche Engagement wäre somit auf lange Sicht eine Hilfe bei der

Überwindung dieser offenbar unvermeidbaren Enttäuschung.

Andererseits wissen wir, dass viele Paare dies nicht schaffen. Die Zahl der Scheidungen bleibt hoch, gerade unter Eltern kleiner Kinder. Deutsche familiensoziologische Studien haben nachgewiesen, dass in zwei Dritteln der Fälle die Initiative zur Scheidung von der Frau ausgeht. Der Schritt ist oft mit Schmerzen verbunden. Doch die befragten geschiedenen Frauen geben mehrheitlich an, dass es ihnen nach ein bis zwei schwierigen Jahren jetzt besser gehe.[36]

Gehören die geschilderten Probleme – etwa die Unzufriedenheit der Paare nach der Geburt eines Kindes – zu den unlösbaren Problemen einer Psychoanalyse? Ich neige zu der Antwort ja, da die Unterschiede nach einer gelungenen Therapie unverändert sein werden. Aber ich empfinde das Konzept der unlösbaren Probleme in der Therapie als eminent fruchtbar, da es davon wegführt, die Lösung an der falschen Stelle zu suchen. Die Unterschiede von Mutter und Vater sind nicht das Problem, sondern der Reichtum für das Kind. Und die Paarbeziehung ist nicht das Problem, sondern die Lösung. Dass Mutter und Vater gleichermaßen engagiert sind, ist ein guter Anfang. Denkbar wäre aber auch die Offenheit für neue Familienformen. Der berühmte Spruch aus Afrika »It takes a village to raise a child« findet heute nicht durch Zufall so viel Verbreitung in der westlichen Welt. Seine große Beliebtheit ist Indiz für eine Sehnsucht, andere Familienformen auszuprobieren: größere Verbände zum Beispiel. Bisher haben solche Versuche oft eine dogmatische Ausrichtung, vor allem dann, wenn die Initiative von einer religiösen Gruppe ausgeht und von einer (meist männlichen) Figur dominiert wird, die dafür sorgt, dass sich die Gemeinschaft hermetisch gegen die Außenwelt abschottet und jeder Versuch, die Gruppe zu verlassen, bestraft wird. Es ist aber auch ein »Village« denkbar, das sich problemlos an die moderne, sogar urbane Gesellschaft adaptiert. Dafür gibt es Beispiele. Doch wie auch immer die »Familie« und ihre Probleme definiert werden: Die Therapie kann bestehende Probleme nicht verändern; wohl aber kann sie eine andere Lesart der Fakten anbieten. Oft hat allein dieser Perspektivwechsel einen tiefgehenden Effekt: sowohl auf die eigene Lebenszufriedenheit als auch auf die Bereitschaft, sich auf den anderen einzulassen.

Ruth Feldman und andere Forscher ihres Gebiets betonen immer wieder: Die Verwandlung des männlichen in das väterliche Gehirn ist ein einzigartiges Beispiel »neuraler Plastizität«, das selbst Hirnforscher überrascht hat. Es macht Schluss mit der Legende, dass sich in Psychologie und Hirnforschung das Bewegliche und das fest Strukturierte gegenüberstehen. Beim männlichen Gehirn verhält es sich eher umgekehrt: Die Wandlung zum väterlichen Gehirn war als Möglichkeit schon lange angelegt. Und es waren kulturelle Faktoren, etwa eine rigide Geschlechterordnung, die dies bis vor Kurzem verhinderten. Je mehr wir über die Gehirnfunktion erfahren, gerade bei der Gestaltung zwischenmenschlicher Beziehungen, umso mehr erfahren wir über die unterschiedlichen Gestaltungsmöglichkeiten unserer »Natur«.

Seit Hunderttausenden von Jahren sagen uns Kultur, Religion und Moral, wie die menschlichen Beziehungen auszusehen haben. Nicht, dass diese Regelwerke ausgedient hätten. Aber heute können wir erstmals unabhängig überprüfen, was diese Konstrukte mit unseren Gehirnen machen. Und ob sie dazu führen, dass Respekt, Resilienz und Akzeptanz von Andersartigkeit wachsen – oder diese Fähigkeiten eher unterminiert werden.

Unsere Kulturen sehen mehr Einschränkungen vor als unsere Gehirne. Im 5. Kapitel wurde auf die Forschungen des Ethnopsychologen Fritz Morgenthaler hingewiesen, der zwischen »der Sexualität« (der kulturell bestimmten Sexualität) und »dem Sexuellen« (als allgemeinem Trieb) unterschied. In einem ähnlichen Sinne sind auch die Diskrepanzen zwischen den »Angeboten« der Evolution und dem, was die Kultur daraus macht, zu verstehen. Alle Kulturen neigen zu Generalisierungen und uniformen Anforderungen an die Bürger – Anforderungen, die sich bei ihrer Verwirklichung oft als katastrophal erweisen. Die Evolution des Menschen, mit seiner unzerstörbaren Diversität, widersetzte sich dem von Anfang an. In westlichen Gesellschaften beginnen wir zu begreifen, dass der bei den Familien verbreitete oder von ihnen geforderte Wunsch nach Einheitlichkeit von Anfang mit der individuellen Verschiedenheit ihrer Mitglieder kollidiert. Deshalb wäre es einerseits sinnvoller, soziale Modelle zu entwickeln, die dieser Diversität Rechnung tragen. Andererseits könnte auch die Psychoanalyse daraus lernen. Noch tut sie sich schwer damit, anderen Modellen Raum zu geben. Jedes Individuum hat den Wunsch, inner- und außerhalb der Familie Resonanz für die spezifischen Eigenschaften des Ich zu finden. Je größer die Vielfalt, desto wahrscheinlicher, dass solche Unterschiede zusammenfinden können. Die analytische Psychotherapie wäre gut beraten, die in uns von der Evolution angelegten Freiheitsräume zu nutzen.

Oft lösen Freiheitsräume Angst aus. Hier jedoch zeigt sich das Gegenteil: Wie etwa die Forschungen zum väterlichen Gehirn zeigen, stehen Freiheitsräume der Evolution im Zusammenhang mit Vertrauen. Jedes der oben zitierten Beispiele kreist um Fragen des Vertrauens: Das zeigt sich etwa bei der unterschiedlichen Interaktion zwischen Mutter und Kind bei digitaler oder analoger Kommunikation. Dass die analoge Kommunikation so viel intensiver wirkt, liegt daran, dass sie auch die Kanäle des Unbewussten einbezieht. Oder das Beispiel der Resilienz als Produkt von Vertrauensbeziehungen, wie sie Feldman an israelischen und palästinensischen Jugendlichen nachgewiesen hat. Ebenso spielt die soziale Sicherheit bei Heilungsprozessen eine entscheidende Rolle, wie die *»Social Safety Theory«* betont. Bei all diesen Forschungen begegnet uns immer wieder die zentrale Bedeutung des Vertrauens. Das von Anthropologie und Neurobiologie beschriebene *»global human parental caregiving network«* des menschlichen Gehirns, das das Vertrauensverhältnis von Vater und Kind in ein völlig neues Licht rückt, sowie die strukturelle Verstärkung des angeborenen Vertrauens durch die Eltern-Kind-Beziehung weisen in dieselbe Richtung: Es gibt offenbar ein kollektives und wachsendes Bedürfnis nach Vertrauensverhältnissen. Die Fähigkeit dazu ist in uns angelegt.

Das Beispiel des Voodoo-Tods mag ein erschreckendes Beispiel sein, aber es belegt ex negativo, dass Vertrauensgemeinschaften eine überlebenswichtige Bedeutung haben. Sie entstehen nicht willkürlich, sondern entwickeln sich im Vertrauen auf die lebenserhaltenden Kräfte des Unbewussten. Der von Bewusstsein und Willen geschaffene Glaube versuchte, die Verbindung von Vertrauen und Unbewusstem zu ersetzen. Im Bestreben nach Emanzipation wollte der Mensch sich nicht mehr den unberechenbaren Vorgaben des Unbewussten unterwerfen. Mit seinen Kulturtechniken – von der Schrift, über Religion und politische Ideologien bis zu mechanischer Uhr und Geld – strebte er an, sich einer »höheren Macht« unterzuordnen, die er selbst erschaffen und über die er eigenmächtig verfügen konnte. Das gelang in zunehmendem Maße. So lange, bis die Kulturtechniken sich des Unbewussten zu bemächtigen begannen und die Massenmedien bewirkten, dass die Glaubensgemeinschaften den Vertrauensgemeinschaften immer ähnlicher wurden. Diese Annäherung löste eine existenzielle Angst aus, die Anfang des 20. Jahrhunderts formuliert wurde: Der Mensch geriet an die Grenzen seiner Naturzerstörung, auch der Glaube an die Herrschaft des Menschen begann zu bröckeln. Der Zweifel am Sinn des Patriarchats war eines unter vielen Indizien. Es wurde schon erwähnt, dass die gleichzeitige Entstehung von Massenmedien und Psychoanalyse nicht als historischer Zufall zu verstehen ist. Das Auftreten der »Redekur« entsprach einem kollektiven Bedürfnis: Statt das Unbewusste zu besetzen, sollte ihm eine Stimme verliehen werden. Der Glaube widersetzte sich dieser Forderung – und seine Antwort war radikal und gnadenlos: totalitärer Staat, Genozid, Denk- und Redeverbot. Durch eben diese Gewalt büßte er aber auch seine Würde ein – er wurde *unglaubwürdig*, während auf der anderen Seite das Bedürfnis nach Vertrauen zunahm.

Die weltweit steigende Zahl autokratischer Systeme spricht dafür, dass sich der Trend nun, drei Generationen nach Kriegsende, umdreht und das Vertrauen, wie um 1900, wieder bedroht ist. Mag sein, dass viele heutige Psychoanalytiker und Psychoanalytikerinnen keine Antwort auf die Bedürfnisse unserer Zeit haben, sich damit überfordert fühlen. Das ist ihr gutes Recht. Doch die, die bereit sind, sich den drei Aufgaben Psychotherapie, Kulturkritik und Erkenntnis zu stellen, wären gut beraten, sich den Forschungen von Neurobiologie und Soziologie, Evolutionsforschung und Genetik und anderer Wissenschaften vom Menschen zuzuwenden. Freud hat gelegentlich auf die Forschungen anderer Disziplinen geblickt, doch er tat dies meist, um für sein Konzept der Psychoanalyse Bilder wie das vom »Urvater« oder der »Horde« zu entwickeln. Anders als zu Zeiten von Freud, hat es die heutige Psychoanalyse mit Forschungsergebnissen aus den Naturwissenschaften zu tun: In vielen dieser Disziplinen werden Entdeckungen gemacht, die ein vollkommen neues Verständnis der menschlichen Psyche erfordern. Ignoriert die Psychoanalyse diese Neuerungen, riskiert sie, selbst zur »Bildgeberin« für andere Fächer herabzusinken. Die Kulturwissenschaften beziehen viele neue Einsichten aus dem Fundus der Psychoanalyse; sie bereichern ihre historische Blickweise um die psychologische Dimension, und sie gehen ihrerseits kreativ mit diesen Inspirationen um. Aber will sich die Psychoanalyse auf eine solche Rolle beschränken? Wir glauben es nicht. Als sie vor mehr als hundert Jahren die Bühne betrat, wurde sie als eine Möglichkeit wahrgenommen, die Kultur ihrer Zeit kritisch zu hinterfragen. Man erwartete von der Psychoanalyse, diese Unbekannte, »das Unbewusste« zu beleuchten und ihre Einsichten für die psychische Gesundheit der Gesellschaft wie einzelner Menschen fruchtbar zu machen.

Wie damals, verursachen auch die heutigen Veränderungen der Gesellschaft Unruhe, Angst und Verunsicherung. Aufhalten kann der individuelle psychoanalytische Prozess diese Entwicklungen nicht. Wohl aber kann die Psychoanalyse versuchen, eine Reflexion auszulösen und eine geeignete Sprache für diese Prozesse zu schaffen, die sich auf individueller wie auf kollektiver Ebene vollziehen. Dafür bedarf es des Blicks in andere Wissenschaftsgebiete. Vor allem aber könnte die Psychoanalyse auf das vielfältige Angebot der Evolution rekurrieren. Das Unbewusste tut das schon längst.

FAZIT

Wir haben rund vier Jahre an diesem Buch gearbeitet. Warum unterwirft man sich der Anstrengung des Schreibens, das Askese und Rückzug von der Gesellschaft erfordert? Dann auch noch zu zweit, was es mit sich bringt, dass vieles nicht intuitiv formuliert werden kann, sondern bewusst vermittelt wird? Man tut es, weil man sich von der Anstrengung einen Erkenntnisgewinn erhofft. Ob unsere Leserschaft einen Erkenntnisgewinn hat, werden wir erst später erfahren. Aber wir können von unserem eigenen beim Schreiben dieses Buchs erzählen.

In der Einleitung haben wir den Gegensatz zwischen Vertrauen und Glauben aufgemacht. Wir wussten nicht, dass dieser Gegensatz im Prozess des Schreibens immer mehr hervortreten würde. Es wuchs die Erkenntnis, dass die Opposition zwischen den beiden Kategorien eine Möglichkeit bietet, über historische und politische Entwicklungen anders zu reflektieren als wir und viele andere es gewohnt waren, das heißt: ohne auf tradierte Gegensätze wie links und rechts, progressiv und reaktionär zurückzufallen. Das Vertrauen ist eine Eigenschaft, die die Evolution in uns verankert hat. Sie ist eng verbunden mit dem, was wir als das Unbewusste bezeichnen: diese Macht, die uns regiert, für die jede Epoche neue Definitionen vorschlägt und die vom menschlichen Emanzipationsdrang immer wieder infrage gestellt und zurückgedrängt wird, zugleich aber immer wieder Belege für bewegliche und phantasievolle Gegenstrategien liefert. In diesen Strategien besteht die historische Wirkmacht des Vertrauens.

Auch der Glaube verfügt über historische Wirkmacht. Er speist sich aus völlig anderen Quellen als das Unbewusste: Es sind, um hier noch einmal Yeshayahu Leibowitz zu zitieren, »Bewusstsein« und »Wille«, die den Menschen charakterisieren.[1] Sie stehen zugleich am Ursprung des Glaubens und repräsentieren den Emanzipationsdrang des Menschen, der sich von den Vorgaben der Evolution und damit des Unbewussten zu befreien versucht. Um dieses Ziel zu erreichen, entwickelte die Menschheit eine Fülle von Kulturtechniken, die vom Pflug über die Schrift, das Geld, die Religion bis zum modernen totalitären Staat mit seinem Arsenal an Gewalt und Zwang sowie neuerdings den digitalen Medien reichen. Sie sollten die Glaubenssysteme unterstützen, die jede Epoche neu erdacht hat. Waren die Kulturtechniken zunächst darauf ausgelegt, den Körper zu beherrschen, so haben sie sich in den letzten zweihundert Jahren zunehmend auf die Eroberung des Terrains der Emotionen verlegt: abzulesen an der Entwicklung der Massenmedien und den algorithmisch gesteuerten sozialen Medien. Der Glaube zielt auf die Emotionen ab und versucht heute, die Eigenschaften des Vertrauens zu übernehmen, das so tief in unserer Psyche verankert ist. Das gelingt zunehmend, so dass der Glaube immer öfter mit Vertrauen verwechselt wird. Um diesem Trugschluss entgegenzuwirken, genügt es nicht mehr, auf das Vertrauen zu vertrauen. Es bedarf eines Unterscheidungsvermögens, das trainiert sein will. Die Psychoanalyse, so wie wir sie verstehen, kann den Einzelnen dazu befähigen, diese Differenzierung vorzunehmen.

Um Missverständnissen vorzubeugen: Hier geht es nicht darum, Bewusstsein und Willen zu deskreditieren, denn auch sie sind Errungenschaft der menschlichen Evolution. Es geht vielmehr um das hierarchische Verhältnis, das zwischen Vertrauen und Glauben, zwischen Unbewusstem und Bewusstsein errichtet wurde. Es gab und gibt Kulturen, die sich darum bemühen, die Opposition zwischen Natur und Kultur gering zu halten; die Kultur zum Spiegelbild der Natur zu machen. Für die abendländische Kultur gilt dies nicht: Sie setzte lange auf Herrschaftsverhältnisse, und diese fanden in den Geschlechterverhältnissen ihre Entsprechung. Die Psychoanalyse spricht nicht von Kultur und Natur, sondern von Bewusstsein und Unbewusstem, doch sie betont die Wechselbeziehung zwischen beiden. Wir können in der Entstehung der Psychoanalyse eines von vielen Symptomen dafür sehen, dass der Impetus der Naturbeherrschung an sein Grenzen geraten ist. Die Kultur ist heute ebenso wenig »Herr im Haus« der Natur, wie das Bewusstsein über das Ich bestimmt.

Zugleich ist es beklemmend, dass derselbe Kulturkreis, in dem sich der Begriff des Unbewussten etablierte, auch zur Region der radikalsten Verdrängung des Vertrauens durch den Glauben wurde. Hier zeigte sich, dass der Glaube, der kaum weniger tief in unserer Psyche verankert ist als das Vertrauen, erst dann sein Ziel zu erreichen scheint, wenn er Gesellschaft und Individuen total erfasst hat; dass Vertrauen zu einem tödlichen Projekt wird, sobald der Glaube völlig davon Besitz ergriffen hat. Wir kamen zu der Erkenntnis – und waren damit keineswegs die ersten –, dass der totalitäre Staat nicht notwendigerweise die Form annehmen muss, die er im »Dritten Reich« oder in der Sowjetunion innehatte. Er kann auch als *freiwillige* Unterwerfung daherkommen. Darauf zielt der Glaube heute bei der Besetzung der Emotionen durch Massenmedien und digitale Netzwerke ab. Diese Freiwilligkeit, ja Lust an der Unterwerfung zeigte sich in den Anfängen aller totalitärer Staaten des frühen 20. Jahrhunderts; erst später übernahmen dort Terror und Angst. Heute haben wir erneut Indizien einer solchen Freiwilligkeit. Sie führt nicht zwangsläufig in den totalitären Staat, der Glaube kann auf Terror und Zwang verzichten, weil sich die Emotionen auch ohne solche Maßnahmen nach ihm richten. Messen lässt sich diese Entwicklung nur am Missbrauch von Begriffen wie »Freiheit«, »Selbstbestimmung« oder »Wirklichkeit«.

Eine der treibenden Kräfte dieser Lust an der Unterwerfung ist das Gefühl der Schuld. Es ist zentral für die Wirkmacht des Glaubens. Im Vertrauenssystem existiert keine Schuld im Sinne einer Sünde, für die das Individuum Sühne leisten muss. Es gibt die Schuldigkeit, im Sinne des Handelns für die Gemeinschaft oder im Sinne der Reziprozität wie in der Gesellschaft der Gabe,[2] nicht das, was die Religionen, allen voran die christliche, unter »Schuld« verstehen: die Schuld gegenüber der Gottheit.

Die Antike brachte den Göttern Opfer dar, damit sie versöhnt sind und ihren Segen spenden. Man übertrug das Prinzip von Gabe und Gegengabe auf den Dialog mit den Göttern. In der christlichen Religion jedoch brachte Gott seinen eigenen Sohn, also sich selbst, als Opfer dar. Christus opferte sich aus Liebe zur Menschheit. Auf dieses Opfer konnten die Menschen mit keiner angemessenen Gegengabe antworten. Das Gesetz von Gabe und Gegengabe war ausgehebelt. Es entstand eine Schuld, die nicht zu begleichen war.

Für die Christen gab es drei Möglichkeiten, mit diesen Schuldverhältnissen umzugehen. Die erste war der blinde, gehorsame Glaube, wie ihn vor allem viele frühe, aber auch einige heutige Christen praktizieren. »Die Gabe des Gläubigen ist zuerst die Gabe seiner selbst durch den Glauben, die Geste absoluten Vertrauens«, schreibt der Philosoph und Ethnologe Marcel Hénaff.[3] Die zweite Möglichkeit bestand im »Ausgang aus der selbstverschuldeten Unmündigkeit«, wie Kant die Aufklärung definierte. Sie verlangte nach Emanzipation von der kirchlichen Bevormundung. Allerdings befürchteten viele, mit den Schuldgefühlen auch der göttlichen Liebe verlustig zu gehen, so eng waren beiden Gefühlsebenen miteinander verflochten. Die dritte Möglichkeit bestand darin, einem anderen die »Schuld« am Tod Gottes zuzuweisen. Das taten die Christen, als sie die Juden zu »Gottesmördern« erklärten. Sie machten aus dem göttlichen Selbstopfer ein Fremdverbrechen und ersetzten die Liebe durch Hass. Alle drei Reaktionsformen haben sich bis heute erhalten.

Die Abwendung von Gott, wie sie sich im Säkularisierungsprozess vollzog, brachte nicht die Befreiung von der Schuld, sondern die Verlagerung der Verbindung von Schuld und Liebe auf die weltliche Ebene. Das Schuldgefühl wurde so zu einem wichtigen Prinzip politischen Handelns, besonders deutlich zu erkennen im totalitären Staat. Die Deutschen schuldeten Hitler, an den NS-Staat zu glauben; wer sich gegen diesen Glauben auflehnte, wurde schuldig und von der Gemeinschaft ausgeschlossen, ermordet. Ebenso stellten auch die von Stalin organisierten großen Schauprozesse in Moskau und in Prag das Schuldprinzip in den Mittelpunkt. Sie richteten sich zunächst gegen die Mitkämpfer der ersten Stunde und bestraften eine Schuld, die im unterstellten Abfallen von der Liebe bestand.

Die Macht der Schuld über die Emotionen beruht auf ihrer Nähe zur Liebe: Es ist die Liebe zu Gott, zur Partei, zum Ehepartner, die der Schuld ihre bindende Kraft verleiht. In ihrem Roman *Kairos* hat Jenny Erpenbeck diesen Zusammenhang treffend hergestellt. Der Roman spielt in den letzten Jahren der DDR und handelt von der Liebe zwischen einem älteren Mann, der die beiden deutschen Diktaturen erlebt hat, und einer sehr viel jüngeren Frau. In der ersten Diktatur war »Hans« noch Kind eines Vaters, der von der nationalsozialistischen Herrschaft profitierte, in der zweiten Diktatur wird er selbst zum Mittäter. Seine Schuld ist also etabliert, bevor der Roman anhebt. Die Protagonistin Katharina wiederum wird »schuldig« an Hans und an der Liebe durch einen Seitensprung, den er ihr nicht verzeihen kann. Diese Schuld trägt einerseits dazu bei, seine Schuld zu verdecken, kleiner werden zu lassen. Andererseits entsteht durch sie ein enges Verhältnis, das in einigen Rezensionen als »Amour fou« bezeichnet wird, in Wirklichkeit aber davon erzählt, wie bindend die Schuld ist. »Ja, sie will, dass er sie schlägt. Will es mit keiner andern Lust als der, dass sie daran totgeht. Vor langer Zeit war es mal ein Spiel. Jetzt ist es Ernst. Jetzt ist die Wirklichkeit endlich bei sich selbst angekommen. Er hasst sie und er hasst sich. Sie hasste ihn und sie hasst sich. Und jeder weiß es vom andern.«[4] Die Wirklichkeit – das ist der Moment, an dem die als Liebe verkleidete Schuld nackt dasteht, nur noch Schuld ist und ihren Tribut fordert. Ob Jenny Erpenbeck das beabsichtigt hat oder nicht, der Roman zeigt, dass die Psyche bei der Liebe zu einem Sexualpartner und der Liebe zu einer Volksgemeinschaft auf ähnliche Weise reagiert, sobald sie unter die Herrschaft der Schuld gerät. In beiden Fällen kommt die Liebe zunächst als Glaube an den Anderen oder an die Sache daher, um dann in totalitäre Verhältnisse einzumünden.

Auch in der sogenannten freien Gesellschaft funktioniert das Bindungsmittel Schuld zuverlässig. Heute am deutlichsten ablesbar an den sozialen Medien. Im Zentrum jeder dort verbreiteten Verschwörungstheorie steht immer ein Schuldiger. Und auch hier muss die Figur des »Juden« für die »Schuld« herhalten. Wie im 6. Kapitel dargestellt, sind antisemitische Codes zu einem der wichtigsten Motoren der virtuellen Gemeinschaftsbildung geworden. Schuld ist auch das zentrale Thema aller politischen Debatten – egal, ob es sich um Fragen der Wirtschaft, des Umweltschutzes, der sozialen Gerechtigkeit oder der Gleichstellung handelt. Als Ende September 2024 ein Attentatsversuch auf Donald Trump vereitelt wurde, beschuldigte er seine Gegenkandidatin und den amtierenden Präsidenten, mit ihrer »kommunistischen linken Rhetorik« dafür gesorgt zu haben, dass »die Kugeln fliegen«. Schuld steht im Zentrum politischer Polarisierung. Sie war und ist ein zentrales Projekt des Glaubens und siedelt sich an zwischen Bewusstsein und Unbewusstem, zwischen Willen und Trieb. Sie bindet den Einzelnen an Herrschaftsverhältnisse öffentlicher wie privater Art. Und durch ihre Verbindung zur Liebe hat sie weite Teile des Vertrauens besetzt.

Einem solchen Missbrauch der Schuld entgegenzuwirken, war eines der Projekte der Psychoanalyse. Freud stellte sie ins Zentrum seiner Theorie: Für ihn war sie die Basis des Über-Ich als internalisierte Instanz von Werten und Normen; er sah in ihr einen Faktor psychischer Störungen und kultureller Verwerfungen und thematisierte die Schuldprojektion, die für den Antisemitismus so relevant ist. Aber er beschrieb nicht die enge Verbindung von Liebe und Schuld. Zu seiner Zeit hatte der Totalitarismus noch nicht seine grausamste Fratze gezeigt. Für uns, die »Nachgeborenen«, ist diese Seite leichter erkennbar, und das erlaubt es uns, an eine neue Psychoanalyse zu denken, die dabei hilft, zwischen den Gefühlen des Glaubens und denen des Vertrauens zu unterscheiden; eine, die die Macht des Schuld-Diskurses infrage stellt.

Es sollte zu denken geben, dass alle autokratischen Regierungen nicht nur unklare Geschlechtergrenzen hassen, eine aggressive, expansive Außenpolitik betreiben (um den innenpolitischen Widerstand nach außen abzuleiten), sondern auch die Psychoanalyse verbieten. Dagegen wurde im Namen der Skepsis – und für sie steht das psychoanalytische Denken – noch nie ein Krieg geführt.

Die Psychoanalyse kann nicht von einer realen Schuld (etwa für ein Verbrechen) erlösen, aber sie kann dem sozialen *Gefühl* der Schuld eine Reflexion, sogar ein Gegengefühl entgegensetzen. Sie kann dies, weil sie sich, im Gegensatz zu allen anderen psychotherapeutischen Methoden, sowohl für das Individuum als auch für die Gesellschaft und die umgebende Kultur interessiert. Mehr als zur Zeit von Freud verstehen wir heute das Individuum als Teil einer Gesellschaft, haben doch viele psychische Erkrankungen mit diesem Verhältnis zu tun. Die Psychoanalyse kann nichts anderes als eine Reflexion über diese Wechselwirkung sein – aber das ist schon viel.

Die aktuelle Entwicklung, der wachsende Glaube an autokratische Herrschaft verlangt nach Reflexion. Die vorgeschlagenen »Heilmittel« – eine gerechtere Vermögensverteilung, leichterer Zugang zu Bildung – sind richtig, aber nicht ausreichend: Geringes Einkommen gilt nur für einen kleinen Teil der Trump-Anhänger wie der AfD-Wählerschaft. Und viele Bewunderer autokratischer Aktivisten verfügen durchaus über höhere Bildung. Auch unter den gläubigen Nationalsozialisten gab es viele Akademiker; in der Sowjetunion war es die »Intelligenzija«, die die Revolution vorantrieb und dabei auch bereit war, über Leichen zu gehen.

Was zu fehlen scheint, ist die *psychische* Bereitschaft zur Reflexion. Es bedarf, so paradox es klingen mag, eines neuen Vertrauens in die Macht der Skepsis. Die Denkmuster der Psychoanalyse schulen die Skepsis – vorausgesetzt sie kommt weder als Verhaltenstherapie daher, die gar nicht erst den Anspruch erhebt, für Reflexion zu sorgen, noch als Gegnerin der modernen Naturwissenschaft. Freud hätte viel um eine Nähe zu den Naturwissenschaften gegeben; er erhoffte sich davon eine höhere Beweisbarkeit seiner Thesen zum Unbewussten. Wir Heutigen hingegen können uns davon Impulse für eine neue Art von Reflexion erwarten: eine Reflexion, die vielleicht sogar dabei ist, zum integralen Bestandteil unseres Unbewussten zu werden.

Mit anderen Worten: Man geht nicht fehl, wenn man unser Buch als ein Plädoyer für eine solche erneuerte Psychoanalyse versteht. Aber man geht auch nicht fehl, darin eine Annäherung an das zu sehen, was wir als psychoanalytisches Wissen der Gesellschaft bezeichnen. Vor allem aber: Wer aus diesem Buch die Schlussfolgerung zieht, dass das Unbewusste eine komplizierte Angelegenheit ist, hat ebenso Recht wie der, der sich ihm anvertraut.

ANHANG

ANMERKUNGEN

EINLEITUNG

1 Demokratie weltweit unter Druck: Zahl der autoritären Regierungen steigt weiter, Bertelsmann-Stiftung 23. 02. 2022 https://www.bertelsmann-stiftung.de/de/themen/aktuelle-meldungen/2022/februar/demokratie-weltweit-unter-druck.

2 Ellenberger, Die Entdeckung des Unbewußten, 1973/1985.

3 Hier wären besonders zu erwähnen: Buchholz/Gödde, Das Unbewusste in aktuellen Diskursen, 2005; Gödde/Buchholz, (Hg.), Der Besen, mit dem die Hexe fliegt, 2012.

1 KURZE VORGESCHICHTE EINER LANGEN ZEIT

1 Die Anfänge dieses Prozesses lagen schon in der Wissenschaftsrenaissance, etwa bei Francis Bacon, der in seiner Schrift De dignitate et augmentis scientiarum von 1623 die Hexenverfolgung damit rechtfertigt, dass nur so Einblicke »in die Geheimniße der Natur« zu gewinnen seien. Die »gereizte und gefangene Natur« müsse nach der »Art eines Verhörs untersucht« werden. Bacon (1983), II. Buch, Kapitel 2, S. 176 f., 182.

2 Schleiermacher, Über die Religion, S. 204, 211.

3 Moritz, Bd. 1, S. 105.

4 Douglas (1988); von Braun (2016), S. 335–348.

5 Joh 12, 45.

6 Montaigne, Essais (1992), Bd. 2, S. 138.

7 Levine, Duped (2019). Übers. d. Verf.

8 J. Kleinberg et al., The Quarterly Journal of Economics 133/1, S. 237–293; s. a. Gladwell, 2019, S. 43–49.

9 Levine, Duped, Kindle-Version, S. XI.

10 Graeber/Wengrow, Anfänge, 2022.

11 Ebd., S. 319.

12 Ebd., S. 323.

13 Ebd., S. 324.

14 Mauss, Die Gabe (1990), S. 118.

15 McLuhan, Understanding Media (1964), S. 25.

16 Diese bildeten sich parallel zur Entstehung einer Geldform heraus, die auf einem Kreditsystem beruhte. Heute gehen Schriftforscher davon aus, dass die Schrift, zumindest in diesem Teil der Welt, zunächst für die Zwecke der Buchführung entwickelt wurde. Vgl. Schmandt-Besserat (1978, 1996, 2015). Für Catal Hüyük (um 7500 vor u. Z.) und Uruk (im 4. Jahrtau-

send vor u.Z.) geben auch Graeber/Wengrow Beispiele, S.450 ff. und S.333 ff.

17 Finkelstein/Silberman (2015), S.337, 306.

18 Der Begriff »Textgemeinschaft« (textual community) ist übernommen von Brian Stock (1983).

19 Eine Ausnahme bildete die Keilschrift, die ebenfalls ein phonetisches Schriftsystem war. Ihre Zeichen orientierten sich jedoch nicht, wie das Alphabet, an Bildern, weshalb das Schriftsystem schwer zu memorieren war und bald vom Alphabet verdrängt wurde. Ausführlicher Zauzich (2015), S.112.

20 Ausführlicher von Braun (2016), 2. Kapitel.

21 Das matrilineare Prinzip besagt, dass Jude ist, wer eine Jüdin zur Mutter hat. Es stellt also die körperliche Zugehörigkeit zur Gemeinschaft in den Vordergrund. Das patrilineare Prinzip wird durch die allen Juden gemeinsame Heilige Schrift gesichert. Heine bezeichnete die Thora deshalb als das jüdische »Vaterland«. Heine, 1995, Bd.4, S.483. Ich komme auf das Thema im 5. Kapitel zurück.

22 Schleiermacher, S.197.

23 von Braun, Der Ewige Judenhass. Filmtrilogie, WDR/NDR (1990), Teil 3.

24 Zit. n. Max Wiener, Jüdische Religion im Zeitalter der Emanzipation (1933/1988), S.113.

25 Der Begriff »Intellektueller« kam mit dem Dreyfus-Prozess auf und führte vor allem in Deutschland dazu, dass der Begriff »intellektuell« zu einem Synonym für »jüdisch« wurde. Vgl. Bering, Die Intellektuellen (1978).

26 von Braun, Der Preis des Geldes (2012), 2. Kapitel »Geld und Glaube«.

27 Ausführlicher Hörisch, Bedeutsamkeit (2009).

28 Landes, Revolution in Time (1983), S.48–62, 76.

29 Mumford, Technics and Civilization (1934/1963), S.14 f.

30 Ausführlicher von Braun/ Mathes, Verschleierte Wirklichkeit (2007), S.149–181.

31 Das Evangelium nach Johannes, Kapitel 20.

32 Castoriadis, Gesellschaft als imaginäre Institution (1990), S.454.

33 Panofsky, Gotische Architektur und Scholastik (1989), S.24 f.

34 Ebd., S.28.

35 Ausführlicher von Braun, Blutsbande (2018), S.232–243.

36 von Braun, Fundamentalism, in: Encyclopedia of Jewish-Christian Relations Online.

37 von Braun/Mathes, Verschleierte Wirklichkeit (2017).

38 Simanowski, Die Logik des Digitalen (2024).

2 EXIT GOTT – AUFTRITT DAS UNBEWUSSTE

1 Du Bois-Reymond, Ueber die Grenzen des Naturerkennens, (1872/1886) S.105–130.

2 Jean Paul, Selina (1987), Band 6, S.1182.

3 von Braun, Nicht ich (4/5), S.6–7.

4 Schelling, System des transcendentalen Idealismus, in GW (1856–1861), 1. Abt., Bd. 3, S. 594 u. 612 ff., 600. Bd. 10, S. 92 ff.
5 Lütkehaus (Hg.), »Dieses wahre innere Afrika« (1989), S. 13.
6 Schelling, System des transcendentalen Idealismus, Bd. 3, S. 600, 601.
7 Smith verwendete den Begriff dreimal: erstens als Verweis auf eine ethische Position, zweitens im Sinne einer Teilung des Vermögens mit den Armen (Theorie der ethischen Gefühle, 2010) und drittens im Sinne des Zusammenwirkens ökonomischer Einzelentscheidungen. (Wohlstand der Nationen, 2018). Die dritte Verwendung wurde am bekanntesten und erfuhr auch die meistverbreitete Fehlinterpretation.
8 Z. B. Carus, Grundzüge allgemeiner Naturbetrachtung (1823/1954).
9 Carus, Psyche (1846).
10 Carus Psyche, S. 1., 1 f., 2.
11 Carus Psyche, S. 284.
12 Carus, Über die ungleiche Befähigung der verschiedenen Menschenstämme für höhere geistige Entwicklung, 1849. Ein Vorgriff auf diese Kategorien findet sich auch in Carus, Psyche, S. 62 f.
13 S. Freud, Totem und Tabu (1913), GW IX.
14 von zur Mühlen, Rassenideologien (1977), S. 47 f.
15 von Braun (1990).
16 S. Freud, Die Frage der Laienanalyse (1926), GW XIV, S. 241.
17 Lütkehaus, S. 31.
18 Le Bon, Psychologie der Massen (1895/1973).
19 Carus, Psyche, S. 3.
20 Kant, Anthropologie in pragmatischer Hinsicht, (1798/1912), S. 23.
21 Jean Paul, Selina, S. 1189 f.
22 Herbart, Lehrbuch der Psychologie (1989), Bd. 4, S. 372 f.
23 Makari, Revolution in Mind (2009), S. 63.
24 Hartmann, Philosophie des Unbewussten, Teil 1: Phänomenologie des Unbewussten (1989), S. 13.
25 Hartmann, Metaphysik des Unbewussten, in: Philosophie des Unbewussten, Teil II, S. 321, 323. Hervorhebungen im Original.
26 Friedrich Schiller Archiv, (Laufnummer 807). Brief Goethe an Schiller, 6. April 1801.
27 Immanuel Hermann Fichte, Psychologie (1864), S. 173, 82.
28 Wundt, Beiträge zur Theorie der Sinneswahrnehmung (1862), S. 375.
29 Wundt, Grundzüge der physiologischen Psychologie (1874), S. 1.
30 Bastian, Beiträge zur vergleichenden Psychologie (1868), S. 1
31 »Es ist falsch zu sagen: Ich denke. Es müsste heißen: Es denkt mich. Das Ich ist ein Anderer.« Rimbaud, Lettre à Georges Izambard, 36 mai 37, in: Œuvres, 38, S. 39 f.
32 Arthur Schopenhauer, Die Welt als Wille und Vorstellung (1844), Bd. 2, S. 210, 208.
33 Ebd., S. 133, 205, 212.
34 Ebd., S. 515.

35 S. Freud, Vorwort zur vierten Auflage der Drei Abhandlungen zur Sexualtheorie (1920) GW V, S. 32.
36 Schopenhauer, Metaphysik der Geschlechtsliebe, in: Die Welt als Wille und Vorstellung, Bd. 2, S. 551.
37 Unbestreitbar: Auch Freud hielt Zeugung und Reproduktion für eng verknüpft, aber er sah darin eher parallele Erscheinungen, die bei der »Umgestaltung der Pubertät« auftreten: »Das neue Sexualziel besteht beim Manne in der Entladung der Geschlechtsprodukte; es ist dem früheren, der Erreichung von Lust keineswegs fremd, vielmehr ist der höchste Betrag von Lust an diesen Endakt des Sexualvorgangs geknüpft. Der Sexualtrieb stellt sich jetzt in den Dienst der Fortpflanzungsfunktion; er wird sozusagen altruistisch.« In: Drei Abhandlungen zur Sexualtheorie (1920), GW V, S. 109.
38 Nietzsche, Jenseits von Gut und Böse. Vorspiel einer Philosophie der Zukunft (1886), http://www.nietzschesource.org/#, dort: JGB-17 – Jenseits von Gut und Böse: § 17. Erste Veröff. 04/08/1886.
39 Nietzsche, Nachgelassene Fragmente September 1870–Januar 1871, http://www.nietzschesource.org/#, NF-1870,5[89] – Nachgelassene Fragmente September 1870–Januar 1871.
40 Nietzsche, Morgenröthe: § 128. Erste Veröff. 31. 7. 1881, http://www.nietzschesource.org/#, M-128 – Morgenröthe: § 128. Erste Veröff. 31/07/1881.
41 Nietzsche – 1883, 24 [16] Nachgelassene Fragmente Winter 1883–1884, 24[16], http://www.nietzschesource.org/#, NF-1883,24[16] – Nachgelassene Fragmente Winter 1883–1884.
42 Nietzsche, Morgenröthe, eKGWB/NF-1870,5[89] – Nachgelassene Fragmente September 1870–Januar 1871, http://www.nietzschesource.org/#, M-120 – Morgenröthe: § 120. Erste Veröff. 31/07/1881.
43 Nietzsche, Jenseits von Gut und Böse: http://www.nietzschesource.org/#, JGB-68 – Jenseits von Gut und Böse: § 68. Erste Veröff. 04/08/1886.
44 Nietzsche, Die fröhliche Wissenschaft, http://www.nietzschesource.org/#, FW-9 – Die fröhliche Wissenschaft: § 9. Erste Veröff. 10/09/1882.
45 Yerushalmi, Freuds Moses (1992), S, 28.
46 Bering, Die Intellektuellen (1978).
47 Mendes-Flohr, Wissensbilder im modernen jüdischen Denken (1999), S. 229.
48 Ausführlicher: Treß, Deutscher Nationalismus und Judenfeindschaft; ders. Jüdisches Gesetz und Staatsbürgerrecht im Übergang zur Moderne (2018), S. 335–350.
49 Diese Entwicklung lockerte sich später in einem Teil der Orthodoxie. Heute gibt es, vor allem in Israel, orthodoxe Strömungen, die das Festhalten an der Tradition mit flexibler Auslegung verbinden. In ihnen sind – vielleicht nicht durch Zufall – viele Frauen, sogar als Rabbinerinnen, aktiv. Für die Orthodoxie des 18. und 19. Jahrhunderts war das ebenso undenkbar wie weibliche Geistliche für die Kirchen.
50 Ong, Oralität und Literalität (1987), S. 147.

51 Seckendorff, Vorlesungen über Deklamation und Mimik (1816), zit. n. Geitner (1992), S. 338 f.
52 Johann Wolfgang von Goethe, Aus meinem Leben. Dichtung und Wahrheit, in: Goethes Werke, Bd. 9, S. 447.
53 Arthur Rimbaud, 2. Seherbrief, in: Gedichte, 1989, S. 155.
54 Ebd., S. 99.
55 Rosenzweig, 1926, S. 166.
56 Rosenzweig, Der Stern der Erlösung, (1921/2015), S. 421.
57 Rosenzweig (1926), S. 167.
58 Ausführlicher zur Jüdischen Renaissance und den Theorien einer Gemeinschaft des Blutes vgl. von Braun, Blutsbande (2018), S. 370–377.
59 S. Freud, Der Mann Mann Moses und die monotheistische Religion (1939) GW XVI, S. 172 f.
60 von Braun, »Frauenkrankheiten« als Spiegelbild der Geschichte (1995), S. 98–129.
61 Freud sah sich als »gottlosen Juden«, das heißt, er bekannte sich zu seiner jüdischen Herkunft, aber nicht zur jüdischen Religion. In einem Brief von 1926 an Mitglieder der jüdischen B'nai-Brith-Loge schrieb er, dass ihn weder der Glaube noch der »nationale Stolz« ans Judentum gebunden habe. »Aber es blieb ganz anderes übrig, das die Anziehung des Judentums und der Juden unwiderstehlich machte, viele dunkle Gefühlsmächte, um so gewaltiger, je weniger sie sich in Worten erfassen ließen, ebenso wie die klare Bewußtheit der gleichen inneren seelischen Konstruktion.« In: Ernst Freud (1985), S. 138.
62 S. Freud, Traumdeutung (1900) GW, II / III, S. 518.
63 S. Freud, Das Unbewusste (1915) GW X, S. 286.
64 S. Freud, Neue Folge der Vorlesungen zur Einführung in die Psychoanalyse (1933), GW XV, S. 80.
65 Blumenberg, Der Übergangsraum oder die Dimension des Hebräers in uns (2021); s. a. ders., Psychoanalyse – eine jüdische Wissenschaft? Forum Psychoanalyse (1996); ders., Freud – ein »gottloser Jude«? (1997); ders., Der Auszug aus Ägypten bleibt unser Ausgangspunkt (2012).
66 S. Freud, Neue Folge der Vorlesungen zur Einführung in die Psychoanalyse (1933) GW XV, S. 80.
67 S. Freud, Die Zukunft einer Illusion (1927) GW XVI, S. 322–380.
68 Das salomonische »Hohelied« wurde erst unter dem Einfluss christlicher Interpreten allegorisch umgedeutet in eine mystische Darstellung der Liebe Gottes. Doch für die frühen Rabbiner pries es explizit die menschliche Sinnlichkeit. Mit der Aufklärung begann, auch unter Christen, eine neue weltliche Interpretation, die dann auch im weltlich ausgerichteten Zionismus eine wichtige Rolle spielen sollte. Pardes, The Song of Songs (2019).
69 Breuer/Freud, Studien über Hysterie (1895/1970), S. 145 f.
70 Eines der Symptome von Anna O. bestand darin, dass sie unfähig wurde, in ihrer deutschen Muttersprache zu kommunizieren. Sie konnte sich mit ihrem Therapeuten nur noch auf Englisch verständigen.

71 S. Freud, Zur Einführung des Narzissmus (1914), GW X, S 144.

72 S. Freud, Vorlesungen zur Einführung in die Psychoanalyse (1916), GW XI, S. 402.

73 Fischer-Homberger, Charcot und die Ätiologie der Neurosen, in: Gesnerus, 1971, Band 28, Heft 1–2, S. 44, 42.

74 Möbius, Über den Begriff der Hysterie (1894), Heft 1, S. 182.

75 Zur Geschichte des Krankheitsbildes Hysterie: von Braun, Nicht ich. (1985/2009), 1. Kapitel.

76 S. Freud, Zur Ätiologie der Hysterie (1896), GW I, S. 426.

77 S. Freud, Studien über Hysterie (1895), GW I, S. 227.

78 S. Freud, Über Psychotherapie (1903/04), GW V, S. 13–26, 23 f.

79 S. Freud, Die Traumdeutung (1900), GW, Bd. II / III, S. 617 f.

80 »Der Traum schafft eine Art von psychischer Erledigung für den unterdrückten oder mithilfe des Verdrängten geformten Wunsch, indem er ihn als erfüllt hinstellt; er genügt aber auch der anderen Instanz, indem er die Fortsetzung des Schlafes gestattet.« S. Freud, Traumdeutung, GW II / III, S. 692 f.

81 S. Freud, Traumdeutung (1900), S. 679, 573.

82 Ebd., S. 674, 675, 577, 645. Hervorhebungen im Original.

83 In Freuds Gesammelten Werken wird Schopenhauer neunmal erwähnt. (Becker (1971), S. 114–156.) Dieses Verschweigen des Vorgängers erstaunt umso mehr, als Freud für viele eigene Theorien den Anspruch auf Erstentdeckung betont. (Merton, The Ambivalence of Scientists (1976), S. 38.)

84 S. Freud, Über Psychotherapie (1903/04), GW V, S. 13–26, 24 f. Hervorhebung im Original.

85 Psychische Phylogenese: »Die körperliche und psychische intrauterine und postpartale Kindheitsentwicklung wiederholt die Geschichte der Stammesentwicklung von Mensch und Tier«. (Wilhelm Karl Arnold u. a. (Hrsg.): Lexikon der Psychologie, Augsburg (Bechtermünz Verlag) 1996, Stichwort »Psychogenetisches Grundgesetz«: Spalte 1729.)

86 In »Totem und Tabu« entwickelt Freud die These, dass die Tabus animistischer Kulturen von den »Primitiven« geschaffen wurden, nachdem die unterjochten Söhne den Vater der Urhorde ermordet hatten. Aus Reue und in nachträglichem Gehorsam schufen sie das Inzesttabu (sie verzichteten auf die Frauen des Clans) und verehrten das Totemtier als Vaterersatz. Unbewusst, so Freud, lebe der Urvatermord in religiösen Ritualen weiter. Der Text, der teilweise auf den Forschungen von Ethnologen wie Wilhelm Wundt, James George Frazer und Robertson Smith basierte, wurde auch als Gegenentwurf zu C. G. Jung geschrieben, dessen psychoanalytische Theorien immer mehr in den Bereich des Übernatürlichen abwanderten.

87 S. Freud, Der Mann Moses und die monotheistische Religion (1939): In diesem Werk entwickelte Freud die These, das jüdische Volk habe Moses ermordet, weil dieser den (vom Ägypter Echnaton übernommenen) Monotheismus bei seinem Volk einzuführen versuchte. Daraufhin habe sich »das schlechte Gewissen über den Vatermord« in ein kollektives Trauma verwandelt und sei schließlich in eine Moses-Verehrung umgeschlagen,

die schließlich in den Heiligen Schriften ihren Niederschlag fand. Das Werk wurde von Anfang an als spekulativ abgelehnt, hatte jedoch wegen seiner Implikationen für die Anwendung psychoanalytischer Muster auf historische Prozesse erhebliche Auswirkungen. Zugleich setzte sich Freud in diesem Werk auch mit dem Antisemitismus seiner Zeit auseinander.

88 S. Freud, Bruchstück einer Hysterie-Analyse (1905), GW V, S. 161–286.

89 Bleuler, Affektivität, Suggestibilität, Paranoia (1906).

90 Diese waren damals noch durchweg männlich.

91 Auffallend ist, dass diese ganzen Begriffe aus der Thermodynamik übernommen wurden, was den Vorgängen den Anschein einer physikalischen Gesetzmäßigkeit verlieh.

92 Briefwechsel Brill-Freud von 2014, zit. n. Makari (2009), S. 280.

93 von Braun, Zur Bedeutung der Sexualbilder im Antisemitismus (2015), S. 293–307; dies., Gender and Antisemitism (2024), S. 320–331.

94 Freud berichtet in einem Brief an Jung von einem Besuch von Hirschfeld: »er sieht gutmütig und ungeschickt aus, ist offenbar eine ehrliche Haut. Hat sich angefreundet und wird unserem Gesichtspunkt fortan möglichst Rechnung tragen.« Brief vom 95. 96. 97, in: S. Freud/ C. G. Jung, Briefwechsel (98), S. 99.

95 Makari (2009), S. 296.

96 Ebd., S. 262.

97 Darunter über zwei Millionen aus Deutschland, fast 1,5 Millionen aus Österreich-Ungarn, über 103,104 Millionen aus Russland, annähernd 460.000 aus Italien, über 1,3 Millionen aus Frankreich und 750.000 aus Großbritannien. Hinzu kamen rund sieben Millionen Zivilisten und zahlreiche Kriegsinvaliden. Das war eine Bilanz, wie sie bis dahin nicht denkbar gewesen war, und sie war das Ergebnis der Mechanisierung des Kriegs.

98 Damals verwendete man nicht den Begriff Trauma (der aus dem Altgriechischen kommt und »Verletzung, Wunde« bedeutet) für psychische Verwundungen wie die der Kriegszitterer, die als »Kriegsneurotiker« galten. Zu einem eigenen Wissenschaftsgebiet wurde die Traumaforschung erst nach dem Zweiten Weltkrieg – anlässlich der Veteranen des Vietnamkriegs. Seine Anwendung auf die Opfer der NS-Gewalt (heute eines der wichtigsten Gebiete der Traumaforschung), erfolgte erst im Anschluss daran.

99 S. Freud, Zeitgemäßes über Krieg und Tod (1915), GW X, S. 323–355.

100 Spielrein, Die Destruktion als Ursache des Werdens (1912), S. 465–503.

101 S. Freud, Jenseits des Lustprinzips (1920), GW XIII, S. 1–69.

102 W. Reich, Der Masochistische Charakter (111), S. 112–113.

103 W. Reich, Über die Quellen der neurotischen Angst (115), S. 116–117.

104 Meng/Federn, Das psychoanalytische Volksbuch (1926).

105 Zit. n. E. Jones, Das Leben und Werk von Sigmund Freud (1962), Bd. 3, S. 217 f.

106 Zur Sexualreform: s. Egbert Klautke, Rassenhygiene, Sozialpolitik und Sexualität (2004), S. 293–312.

107 B. Nitzschke, »Ich muß mich dagegen wehren, still kaltgestellt zu werden.« Voraussetzungen, Begleitumstände und Folgen des Ausschlusses Wilhelm Reichs aus der DPG/IPV in den Jahren 1933/34 (1997), S. 68–130.
108 Nitzschke, S. 68, FN 2.
109 Rank, Psychoanalytische Beiträge zur Mythenforschung (1919/2010).
110 Rank, Trauma der Geburt, (1924/1997), S. 172, 182.
111 Imago. Zeitschrift für Anwendung der Psychoanalyse auf die Geisteswissenschaften und Internationale Zeitschrift für (ärztliche) Psychoanalyse erschien von 1912 bis 1937 vierteljährlich.
112 S. Freud, Hemmung, Symptom und Angst (1926), GW XIV, S. 111–205.
113 Makari, S. 31.
114 Horney, Flucht aus der Weiblichkeit (1926/2007), S. 34–56, 42, 40. Hervorhebungen im Original.
115 G. Simmel, Zur Philosophie der Geschlechter, (1911/1998), S. 64–93.
116 Horney, Flucht aus der Weiblichkeit, S. 37, 39.
117 Horney, Das Mißtrauen zwischen den Geschlechtern (1930/2007), S. 78, 86 f.
118 Horney, Die Angst vor der Frau (1932/2007), S. 120.
119 Horney, Die Verleugnung der Vagina (1933/2007), S. 147.
120 Horney, Zur Frage des weiblichen Masochismus (1935/2007), S. 204.
121 Makari, S. 381.
122 S. Freud, Die Frage der Laienanalyse (1926), GW XIV, S. 241.
123 Chakkarath, Der dunkle Kontinent (2021), S. 75–85.
124 Makari, S. 296.
125 S. Freud, Über eine neue Weltanschauung (1933), GW XV, S. 171.
126 Vgl. Kapitel 7, S. 517–522.
127 A. Freud, Das Ich und die Abwehrmechanismen (1936).
128 Marianne Kris, Interview mit Robert Grayson, 15. 11. 1972, zit n. Makari, S. 444.
129 Hermanns/Schultz: »Und doch wäre ich … beinahe Berliner geworden« (1990), S. 78–88.
130 Prucha, in: Kramer (Hg)., Reclams Lexikon des deutschen Films (1995), S. 115.
131 Zit. n. Lockot, Kurze Geschichte der Deutschen Psychoanalytischen Gesellschaft (2011).
132 Mit dem Reformjudentum erweiterten sich auch die Möglichkeiten, den Begriff »jüdisch« zu definieren, worauf ich im 5. Kapitel zurückkomme. Inzwischen ist das liberale Judentum in Großbritannien und den USA zur dominanten Strömung geworden. Vgl. von Braun (2018), S. 367–400.
133 In einer Vorlesung an einer katholischen Universität in den USA lobte Jung, eigentlich streng protestantisch erzogen, das Prinzip der Beichte und verglich diese mit der Psychoanalyse. (zit n. Makari, S. 277). Die Parallele von Psychoanalyse und Beichte taucht in der Moderne immer wieder auf: etwa bei Michel Foucault, aber auch bei Freud, der bestreitet, dass die Beichte, im Gegensatz zur Psychoanalyse, »je die Kraft entwickelt hätte, Symptome zu heilen«. (S. Freud, Die Frage der Laienanalyse (1926), GW XIV, S. 215). Offenbar gibt es ein ausgeprägtes Bedürfnis, dem psycho-

analytischen Prozess eine religiöse Dimension oder der Religion psychoanalytische Kompetenzen zuzuweisen.

134 Jung, Die Beziehungen zwischen dem Ich und dem Unbewußten, GW 7, S. 127–250, 143, 141.

135 Ebd., S. 127–250, 143, 145.

136 Jung, Seele und Erde, GW 10, S. 43 ff., 45.

137 Jung, Die Beziehungen zwischen dem Ich und dem Unbewußten, GW 7, S. 127–250, 144, 155.

138 Ebd., S. 127–250, 155.

139 Ebd.

140 Jung, Zur gegenwärtigen Lage der Psychotherapie (1934), S. 9.

141 Allerdings unternahm auch Freud, wie oben dargestellt, Ausflüge ins Reich eines kulturell oder phylogenetisch ererbten Unbewussten.

142 »Es bereitet jedem, der über beide, über das Weib und über den Juden, nachgedacht hat, eine eigentümliche Überraschung, wenn er wahrnimmt, in welchem Maße gerade das Judentum durchtränkt scheint von jener Weiblichkeit, deren Wesen einstweilen nur im Gegensatze zu allem Männlichen ohne Unterschiede zu erforschen getrachtet wurde. Er könnte hier überaus leicht geneigt sein, dem Juden einen größeren Anteil an Weiblichkeit zuzuschreiben als dem Arier, ja am Ende eine platonische Metexis [Teilhabe, CvB] auch des männlichsten Juden am Weibe anzunehmen sich bewogen fühlen.« Weininger, Geschlecht und Charakter (1917), S. 415 f.

143 Weininger, Geschlecht und Charakter, S. 442 f. Hervorhebungen im Original.

144 Dinter, Die Rassen- und Judenfrage im Lichte des Geistchristentums (1932), S. 96.

145 Jung, Geleitwort, in: Zentralblatt für Psychotherapie und ihre Grenzgebiete, Dezember (1933), S. 139.

146 Jung, Zur gegenwärtigen Lage der Psychotherapie (1934), S. 7.

147 Der Begriff »Kulturjude« taucht an mehreren Stellen auf, etwa in C. G. Jungs Brief an Erich Neumann v. 22. 12. 1935, in: Briefe (1945), S. 265.

148 Jung, Zur gegenwärtigen Lage der Psychotherapie (1934), S. 8.

149 Weizsäcker veröffentlichte Schriften wie »Religion und Psychotherapie im Lichte des Östlichen Geistes! (in: Die Tatwelt. Zeitschrift für Erneuerung des Geisteslebens, 7. Jg. Jena, Januar / März 1931, H. 1, S. 25–32). 1931 war er Mitgründer der Berliner Jung-Gesellschaft und nach 1933 ein aktives Mitglied in dem von den Nazis gegründeten »Deutschen Institut für Psychologische Forschung und Psychotherapie«.

150 Radio-Interview Jung-Weizsäcker 1933, abgedruckt in: Evers (1987) S. 241–247, 241 f., 245 f.

151 Jung, Zur gegenwärtigen Lage der Psychotherapie (1934), S. 9.

152 So in einem Brief an Wilhelm Hauer, den Gründer der »Deutschen Glaubensbewegung«, am 7. 6. 1937, in: Jung, Briefe, Bd. 1, S. 296.

3 DIE TOTALITÄRE BESETZUNG DES UNBEWUSSTEN

1 Etkind, Eros des Unmöglichen, S. 286.
2 Jones, Das Leben und Werk von Sigmund Freud, Bd. 2, S. 28.
3 Etkind, S. 137.
4 Ebd., S. 8.
5 Ebd., S. 9.
6 Zit. n. Etkind, S. 221.
7 Zit. n. Etkind, S. 220.
8 Ebd., S. 227.
9 Zit. n. Jean Marti, La psychanalyse en Russie et en Union Soviétique, S. 230.
10 Etkind, S. 283.
11 Mandelstam, Das Jahrhundert der Wölfe, S. 158.
12 Leo Trotzki, Einige Worte über die Erziehung des Menschen, zit. nach Etkind, S. 293.
13 Leo Trotzki, Über die Kultur der Zukunft, zit. n. Etkind, S. 293.
14 Leo Trotzki, Die Kunst der Revolution und die sozialistische Kunst (1924), S. 214.
15 Leo Trotzki, Grußwort an den Ersten Allunionskongress der Wissenschaftler, zit. n. Etkind, S. 319.
16 Etkind, S. 227.
17 Leo Trotzki, Über die Kultur der Zukunft, zit. n. Etkind, S. 293.
18 Vgl. 2. Kapitel, S. 49.
19 Etkind, S. 294, 319.
20 S. Freud, Das Unbehagen in der Kultur (1930), GW 14, S. 474.
21 Etkind, S. 338.
22 Zit. n. Etkind, S. 337, 338, 339.
23 Etkind, S. 231, 227, 243.
24 Zit. n. Etkind, S. 250, 257.
25 Etkind, S. 250 ff., 257.
26 Zit. n. Marti, Psychanalyse en Russie.
27 Zit. n. Etkind, S. 330.
28 Zit. n. Etkind, S. 266.
29 Etkind, S. 389.
30 Berdjajew, Selbsterkenntnis, 1953, S. 166.
31 Zit. n. Etkind, S. 320
32 Cocks, Psyche and Swastika (1975); Ders., Psychotherapy in the Third Reich (1985/1997).
33 Lockot, Erinnern und Durcharbeiten (1985).
34 Rickles, Nazi Psychoanalysis (2002).
35 Fuechtner, Berlin Psychoanalytic. Psychoanalysis and Culture in Weimar Republic (2011).
36 Schröter, Auf eigenem Weg, Geschichte der Psychoanalyse in Deutschland bis 1945 (2022).

37 Ludger Hermanns ist Mitherausgeber von Luzifer-Amor, einer deutschsprachigen Zeitschrift zur Geschichte der Psychoanalyse. Er ist außerdem Vorsitzender des History of Psychoanalysis Committee der Internationalen Psychoanalytischen Vereinigung sowie Archivar der Deutschen Psychoanalytischen Vereinigung (DPV) und des Berliner Psychoanalytischen Instituts (BPI). Er publizierte zahlreiche Einzeldarstellungen zur Geschichte der Psychoanalyse in der NS-Zeit und der frühen Bundesrepublik, darunter: Hermanns/Schultz, Das Sanatorium Schloss Tegel Ernst Simmels (1987); Hermanns, Bedingungen und Grenzen wissenschaftlicher Produktivität bei Psychoanalytikern in Deutschland 1933 bis 1945 (1989); Hermanns, The history of psychoanalysis in Germany up to 1950 (2019); Hermanns, Die emigrierten Psychoanalytiker und ihre in Deutschland zurückgebliebenen Kollegen (2022).

38 Zit. N. Cocks (1997), S. 101.

39 M. H. Göring, Zentralblatt für Psychotherapie, Bd. 6., Dez. 1933, 3. Heft, S. 140 f., 143.

40 Die Zahl der Hörer und Hörerinnen sank von Dezember 1931 bis Dezember 1933 von 222 auf 39; die der Ausbildungskandidaten und -kandidatinnen von 34 (Herbst 1932) auf 18 (Juli 1934). Lockot, S. 110.

41 Lockot (1985), S. 344 (FN 11), 36, 32 f.

42 Persönliche Miteilung von Grotjahn, zit. n. Lockot (1985), S. 147 f.

43 Lockot (1985), S. 82 f.

44 Cocks (1997), S. 201 f.

45 Ebd., S. 179.

46 Lockot (1985), S. 153.

47 Ebd., S. 66.

48 M. H. Göring, Kurzfassung des Eröffnungsreferats in: Zentralblatt für Psychotherapie, 1934, Heft 3, S. 130.

49 In seinem Grundsatzpapier von 1936 erläutert Göring die unterschiedlichen Bedeutungen, die Freud und Jung dem Begriff beimessen. M. H. Göring, Weltanschauung und Psychotherapie, Zentralblatt für Psychotherapie, Bd. 9, 5. Heft, S. 290–295, 294.

50 Ebd., S. 291 f.

51 Zit n. Lockot (1985), S. 185.

52 Ebd., S. 185.

53 Ebd., S. 158.

54 »Die ›Machtfrage‹ war nun eindeutig zugunsten der Unterwerfung unter die nationalsozialistische Führung beantwortet worden.« Lockot (1985), S. 158.

55 Lockot (1985), S. 174.

56 Ebd., S. 184.

57 Protokoll-Notiz v. Schultz-Hencke 11. 6. 1945, Lockot (1985), S. 357 (FN 40).

58 Lockot (1985), S. 186.

59 Zit n. Lockot (1985), S. 187.

60 Ebd., S. 190, 191.

61 Ebd., S. 194.
62 Ebd., S. 195, 198.
63 Cocks (1997), S. 305, 306.
64 Zit. n. Lockot (1985), S. 196.
65 Vgl. 1. Kapitel, S. 21 f.
66 Polanyi, The Great Transformation (1990), S. 314 f.
67 Lockot (1985), S. 7.
68 Hattingberg, Neue Seelenheilkunde (1943).
69 Ebd., S. 16, 17.
70 Ebd., S. 24.
71 Ebd., S. 24, 26, 27, 28, 30, 29, 32.
72 Ebd., S. 32, 34, 35, 36, 39, 40, 48.
73 Hannah Arendt, Elemente und Ursprünge totaler Herrschaft (2021), S. 739.
74 Ebd., S. 864 f.
75 »Nirgends sind bisher Konzentrationslager um der möglichen Arbeitsleistung willen eingerichtet worden; ihre einzige ökonomische Funktion war und ist die Finanzierung des sie bewachenden Apparats, und das heißt: ökonomisch sind die Konzentrationslager um ihrer selbst willen da. [...] Die Unglaubwürdigkeit der Greuel hängt aufs engste mit ihrer ökonomischen Zwecklosigkeit zusammen. Die Nazis haben diese Zwecklosigkeit bis zur offenen Zweckwidrigkeit getrieben, als sie mitten im Kriege und bei offenbarem Mangel an rollendem Material Millionen von Juden transportierten und riesige, kostspielige Vernichtungsfabriken anlegten.« Arendt, Elemente, S. 917 f.
76 Eine ähnliche Einschränkung bestimmte offenbar auch über Putins Entscheidung, in der Ukraine einzumarschieren. Anton Troianovski, der das Moskauer Büro der New York Times leitet, schreibt am 18. 12. 2022: »I talked to many people who knew Putin personally, and they told me that the decision to go to war was based on his gut feeling. Putin didn't seem to think he needed advice on the wisdom of this invasion. Putin was convinced that he knew best, that he understood Ukraine and its place in history as well as his own.« (»Ich habe mit vielen Menschen gesprochen, die Putin persönlich kennen, und sie sagten mir, dass die Entscheidung, in den Krieg zu ziehen, auf seinem Bauchgefühl beruhte. Putin schien nicht zu glauben, dass er Ratschläge über die Weisheit dieser Invasion brauchte. Putin war überzeugt, dass er es am besten weiß, dass er die Ukraine und ihren Platz in der Geschichte genauso gut kennt wie seinen eigenen.«)
77 Eltchaninoff, In Putins Kopf (2022), S. 194
78 Der Begriff »totaler Staat« wird hier für das Abstraktum, die Idee eines Staates, der alle Bereiche des sozialen Lebens erfasst, verwendet. In der Realität hat es ihn nie gegeben. Der Begriff »totalitärer Staat« dagegen bezeichnet Regime, die den totalen Staat anstreben und umzusetzen versuchen. Zu ihnen gehörten die Sowjetunion unter Stalin und Deutschland in der Zeit des Nationalsozialismus.
79 Jung, Wotan (1936), 657 f., 661 f., 663.

80 C. G. Jung, zit. nach dem von Balmer übersetzten Text, in: Balmer, Die Archetypentheorie von C. G. Jung (1972), Anhang: ›Diagnose der Diktatoren‹, S. 134–151, S. 137 f. Das Interview erschien ursprünglich 1939 in der Januar-Ausgabe des New Yorker International Cosmopolitan, S. 116–120. Hervorhebungen im Original.

81 Jung, in: Balmer, S. 145, 139.

82 Künzli, C. G. Jungs ideologische Verstrickung in den Nationalsozialismus (1995), S. 142.

83 Jung, in: Balmer, S. 138 f.

84 »Die 85. Richtlinie der Glaubensbewegung Deutsche Christen, in: Denzler/ Fabricius, Christen und Nationalsozialismus (86), S. 87.

85 Gross, Carl Schmitt und die Juden (2000/2005), S. 88 f.

86 Bauman, Die Deutsche Glaubensbewegung und ihr Gründer Jakob Wilhelm Hauer (2005).

87 Nanko, Die Deutsche Glaubensbewegung (1993), S. 279, 286, 257 f.

88 Diesen Titel verlieh ihm der Historiker Ernst Piper in seiner Biographie, Alfred Rosenberg (2005).

89 Rosenberg, Schriften und Reden (1943), Band 1, S. XXXIII.

90 Zu Wagners Antisemitismus vgl. u. a. Zelinsky, Die »feuerkur« des Richard Wagner (1999), S. 79–82.

91 Das Thema der Diplomarbeit ist erwähnenswert: Die Architektur eines für russische Verhältnisse geeigneten Krematoriums, Piper, Rosenberg, S. 26.

92 Rosenberg, Schriften und Reden (1943), Band 1, S. 88–116.

93 Piper, Rosenberg, S. 11, 15.

94 Rosenberg, Der Mythus des 20. Jahrhunderts (1930), S. 624.

95 Rosenberg, Mythus, S. 2, 644.

96 Den Unterscheidungen zwischen katholischem und evangelischem Christentum entsprechend, rief Rosenbergs Rassendoktrin bei den beiden Kirchen divergierende Reaktionen hervor. Während Vertreter der katholischen Kirche überwiegend scharfe Repliken schrieben und der Vatikan den ›Mythus‹ 1934 auf den Index verbotener Bücher setzte, kam es bei den Protestanten zwar auch zu kritischen Reaktionen und »Widerlegungen«, zugleich aber auch zu positiven Bewertungen. Am prominentesten war die Position des Jenaer Theologieprofessors Walter Grundmann, der Rosenbergs Forderung nach einer »Germanisierung« des Christentums aufgriff (vgl. Grundmann, Gott und Nation. Ein evangelisches Wort zum Wollen des Nationalsozialismus und zu Rosenbergs Sinndeutung, o. J.) und das »Institut zur Erforschung und Beseitigung jüdischen Einflusses auf das deutsche kirchliche Leben« gründete. Zu diesem Institut und dem Einfluss Grundmanns, auch nach 1945, vgl. Heschel, The Aryan Jesus (2008).

97 Rosenberg, Mythus, S. 625. Für Rosenberg, wie für die meisten NS-Ideologen, waren die Rassenlehren naturwissenschaftlich erwiesen.

98 Rosenberg, Mythus, S. 180.

99 Ebd., S. 636.
100 Vgl. von Braun, Der Ewige Judenhass (1990), s. a. das Begleitbuch zur Filmreihe: von Braun/Gerlach/Heid, Der Ewige Judenhass (2000).
101 Piper, Rosenberg, S. 183.
102 Löhr, Kunst als Waffe. Der Einsatzstab Reichsleiter Rosenberg (2018).
103 Bollmus, Das Amt Rosenberg und seine Gegner (2006), S. 10.
104 Ebd., S. 10, 17.
105 Kurz vor seiner Hinrichtung notierte Rosenberg: »Der Nationalsozialismus war eine europäische Antwort auf die Frage eines Jahrhunderts. Er war die edelste Idee, für die ein Deutscher die ihm gegebenen Kräfte einzusetzen vermochte. Er schenkte einst der deutschen Nation ihre Einheit, dem Deutschen Reiche einen neuen Gehalt. Er war eine echte soziale Weltanschauung und ein Ideal blutbedingter kultureller Sauberkeit. [...] Mit ihm ist der Zusammenbruch des Reiches historisch verbunden, aber die Idee selbst ist Tat und Leben gewesen, das kann und wird nie vergessen werden.« Rosenberg, Letzte Aufzeichnungen (1955), S. 272.
106 Rosenberg, Mythus, S. 638.
107 Ebd., S. 699.
108 Hitler, Mein Kampf, S. 506.
109 Ebd., S. 457.
110 Ebd., S. 418, 507, 371, 422.
111 Ebd., S. 416. Dass Hitler die Transzendenz ablehnt, hindert ihn nicht, dem Juden die Fähigkeit dazu abzusprechen und diese für die nichtjüdische Gesellschaft zu reklamieren: Der Jude, dessen Leben »nur von dieser Welt« sei, besitze keine religiöse Einrichtung, »da ihm der Idealismus in jeder Form fehlt und damit auch der Glaube an ein Jenseits vollkommen fremd ist«. Ebd., S. 336.
112 Ebd., S. 271, 384, 416, 475.
113 Ebd., S. 526–532.
114 Ebd., S. 535.
115 Ebd., S. 525, 528, 535, 525, 527.
116 Ebd., S. 535 f.
117 Ebd., S. 541–545.
118 Vgl. dazu die Statistiken der Bundeszentrale für Politische Bildung: https://www.bpb.de/shop/zeitschriften/apuz/zustand-der-demokratie-2021/335439/demokratie-in-gefahr/
119 Jung, in: Balmer, S. 138 f. Hervorhebungen im Original.
120 C. Schmitt, Politische Theologie (2021), S. 42.
121 Ebd., S. 60.
122 C. Schmitt, Staat, Bewegung, Volk (1933), S. 33.
123 C. Schmitt, Politische Theologie (2021), S. 67.
124 C. Schmitt, Wesen und Werden des faschistischen Staates (1929/1940), S. 126.
125 C. Schmitt, Der Führer schützt das Recht (1934), Heft 15, Spalten 945–950.
126 C. Schmitt, Die Verfassung der Freiheit, in: Deutsche Juristen-Zeitung, 40 (1935), Spalte 1133 ff.

127 Gross, Carl Schmitt und die Juden (2000/2005), S. 7.

128 »Carl Schmitt findet mit der Freund-Feind-Formel den genialen Schlüssel zur Kombination von Vertrautheit und Fremdheitssphären. Das Pathos des ›Distinguo, ergo sum‹, das seine Freund-Feind-Formel ausstrahlt, hält den Mythos des isolierten einzelnen aufrecht, während die Konsequenz der Formel ihn unter das staatliche Dach des Freundes-Kollektivs rettet.« Lethen, Verhaltenslehren der Kälte (2022), S. 134.

129 Helmut Lethen, dessen ›Verhaltenslehren der Kälte. Lebensversuche zwischen den Kriegen‹ zuerst 1994 erschien, berücksichtigt nur die Aufzeichnungen aus Schmitts ›Glossarium‹, die 1991 bekannt geworden waren.

130 Lethen (2022), S. 222, 233, 223.

131 Schmitt, Glossarium (2015) 2. 10. 1949, Buch III, S. 208.

132 Schmitt, Glossarium (2015), 5. 6. 1948, Buch II, S. 120.

133 S. Freud, Das Unbehagen in der Kultur (1930), GW XIV, S. 450.

134 Lethen, (2022), S. 225, 223.

135 Gross, Carl Schmitts ›Nomos‹ und die ›Juden‹ (1983), S. 410–420.

136 Gross, Carl Schmitt und die Juden (2000/2005), S. 378 f.

137 Euripides, Die Schutzflehenden (1996), S. 286.

138 Die Begrenzung auf die gesprochene Sprache bedeutet nicht zwingend Verzicht auf ein allgemeingültiges Recht. Auch vorschriftliche Gesellschaften hatten eine allgemeine Rechtsprechung: Das konnte das Gesetz der Rache sein, die noch bis weit in die moderne Zeit wirkte oder eine von der Gemeinschaft verhängte körperliche und andere Bestrafung, in der sich das Vergehen selbst widerspiegelte. vgl. von Braun, Rache und Gabe im Verhältnis von Judentum und Christentum (2022), S. 56–64.

139 C. Schmitt, Staat, Bewegung, Volk (1933), S. 45 f.

140 Ebd., S. 45, s. a. S. 42.

141 Gross, Carl Schmitt (2005), S. 117.

142 C. Schmitt, Das Judentum in der Rechtswissenschaft (1936), S. 29.

143 Reichsgesetzblatt Teil I. Ausgegeben zu Berlin 14. November 1935, Nr. 25, § 1, Absatz 1.

144 C. Schmitt, Die Verfassung der Freiheit, in: Deutsche Juristen-Zeitung, 40, 19 (1935) S. 1133–1135, 1134.

145 Lethen (2022), S. 230.

146 von Braun, Blutsbande (2018), S. 325–338.

147 Zit. n. Rolf Lamprecht: Philosoph, Provokateur, Verräter des Rechts, Rezension zum Buch von Reinhard Mehring, Zum Umgang mit Carl Schmitt. Die Forschungsdynamik der letzten Epoche im Rezensionsspiegel, in: Süddeutsche Zeitung 12. 3. 2019, S. 13.

148 Bering, Die Intellektuellen (1978).

149 Ein Gutteil der Bücher stammte aus der geplünderten Bibliothek des von Magnus Hirschfeld gegründeten Instituts für Sexualwissenschaft und Sexualmedizin.

150 C. Schmitt, Das Judentum in der Rechtswissenschaft (1936), S. 29 f.

151 R. Wagner, Das Judenthum in der Musik (1869).

152 Flusser, Für eine Philosophie der Fotografie (1991).
153 von Braun, Lady Music (2017); dies., Das Weib als Klang (2005).
154 Richard Wagner an Mathilde Wesendonck, Tagebuchblätter und Briefe, 1906, S. 170.
155 Vgl. 2. Kapitel, S. 61.
156 C. Schmitt, Glossarium (2015), S. 71.
157 von Braun, Von Wunschtraum zu Alptraum. Eine Geschichte des utopischen Denkens, Film (BR) l984.
158 Schmitt, Glossarium (2015), S. 71.
159 E. Fromm, Über Methode und Aufgaben einer analytischen Sozialpsychologie (1932), S. 54.
160 E. Fromm, Escape from Freedom (1941); Die Furcht vor der Freiheit (1980).
161 Adorno/Frenkel-Brunswik/Levinson/Sanford: The Authoritarian Personality (1950).
162 vgl. Fahrenberg/Steiner, Adorno und die Autoritäre Persönlichkeit 2004; Wiggershaus, Die Frankfurter Schule (1997), S. 193 ff.
163 W. Reich, Der Einbruch der sexuellen Zwangsmoral (1972), S. 150.
164 W. Reich, Die sexuelle Revolution (1966/1971).
165 Hannah Arendt im Gespräch mit Günter Gaus, »Zur Person«, 28. 10. 1964.
166 Arendt, Elemente, S. 737, 810.
167 Dieses Wissen hielt viele Autokraten, die durch einen Umsturz an die Macht kamen – etwa Cromwell oder Napoleon – allerdings nicht vom Versuch ab, eine »Stammlinie« zu begründen. Gab es in der Antike einige Beispiele, wo dies gelang, so scheiterten in der neueren Geschichte alle entsprechenden Versuche. Spätestens nach zwei Generationen ist Schluss, auch dann, wenn sich eine Linie durch Gewalt an der Macht zu halten versucht. Das ist ein Indiz dafür, dass das Gewicht der »Öffentlichkeit« gewachsen ist. Auf deren Bedeutung gehe ich im 6. Kapitel ein.
168 Vgl. u. a. Figes, Die Flüsterer (2008), S. 141–236, 292, 380, 407.
169 Arendt, Elemente, S. 745, 764, 825 f.
170 Ebd., S. 856, 907, 935, 936.
171 Ebd., S. 864, 941.
172 Zahl der Toten im Verhältnis zur Weltbevölkerung im Zweiten Weltkrieg in den Jahren 1939 bis 1945 während des Krieges und im Vergleich zur heutigen Bevölkerung, Statista, https://de.statista.com/statistik/daten/studie/1116434/umfrage/zahl-der-toten-im-verhaeltnis-zur-weltbevoelkerung-im-zweiten-weltkrieg/.
173 Arendt, Elemente, S. 867.
174 Ebd., S. 748.
175 Die Menschenrechtsorganisation Memorial wurde im Jahr 1989 gegründet; Gründungsvorsitzender war Andrej Sacharow. Schwerpunkt der Arbeit von Memorial ist die historische Aufarbeitung der politischen Gewaltherrschaft und die soziale Fürsorge für die Überlebenden der sowjetischen Arbeitslager. Sie war die erste regierungsunabhängige Organisation auf dem Gebiet der früheren Sowjetunion und wurde über die

Jahre zum Gedächtnis des Gulags. Inzwischen gibt es international über 80 Organisationen, die Memorial angegliedert sind, darunter in Deutschland, Frankreich, der Ukraine. In Russland seit 2012 als »ausländischer Agent« eingestuft, wurde die Moskauer Zentrale von Memorial im Dezember 2021 auf Beschluss des Obersten Gerichts aufgelöst. Die Büros, wo viele der gesammelten Akten lagerten, wurde in »öffentliches Eigentum« umgewandelt. Viele der Akten waren allerdings schon digitalisiert.

176 Cornelia Rabitz, Briefe aus dem Gulag, Deutsche Welle, 15.12.2012, aus: Figes, Schick einen Gruß, zuweilen durch die Sterne (2012).

177 Der Komsomol war der Jugendverband der KPdSU. 1918 gegründet, hatte er die Aufgabe, die Jugend nach den Idealen des Kommunismus zu erziehen. In der Hierarchie der sowjetischen Organisationen kam er gleich nach den Gewerkschaften und der Partei. Der Komsomol war in gewisser Weise das auserkorene Organ für die Erschaffung des »neuen Menschen«.

178 Figes, Flüsterer, S. 213.

179 Ebd., S. 340.

180 Ebd., S. 452.

181 Ähnliche Selbstzweifel plagten auch Lise London, die sich als Kommunistin der Résistance angeschlossen und das KZ Ravensbrück überlebt hatte. Sie war mit Artur London verheiratet, einem der Hauptangeklagten des stalinistischen Schauprozesses von 1952 gegen 14 Mitglieder der Kommunistischen Partei, darunter Rudolf Slánský und Rudolf Margolius. Die Angeklagten waren unter Folter und Drohungen zu einem öffentlichen Schuldbekenntnis gezwungen worden: Man beschuldigte sie einer geheimen Verschwörung gegen Partei und Staat. Die meisten der Angeklagten waren jüdischer Herkunft. »Unter dem Schock der Aussage ihres Mannes, schreibt die treue Kommunistin Lise London an Präsident Gottwald: ›Nach der Verhaftung meines Mannes glaubte ich, nach dem was ich über meinen Mann, sein Leben und seine Arbeit wusste, dass er Verrätern zum Opfer gefallen war, die ihre Verbrechen vertuschen wollten. Nach der Lektüre der Anklage haben sich meine Hoffnungen leider zerschlagen. Mein Mann war kein Opfer, sondern ein Verräter an seiner Partei. In unserer Familie, die seit Langem kommunistisch ist, hat unbemerkt ein Verräter gelebt. Ich hatte die schmerzliche Pflicht, meine beiden Ältesten über diese Tatsache aufzuklären. Ich schließe mich allen ehrenhaften Menschen im Lande an und fordere eine gerechte Bestrafung der Verräter.« Ruth Zylbermann, Prag, 1952: Der Slánský-Prozess, Russland, Frankreich, Arte 2021. Ausstrahlung 6.12.2022. Die Bild- und Tonspuren zum Prozess wurden von der Geheimpolizei aufgenommen und galten seit dem Fall der Berliner Mauer als verschollen. 2018 wurden sie von Arbeitern in einem verlassenen Prager Lagerhaus entdeckt.

182 Figes, Flüsterer, S. 183.

183 Etkind, S. 391.

184 Vgl. 3. Kapitel, S. 126.

185 Etkind, S. 392 f.
186 V. Klemperer, Tagebücher (1995).
187 Zit. n. V. Klemperer, LTI (Lingua Tertii Imperii) (1947).
188 Hahn, Endlose Nacht, S. 24
189 Koselleck, Nachwort: in: Charlotte Beradt, Das Dritte Reich des Traums (1981), S. 118 f.
190 B. Hahn, Endlose Nacht (2016), S. 18 f.
191 Koselleck, in: Beradt (1981), S. 127.
192 Mit ihrem Mann, dem Schriftsteller Martin Beradt (1881–1949), emigrierte Charlotte Beradt 1939 über England in die USA, wo sie von Essays und Übersetzungen lebte. Zu den Übersetzungen gehören fünf politische Essays von Hannah Arendt, mit der sie zeitweise eine Freundschaft verband. Charlotte Beradt starb 1986 in New York.
193 Beradt, Das Dritte Reich des Traums (1981), S. 12.
194 Ebd., S. 14.
195 von der Lühe, Träume vom Terror (2007).
196 Vgl. 2. Kapitel, S. 95 f.
197 Im ersten von André Bretons Manifesten des Surrealismus heißt es: »Ich glaube an die künftige Auflösung dieser scheinbaren so gegensätzlichen Zustände von Traum und Wirklichkeit in einer Art absoluter Realität, wenn man so sagen kann: Surrealität.« Breton, Die Manifeste des Surrealismus (2001), S 18.
198 Beradt, Dreams under Dictatorship (1943).
199 Beradt, Träume unter der Diktatur, in: Beradt/Hahn (2016), S. 137–147, 137.
200 Beradt, in: Hahn, Endlose Nacht, S. 33.
201 Barbara Hahn, Nachwort, in: Beradt/Hahn, S. 148–155, 149.
202 Beradt (1981), S. 10.
203 Ebd., S. 15.
204 So sind die umfangreichen Drehbücher zu den Feierlichkeiten, die ab 1933 jährlich in Erinnerung an die »Märtyer« des 9. November (Hitlerputsch von 1923) stattfanden, in der Bayerischen Staatsbibliothek einzusehen.
205 Beradt (1981) S. 19, 32, 39.
206 Beradt, Träume unter der Diktatur (2016), S. 138.
207 Figes, Flüsterer, S. 383.
208 Hahn, Nacht, S. 18.
209 Bericht von Irina Paperno, Stories of the Soviet Experience. Memoirs, Diaries, Dreams, Ithaca, N. Y. (2009), S. 103 zit n. Hahn, Nacht, S. 17.
210 Beradt (1981), S. 40.
211 Arendt im Gespräch mit Günter Gaus.
212 von der Lühe, S. 250.
213 Beradt (1981), S. 49.
214 Beradt, Träume von der Diktatur (2016), S. 138.
215 Beradt (1981), S. 90, 90 f., 53.
216 In Nabokovs Roman verbietet ein Diktator, den russischen Buchstaben »я« (phonetisch »ya«), der zugleich »Ich« bedeutet, zu verwenden. Er

verschwindet aus dem Alphabet – und mit ihm das Ich. Nabokov, Das Bastardzeichen (1962).

217 Der Bezug zu Schillers Don Carlos ergibt sich durch den Ausspruch Posas »Sire, geben Sie Gedankenfreiheit«. V. Klemperer schreibt in den Tagebüchern am 6.10.1934: »Vor einigen Wochen ›Don Carlos‹-Aufführung in Hamburg. Bei Posas ›Sire, geben Sie Gedankenfreiheit!‹ minutenlanger Beifall. Am nächsten Tage der ›Carlos‹ von allen Bühnen abgesetzt, so auch von Dresden.« Tagebücher (1955).

218 Beradt (1981), S. 26, 23, 41 f.

219 Beradt, Träume von der Diktatur (2016), S. 143.

220 Beradt (1981), S. 106, 22.

221 Saekel, Der US-Film in der Weimarer Republik (2011), S. 255, 258.

222 Koselleck, in: Beradt (1981), S. 130.

223 Beradt (1981), S. 47, 61.

224 Ebd., S. 75, 81.

225 Ebd., S. 99, 104, 103, 108.

226 von der Lühe, S. 256.

227 Beradt (1981), S. 104 f.

228 Koselleck, in: Beradt (1981), S. 130.

229 zit. nach Hahn, Nachwort in: Hahn/Beradt, S. 154.

230 Cayrol, Lazarus unter uns (1959).

231 Hahn/Cayrol, S. 151, 153, 154, 153.

232 Hahn, Nacht, S. 154 f.

233 Für Claude Lanzmann, der mit Shoah (1985) eines der eindrucksvollsten Filmdokumente zum Holocaust geschaffen hat (die vier Teile des Films bestehen fast ausschließlich aus Zeugenberichten), ist die Realität des Konzentrationslagers als Fiktion nicht darstellbar.

234 Alfred Kantor hat in beiden Lagern Zeichnungen angefertigt, musste sie aber aus Sicherheitsgründen vernichten; kurz nach der Befreiung hat er sie im DP-Lager Deggendorf aus der Erinnerung angefertigt. 1971 wurden sie in New York als Buch veröffentlicht.

235 Das Buch des Alfred Kantor (1972).

236 Ornstein, Das Apfelgehäuse (2004), S. 66.

237 Anna Ornsteins Bericht gehört zu einem kleinen Band, dessen Entstehung sich dem jährlichen Familientreffen zu Pessah verdankte. Sie hatte für jede der Zusammenkünfte einen kleinen Bericht verfasst, in dem sie ihren Kindern und Enkeln von ihrer Kindheit in Ungarn, ihren ermordeten Familienangehörigen, den KZ-Erfahrungen und der Befreiung erzählte.

238 Ornstein, S. 83.

4 NACH DEM ALBTRAUM: DAS UNBEWUSSTE OFFENBART SEINE VIELFALT

1 Aichinger, Aufruf zum Mißtrauen (2021), S, 21 f.

2 Arendt im Gespräch mit Günter Gaus »Zur Person«, 1964.

3 Lockot (1985), S. 344, FN 11.

4 Ausführlicher Makari (2009), S. 485.

5 Herzog, Cold War Freud (2023), S. 45.
6 Zit. n. Herzog, Cold War (2023), S. 45.
7 Ebd., S. 44 ff.
8 Ebd., S. 29.
9 Ebd., S. 30.
10 Vgl. 2. Kapitel, S. 102 f.
11 Herzog, Cold War (2023), S. 48.
12 Liebman, Mach Frieden mit Dir (1948), S. 19.
13 Ausführlicher: Herzog, Cold War (2023), S. 50–66.
14 Alexander, Mental Hygiene in the Atomic Age (1946/1961), S. 454.
15 Bohleber, in seiner Rezension von Eli Zaretsky, Psychoanalyse und politische Bewegungen, in: Luzifer-Amor, Zeitschrift zur Geschichte der Psychoanalyse, 36. Jg. 1/2023, S. 204–207, 205.
16 Zit. n. Peter, Der Nürnberger Ärzteprozeß (1998), S. 68; s. a. Tobias Freimüller, Hitlers Eliten (2003), S. 27.
17 von Braun (1975), S. 130–147.
18 Eine Ausnahme zu dieser Entwicklung bietet die 2009 gegründete Internationale Psychoanalytische Universität Berlin, die ein breites Spektrum von therapeutischen Ausbildungswegen anbietet und dabei zugleich der kulturwissenschaftlichen Perspektive Raum gibt.
19 Dührssen (1994), S. 20 f.
20 Ebd., S. 171.
21 Bering (1978).
22 Dührssen (1994), S. 216.
23 In Kapitel 6 wird von den modernen Kulturtechniken die Rede sein, während die drei abschließenden Kapitel dieses Buchs (7. bis 9.) ausführlicher auf die schwierige Situation der gegenwärtigen Psychoanalyse in Deutschland eingehen. Es werden denkbare Wege aufgezeigt, um mit diesen Defiziten umzugehen.
24 Petersen, Der Osten und das Unbewusste (2024), S. 204, 205.
25 Ebd., S. 211, 212.
26 Ebd., S. 230.
27 Ebd., S. 237–241.
28 Ebd., S. 250.
29 Ebd., S. 254, 259, 260.
30 Ebd., S. 186.
31 Ebd., S. 197 f., 199.
32 Grashoff, Selbsttötungen in der DDR (2010), S. 27–35.
33 Durkheim (1897/1983), S. 318.
34 von den Driesch, Unter Verschluss (2021). Zu den Ursachen für die hohen Suizidraten in der DDR vgl. auch Grashoff, S. 36 ff.
35 O-Ton Udo Grashoff in einem Interview mit Dorothee Brummerloh, Suizide in der DDR, Geheime Verschlusssache, Deutschlandfunk Kultur, 3. 5. 2023.
36 Geipel, Umkämpfte Zone (2019).

37 Geipel, Schöner Neuer Himmel (2022).
38 Ebd., S. 208.
39 Ebd., S. 208.
40 Ebd., S. 206.
41 Ebd., S. 207.
42 Petersen (2024), S. 139–167.
43 Herzog, (2023) Cold War, S. 7.
44 Ernest Jones, Opening Address by the President, Monday, August 15, 1949, Bulletin of the International Psychoanalytical Association, 30, 1949, ed. by Anna Freud, S. 179.
45 Herzog, Cold War (2023), S. 9.
46 Ebd., S. 11.
47 Ebd., S. 14.
48 Erdheim, Die gesellschaftliche Produktion von Unbewußtheit (1982), S. 21.
49 Institut für Kommunikation & Führung: Interview mit dem Psychoanalytiker, Ethnologen und IKF-Dozenten Mario Erdheim; https://www.ikf.ch/de/institut/die-ikf-dozierenden/interview-mit-dem-psychoanalytiker-ethnologen-und-ikf-dozenten-mario-erdheim
50 Lévi-Strauss, Strukturale Anthropologie (1958/1991), S. 400.
51 Ebd., S. 32.
52 Erdheim, Unbewußtheit, S. 205.
53 Eine Ausnahme bilden Kulturanalysen wie Der Mann Moses und die monotheistische Religion, eine Schrift, die unter dem Eindruck des Nationalsozialismus und einer notwendig gewordenen Auseinandersetzung mit kollektiven Prozessen sowie den Traditionen des christlichen Antijudaismus verfasst wurde.
54 Devereux, Normal und Anormal (1974), S. 23.
55 Ebd., S. 24.
56 Ebd. S. 23.
57 Erdheim, Unbewußtheit, S. 220.
58 Ebd., S. 221.
59 Im 6. Kapitel wird diese Frage ausführlicher thematisiert.
60 Morgenthaler, Homosexualität, Heterosexualität, Perversion (1987), S. 140.
61 Vgl. S. Freud, Die endliche und die unendliche Analyse (1937), GW XVI, S. 80 f.
62 Morgenthaler (1987), S. 144, 142.
63 Ebd., S. 146.
64 Reich, Die sexuelle Revolution (1966); ders. Massenpsychologie des Faschismus (1971).
65 Tilo Held, Vorwort zu Psychiatrie Politique. L'affaire de Heidelberg (1972).
66 Marcuse, Der eindimensionale Mensch (1967).
67 Theweleit, Männerphantasien (1977/1978).
68 Simmel, Zur Philosophie der Geschlechter (1911/1998).
69 Theweleit, Männerphantasien, S. 453.
70 Deleuze/Guattari, Anti-Ödipus (1974), S. 139.

71 Ebd., S. 39.
72 Vgl. 2. Kapitel, S. 99 ff.
73 Deleuze / Guattari, Anti-Ödipus (1974), S. 144.
74 Etwa bei Jean Jacques Rousseau, »Emile« (1762), explizit in Theodor Lessings »Die Verfluchte Kultur« (1921).
75 Deleuze / Guattari, Anti-Ödipus (1974), S. 392.
76 Ebd., S. 382.
77 »Wir sind alle kleine deutsche Juden.«
78 Sartre (1946), Réflexions sur la question juive, 1954, deutsch: 1994.
79 Deleuze/Guattari, Anti-Ödipus (1974), S. 126.
80 Laplanche/Fantasme originaires, fantasmes des origines et origine des fantasmes (1964), S. 1844–1846.
81 Deleuze/Guattari, Anti-Ödipus (1974), S. 77.
82 »Es ist bekannt, wie sehr der Freudianismus von der seltsamen Vorstellung durchsetzt ist, dass letztlich nur ein Geschlecht, das männliche, existiert, demgegenüber die Frau sich als Mangel, das weibliche Geschlecht sich als Absenz bestimmen. Zunächst ist man geneigt anzunehmen, daß eine solche These die Omnipräsenz einer männlichen Homosexualität begründe; doch weit gefehlt; begründet ist darin eher der statistische Komplex der intersexuellen Lieben.« Deleuze/Guattari, Anti-Ödipus (1974), 379 f.
83 Ebd., 379 f.
84 Ebd., S. 381.
85 Ebd.
86 Karl Marx/Friedrich Engels, Der 18. Brumaire des Louis Bonaparte, in: Werke, Vorrede zur 3. Auflage/Inhalt II, Berlin/DDR (Dietz-Verlag) (1972), Bd. 8, S. 115–123.

5 DAS GESCHLECHT DES UNBEWUSSTEN, DAS UNBEWUSSTE DER GESCHLECHTER

1 Vgl. Vergewaltigungsprozess in Avignon. Tatvideos erstmals öffentlich gezeigt, in: Tagesschau, 5.102024, https://www.tagesschau.de/ausland/europa/avignon-prozess-tatvideos-vergewaltigung-100.html; s. a. Prozess in Avignon. Videos der Vergewaltigungen sollen doch öffentlich gezeigt werden – Gericht revidiert Entscheidung, in: Spiegel, 4.102024, https://www.spiegel.de/ausland/vergewaltigungsprozess-in-avignon-videos-der-taten-sollen-doch-oeffentlich-gezeigt-werden-a-88fcb733-a53a-43bb-9ada-6fbb69dc46f6.
2 Brunner, Epistemische Gewalt (2020); s. a. dies, Die Vernichtung von Wissen, in: Deutschlandfunk-Nova, 23. 11. 2023, https://www.deutschlandfunknova.de/beitrag/epistemische-gewalt-die-vernichtung-von-wissen.
3 In Wien wurden die Frauen schon im Jahr 1900 zum Studium zugelassen, in Preußen erst ab 1908.
4 Rohde-Dachser, Expedition in den dunklen Kontinent (1991), Einführung, S. VII.
5 Hagemann-White, Frauenbewegung und Psychoanalyse (1979/1986), S. 15.

6 Rohde-Dachser (1991), S. 48
7 de Beauvoir, Das andere Geschlecht (1949/2018), Einleitung.
8 Humboldt, Über den Geschlechtsunterschied (1795/1903), S. 311–334, hier S. 327.
9 Ebd., S. 342 f.
10 Ebd., S. 344.
11 Mitteilungen der Kulturpolitischen Gesellschaft, Protokolle der Enquête betreffend die Reform des österreichischen Eherechts, Wien (1905). Für den allgemeinen politischen Kontext s. J. Boyer, Freud Marriage, and late Viennese liberalism, S. 72–102.
12 S. Freud, Protokolle der Enquête.
13 Vgl. von Braun, Nicht ich (2009).
14 Vgl. 2. Kapitel, S. 92.
15 Vgl. List, Mutterliebe und Geburtenkontrolle (2006).
16 Zu Deutschland vgl. Clemm, Gegen Frauenhass (2023).
17 von Braun, Nicht Ich (2009), 8.Kapitel.
18 Durkheim, (1897/1983), S. 318.
19 Zhai, X., Tong / H. H. Y., Lam / C. K. et al. Association and causal mediation between marital status and depression in seven countries. Nat Hum Behav (2024). https://doi.org/10.1038/s41562-024-02033-0 Die Studie erschien in Nature, 4. 11. 2024.
20 Erdheim (1982), S. 222.
21 Das Bild der »männlichen Sonne« taucht in vielen Kulturen auf und steht, je nachdem, für männliche Herrschaft oder die »Männlichkeit« des Bewusstseins. Es findet sich im Begriff der »Lumières« als Synonym für Aufklärung ebenso wieder wie in Humboldts Metaphorik der Geschlechter.
22 Gusinde, Urmenschen im Feuerland (1946).
23 Erdheim (1982), S. 228.
24 Maurice Halbwachs (1877–1945). Nach anderen Stationen wurde er 1944 auf einen Lehrstuhl für Sozialpsychologie ans Collège de France berufen, kurz danach aber von den Nationalsozialisten deportiert und in Buchenwald ermordet.
25 Halbwachs, (1925/2022), Das Gedächtnis und seine sozialen Bedingungen.
26 Ebd., S. 121.
27 Ein schönes Beispiel dafür hat der Historiker Jack Goody festgehalten: Als die Briten um 1900 ihre Herrschaft über Nordghana ausweiteten, zeichneten sie die Mythen der lokalen Bevölkerung auf. Laut diesen Mythen hatte der Ursprungsvater Japka sieben Söhne, die die Herrschaft über je einen Teil des Landes ausübten. Die sieben Söhne entsprachen den sieben Bezirken der Region. Sechzig Jahre später gab es durch Grenzveränderungen und die Auflösung eines Bezirks nur noch fünf Bezirke. Nun hieß es – zum Erstaunen der britischen Behörden – dass Japta fünf Söhne gehabt habe. Die »Geschichtsschreibung« der Briten stimmte nicht mehr mit den Mythen der indigenen Bevölkerung überein. In Wirklichkeit war den Koloni-

satoren einfach entgangen, dass orale Kulturen die Vergangenheit aktuellen Situationen anpassen, um diese zu legitimieren. »Im Laufe der Übermittlung, so sehen wir an diesem Beispiel der Genealogien, verändert sich das soziale Element des Erinnerns, ein Prozeß, dem andere Elemente der Kultur, z. B. Mythen und heiliges Wissen im allgemeinen, in ähnlicher Weise unterliegen.« Goody/Watt, Konsequenzen der Literalität (1986), S. 71 f.

28 S. Freud, Der Untergang des Ödipus-Komplexes (1924), GW XIII, S. 400.

29 S. Freud, Neue Folge der Vorlesungen (1933), GW XV, S. 124.

30 Morgenthaler (1987), S. 117.

31 Ebd., S. 144, 142,

32 Ebd., S. 99.

33 Ebd., S. 126.

34 Ebd., S. 99.

35 Vgl. 4. Kapitel, S. 240.

36 Ebd., S. 147.

37 Ebd., S. 146.

38 Habermas, Erkenntnis und Interesse (1973), S. 262.

39 Kuhn (1985), zit. n. Orland/Scheich (1995), S. 15.

40 Kuhn, Die Struktur wissenschaftlicher Revolutionen (1976), S. 104.

41 Stoller, Sex and Gender (1994), S. 9, 6, 10.

42 Die Existenz eines »Matriarchats« im Sinne einer Frauenherrschaft wurde nie nachgewiesen. Die Idee einer »Mutterherrschaft« war eher die Erfindung einiger Mythologen des 19. Jahrhunderts wie Johann Jakob Bachofen. (Bachofen 1975) Ausführlicher: von Braun 1985/2009, 2. und 5. Kapitel. Dagegen gab und gibt es Matrilinearität, wo es nicht um die soziale oder politische Vorherrschaft des einen Geschlechts, sondern um eine genealogische Folge in weiblicher Linie geht. In manchen Gesellschaften gibt es auch Mischformen, die die matrilineare Abstammungsfolge mit patrilinearen religiösen Strukturen verbinden. Weltweit leben etwa zehn Prozent der ethnischen Gesellschaften nach dem Prinzip matrilinearer Deszendenz, die große Mehrheit der Gesellschaften definiert sich patrilinear. von Braun, Blutsbande (2018), 3. Kapitel.

43 Lamm, Diskriminierung von Frauen: Woher kommt das Patriarchat? (2023).

44 van Schaik/Michel, Die Wahrheit über Eva (2020).

45 Zur Kritik an Schaik und Michel siehe auch: Wagner-Hasel, Patriarchatsimaginationen (2023), S. 103–138.

46 Michel, in: Lamm (2023).

47 Honegger, Die Ordnung der Geschlechter (1991).

48 S. Freud, Der Mann Moses und die monotheistische Religion (1939), GW XVI, S. 221.

49 Offenbar wird die Unbeweisbarkeit der Vaterschaft sogar bei Primaten als Dilemma wahrgenommen. Das zeigen die Forschungen der amerikanischen Anthropologin und Primatologin Sarah Blaffer Hrdy, die wichtige Beiträge zur Evolutionspsychologie und Soziobiologie geliefert hat. Sie

wies am Beispiel von Languren nach, dass Weibchen, deren Nachwuchs (wie bei vielen Tierarten) von den Männchen getötet wird, wenn dieser von einem anderen Vater stammt, ihre Jungen dadurch zu schützen versuchen, dass sie sich mit so vielen Männchen wie möglich paaren. Bestand die geringste Chance, dass es sich um den eigenen Nachwuchs handelte, so sank die Wahrscheinlichkeit, dass das männliche Tier die Jungen tötete. Vgl. American Scientist, 65, (1) 40–49. (https://www.jstor.org/stable/27847641)

50 Harari, Eine kleine Geschichte der Menschheit (2013), S. 191, 197.

51 Der Pflug war eine der ersten Kulturtechniken. Drei US-Wirtschaftswissenschaftler wiesen nun nach, dass die Gesellschaften, die heute Frauen besonders wenig Eigenständigkeit zugestehen, identisch sind mit den Kulturräumen, in denen der Pflug zuerst zum Einsatz kam. Die Landwirtschaft sei durch den Pflug zur Männerarbeit geworden, was sie mit Muskelkraft erklären (Alesina/Giuliano/Nunn, 2013) – ein Erklärungsmuster à la Harari. Dabei wird übergangen, dass der Pflug eine der ersten Kulturtechniken war, Voraussetzung für die landwirtschaftliche Revolution. Mit seiner Erfindung vollzog sich der entscheidende Wendepunkt im Prozess der Naturbeherrschung.

52 Heine, Sämtliche Schriften (1995), Bd. 4, S. 483.

53 Biale, Blood and Belief (2007); s. a. von Braun, Blutsbande (2018), S. 176–183.

54 von Braun, Versuch über den Schwindel (2016), S. 103–105.

55 Harders, (2013), S. 18–39.

56 Foucault, Sexualität und Wahrheit (1983), S. 176.

57 Die Kronjuristen um 1550, zit. n. Kantorowicz, Die zwei Körper des Königs (1990), S. 31

58 »Sein politischer Körper, der seinem natürlichen Körper angefügt ist, nimmt die Schwäche des natürlichen Körpers hinweg und zieht den natürlichen Körper, welcher der geringere ist, mit all seinen Effekten an sich.« Kantorowicz, S. 33.

59 »Der Heilige Geist, der sich früher in den Stimmen der Wähler offenbart hatte, während seine Gaben durch die Salbung übertragen wurden, saß jetzt im königlichen Blut selbst, sozusagen natura et gracia, durch Natur und Gnade.« Das königliche Blut wurde so »zu einer geheimnisvollen Flüssigkeit«. Kantorowicz, S. 333.

60 Delille, The Shed Blood of Christ. From Blood as Metaphor to Blood as Bearer of Identity (2013), S. 129.

61 »Sie werden nie zu Plebejern; einiges vom Glanz scheint immer durch in jenen, die adlig geboren wurden,« schrieb der Florentiner Marco della Fratta et Mont'Albano Mitte des 16. Jahrhunderts, zit. n. Delille (2013), S. 127.

62 Johnson (2013), S. 201, 202.

63 Auf diese geschlechtliche Symbolik gehen die Autoren des ansonsten sehr aufschlussreichen Beitrags geschichtlicher Grundbegriffe leider nicht ein: Koselleck et al., Volk, Nation, Nationalismus, Masse (2004).

64 Vgl. von Braun, Christina, Und der Feind ist Fleisch geworden (2000), S. 149–213.
65 Ausführlicher: Sahlins, What Kinship Is And Is Not (2013).
66 Sabean (2007), S. 38.
67 Mallarmé, Plainte d'automne (1867/1945), S. 270.
68 Stephan, Verweigerte Männlichkeit (2024).
69 zit. n. Sartre, Der Idiot der Familie (1977), Bd. 3, S. 611.
70 Flaubert, Brief an Louise Colet, 23. Dezember 1853, in: Nadeau, Oeuvres de Gustave Flaubert (1964).
71 S. Freud, Neue Folge der Vorlesungen zur Einführung in die Psychoanalyse (1933), GW XV, S. 122.
72 Goody, Geschichte der Familie (2002), S. 189.
73 Horkheimer, Lehren aus dem Faschismus, Gesammelte Schriften, Bd. VIII, S. 15 f.
74 Mitscherlich, Auf dem Weg zur vaterlosen Gesellschaft (1963).
75 Das Urteil erklärte eine Gesetzesbestimmung, nach der Vaterschaftsanfechtungen durch den biologischen Vater gegenüber einem rechtlich anerkannten Vater ausgeschlossen wurden, für nichtig. (Az: 1 BvR 2027/21).
76 FEM-United: Ein vergleichender Bericht über Femizid in 5 europäischen Ländern, https://www.ifes.fau.de/files/2022/03/pressemeldung-fem-united-comparative-report_femizide_ifes.pdf
77 Mitteilungen des BM des Innern, des BM für Familie, Senioren, Frauen und Jugend, des BKA v. 19. 11. 2024.
78 Maureen Dowd, It's This Man's, Man's, Man's World, in: New York Times, 6. 11. 2024.
79 In den USA fällt das landesweite Recht auf Abtreibung, in: Süddeutsche Zeitung, 24. 6. 2022, https://www.sueddeutsche.de/politik/usa-abtreibung-verbot-supreme-court-urteil-1.5606011.
80 Pew Research Center zit in: US-Wahl. Wo Trump immer weiter vergöttert wird, in: Tagesschau, 3. 11. 2024, https://www.tagesschau.de/ausland/uswahl/trump-religioese-rechte-102.html.
81 Margaret Atwood, The Handmaid's Tale (1985), deutsch: Der Report der Magd, Übers. Helga Pfetsch, München (Claasen) 1987.
82 Der Regierung Bayerns untersagte im Frühjahr 2024 allen Behörden und Schulen, geschlechtergerechte Sprache zu verwenden.
83 Ausführliche Zahlen: Rachel Kleinfeld, Weltweit. Warum Männer eher nach rechts abdriften (2024).
84 Nicolas Kristof, Less marriage, less sex, less agreement, in: New York Times International Edition, 31. 5. 2024, S. 8.
85 Markus Theunert, Zunehmender Widerstand gegen Gleichstellung, ZDF-Kolumne, 15.9.024.
86 Jessica Aiston, Was ist die Manosphäre und warum ist sie besorgniserregend? in: Internet Matters, 4. 10. 2021, https://www.internetmatters.org/de/hub/news-blogs/what-is-the-manosphere-and-why-is-it-a-concern/

87 Rachel Kleinfeld, Oh Mann, in: IPG 22. 02. 2024, s. a. dies., Warum Männer nach rechts abdriften (2024).

88 Goody, Geschichte der Familie (2002), S. 191, 181, 182.

89 Dies ist sonst nur noch von einigen Walarten bekannt, bei denen die Weibchen bis zu vierzig Jahre nach ihrer reproduktiven Phase und auch deutlich länger leben als die Männchen. Das führt die neuere (britische) Forschung darauf zurück, dass die Weibchen auch für die Überlebenschancen ihres Nachwuchses und dessen Abkömmlinge sorgen. Auch sei von einigen Walarten bekannt, dass sie die Nahrung teilen und die älteren Tiere ihr Wissen nutzen, um für die Nahrung von allen zu sorgen. Patrick Eickemeier, Wechseljahre. Warum weibliche Wale lange leben, in: Tagesspiegel, 14. 3. 2024.

90 Uniklinik Köln: Leptin lässt hungrige Mäuse Sex dem Essen vorziehen, 23. 2. 2023, https://www.uk-koeln.de/en/uniklinik-koeln/presse-mediathek/pressemitteilungen/details/leptin-laesst-hungrige-maeuse-sex-dem-essen-vorziehen/.

91 Platon, Politeia/Der Staat (1855), Buch V, S. 8–11.

92 Im Gottesstaat schreibt Augustinus: »Auch ohne Sündenfall hätten sich die Menschen vermehrt«, das geschehe aber ohne »unreine Begierde« und »ohne beschämende Wollust«, denn für Gott sei es nicht schwer, den Menschen so zu erschaffen, »daß auch jenes eine Glied ohne Wollust dem Willen hätte dienen können«. Augustinus, Gottesstaat, 14. Buch, Kapitel 23.

93 Seitdem die Nationalsozialisten den Begriff Eugenik für ihre Rassenpolitik verwendeten, kommt er nicht mehr zur Anwendung. Im 19. Jahrhundert war es ein wissenschaftlicher Begriff.

94 Firestone (1970/1975).

95 Vgl. Niethammer/ Satjukow (Hg.), Wenn die Chemie stimmt (2016).

96 50 Jahre Antibaby-Pille. Film von Michaela Kirst, D/USA 2010, Ausstrahlung Arte am 12. 11. 2010.

97 Bornemann, Das Patriarchat (1979), S. 534 f.

98 Tagesspiegel, 5. 10. 2014.

99 Tagesspiegel, 26. 4. 2017.

100 New York Times, 14. 1. 2014.

101 Es hatte schon vorher Leihmütter gegeben: Männer, deren Ehefrauen unfruchtbar waren, schwängerten eine andere Frau. Als Modell diente zumeist der biblische Abraham, der mit Sarahs Magd, Hagar, ein Kind zeugte, dass sie anstelle von Sarah gebar. Solche Beispiele gab es auch in der historischen Realität.

102 Ausführlicher Bernard, Kinder machen (2014).

103 Hikabe O. et al. (2016): Reconstitution in vitro of the entire cycle of the mouse female germ line. Nature. DOI: 10.1038/nature20104. URL: go.nature.com/2dk1ANJ

104 Werden Männer entbehrlich? Frauen machen sich ihr Sperma selbst, in: Tagesspiegel, 26. 2. 2016.

105 Schopenhauer, Die Welt als Wille und Vorstellung, 4. Buch, S. 656 f. An derselben Stelle lässt er wissen: »Dem allen entspricht die wichtige Rolle, welche das Geschlechtsverhältnis in der Menschenwelt spielt, also wo es eigentlich der unsichtbare Mittelpunkt alles Tuns und Treibens ist und trotz allen ihm übergeworfenen Schleiern überall hervorguckt. Es ist die Ursache des Krieges und der Zweck des Friedens, die Grundlage des Ernstes und das Ziel des Scherzes, die unerschöpfliche Quelle des Witzes, der Schlüssel zu allen Anspielungen und der Sinn aller geheimen Winke, aller unausgesprochenen Anträge und aller verstohlenen Blicke, das tägliche Dichten und Trachten der Jungen und oft auch der Alten, der stündliche Gedanke des Unkeuschen und die gegen seinen Willen stets wiederkehrende Träumerei des Keuschen, der allezeit bereite Stoff zum Scherz, eben nur weil ihm der tiefste Ernst zum Grunde liegt. Das aber ist das Pikante und der Spaß der Welt, daß die Hauptangelegenheit aller Menschen heimlich betrieben und ostensibel möglichst ignoriert wird.«

106 Unter den Psychoanalytikern und -analytikerinnen kamen einige aus der Psychologie oder den Geisteswissenschaften, doch die wichtigsten Sexologen der Zeit – dazu gehörten Richard von Krafft-Ebing (1840–1902), Albert Moll (1862–1939), Paul J. Möbius (1853–1907), Albert von Schrenck-Notzing (1862–1929), Iwan Bloch (1872–1922), Magnus Hirschfeld (1860–1935) – waren durchweg Mediziner, meistens mit psychiatrischer oder neurologischer Ausrichtung. Eine Ausnahme bildete nur der britische Schriftsteller Havelock Ellis (1859–1939).

107 S. Freud, Die Sexualität in der Ätiologie der Neurosen (1898), GW I, S. 507.

108 Hirschfeld (Hg.), Vier Briefe von Karl Heinrich Ulrichs (1899), S. 36–70.

109 S. Freud, Drei Abhandlungen zur Sexualtheorie (1905), GW V, 44 ff., Fußnote hinzugefügt 1915.

110 Für eine Geschichte des Sexualwissenschaftlichen Instituts vgl. Herrn, Der Liebe und dem Leid (2022).

111 Das Konzept homosexueller »Widernatürlichkeit« hatte sich in zeitlicher Parallele zur Herausbildung der Patrilinearität und einer damit verbundenen Binarität der Geschlechterordnung entwickelt. Dass die Patrilinearität auch für das biblische Judentum galt, erklärt das strikte Verbot in der hebräischen Bibel. Der erste schriftliche Beleg für ein Verbot gleichgeschlechtlicher Beziehungen zwischen Männern stammt aus einem mittelassyrischen Gesetzestext aus dem Jahre 1100 v. d. Z., scheint sich also in zeitlicher Parallele zu den Kulturtechniken entwickelt zu haben, denen sich das Patriarchat verdankte. In ›Leviticus‹ wird das Verbot dann religiös begründet.

112 Herzog, Die Politisierung der Lust (2005), S. 15 f.

113 Bernard, Kinder machen (2014), S. 235, 246.

114 Herzog, Politisierung der Lust (2005), S. 317.

115 Wissenschaftlicher Dienst des Bundestags 2016. Laut der Antidiskriminierungsstelle des Bundes spricht sich auch beim Thema Adoption ein Großteil der Befragten für gleiche Rechte aus. Drei Viertel der Befragten vertraten die Ansicht, dass es homosexuellen Paaren genauso wie hetero-

sexuellen Paaren erlaubt sein sollte, Kinder zu adoptieren. Auch finden insgesamt zwei Drittel der Befragten, dass gleichgeschlechtliche Paare genauso viel Unterstützung bei künstlichen Befruchtungen zusteht wie heterosexuellen Paaren. (Vgl. Zeit-Online, 12. 1. 2017).

116 Die Einstellungen zeigen sich in Phänomenen wie diesem: Nach einer Studie des DIW von 2017 werden homosexuelle Männer (trotz durchschnittlich besserer Ausbildung) schlechter bezahlt als heterosexuelle. Im Schnitt ist die Entlohnung heterosexueller Männer am höchsten, gefolgt von den etwa gleich viel verdienenden lesbischen Frauen und homosexuellen Männern. Am schlechtesten stehen die heterosexuellen Frauen da. (Vgl. Tagesspiegel, 1. 9. 2017.)

117 Beachy, Das andere Berlin (2015).

118 Ebd., S. 99, 100.

119 Sigusch (2013), S. 253.

120 Herzog, Cold War (2023), S. 71.

121 Ebd., S. 73.

122 Ebd., S. 77, 79, 81, 83 f., 107.

123 Ebd., S. 91.

124 Ebd., S. 96.

125 Stoller et al., A Symposium (1973), S. 1207.

126 Ebd., S. 1208.

127 Robert J. Stoller, Sexual Excitement, in: Archives of General Psychiatry, 13:58, (1976) S. 899–909, S. 900.

128 Ebd., S. 908.

129 Stoller, Ästhetik und Erotik (1988), S. 353.

130 Herzog, Cold War (2023), S. 104. Hervorhebung im Original.

131 Chodorow, Heterosexuality as a compromise formation (1992), S. 268, 295.

132 Neben der sozialen Mutter gibt es die genetische Mutter, die Eizellspenderin, die Mitochondrienspenderin, die Tragemutter, die Leihmutter. Beim Vater sind es neben dem juristischen Vater der soziale Vater (der sich um ein Kind kümmert, mit dem er nicht leiblich verwandt ist), der Samenspender (der leibliche Vater, der meistens keine Beziehung zu seinen Sprösslingen hat), der Scheinvater (der juristische Vater, der nicht zugleich leiblicher Vater ist). In Frankreich wurden die Begriffe Vater und Mutter völlig aus dem Gesetzbuch gestrichen: Im novellierten Code Civil von 2019 ist nur noch von Elternteil 1 und Elternteil 2 die Rede.

133 Facebook kennt jetzt 60 Geschlechter, in: Stern, 4. 9. 2024, https://www.stern.de/digital/online/neue-profileinstellungen-facebook-kennt-jetzt-60-geschlechter-3616514.html; Spiegel, 11/2016, S. 65–67.

134 Simon (Hg.), Aus eines Mannes Mädchenjahren von N. O. Body, 2022, (2022), Nachwort, S. 134.

135 Simon (2022), S. 138, 134.

136 Ebd., S. 20.

137 Simon in Nachwort (2022), S. 132.

138 Hauser, Geschichte des Judentums (1921).
139 Zit. n. Feder (1932), S. 61.
140 Sigusch, Sexualitäten (2013), S. 222.
141 Ebd., S. 228, 229, 250.
142 Turkle, Sex, Lies and Avatars (1996), S. 164; dies., Life on Screen (1995/1998).
143 Turkle, Computertechnologien und multiple Bilder des Selbst (1999), S. 95.
144 Tanja Buntrock, Falsch programmiert. KI würde Frauen eher sterben lassen als Männer«, in: Tagesspiegel, 9. 3. 2023, S. B 22.
145 Leitner/Thöni/Winner, Menschliche Körper und der Wert des menschlichen Lebens (2008), S. 81.
146 Leitner et al. (2008), S. 89.
147 Oliver Foß, KI diskriminiert weiter, in: Tagesspiegel, 4. 9. 2024, S. 10.
148 What are the risks from Artificial Intelligence, AI Risk Repositoriy, https://airisk.mit.edu/
149 Simon Schwarz, Vielfalt aus der Maschine. Kreative Forschung gegen queerfeindliche KI, in: Tagesspiegel, 10. 3. 2023, S. B 26 f.
150 Auf die Wirkmacht von Phantasien wies schon Freud hin: »Die Ersatzbefriedigungen, wie die Kunst sie bietet, sind gegen die Realität Illusionen, darum nicht weniger wirksam dank der Rolle, die die Phantasie im Seelenleben behauptet hat.« S. Freud, Das Unbehagen in der Kultur (1930), GW XIV, S. 433.
151 Abraham/Feldman et al., Father's brain is sensitive to childcare experiences (2014).
152 About 1,3 Millionen adults and 300.000 children in den United States identify as transgender. These efforts have thrust them, at a moment of increased visibility and vulnerabiity, into the center of the nation's latest battle over cultural issues, in: New York Times, 17. 4. 2023,
153 Whitehead/Thomas, Sexuality and the ethics of body modification (2013), S. 396, 395.
154 Sigusch, Sexualitäten (2013), S. 243, 244.
155 Inga Barthels, Tilmann Warnecke, Zeichen der Zeit, in: Tagesspiegel, 1. 7. 2022, S. 2.
156 Vera Kern, Mann oder Frau? Deutsche Welle 3. 5. 2024, https://www.dw.com/de/transgender-in-deutschland/a-17630664
157 Ebd.
158 Tagesspiegel, Wissenschaft, 6. 9. 2024, S. 14.
159 Preciado, Ein Apartment auf dem Uranus (2022), S. 29.
160 Im Gespräch: Farangles Ghafor, »Niemand kam auf die Idee, für mich im Bus aufzustehen«, in: Tagesspiegel, 26. 5. 2023, S, 16 f.
161 Siri Christiansen, Schwedens erste Transgender-CEO: »Vielfalt ist eine Investitionschance«, Citywire Deutschland 22. 2. 2022, https://citywire.com/de/news/schwedens-erste-transgender-ceo-vielfalt-ist-eine-investitionschance/a2380138.
162 Sigusch, Sexualitäten (2013), S. 241.

163 Gillian Branstetter: Trump's Executive Orders Promoting Sex Discrimination, Explained, ACLU, 22. 1. 2025, https://www.aclu.org/news/lgbtq-rights/trumps-executive-orders-promoting-sex-discrimination-explained.

164 Trump Bars Transgender Women From U. S. Prisons for Female Inmates, New York Times, 24. 1. 2025.

165 U. S. federal workers are told to inform on colleagues amid D. E. I. crackdown, in: New York Times, 23. 1. 2025.

166 Eric Schmitt, Hegseth Targets D. E. I. in Early Directive at the Pentagon, in: New York Times, 27. 1. 2025.

167 These Words Are Disappearing in the New Trump Administration, in: New York Times, 7. 3. 2025.

168 »Trans zu sein ist weder trendy noch eine Modeerscheinung!« Linus Giese im Interview: Was wir als Gesellschaft lernen können – und sollten, in: Elle, kein Datum, https://www.elle.de/lifestyle-linus-giese-interview-transgender?utm_source=pocket-newtab-global-de-DE

169 S. Freud, Das Unbehagen in der Kultur (1930), GW XIV, S. 465 f., FN.

170 Monette Vacquin, Pierre Winter, in: Le Monde, 4. 12. 2012. Beide Autoren sind Psychoanalytiker. Vacquin ist Autorin des Buchs ›Main basse sur les vivants‹, Paris 1999; Winter ist Autor von ›Homoparenté‹, Paris 2010.

171 Urszene: ein Begriff aus der Psychoanalyse. Er beschreibt die reale oder phantasierte Beobachtung des Geschlechtsverkehrs der Eltern, die das Kind unbewusst mit der eigenen Zeugung in Verbindung bringt.

172 Sylvie Faure-Pragier, Le Monde 25. 12. 2012; s. a. dies., Bébés de l'inconscient: le psychanalyste face aux stérilités féminines aujourd'hui, Paris 2003.

173 Während Freud im biologischen Vater das Gesetz sah, das die Aufhebung der frühkindlichen Symbiose mit der Mutter und den Eintritt in die »symbolische Ordnung« einfordert, repräsentierte für Lacan die Sprache selbst oder die Sprachfähigkeit dieses Gesetz. Er bezeichnet dies als le Nom-du-Père, womit sowohl der »Name« als auch das »Nein« (non) des Vaters gemeint sind.

174 Le Monde, 27. 12. 2012.

175 So die Psychoanalytikerin Caroline Thompson in einem Artikel in Le Monde, 8. 11. 2012.

176 Hervé Glévarec, in: Le Monde, 27. 12. 2012.

177 Kakar (2012), S. 225.

178 Die Therapie findet in sehr vielen Fällen per Video mit einem Analytiker oder einer Analytikerin im Ausland statt.

179 von Braun, Schwindel (2016), S. 103–105.

180 Strathern, Reproducing the Future (1992), S. 151, 154.

181 Latour, We Have Never Been Modern (1993), S. 104.

182 Haraway, Primate Visions (1989); dies., Simians, Cyborgs and Women (1991).

183 Haraway, Modest_Witness@Second_Millenium.FemaleMan©_Meets_OncoMouse. Feminism and Technoscience (1997), S. 102, 99.

184 Franklin, Making Miracles (1998), S. 103.

185 Franklin, Embodied Progress (1997), S. 56.
186 Franklin, Biological Relatives (2013), S. 1, 14, 17, 21.
187 Carsten (Hg.), Cultures of Relatedness (2000), S. 11.
188 Lütkehaus (1989), S. 19.
189 Spengler, Der Untergang des Abendlandes (1922/1997), S. 961 f.
190 Weininger, Geschlecht und Charakter (1916), S. 114 ff. Hervorhebungen im Original.
191 S. Freud: Das Ich und das Es (1923), GW XIII, S. 237–289, S. 254.
192 Palm, Existenzweisen des Lebens, S. 193.
193 Giampieri-Deutsch, Some remarks on psychoanalytical research and universities (2010), S. 212.
194 Gödde / Buchholz, Der Besen (2012), S. 49.
195 von Braun/Dornhof/Johach (Hg.), Das Unbewusste (2009).
196 Rheinberger, Alles, was überhaupt zu einer Inskription führen kann (1999), S. 273.
197 Brown, Die Keuschheit der Engel (1994).
198 von Braun/Mathes, Verschleierte Wirklichkeit (2017).
199 von Braun, Glauben, Wissen und Geschlecht in den drei Religionen des Buches (2009).
200 Biale, Blood and Belief (2007), S. 28, 106; s. a. Frymer-Kensky, Law and Philosophy (1995); Rockman, Sexual Behaviour Among Ultra-Orthodox Jews (1995).
201 Laclau, Was haben leere Signifikanten mit Politik zu tun? (2010) Ernesto Laclau (1935–2014) lehrte an der Universität Essex Politische Theorie.
202 Ausführlicher von Braun/Ziege (Hrsg.), Das bewegliche Vorurteil (2004).
203 von Braun, Zur Bedeutung der Sexualbilder im Antisemitismus (2015).
204 Martin Engländer (1902), Die auffallend häufigen Krankheitserscheinungen der jüdischen Rasse, zit. n. Gilman, Difference and Pathology (1985), S. 156.
205 von Braun, Die Zugehörigkeit zur Jüdischen Gemeinschaft, in: dies./Micha Brumlik (Hg.), Handbuch Jüdische Studien (2018), S. 15–58.
206 Sigmund Freud schrieb, dass die Psychoanalyse es darauf absehe, »das Ich zu stärken, es vom Über-Ich unabhängiger zu machen, sein Wahrnehmungsfeld zu erweitern und seine Organisation auszubauen, so daß es sich neue Stücke des Es aneignen kann. Wo Es war, soll Ich werden. Es ist Kulturarbeit etwa wie die Trockenlegung der Zuydersee.« S. Freud, Neue Folge der Vorlesungen zur Einführung in die Psychoanalyse (1933), GW XV, S. 516.
207 Viktor Jerofejew, »Spezialoperation«. Homosexuelles Leben ist für Putin der Inbegriff der Dekadenz des Westens. Mit dem Kampf gegen die LGBTIQ-Bewegung will er den Krieg gegen die Ukraine gewinnen, In Zeit Nr. 6, 2. 2. 2023, S. 47.
208 Eltchaninoff, In Putins Kopf (2022), S. 159, 197.
209 Ich übernehme diesen Begriff von Caroline Fetscher, in: Tagesspiegel, 28. 9. 2017.

210 Hochschild, Fremd in ihrem Land (2017).
211 Vgl. Kemper, Antiemanzipatorische Netzwerke und die Geschlechter- und Familienpolitik der Alternative für Deutschland (2016).
212 Für mehr Infomationen zur Bewegung vgl. Mike Rothschild, The Storm Is Upon Us: How QAnon Became a Movement, Cult, and Conspiracy Theory of Everything; Kevin Roose, What Is QAnon, the Viral Pro-Trump Conspiracy Theory?, in: The New York Times, 4. 3. 2021; Tommy Beer, Nearly 30 % Of Republicans Believe ›American Patriots May Have To Resort To Violence‹ To Save U. S., Study Finds, in: Forbes , 27. 5. 2021; Ryan W. Miller, What is QAnon? What to know about the baseless, far-right conspiracy theory connected to Marjorie Taylor Greene, in: USA Today, heruntergeladen 22. 2. 2021. Melville House 2021; s. a. die ausführliche US-Wikipedia-Seite zu QAnon: https://en.wikipedia.org/wiki/QAnon.
213 Erin Laviola, »QAnon Conspiracy: 5 Fast Facts You Need to Know«, in: Heavy, 1. 8. 2018, heruntergeladen 19. 4. 2021; Isaac Stanley-Becker, »We are Q': A deranged conspiracy cult leaps from the Internet to the crowd at Trump's ›MAGA‹ tour«, in: The Washington Post, 1. 8. 2018.
214 Frenkel-Brunswik, Intolerance of Ambiguity (1949).
215 Frenkel-Brunswik, in: Adorno/Frenkel-Brunswik/Levinson/Sanford, The Authoritarian Personality (1950), S. 463.
216 Frenkel-Brunswik, Intolerance of Ambiguity, S. 115.
217 Frenkel-Brunswik, in: Authoritarian Personality, S. 451.
218 Ebd., S. 317.
219 »About 1,3 Millionen adults and 300.000 children in den United States identify as transgender. These efforts have thrust them, at a moment of increased visibility and vulnerability, into the center oft he nation's latest battle over cultural issues«, in: New York Times, 17. 4. 2023.
220 Rick Roja / Emily Cochrane, »Judge Strikes Down Arkansas Law Banning Gender Transition Care for Minors«, in: New York Times, 20. 6. 2023.
221 There is a »direct line from the right's focus on transgender children to other issues it has seized in the name of 'parent's rights '- such as banning books and curriculums that teach about racism«, in: New York Times, 20. 6. 2023.
222 Malte Lehming, Christentum, Islam, Judentum. Eine Ökumene der Anti-Liberalen, in: Tagesspiegel, 7. 6. 2023.
223 Vgl. 3. Kapitel, S. 162 ff.
224 Vgl. Supreme Court Seems Inclined to Reject Bid to Curtail Abortion Pill Access, in: New York Times 26. 3. 2024, https://www.nytimes.com/2024/03/26/us/politics/supreme-court-abortion-pill-hearing.html
225 Preciado (2022), S. 34
226 Morgenthaler (1984), S. 147.

6 DIE MASSENMEDIEN EROBERN DAS UNBEWUSSTE

1 Das Thema Geld verdient im Zusammenhang mit dem Thema des Unbewussten eine ausführliche Darstellung. Da ich dazu aber ein ganzes Buch verfasst habe, will ich dieses ohnehin umfangreiche Kapitel nicht

zusätzlich belasten und verweise nur darauf: v. Braun, Der Preis des Geldes (2012). In dem Buch werden auch viele andere Autoren zitiert, die zum Thema geschrieben haben.

2 In: Kairos, 4. Jg. Nr. 1 u. 2, 1989, S. 4–9, 5.

3 Dubois, Der Fotografische Akt (1998), S. 163, 93.

4 Wollen, Le feu et la glace (1984), S. 17.

5 Barthes, Die Helle Kammer (1985), S. 22 f.

6 Roth, Der Antichrist (1934).

7 Eine der besten Analysen zu den sexuellen Aufladungen des italienischen Mussolini-Kultes bietet: Macciocchi, Jungfrauen, Mütter und ein Führer (1976).

8 So die Filmwissenschaftlerin Sabine Hake, https://www.bpb.de/themen/nationalsozialismus-zweiter-weltkrieg/geheimsache-ghettofilm/153344/film-im-ns-staat/.

9 Ebd.

10 Vgl. 2. Kapitel, S. 65 ff.

11 Kittler, Aufschreibesysteme (1985), S. 60.

12 »Des Juden psychische Inhalte sind sämtlich mit einer gewissen Zweiheit oder Mehrheit behaftet; über diese Ambiguität, diese Duplizität, ja Multiplizität kommt er nie hinaus. […] Diese innere Vieldeutigkeit, diesen Mangel an unmittelbarer innerer Realität irgend eines psychischen Geschehens, die Armut an jenem An- und Für-sich-Sein, aus welchem allein höchste Schöpferkraft fließen kann, glaube ich als Definition dessen betrachten zu müssen, was ich das Jüdische als Idee genannt habe. Es ist wie ein Zustand **vor** dem **Sein**, ein ewiges Irren draußen vor dem Tor der Realität. […] *Innerliche Vieldeutigkeit*, ich möchte es wiederholen, ist *das absolut Jüdische, Einfalt das absolut Unjüdische.*«[1] Otto Weininger, Geschlecht und Charakter (1916), S. 442 f. Hervorhebungen im Original.

13 Anderson, Die Erfindung der Nation (1983/1998), S. 30.

14 S. Freud, Traumdeutung (1900), GW, Bd. II / III, S. 1–642, 323.

15 Münsterberg, The Photoplay (1916).

16 S. Freud, Zur Psychotherapie der Hysterie (1895), G. W. I, S. 252–312, 282 f. Hervorhebung im Original.

17 Die Kulturwissenschaftlerin und Psychoanalytikerin Mai Wegener hat am Beispiel von James Joyce gezeigt, wie die Literatur diese Besetzung des Sprechens mit einer oral verwandelten Schriftlichkeit begegnete. Wegener, Im Echoraum des Körpers (2021).

18 Vgl. 5. Kapitel, S. 317 f.

19 Etkind (1996), S. 398–399.

20 Vgl. 3. Kapitel, S. 163 ff.

21 Hans-Thies Lehmann schreibt über das Ich-Erlebnis im Kino: »In einer faszinierenden, Lust und Angst mischenden Bewegung erfährt der Blick in Travelling, Zoom oder Schnitt passiv ohnmächtig und lustvoll diesen Raum. Die Kamera, das Instrument, das beherrscht und gesteuert wird,

kann der Zuschauer kaum vom eigenen Blick unterscheiden. Die Herrschaft, die ein anderer ausübt (der Regisseur, der Kameramann), wird als eigene erfahren, das technische Gerät wird zur Realfigur des menschlichen Blicks.« Dies führe zu einer »ambivalenten Allmachtserfahrung«, die »kindlicher Kompensation radikaler Ohnmacht entsprungen« sei. Lehmann, Das Kino und das Imaginäre (1990), S. 78.

22 Der sogenannte »Flynn-Effekt«, benannt nach dem Politikwissenschaftler James R. Flynn, der als erster das Phänomen beschrieben hat. Flynn, The Mean IQ of Americans (1984).

23 Adorno, Minima Moralia (1962), S. 21.

24 »Kurzlebige und widerspruchsvolle Modelle und Ideen erlauben es dem jungen Menschen nicht, die Einwirkungen weniger, konkreter Imagines so tief und anhaltend zu erfahren, daß sie das Rückgrat seines Erwachsenenlebens werden könnten.« Horkheimer, Lehren aus dem Faschismus (1985–1996), Bd. VIII, S. 17.

25 Vgl. 1. Kapitel, S. 21 ff.

26 Koselleck et al., Volk, Nation, Nationalismus, Masse (2004), S. 161.

27 Ebd., S. 247.

28 Ebd., S. 277, 314, 316.

29 Anderson, Die Erfindung der Nation (1983/1998), S. 45.

30 Eric Hobsbawm, Europäische Revolutionen, übers. v. Boris Goldenberg, München (1978).

31 Anderson, Die Erfindung der Nation (1983/1998), S. 124.

32 Ebd., S. 70.

33 Mosse, The Nationalization of the Masses (1975/2023).

34 Kant: Anthropologie in pragmatischer Hinsicht (1798), S. 311 ff.

35 Kant, Nachlass zur Anthropologie, AA, Bd. 15, 2, S. 591.

36 »Unter dem Wort Volk (populus) versteht man die in einem Landstrich vereinigte Menge Menschen, insofern sie ein Ganzes ausmacht. Diejenige Menge oder auch der Teil derselben, welcher sich durch gemeinschaftliche Abstammung für vereinigt zu einem bürgerlichen Ganzen erkennt, heißt Nation (gens); der Teil, der sich von diesen Gesetzen ausnimmt (die wilde Menge in diesem Volk), heißt Pöbel (vulgus), dessen gesetzwidrige Vereinigung das Rottieren (agere per turbas) ist; ein Verhalten, welches ihn von der Qualität eines Staatsbürgers ausschließt.« Kant, Anthropologie in pragmatischer Hinsicht (1798), S. 311.

37 Stefanie Middendorf, »Masse«, in: Docupedia-Zeitgeschichte, 5. 11. 2013, http://docupedia.de/zg/Masse., S. 247, 336 f.

38 Clausewitz, Vom Kriege, (1832–34/ 2010), S. 457, 131.

39 Koselleck et al. (2004), S. 366.

40 Marx, Das Elend der Philosophie (1847/2011), S. 332.

41 Koselleck et al. (2004), S. 416.

42 Liebknecht, Rede v. 30. 12. 1918 (1969), S. 59, 58.

43 Koselleck et al. (2004), S. 416.

44 Hitler, Mein Kampf, S. 650, 475.

45 Toller, Masse Mensch (1919/2019), S. 56 f.
46 Vorwort zur zweiten Auflage, ebd., S. 9.
47 Vorher waren schon zwei Untersuchungen von Kriminalisten erschienen, auf die sich Le Bon auch stellenweise bezieht: Gabriel Tarde, Die Gesetze der Nachahmung (1890); Scipio Sighele, Die verbrecherische Masse (1893). Ausgangspunkt beider Untersuchungen war die für die Strafjustiz wichtige Frage nach der Verantwortlichkeit bei Kollektivdelikten, d. h. für Vergehen oder Verbrechen, die von einer größeren Anzahl von Menschen etwa bei Streikunruhen, Demonstrationen und Aufständen gemeinsam begangen werden. Auf die Frage nach der »psychologischen Masse« sah Tarde in der Nachahmung den Schlüssel (er vergleicht sie mit Herden, Rudeln und Bienenschwärmen, den »societés animales«). Sighele vertrat die Ansicht, dass das Individuum in der Masse einer »psychischen Ansteckung« ausgesetzt sei, die über sein Handeln bestimme. Le Bon unterscheidet sich grundsätzlich von beiden insofern als ihn nicht nur die »verbrecherischen«, sondern auch die »heldischen« Aspekte der Masse interessieren.
48 S. Freud, Massenpsychologie und Ich-Analyse (1921), GW XIII, S. 77, 104.
49 Ebd., S. 100, 112, 124, 126.
50 Ebd., S. 135, 136, 143.
51 Le Bon, Psychologie der Massen (1895/1973), S. 35.
52 Ebd., S. 71, 44, 20.
53 Ebd., S. XXVI.
54 von Braun, Wissen & Körper, 2003, S. 159–178.
55 Le Bon (1895/1973), S 13, 3, 83.
56 Jung, in: Balmer (1972) S. 138 f. Hervorhebungen im Orignal.
57 Le Bon (1895/1973), S. 6.
58 Koselleck et al. (2004), S. 417.
59 Middendorf, Masse.
60 Richter, Aufbruch in die Moderne (2021); s. a. dies., Demokratie. Eine deutsche Affäre (2020).
61 Hedwig Richter, Dunkle Seiten der Demokratie. Die Geschichte der Scheinreferenden und Scheinwahlen, in: Deutschlandfunk, Essay und Diskurs, 20. 11. 2022, Manuskript, S. 4, 6.
62 Zit. n. Richter, ebd., S. 7.
63 Levitsky/ Ziblatt, Wie Demokratien sterben (2018). S. a. https://www.bpb.de/shop/zeitschriften/apuz/zustand-der-demokratie-2021/335441/repraesentative-politik-zwischen-demokratisierung-und-entdemokratisierung/
64 https://www.n-tv.de/politik/Darum-haelt-J-D-Vance-Europa-fuer-undemokratisch-und-unfrei-article25564248.html.
65 Arendt, Elemente (2021), S. 970 f.
66 Vgl. 3. Kapitel, S. 143 ff.
67 Tagesspiegel, 28. 2. 2016; s. a. auch den Pew-Report, 9. 12. 2015: The American Middle Class Is Losing Ground: no longer the majority and falling behind financially.

68 Pew Charitable Funds, Pursuing the American Dream. Economic Mobility Across Generations, Washington, Philadelphia, Juli 2012.

69 Growing sense of social status and concomitant deaths of despair among whites, November 2019, http//www.pnas.org/content/112/49/15078; s. a. https//www.brookingsedu/wp-content/uploads/2017/03/6_casedeaton.pdf.

70 Nicolas Eberstadt, Our miserable 21st Century, in: Commentary, März 2017, https://www.commentary.org/articles/nicholas-eberstadt/our-miserable-21st-century/.

71 Case/Deaton, Deaths of Despair and the Future of Capitalism (2020).

72 Marcel Fratzscher, Wer zum AfD-Milieu zählt, der sollte vor allem nicht AfD wählen, in: Zeit Online, 1. 9. 2023, https://www.zeit.de/wirtschaft/2023-08/afd-waehler-politik-paradox-ostdeutschland.

73 Marcel Fratzscher, Das AfD-Paradox: Die Hauptleidtragenden der AfD-Politik wären ihre eigenen Wähler*innen, in: DIW aktuell, 2023; https://www.diw.de/de/diw_01.c.879742.de/publikationen/diw_aktuell/2023_0088/das_afd-paradox__die_hauptleidtragenden_der_afd-politik_waeren_ihre_eigenen_waehler_innen.html.

74 Zur AfD vgl. https://yougov.de/politics/articles/50402-landtagswahlen-im-osten-wer-ist-die-potenzielle-afd-wahlerschaft-in-thuringen-sachsen-brandenburg; https://www.pro-medienmagazin.de/afd-waehler-haben-abstiegsangst/.

75 Aiko Wagner, Wer einmal populistisch wählt, tut es wahrscheinlich wieder, in: Deutschlandfunk Nova, Hörsaal, 5. 7. 2024.

76 Der Westen, 4. 2. 2024 https://www.derwesten.de/politik/afd-hoecke-remigration-deportation-auslaender-raus-e-id300814756.html.

77 In: Popolo d'Italia, 31. 8. 1943.

78 Das Taktieren mit Worten erreichte einen neuen Höhepunkt, als Björn Höcke am 11. 4. 2024 den Begriff der »Remigration«, der von rechten Intellektuellen zur Verschleierung von Abschiebungen eingeführt worden war, uminterpretierte und daraus anlässlich einer im Fernsehen ausgestrahlten Wahlkampfdebatte die »Zurückholung ausgewanderter Deutscher« machte.

79 Trump hatte die Richter für den Supreme Court ernannt, die dieses Recht aufhoben.

80 Vgl. IWF billigt 800 Millionen Kredit, in: FAZ, 14. 6. 2024.

81 Vgl. Argentiniens rechter Präsident schafft mit Repressionen den Sozialstaat ab, in: Der Standard, 7. 3. 2024, https://www.derstandard.at/story/3000000210219/argentiniens-rechter-praesident-schafft-mit-repressionen-den-sozialstaat-ab?utm_source=pocket-newtab-de-de.

82 So Bruno Patino, Präsident von ARTE. Er verwendete den Begriff im Juni 2022 bei einer deutsch-französischen Journalistenkonferenz. Ich danke Michael Backfisch für diesen Hinweis.

83 Haugen, Die Wahrheit über Facebook (2023). 18, 24.

84 Ebd., 230 f.

85 Ebd., 256 f.

86 Free Basics ist eine von Facebook entwickelte mobile App, die Nutzern Zugang zu einer kleinen Auswahl von Websites und Diensten mit geringem Datenverbrauch bietet. Sie berücksichtigt kaum die sprachlichen Bedürfnisse der lokalen Bevölkerung, die meisten Dienste werden auf Englisch angeboten und die Seiten von privaten US-Unternehmen erstellt, ohne Rücksicht auf den örtlichen Markt. Da Free Basics mit den lokalen Providern zusammenarbeitet, können diese auch willkürlich den Zugang sperren. »Wenn ein Nutzer versucht, auf Informationen außerhalb des winzigen Walled Gardens zuzugreifen, erscheint ein Pop-up-Fenster, das ihn auffordert, mehr Daten zu kaufen. Obwohl Free Basics beispielsweise den Zugang zur Bing-Suchmaschine beinhaltet und kostenlos Auszüge aus den Suchergebnissen anzeigt, ist das Lesen aller Suchergebnisse kostenpflichtig. Auf Facebook bedeutet dies, dass die Nutzer zwar Links zu Nachrichten und Blogposts sehen, diese aber nicht lesen können.« Parallel dazu ermöglicht Free Basics privaten US-Unternehmen, große Mengen von Metadaten über die Nutzer zu sammeln. »Facebook führt die Menschen nicht in ein offenes Internet ein, in dem man lernen, etwas schaffen und etwas aufbauen kann«, schreibt eine Kritikerin. »Es baut dieses kleine Netz auf, das den Nutzer zu einem meist passiven Konsumenten von meist westlichen Unternehmensinhalten macht. Das ist digitaler Kolonialismus.«, https://amp.theguardian.com/technology/2017/jul/27/facebook-free-basics-developing-markets.

87 Haugen, S. 252 f.

88 Ebd., S. 31, 254.

89 Ebd., S. 16, 255.

90 Ebd., S. 273 f.

91 https://www.nytimes.com/2025/01/07/business/meta-fact-checking-conservative-views.html

92 https://www.tagesschau.de/wirtschaft/unternehmen/meta-faktencheck-moderation-100.html

93 https://www.axios.com/2025/01/10/meta-dei-programs-employees-trump

94 https://www.tagesschau.de/ausland/europa/eu-meta-102.html

95 Haugen, S. 27, 27 f., 29, 30, 144.

96 Ebd., S. 25, 26, 447.

97 Ebd., S. 334, 327, 270, 266.

98 Ebd., S. 375, 378, 377, 380.

99 Ebd., S. 414, 412.

100 Ebd., S. 471, 219.

101 Ebd., S. 458, 459, 75.

102 Ebd., S. 89.

103 Schelhowe (2013); s. a. Wie Programmieren männlich wurde, in: Deutschlandfunk Kultur, 14. 9. 2023, https://www.deutschlandfunkkultur.de/frauen-informatik-programmieren-geschichte-100.html.

104 Haugen, S. 100 f.

105 Ebd., S. 170, 80 f., 76.

106 Meyer, Hannah Arendt oder die Revolution des Denkens (2018), S. 46.

107 Arendt (2018), Freiheit, S. 24.
108 Haugen, S. 378.
109 Arendt, Freiheit (2018), S. S. 28, 33 f., 32, 38.
110 Mit den kürzlichen Einschränkungen von TikTok zielt der Kongress weniger auf die allgemeine Meinungsmanipulation als auf den Einfluss Chinas ab.
111 Bernheim, Hypnotisme (1891).
112 von Braun, Nicht ich (2009), S. 446–452.
113 Middendorf, Masse.
114 McStay, Emotional AI (2018), S. 4.
115 McStay (2018), S. 2.
116 Ebd., S. 3.
117 Simanowski, Logik des Digitalen, (2024).
118 Darum drehte sich etwa der Skandal bei den Wahlmanipulationen von Cambridge Analytica, ein Unternehmen, das sowohl bei US-Wahlen als auch beim Brexit Einfluss ausübte. Vgl. Kaiser, Targeted, (2019).
119 McStay (2018), S. 9.
120 Vgl. 1. Kapitel, S. 37 f.
121 Bender/Gebru/McMillan-Major/Shmitchell (2021).
122 David Lauer, Mehr oder weniger Autorschaft. Postauktoriales Schreiben, Denken und Gestalten im Zeitalter von Chat GPT und Stable Diffusion Künstliche Intelligenz, Vortrag am Kulturwissenschaftlichen Institut Essen am 6. 7. 2023. Wiedergegeben in Deutschlandfunk Nova, Hörsaal, 15. 9. 2023, https://www.deutschlandfunknova.de/beitrag/kuenstliche-intelligenz-ist-die-ki-akteurin-oder-werkzeug.
123 Vgl. 5. Kapitel, S. 332 f.
124 So Louis Chude-Sokel von der Boston Universität, im Gespräch mit Andreas Hartmann, in: Tagesspiegel, 10. 11. 2022, S. 22.
125 Angerer, Nicht bewusst (2022), S. 23, 73, 65, 72.
126 Ebd., S. 24, 67.
127 Miray Caliskan/ Sabrina Patsch, Verpixelter Abschied, in: Tagesspiegel, 17. 9. 2023, S. 16 f.
128 Manuela Lenzen, Wie Alexa und Siri. ChatGPT kann nun sprechen und sehen, in: Tagesspiegel, 28. 9. 2023, S. 13.
129 Miray Caliskan/Sabrina Patsch, Verpixelter Abschied, in: Tagesspiegel, 17. 9. 2023, S. 17.
130 Adrian Lobe, KI killt Social-Media-Stars. Boom der virtuellen Influencer, in: Tagesspiegel, 4. 3. 2024, S. 17.
131 Johannes Hepp im Gespräch mit Saara von Alten, in: Tagesspiegel, 8. 10. 2022, S. 28.
132 Hepp, Die Psyche des Homo Digitalis (2022).
133 Hepp, Hepp im Gespräch mit Saara von Alten, in: Tagesspiegel, 8. 10. 2022, S. 28.
134 Onun Günütürk im Gespräch mit Magnus Heier, in: Manipulierte Erinnerungen. Gedächtnisforscher untersuchen, warum halb historische, halb

fiktionale TV-Serien von Zuschauern als Realität gesehen werden, in: Tagesspiegel, 7. 11. 2022, S. 11.

135 Jörg Zittau, Wahr ist, was sich wiederholt. Warum Fake News so oft geteilt werden, in: Tagesspiegel, 19. 9. 2023.

136 »In contrast to the 9 significant links working in tandem during the live interaction, only 1 link connected the two brains during the video-chat communication.« Linoy Schwartz/Jonathan Levy/Yaara Endevelt-Shapira/Amir Djalovski/Olga Hayut/Guillaume Dumas/Ruth Feldman, Technology-assisted communication attenuates inter-brain connectivity, in: NeuroImage, 264 (2022) 119677.

137 »Overall, our findings demonstrate the marked decrease in brain-to-brain connectivity when interactions are moderated by technology.« Ebd., S. 6.

138 Ebd., S. 10.

139 Zu KI und Psychotherapie mehr im 7. Kapitel.

140 https://de.statista.com/statistik/daten/studie/181086/umfrage/die-weltweit-groessten-social-networks-nach-anzahl-der-user/

141 Frederike Petzschner im Gespräch mit Farangies Ghafoor, in: Tagesspiegel Plus, 13. 1. 2024.

142 Skinner, Walden Two, (1948/1970).

143 Cesare, Das Komplott an der Macht (2022).

144 Farangies Ghafoor, Wenn die Wahrheit nicht reicht. Von der lustvollen Suche nach Verschwörungen, in: Tagesspiegel, 6. 4. 2024, S. 16 f.

145 Die Künstlerin und Kulturtheoretikerin Susanne Ristow hat zu den Parallelen zwischen den beiden Virus-Arten ein schönes Buch geschrieben: Ristow, Kulturvirologie (2021).

146 Ebner, Radikalisierungsmaschinen (2019); s. a. dies., Massenradikalisierung (2023).

147 Maria Fiedler, Zehn Jahre Alternative für Deutschland. Der Aufstieg der Dagegen-Partei, in: Tagesspiegel, 4. 2. 2023, S. 6 f.

148 Martin Zeyn, Putin und der KGB. Wie die Propaganda-Methoden weltweit Karriere gemacht haben, in: BR, 3. 6. 2022.

149 Vertlib, Zebra im Krieg (2022), S. 74.

150 Clausewitz, Vom Kriege, (1832–1834/2010).

151 »Jede Einheit soll sie bekommen. Kiew übergibt überlebenswichtige Waffen«, in: N-tv, 18. 4. 2024.

152 New York Times, 2. 1. 2025. https://www.nytimes.com/2024/12/31/magazine/drones-weapons-ukraine-war.html.

153 Sheera Frankel, Kate Conger, Hate Speech's Rise on Twitter is Unprecedented, Reserarchers find, in: New York Times, 2. 12. 2022.

154 Ian Bremmer, Gespaltene Weltmacht. Ein gefährliches Jahr für die Politik in den USA, in: Tagesspiegel, 9. 8. 2023, S. 9.

155 Der Begriff »inzivil« stammt vom Kommunikationsforscher Marc Ziegele, der an der Uni Düsseldorf lehrt und dort eine Forschergruppe zu politischer Partizipation, Diskussionskultur, Inzivilität, Hatespeech und Deliberation im Netz leitet. Vgl. Ziegele et al. (2023).

156 Vgl etwa: Anstieg häuslicher Gewalt durch den Lockdown. Eine ernstzunehmende Entwicklung, in: Blog Sonder-Pader-Gogik, 13. 8. 2021, https://blogs.uni-paderborn.de/sonderpaedagogik/2021/08/13/anstieg-haeuslicher-gewalt-durch-den-lockdown-eine-ernstzunehmende-entwicklung/.

157 Roni Caryn Rabin, Why Some Americans Buy Guns. Sociologists are just beginning to understand who is buying guns and how gun ownership makes them feel, in: New York Times, 22. 6. 2023.

158 Ebd.

159 Laclau (2010).

160 von Braun/Ziege (Hg.), Das bewegliche Vorurteil. Aspekte des Internationalen Antisemitismus (2004).

161 Rocha Dietz/ Rathje (2020).

162 Hagemeister, Die Weisen von Zion als Agenten des Antichrists (2020).

163 Hübscher, Algorithmic Antisemitism on Social Media (2024), S. 370.

164 Rathje, Reichsbürger, Selbstverwalter und Souveränisten (2017).

165 Vgl. Bundesamt für Verfassungsschutz (BfV), Verfassungsschutzbericht 2020, Berlin 2021, S. 113.

166 Rathje, Wie Verschwörungsgläubige »QAnon« und Reichsideologie verbinden (2020).

167 Vgl. Rathje, Eine neue rechtsterroristische Bedrohung? (2019).

168 Volkov, Sprache als Ort der Auseinandersetzung mit Juden und Judentum in Deutschland (2001).

169 Vgl. Sascha Höllig / Uwe Hasebrink (Hrsg.), Reuters Institute Digital News Report 2020. Ergebnisse für Deutschland, Hamburg 2020, https://hans-bredow-institut.de/uploads/media/default/cms/media/66q2yde_AP50_RIDNR20_Deutschland.pdf.

170 Andre Oboler, The Antisemitic Meme of the Jew, Caulfield 2014, https://doi.org10.13140/2.1.2736.7200; s. a. Schwarz-Friesel, Judenhass im Internet (2019).

171 Schwarz, Antisemitismus, die extreme Rechte und rechter Terror im Netz (2020).

172 Vgl. den Kommentar des Boston Globe vom 10. 11. 2023 zum Verhalten an US-Universitäten: »Students should learn about the Israeli-Palestinian conflict in the classroom – not on TikTok. If colleges did more to educate students about the Middle East's complex history, it could be a cure for the shallow, slogan-heavy climate on campuses today.« Boston%20Globe%20editorial%20November%202023.pdf&type = application/pdf; S. a. Eva Illouz, The Global Left's Reaction to October 7 Threatens the Fight Against the Occupation, in: Haaretz, 2. 11. 2023.

173 Vgl. Akademischer Antisemitismus. Die Politik der Verdammnis, in: FAZ, 27. 11. 2023; Bundestag: Fachgespräch zu Antisemitismus an Bildungseinrichtungen: 26. 6. 2024, Bildung, Forschung und Technikfolgenabschätzung – Anhörung, https://www.bundestag.de/presse/hib/kurzmeldungen-1010240; Felix Klein, Hierarchien des Hasses, in: FAZ, 20. 2. 2024, https://www.faz.net/aktuell/karriere-hochschule/akademischer-antisemitismus-hierarchien-des-hasses-felix-klein-19531381.html

174 Hübscher (2024), S. 367, 370.
175 Schwarz, Antisemitismus, die extreme Rechte und rechter Terror im Netz (2020).
176 Hübscher (2024), S. 370.
177 Ebd., S. 370, 368.
178 Weizman, Antisemitism in Social Media and on the Web (2022), S. 488.
179 Hübscher (2024), S. 364
180 Hübscher/Mering (2022).
181 Schwarz, Antisemitismus, die extreme Rechte und rechter Terror im Netz (2020).
182 Vgl. Wie Hitler in Videospiele kommt, in: Der Standard, 16. 2. 2014, https://www.derstandard.de/story/1389860320372/wie-hitler-in-videospiele-kommt; s. a.: Roblox is Riddled With Racist, Anti-Semitic Accounts, in: CBR, 22. 8. 2019, https://www.cbr.com/roblox-racist-anti-semitic-accounts/.
183 Lena Klimpel/Patrick Gresing, Rechtsextreme Netzwerke, »Highscore« für den Christchurch Attentäter, in: Tagesschau Hintergrund, 26. 3. 2019.
184 Film von Jan Vollmer, Hakenkreuz & Bombenbau: Neonazis unterwandern Kinderspiele, https://www.youtube.com/watch?v=-01FPD-SYsc.
185 Hugo Mercier, Angriffe der Trolle, in: US-Online Magazin Persuasion, wieder abgedruckt in: IPG, 20. 3. 2023.
186 Henry Kissinger. Eine Jahrhundertgestalt, Film von Stephan Lamby, in: NDR/Arte, 2. 12. 2023. https://www.ndr.de/fernsehen/programm/epg/Henry-Kissinger-Eine-Jahrhundert-Gestalt,sendung1354342.html.
187 Vgl. DLF 5./6. 5. 2022 und 15. 10. 2022: https://www.deutschlandfunk.de/gezielte-pluenderungen-beate-reifenscheid-zur-lage-der-museen-in-der-ost-ukraine-dlf-b434b1a3-100.html; https://www.deutschlandfunkkultur.de/ukraine-krieg-kulturgueter-kunst-museen-100.html; https://www.deutschlandfunk.de/gepluendert-zerstoert-geraubt-bedrohte-kulturgueter-in-der-ukraine-dlf-e8765b93-100.html.
188 Vgl. Christopher Clark, Petition für Odessa. Die Regierung der Ukraine will das Stadtbild der Hafenstadt von allen Spuren russischer Kultur säubern, in: FAZ, 23. 10. 2024.
189 S. Freud, Das Unbehagen in der Kultur (1930) GW XIV, S. 474.
190 Dina Newman, Was the Soviet James Bond Vladimir Putin's role model?, in: BBC, 10. 5. 2017, https://www.bbc.com/news/magazine-39862225.
191 Michel Eltchaninoff, im Interview mit dem Spiegel, Nr. 15, 9. 4. 2022, S. 117.
192 Serhij Leschtschenko im Interview mit Cornelius Dieckmann, in: Tagesspiegel, 22. 4. 2022, S. 3.
193 Ebd.
194 Alexander Etkind, Russia's Casus Belli: Memory Politics or Political Propaganda. Vortrag auf der Tagung ›Historical Past and Contemporary Propaganda in the Global Context‹, 7.–8. Juni 2024, Humboldt-Universität zu Berlin.
195 Zit. n. Patrick Diekmann, Russland in der Krise: Das ist der wahre Grund für Putins Krieg, in: t-online, 26. 4. 2023.

196 Timothy Snyder im Gespräch mit Daniel Erk, in: Tagesspiegel 14. 4. 2022, S. 3.
197 Andreas Umland, Dieser Krieg untergräbt die internationale Ordnung, in: Hörsaal, Deutschlandfunk/Nova, 10. 1. 2025.
198 Eltchaninoff, In Putins Kopf (2022), S. 183.
199 ORF 1, 22. 4. 2014; https://oe1.orf.at/artikel/372696/Putin-baut-Kulturpolitik-um.
200 Alexander Eydlin, Lage in der Ukraine: Eine Million Tote und Verletzte?, in: Zeit Online, 20. 9. 2024.
201 Eltchaninoff, In Putins Kopf (2022).
202 Michel Eltchaninoff, im Interview mit dem Spiegel, Nr. 15, 9. 4. 2022, S. 116, 119.
203 Eurojust: Core International Evidence Database, https://www.eurojust.europa.eu/core-international-crimes-evidence-database
204 Alexej Nawalny veröffentlicht Youtube-Video von Putin-Palast, in: FAZ, 20. 1. 2021, https://www.faz.net/-gq5-a7pk8.
205 Hilmar Schmundt, Generation Superhirn, in: Der Spiegel Nr. 37, 9. 9. 2012.
206 Jonathan Rothwell, You Are What You Watch? The Social Effects of TV, in: New York Times, 25. 7. 2015.
207 James Flynn im Interview mit der Zeit: http://www.zeit.de/zeit-wissen/2008/02/Flynn-Interview/komplettansicht.
208 Joas, Die Macht des Heiligen (2017).
209 Birgit Meyer (2021), What is Religion in Africa? Relational Dynamics in an Entangled World, in: Journal of Religion in Africa, 50(1–2), 156–181, https://doi.org/10.1163/15700666-12340184.
210 Zit. n. Rajan, Biokapitalismus (2009), S. 131. Rajan ist Anthropologe an der University of California und hat die enge Beziehung von (christlicher) Religion und genetischer Forschung untersucht.
211 Zit. n. Rajan (2009), S. 206.
212 Ebd., S. 132.
213 Zit. n. ebd., S. 132.
214 Ebd.
215 Paul, Gregory, From Jesus' socialism to capitalistic Christianity, https://www.onfaith.co/onfaith/2011/08/12/from-jesus-socialism-to-capitalistic-christianity/10731.
216 Ebd.
217 Mike Pence, Vize: Ich bin Christ, Konservativer und Republikaner, in: Idea, 16. 7. 2016.
218 Robert, Andreas, Das Evangelium nach Michael, in: Deutschlandfunk, 19. 1. 2017.
219 Pew Charitable Funds, Pursuing the American Dream. Economic Mobility Across Generations, Washington, Philadelphia, Juli 2012.
220 A preacher for Trump's America: Joel Osteen and the prosperity gospel, in: Financial Times, 18. 4. 2019.
221 von Braun, Sekundäre Religionen (2016).

222 Der Begriff »Sekundäre Religion« wurde zuerst von dem evangelischen Theologen Theo Sundermeier geprägt, allerdings mit einer ganz anderen Bedeutung. Er verwendete ihn in Abgrenzung gegen »primäre Religionen«, die sich auch als »ethnische« oder »tribale« Religionen umschreiben lassen und in einem geographisch begrenzten Raum mit ähnlicher Kultur und Sprache wirkmächtig sind. Sekundäre Religionen sind für ihn die »Erlösungsreligionen«, die auf einer größeren geographischen Verbreitung und Heiligen Schriften basieren, aber oft die Religionserfahrungen der primären Religionen integrieren. (Sundermeier, Den Fremden verstehen (1996)). Jan Assmann verwendet den Begriff »Sekundäre Religion«, um damit »die Wende von den ›polytheistischen‹ zu den ›monotheistischen‹, von Kultreligionen zu Buchreligionen, von kulturspezifischen Religionen zu Weltreligionen, kurz von ›primären‹ zu ›sekundären‹ Religionen« zu beschreiben. (Assmann, Die mosaische Unterscheidung (2003), S. 11). Die Schrift und ihr »Wahrheitsanspruch« ist also auch in diesem Bedeutungsfeld zentral, allerdings spielt das Verhältnis von Schrift und Oralität keine Rolle, während die »sekundären Religionen« in dem von uns dargestellten Kontext eine auf Heiligen Schriften basierende »Erlösungsreligion« meinen, die sich nach der Aufklärung neben der Schrift auch die Qualitäten der Oralität angeeignet hat und in »sinnlicher« Gestalt daherkommt. (von Braun, Sekundäre Religionen (2016)).

223 Der Philosoph Hermann Lübbe hat bei seiner Behandlung des Verhältnisses von Religion und Aufklärung diesen Aspekt, die Integration der Aufklärung in die Religion, nicht berücksichtigt. Es geht ihm vielmehr um die Frage, warum es überhaupt noch Religionen gibt. Lübbe, Religion nach der Aufklärung (2004).

224 Ausführlicher von Braun, Fundamentalism (2022); s. a. Auga/von Braun/Bruns/Husmann, Fundamentalism and Gender (2013).

225 Harwazinski, Fundamentalismus/Rigorismus (1999), S. 431 f.; s. a. Crapanzano, Vincent, Serving the World (2000).

226 Görlach, Alexander, Religion Creeps into Politics, in: zenith, 18. 1. 2018, https://magazine.zenith.me/en/society/past-religious-populism.

227 https://www.nytimes.com/2025/01/03/technology/ai-religious-leaders.html.

228 Für eine theologische Behandlung des Themas KI und abrahamitische Religionen vgl. Karimi, Ahmad Milad, Gott 2.0. Grundfragen einer KI der Religion. [Was bedeutet das alles?], Stuttgart 2024.

229 Mechthild Klein, Kanzel auf dem Smartphone: Wenn Pfarrer*innen ins Digitale wechseln, in: Deutschlandfunk, Tag für Tag, 7. 2. 2023.

230 Claudia Keller, Gott im Netz, in: Tagesspiegel, 20. 12. 2014.

231 Kirche will Künstliche Intelligenz als Gott verehren, in: Deutschlandfunk Kultur, 21. 11. 2017, https://www.deutschlandfunkkultur.de/way-of-the-future-kirche-will-kuenstliche-intelligenz-als-100.html.

232 »Der Evolution ist ja egal, ob wir glücklich sind«. Thomas Metzinger im Interview mit Moritz Honert, in: Tagesspiegel, 3. 9. 2017.

233 Vgl. 5. Kapitel, S. 317 ff.
234 Fabriquer l'humain de demain, in: Le Monde, 14. 2. 2015.
235 Kurzweil, 2014.
236 Fabriquer l'humain de demain, in: Le Monde, 14. 2. 2015.
237 Kurzweil, Die nächste Stufe der Evolution, München 2024.
238 »Der Evolution ist ja egal, ob wir glücklich sind«. Thomas Metzinger im Interview mit Moritz Honert, in: Tagesspiegel, 3. 9. 2017.
239 Cordeiro/Wood, Der Sieg über den Tod (2024).
240 Ian Bremmer, »Kapitalismus und Demokratie in ihrer jetzigen Form werden nicht fortbestehen«, in: Ian Bremmer im Gespräch mit Anja Wehler-Schöck und Oliver Voß, in: Tagesspiegel, 5. 10. 2023, S. 16 f., S. 16.
241 »Die Speisen werden zu Blut, das Blut zu Herz und Hirn, zu Gedanken und Gesinnungsstoff. Menschliche Kost ist die Grundlage menschlicher Bildung und Gesinnung. Wollt ihr das Volk bessern, so gebt ihm statt Deklamationen gegen die Sünde bessere Speisen. Der Mensch ist was er isst. Wer nur Pflanzenkost geniesst, ist auch nur ein vegetirendes Wesen, hat keine Thatkraft.« Feuerbach, Gesammelte Werke, Bd. 10, S. 367.
242 von Braun, Nicht ich (1985/2009), S. 437.
243 Gerhard Fitzthum, Auf der Suche nach der verlorenen Welt, Dietzenbach 2023.
244 David Gelles, A Risky Plan to cool the planet, in: New York Times, 1. 8. 2024.
245 Harari, Homo Deus (2017), S. 515.
246 Vgl. 1. Kapitel, S. 30 f.
247 Simanowski, Logik des Digitalen (2024).
248 Total Trust, Filmtank, https://www.filmtank.de/produktionen/kino/total-trust/ Die Aussage fällt bei ca. Minute 1. 06.
249 UNHCR Global Trends Report 2023.
250 Robert M. Kaplan, Alois Maria Ott: I Was Hitler's Psychologist, in: Psychiatric Times, 25. 6. 2020, https://www.psychiatrictimes.com/view/alois-maria-ott-i-was-hitler-s-psychologist.
251 Tagesspiegel, 5. 1. 2024.
252 Bremmer (2023), S. 16.
253 Ebd., S. 17.
254 Vgl. Aneesh, Globale Arbeit (2010).
255 Isaacson, Elon Musk (2023).
256 Acht europäische Länder appellieren an Tech-Firmen, in: Wallstreet online, 29. 3. 2023, https://www.wallstreet-online.de/nachricht/16741815-desinformation-europaeische-laender-appellieren-tech-firmen.
257 So der Demokratie- und Transformationsforscher Wolfgang Merkel im Gespräch mit Felix Hackenbruch, in: Tagesspiegel, 9. 11. 2022.
258 Jonathan Mahler, The Mogul, in: New York Times, 18. 11. 2024.
259 Elon Musk publicized the names of government employees he wants to cut. It's terrifying federal workers, in: CNN, 27. 11. 2024, https://edition.cnn.com/2024/11/27/business/elon-musk-government-employees-targets/index.html.

260 Spiegel Nr. 47, 16. 11. 2024, S. 10.
261 Jonathan Mahler, The Mogul, in: New York Times, 18. 11. 2024.
262 Spiegel Nr. 47, 16. 11. 2024, S. 9, 11.
263 Vgl. u. a. Steve Lohr, Reimagining A. I. Regulations, in: New York Times, 27./28. 9. 2024.
264 So etwa Foer, World Without Mind (2017).
265 Nico Grant, Tiffany HSU, Google plants seeds of doubt about social media lies, in: New York Times, 27. 8. 2022.
266 Farangies Ghafoor, Wenn die Wahrheit nicht reicht, in: Tagesspiegel, 6. 4. 2024, S. 17.
267 Teddy Rosenbluth, This Chatbot Pulls People Away from Conspiracy, in: New York Times 12. 9. 2024.
268 Pew Research Center, 5. 6. 2019; https://www.pewresearch.org/journalism/2019/06/05/many-americans-say-made-up-news-is-a-critical-problem-that-needs-to-be-fixed/.
269 Vgl. 2. Kapitel, S. 66 f.
270 Trendstudie »Jugend in Deutschland 2024«, https://simon-schnetzer.com/trendstudie-jugend-in-deutschland-2024/.
271 Kenza Ait Si Abbou im Gespräch mit Viola Heeger, in: Tagesspiegel, 27. 3. 2023, 18 f.
272 Adrian Lobe, Die KI hat Hunger. Was soll sie fressen und zu welchem Preis, in: Tagesspiegel, 25. 3. 2024, S. 17.
273 Adrian Daub, Der Geniekult ist ein Trugbild, Gespräch mit Oliver Geyer, in: Tagesspiegel, 10. 1. 2023, S. 16.
274 Daub, Was das Valley denken nennt (2023).
275 Adrian Daub, Der Geniekult ist ein Trugbild, Gespräch mit Oliver Geyer, in: Tagesspiegel 10. 1. 2023, S. 16.
276 Vgl. Unser Gehirn ist eine 20-Watt-Serverfarm, 6. 12. 2021, https://www.fau.de/2021/12/news/wissenschaft/unser-gehirn-ist-eine-20-watt-server-farm/.
277 Mainzer, Zukunft durch nachhaltige Innovation (2023), S. 7 f.
278 Alan Burdick, Katrina Miller, Computed Sciences, in: New York Times, 13. 10. 2024.
279 Mainzer (2023), S. 269–285.
280 Itai Yanai, Martin Lercher, Night science. Genome Biol 20, 179 (2019). https://doi.org/10.1186/s13059-019-1800-6.
281 Tina Kaiser, Schwarze und Frauen müssen draußen bleiben, in: Die Welt, 2. 1. 2016.
282 Jamelle Bouie, Mark Zuckerberg Has a Funny Idea of What It Is to Be a Man, in: New York Times, 18. 1. 2025.
283 Elon Musk: Diversity-oriented hiring policies are ›fundamentally antisemitic‹, https://thehill.com/policy/technology/4422893-elon-musk-diversity-oriented-hiring-policies-are-fundamentally-antisemitic/
284 Ein Compiler übersetzt Quellcodes einer Programmiersprache und ihre Unterprogramme in eine mehr an der menschlichen als der maschinellen

Sprache orientierten Weise. Das ermöglichte auch Laien das Schreiben von Programmen.

285 Burckhardt (2018), S. 156

286 Maria Resser im Gespräch mit Harald Staun, in: FAZ, 20. 11. 2022, S. 39.

287 Ebd.

288 Weizenbaum, Die Macht des Computers und die Ohnmacht der Vernunft (1982); s. a. Bammé/Feuerstein/Genth/Holling/Kahle/Kempin, Maschinen-Menschen (1983).

289 Weizenbaum (1982), S. 15 f., 54.

290 Sabrina Patsch, Der Oppenheimer-Moment, in: Tagesspiegel, 9. 8. 2023.

291 Vgl. 4. Kapitel, S. 212 f.

292 Lacan, Funktion und Feld des Sprechens und der Sprache in der Psychoanalyse (1975), S. 100.

293 Manuela Lenzen, Echt oder KI. Wenn man den eigenen Augen nicht mehr trauen kann, in: Tagesspiegel, 22. 11. 2023, S. 12.

294 Schlesser, Les Yeux de Mona (2024).

295 Thomas Schlesser im Interview, in: Arte, 6. 2. 2024.

296 Michel Guerrin, Le triomphe du livre ›Les Yeux de Mona‹, de Thomas Schlesser, s'apparente à un conte de fées bien réel, in: Le Monde, 16. 2. 2024.

297 »Alle Gespenster aus der jüdischen Vergangenheit sind geweckt worden«, Eran Rolnik im Gespräch mit Moritz Hackl, in: Zeit-Online, 15. 2. 2024, https://www.zeit.de/kultur/2024-02/eran-rolnik-israel-gefahren-politischer-aktivismus.

298 In seinem Aufsatz »Lehren aus dem Faschismus« betont Horkheimer die »gemeinsame Anstrengung von Psychologie und Sozialwissenschaften«. Horkheimer, Lehren aus dem Faschismus, S. 25.

299 Rolnik, Wer ist Antisemit? (2024), S. 233 f.

300 Rolnik, Politische Zäsur und ziviler Ungehorsam (2024), S. 251.

ZWISCHENBILANZ

1 Zaretsky, Psychoanalyse und politische Bewegungen 2021, S. 223, 233.

2 Julia Kristeva, Fremde sind wir uns selbst, 2001; Das weibliche Genie, 2001/5; Schwarze Sonne, 2007.

3 Irigaray, Unbewusstes, 1977; Das Geschlecht, das nicht eins ist, 1979; Speculum, 1980.

4 Benjamin, Die Fesseln der Liebe, 1990; Der Schatten des Anderen, 2002.

5 Psychological interventions implementation manual: integrating evidence-based psychological interventions into existing services. Geneva World Health Organization, 2024.

7 DIE ZUKUNFT DER ANALYTISCHEN PSYCHOTHERAPIE AM BEISPIEL DEUTSCHLAND

1 Zaretsky, Psychoanalyse und politische Bewegungen (2021), S. 223 f.

2 4. Kapitel S. 223–225.

3 S. Freud, Wege der psychoanalytischen Therapie (1918), GW XII, S. 192 f.

4 Dührssen (1994).
5 Dahm, Geschichte und Perspektiven der Psychotherapie-Richtlinie (2015).
6 World Bank (2020): World Bank Open Data, Retrieved from https://data.worldbank.org.
7 Pickett/Wilkinson (2010), Inequality: an underacknowledged source of mental illness and distress.
8 Leichsenring/Abbass/Fonagy/Levy/Liliengren/Luyten/Midgley/Milrod/Steinert (2024), S. 676 f.
9 Benecke/Volz (2023); Volz/Benecke (2024).
10 Zepf (2005).
11 Bowlby (1988).
12 Ainsworth (1978), S. 436–438.
13 Strauss/Schmidt (2007).
14 Bowlby (1988), S. 11; »All of us, from the cradle to the grave are happiest when life is organized as a series of excursions, long or short, from the secure basis provided by our attachment figures.«
15 Bock (1993), S. 16.
16 Shedler (2010), S. 98; Leichsenring/Rabung (2011).
17 Dahm (2015).
18 Vgl. Hélène Pagesy, Comment l'IA bouscule le milieu de la santé mentale, in: Le Monde, 6. 8. 2024.
19 Levine (2020), S. XI.
20 Freud, A. / Dann, S. (1951).
21 Ebd., S. 1162 f.
22 Ebd., S. 1167.
23 Ebd., S. 1171. Die deutsche Übersetzung eines Satzes in dieser Passage war fehlerhaft und wurde hier leicht korrigiert.
24 Mächtlinger (2013).
25 Moskovitz (1983).
26 Tomasello (2020), S. 443 f.
27 Fromm-Reichmann.
28 Milgram (1963).
29 Baberowski, (2012), S. 26.
30 S. Freud, Zeitgemäßes über Krieg und Tod (1924). GW X, S. 330.
31 Niethammer (1982).
32 Vgl. 3. Kapitel., S. 122–131.
33 Lévi-Strauss (1960), S. 278.
34 Westermarck (1891).
35 S. Freud, Vorlesungen zur Einführung in die Psychoanalyse (1917), GW XI, S. 347.
36 Wolf (2005), S. 77 ff.
37 Pusey/Wolf (1996).
38 Wolf (2005).

8 PSYCHOANALYSE UND TRAUMAFORSCHUNG

1 Deutsche Traumastiftung, https://www.deutsche-traumastiftung.de/traumata/.

2 Maercker/Forstmeier/Wagner (2008).

3 Frühere Überlegungen zum Thema dieses Kapitels: Held (2014) und Held (2019).

4 Kanner (1943).

5 Fromm-Reichmann (1948).

6 »Cette mère et d'autres nous ont fait réfléchir sur la théorie de l'attachement, en nous dévoilant que l'amour passe par la ›tête‹, par le ›fantasme sous-jacent‹ et pas seulement et prioritairement par l'échange sensoriel. Malgré la barrière qu'elle représente, le développement de ces enfants élevés en bulle démontre l'établissement d'une organisation du moi et des relations objectales. Tous ces enfants ont élaboré des activités auto-érotiques satisfaisantes et évolutives. Leur bonne capacité à jouer spontanément et à réagir à l'interdiction d'une activité montre que le confinement n'a pas altéré la constitution de l'activité mentale.« Weil-Halpern (2012).

7 Eissler (1963).

8 Herzog (2023), S. 129; generell zur Debatte: S. 119–130.

9 Venzlaff (1958).

10 Grossmann, K. R. (1967), S. 235 ff.

11 Bericht von Sven Felix Kellerhoff, in: Die Welt, 10. 9. 2012.

12 Zalashik (2012).

13 Held (1994).

14 Dyck (1958) S. 15 f., Zit. n. Herzog, Cold War Freud, S. 307.

15 4. Kapitel, S. 222 f.

16 Herzog, Cold War Freud, S. 91.

17 Ebd., S. 101 f.

18 Für eine präzise Geschichte von PTBS und Trauma: http://traumadissociation.com/ptsd/history-of-post-traumatoic-stress-disorder.html. Heruntergeladen am 21. 11. 2023.

19 Herzog, Cold War Freud, S. 98.

20 Grubrich-Simitis (1979), S. 991.

21 »The story of the survivors is one of courage and strength, of people who are living proof of the indomitable will of human beings to survive and of their tremendous capacity for hope. It is not a story of remarkable people. It is a story of just how remarkable people can be.« Helmreich, W. B. (1996), S. 276.

22 »We can summarize the profile of the child survivor that is obtained in this research as follows: child survivors of the Holocaust appear to suffer somewhat more from emotional distress than the average matched group, but this does not reach a clinical level. They suffer more from post-traumatic symptoms. They see the world as a good place to be, a place where there is luck and control and where, on the whole, justice prevails. In other words, they are vulnerable to stress, although they do not show marked

psychosocial symptoms. And they are generally optimistic, although they suffer from posttraumatic symptoms.« Cohen/Brom/Dasberg (2001).

23 »Probably the most salient conclusion of this study is that survivors, instead of being the permanently damaged objects of pity described in so much of the literature, showed considerable resilience even immediately after liberation. Fifty years later, another sample of survivors shows high levels of adjustment and contentment. They do not exhibit disabling symptoms of the survivor syndrome, »survivor guilt«, or other aspects of the victim stereotype. Instead, they are concerned for others, are highly competent in daily life, know what they want, and have confidence in their ability to attain their goals.« Suedfeld/Soriano/McMurtry/ Paterson/Weiszbeck/Krell (2005).

24 Kestenberg (1980).

25 Barel/Ijzendoorn/Sagi-Schwartz/Bakermans-Kranenburg (2010).

26 v. Uexküll (1862), S. 21 f.

27 Keilson (1979/2005).

28 Maercker/Horn (2013).

29 Freud A, Dann S (1951).

30 Held (1994).

31 Levav (2007).

32 Carmil/ Breznitz (2006).

33 Wittchen/Gloster/Beesdo/Schonfeld/Perkonnig (2009).

34 Hauffa/Rief/Brahler/Martin/Mewes/Glaesmer (2011).

35 Greene/Hantman/Sharabi/Cohen (2012).

36 Sagi-Schwartz/Bakermans-Kranenburg/Linns/van Ijzendoorn (2013).

37 Zeidner/Aharoni-David (2014).

38 Canham/Peres/O'Rourke/King/Wertman/Carmel/Bachner (2017).

39 Antonovsky (1971).

40 Klein (2003).

41 Werner (1982).

42 Tedeschi/Calhoun (1996).

43 Ebd.

44 Canham/Peres/O'Rourke/King/Wertman/Carmel/Bachner (2017).

45 Greene (2011).

46 Moskovitz S. (1983).

47 Harel/Kahana/Kahana (1988).

48 Cohen/Brom/Dasberg (2001).

49 Der Begriff der »Salutogenese« entstammt: Antonovsky (1971).

50 Zeidner/Aharoni-David (2014).

51 Klein (2003).

52 Antonovsky (1971).

53 Davidson S (1995).

54 Seligman (1990).

55 Vgl. u. a. Frankl (1982).

56 Streit (2010).

57 Barel/Ijzendoorn/Sagi-Schwartz/Bakermans-Kranenburg (2010).
58 Ryn (2000).
59 Sagi-Schwartz/Bakermans-Kranenburg/Linns/van Ijzendoorn (2013).
60 Maercker/Horn (2013).
61 Ebd.
62 Cohen, Roger, At Home with: Niki de Saint Phalle. An Artist, Her Monsters, Her Two Worlds, in: The New York Times, 7. 10. 1993.
63 Barbara (2017).
64 Abramowitz/Knobler (2016).
65 Danieli (1984).
66 Krell/Suedfeld/Soriano (2004).
67 Barel/Ijzendoorn/Sagi-Schwartz/Bakermans-Kranenburg (2010).
68 Abramowitz/Knobler (2016).
69 Yehuda (2022).
70 Kellermann (1999).
71 Prokopuk/Western/Stringer (2015).

9 DIE PSYCHOANALYSE UND IHRE NACHBARN

1 Abraham/Hendler/Shapira-Lichter/Kanat-Maymon/Zagoory-Sharon/Feldman (2014).
2 Schwartz/Levy/Endevelt-Shapira/Djalovski/Hayut/Dumas/Feldman (2022), S. 119677.
3 Ebd.
4 Slavich (2022), S. 101299.
5 Feldman (2021).
6 Feldman (2023).
7 Ebd.
8 Levine (2020).
9 Feldman/Braun/Champagne (2019).
10 Hrdy (2009).
11 Ebd.
12 Abraham/Hendler/Shapira-Lichter/Kanat-Maymon/Zagoory-Sharon/Feldman (2014).
13 Feldman/Braun/Champagne (2019).
14 Atzil/Hendler/Zagoory-Sharon/Winetraub/Feldman (2012).
15 Tronick (2007).
16 Feldman/Masalha (2007).
17 Feldman (2021).
18 1. Kapitel, S. 18–27.
19 Grossmann/Grossmann/Fremmer-Brombik/Kindler/Scheuerer-Englisch/Winter/Zimmermann (2006).
20 Sarkadi/Kristiansson/Oberklaid/Bremberg (2008).
21 Kruger/Nesse (2006); Opondo/Redshaw/Savage-McGlynn/Quigley (2016).
22 Garfield/Simon/Rutsohn/Lee YS (2016).
23 Ruppen/Waldvogel/Ehlert (2016).

24 Bartlett (2004).
25 Kinsley/Lambert (2008).
26 Borgloh/Güllner/Wilking/Andress (2003).
27 Ausführlicher von Braun (2018).
28 5. Kapitel, S. 266–269.
29 Waldvogel/Ehlert (2016).
30 Kroll/Carson/Redshaw/Quigley (2016).
31 Durkheim (1897/1983).
32 Kposowa (2000); ders. (2003), S. 993.
33 von Wyl/von Klitzing/Perren/Bürgin (2004).
34 Hirschberger/Srivastava/Marsh/Cowan/Cowan (2009).
35 Simonelli/Parolin/Sacchi/de Palo/Vieno (2016).
36 Borgloh/Güllner/Wilking/Andress (2003).

FAZIT

1 1. Kapitel, S. 30.
2 Zur Gesellschaft der Gabe: 1. Kapitel S. 21–23.
3 Hénaff, Der Preis der Wahrheit (2009), S. 408.
4 Erpenbeck, Kairos (2023), S. 277.

BIBLIOGRAPHIE

Abraham, Eyal/ Hendler, Talma/ Shapira-Lichter, Irit/ Kanat-Maymon, Yaniniv/ Zagoory-Sharon, Orna/ Feldman, Ruth (2014), Father's brain is sensitive to childcare experiences, in: Proceedings of the National Academy of Sciences of the United States of America, 111 (27), S. 9792–9797.

Abramowitz, Moshe Z./ Knobler, Haim Y. (2016), The Heritage of the Holocaust Survivors. Trans-generational Transmission of Victimization vs. A Legacy of Bravery? Modern Jewish Existence in a World of Threats and Hostility, Ariel University, Israel.

Adorno, Theodor W. (1951), Minima Moralia. Reflexionen aus dem beschädigten Leben, 4. Auflage, 1962.

Adorno, Theodor W./ Else Frenkel-Brunswik/ Daniel J. Levinson/ R. Nevitt Sanford (1950), The Authoritarian Personality. Harper und Brothers, New York. In der (gekürzten) deutschen Übersetzung firmiert Adorno allein.

Aichinger, Ilse (2021), Aufruf zum Mißtrauen. Verstreute Publikationen 1946–2005, hg. v. Andreas Dittrich, Frankfurt am Main.

Ainsworth MD Salter (1978), The Bowlby-Ainsworth Attachment Theory, in: Behavioral and Brain Sciences 1 (3) S. 436–438.

Alesina, Alberto/ Paola Giuliano/ Nathan Nunn (2011), On the Origins of Gender Roles: Women and the Plough, Working Paper 17098, National Bureau of Economic Research, Cambridge (Massachusetts), http://www.nber.org/papers/w17098

Alesina, Alberto/ Paola Giuliano/ Nathan Nunn (2013), On the Origins of Gender Roles: Women and the Plough, The Quarterly Journal of Economics, Volume 128, Issue 2, May 2013, S. 469–530.

Alexander, Franz (1946), Mental Hygiene in the Atomic Age, in: ers., The Scope of Psychoanalysis, Selected Papers 1921–1961, New York 1961, S. 447–454.

Anderson, Benedict (1983), Die Erfindung der Nation. Zur Karriere eines folgenreichen Konzepts, übers. v. Burkart u. Christoph Münz, Berlin 1998.

Aneesh Aneesh (2010), Globale Arbeit. Algokratische Formen der Organisation, in: Ruiz Ben, Esther (Hg.), Internationale Arbeitsräume. Unsicherheiten und Herausforderungen, Freiburg, Soziologische Studien Nr. 36, S. 55–96.

Angerer, Marie-Luise (2022), Nicht bewusst. Affektive Kurzschlüsse zwischen Psyche und Maschine, Wien / Berlin.

Antonovsky, Aaron (1971), Breakdown. A needed fourth step in the conceptual

armamentarium of modern medicine, in: Problems of medical care Ed.: McEwan PJM, London.
Arendt, Hannah (1964), Gespräch mit Günter Gaus, Zur Person, 28.10.1964, Transkript: https://www.bildungsserver.de/onlineressource.html?onlineressourcen_id=35208.
Arendt, Hannah (1951), The Origins of Totalitarianism, New York, deutsch: Elemente und Ursprünge totaler Herrschaft, von der Autorin übersetzter und durchgesehener Text, Frankfurt am Main 1955. Hier wird zitiert aus der deutschen Taschenbuchausgabe, 23. Auflage, München 2021.
Arendt, Hannah (2018), Die Freiheit, frei zu sein, München.
Arnold, Wilhelm Karl u. a. (Hg. 1996), Lexikon der Psychologie, Augsburg, Stichwort: Psychogenetisches Grundgesetz, Spalte 1729.
Assmann, Jan (2003), Die mosaische Unterscheidung oder der Preis der Freiheit, München / Wien.
Atwood, Margaret (1985), The Handmaid's Tale, deutsch: Der Report der Magd, übers. v. Helga Pfetsch, München 1987.
Atzil, Shir/ Hendler, Talma/ Zagoory-Sharon, Orna/ Winetraub, Yonatan/ Feldman, Ruth (2012), Synchrony and specificity in the maternal and the paternal brain. Relations to oxytocin and vasopressin, in: Journal of the American Academy of Child and Adolescent Psychiatry, 51 (8), S. 798–811.
Auga, Ulrike/ Christina von Braun/ Claudia Bruns/ Jana Husmann (Hg. 2013), Fundamentalism and Gender: Scripture, Body, Community, Eugene/Oregon.
Augustinus (426), Vom Gottesstaat. Vollständige Ausgabe in einem Band. Buch 1 bis 10, Buch 11 bis 22, München 2007,

Baberowski, Jörg (2018), Räume der Gewalt, Frankfurt am Main.
Bacon, Lord Francis (1783), Über die Würde und den Fortgang der Wissenschaften, verdeutscht u. hg. v. Johann Hermann Pfingsten, Darmstadt.
Balmer, Heinrich H. (1972), Die Archetypentheorie von C. G. Jung. Eine Kritik, Berlin / Heidelberg / New York.
Bammé, Arno/ Günter Feuerstein/ Renate Genth/ Eggert Holling/ Renate Kahle/ Peter Kempin (1983), Maschinen-Menschen, Mensch-Maschinen. Grundrisse einer sozialen Beziehung, Reinbek b. Hamburg.
Barbara (2017), Es war einmal ein schwarzes Klavier … Unvollendete Memoiren. Göttingen.
Barel, Efrat/ Marinus H. Van Ijzendoorn/ Abraham Sagi-Schwartz/ Marian J. Bakermans-Kranenburg (2010), Surviving the Holocaust. A Meta-Analysis of the Long-Term Sequelae of a Genocide, Psychological Bulletin 136, S. 677–698.
Barthes, Roland (1985), Die Helle Kammer. Bemerkungen zur Photographie, übers. v. Dietrich Leube, Frankfurt am Main.
Bartlett, Edward E. (2004), The effects of fatherhood on the health of men: a review of the literature, in: Journal of men's health and gender, 1, S. 159–169.
Bastian, Philipp Wilhelm Adolf (1868), Beiträge zur vergleichenden Psychologie: Die Seele und ihre Erscheinungsweisen in der Ethnographie, Berlin.

Bauman, Schaul (2005), Die Deutsche Glaubensbewegung und ihr Gründer Jakob Wilhelm Hauer (1821–1962). Religionswissenschaftliche Reihe, Bd. 22. Diagonal, Marburg.
Beachy, Robert (2015), Das andere Berlin. Die Erfindung der Homosexualität: Eine deutsche Geschichte 1887–1933, München.
Beauvoir, Simone de (1949), Das andere Geschlecht, übers. v. Uli Aumüller, Grete Osterwald, Reinbek b. Hamburg 2018.
Becker, Aloys (1971), Arthur Schopenhauer – Sigmund Freud. Historische und charakterologische Grundlagen ihrer gemeinsamen Denkstrukturen, in: Schopenhauer Jahrbuch, S. 114–156.
Ben-Chorin, Schalom/ Verena Lenzen (Hg. 1988), Lust an der Erkenntnis. Jüdische Theologie im 20. Jahrhundert. Ein Lesebuch. München.
Bender, Emily/ Timnit Gebru/ Angelina McMillan-Major/ Shmargaret Shmitchell (2021), On the Dangers of Stochastic Parrots: Can Language Models Be Too Big?, in: FAccT '21: Proceedings of the 2021 ACM Conference on Fairness, Accountability, and Transparency, März, S. 610–623, https://doi.org/10.1145/3442188.3445922.
Benecke, Cord/ Matthias Volz (2023), Qualitätsmerkmale und Versorgungsrelevanz psychodynamischer Ausbildungsambulanzen. Das QVA-Projekt, in: Zeitschrift für psychosomatische Medizin und Psychotherapie 69, S. 345–368.
Benjamin, Jessica (1990), Die Fesseln der Liebe. Psychoanalyse, Feminismus und das Problem der Macht; übers. v. Nils Thomas Lindquist und Diana Müller, Basel.
Benjamin, Jessica (2002), Der Schatten des Anderen. Intersubjektivität, Gender, Psychoanalyse, übers. v. Irmgard Hölscher, Frankfurt am Main.
Beradt, Charlotte, (1943), Dreams under Dictatorship, in: Free World, Oktober 1943, S. 333–337.
Beradt, Charlotte (1966), Das Dritte Reich des Traums. Mit einem Nachwort von Reinhart Koselleck, München, hier: Frankfurt am Main 1981.
Beradt, Charlotte (2016), Das Dritte Reich des Traums, hg. und mit einem Nachwort versehen v. Barbara Hahn, Berlin.
Berdjajew, Nikolai (1953), Selbsterkenntnis. Versuch einer philosophischen Autobiographie, übers. v. Reinhold von Walter, Darmstadt / Genf.
Bering, Dietz (1978), Die Intellektuellen, Geschichte eines Schimpfwortes, Stuttgart.
Bernard, Andreas (2014), Kinder machen. Neue Reproduktionstechnologien und die Ordnung der Familie. Samenspender, Leihmütter, Künstliche Befruchtung, Frankfurt am Main.
Bernheim, Hippolyte (1891), Hypnotisme, Sugggestion, Psychothérapie, Paris.
Biale, David (2007), Blood and Belief. The Circulation of a Symbol between Jews and Christians, Berkeley.
Bleuler, Eugen (1906), Affektivität, Suggestibilität, Paranoia, Halle an der Saale.
Blumenberg, Yigal (2021), Der Übergangsraum oder die Dimension des Hebräers in uns. Vortrag auf der Tagung »Judentum und Psychotherapie«, Potsdam, 8. 11. 2021.

Blumenberg, Yigal (2012), Der Auszug aus Ägypten bleibt unser Ausgangspunkt. Die verborgene Tradition in Sigmund Freuds »Der Mann Moses und die monotheistische Religion«, Frankfurt am Main.
Blumenberg, Yigal (1996), Psychoanalyse – eine jüdische Wissenschaft?, in: Forum Psychoanalyse 12, S. 156–178.
Blumenberg, Yigal (1997), Freud – ein »gottloser Jude«? Zur Frage der jüdischen Wurzeln der Psychoanalyse, in: Luzifer-Amor 10. Jg., 19, S. 33–80;
Bock, Klaus Dietrich (1993), Wissenschaftliche und alternative Medizin. Paradigmen – Praxis – Perspektiven, Berlin, Heidelberg, New York.
Bohleber, Werner (2023), Rezension des Buchs von Eli Zaretsky, Psychoanalyse und politische Bewegungen, in: Luzifer-Amor, Zeitschrift zur Geschichte der Psychoanalyse, 36. Jg., 1, S. 204–207
Bollmus, Reinhard (2006), Das Amt Rosenberg und seine Gegner. Studien zum Machtkampf im nationalsozialistischen Herrschaftssystem, 2. Auflage, München.
Borgloh, Barbara/ Miriam Güllner/ Katja Wilking/ Hans-Jürgen Andreß (2003), Wenn aus Liebe rote Zahlen werden. Bundesministerium für Familie, Senioren, Frauen, Berlin.
Bornemann, Ernest (1979), Das Patriarchat. Ursprung und Zukunft unseres Gesellschaftssystems, Frankfurt am Main.
Bowlby, John (1988), A Secure Base. Parent-Child Attachment and Healthy Human Development, London.
Boyer, John W. (1978), Freud Marriage, and late Viennese liberalism, in: The Journal of Modern History. The University of Chicago Press Vol. 50, Nr. 1, S. 72–102.
Bracher, Karl-Dietrich (1978), Die Auflösung der Weimarer Republik. Eine Studie zum Problem des Machtverfalls in der Demokratie, Königstein / Düsseldorf.
Braun, Christina von (1975), En Allemagne: Une psychanalyse »reconnue d'utilité publique«, in: Critique, Paris, Février, S. 130–147.
Braun, Christina von (1984), Von Wunschtraum zu Alptraum. Eine Geschichte des utopischen Denkens, Film (BR).
Braun, Christina von (1985), Nicht ich. Logik Lüge Libido, Neuauflage: Berlin 2009.
Braun, Christina von (1990), Der Ewige Judenhass. Christlicher Antijudaismus, Deutschnationale Judenfeindlichkeit, Rassistischer Antisemitismus, Filmtrilogie (WDR/NDR).
Braun, Christina von (1990), Und der Feind ist Fleisch geworden, in: Dies., Wolfgang Gerlach/ Ludger Heid, Der Ewige Judenhass. Christlicher Antijudaismus, Deutschnationale Judenfeindlichkeit, Rassistischer Antisemitismus, Stuttgart / Bonn, neu aufgelegt: Berlin 2000, S. 149–213.
Braun, Christina von (1995), »Frauenkrankheiten« als Spiegelbild der Geschichte, in: Farideh Akashe-Böhme, Von der Auffälligkeit des Leibes, Frankfurt am Main, S. 98–129
Braun, Christina von (2003), Wissen & Körper, in : Stefan Iglhaut/ Thomas Spring, Science + Fiction. Zwischen Nano-Welt und globaler Kultur, Berlin

(Volkswagen Stiftung/Sprengel Museum). Englisch: Knowledge and the Body, in: Stefan Iglhaut, Thomas Spring (Eds., 2004), Science + Fiction. Between Nanoworlds and Global Culture, Berlin, S. 159–178.

Braun, Christina von/ Eva Maria Ziege (Hg., 2004), Das bewegliche Vorurteil. Aspekte des Internationalen Antisemitismus, Würzburg.

Braun, Christina von (2005), Das Weib als Klang. Die Frauengestalten im Werk Richard Wagners, in: Wagnerspectrum, Heft 2005/2: Regietheater, Würzburg, S. 77–92.

Braun, Christina von / Bettina Mathes (2007), Verschleierte Wirklichkeit. Die Frau, der Islam und der Westen, Berlin, 2. Auflage, Bundeszentrale für politische Bildung 2008. Überarbeitete Neuauflage Gießen 2017.

Braun, Christina von/ Dorothea Dornhof/ Eva Johach (Hg.) (2009), Das Unbewusste. Krisis und Kapital der Wissenschaft, Bielefeld.

Braun, Christina von (2009), Glauben, Wissen und Geschlecht in den drei Religionen des Buches, Wien.

Braun, Christina von (2012), Der Preis des Geldes. Eine Kulturgeschichte, Berlin.

Braun, Christina von (2015), Zur Bedeutung der Sexualbilder im Antisemitismus, in: Feministische Studien: Nationalsozialismus und Geschlecht: Räume – Selbstzeugnisse – Erinnerungen, 33. Jg. Nr. 2, Stuttgart, November, S. 293–307.

Braun, Christina von (2016), Versuch über den Schwindel. Religion, Schrift, Bild, Geschlecht, Zürich/München 2001, neu aufgelegt: Gießen.

Braun, Christina von (2016), Sekundäre Religionen. Fundamentalismus und Medien, Wien.

Braun, Christina von (2017), Lady Music. The Female Characters in the Works of Richard Wagner, in: Daniel Pedersen (Hg.), Cosmopolitism, Heidegger, Wagner – Jewish Reflections, Jewish Culture in Sweden, Stockholm, S. 283–300.

Braun, Christina von (2018), Blutsbande. Verwandtschaft als Kulturgeschichte, Berlin.

Braun, Christina von (2018), Die Zugehörigkeit zur Jüdischen Gemeinschaft, in: Dies./ Micha Brumlik, Handbuch Jüdische Studien, Köln / Weimar/Wien, S. 15–58.

Braun, Christina von (2022), Fundamentalism, in: Encyclopedia of Jewish-Christian Relations Online, hg. v. Walter Homolka/ Rainer Kampling/ Amy-Jill Levine/ Christoph Markschies/ Peter Schäfer/Martin Thurner, Berlin/ Boston, https://doi.org/10.1515/ejcro.14156652.

Braun, Christina von (2022), Rache und Gabe im Verhältnis von Judentum und Christentum, in: Max Czollek/ Erik Riedel/ Mirjam Wenzel, Rache. Geschichte und Fantasie, Katalog zur Ausstellung des Jüdischen Museums Frankfurt am Main, München, S. 56–64.

Braun, Christina von, (2024), Gender and Antisemitism, in: Mark Weitzmann/ Robert J. Williams/ James Wald (Hg.), The Routledge History of Antisemitism, London/New York.

Breton, André (1924/29), Die Manifeste des Surrealismus, übers. v. Ruth Henry, Hamburg.

Breuer, Joseph/ Sigmund Freud (1895), Studien über Hysterie, Frankfurt am Main 1970.

Brown, Peter (1994), Die Keuschheit der Engel. Sexuelle Entsagung, Askese und Körperlichkeit im frühen Christentum, übers. v. Martin Pfeiffer, München.

Brunner, Claudia (2020), Epistemische Gewalt. Wissen und Herrschaft in der kolonialen Moderne, Bielefeld.

Buchholz, Michael/ Günter Gödde (2005), Das Unbewusste in aktuellen Diskursen, 3 Bde., Gießen (Psychosozial).

Burckhardt, Martin (2018), Eine kurze Geschichte der Digitalisierung, München.

Canham, Sarah L./ Hagit Peres/ Norm O'Rourke/ David B. King/ Annette Wertman/ Sara Carmel / Yaacov G. Bachner (2017), Why Do Holocaust Survivors Remember What They Remember?, in: The Gerontologist, S. 1158–1165.

Carmil, Devora/ Shlomo Breznitz (2006), Personal Trauma and World Views Are Extremely Stressful Experiences Related to Political Attitudes, Religious Beliefs and Future Orientation, in: Journal of Traumatic Stress 4, S. 393–405.

Carsten, Janet (Hg.) (2000), Cultures of Relatedness. New Approaches to the Study of Kinship, Cambridge.

Carus, Carl Gustav (1846), Psyche. Zur Entwicklungsgeschichte der Seele, hg. v. Rudolf Marx, Pforzheim/Leipzig o. J., S. 1, https://www.deutschestextarchiv.de/book/view/carus_psyche_1846?p=17.

Carus, Carl Gustav (1849), Über die ungleiche Befähigung der verschiedenen Menschenstämme für höhere geistige Entwicklung. Denkschrift zum hundertjährigen Geburtsfeste Goethe's, Leipzig, https://www.digitale-sammlungen.de/de/view/bsb10434788?page=5.

Carus, Carl Gustav (1823), Grundzüge allgemeiner Naturbetrachtung. [Vorbegriffe] Einleitung zu dem noch ungedruckten Werke über die Urteile des Schalken- und Knochengerüstes. Mit einem Nachwort von Johann Wolfgang Goethe, Stuttgart / Tübingen, Nachdruck, Darmstadt 1954.

Case, Anne/ Angus Deaton (2020), Deaths of Despair and the Future of Capitalism, Princeton (New Jersey).

Castoriadis, Cornelius (1990), Gesellschaft als imaginäre Institution. Entwurf einer politischen Philosophie, übers. v. Horst Brühmann, Frankfurt am Main.

Cayrol, Jean (1950), Lazare parmi nous, Essay, Neuchâtel, deutsch: Lazarus unter uns, hg. u. übers. v. Ulrike Julika Betz, Stuttgart 1959.

Cesare, Donatella di (2022), Das Komplott an der Macht, übers. v. Daniel Creutz, Berlin.

Chakkarath, Pradeep (2021), Der dunkle Kontinent. Kolonialisierung und Dekolonisierung der Psyche und der Psychologie, in: Psychozial 44. Jg., Heft III (Nr. 165), S. 75–85.

Chapman, Simon/ Mirkka Lahdenperä/ Jenni Pettay/ Robert Lynch/Virpi Lummaa (2021), Offspring fertility and grandchild survival enhanced by mater-

nal grandmothers in a pre-industrial human society. Scientific Reports, 11. 10.1038/s41598-021-83353-3.
Chodorow, Nancy J. (1992), Heterosexuality as a compromise formation: Reflections on the psychoanalytic theory of sexual development, in: Psychoanalysis & Contemporary Thought, 15(3), S. 267–304.
Clausewitz, Carl von (1832–34), Vom Kriege, 1832–1834, Berlin 2010, https://www.google.com/search?client=firefox-b-d&q=Clausewitz+-+Vom+Kriege+%28Berlin+2010%29.pdf.
Clemm, Christina (2023), Gegen Frauenhass, München.
Cocks, Geoffrey (1975), Psyche and Swastika. Neue deutsche Seelenheilkunde 1933–45, Dissertation, University of California.
Cocks, Geoffrey (1985), Psychotherapy in the Third Reich, 2. überarb. ü. erweit. Ausgabe, New Brunswick/London 1997.
Cohen, M./Daniel Brom/H. Dasberg (2001), Survivors of the Holocaust: Symptoms and Coping After Fifty Years, in: The Israel Journal of Psychiatry and Related Sciences, 38, S. 3–12.
Cordeiro, José/David Wood (2024), Der Sieg über den Tod. Die wissenschaftliche Möglichkeit, ewig zu leben, und ihre moralische Rechtfertigung, München.
Crapanzano, Vincent (2000), Serving the World. Literalism in America from the Pulpit to the Bench, New York.

Dahm, Andreas (2015), Geschichte und Perspektiven der Psychotherapie-Richtlinie, in: Psychotherapeut, Band 60, S. 365–369.
Danieli, Yael (1984), Psychotherapists' participation in the conspiracy of silence about the Holocaust, in: Psychoanalytic Psychology, 1 (1), S. 23–42.
Davidson, Shamai (1995), Holding on to Humanity -The Message of Holocaust Survivors. The Shamai Davidson Papers. New York University.
Deleuze, Gilles/Félix Guattari (1974), Anti-Ödipus. Kapitalismus und Schizophrenie, übers. v. Bernd Schwibs, Frankfurt am Main.
Delille, Gerard (2013), The Shed Blood of Christ. From Blood as Metaphor to Blood as Bearer of Identity, in: Christopher H. Johnson/ Bernhard Jussen/ David Warren Sabean/ Simon Teuscher (Hg.), Blood & Kinship. Matter for Metaphor from Ancient Rome to the Present, New York / Oxford, S. 125–143.
Denzler, Georg/ Volker Fabricius (1993), Christen und Nationalsozialismus. Darstellung und Dokumente. Mit einem Exkurs »Kirche im Sozialismus«, 2. Auflage, Frankfurt am Main.
Devereux, Georges (1974), Normal und Anormal. Aufsätze zur allgemeinen Ethnopsychiatrie. Einleitung von Erich Wulff, übers. v. Nils Thomas Lindquist, Frankfurt am Main.
Dinter, Artur (1932), Die Rassen- und Judenfrage im Lichte des Geistchristentums, in: Der Jud ist schuld …? Diskussionsbuch über die Judenfrage, Basel / Berlin / Leipzig / Wien,, S. 95–106.
Douglas, Mary (1988), Reinheit und Gefährdung. Eine Studie zu Vorstellungen von Verunreinigung und Tabu, übers. v. Brigitte Luchesi, Frankfurt am Main.

Driesch, Ellen von den (2021), Unter Verschluss. Zur Geschichte des Suizids in der DDR 1952–1990, Frankfurt am Main.
Du Bois-Reymond, Emil (1872), Ueber die Grenzen des Naturerkennens, in: Reden von Emil Du Bois-Reymond, Leipzig 1886, S. 105–130.
Dubois, Philippe (1998), Der fotografische Akt. Versuch über ein theoretisches Dispositiv, übers. v. Dieter Hornig, hg. und mit einem Vorwort v. Herta Wolf, Amsterdam / Dresden.
Dührssen, Annemarie (1994), Ein Jahrhundert Psychoanalytische Bewegung in Deutschland. Die Psychotherapie unter dem Einfluß Freuds, Göttingen.
Durkheim, Emile (1897), Der Selbstmord, übers. v. Sebastian und Hanne Herkommer, Frankfurt am Main 1983.
Dyck, Richard (1958), Die Neurosen in der Wiedergutmachung, in: Die Wiedergutmachung 14, Beiblatt zum Aufbau 24:10.

Ebner, Julia (2019), Radikalisierungsmaschinen. Wie Extremisten die neuen Technologien nutzen und uns manipulieren, übers. v. Kirsten Riesselmann, Berlin.
Ebner, Julia (2023), Massenradikalisierung. Wie die Mitte Extremisten zum Opfer fällt, übers. v. Kirsten Riesselmann, Berlin.
Eissler, Kurt Robert (1963), Die Ermordung von wie vielen seiner Kinder muss ein Mensch symptomfrei ertragen können, um eine normale Konstitution zu haben? In: Psyche 17, S. 241–291.
Ellenberger, Henri Frédéric (1973), Die Entdeckung des Unbewußten. Geschichte und Entwicklung der dynamischen Psychiatrie von den Anfängen bis zu Janet, Freud, Adler und Jung, übers. v. Gudrun Theusner-Stampa, 2 Bände, Bern, Neuausgabe: Zürich 2005.
Eltchaninoff, Michel (2022), In Putins Kopf. Logik und Willkür eines Autokraten, übers. v. Till Bardoux, 3. aktualisierte Auflage, Stuttgart.
Erdheim, Mario (1982), Die gesellschaftliche Produktion von Unbewußtheit. Eine Einführung in den ethnopsychoanalytischen Prozeß, Frankfurt am Main.
Erpenbeck, Jenny (2023), Kairos, 2. Auflage, München.
Etkind, Alexander (1996), Eros des Unmöglichen. Die Geschichte der Psychoanalyse in Russland, übers. v. Andeas Tretner, Leipzig.
Euripides (ca. 424 v. Chr.), Die Schutzflehenden, in: Werke in drei Bänden, 1. Band, übers. v. Dietrich Ebener, hg. v. Jürgen Werner/Walter Hagemann, Berlin/Weimar 1996.
Evers, Tilman (1987), Mythos und Emanzipation. Eine kritische Annäherung an C. G. Jung, Hamburg.

Fahrenberg, Jochen/ John M. Steiner (2004), Adorno und die autoritäre Persönlichkeit, in: Kölner Zeitschrift für Soziologie und Sozialpsychologie, Bd. 56, S. 127–152.
Feder, Gottfried (Mitglied des Reichstags) (1932), Die Judenfrage, in: Der Jud ist Schuld? Diskussionsbuch über die Judenfrage, Basel / Zinnen, S. 53–68.

Feldman, Ruth/ Shafiq Masalha (2007), The role of culture in moderating the links between early ecological risk and young children's adaptation, in: Development and psychopathology, 19 (1), S. 1–21.
Feldman, Ruth et al. (2014), Father's brain is sensitive to childcare experiences, in: Psychological and Cognitive Sciences, Vol. 111, No. 27, July 8.
Feldman, Ruth/ Katharina Braun/ Frances A. Champagne (2019), The neural mechanisms and consequences of paternal caregiving, in: Nature reviews. Neuroscience, 20 (4), S. 205–224.
Feldman, Ruth (2021), Social Behavior as a Transdiagnostic Marker of Resilience. Annual review of clinical psychology, 17, S. 153–180.
Feldman, Ruth (2023), Father contribution to human resilience, in: Development and psychopathology, 35(5), S. 2402–2419.
Feuerbach, Ludwig (1850), Die Naturwissenschaft und die Revolution, in: Blätter für literarische Unterhaltung, November.
Feuerbach, Ludwig (1851–66), Das Geheimnis des Opfers oder Der Mensch ist, was er ißt, in: Gesammelte Werke 11, Kleinere Schriften IV, Berlin 2010.
Fichte, Immanuel Hermann (1864), Psychologie. Die Lehre vom bewussten Geiste des Menschen oder Entwicklungsgeschichte des Bewusstseins, begründet auf Anthropologie und innerer Erfahrung, 1. Theil, Leipzig.
Figes, Orlando (2012), Schick einen Gruß, zuweilen durch die Sterne, Berlin.
Figes, Orlando (2008), Die Flüsterer. Leben in Stalins Russland, übers. v. Bernd Rullkötter, Berlin.
Finkelstein, Israel/ Neil A. Silberman (2015), Keine Posaunen vor Jericho. Die archäologische Wahrheit über die Bibel, übers. v. Miriam Magall, München.
Firestone, Shulamith (1970), The Dialectic of Sex. The Case for Feminist Revolution, New York, deutsch: Frauenbefreiung und sexuelle Revolution, übers. v. Gesine Strempel, Frankfurt am Main 1975.
Fischer-Homberger, Esther (1971), Charcot und die Ätiologie der Neurosen, in: Gesnerus. Swiss Journal of the history of medicine and sciences, Zürich, Band 28, Heft 1–2, S. 35–46.
Fitzthum, Gerhard (2023), Auf der Suche nach der verlorenen Welt, Dietzenbach.
Flusser, Vilém (1991), Für eine Philosophie der Fotografie, 5. Auflage, Göttingen.
Flynn, James R. (1984), The Mean IQ of Americans: Massive Gains 1932–1978, in: Psychological Bulletin.
Foer, Franklin (2017), World Without Mind. The Existential Threat of Big Tech, New York.
Foucault, Michel (1983), Sexualität und Wahrheit, Bd. 1, Der Wille zum Wissen, übers. v. Ulrich Raulff/ Walter Seitter, Frankfurt am Main.
Frankl, Viktor E. (1982), ... trotzdem Ja zum Leben sagen. Ein Psychologe erlebt das Konzentrationslager, München.
Franklin, Sarah (1997), Embodied Progress. A Cultural Account of Assisted Conception, London.

Franklin, Sarah (1998) Making Miracles. Scientific Progress and the Facts of Life, in: Dies./ Heléna Ragoné (Hg.), Reproducing Reproduction. Kinship, Power, and Technological Innovation, Philadelphia.
Franklin, Sarah (2013), Biological Relatives: IVF, Stem Cells, and the Future of Kinship, London.
Freimüller, Tobias (2003), Hitlers Eliten nach 1945, München.
Frenkel-Brunswik, Else (1949), Intolerance of Ambiguity as an Emotional and Perceptual Personality Variable, in: Journal of Personality 18, S. 108–143.
Freud, Anna (1936), Das Ich und die Abwehrmechanismen, Wien.
Freud, Anna/ Sophie Dann (1951), An Experiment in Group Upbringing, in: The Psychoanalytic Study of the Child, S. 127–168, deutsch: Freud, Anna/Sophie Dann (1951), Gemeinschaftsleben im Kindesalter, in: Die Schriften der Anna Freud, Band IV, S 1161–1228, München.
Freud, Ernst (Hg. 1985), Sigmund Freud. Sein Leben in Bildern und Texten, Frankfurt am Main.
Freud, Sigmund/ C.G. Jung (1974), Briefwechsel, hg. v. William McGuire/ Wolfgang Sauerländer, Frankfurt am Main.
Freud, Sigmund (1952 ff.), Gesammelte Werke, Frankfurt am Main.
Fromm, Erich (1932), Über Methode und Aufgaben einer analytischen Sozialpsychologie, in: Zeitschrift für Sozialforschung, Bd. 1, S. 28–54.
Fromm, Erich (1941), Escape from Freedom, New York, deutsch: Die Furcht vor der Freiheit, übers. v. Liselotte Mickel/ Ernst Mickel, Stuttgart 1980.
Fromm-Reichmann, Frieda (1948), Notes on the development of treatment of schizophrenics by psychoanalytic psychotherapy, in: Psychiatry 11, S. 263–273.
Frymer-Kensky, Tikva (1995), Law and Philosophy: The case of sex in the bible, in: Jonathan Magonet (Hg), Jewish Explorations of Sexuality, Providence, Oxford, S. 3–16.
Fuechtner, Veronika (2011), Berlin Psychoanalytic. Psychoanalysis and Culture in Weimar Republic, Oakland (Kalifornien).

Garfield, Craig F./ Clarisse D. Simon/ Joshua Rutsohn J/ Young S. Lee (2016), Paternal and Maternal Testosterone in Parents of NICU Infants Transitioning Home, in: The Journal of Perinat Neonatal Nursing, 30 (4) S. 349–358.
Geipel, Ines (2019), Umkämpfte Zone. Mein Bruder, der Osten und der Hass, Stuttgart.
Geipel, Ines (2022), Schöner Neuer Himmel. Aus dem Militärlabor des Ostens, Stuttgart.
Giampieri-Deutsch, Patrizia (2010), Some remarks on psychoanalytical research and universities, in: International Forum of Psychoanalysis 19, S. 210–217.
Gilman, Sander L. (1985), Difference and Pathology. Stereotypes of Sexuality, Race and Madness, Ithaca/ London.
Gladwell, Malcolm (2019), Die Kunst, nicht aneinander vorbeizureden, übers. v. Jürgen Neubauer, Hamburg, S. 43–49.
Gödde, Günter/ Michael B. Buchholz (Hg.) (2012), Der Besen, mit dem die Hexe

fliegt. Wissenschaft und Therapeutik des Unbewussten, Band 1: Psychologie als Wissenschaft der Komplementarität, Gießen.
Goethe, Johann Wolfgang von (1811–1814), Aus meinem Leben. Dichtung und Wahrheit, 3 Bände. Tübingen.
Goody, Jack (2002), Geschichte der Familie, übers. v. Holger Fließbach, München.
Goody, Jack/ Ian Watt (1986), Konsequenzen der Literalität, in: Dies./Kathleen Gough (Hg.), Entstehung und Folgen der Schriftkultur, mit einer Einleitung von Heinz Schlaffer, übers. v. Friedhelm Herborth, Frankfurt am Main, S. 63–122.
Graeber, David/ David Wengrow (2022), Anfänge. Eine neue Geschichte der Menschheit, übers. v. Henning Dedekind/ Helmut Dierlamm/ Andreas Thomsen, Stuttgart.
Grashoff, Udo (2010), »In einem Anfall von Depression …«. Selbsttötungen in der DDR, Berlin.
Greene, Roberta R. (2011), A Holocaust Survivorship Model: Survivors' Reflections, in: Journal of Human Behavior in the Social Environment, 20:4, S. 569–579.
Greene, Roberta R./ Shira Hantman/ Adi Sharabi/ Harriet Cohen (2012), Holocaust survivors: three waves of resilience research, in: Journal of Evidence-Based Social Work 9, S. 481–497.
Gross, Raphael (1983), Carl Schmitts »Nomos« und die »Juden«, in: Merkur, Heft 45, S. 410–420.
Gross, Raphael (2000/2005), Carl Schmitt und die Juden. Eine deutsche Rechtslehre, Frankfurt am Main.
Grossmann, Karin/ Klaus E. Grossmann/ Elisabeth Fremmer-Brombik/ Heinz Kindler/ Hermann Scheuerer-Englisch/ Monika Winter/ Peter Zimmermann P (2006), Väter und ihre Kinder. Die »andere« Bindung und ihre längsschnittliche Bedeutung für die Bindungsentwicklung, das Selbstvertrauen und die soziale Entwicklung des Kindes, in: Steinhardt, Kornelia/ Wilfried Datler/ Johannes Gstach (Hg.), Die Bedeutung des Vaters in der frühen Kindheit, Gießen.
Grossmann, Klaus Richard (1967), Die Ehrenschuld. Kurzgeschichte der Wiedergutmachung, Frankfurt am Main.
Grubrich-Simitis, Ilse (1979), Extremtraumatisierung als kumulatives Trauma. Psychoanalytische Studien über seelische Nachwirkungen der Konzentrationslagerhaft bei Überlebenden und ihren Kindern, in: Psyche 33, S. 991–1023.
Grundmann, Walter, Gott und Nation. Ein evangelisches Wort zum Wollen des Nationalsozialismus und zu Rosenbergs Sinndeutung. Berlin o. J.
Gusinde, Martin (1946), Urmenschen im Feuerland, Berlin/Wien/Leipzig.

Habermas, Jürgen (1973), Erkenntnis und Interesse, Frankfurt am Main.
Hagemann-White, Carol (1979), Frauenbewegung und Psychoanalyse, Frankfurt am Main, hier: 2. Auflage 1986.

Hagemeister, Michael (2020), Die Weisen von Zion als Agenten des Antichrists, in: Im Dialog. Beiträge aus der Akademie der Diözese Rottenburg-Stuttgart 3.
Hahn, Barbara (2016), Endlose Nacht. Träume im Jahrhundert der Gewalt, Berlin.
Halbwachs, Maurice (1925), Les cadres sociaux de la mémoire, deutsch: Das Gedächtnis und seine sozialen Bedingungen, übers. v. Lutz Geldsetzer, Berlin 2022.
Harari, Yuval Noah (2013), Eine kleine Geschichte der Menschheit, übers. v. Jürgen Neubauer, München.
Harari, Yuval Noah (2017), Homo Deus. Eine Geschichte der Zukunft, übers. v. Andreas Wirthensohn, München.
Haraway, Donna (1989), Primate Visions. Gender, Race and Nature in the World of Modern Science, London.
Haraway, Donna (1991), Simians, Cyborgs and Women. The Reinvention of Nature, London.
Haraway, Donna J. (1997), Modest_Witness@Second_Millenium. FemaleMan©_Meets_OncoMouse. Feminism and Technoscience, New York.
Haraway, Donna (1998), Making Miracles. Scientific Progress and the Facts of Life, in: Dies./ Heléna Ragoné (Hg.), Reproducing Reproduction. Kinship, Power, and Technological Innovation, Philadelphia.
Harders, Ann-Cathrin (2013), Agnatio, Cognatio, Consanguinitas. Kinship and Blood in Ancient Rome, in: Christopher H. Johnson/ Bernhard Jussen/ David Warren Sabean/ Simon Teuscher (Hg.), Blood & Kinship. Matter for Metaphor from Ancient Rome to the Present, New York / Oxford, S. 18–39.
Harel, Zev/ Boaz Kahana/ Eva Kahana (1988), Psychological Well-Being Among Holocaust Survivors and Immigrants in Israel, in: Journal of Traumatic Stress, 1, S. 413–429.
Hartmann, Eduard von (1923), Philosophie des Unbewussten. Speculative Resultate nach inductiv-naturwissenschaftlicher Methode, 12. Auflage, Leipzig, 1. Teil, Phänomenologie des Unbewussten, Neudruck, hg. u. eingeleitet v. Ludger Lütkehaus, Hildesheim 1989.
Hartmann, Eduard von (1923), Metaphysik des Unbewussten, in: Ders., Philosophie des Unbewussten, a. a. O., 2. Teil, S. 319–678.
Harwazinski, Assia Maria (1999), Fundamentalismus/Rigorismus, in: Christoph Auffarth/ Jutta Bernard/ Hubert Mohr Metzler (Hg.), Lexikon Religion, Stuttgart / Weimar, Bd. I, S. 427–434.
Hattingberg, Hans von (1943), Neue Seelenheilkunde. Nach einem Vortrag gehalten am 26. Januar 1943 in der Kaiser-Wilhelm-Gesellschaft, Berlin.
Hauffa, Robin/ Winfried Rief/ Elmar Brahler/ Alexandra Martin/ Ricarda Mewes/ Heide Glaesmer (2011), Lifetime traumatic experiences and posttraumatic stress disorder in the German population: results of a representative population survey, in: The Journal of Nervous and Mental Disease 199 (12), S. 934–939.
Haugen, Frances (2023), Die Wahrheit über Facebook. Warum ich zur Whistleblowerin wurde und was die größte Social-Media-Plattform der Welt so gefährlich macht, übers. v. Anja Lenz/Karsten Petersen, Berlin.

Hauser, Otto (1921), Geschichte des Judentums, Weimar.
Heine, Heinrich (1995), Sämtliche Schriften, München.
Held, Tilo (1972), Vorwort zu Psychiatrie Politique. L'affaire de Heidelberg (Sozialistisches Patientenkollektiv der Ruprecht Karls Universität Heidelberg), Paris.
Held, Tilo (1994), Anmerkungen zur psychoanalytischen Trauma-Theorie, in: Stoffels, Hans (Hg.): Terrorlandschaften der Seele. Beiträge zur Theorie und Therapie von Extremtraumatisierungen. Regensburg, S. 73–82.
Held, Tilo (2014), Child Survivors der Nazi-Verfolgung. Was haben wir damals verstanden und was nicht?, in: Psyche 68, S. 681–703.
Held, Tilo (2019), Die potentiell traumatische Erfahrung. Wie entscheidet sich, ob es zur Traumafolgestörung kommt?, in: Kinderanalyse 27, S. 111–131.
Helmreich, William B. (1996), Against all Odds, Holocaust Survivors and the Successful Lives They Made in America, New York.
Hénaff, Marcel (2009), Der Preis der Wahrheit. Gabe, Geld und Philosophie, übers. v. Eva Moldenhauer, Frankfurt am Main.
Hepp, Johannes (2022), Die Psyche des Homo Digitalis. 21 Neurosen, die uns im 21. Jahrhundert herausfordern, München.
Herbart, Johann Friedrich (1989), Lehrbuch der Psychologie. Psychologie als Wissenschaft, neu gegründet auf Erfahrung, Metaphysik und Mathematik, § 133, in: Ders., Sämtliche Werke, in chronologischer Reihenfolge, hg. v. Karl Kehrbach/ Otto Flügel, 19 Bde., Neudruck: Aalen.
Hermanns, Ludger/ Ulrich Schultz (1987), Das Sanatorium Schloss Tegel Ernst Simmels. Zur Geschichte und Konzeption der ersten Psychoanalytischen Klinik, in: Psychotherapie, Psychosomatik, medizinische Psychologie. Nr. 37, S. 58–67.
Hermanns, Ludger (1989), Bedingungen und Grenzen wissenschaftlicher Produktivität bei Psychoanalytikern in Deutschland 1933 bis 1945, in: Jahrbuch der Psychoanalyse, S. 28–54.
Hermanns, Ludger/ Ulrich Schultz (1990), »Und doch wäre ich ... beinahe Berliner geworden«. Sigmund Freud im Sanatorium Schloß Tegel, in: Zeitschrift für psychoanalytische Theorie und Praxis, Band 5, S. 78–88.
Hermanns, Ludger (2019), The history of psychoanalysis in Germany up to 1950 and its relationship to the IPA, in: 100 Years of the IPA, London, S. 47–61.
Hermanns, Ludger (2022), Die emigrierten Psychoanalytiker und ihre in Deutschland zurückgebliebenen Kollegen: Versuch der Rekonstruktion einer schwierigen Beziehung, in: Psyche, 76. Jg., Nr. 8, S. 671–706.
Herrn, Rainer (2022), Der Liebe und dem Leid. Das Institut für Sexualwissenschaft 1919–1933.
Herzog, Dagmar (2005), Die Politisierung der Lust. Sexualität in der deutschen Geschichte des 20. Jahrhunderts, übers. v. Ursel Schäfer/ Anne Emmert, München.
Herzog, Dagmar (2023), Cold War Freud. Psychoanalyse in einem Zeitalter der Katastrophen, übers. v. Aaron Lahl, Berlin.

Heschel, Susannah (2008), The Aryan Jesus. Christian Theologians and the Bible in Nazi Germany, Princeton.

Hirschberger, Gilad/ Sanjay Srivastava/ Penny Marsh/ Carolyn Pape Cowan/ Philip A. Cowan(2009), Attachment, Marital Satisfaction, and Divorce During the First Fifteen Years of Parenthood, in: Personal Relationships, 16 (3), S. 401–420.

Hirschfeld, Magnus (Hg. 1899), Vier Briefe von Karl Heinrich Ulrichs (Numa Numantius) an seine Verwandten [1862], in: Jahrbuch für sexuelle Zwischenstufen 1, S. 36–70.

Hitler, Adolf (1925–27), Mein Kampf, 2 Bände, München, hier: 1940.

Hobsbawm, Eric (1978), Europäische Revolutionen, übers. v. Boris Goldenberg, München.

Hochschild, Arlie Russel (2017), Fremd in ihrem Land. Eine Reise ins Herz der amerikanischen Rechten, übers. v. Ulrike Bischoff, Frankfurt am Main.

Honegger, Claudia (1991), Die Ordnung der Geschlechter. Die Wissenschaften vom Menschen und das Weib 1750–1850, Frankfurt am Main.

Hörisch, Jochen (2009), Bedeutsamkeit. Über den Zusammenhang von Zeit, Sinn und Medien, München.

Horkheimer, Max, Lehren aus dem Faschismus, in: Ders., Gesammelte Schriften in 19 Bänden, Frankfurt am Main 1985–1996, Bd. VIII: Vorträge und Aufzeichnungen 1949–1973, S. 9–37.

Horney, Karen (1926), Flucht aus der Weiblichkeit. Der Männlichkeitskomplex der Frau im Spiegel männlicher und weiblicher Betrachtung, erstmals erschienen in: Internationale Zeitschrift für Psychoanalyse, Wien, Bd. XII, H. 3. S. 362–374, wieder abgedruckt in: Karen Horney, Die Psychologie der Frau, S. 34–56.

Horney, Karen (1930), Das Mißtrauen zwischen den Geschlechtern, gekürzte Fassung eines Vortrags in Dresden vom 27. September 1930, erschienen in: Die psychoanalytische Bewegung, 1930, II. Jg., H. 6, S. 521–537, wieder abgedruckt in: Horney, Die Psychologie der Frau, S. 77–95.

Horney, Karen (1932), Die Angst vor der Frau, erstmals erschienen in: Internationale Zeitschrift für Psychoanalyse, Wien 1932, Band XVIII, Heft 1, S. 5–18, wieder abdruckt in: Horney, Die Psychologie der Frau, S. 108–127.

Horney, Karen (1933), Die Verleugnung der Vagina, zuerst erschienen in: Internationale Zeitschrift für Psychoanalyse, Wien, Band XIX, Heft 3, wieder abgedruckt in: Horney, Psychologie der Frau, S. 128–147.

Horney, Karen (1935), Zur Frage des weiblichen Masochismus, überarbeitete Fassung eines Vortrags, der vor der American Psychoanalytical Association in Washington 1933 gehalten wurde, erstmals erschienen in: Psychoanalytical Review 1935, Bd. XXII, H. 3, S. 241–257, übers. v. Beate Rosenberger/ Peggy Zeidler, in: Horney, Die Psychologie der Frau, S. 191–219.

Horney, Karen (2017), Die Psychologie der Frau, übers. v. Liselotte Julius, Eschborn b. Frankfurt am Main, 3. Auflage.

Hrdy, Sarah Blaffer (2009), Mothers and Others. The Evolutionary Origins of Mutual Understanding, Harvard.

Hübscher, Monika (2024), Algorithmic Antisemitism on Social Media, in: Mark Weitzman/ Robert J. Williams/ James Wald, Rowtledge History of Antisemitism, London / New York, S. 364–372.
Humboldt, Wilhelm von (1795), Über den Geschlechtsunterschied und dessen Einfluss auf die organische Natur, zuerst erschienen in Schillers Horen 2, S. 99–132, dann erschienen in: Ders., Werke, hg. v. Albert Leitzmann, Bd. 1 (1785–1795), Berlin 1903.

Irigaray, Luce (1977), Unbewusstes, Frauen, Psychoanalyse, übers. v. Eva Meyer, Berlin.
Irigaray, Luce (1979), Das Geschlecht, das nicht eins ist., übers. v. Eva Meyer/ Heidi Paris, Berlin.
Irigaray, Luce (1980), Speculum. Spiegel des anderen Geschlechts, übers. v. Xenia Rajewsky, Frankfurt am Main.
Isaacson, Walter (2023), Elon Musk. Die Biografie, übers. v. Sylvia Bieker/ Henriette Zeltner-Shane/ Anke Wagner-Wolff/ Ulrike Strerath-Bolz/ Katharina Martl,/ Gisela Fichtl, Gütersloh.

Jean Paul (1827), Selina oder die Unsterblichkeit der Seele, in: Ders., Werke, hg. v. Norbert Miller, Nachwort v. Walter Höllerer, München, 4. korr. Auflage, 1987, Band 6.
Joas, Hans (2017), Die Macht des Heiligen. Eine Alternative zur Geschichte von der Entzauberung, Berlin.
Johnson, Christopher H. (2013), Class Dimensions of Blood, Kinship, and the Race in Brittany, 1780–1880, in: Johnson, Christopher H./ Bernhard Jussen/ David Warren Sabean/ Simon Teuscher (Hg.), Blood & Kinship. Matter for Metaphor from Ancient Rome to the Present, New York / Oxford, S. 196–226
Jones, Ernest (1962), Das Leben und Werk von Sigmund Freud, übers. v. Katherine Jones, Bern / Stuttgart, 3 Bde.
Jung, Carl Gustav (1995), Gesammelte Werke, Düsseldorf.
Jung, Carl Gustav (1934), Zur gegenwärtigen Lage der Psychotherapie, in: Zentralblatt für Psychotherapie, Leipzig, Heft 1–2.
Jung, Carl Gustav (1936), Wotan, in: Neue Schweizer Rundschau, 1935–1936, Band 3, Heft 11, S. 657–669.
Jung, Carl Gustav (1945), Briefe, hg. v. Aniela Jaffe in Zusammenarbeit mit Erhard Adler, Bd. 1, 1906–1945, Olten / Freiburg.

Kaiser, Brittany (2019), Targeted. The Cambridge Analytica Whistleblower's Inside Story of How Big Data, Trump, and Facebook Broke Democracy and How It Can Happen Again, New York.
Kakar, Sudhir (2012), Die Seele der Anderen. Mein Leben zwischen Indien und dem Westen, übers. v. Klaus Modick, München.
Kanner, Leo (1943), Autistic disturbances of affective contact, in: Nervous Child, Band 2, Nr. 3, S. 217–250.

Kant, Immanuel (1798), Anthropologie in pragmatischer Hinsicht. Anthropologische Didaktik, Erstes Buch, Vom Erkenntnisvermögen, § 5 Von den Vorstellungen, die wir haben, ohne uns ihrer bewußt zu sein, Leipzig, 5. Auflage 1912, https://www.google.com/search?client=firefox-b-d&q=kant+anthropologie+in+pragmatischer+hinsicht+pdf.

Kantor, Alfred (1972), Das Buch des Alfred Kantor, übers. v. Johannes Eidlitz, mit einem Vorwort von Friedrich Heer, Wien.

Kantorowicz, Ernst H. (1990), Die zwei Körper des Königs. Eine Studie zur politischen Theologie des Mittelalters, übers. v. Walter Theimer/ Brigitte Hellmann, München.

Karimi, Ahmad Milad (2024), Gott 2.0. Grundfragen einer KI der Religion. [Was bedeutet das alles?], Stuttgart.

Keilson, Hans (1979), Sequentielle Traumatisierung bei Kindern, neu aufgelegt: Gießen 2005.

Kellerer, Sidonie (2024), Rechte Metapolitik, in: Philosophie-Magazin, 8. 2. 2024, https://www.philomag.de/artikel/rechte-metapolitik.

Kellermann, Natan Peter Felix (1999), Diagnosis of Holocaust Survivors and their children, in: The Israeli Journal of Psychiatry and Related Sciences 36 (1), S. 55.

Kemper, Andreas (2016), Antiemanzipatorische Netzwerke und die Geschlechter- und Familienpolitik der Alternative für Deutschland, in: Häusler, A. (Hg.), Die Alternative für Deutschland, Wiesbaden, https://doi.org/10.1007/978-3-658-10638-6_7.

Kestenberg, Judith (1980), Psychoanalyses of Children of Survivors from the Holocaust: Case Presentations and Assessment, in: Journal of the American Psychoanalytic Association 28, S. 775–804.

Kim, Peter S./ John S. McQueen/ James E. Coxworth/ Kristen Hawkes (2014), Grandmothering drives the evolution of longevity in a probabilistic model, in: Journal of Theoretical Biology, Band 353, S. 84–94.

Kinsley, Craig H./ Kelly G. Lambert (2008), Reproduction-induced neuroplasticity: natural behavioural and neuronal alterations associated with the production and care of offspring, in: Journal of Neuroendocrinology, 20 (4), S. 515–525.

Kirst, Michaela (2010), 50 Jahre Antibaby-Pille. Film D/USA 2010, Ausstrahlung Arte 12. 11. 2010.

Kittler, Friedrich (1985), Aufschreibesysteme 1800/1900, München.

Klautke, Egbert (2004), Rassenhygiene, Sozialpolitik und Sexualität: Ehe- und Sexualberatung in Deutschland 1918–1945, in: Claudia Bruns/Tilmann Walter (Hg.), Von Lust und Schmerz. Eine historische Anthropologie der Sexualität, Köln, S. 293–312.

Klein, Hillel (2003), Überleben und Versuche der Wiederbelebung. Psychoanalytische Studien mit Überlebenden der Shoah und mit ihren Familien in Israel und in der Diaspora, in: Jahrbuch der Psychoanalyse, Beiheft 20, Stuttgart.

Kleinberg, Jon/ Himabindu Lakkaraju/ Jure Leskovec/ Jens Ludwig/ Sendhil Mullainathan (2017), Human Decisions and Machine Predictions, in: The Quarterly Journal of Economics 133/1, S. 237–293.

Kleinfeld, Rachel (2024), Wahlen weltweit: Warum Männer eher nach rechts abdriften, in: Demokratie und Gesellschaft, 22. 2. 2024.

Klemperer, Victor (1947), LTI (Lingua Tertii Imperii). Notizbuch eines Philologen. Berlin.

Klemperer, Victor (1995), »Ich will Zeugnis ablegen bis zum letzten«. Tagebücher 1933–1945, hg. v. Walter Nowojski/ Hadwig Klemperer, Band I–VIII, Berlin.

Koselleck, Reinhart et al. (1978), Volk, Nation, Nationalismus, Masse, in: Otto Brunner/ Werner Conze/ Reinhart Koselleck (Hg.), Geschichtliche Grundbegriffe. Historisches Lexikon zur politisch-sozialen Sprache in Deutschland, Stuttgart, Studienausgabe 2004, Bd. 7, S. 141–431.

Kposowa, Augustine J. (2000), Marital status and suicide in the National Longitudinal Mortality Study, in: Journal of epidemiology and community health, 54 (4), S. 254–261.

Kposowa, Augustine J. (2003), Divorce and suicide risk, in: Journal of epidemiology and community health, 57 (12).

Krell, Robert/ Peter Suedfeld/ Erin Soriano (2004), Child Holocaust survivors as parents. A transgenerational perspective, in: The American Journal of Orthopsychiatry, 74 (4), S. 502–508.

Kristeva, Julia (2001), Fremde sind wir uns selbst, übers. v. Xenia Rajewski, Frankfurt am Main.

Kristeva, Julia (2001), Das weibliche Genie. Das Leben, der Wahn, die Wörter. Hannah Arendt, Melanie Klein, Colette, übers. v. Vincent von Wroblewsky, Berlin / Wien.

Kristeva, Julia (2007), Schwarze Sonne. Depression und Melancholie, übers. v. Bernd Schwibs/ Achim Russer, Frankfurt am Main.

Kroll, Mary E./ Claire Carson/ Maggie Redshaw/ Maria A. Quigley(2016), Early Father Involvement and Subsequent Child Behaviour at Ages 3, 5 and 7 Years: Prospective Analysis of the UK Millennium Cohort Study, in: PloS one, 11 (9).

Kruger Daniel J./ Randolph M. Nesse (2006), An evolutionary life-history framework for understanding sex differences in human mortality rates; in: Hum Nat, 17 (1), S. 74–97.

Kuhn, Thomas (1976), Die Struktur wissenschaftlicher Revolutionen, 2. revidierte Auflage, Frankfurt am Main.

Kulturpolitische Gesellschaft, Protokolle der Enquete betreffend die Reform des Österreichischen Eherechts (vom 27. Jänner bis 24. Februar 1905), https://books.google.fr/books/about/Protokolle_der_Enquete_betreffend_die_Re.html?id=wCQMAAAAYAAJ&redir_esc=y.

Kumkar, Nils C. (2022), Alternative Fakten. Zur Praxis der kommunikativen Erkenntnisverweigerung, Berlin.

Künzli, Arnold (1995), C. G. Jungs ideologische Verstrickung in den Nationalsozialismus, in: Neue Wege. Beiträge zu Religion und Sozialismus, Band 89, Heft 5, S. 136–143.

Kurzweil, Ray (2014), Menschheit 2.0. Die Singularität naht, 2. durchgesehene Auflage, Berlin.

Kurzweil, Ray, (2024), Die nächste Stufe der Evolution. Wenn Mensch und Maschine eins werden, aus dem Englischen von Jens Hagstedt/Moritz Langer/Sigrid Schmid, München.

Lacan, Jacques (1975), Funktion und Feld des Sprechens und der Sprache in der Psychoanalyse, übers. v. Klaus Laermann, in: Jacques Lacan, Schriften, Bd. I, Baden Baden.

Laclau, Ernesto (2010), Was haben leere Signifikanten mit Politik zu tun? Die soziale Produktion leerer Signifikanten, in: Emanzipation und Differenz, Wien.

Lamm, Lisa (2023), Diskriminierung von Frauen: Woher kommt das Patriarchat? in: National Geographic, 19. 1. 2023

Landes, David S. (1983), Revolution in Time. Clocks and the Making of the Modern World, Cambridge.

Laplanche, Jean/ J. B. Pontalis (1964), Fantasme originaires, fantasmes des origines et origine des fantasmes, in: Les Temps Modernes, Nr. 215, S. 1844–1846.

Latour, Bruno (1993), We Have Never Been Modern, London.

Le Bon, Gustave (1895), Psychologie der Massen, übers. mit einer Einführung von Helmut Dingeldey, Stuttgart 1973.

Lehmann, Hans-Thies (1990), Das Kino und das Imaginäre, in: Kino und Couch. Zum Verhältnis von Psychoanalyse und Film, Arnoldshainer Filmgespräche, Bd. 7, Frankfurt am Main.

Leichsenring, Falk/ Sven Rabung (2011), Long-term psychodynamic psychotherapy in complex mental disorders. Update of a meta-analysis, in: The British Journal of Psychiatry 199, S. 15–22.

Leichsenring, Falk/ Allan Abbass/ Peter Fonagy/ Kenneth N. Levy/ Peter Liliengren/ Patrick Luyten/ Nick Midgley/ Barbara Milrod/ Christiane Steinert (2024), WHO treatment guideline for mental disorders, in: Lancet Psychiatry, S. 676 f.

Leitner, Andrea/ Magdalena Thöni/ Hannes Winner (2008), Menschliche Körper und der Wert des menschlichen Lebens. Eine monetäre Bewertung mittels der Schmerzengeldentscheidungen, in: Andreas Exenberger/ Josef Nussbaumer (Hg.), Von Körpermärkten, Innsbruck, S. 79–97.

Lethen, Helmuth (2022), Verhaltenslehren der Kälte. Lebensversuche zwischen den Kriegen, Berlin.

Levav, Itzhak/Daphna Levinson/ Irina Radomislensky/ Annarosa A. Shemesh/ Robert Krohn (2007), Psychopathology and other health dimensions among the offspring of Holocaust survivors: results from the Israel National Health Survey, in: Israel Journal of Psychiatry and Related Sciences, 44 (2), S. 144.

Levine, Timothy R. (2019), Duped. Truth-Default Theory and the Social Science of Lying and Deception, Tuscaloosa (Alabama).

Lévi-Strauss, Claude (1958), Strukturale Anthropologie, Bd. I, übers. v. Franz Naumann, Frankfurt am Main 1967, hier: 1991.
Lévi-Strauss, Claude (1960), The Family, in: Harry L. Shapiro, Man, Culture and Society, New York.
Levitsky, Steven/ Daniel Ziblatt (2018), Wie Demokratien sterben. Und was wir dagegen tun können, München.
Liebknecht, Karl (1918), Rede vom 30. 12. 1918, abgedruckt in: Hermann Weber (Hg.), Der Gründungsparteitag der KPD. Protokoll und Materialien, Frankfurt am Main/Wien 1969.
Liebman, Joshua Loth (1948), Mach Frieden mit Dir, übers. v. Sophie Angermann, Berlin/Frankfurt am Main/München.
Linoy Schwartz/ Jonathan Levy/ Yaara Endevelt-Shapira/ Amir Djalovski/ Olga Hayut/ Cuillaume Dumas/ Ruth Feldman (2022), Technology-assisted communication attenuates inter-brain connectivity, in: NeuroImage, 264, 1–13, Artikel 119677.
List, Eveline (2006), Mutterliebe und Geburtenkontrolle – zwischen Psychoanalyse und Sozialismus. Die Geschichte der Margarethe Hilferding-Hönigsberg, Wien.
Lockot, Regine (1985), Erinnern und Durcharbeiten. Zur Geschichte der Psychoanalyse und Psychotherapie im Nationalsozialismus, Frankfurt am Main.
Lockot, Regine (2011), Kurze Geschichte der Deutschen Psychoanalytischen Gesellschaft, in: Psychoanalytisches Institut Berlin e. V., https://paib-dpg.de/kurze-geschichte-der-deutschen-psychoanalytischen-gesellschaft#c89.
Löhr, Hanns Christian (2018), Kunst als Waffe. Der Einsatzstab Reichsleiter Rosenberg, Berlin.
Lübbe, Hermann (2004), Religion nach der Aufklärung, München.
Lühe, Irmela von der (2007), Träume vom Terror. Charlotte Beradts Traumbuch und Hannah Arendts Totalitarismustheorie, in: Dies. /Wolfgang Heuer (Hg.), Dichterisch denken. Hannah Arendt und die Künste, Göttingen, S. 243–257.
Lütkehaus, Ludger (Hg.) (1989), »Dieses wahre innere Afrika«. Texte zur Entdeckung des Unbewußten vor Freud, Frankfurt am Main.

Macciocchi, Maria-Antonietta (1976), Jungfrauen, Mütter und ein Führer. Frauen im Faschismus, übers. v. Eva Moldenhauer, Berlin.
Mächtlinger, Veronica (2013), Resilienz. Psychoanalytische Überlegungen zur späteren Entwicklung der sechs Kinder, die als Kleinkinder Theresienstadt überlebt haben (Die Kinder vom Bulldogs Bank), in: Bernd Nissen (Hg.) Wendepunkte. Zur Theorie und Klinik psychoanalytischer Veränderungsprozesse, Gießen.
Maercker A/ Simon Forstmeier/ B. Wagner/ Elmar Brähler/H. Glaesmer (2008), Posttraumatische Belastungsstörungen in Deutschland. Ergebnisse einer gesamtdeutschen epidemiologischen Untersuchung, in: Nervenarzt 79, S. 577–586.
Maercker, Andreas/ Andrea B. Horn (2013), A socio-interpersonal perspective on PTSD. The case for environments and interpersonal processes, in: Clinical Psychology and Psychotherapy, 20, S. 465–481.

Makari, George (2009), Revolution in Mind. The Creation of Psychoanalysis, New York.
Mallarmé, Stéphane (1867), Plainte d'automne, in: Œuvres complètes, Paris 1940.
Mandelstam, Nadeshda (1971), Das Jahrhundert der Wölfe. Eine Autobiographie, Frankfurt am Main.
Marcuse, Herbert (1967), Der eindimensionale Mensch. Studien zur Ideologie der fortgeschrittenen Industriegesellschaft, übers. v. Alfred Schmidt, Neuwied.
Marti, Jean (1976), La psychanalyse en Russie et en Union soviétique de 1909–1930, in: Critique, Nr. 346.
Marx, Karl (1847), Das Elend der Philosophie. Antwort auf Proudhons »Philosophie des Elends«, Marx-Engels-Gesamtausgausgabe, Bd. 30, Berlin/Boston 2011.
Mauss, Marcel (1990), Die Gabe. Form und Funktion des Austausches in archaischen Gesellschaften. Frankfurt am Main.
McLuhan, Marshall (1964), Understanding Media. The Extensions of Man, New York, deutsch: Die magischen Kanäle – Understanding Media, Dresden/Basel 1994
McStay, Andrew (2018), Emotional AI: The Rise of Empathetic Media, London.
Mendes-Flohr, Paul (1999), Wissensbilder im modernen jüdischen Denken, in: Ulrich Raulff/ Gary Smith (Hg.), Wissensbilder. Strategien der Überlieferung, Berlin, S. 221–240.
Meng, Heinrich/ Paul Federn (1926), Das psychoanalytische Volksbuch, Stuttgart.
Merton, Robert (1976), The Ambivalence of Scientists, in: Sociological Ambivalence and Other Essays, New York.
Meyer, Birgit (2021), What is Religion in Africa? Relational Dynamics in an Entangled World, in: Journal of Religion in Africa, 50(1–2), 156–181, https://doi.org/10.1163/15700666-12340184.
Meyer, Thomas (2018), Hannah Arendt oder die Revolution des Denkens. Nachwort zu Hannah Arendt, Die Freiheit frei zu sein, München.
Middendorf, Stefanie (2013), »Masse«, in: Docupedia-Zeitgeschichte, 5. 11. 2013, http://docupedia.de/zg/Masse.
Milgram, Stanley (1963), Behavioral Study of Obedience, in: Journal of Abnormal and Social Psychology, 67, S. 371–378.
Mitscherlich, Alexander (1963), Auf dem Weg zur vaterlosen Gesellschaft, München.
Möbius, Paul Julius (1894), Über den Begriff der Hysterie und andere Vorwürfe überwiegend psychologischer Art. Grundansichten, Anhang, in: Ders., Neurologische Beiträge, 2 Hefte, Leipzig.
Montaigne, Michel de (1580), Schutzschrift für Raimond von Sebonde, in: Ders.: Essais [Versuche] nebst des Verfassers Leben, nach der Ausgabe von Pierre Coste, übers. v. Johann Daniel Tietz, Zürich 1992.
Morgenthaler, Fritz (1984), Homosexualität, Heterosexualität, Perversion. Aufsätze, mit einem Vorwort von Hans-Jürgen Heinrichs und einem bio-

graphischen Nachwort von Paul Parin, Frankfurt am Main, wieder aufgelegt Frankfurt am Main 1987. Der Aufsatz erschien zuerst in: Volkmar Sigusch (Hg.), Therapie sexueller Störungen, 2. Auflage, Stuttgart / New York 1980.

Moritz, Karl Philipp (1783), Magazin für Erfahrungsseelenkunde als ein Lesebuch für Gelehrte und Ungelehrte. Mit Unterstützung mehrerer Wahrheitsfreunde herausgegeben von Carl Philipp Moritz (10 Bde.), Berlin. https://www.deutschestextarchiv.de/book/view/moritz_erfahrungsseelenkunde01_1783?p=109.

Moskovitz, Sarah (1983), Love despite Hate. Child Survivors of the Holocaust and their Adult Lives, New York.

Mosse, George L. (1975), The Nationalization of the Masses. Political Symbolism and Mass Movements in Germany from the Napoleonic Wars Through the Third Reich; neu Madison (University of Wisconsin Press) 2023.

Mühlen, Patrik von zur (1977), Rassenideologien. Geschichte und Hintergründe, Bonn.

Münsterberg, Hugo (1916), The Photoplay. A Psychological Study, New York / London.

Mumford, Lewis (1934/1963), Technics and Civilization, New York.

Nabokov, Vladimir (1962), Das Bastardzeichen, übers. v. Dieter E. Zimmer, Reinbek b. Hamburg.

Nadeau, Maurice (Hg.) (1964), Œuvres de Gustave Flaubert, Lausanne.

Nanko, Ulrich (1993), Die Deutsche Glaubensbewegung. Eine historische und soziologische Untersuchung. Religionswissenschaftliche Reihe, Bd. 4., Diagonal, Marburg/Lahn.

Niethammer, Lutz (1982), Die Mitläuferfabrik. Die Entnazifizierung am Beispiel Bayerns. Mit einem Vorwort des Autors zur Neuausgabe. Berlin / Bonn.

Niethammer, Lutz/ Silke Satjukow (Hg.) (2016), Wenn die Chemie stimmt. Geschlechterbeziehungen und Geburtenkontrolle im Zeitalter der Pille, Göttingen.

Nietzsche, Friedrich, Jenseits von Gut und Böse, Nachgelassene Fragmente, Morgenröthe, Die fröhliche Wissenschaft: Die Zitatstellen sind alle unter http://www.nietzschesource.org/# zu finden. Auf der Eröffnungsseite einen Teil des Zitatsatzes in das Suchfeld eingeben.

Nitzschke, Bernd (1997), »Ich muß mich dagegen wehren, still kaltgestellt zu werden.« Voraussetzungen, Begleitumstände und Folgen des Ausschlusses Wilhelm Reichs aus der DPG/IPV in den Jahren 1933/34, in: Karl Fallend/ Bernd Nitzschke (Hg.), Der »Fall« Wilhelm Reich. Beiträge zum Verhältnis von Psychoanalyse und Politik, Frankfurt am Main, S. 68–130.

Ong, Walter (1987), Oralität und Literalität. Die Technologisierung des Wortes, übers. v. Walter Schömel, Opladen.

Opondo, Charles/ Maggie Redshaw/ Emily Savage-McGlynn/ Marie A. Quigley (2016), Father involvement in early child-rearing and behavioural outcomes

in their pre-adolescent children: evidence from the ALSPAC UK birth cohort, in: BMJ open, 6 (11).
Orland, Barbara/Elvira Scheich (Hg.) (1995), Das Geschlecht der Natur. Feministische Beiträge zur Geschichte und Theorie der Naturwissenschaften, Frankfurt am Main.
Ornstein, Anna (2004), Das Apfelgehäuse. Erinnerungen. Als junges Mädchen im Holocaust, übers. v. Martin Großmann, Gießen.

Palm, Kerstin (2008), Existenzweisen des Lebens. Fragmente einer Kulturgeschichte des biologischen Lebensbegriffs 1750–2000, Habilitationsschrift im Fach Kulturwissenschaft, Humboldt Universität zu Berlin (Typoskript).
Panofsky, Erwin (1989), Gotische Architektur und Scholastik. Zur Analogie von Kunst, Philosophie und Theologie im Mittelalter, hg. v. Thomas Frangenberg, Köln.
Paperno, Irina (2009), Stories of the Soviet Experience. Memoirs, Diaries, Dreams, Ithaca (New York).
Pardes, Ilana (2019), The Song of Songs. A Biography, Princeton (New York).
Peter, Jürgen (1994), Der Nürnberger Ärzteprozeß, 2. Auflage, Münster 1998.
Petersen, Andreas (2024), Der Osten und das Unbewusste. Wie Freud im Kollektiv verschwand, Stuttgart.
Pickett, Kate E./ Richard G. Wilkinson (2010), Inequality: an underacknowledged source of mental illness and distress, in: The British Journal of Psychiatry, Band 197, S. 426–428.
Piper, Ernst (2005), Alfred Rosenberg. Hitlers Chefideologe, München.
Platon (1855), Politeia. Der Staat, nach der Übersetzung der Bücher I–V von Wilhelm Siegmund Teuffel, und der Bücher VI–X von Wilhelm Wiegand, in: Platons Werke. Zehn Bücher vom Staate, Stuttgart.
Polanyi, Karl (1944), The Great Transformation. Politische und ökonomische Ursprünge von Gesellschaften und Wirtschaftssystemen, übers. v. Heinrich Jelinek, Frankfurt am Main 1990.
Preciado, Paul B. (2022), Ein Apartment auf dem Uranus. Chroniken eines Übergangs, mit einem Vorwort von Virginie Despentes, übers. v. Stefan Lorenzer, 2. Auflage, Berlin.
Prokopuk, Lexie/ Patrick Western/ Jessica M. Stringer(2015), Transgenerational epigenetic inheritance. Adaptation through the germline epigenome?, in: Epigenomics 7 (5), S. 829–846.
Prucha, Martin/ Thomas Kramer (Hg. 1995), Reclams Lexikon des deutschen Films. Stuttgart.
Pusey, Anne/ Marisa Wolf (1996), Inbreeding avoidance in animals, in: Trends in Ecology and Evolution, Band 11, S. 201–206.

Rajan, Kaushik Sunder (2009), Biokapitalismus. Werte im postgenomischen Zeitalter, Frankfurt am Main.
Rank, Otto (1919), Psychoanalytische Beiträge zur Mythenforschung: Gesam-

melte Studien aus den Jahren 1912–14, Wien / Leipzig, Reprint: Hamburg 2010.

Rank, Otto (1924), Das Trauma der Geburt und seine Bedeutung für die Psychoanalyse, Gießen 1997.

Rathje, Jan (2017), Reichsbürger, Selbstverwalter und Souveränisten. Vom Wahn des bedrohten Deutschen, Münster.

Rathje, Jan (2019), Eine neue rechtsterroristische Bedrohung? Souveränismus von »Reichsbürgern« und anderen in Deutschland, in: Wissen schafft Demokratie, 6, S. 158–167.

Rathje, Jan (2020), Wie Verschwörungsgläubige »QAnon« und Reichsideologie verbinden, Externer Link: http://www.belltower.news/coronaleugnerinnen-demonstrationen-wie-verschwoerungsglaeubige-qanon-und-reichsideologie-verbinden-102941.

Reich, Wilhelm (1926), Über die Quellen der neurotischen Angst: Ein Beitrag zur Theorie der psychoanalytischen Therapie, in: Internationale Zeitschrift für Psychoanalyse, 12, S. 422–431.

Reich, Wilhelm (1932), Der masochistische Charakter, in: Internationale Zeitschrift für Psychoanalyse, Band 18, S. 303–351; später aufgenommen als Kapitel in Reichs Buch »Charakteranalyse«, 1933, erweiterte Fassung 1970 ff.

Reich, Wilhelm (1966), Die sexuelle Revolution, Frankfurt am Main, hier: ungekürzte Ausgabe, Frankfurt am Main 1971.

Reich, Wilhelm (1971), Massenpsychologie des Faschismus, Köln.

Reich, Wilhelm (1972), Der Einbruch der sexuellen Zwangsmoral. Zur Geschichte der sexuellen Ökonomie. Köln.

Rheinberger, Hans Jörg (1999), Alles, was überhaupt zu einer Inskription führen kann, in: Ulrich Raulff/ Gary Smith (Hg.), Wissensbilder. Strategien der Überlieferung, Berlin, S. 265–278.

Richter, Hedwig (2020), Demokratie. Eine deutsche Affäre. Vom 18. Jahrhundert bis zur Gegenwart. München.

Richter, Hedwig (2021), Aufbruch in die Moderne. Reform und Massenpolitisierung im Kaiserreich, Berlin.

Rickles, Lawrence A. (2002), Nazi Psychoanalysis. 3 Bände; Band 1: Only Psychoanalysis Won the War, Band 2: Crypto-Fetishism, Band 3: Psy-Fi, Minneapolis.

Rimbaud, Arthur (1958), Lettre à Georges Izambard, 13. Mai 1871, in: Œuvres, Texte établi par Paul Harmann, Mercure de France.

Rimbaud, Arthur (1989), Gedichte, französisch und deutsch, hg. v. Karlheinz Barck, Leipzig.

Ristow, Susanne (2021), Kulturvirologie. Das Prinzip Virus von Moderne bis Digitalära, Berlin/Boston.

Rocha Dietz, Rocío/ Jan Rathje (2020), Antisemitismus im Internet und den sozialen Medien, Bundeszentrale für Politische Bildung, https://www.bpb.de/themen/antisemitismus/dossier-antisemitismus/321584/antisemitismus-im-internet-und-den-sozialen-medien/.

Rockman, Hannah (1995), Sexual Behaviour Among Ultra-Orthodox Jews: A review of laws and guidelines, in: Jonathan Magonet (Hg.), Jewish Explorations of Sexuality, Oxford, S. 191–204.

Rohde-Dachser, Christa (1991), Expedition in den dunklen Kontinent. Weiblichkeit im Diskurs der Psychoanalyse, Berlin/Heidelberg/New York.

Rolnik, Eran (2023), Redekur. Psychoanalyse verstehen, übers. v. David Ajchenrand, Frankfurt am Main.

Rolnik, Eran (2024), Wer ist Antisemit? Psychoanalytische Überlegungen zu einer uralten Debatte, in: Bauriedl-Schmitt, Christine/ Markus Fellner/ Gregor Luks (Hg.), Politische Psychoanalyse, Bd. 2, Frankfurt am Main, S. 233–244.

Rolnik, Eran (2024), Politische Zäsur und ziviler Ungehorsam. Zur Psychodynamik der israelischen Widerstandsbewegung, in: Bauriedl-Schmitt, Christine/ Markus Fellner/ Gregor Luks (Hg.), Politische Psychoanalyse, Bd. 2, Frankfurt am Main, S. 233–244.

Rosenberg, Alfred (1930), Der Mythus des 20. Jahrhunderts. München.

Rosenberg, Alfred (1943), Schriften und Reden, Band 1, mit einer Einleitung von Alfred Baeumler, München.

Rosenberg, Alfred (1955), Letzte Aufzeichnungen. Ideale und Idole der Nationalsozialistischen Revolution. Göttingen.

Rosenzweig, Franz (1921), Der Stern der Erlösung, mit einer Einführung von Reinhold Mayer und einer Gedenkrede von Gershom Scholem, Frankfurt am Main 2015.

Rosenzweig, Franz (1926), Nachwort, in: Jehuda Halevi, Zweiundneunzig Hymnen und Gedichte, übers. u. mit Anmerkungen versehen v. Franz Rosenzweig, Berlin, S. 153–168.

Roth, Joseph (1934), Der Antichrist, Amsterdam.

Ruppen, Jessica/ Patricia Waldvogel/ Ulrike Ehlert (2016), Implicit Motives and Men's Perceived Constraint in Fatherhood, in: Frontiers in Public Health, 7, S. 1–10.

Ryn, Z. J. (2000), Long-Term Psychological Morbidity of Incarceration in Auschwitz. Echoes of the Holocaust. Boston (Massachusetts).

Sabean, David Warren (2007), From Clan to Kindred. Kinship and the Circulation of Property in Premodern and Modern Europe, in: Müller-Wille, Staffan/ Hans-Jörg Rheinberger (Hg. 2007), Heredity Produced. At the Crossroads of Biology, Politics, and Culture, 1500-1870, Cambridge (Massachusetts), S. 37–60.

Saekel, Ursula (2011), Der US-Film in der Weimarer Republik – ein Medium der »Amerikanisierung«? Deutsche Filmwirtschaft, Kulturpolitik und mediale Globalisierung im Fokus transatlantischer Interessen, Paderborn.

Sagi-Schwartz, Abraham/ Marian J. Bakermans-Kranenburg/ Shai Linns/ Marinus H. van Ijzendoorn (2013), Against all Odds: Genocidal Trauma is Associated with Longer Life-Expectancy of the Survivors, in: PLoS One, 24. 7. 2013.

Sahlins, Marshall (2013), What Kinship Is and Is Not, Chicago / London.

Sarkadi, Anna/ Robert Kristiansson/ Frank Oberklaid/ Sven Bremberg (2008), Fathers' involvement and children's developmental outcomes: a systematic review of longitudinal studies, in: Acta paediatrica Oslo, Norway 97 (2), S. 153–158.

Sartre, Jean-Paul (1946), Réflexions sur la question juive, Paris 1954, Deutsch: Überlegungen zur Judenfrage, übers. v. Vincent von Wroblewsky, Reinbek b. Hamburg 1994.

Sartre, Jean-Paul (1977), Der Idiot der Familie, Gustave Flaubert, 1821 bis 1857, übers. v. Traugott König, Reinbek b. Hamburg.

Schelhowe, Heidi (2013), Informatik, in: Braun, Christina von / Inge Stephan (Hg.), Gender Studies. Eine Einführung, Stuttgart / Weimar, S. 201–210.

Schelling, Friedrich Wilhelm Joseph, System des transcendentalen Idealismus, in: Ders., Sämtliche Werke, hg. und eingeleitet v. Karl Friedrich August Schelling, Stuttgart 1856–1861.

Schiller, Friedrich, in: Friedrich Schiller Archiv, (Laufnummer 807). Brief Goethe an Schiller, 6. April 1801, https://www.friedrich-schiller-archiv.de/briefwechsel-von-schiller-und-goethe/1801/807-an-schiller-6-april-1801/

Schleiermacher, Friedrich Daniel Ernst (1799), Über die Religion. Reden an die Gebildeten unter ihren Verächtern, in: Ders., Kritische Gesamtausgabe, Bd. I/2: Schriften aus der Berliner Zeit 1769–1799, hg. v. Günter Meckenstock, Berlin / New York.

Schlesser, Thomas (2024), Les Yeux de Mona, Paris, deutsch: Schlesser, Thomas (2024), Monas Augen – Eine Reise zu den schönsten Kunstwerken unserer Zeit, über. v. Nicola Denis, München.

Schmandt-Besserat, Denise (1978), Vom Ursprung der Schrift, Spektrum der Wissenschaft 19, S. 5–13.

Schmandt-Besserat, Denise (1996), The Emergence of Recording, in: American Anthropologist, 1982, Vol. 84, No. 4, pp. 871–878.

Schmandt-Besserat, Denise (2015), From Accounting to Writing, https://sites.utexas.edu/dsb/files/2015/04/FromAccountingtoWriting.pdf

Schmitt, Carl (1922), Politische Theologie. Vier Kapitel zur Lehre von der Souveränität, 11. korrigierte Auflage, Berlin 2021.

Schmitt, Carl (1929), Wesen und Werden des faschistischen Staates, in: Ders., Positionen und Begriffe, im Kampf mit Weimar – Genf – Versailles 1923–1939, 4. korrigierte Auflage, Berlin 2014, S. 124–130.

Schmitt, Carl (1933), Staat, Bewegung, Volk. Die Dreigliederung der politischen Einheit, 2. Auflage, Hamburg.

Schmitt, Carl (1934), Der Führer schützt das Recht, in: Deutsche Juristen Zeitung vom 1. August, Heft 15, 39. Jahrgang, Spalten 945–950, https://www.flechsig.biz/DJZ34_CS.pdf.

Schmitt, Carl (1936), Das Judentum in der Rechtswissenschaft. Ansprache, Vorträge und Ergebnisse der Tagung der Reichsgruppe Hochschullehrer der NSRB (Nationalsozialistischer Rechtswahrerbund) am 3. und 4. Oktober 1936 in Berlin, Berlin, S. 28–34.

Schmitt, Carl (1991), Glossarium, hg. von Eberhard von Medem, Berlin.

Schmitt, Carl (2015), Glossarium. Aufzeichnungen aus den Jahren 1947 bis 1958, erweiterte, berichtigte und kommentierte Neuausgabe, hg v. Gerd Giesler/ Martin Tielke, Berlin.

Schopenhauer, Arthur (1844), Die Welt als Wille und Vorstellung. Leipzig, wieder aufgelegt Darmstadt 1961.

Schröter, Michael (2022), Auf eigenem Weg. Geschichte der Psychoanalyse in Deutschland bis 1945, Göttingen.

Schwarz, Karolin (2020), Antisemitismus, die extreme Rechte und rechter Terror im Netz, Bundeszentrale für politische Bildung, https://www.bpb.de/themen/antisemitismus/dossier-antisemitismus/308528/antisemitismus-die-extreme-rechte-und-rechter-terror-im-netz/

Schwarz-Friesel, Monika (2019), Judenhass im Internet. Antisemitismus als kulturelle Konstante und kollektives Gefühl, Berlin / Leipzig.

Seckendorff, Gustav Anton von (1816), Vorlesungen über Deklamation und Mimik, Braunschweig, Bd. 1, zit. n. Ursula Geitner, Die Sprache der Verstellung. Studien zum rhetorischen und anthropologischen Wissen im 17. und 18. Jahrhundert, Tübingen 1992.

Seligman, Martin (1990), Pessimisten küsst man nicht. Optimismus kann man lernen, München.

Shedler, Jonathan (2010), The efficacy of psychodynamic psychotherapy, in: American Psychologist 65.

Sigusch, Volkmar (2013), Sexualitäten. Eine kritische Theorie in 99 Fragmenten, Frankfurt.

Simanowski, Roberto (2024), Die Logik des Digitalen. Es zählt, was sich zählen lässt, in: Deutschlandfunk, Essay und Diskurs, 11. 2. 2024, https://www.deutschlandfunk.de/es-zaehlt-was-sich-zaehlen-laesst-100.html.

Simmel, Georg (1911), Zur Philosophie der Geschlechter, in: Ders., Philosophische Kultur. Über das Abenteuer, die Geschlechter und die Krise der Moderne. Gesammelte Essays, mit einem Vorwort von Jürgen Habermas, Berlin 1998, S. 64–93.

Simon, Hermann (Hg. 2022), Aus eines Mannes Mädchenjahren von N.O. Body, Leipzig.

Simonelli, Alessandra/ Micol Parolin/ Chiara Sacchi/ Francesca de Palo/ Alessio Vieno (2016), The Role of Father Involvement and Marital Satisfaction in the Development of Family Interactive Abilities. A Multilevel Approach, in: Frontiers in Psychology 7, S. 1–11.

Skinner, Burrhus Frederic (1948), Walden Two. An Utopian Novel, New York, deutsch: Futurum Zwei. Die Vision einer aggressionsfreien Gesellschaft, übers. v. Martin Beheim-Schwarzbach, Hamburg 1970.

Slavich, Georg M. (2022), Social Safety Theory: Understanding social stress, disease risk, resilience, and behavior during the Covid-19 pandemic and beyond, in: Current opinion in psychology 45, 101299.

Smith, Adam (1776), Wohlstand der Nationen. Eine Untersuchung seiner Natur und seiner Ursachen, übers. v. Horst Claus Recktenwald, hg. v. Dr. Georg von Wallwitz, München 2018.

Smith, Adam (1759), The Theory of Moral Sentiments, London, deutsch: Theorie der ethischen Gefühle, auf der Grundlage der Übersetzung von Walther Eckstein neu herausgegeben von Horst D. Brandt, Hamburg 2010.

Spengler, Oswald (1922), Der Untergang des Abendlandes. Umrisse eine Morphologie der Weltgeschichte, München 1997.

Spielrein, Sabina (1912), Die Destruktion als Ursache des Werdens, in: Jahrbuch für psychoanalytische und psychopathologische Forschungen, IV. Bd. 1, Leipzig / Wien, S. 465–503, Neuauflage, hg. v. Gerd Kimmerle, Tübingen 1986.

Stephan, Inge (2024), Verweigerte Männlichkeit. Antihelden in Literatur und Kunst vom 18. bis zum 20. Jahrhundert, Bielefeld.

Stock, Brian (1983), The Implications of Literacy: Written Language and Models of Interpretation in the Eleventh and Twelfth Centuries, Princeton (New York).

Stoller, Robert J. (1968), Sex and Gender. The Development of Masculinity and Femininity, London/New York 1994.

Stoller, Robert J. et al. (1973), A Symposium. Should Homosexuality be in the APA Nomenclature? in: American Journal of Psychiatry 130, S. 1207–1216.

Stoller, Robert J. (1988), Ästhetik und Erotik, In: Zeitschrift für Sexualforschung, 1:4, S. 351–364

Strathern, Marilyn (1992), Reproducing the Future. Essays on Anthropology, Kinship and the New Reproductive Technologies, New York.

Strauß, Bernhard/ Schwark, Barbara (2007): Die Bindungstheorie und ihre Relevanz für die Psychotherapie. Psychotherapeut 42, S. 1–16:

Streit P. (2010), 13 Fragen an Prof. Dr. Martin Seligman, http://solutionmanagement.at/fileadmin/downloads/pdf/Interview_Seligman.pdf.

Suedfeld, Peter/ Erin Soriano / Donna Louise McMurtry/ Helen Paterson/ Tara L. Weiszbeck/ Robert Krell (2005), Erikson's »components of a healthy personality« among Holocaust Survivors immediately and 40 years after the war, in: International Journal of Aging and Human Development 60, S. 229–248.

Sundermeier, Theo (1996), Den Fremden verstehen. Eine praktische Hermeneutik, Göttingen.

Tedeschi, Richard G., Lawrence G. Calhoun (1996), The Posttraumatic Growth Inventory. Measuring the positive legacy of trauma, in: Journal of Traumatic Stress 9, S. 455–471.

Theweleit, Klaus (1977/1978), Männerphantasien, 2 Bde. Frankfurt am Main/ Basel, neu aufgelegt: Berlin 2019.

Toller, Ernst (1919), Masse-Mensch, niedergeschrieben im Festungsgefängnis Niederschönenfeld im Oktober 1919, »im ersten Jahr der deutschen Revolution«, hg. von Wolfgang Frühwald, Stuttgart 2019.

Tomasello, Michael (2020), Mensch werden – Eine Theorie der Ontogenese, Berlin.

Tooby, John/ Leda Cosmides (1992), The Psychological Foundations of culture, in: Jerome H. Barkow/ Leda Cosmides/ John Tooby (Hg.), The adapted mind. Evolutionary Psychology and the Generation of culture, New York, S. 19–136.

Treß, Werner, (2018), Jüdisches Gesetz und Staatsbürgerrecht im Übergang zur Moderne, in: Braun, Christina von / Micha Brumlik (Hg.), Handbuch Jüdische Studien, Köln / Wien/Weimar, S. 335–350.

Treß, Werner, Deutscher Nationalismus und Judenfeindschaft. Eine Untersuchung über den Formwandel des deutschen Nationalismus, die Ursprünge des modernen Antisemitismus und die Entstehung der Wissenschaft des Judentums im Zeitumbruch der Jahre 1813 bis 1819, in Vorbereitung.

Tronick, Edward (2007), The Neurobehavioral and Social-Emotional Development of Infants and Children, New York.

Trotzki, Leo (1924), Die Kunst der Revolution und die sozialistische Kunst, in: Ders., Literatur und Revolution, übers. v. Eugen Schaefer/ Hans von Riesen, Berlin 1968.

Turkle, Sherry (1995), Life on Screen, Identity in the Age of the Internet, New York, deutsch: Leben im Netz. Identitäten in Zeiten des Internets, übers. v. Thorsten Schmidt, Reinbek 1998.

Turkle, Sherry (1996), Sex, Lies and Avatars, in: Wired, April 1996.

Turkle, Sherry (1999), Computertechnologien und multiple Bilder des Selbst, in: Christina von Braun/ Gabriele Dietze, Die Multiple Persönlichkeit. Krankheit, Medium oder Metapher, Frankfurt am Main, S. 86–104.

Uexküll, Jacob von (1862), Ueber die mechanische Auffassung des Lebens. Aus: Vier Reden über Leben und Kranksein, Berlin.

van Ijzendoorn, Marius H./ Marian J. Bakermans-Kranenburg/ Abraham Sagi-Schwartz (2003), Are children of Holocaust survivors less well-adapted? A meta-analytic investigation of secondary traumatization. Journal of Traumatic Stress, 16 (5), S. 459–469.

van Schaik, Carel/ Kai Michel (2020), Die Wahrheit über Eva. Die Erfindung der Ungleichheit von Frauen und Männern. Hamburg.

Venzlaff, Ulrich (1958), Die psychoreaktiven Störungen nach entschädigungspflichtigen Ereignissen (Die sogenannten Unfallneurosen), Berlin / Göttingen / Heidelberg.

Vertlib, Vladimir (2022), Zebra im Krieg. Roman. Nach einer wahren Begebenheit, Salzburg/Wien.

Volkov, Shulamit (2001), Sprache als Ort der Auseinandersetzung mit Juden und Judentum in Deutschland 1780–1933, in: Dies., Das jüdische Projekt der Moderne, München 2001, S. 82–96.

Volz, Matthias/ Cord Benecke (2024), Die neue Qualitätssicherung auf dem Prüfstand, in: Psychotherapie 29, S. 73–84.

Wagner, Richard (1869), Das Judenthum in der Musik, Leipzig (Verlagsbuchhandlung von J. J. Weber). https://upload.wikimedia.org/wikipedia/commons/b/b7/Wagner_Das_Judenthum_in_der_Musik_1869.pdf.

Wagner, Richard (1906), Tagebuchblätter und Briefe 1853–1871, hg. v. Walther Golther, Berlin.

Wagner-Hasel, Beate (2023), Patriarchatsimaginationen. Vom Nutzen und Nachteil eines wirkmächtigen Opfernarrativs, in: Jan B. Meister, Seraina Ruprecht (Hg.), Weiblichkeit – Macht – Männlichkeit. Perspektiven für eine Geschlechtergeschichte der Antike, Frankfurt am Main 2023, S. 103–138.

Waldvogel, Patricia/ Ulrike Ehlert (2016), Contemporary Fatherhood and Its Consequences for Paternal Psychological Well-being – A Cross-sectional Study of Fathers in Central Europe, in: Frontiers in Public Health, 4. S. 1–13.

Wegener, Mai (2021), Im Echoraum des Körpers, in: Ulrike Kadi/ Gerhard Unterthurner (Hg.), Macht – Knoten – Fleisch. Topographien des Körpers bei Foucault, Lacan und Merleau-Ponty, Stuttgart, S. 174–195.

Weil-Halpern, Françoise (2012), Les Bébés-Bulles, in: Revue Française de Psychosomatique 41, 119–133.

Weininger, Otto (1916), Geschlecht und Charakter, Wien/Leipzig (16).

Weitzenbaum, Joseph (1982), Die Macht des Computers und die Ohnmacht der Vernunft, übers. von Udo Rennert, Frankfurt am Main.

Weizman, Mark (2022), Antisemitism in social media and on the web, in: Stephen T. Katz (Hg.), The Cambridge Companion to Antisemitism, Cambridge.

Werner, Emmy E. (1982), Vulnerable but Invincible. A longitudinal study of resilient children and youth (mit Ruth S. Smith), New York.

Westermarck, Edward (1891), The history of human marriage. London.

Whitehead, Jay Cee/ Jennifer Thomas (2013), Sexuality and the ethics of body modification. Theorizing the situated relationships among gender, sexuality and the body, in: Sexualities, Volume 16, Numbers 3/4, June, London/Thousand Oaks, S. 383–400.

Wiener, Max (1933), Jüdische Religion im Zeitalter der Emanzipation, in: Schalom Ben-Chorin/ Verena Lenzen (Hg. 1988), Lust an der Erkenntnis. Jüdische Theologie im 20. Jahrhundert. Ein Lesebuch. München, S. 103–132.

Wiggershaus, Rolf (1988), Die Frankfurter Schule. Geschichte, Theoretische Entwicklung, Politische Bedeutung. München, 5. Aufl. 1997.

Winkler, Heinrich-August (2005), Weimar. 1918–1933. Die Geschichte der ersten deutschen Demokratie. 4. Auflage, München.

Wittchen, Hans-Ulrich/ Andrew T. Gloster/ Katja Beesdo/ Sabine Schonfeld/ Axel Perkonnig (2009), Posttraumatic stress disorder: diagnostic and epi demiological perspectives, CNS Spectrums 14 (Suppl 1) S. 5–12.

Wolf, Arthur (2005), Explaining the Westermarck Effect, in: Inbreeding, Incest and the Incest Taboo. The state of knowledge at the turn of the century. Stanford 2005. S. 76–92.

Wollen, Peter (1984), Le feu et la glace, in: Photographies (Paris), Nr. 4, S. 17–21.

Wundt, Wilhelm (1862), Beiträge zur Theorie der Sinneswahrnehmung, Leipzig / Heidelberg, https://archive.org/details/beitrgezurtheo00wund/mode/1up.

Wundt, Wilhelm (1874), Grundzüge der physiologischen Psychologie, Einleitung, Leipzig.

Wyl, Agnes von/ Kai von Klitzing/ Sonja Perren/ Dieter Bürgin (2004), The influence of prenatal triadic capacities on early mother-father-infant interaction patterns, in: Journal of the American Psychoanalytic Association, 52 (2), S. 471–473.

Yanai, Itai/ Martin Lercher (2019), Night science. Genome Biol 20, 179, https://doi.org/10.1186/s13059-019-1800-6.

Yehuda, Rachel (2022), How Parents' Trauma Leaves Biological Traces in Children. Adverse experiences can change future generations through epigenetic pathways, in: Scientific American Magazine Vol. 327 No. 1, S. 50 ff.

Yerushalmi, Yosef Hayim (1992), Freuds Moses. Endliches und unendliches Judentum, übers. v. Wolfgang Heuß, Berlin.

Zalashik, Rakefet (2012), Das unselige Erbe, Frankfurt am Main.

Zaretsky, Eli (2021), Psychoanalyse und politische Bewegungen. Eine Geschichte für das 21. Jahrhundert, Frankfurt am Main.

Zauzich, Karl-Theodor (2015), Hieroglyphen mit Geheimnis. Neue Erkenntnisse zur Entstehung unseres Alphabets, Darmstadt.

Zeidner, Moshe/ Eynat Aharoni-David (2014), Memories of Holocaust-related traumatic experiences, sense of coherence, and survivors' subjective wellbeing in late life: some puzzling findings, in: Anxiety, Stress and Coping 28 (3), S. 254–271.

Zelinsky, Hartmut (1990), Die »feuerkur« des Richard Wagner oder die »neue religion« der »Erlösung« durch »Vernichtung«, in: Heinz-Klaus Metzger/ Rainer Riehn (Hg.), Richard Wagner. Wie antisemitisch darf ein Künstler sein? In: Musik-Konzepte. Band 5, 3. Auflage. München, S. 79–82.

Zepf, Siegfried (2005), Bindungstheorie und Psychoanalyse, Forum der Psychoanalyse 21, S. 255–266.

Ziegele, Marc/ Nikolaus Jackob/ Tanjev Schultz/ Ilka Jakobs/ Oliver Quiring/ Christian Schemer/ Christina Viehmann (2023), Medienvertrauen in Deutschland, in: Schriftenreihe der Bundeszentrale für politische Bildung, https://www.bpb.de/shop/buecher/schriftenreihe/520602/medienvertrauen-in-deutschland/.

Zylbermann, Ruth (2022), Prag, 1952: Der Slánský-Prozess, Russland, Frankreich, Arte 2021. Ausstrahlung 6. 12. 2022.

Alle Weblinks gesehen: 28. 3. 2025

REGISTER

DANKSAGUNG

Dieses Buch ist eine Gemeinschaftsarbeit in mehr als einem Sinne. Nicht nur haben wir es zu zweit geschrieben. Darüber hinaus ist es auch das Ergebnis vieler Gespräche, die wir mit anderen geführt haben, und von Anregungen, die wir anderen verdanken. Wir stehen alle auf den Schultern von früheren Denkerinnen und Denkern – oft ohne uns dessen bewusst zu sein. Bei den vielen Autorinnen und Autoren, die wir zitieren, handelt es sich um die wenigen, die wir für ihren Beitrag dingfest machen können – allerdings wollen wir ihnen nicht die Schuld für unsere Fehler und Fehleinschätzungen in die Schuhe schieben. Für die sind wir selbst verantwortlich.

Bei uns beiden kamen diese Anregungen oft in den Momenten, wo wir sie am wenigsten erwarteten – ganz im Sinne der *night science*, von der im 6. Kapitel die Rede war. Andere Anregungen können wir auf historische Lebensabschnitte und Kontexte zurückführen. Für Christina galt dies für die Jahre in New York und Paris, die Begegnungen mit neuen Menschen und Ereignissen während der Dreharbeiten; später, in Deutschland, war es der tastende Weg in die Wissenschaft, die Begegnung mit wunderbaren Ko-Stipendiaten und Stipendiatinnen im Kulturwissenschaftlichen Institut in Essen, dann an der Humboldt-Universität der Austausch mit Studierenden – allein deren Fragen waren oft augenöffnend –, die

Arbeit mit Berliner Kolleginnen und Kollegen aus den Gender Studies und dem Zentrum Jüdische Studien. Für Tilo war es die Begegnung in Berlin mit Hans Gerd Puchta, der zeigte, dass die Berufe Psychoanalytiker und Psychiater vereinbar sind. Später, in Paris, bewies es das ganze Team des 13. Arrondissements. Sie und andere zeigten ihm, dass die Offenheit für Innovation nicht nur wichtig für das eigene Lernen ist, sondern auch eine Bedingung für den Fortbestand der Psychoanalyse darstellt. Nach Deutschland zurückgekehrt, erhielt er viele Inspirationen von Marianne Leuzinger-Bohleber, Werner Bohleber und Ludger Hermanns, die in dieses Buch eingeflossen sind. In der Psychiatrie schuldet er den größten Dank der Zusammenarbeit mit Ian Falloon.

Vor allem wollen wir denen danken, die uns bei diesem Manuskript direkt unterstützt haben. Zu ihnen gehörten Irmela von der Lühe, die uns vor allem bei den Kapiteln 1–3 und dem Kapitel 5 mit ihrer Sachkenntnis, ihrem kritischen Verstand und ihrer Bereitschaft zur Reflexion unterstützt hat. Maike Nedo danken wir für ihre mehrfache und genaue Lektüre des Textes, die dazu beitrug, Fehler, Flüchtigkeiten und Widersprüche zu umgehen. Franziska Günther hat das Manuskript von Anfang an in seiner Entstehung begleitet und uns geduldig geholfen, das Thema immer wieder neu zu umreißen. Denn das sollte jede und jeder wissen: Kein Buch verläuft entlang den Spuren, die Autor und Autorin am Anfang dafür auslegen. Bücher haben ihren eigenen Willen – und der Weg, den dieser Wille einschlägt, hat viel mit dem Thema dieses Buchs zu tun, dem Unbewussten.

Berlin, März 2025